여러분의 합격을 응원하는
해커스공무원의 특별 혜택

FREE 공무원 보건행정 특강

해커스공무원(gosi.Hackers.com) 접속 후 로그인 ▶ 상단의 [무료강좌] 클릭하여 이용

해커스공무원 온라인 단과강의 20% 할인쿠폰

7B4746596A5DA2DB

해커스공무원(gosi.Hackers.com) 접속 후 로그인 ▶ 상단의 [나의 강의실] 클릭 ▶
좌측의 [쿠폰등록] 클릭 ▶ 위 쿠폰번호 입력 후 이용

* 등록 후 7일간 사용 가능(ID당 1회에 한해 등록 가능)

합격예측 온라인 모의고사 응시권 + 해설강의 수강권

36674D546F53DBEQ

해커스공무원(gosi.Hackers.com) 접속 후 로그인 ▶ 상단의 [나의 강의실] 클릭 ▶
좌측의 [쿠폰등록] 클릭 ▶ 위 쿠폰번호 입력 후 이용

* ID당 1회에 한해 등록 가능

쿠폰 이용 관련 문의 **1588-4055**

단기 합격을 위한 해커스공무원 커리큘럼

입문
탄탄한 기본기와 핵심 개념 완성!
누구나 이해하기 쉬운 개념 설명과 풍부한 예시로 부담없이 쌩기초 다지기
TIP 베이스가 있다면 **기본 단계**부터!

▼

기본+심화
필수 개념 학습으로 이론 완성!
반드시 알아야 할 기본 개념과 문제풀이 전략을 학습하고
심화 개념 학습으로 고득점을 위한 응용력 다지기

▼

기출+예상 문제풀이
문제풀이로 집중 학습하고 실력 업그레이드!
기출문제의 유형과 출제 의도를 이해하고 최신 출제 경향을 반영한
예상문제를 풀어보며 본인의 취약영역을 파악 및 보완하기

▼

동형모의고사
동형모의고사로 실전력 강화!
실제 시험과 같은 형태의 실전모의고사를 풀어보며 실전감각 극대화

▼

마무리
시험 직전 실전 시뮬레이션!
각 과목별 시험에 출제되는 내용들을 최종 점검하며 실전 완성

PASS

* 커리큘럼 및 세부 일정은 상이할 수 있으며, 자세한 사항은 해커스공무원 사이트에서 확인하세요.

단계별 교재 확인 및 수강신청은 여기서!
gosi.Hackers.com

해커스공무원
최성희
보건행정 기본서

최성희

약력

한양대학교 간호학 박사
현 | 해커스 공무원 보건직·간호직 강의
현 | 해커스독학사 간호학 강의

저서

해커스공무원 최성희 공중보건 기본서
해커스공무원 최성희 보건행정 기본서
해커스공무원 최성희 공중보건 실전동형모의고사
해커스공무원 최성희 보건행정 실전동형모의고사

공무원 시험 합격을 위한 필수 기본서!

공무원 공부, 어떻게 시작해야 할까?

수험생 여러분 안녕하세요.
해커스공무원에서 강의를 하고 있는 매사가 즐거운 강사 최성희입니다. 각 전공과목을 떠올려 보면 어렵고 지루하고 불편하다고 느껴졌던 시절이 있었습니다. 우리는 지금 공무원이라는 높은 장벽의 시험에 도전합니다. 저도 그 불편했던 시절을 경험했기 때문에 그 장벽을 조금이나마 낮춰드리고자 더욱 더 효과적인 내용으로 『해커스공무원 최성희 보건행정 기본서』를 집필하였으며, 본 교재는 다음과 같은 특징을 가지고 있습니다.

첫째, 최신 이론을 집약하여 구성하였습니다.
공무원 수험서가 아닌 대학 전공교재는 매우 다양합니다. 우리가 이것을 전부 다 공부할 수 없기 때문에, 여러분은 일부 교재를 선정하여 공부하셨을 것입니다. 그러나 공무원 시험은 그 다양한 교재의 많은 내용을 출제 범위에 포함시키고 있기 때문에 방대한 영역을 효율적으로 정리하는 것이 해결해야 할 첫 번째 숙제입니다. 그래서 『해커스공무원 최성희 보건행정 기본서』는 그 많은 다양한 교재의 내용을 한권으로 해결할 수 있도록 구성하였습니다.

둘째, 출제경향을 철저히 분석하고 이론을 효율적으로 정리하였습니다.
공무원 시험은 기출문제 분석을 얼마나 잘했느냐에 따라 합격의 여부가 판가름난다해도 과언이 아닙니다. 『해커스공무원 최성희 보건행정 기본서』는 기출문제의 중심 이론과 그 중심 이론으로부터 파생되는 핵심 내용을 엄선하여 정리한 교재입니다. 이론은 변화합니다. 매년 달라지는 출제경향 속에서, 우리는 문제의 정답을 향한 효율적인 학습방법이 필요하기 때문에 이론의 목차를 출제경향에 맞추어 흐름에 따라 자연스럽게 학습할 수 있도록 구성하였습니다.

셋째, 법령+정책의 흐름을 잡을 수 있도록 이론을 정리하였습니다.
우리는 반드시 법령과 정책의 방향을 확실히 잡고 정리하여야 합니다. 우리가 잘 알지 못하는 법령과 정책들은 기본적으로 시험에서 2문제 이상 출제되기 때문에 놓쳐서는 안 되는 부분이며, 이러한 법령과 정책에 대해 학습하여 1차 시험의 합격과 함께 면접시험도 대비할 수 있습니다.

더불어, 공무원 시험 전문 사이트 해커스공무원(gosi.Hackers.com)에서 교재 학습 중 궁금한 점을 나누고 다양한 무료 학습 자료를 함께 이용하여 학습 효과를 극대화할 수 있습니다.

"왕관을 쓰려는 자, 그 무게를 견뎌라!"
『해커스공무원 최성희 보건행정 기본서』와 함께 이 선택의 길의 끝에서 왕관을 쓸 준비를 하시길 바랍니다.

최성희

제1편 보건행정의 이론적 기초

제1장 보건행정의 이해
1 보건행정의 의의   10
2 보건행정자의 역할   21
3 보건행정의 건강과 건강증진   22
4 건강과 질병 관련 모형   47
5 질병의 이해   55
6 공중보건   58
7 건강도시   60
8 건강행태이론   63
9 보건의료서비스 이용과 수요   79
10 행정서비스 헌장   85

제2장 보건행정의 역사   87

제3장 보건의료와 보건의료체계의 이해
1 보건의료   96
2 보건의료체계의 이해   99
3 진료비 지불제도   108
4 국민의료비와 경상의료비   111
5 보건의료자원   113
6 지역사회 보건행정   147

제4장 보건의료서비스와 질
1 보건서비스의 이해   176
2 보건의료서비스와 정부(국가) 개입의 정당성   193

제5장 일차 보건의료   196

제2편 보건행정의 기획과 정책 제도

제1장 보건기획
1 보건사업기획 개요   202
2 의사결정(Decision Making)   216
3 보건기획 우선순위 방법   224
4 보건사업 평가   230
5 보건사업 평가 유형   234
6 지역사회보건사업 전략   240

제2장 보건정책
1 정책의 이해   248
2 보건정책   252

제3장 사회보장제도와 의료보장제도
1 사회보장제도의 이해   271
2 사회보장제도의 유형   279
3 의료보장제도   283
4 의료급여제도   302

제3편 보건행정의 과정

제1장 보건행정조직
1. 조직의 이해 … 308
2. 조직의 원리 … 317
3. 조직이론의 발전 … 322
4. 공식 조직과 비공식 조직 … 336
5. 조직구조의 형태 … 339
6. 조직 변화와 경영혁신전략 … 344
7. 병원행정조직 … 352
8. 의약분업제도 - 우리나라 의약분업제도의 역사와 특성 … 356

제2장 보건재정관리
1. 재정관리 … 357
2. 전략적 재무관리(Financial Statement) … 377

제3장 보건행정의 인사
1. 인적자원관리의 의의 … 381
2. 인적자원의 충원방식 … 384
3. 공직의 분류 … 389
4. 직무관리(Job Management) … 394
5. 인적자원관리과정 … 404
6. 인사고과(직무수행평가, 근무성적평정) … 415
7. 인적자원의 보상관리 … 423
8. 인적자원의 유지관리 … 428

제4장 보건행정지휘의 이해
1. 지휘(Directing) … 430
2. 리더십(Leadership) … 431
3. 동기부여(Motivation) … 450
4. 의사소통(Communication) … 461
5. 갈등 … 467
6. 권력과 권한 … 471

참고문헌 … 476

이 책의 구성

『해커스공무원 최성희 보건행정 기본서』는 수험생 여러분들이 보다 효율적으로 정확하게 보건행정 과목을 학습할 수 있도록 상세한 내용과 다양한 학습장치들을 수록·구성하였습니다. 아래 내용을 참고하여 본인의 학습 과정에 맞게 체계적으로 학습 전략을 세워 효과적으로 학습하시기 바랍니다.

이론의 세부적인 내용을 정확하게 이해하기

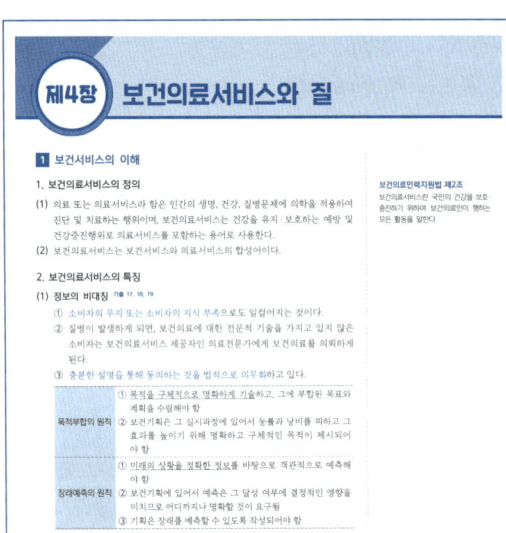

최신 출제경향을 반영한 이론

철저한 기출분석으로 도출한 최신 출제경향을 바탕으로, 교재 내 수록된 이론의 핵심 키워드나 문구에 밑줄 또는 색자로 강조하고 기출연도를 표기하였습니다. 이를 통해 방대한 보건행정 과목의 내용 중 시험에 자주 출제되거나 출제가 예상되는 이론만을 효과적으로 빠르게 학습할 수 있습니다.

② 시험에 자주 출제되는 주요 관련 법령 확인하기

> **관련 법령**
> 「국가재정법」제51조【예비비의 관리와 사용】① 예비비는 기획재정부장관이 관리한다.
> ② 각 중앙관서의 장은 예비비의 사용이 필요한 때에는 그 이유 및 금액과 추산의 기초를 명백히 한 명세서를 작성하여 기획재정부장관에게 제출하여야 한다. 다만, 대규모 재난에 따른 피해의 신속한 복구를 위하여 필요한 때에는 「재난 및 안전관리기본법」제20조의 규정에 따른 피해상황보고를 기초로 긴급구호, 긴급구조 및 복구에 소요되는 금액을 개산(槪算)하여 예비비를 신청할 수 있다.
> ③ 기획재정부장관은 제2항의 규정에 따른 예비비 신청을 심사한 후 필요하다고 인정하는 때에는 이를 조정하고 예비비사용계획명세서를 작성한 후 국무회의의 심의를 거쳐 대통령의 승인을 얻어야 한다.
> ④ 일반회계로부터 전입받은 특별회계는 필요한 경우에는 일반회계 예비비를 전입받아 그 특별회계의 세출로 사용할 수 있다.
>
> 제52조【예비비사용명세서의 작성 및 국회제출】① 각 중앙관서의 장은 예비비로 사용한 금액의 명세서를 작성하여 다음 연도 2월말까지 기획재정부장관에게 제출하여야 한다.
> ② 기획재정부장관은 제1항의 규정에 따라 제출된 명세서에 따라 예비비로 사용한 금액의 총괄명세서를 작성한 후 국무회의의 심의를

이론에 대한 법령을 알 수 있는 '관련 법령'

출제가능성이 높은 조문들을 이론과 함께 학습할 수 있도록 '관련 법령'을 수록하였습니다. '관련 법령'에는 보건행정 과목에 대한 많은 법령들 중 현재 시행 중인 내용뿐만 아니라 추후 시행될 내용까지 교재 전반에 꼼꼼히 반영하여 수록하였습니다. 이를 통해 보건행정과 관련 있는 법령의 정확한 최신 내용을 효율적으로 학습할 수 있습니다.

③ 학습 장치를 통해 이론 완성하기

학습 내용 정리와 실력 향상을 위한 다양한 학습 장치

1. 핵심정리
시험에 자주 출제되는 개념을 '핵심정리'에 요약 및 정리하여 수록하였습니다. 이를 통해 보건행정의 중요한 이론을 한눈에 파악하고 학습한 이론을 확실하게 비교 및 정리할 수 있습니다.

2. Plus + POINT
본문 내용과 함께 더 알아두면 좋은 개념이나 이론을 'Plus+POINT'에 정리하여 수록하였습니다. 이를 통해 본문만으로 이해가 어려웠던 이론을 더 쉽게 보충하여 이해할 수 있고 심화된 내용까지 학습할 수 있습니다.

④ 이론 이해를 돕는 다양한 자료 활용하기

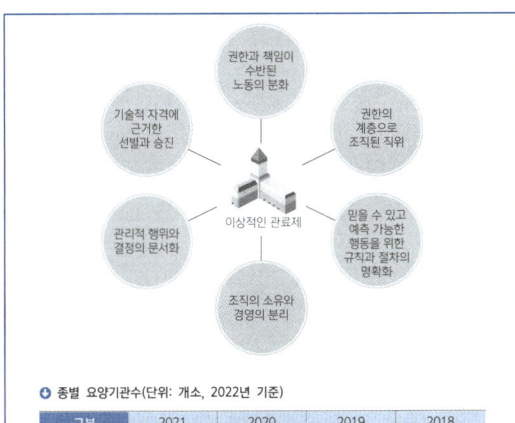

효율적인 학습을 위한 풍부한 자료 수록

보건행정 과목을 처음 학습하는 수험생들도 쉽게 이해하고, 다양한 자료들을 활용하여 효과적으로 학습할 수 있도록 책을 구성하였습니다. 생소할 수 있는 보건행정 관련 이론들을 쉽게 이해할 수 있도록 체계도, 그림, 표 등 다양한 자료들을 관련 이론과 함께 수록하였습니다. 이를 통해 이론 학습의 완성도를 높이고 깊이 있게 학습할 수 있습니다.

해커스공무원 학원·인강
gosi.Hackers.com

제1편
보건행정의 이론적 기초

제1장 보건행정의 이해
제2장 보건행정의 역사
제3장 보건의료와 보건의료체계의 이해
제4장 보건의료서비스와 질
제5장 일차 보건의료

제1장 보건행정의 이해

1 보건행정의 의의

1. 행정의 개념

(1) 행정의 의미
① 공익을 증진시키고 공공문제를 해결하기 위해 공공정책을 형성하고 집행하는 공공부문의 활동이다.
② 공익 목적을 달성하기 위한 공공문제의 해결 및 공공서비스의 생산과 분배와 관련된 정부의 제반 활동과 상호작용이다.
③ 왈도(Waldo)는 행정의 정의를 '공동의 목표를 달성하기 위한 인간의 협동행위'로 규정하고 있다.

(2) 행정의 특징
① 규범적으로 행정은 공익을 지향한다.
② 행정은 공공서비스의 생산, 공급, 분배와 관련된 모든 활동을 의미한다.
③ 행정의 수행은 정치권력을 배경으로 하지만 공공서비스와 생산 및 공급은 정부가 독점하지 않는다.
④ 행정은 정치과정과 밀접하게 연계되어 있다.

공공성	행정은 공공적 성격을 나타내며, 한 사회의 관습, 제도나 환경요인에 의하여 제약됨
공익성	• 행정은 공공성을 가진 이익, 즉 공익을 실현시키기 위한 작용 • 공익은 모든 국민이 공유하는 가치와 기준이며 특수 이익에 우선함
정치성	행정은 본질적으로 정치성을 내포하고 있으며 정부행정은 정치적 환경 속에서 수행됨
권력성	• 행정은 권력성을 보이고 권력수단이나 강제력에 의해 사회체계를 유지하고 통제기능을 수행 • 법적 구속력이나 제재력을 가진 정책의 결정 또는 집행과 관련됨
합리성	• 행정은 공공사무의 관리라는 사회·기술적 과정 내지 기술적 체제로서 파악되며 고도의 합리성을 추구 • 합리성은 목표에 대한 수단의 적합성을 의미
안정성	• 행정은 사회의 혼란을 방지하고 안정성을 확보하는 수단 • 사회의 건전한 발전을 위한 안전핀 역할을 수행
계속성	행정은 사회의 건전한 발전을 지속적으로 추구하는 과정
협동적 집단행동	행정은 특정한 목적을 달성하기 위하여 두 사람 이상이 집단을 이루어 협동적 활동을 하는 것

(3) 행정학적 행정의 개념

① **행정관리설(1880 ~ 1930년대)**
  ㉠ 행정학 초창기의 행정 개념으로, 행정의 분야는 사무의 한 분야이며 행정은 이미 수립한 법령·정책을 구체화하고 집행, 합리화하는 것으로 간주하였다.
  ㉡ 정치와 행정의 이원론을 주장하여 정치는 정책결정을, 행정은 정책집행을 다루는 것으로 인식하여 공사행정일원론를 주장하였다.
  ㉢ 기계적 능률성, 경제성, 생산성을 관심의 핵심요소로 인식하였다.
  ㉣ 대표적인 학자로는 윌슨, 화이트, 귤릭, 위로비 등이 있다.

② **통치기능설(1930 ~ 1940년대)**
  ㉠ 1930년대 중반에 행정이 정치 기능까지 수행하게 되면서 행정이 통치기능을 수행하는 데 초점을 맞추고 있었다.
  ㉡ 정치와 행정을 동일하게 인식하여 가치 배분적 활동을 수행하여야 함을 강조하는 측면이다.
  ㉢ 대표적인 학자로는 디목, 애플비가 있다.

③ **행정행태설(1940 ~ 1960년대)**
  ㉠ 행정의 개념을 인간의 행태에 초점을 맞추어 파악하려는 입장이었다.
  ㉡ 행태론은 인간의 행태를 경험적, 실증적으로 연구하여 과학성을 추구하고자 하는 것으로 이는 공사행정일원론의 견해를 취하면서도 그 목적은 다른 것으로 해석하는 신공사행정일원론의 주장을 표방하였다.
  ㉢ 대표적인 학자로는 버나드, 사이먼, 왈도, 니그로 등이 있다.

④ **발전기능설(1960년대)**
  ㉠ 신생국의 국가 발전을 뒷받침하기 위한 이론으로 등장하였다.
  ㉡ 행정의 자율성과 능동성 및 변화 대응 능력을 강조하고 있다.
  ㉢ 대표적인 학자로는 에스먼, 와이드너 등이 있다.

⑤ **정책화기능설(1970년대)**
  ㉠ 정책화 기능, 정책형성 기능을 특히 강조하는 것으로 행정의 핵심을 정책결정 또는 그 과정으로 보며 정책결정 과정에서의 갈등을 중시하였다.
  ㉡ 대표적인 학자로는 샤칸스키, 드로어 등이 있다.

⑥ **거버넌스설(1980년대 ~)** 기출 13, 15, 19, 21
  ㉠ 최근의 행정 개념으로 행정을 '정부 및 민간 부문의 다원적 주체들 간의 협력적 통치'라고 정의한다.
  ㉡ 1980년대의 거버넌스(신공공관리론): 시장지향적인 거버넌스로 규제 완화, 복지 지출 축소, 전술적 집행기구의 민간이양 등을 통한 작고 효율적인 정부의 성립에 중점을 두고 있다.
  ㉢ 1990년대의 거버넌스(뉴거버넌스론): 공동체 지향적 거버넌스로서 정부를 비롯한 다양한 주체가 신뢰를 바탕으로 상호작용하는 서비스 연계망을 통해 국정을 함께 이끌어 가는 것을 강조한다.
  ㉣ 대표적인 학자로는 후드, 오스본, 피터스 등이 있다.

행정학적 행정
행정학적 행정에서는 행정관리설, 통치기능설, 행정행태설, 발전기능설, 국정관리설로 구분된다.

정치행정이원론
정치와 행정을 다른 것으로 보는 이론으로 행정은 정치적인 성격이 배제된 관리와 기술이고 행정은 정치인이 아닌 전문 행정가가 수행해야 한다는 이론이다.

공사행정일원론
공행정과 사행정을 같은 것으로 보는 이론으로 행정은 순수한 관리로 보았기 때문에 공행정과 사행정의 구분이 의미가 없다고 보는 이론이다.

거버넌스
무수한 이해당사자들을 정부정책결정과정에 참여시키는 새로운 정부운영방식이다.

> **핵심정리** 행정의 개념에 대한 학설 비교

학설	연대	주요 학자	행정의 본질	정치와 행정의 관계	행정과 경영의 관계	주요 특징	주요 이념
행정 관리설	1880년대	윌슨, 화이트, 귤릭, 위로비	관리, 집행	정치행정 이원론	공사행정 일원론	엽관주의 폐해 극복	능률성
통치 기능설	1930년대	디목, 애플비	정책결정 + 집행	정치행정 일원론	공사행정 이원론	경제대공황의 극복, 행정 국가의 대두	민주성
행정 행태설	1940년대	버나드, 사이먼	의사결정	정치행정 이원론 (새 이원론)	공사행정 일원론 (새 일원론)	협동적 집단행동, 과학성 강조	합리성
발전 기능설	1960년대	에스먼, 와이드너	발전목표 + 정책결정 + 정책집행	정치행정 일원론 (행정우위론 또는 새 일원론)	공사행정 이원론 (새 일원론)	국가발전의 주도적 역할	효과성
정책화 기능설	1970년대	샤칸스키, 드로어	정책결정	정치행정 일원론	공사행정 이원론	정책결정 과정	형평성
거버넌스 (신공공 관리론)	1980년대	후드, 오스본, 피터스	행정의 시장화	정치행정 이원론	공사행정 일원론	행정의 경영화, 관민 협동생산	생산성
거버넌스 (뉴거버 넌스론)	1990년대		행정의 정치화	정치행정 일원론	공사행정 이원론	행정의 정치화	민주성, 신뢰성

출처: 고성진 외(2017), 유비쿼터스 보건행정학, 수문사

(4) 행정과 경영의 비교

① 유사점

구성원의 협동행위	목표달성을 위해 집단을 구성하고, 그 구성원의 협동적 행위 필요
관리기술의 활용	다양한 관리기술의 활용
목표달성을 위한 수단	행정은 목표달성을 위한 수단
합리적 의사결정	다양한 대안을 도출하여 이 중 최적의 대안을 선정
관료제적 성격	• 계층화, 분업, 전문화 등 조직의 원리 추구 • 문서와 법을 통한 지배

행정
국가 또는 공공기관에서 행하는 업무이다.

경영
기업체나 민간기관에서 관장하는 활동이다.

② 차이점

구분	행정(보건행정)	경영(사행정)
목적	• 공익추구 • 국가의 생존과 경제·사회 발전 책임 • 정의와 형평 등 사회가치의 비중이 큼	이윤극대화
주체	• 정부 • 공공기관	사기업
법적 규제	엄격한 법적 규제 (행정의 경직성)	직접적인 법적 규제 적용되지 않음
정치권력적 성격	• 본질적으로 정치적 성격 • 공권력을 배경으로 한 행정 기능 수행 • 정당, 의회, 이익단체, 국민의 통제	• 정치로부터 분리 • 강제력과 권력 수단 없음
평등성	모든 국민은 법 앞에 평등	고객 간 차별대우 용인
독점성	• 경쟁자 없는 독점성 • 행정서비스의 질 저하 우려	• 자유로운 시장 진입 ⇨ 경쟁 관계 • 고객 지향적 제품 서비스
관할 및 영향 범위	모든 국민이 대상 (광범위)	고객 관계 범위 내에 한정 (행정보다는 협소)
공개성	공개적	비공개적
획일성과 자율성	획일성	자율성
신분보장	강함	약함
평가 기준	다원적(능률성, 합법성, 민주성, 효과성 등) 기준	단일적(능률성) 기준

> **Plus⁺ POINT**
>
> 관리와 행정의 비교
>
> | 속성 | 관리 | 행정 |
> |---|---|---|
> | 목표 | 분명하고 단일 목표지향 | 불분명, 복잡한 목표, 공익 추구 |
> | 정치권력의 영향(권력성) | 포함되지 않음 | 포함됨 |
> | 법적 제약 | 적게 받음 | 엄격하게 받음 |
> | 경쟁성과 능률성 추구 | 강함 | 약함(독점성이 높음) |
> | 평등성 | 강조되지 않음 | • 고도의 합법성 요구
• 법 앞에 평등의 개념 |

보건행정의 정의
1. 보건행정이란 국민의 수명 연장, 질병 예방 및 육체적, 정신적 효율의 증진 등 공중보건의 목적을 달성하기 위하여 공공의 책임하에 수행하는 행정활동이다.
2. 보건행정이란 인구집단의 건강 유지와 향상이라는 공동의 목표를 달성하기 위하여 합리적으로 행동하는 과정이다.

2. 보건행정의 개념

(1) 보건행정의 정의

① 국민의 공동목표인 건강 증진 및 삶의 질 향상을 달성하기 위하여 정부, 지방자치단체, 민간기관 등을 통하여 행해지는 일련의 행정활동이다. ^{기출 18}
② 스밀리에(W. G. Smillie): 보건행정이란 공적 또는 사적 기관이 사회복지를 위하여 공중보건의 원리와 기법을 응용하는 것이다.
③ 가메야마 고이치: 보건행정은 공중의 보건에 관한 행정으로 일반 대중의 건강을 유지·증진하기 위하여 행하는 행정이다.
④ 하시모토 미치오: 보건행정은 공중보건의 기술을 행정조직을 통하여 주민의 생활 속에 도입하는 사회적 과정이다.
⑤ 전국대학보건관리학교육협의회(1999): 국가와 공공단체가 국민의 보건향상을 위하여 목표와 정책을 형성·조정하고 사업계획을 수립하며 이를 집행·통제하는 제 기능이다.

Plus⁺ POINT
보건행정의 정의를 규정하기 어려운 이유
1. 경제 성장으로 인한 생활습관 및 식습관의 변화 그리고 의료욕구의 다양화현상은 보건행정의 영역을 점진적으로 확대시키고 있다.
2. 첨단기술의 개발과 통신기술의 활용이 보건의료 분야에 적용되면서 새로운 보건행정의 관리영역을 형성하고 있다.
3. 다양한 신종유행성 질환의 발생과 산업화로 인한 보건환경의 변화는 보건행정의 중요성의 인식과 함께 관리영역을 지속적으로 확대시키고 있다.
4. 보건복지정책이 강화되고 확대되면서 질적·양적으로 행정관리의 영역이 확대되고 있다.

(2) 보건행정의 속성

① 보건행정의 목적은 지역사회 주민의 건강증진에 주안점을 두어야 한다.
② 지역사회 주민의 욕구와 수요를 반영하며 시대와 환경의 변화에 부응하여야 한다.
③ 국가나 지방자치단체가 주도적으로 업무를 관장한다.
④ 기획, 집행, 통제의 관리기능으로써 국민의 건강증진업무를 수행한다.
⑤ 우리나라 보건행정은 공공행정으로서는 기능이 미약하기 때문에 공공행정의 역할을 강화하고 공익성을 확대해 나가야 한다.

(3) 보건행정의 중요성

① 건강권에 대한 인식이 증대되고 있다.
② 보건의료의 효율성 제고에 대한 문제가 대두되고 있다.
③ 보건의료자원의 분배에 있어 불평등이 심화되고 있다.
④ 보건의료비 지출이 급증하고 있다.

(4) 보건행정의 범위 기출 11, 12, 14, 15, 16, 17, 18, 19, 20, 21, 22

① WHO(세계보건기구), 미국공중보건협회, 에머슨(Emerson)의 분류

WHO(세계보건기구)	미국공중보건협회	에머슨(Emerson)
• 보건 관련 기록의 보존 • 대중에 대한 보건교육 • 환경위생 • 감염병 관리 • 모자보건 • 의료 • 보건간호	• 보건자료의 기록과 분석 • 보건교육과 홍보 • 감독과 통제 • 직접적 환경서비스 • 개인 보건서비스 실시 • 보건시설의 운영 • 사업과 자원 간의 조정	• 보건통계 • 대중에 대한 건강교육 • 환경위생 • 감염병 관리 • 모자보건 • 만성병 관리 • 보건검사실 운영

② 한론(Hanlon)의 보건사업의 범위
  ㉠ 지역사회를 기반으로 실시되어야 할 사업
  ㉡ 질병, 불구 또는 미숙아 사망의 예방
  ㉢ 조직적 공공노력이 필요한 의학 분야
  ㉣ 보건의료 관련 기록의 수집·보존·분석·활용
  ㉤ 개인과 지역사회에 대한 보건교육
  ㉥ 포괄적인 보건기획과 평가
  ㉦ 연구

③ 허정의 보건행정의 범위

현행 조직을 기초로 한 분류	• **의사행정**: 의무행정, 간호행정, 치과 의무행정 등 • **약사행정**: 약무행정, 마약행정 등 • **보건행정(협의)**: 방역행정, 위생행정 등
보건사업 내용을 기초로 한 분류	• 보건통계사업 • 전염병관리사업 • 모자보건사업 • 학교보건사업 • 산업보건사업 • 보건간호사업 • 환경위생사업 • 의료사회사업
예방 및 치료의학적 서비스를 근거로 한 분류	• 예방의학적 서비스 • 치료의학적 서비스 • 사회적 서비스

(5) 관리 측면에 의한 보건사업의 구분

① **환경관리 분야**: 환경위생, 식품위생, 환경오염, 산업보건
② **질병관리 분야**: 역학, 감염병 관리, 비감염성 질환 관리, 기생충 질환 관리
③ **보건관리 분야**: 보건행정, 모자보건, 보건교육, 의료보장제도, 보건영양, 인구와 가족복지, 보건통계, 정신보건, 영유아보건사고 관리, 교통사고 관리, 약물남용, 학교보건, 보건의료정보 관리 등

국내 학자들의 보건학과 보건관리의 구분

1. 보건학
   보건관리, 환경보건, 역학 및 감염병 관리 등 3분야로 구분된다.
2. 보건관리
   보건행정, 인구보건, 보건영양, 모자보건, 노인보건, 학교보건, 보건교육, 정신보건, 사회보장 및 의료보장, 보건통계, 사고 등이 있다.

한론(Hanlon)의 보건사업의 범위

1. 지역사회를 기반으로 실시되어야 할 사업
   ① 지역사회의 식품, 상수, 우유 공급에 관한 감독
   ② 구충, 구서 및 그 밖의 매개물 관리
   ③ 대기와 하천 오염 예방
2. 예방가능한 질병, 불구 또는 미숙아의 사망에 관한 사항
   ① 감염병, 영양부족, 습관성 약품과 마약의 피해
   ② 알레르기 증상과 그 원인물질, 특정한 정신 및 인격상 행동이상
   ③ 산업보건, 악성종양
   ④ 혈액순환계 및 신진대사 질환
   ⑤ 모성 및 성장에 관계있는 위해, 충치
   ⑥ 가정, 지역사회 및 산업장의 재해 및 병후 회복

3. 보건행정의 특징 기출 12, 13, 14, 15, 16, 17, 18, 19, 20

(1) 공공성과 사회성
① 보건행정은 국민건강의 유지·증진을 위한 조직된 지역사회의 노력이다.
② 공공성과 사회성으로 인해 특별한 합리적인 이유 없이 특정 개인이나 집단에게 보건행정 서비스를 유리하게 제공하거나 서비스 제공의 부당한 거부 및 회피는 허용되지 않는다.
③ 공공복지와 집단적 건강을 추구함으로써 이윤추구에 몰두하는 사행정과는 다르며 행정행위가 사회 전체 구성원을 대상으로 한 사회적 건강 향상에 있으므로 사회행정적 성격을 보인다.

(2) 봉사성
① 보건행정은 서비스 행정이다.
② 공공행정이 소극적인 질서 유지로부터 국민의 행복과 복지를 위해 직접 개입하고 간섭하는 봉사행정으로 바뀌게 되었다.
③ **대표적인 예**: 사회보장, 봉사행정

(3) 조장성과 교육성
① 보건행정은 공중보건 향상의 근간을 이루는 것과 국민의 보건관계 요원을 위한 끊임없는 조장 및 교육*에 있다.
② 보건행정의 특징은 지역사회 또는 집단 및 국가의 책임하에 실시하나 그 해결은 주로 교육과정을 통하여 해결하려는 데 있다.
③ 지역사회 주민의 자발적인 참여 없이는 그 성과를 기대하기 어려우므로 지역사회 주민을 위한 조장 및 교육을 실시함으로써 목적을 달성한다.

* 보건행정은 교육을 중요한 수단으로 사용하고 있다.

(4) 과학성 및 기술성
① 보건행정에서 응용되고 있는 과학적인 지식은 지역사회 건강증진을 위하여 이용되고 실천적이며 실제적인 기술을 제공한다.
⇨ 보건행정은 과학행정인 동시에 기술행정이다.
② 보건행정에 이용되는 과학과 기술은 이용도와 적용도가 높아야 하기 때문에 비교적 가격이 저렴하고 장치가 간단하며 조작이 용이해야 한다.
③ **대표적인 예**: 결핵 예방접종은 비교적 값이 저렴하고 조작이 용이하면서 정확한 면역효과를 얻을 수 있다.

> **Plus⁺ POINT**
>
> Gaidon 교수의 보건행정의 특징
>
> | 강제성 | 어떤 특정한 행위를 하라, 또는 하지 말라, 그렇지 않으면 특정한 강제조치를 이행함 |
> |---|---|
> | 공익성 | 보건행정은 사회의 안정과 질서를 유지하는 공익성을 지님 |
> | 급부성 | 보건행정은 보건의료 등을 지역, 단체 및 개인에게 제공하는 급부기능에 해당됨 |
> | 전체성 | 복지행정은 경제적·신체적·사회적 약자, 국방행정은 병역의무에 해당하는 자, 세무행정은 납세와 관련된 자 그리고 교육행정은 단계별 교육과정에 해당하는 자 등으로 그 대상이 한정되어 있지만, 보건행정은 질병의 유·무와 상관없이 연령·소득·사회적 신분 등 남녀 노소 구분 없이 모든 불특정 다수가 대상임 |
> | 교육성 | 교육에 의한 건강행위 유형의 변화를 통해 건강증진을 강조함(적절한 보건교육 실시) |
> | 형평성 | 소득·종교·학력·성별·연령·사회적 신분 등과 무관하게 어떠한 차별도 두지 않고 형평성을 바탕으로 동일한 보건의료를 제공하는 것이 보건행정의 기본 원칙임 |
> | 합리성 | 공공기관의 모든 행위는 합리성이 전체가 되는데 어떤 행위가 이성적인 사고과정을 기초로 이행되고 그것이 사회통념상 받아들일 수 있는 것이라면 그 행위는 합리적이라 할 수 있음 |

4. 보건행정의 목적(가치)

(1) 형평성(Equity) 기출 15, 18, 19, 25

① 같은 상황에 있는 사람에게 유사한 수준의 대우를 하는 것을 말한다.
② 소득 수준이 비슷한 사람에게는 비슷한 수준의 사회보험료를 부담하도록 하거나 비슷한 수준의 세금을 납부하도록 하는 것도 형평성의 한 사례로 볼 수 있다.
③ 우리나라와 같이 민간우위의 의료시장, 사회적 빈부의 격차가 큰 나라에서의 건강불평등은 더욱 크게 존재한다.
④ 빈곤계층, 즉 사회적, 경제적으로 취약한 계층은 성별, 연령별, 집단별, 지역별 등에 따라서 그렇지 않은 계층과의 격차는 더욱 커질 수 있다.

(2) 능률성(Efficiency) 기출 18, 19

① 능률이란 최소의 비용과 노력, 시간으로 최대의 성과, 산출을 얻는 비율, 즉 투입 대 산출의 비율을 말한다.
② 한정된 보건의료자원, 즉 의료인력, 시설, 장비로 최대한의 보건의료서비스를 제공할 수 있도록 유도하는 능률성이 보건행정에 있어서 중요하다.
③ 보건행정에 있어서 능률성의 측정은 매우 어렵다.
④ 똑같은 조건(의료인력, 시설, 장비)의 병원에서 동일한 증상의 환자를 진료했는데 그 결과는 다르게 나타날 수 있다.
⑤ 환자진료건수, 환자완치건수, 환자만족도 등도 다르게 나타날 수 있는데, 이러한 능률성을 가져오는 원인들(병원분위기, 의료인의 높은 동기부여, 경영자의 의지 등)을 파악한다면 보건사업 또는 병원 운영에 많은 도움이 될 수 있을 것이다.

> **기출 체크**
>
> 보건행정의 가치 중 **형평성**의 특징에 해당하는 것은? 기출 25
> ① 국민의 참여를 확대하고 여론을 충실히 반영해야 한다.
> ② 최소의 비용과 노력, 시간으로 최대의 성과를 얻어야 한다.
> ③ 정책수혜자의 요구 및 기대와 환경변화에 융통성 있게 대처해야 한다.
> ④ 소득수준이 비슷한 사람에게 비슷한 수준의 사회보험료를 부담하도록 한다.
>
> 정답 ④

(3) 효과성(Effectiveness) 기출 15, 18, 19, 21
① 효과성은 의도하거나 기대한 것과 같은 소망스러운 상태가 나타나는 성향을 말하며, 집행 후에 나타나는 소망스러운 상태, 즉 미리 설정된 정책목표의 달성정도를 의미한다.
② 효과성은 능률성(효율성, Efficiency)과 약간의 차이가 있다.
③ 효과성은 일반적으로 능률성보다 넓은 의미로 사용되고 있다.
④ 능률성은 빈곤층의 건강증진활동사업 등에 들어가는 비용을 중심으로 측정할 수 있지만, 효과성은 주어진 행정을 집행한 후에 실질적으로 건강증진활동을 실천한 사람이 몇 명이나 되며 그 비율은 어느 정도인가를 중심으로 측정한다.
⑤ 효과성은 정책의 성공 여부를 판단하는 중요한 기준이 되므로 효과성이 높으면 정책이 성공한 것으로 받아들여지고 있다.

(4) 접근성(Accessibility) 기출 15, 18
① 보건행정은 서비스 지향적인 행정으로서의 특성을 갖고 있기 때문에 접근성이 매우 중요한 가치를 지닌다.
② 보건행정은 접근가능성이 높은 때보다 많은 사람들이 서비스를 이용할 수 있고, 기대한 효과를 달성할 가능성 또한 높아진다.
③ 우리나라의 경우 보건행정의 접근도는 과거와는 비교할 수 없을 정도로 높아졌으나, 지리적 접근도보다는 서비스를 이용할 시간적 접근도(직장인, 농번기 농부 등), 비용문제로 인한 경제적 접근도(저소득층) 등이 문제가 되고 있다.

접근성과 대응성
서비스의 접근성이 보장되어야 대응성이 높아진다.

(5) 대응성(Responsiveness) 기출 15, 16, 17, 18, 19
① 대응성은 정책 수혜자의 요구와 기대, 그리고 환경변화에 얼마나 융통성 있게 대처해 나가느냐 하는 능력을 의미한다.
② 대응성은 국민의 요구에 부응하는 보건행정을 수행하였는지를 묻는 보건행정의 가치이다.
③ 대응성을 높이기 위해서는 먼저 국민의 요구가 무엇이며 어느 정도까지 제공해야 하는가에 대한 기준이 있어야 한다.
④ 서비스를 제공하기 위한 자원이 확보되어 있지 못하면 보건행정의 대응성을 높일 수 없다.
⑤ 보건행정과정에서 국민의 요구에 부응하는 행정을 수행함으로써 보건행정의 책임성을 높일 수 있다.

(6) 민주성 및 참여성 기출 15, 18
① 민주성과 참여성은 현대복지국가에서 모든 정책의 가장 기본적인 정책의 성공 여부를 가늠하는 기준이 되며, 정책의 정당성 확보의 기초가 된다.
② 민주성은 일반적으로 과거의 기계적 능률관과 대비되는 개념으로 사회적 능률이란 용어로 자주 사용되고 있다.

참여성
국민의 참여 정도에 따라 보건의료서비스의 질이 좌우될 수 있다. 국민의 참여를 확대하고 여론을 충실히 반영해야 한다.

③ 참여성이란 정책결정과정과 정책수행과정 및 정책평가과정에 다수의 국민들이 참여하여 어느 정도 투입작용을 행하는 것을 말한다.
④ 보건의료서비스와 같은 공공서비스의 경우에는 참여성 개념 속에 건전한 비판과 참여의식을 가지고 있는 민주성의 개념을 함께 포함하여 분석해야 한다.

5. 보건행정의 운영관리

(1) 관리과정(Management Process)
① 관리란 미리 정해진 목표를 달성하기 위하여 인적·물적 자원을 활용하여 공식조직체 내에서 행해지는 과정의 상호작용의 집합이다.
② 고전적인 관리과정에는 유명한 귤릭(Gulick)의 POSDCoRB(기획, 조직, 인사, 지휘, 조정, 보고, 예산)가 있다.
③ 관리과정은 학자들에 따라 다양하게 구분하는데 계획·조직·충원·지시·통제·조정으로 나누기도 하고 계획 및 설계, 통제 및 평가로 나누기도 한다.
④ 관리는 연속되는 과정이며, 각 과정은 상호 연관작용을 하고, 각 과정은 서로 별개가 아니라 상호 영향을 주고 받으며 동적이다.
⑤ 관리는 계속적·유동적이며 적응하는 속성을 가지고 있다.

(2) 의사결정과정(Decision Making Process)
① 의사결정은 여러 대안들 중에 최선의 대안을 선택하는 과정이다.
② 의사결정은 일반적이고 동적이며 끊임없이 계속되는 중요한 과정이다.
③ **의사결정과정의 순서**: 의사결정을 해야 함을 인식 ⇨ 문제 정의 ⇨ 관련정보의 수집 ⇨ 대안의 해결책 개발 ⇨ 각 대안의 평가 ⇨ 가장 수용 가능한 대안을 선택하는 과정이다.

(3) 기획과정(Planning Process)
① 기획은 행동하기 전에 무엇을 어떻게 해야 하는지를 결정하는 것이며, 미래를 예측하는 것이다.
② 기획과정은 전제를 세우고 ⇨ 예측을 하며 ⇨ 목표를 설정 또는 재설정하고 ⇨ 구체적인 행동계획을 전개하는 과정이다.

(4) 조직화과정(조직과정, Organizing Process)
① 조직이란 일정한 환경하에서 특정한 목표를 달성하기 위한 분업체계를 말한다.
② 조직화과정이란 공동의 목표를 달성하기 위하여 업무를 분담하는 과정으로, 조직화과정에는 고전적 의미의 조직원리(분업화, 전문화, 조정, 명령통일, 통솔범위, 권한과 책임의 원칙 등), 현대적 의미의 조직(프로젝트조직, 매트릭스조직 등) 등에 대한 이해가 중요하다.

보건행정이 필요로 하는 기초 기술
기출 20

1. **생태학적 고찰**
   인구집단의 특성
2. **역학적 기초**
   질병 양상을 파악한 자료
3. **의학적 기초**
   자연과학적인 규명과 치료를 기본으로 하는 것
4. **환경보건학적인 기초**
   환경보건학은 발생요인의 외적 또는 환경요소를 중심으로 연구하는 학문

(5) 수행과정(Executing Process)
① 수행과정은 주로 조직 내에서 행동을 실제로 추진하는 과정이다.
② 수행과정은 인간지향적이며 조직의 인적자원을 다루는 데 필요한 활동을 포함한다.
③ 피고용자들의 동기유발 및 지휘·감독과 의사소통을 하여 공식적인 조직 내에서 계획된 활동이 시작되어 성취될 수 있도록 해야 한다.

(6) 통제과정(Controlling Process) 기출 21
① 통제과정은 조직활동을 감시하는 데 초점을 두고 있다.
② 통제과정 중에는 조직의 활동 결과를 측정하는 기준을 결정하며, 이러한 평가기법과 변화가 필요할 때 수정·보완하는 활동을 포함한다.

6. 행정의 과정

(1) 페이욜(H. Fayol, 1961)의 5단계 행정관리과정

5가지 하위시스템인 기획, 조직, 지휘 혹은 조정, 통제의 관리기능을 제시한다.

기획	조직의 목표설정과 행동방안을 결정하는 과정
조직	목표와 행동방안을 효과적으로 수행하도록 조직화하는 과정
지휘	조직원들에게 영향력을 행사하고 지휘하는 과정
조정	조직원들이 행동을 통일하고 결집할 수 있도록 조정하는 과정
통제	업무의 표준을 정해두고 그 기준에 따라 평가 및 환류(Feedback)하는 과정

(2) 귤릭(L. Gulick)의 POSDCORB(Planning, Organizing, Staffing, Directing, Coordinating, Reporting, Budgeting) 7단계 행정과정 기출 17, 18, 20

기획, 조직, 인사, 지휘, 조정, 보고, 예산의 7개 관리활동을 설명한다.

기획	정해진 목표나 정책의 합리적 운영을 위한 사전 준비 활동
조직	인적·물적 자원 및 구조를 편제하는 과정
인사	조직 내 인적 자원을 임용, 배치, 관리하는 활동
지휘	목표달성을 위한 지침을 내리는 과정
조정	행동 통일을 이루기 위한 집단적 활동
보고	보고하고 보고 받는 과정
예산	예산의 편성·관리, 통제 활동

행정의 3대 기능
1. 기획
2. 집행(수행, 이행)
3. 통제

행정과정론적 입장에서 보건행정의 내용(투입-산출 모델) 기출 17, 20
1. 투입(input)
   인력, 시설, 재정, 기술, 물자 등
2. 전환(conversion process)
   보건의료조직, 관리 등
3. 산출(output)
   중간 산출물(보건의료서비스 전달), 최종 산출물(건강의 증진)
4. 환류(feedback), 통제 및 조정 (control mechanism)
   정부, 공급자단체, 소비자단체 등
5. 환경(environment)
   정부시책, 보건의료체계, 경제동향, 사회의 기대, 기술 및 생산요소의 발달 등

(3) 현대적 행정과정 기출 16, 20

목표설정 – 정책결정 – 기획 – 조직화 – 동기부여 – 평가(통제) – 환류(시정조치)

목표설정	행정이 달성하고자 하는 바람직한 미래의 상태를 설정하는 것으로 행정과정에서 가장 창조적인 과정
정책결정	• 정책수립이라고도 하며, 정부기관에 의한 장래 활동지침의 결정을 의미 • 바람직한 대안을 결정하는 과정
기획	목표를 구체화하며 목표를 달성하기 위한 합리적인 수단을 선택하는 과정
조직화	발전 목표에 따라 정책수립이 형성되고 계획이 이루어지고 나면 이를 구체화하는 수단으로 구조, 인사, 예산 등의 문제를 효율적으로 관리하는 과정
동기부여	조직화가 이루어지고 난 후 그 조직이 계획대로 자발적으로 움직일 수 있도록 필요한 유인을 제공하고 규제하는 과정
평가 (통제)	수행된 업무성과를 계획된 목표와 비교·평가하여 목표에 미달된 것을 수정조치하는 과정
시정조치 (환류)	성과를 심사·평가하여 계획이나 기준대로 이루어지고 있지 않은 경우에는 시정조치(Feedback)를 하는 과정

2 보건행정자의 역할

1. 전문기술자

보건행정자는 전문기술자로서 자신이 지니고 있는 전문기술을 활용하여 보건의료 활동을 수행한다.

2. 정부관리

(1) 보건 관련 문제에 사회 전반의 이익과 권한을 대표한다.
(2) 각종 공식행사에 해당 기관의 장이나 개인 자격으로 참여한다.
(3) 자신의 행정영역과 조직에 관한 법률을 성실하고 공평하게 집행한다.
(4) 자신의 판단에 비추어 목표, 법률 및 자원의 필요한 변화에 관하여 상사를 이해시켜야 한다.

3. 행정가

한 사람의 행정가로서 보건행정가는 사업계획의 계획자인 동시에 수립자이며 필요한 직원을 충원하고 계획을 추진하는 지도자여야 한다.

4. 사회지도자

(1) 직원을 격려하기 위해 열성적이고 명랑하며 남을 도울 수 있는 결단력이 있어야 한다.
(2) 조직의 안정을 위한 침착성과 성실성을 가져야 한다.
(3) 능률과 시간 절약을 위한 이해력과 단순성 및 솔직함을 필요로 한다.
(4) 업무의 계속성 유지를 위한 확고한 인내력을 가져야 한다.
(5) 신중을 기하기 위한 위엄이 있어야 한다.
(6) 예의와 배려 및 친절한 태도를 가져야 한다.

3 보건행정의 건강과 건강증진

1. 건강의 개념

(1) 건강의 정의 기출 17, 20
  ① 세계보건기구(WHO): 건강이란 단지 질병이 없거나 허약하지 않다는 것을 말하는 것이 아니다. 이는 신체적·정신적·사회적으로 완전한 안녕 상태에 놓여있는 것이다(1948, WHO헌장, Health is a complete state of physical, mental and social well being and not merely the absence of disease or infirmity).
    ㉠ **신체적 안녕**: 신체의 크기와 모양, 감각의 예민성, 질병에 대한 감수성, 신체기능, 회복능력 등 특정 업무의 수행능력을 뜻한다.
    ㉡ **정신적 안녕**: 건강은 신체적 측면·정신적 측면을 함께 고려한다.
      ⓐ 학습능력, 합리적 사고능력과 지적능력을 뜻한다.
      ⓑ 임상적으로 질병이 발견되지 않았다고 해서 건강하다고 할 수 없으며, 앞으로 의학기술이 발전함에 따라 현재 건강하다고 판단된 사람에게도 이상이 발견될 수 있을 것을 들 수 있다.
      ⓒ 건강에 대한 개념은 신체적인 면을 말할 뿐만 아니라 정신적인 면까지도 생각하며, "건전한 정신은 건전한 신체에 수반된다."라는 말에서 볼 수 있듯이 건강은 신체적 측면과 정신적 측면을 함께 고려하는 것이다.
    ㉢ **사회적 안녕**: 사회에서 그 사람 나름대로의 역할을 충분히 수행하는, 사회생활을 영위할 수 있는 상태로서, 사회에서 자신에게 부여된 사회적 기능을 다함을 뜻한다.

> **★ 핵심정리** 사회적 안녕(Social well-being) 기출 18
>
> 1. 개념
>   <u>사회 속에서 자신의 역할을 잘 수행, 원만한 대인관계, 사회규범 준수</u>
>   ⇨ <u>사회생활에 잘 적응, 생활 개념</u>
>   ① 사회적 역할 적응
>   ② 자신에 대한, 일에 대한 애착 및 긍정적 자아상
>   ③ 다른 사람과 융화: 원만한 대인관계 형성
>   ④ 사회적 약속인 사회규범을 잘 준수하여 사회구성원으로서의 역할 수행
> 2. 의의
>   복잡한 사회에서 살고 있는 현대인에게 더욱 요구되는 건강 개념으로 인간과 동물을 차별화하는 척도가 되는 건강 개념
> 3. 사회적 안녕 개념이 중요한 이유
>   ① 건강의 사회적 측면을 중시한 적극적인 건강증진의 개념
>   ② 진정한 건강은 사회구성원으로서 자신의 역할과 기능을 충실히 하는 것
>   ③ 사회적 안녕은 인간과 동물을 구별하는 척도
>   ④ 사회적 안녕은 사회 속에서 자신의 삶의 가치와 보람을 창출하는 핵심 개념

② 윌슨(Wilson, 1970): 심각한 불능의 상태를 나타내지 않고 적절하게 효과적으로 기능하는 상태이다.

③ 머레이와 젠트너(Murray & Zentner, 1979): 안정과 편안함을 유지하기 위한 내적·외적 자극에 대한 목적적·적응적 반응을 보이는 것이다.

(2) 건강 개념의 변화 기출 20

병이 없는 상태의 <u>소극적 개념(치료모형)</u>에서 현재의 건강을 최고의 수준으로 유지·증진하는 <u>적극적 개념(건강모형)</u>으로 발전하였다.

> 건강 개념의 변천과정: 신체 개념 ⇨ 심신 개념 ⇨ 생활 개념 ⇨ 생활수단 개념

① **그리스 시대**: <u>신체를 구성하는 모든 요소들이 완전히 균형</u>을 이룬 상태이다.
② **힌두교**: 인간, 인간을 둘러싼 지역사회 환경, 신, 우주가 적절한 조화를 이룬 상태이다.
③ **중국 한의학**: 음과 양의 평형상태를 말한다.
④ **19세기 초**: 단순한 질병의 반대 개념이었다.
⑤ **근대적 건강의 개념**: 과거에 비해 구체적·포괄적인 개념이다.
⑥ **최근 긍정적인 건강(Positive health)**: 전인적인 건강(Holistic health), 최적의 건강(Optimal health) 등을 의미한다.
⑦ **현대건강의 개념**: 웰니스 또는 웰빙을 말한다.
⑧ **캐나다 라론드(Lalonde) 보고서**: 국민건강의 결정요인은 유전적 요인, 환경적 요인, 개인의 생활습관, 보건의료 서비스이다.

(3) 건강의 총체적 특성
① 건강과 질병은 개인적인 인생역정과 밀착되어 있으며 자신의 정체성과 직접 연관되어 있다.
② 건강은 모든 활동의 출발점으로서 보건의료의 잠재적 유효성이 크다.
③ 잠재적 유효성이란 질병을 예방하고 치료하여 장기적으로 건강한 삶과 사회활동을 함으로써 개인이나 사회에 가져다주는 장기적인 효과를 의미한다.
④ 과학기술의 발달로 인하여 잠재적인 유효성은 증가하고 있다.

(4) 요구의 다차원성
건강문제는 정치적, 경제적, 사회적, 물리적, 문화적, 개인적 요인에 의해 영향을 받기 때문에 다차원적이다.

(5) 건강권의 대두
① 20세기에 들어오면서 경제 성장과 더불어 복지의 발전방향으로 전환하였다.
② 국민의 인간다운 삶을 위하여 경제 발전에 투자의 기반을 마련하였고, 인간은 건강하고 문화적인 최저한도의 생활에 대한 권리를 주장하기 시작하였다.
③ 인간다운 생활의 보장이란 소득보장과 의료보장을 의미한다.
④ 세계인권선언에서 "인간은 누구나 태어날 때부터 건강을 향유할 권리가 있으며 국가사회는 이러한 권리를 보장할 의무가 있다."라고 천명하였다.
⑤ 우리 헌법에서는 "모든 국민은 보건에 관하여 국가의 보호를 받는다(헌법 제36조 제3항)."라고 규정하고 국민의 건강권 보장을 선언하였다.

Plus⁺ POINT

캐나다 라론드 보고서 기출 12, 13, 15, 16, 17, 18, 19

1. '건강의 장(health field)' 개념에서 건강결정요인을 생물학적 요인, 보건의료체계, 생활양식, 환경의 4개 범주로 제시하였다.
2. 건강이 질병치료 등의 보건의료에 의한 건강관리만으로는 성취될 수 없으며 인간, 보건의료, 생활양식, 환경의 상호작용이 중요하다는 것을 강조하였다.
3. 알마아타 선언(Alma-Ata Declaration)은 이 중 생활습관이 건강결정적인 요인임을 강조하였다.
4. 1978년 구소련 알마아타에서 국제보건회의가 개최되었고, 이곳에서 '2000년까지 모든 인류에게 건강을(Health for all by the year 2000)'을 슬로건으로 하는 알마아타 선언(Alma-Ata Declaration)을 채택하였다.
5. 알마아타 선언에 담긴 건강에 대한 사회적, 경제적 요인의 영향력과 참여에 대한 강조는 건강증진의 개념 발전에 영향을 주었다.
6. 알마아타 선언에서 강조된 권리로서의 건강 및 건강형평성은 이후 건강증진이 형평성을 중시하는 데 있어 큰 영향을 미쳤다.
7. 1979년에는 미국의 건강증진 관련 국가적 프로그램인 'Healthy People 2000'에 공식적으로 건강증진의 개념이 표현되었으며, 이후 건강증진은 WHO의 국제건강증진회의(Global Conference on Health Promotion)를 통해 확대·발전하였다.

(6) 학자별 건강의 정의

① 클라우드 베르나르(버나드, Claude Bernard, 프랑스, 1859) 기출 16, 19, 20
　㉠ 건강이란 '외부환경의 변화에 대하여 내부환경의 항상성(恒常性, Homeostasis)이 유지된 상태'라고 정의하였다.
　㉡ 질병이란 항상성이 깨진 상태이며, 건강도가 높을 때는 외부환경이 크게 변하더라도 내부환경을 유지하는 능력이 크고, 생체에 가해지는 여러 가지 물리적·정서적 자극에도 잘 견디고 적응하는 폭이 넓다.
　㉢ 캐논(W. B. Cannon)도 내부환경의 항상성을 강조하였다.

② 와일리(Wylie) 기출 20: 건강이란 유기체가 외부환경 조건에 부단히 잘 적응해 나가는 것이라고 정의하였다.

③ 사이그리스트(H. E. Sigerist, 의사학자, 醫史學者) 기출 19: 건강이란 '자연과 문화·습관과의 제약하에서 일정 리듬 속에서 살고 있는 우리들의 신체가 생활상의 요구에 잘 견디고 여러 가지 생활 조건의 변화에 대하여 일정 범위 내에서 신속히 적응할 수 있도록 내부 제기관의 조화와 통일이 유지된 상태'라고 하였다.

④ 파슨스(Talcott Parsons, 미국의 사회학자) 기출 07, 20
　㉠ 건강이란 '각 개개인이 사회적인 역할과 임무를 효과적으로 수행할 수 있는 최적의 상태'라고 하여 개인의 사회적 기능 측면에서 건강을 정의하였다.
　㉡ 건강을 개인의 사회적 기능의 측면에서 그 기능의 역할과 임무 수행 여부와 연결시켜 정의하였다.

⑤ 뉴먼(Newman): 건강이란 '단순히 질병이 없다는 것만으로 건강이라 할 수 없고, 모든 자질·기능·능력이 신체적으로나 정신적으로 또는 도덕적인 면에서도 최고로 발달되고 완전히 조화된 인간만이 진실한 건강자'라고 하였다.

⑥ 윌슨(C. C. Wilson)
　㉠ '건강이란 행복하고 성공된 생활을 조성하는 인체의 상태로서 신체장애가 있다 해도 건강하다고 할 수 있는 경우'를 말한다고 하였다.
　㉡ "오늘날 의학기술로서 아무데도 이상이 없고 심리적으로도 문제가 없으며, 보기에도 사회적으로 훌륭히 일을 해낼 수 있다고 생각되는 사람도 본인이 충족감을 느끼지 못하고 살 보람을 찾지 못한다면 주관적으로 보아 건강하다고 할 수 없다."라고 하였다.
　㉢ 신체적 조건을 오히려 부정적으로 취급한 특이한 건강관을 표현하였으며 건강이 자기 스스로의 것인 이상 그 범주 안에 의학이 개입하는 것은 고려될 문제라고 지적하였다.
　㉣ 건강의 주관적 측면을 강조하였다.

⑦ 왈쉬(Walsh, Cornell대 교수): 자신이 특수한 환경 속에서 효과적으로 기능을 발휘할 수 있는 능력이다.

⑧ 라벨과 클라크[Leavell & Clark(1965) – 병인·환경·숙주의 3원론]
   ㉠ 병인·환경·숙주의 3원론은 개인의 질병 발생의 원인을 찾는 데 도움이 되며 병인·숙주·환경 간의 상호작용에서 발생하는 위험요인을 밝혀 건강유지와 증진에 유익한 모델이지만, 실제적으로 건강증진 측면보다는 질병을 예측하는 데 더 유용한 모델이다.
   ㉡ 이 모델은 역동적으로 상호작용하는 병인(Agent), 환경(Environment), 숙주(Host)의 세 가지 요소로 구성되어 있다.

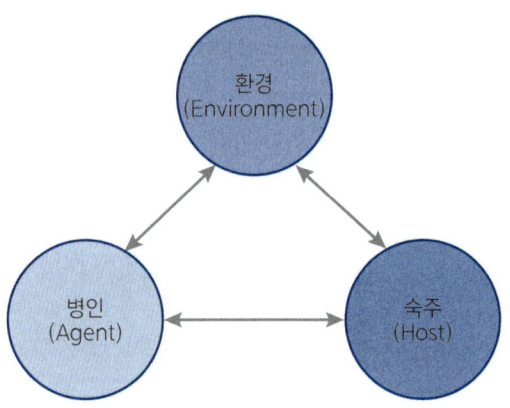

◆ 병인·숙주·환경의 상호작용 관계

⑨ 테리스(Milton Terris): 건강이란 '상병이나 불구의 결함이 없을 뿐 아니라, 신체적·사회적 안녕 및 가능할 수 있는 능력의 상태'이다.

⑩ 로이(Roy, 1976): 초기에는 건강 – 질병의 개념을 연속선으로 보았으나, 최근에는 통합적이고 전인적인 인간에 도달해 가는 과정이나 상태를 말한다.

⑪ 뒤보(Rene Dubos, 1965) – 적응 건강 개념 기출 20
   ㉠ "건강이란 유기체가 환경에 대해 유연하게 적응을 유지하며 최대의 이익을 얻는 방향으로 환경과 상호작용을 하는 상태이며, 상병이란 이러한 적응의 실패이다."라고 하였다.
   ㉡ 건강에 대한 생각은 의학적인 개념에서 발전하였으나 질병의 치료를 넘어서까지 확대되었다.
   ㉢ 건강의 연속선상으로 볼 때 한쪽 끝은 유기체가 환경과 융통성 있게 적응을 유지하고 환경과 상호작용하는 것이고, 그 반대의 끝은 유기체가 환경으로부터 소외되거나 자기교정적인 반응을 하는 데 실패하는 것을 의미한다.
   ㉣ 개인이 질병이 없다고 해서 건강한 상태라고 할 수 없으며 의학적인 치료는 유기체가 그 자신의 적응 기전을 이용하는 능력을 복원하도록 하는 것이 목적이다.

⑫ 매슬로우(Maslow, 1920) – 행복론적 개념
  ㉠ 건강을 이상적인 본성과 개성으로 표현하였다. 이상적인 인간은 최고의 지성과 열망으로 측정할 수 있으며, 최고의 열망이란 실현과 완전한 발달을 지향하는 것으로 내적인 잠재력에 의해 개발된다.
  ㉡ 건강의 연속선상으로 볼 때 한쪽 끝은 안녕과 자아실현의 상태이며, 그 반대의 끝은 무기력·쇠약의 상태이다.
  ㉢ 치료는 개인의 자아실현을 돕는 것이 궁극적 목적이다.
  ㉣ 고대 그리스 의학과 플라톤 및 아리스토텔레스의 도덕 철학에 근거를 두고 있다.
  ㉤ 인간의 본성에 대한 여러 가지 관점을 취합하여 건강을 일반적인 안녕과 자아실현까지로 확대하였다.
⑬ 던(Halbert Dunn) – 높은 수준의 안녕(Health grid) 기출 20
  ㉠ 건강 – 불건강 연속성: 건강과 질병은 연속상에서 유동적으로 변화하고 있는 상태이다.
  ㉡ 건강 – 불건강의 연속선에서 '건강은 최적의 건강상태가 가장 기초가 되는 개념'이라고 한다.
  ㉢ 높은 수준의 안녕(High – level wellness)이란 용어를 새로 제시하였다. 이는 개인이 할 수 있는 잠재력을 극대화하는 쪽으로 인간의 가능성이 통합되는 것을 의미하며, 개인의 안녕은 각자의 마음에 의해 조절될 수 있다고 보았다.
  ㉣ 고도의 안녕의 한 차원으로서 균형을 인정하면서도 목적적 행위를 통해 인간 잠재력을 실현하는 것을 강조하였는데, 안녕은 '환경과 개인이 균형을 이룬 질병이 없는 수동적 상태를 말하는 것이 아니라, 전 생애를 걸쳐 나타나는 역동적인 과정'이라고 정의하여 '안녕(Wellness)'을 좋은 건강(Good health)과 구별하여 정의하였다.
  ㉤ 개인은 자신에게 가능한 안녕상태, 즉 최적의 기능상태를 가지고 있으며 사소한 건강결함 몇 가지가 있더라도 일상생활을 유지할 수 있다고 보았다.
  ㉥ 높은 수준의 안녕 그리드(High level wellness grid)는 건강축과 환경축이 교차하는 건강 그리드(Health grid)를 제시하여 안녕 개념을 설명하였다.
  ㉦ 건강 그리드는 건강 – 질병 연속선과 환경축이 교차하여 사분원을 형성하면서 이 두 개의 축이 상호작용하는 모습을 보여준다.

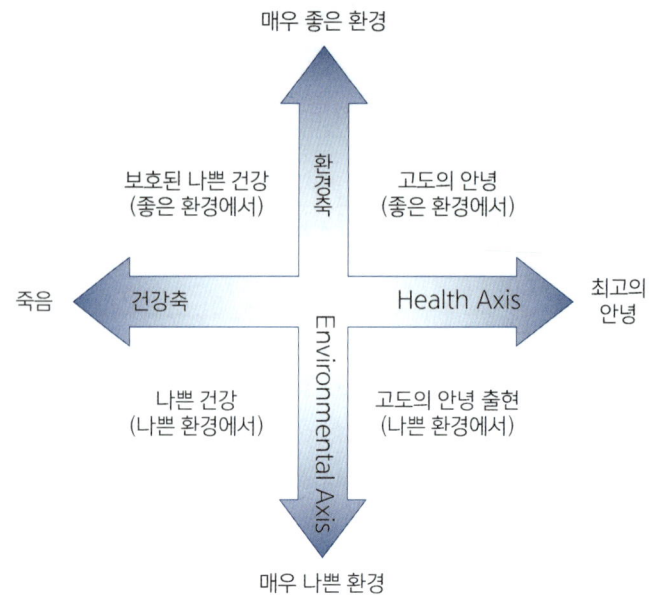

● 던 – 건강 그리드

⑭ **트래비스(Travis)**: 질병 – 안녕 연속 개념(높은 수준의 안녕상태 ~ 조기 죽음)
  ㉠ **중간지점 ~ 오른쪽**: 안녕모델로 건강과 안녕 수준의 향상을 의미한다.
  ㉡ 인식의 단계 ⇨ 교육의 단계 ⇨ 성장의 단계로 이루어진다.
  ㉢ **중간지점 ~ 왼쪽**: 치료모델로 점진적으로 건강상태가 나빠지는 것이다.
  ㉣ 개인이 현재 연속선상의 위치가 아니라 개인이 향하고 있는 방향이 중요하다.
  ㉤ **질병 내 건강**: 질병을 가진 개인에게 성장과 안녕을 위한 기회를 제공하고 인간의 잠재력을 강화시킨 상태이다.
  ㉥ **두 개의 화살표**: 중간지점에서 만나지만 서로 반대방향으로 향한다.

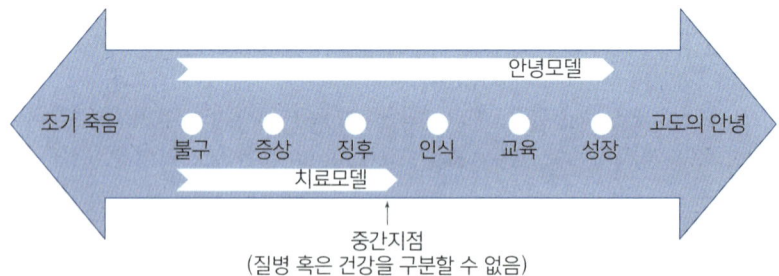

● 건강 – 질병 연속선

핵심정리 학자별 건강의 정의

학자	정의
Claude Bernard (프랑스, 1859)	건강은 외부환경의 변화에 대하여 내부환경의 항상성(恒常性, Homeostasis)이 유지된 상태
Wylie	건강은 유기체가 외부환경 조건에 부단히 잘 적응해 나가는 것
H. E. Sigerist [의사학자(醫史學者)]	건강은 생활상의 요구와 조건에 적응하도록 내부 제 기관의 조화와 통일이 유지된 상태
Talcott Parsons (미국의 사회학자)	개인의 사회적 기능 측면에서 건강을 정의한 것으로, 건강은 각 개개인이 사회적인 역할과 임무를 효과적으로 수행할 수 있는 최적의 상태
C. C. Wilson	건강은 행복하고 성공된 생활을 조성하는 인체의 상태로, 건강의 주관적 측면을 강조
Leavell & Clark (1965)	병인·숙주·환경의 3원론을 제시
Milton Terris	상병이나 불구의 결함이 없을 뿐 아니라, 신체적·사회적 안녕 및 가능할 수 있는 능력의 상태
Roy(1976)	초기에는 건강-질병의 개념을 연속선으로 보았으나, 최근에는 통합적이고 전인적인 인간에 도달해 가는 과정이나 상태로 봄(적응상태)
Parsons (사회의학 및 구조기능주의자, 1964)	건강이란 인간이 자신에게 기대되는 역할을 최고의 결과로 사회적 역할을 수행하는 상태로 역할수행 개념을 강조
Dubos(1965)	건강이란 유기체가 환경에 대해 유연하게 적응을 유지하며 최대의 이익을 얻는 방향으로 환경과 상호작용을 하는 상태로, 적응 건강 개념
Maslow(1920)	건강을 이상적인 본성과 개성으로 표현(행복론적 개념)
Halbert Dunn	높은 수준의 안녕, Health Grid 개념
Travis	질병-안녕 연속 개념
지거리스트 (Henry E. Sigerist)	신속히 적응할 수 있는 조화의 개념

2. 건강증진 기출 19, 11, 17, 19

(1) 세계보건기구(WHO) 건강증진의 개념

① 세계보건기구(WHO): 건강증진은 각자의 건강 한계를 넘어 더 건강하게 지낼 수 있도록 향상·개선시키는 권한을 갖게 하는 과정이다.

② 1986년(캐나다, 오타와 회의, 제1차 국제회의)

㉠ 건강이란 삶의 목적이 아닌 일상생활을 위한 자원이며, 건강증진은 자신의 건강에 대하여 통제력을 증가시키고 건강을 향상시키는 능력을 갖도록 하는 과정이다.

㉡ 모든 사람들이 건강능력을 최대한 개발하는 것이며, 평등한 기회와 자원의 확보를 목적으로 한 공공정책 수립, 지리적 환경 확보, 개인의 건강관리기술 개발, 치료적인 관리 이상의 건강관리를 포함한 모든 활동으로 확대 적용된 개념이다.

(2) 건강증진 개념의 정의 기출 17
① 협의의 건강증진
㉠ 특정한 질병이나 보건문제의 해결을 목적으로 하는 것이 아닌, 비병원성기에 있는 개인의 신체적·정신적 안녕과 능력 향상을 도모하는 1차적 예방수단을 강구하는 것이다.
㉡ 상병의 위험성이 있는 사람들을 주 대상으로, 건강에 나쁜 생활양식이나 건강습관 등을 건강에 유익한 행동으로 바꾸고, 적당한 운동, 영양, 휴식과 스트레스 관리 등을 통하여 건강잠재력을 함양함으로써 건강을 유지·증진시키고 건강의 나쁜 요인들에 적극적으로 대처할 수 있는 저항력을 길러주는 것이다.
② 광의의 건강증진
㉠ 질병의 치료나 예방에 국한되지 않고, 건강 향상을 위하여 사람들이 지니고 있는 건강잠재력이 충분히 발휘될 수 있도록 이를 개발하고 건강을 보호하기 위한 예방의학적, 환경보호적, 행동과학 및 보건교육적 수단을 강구하는 것이다.
㉡ 개인의 생활습관의 개선뿐만 아니라 환경 및 사회적 여건의 개선까지 포괄한다.
③ **미국의 보건성 공중보건국(Public Health Service, 1979)**: 건강한 사람들(Healthy People)이 자신들의 안녕상태를 유지·증진시킬 수 있는 생활습관을 개발할 수 있도록 개인과 지역사회의 방법들을 개발하는 활동이다.
④ **미국의 보건성 공중보건국(Public Health Service, 1990)**: 생활양식의 개선과 관련된 금연, 알코올 및 약물남용 방지, 영양 개선, 운동 및 체력 향상, 정신건강과 정신장애, 폭력 및 학대행위 방지, 가족계획 등 교육적인 지식사회 중심 프로그램이 실시되었다.

> **Plus⁺ POINT**
>
> 건강증진의 정의
> 1. 건강증진이란 인간이 누릴 수 있는 최적의 건강상태를 유지하도록 도와주는 학문이며 최적의 건강이란 육체적, 정서적, 사회적, 영적, 지적 건강의 균형 상태를 의미한다.
> 2. 건강증진이란 더 높은 건강과 안녕수준에 도달할 목적으로 취하게 되는 어떤 활동 또는 과정으로, 개인·가족·집단 및 지역사회의 안녕을 증진시키고 건강잠재력을 활성화시키는 방향으로 진행한다.
> 3. 건강증진은 단순히 질병의 치료나 예방에 그치는 것이 아니라, 건강행위의 실천을 통하여 개인의 건강잠재력이 충분히 발휘될 수 있도록 개발하고, 건강평가를 통하여 건강 위험요인을 조기 발견·관리함으로써 삶의 질을 향상시키고 건강 장수하기 위한 보건교육적·예방의학적·사회제도적·환경보호적 수단을 강구하는 것으로 정의한다.

> **Plus⁺ POINT**
>
> **기타 학자들의 건강증진의 정의**
>
> | 펜더
(1996) | 건강한 생활양식을 향상시키기 위한 개인·가족·집단·지역사회의 활동으로 안녕의 수준을 높이고, 자아실현과 개인적 만족감을 유지하거나 높이기 위한 방향으로 취해지는 활동 |
> |---|---|
> | 브레슬로
(Breslow) | 건강증진은 질적·양적으로 충분한 삶의 가능성을 향상시키는 모든 수단들로써 특정 질환에 대한 예방뿐만 아니라 신체적, 정신적 기능을 유지, 증진시키고 건강에 해로운 요인에 대한 저항력을 기르는 수단 |
> | 다우니 등
(Downie, 1991) | 건강증진은 건강교육, 질병예방, 건강보호 등을 통하여 좋은 건강습관을 유지·향상시키고 나쁜 건강습관을 예방하기 위한 일련의 노력으로 구성 |
> | 타나힐
(Tannahill) | 건강증진은 보건교육, 건강보호, 질병예방을 통해 적극적 건강을 증진하고 불건강을 예방하기 위한 노력의 총합 |
> | 그린
(Green) | 건강증진은 건강에 유익한 행동을 유도하기 위한 보건교육적, 사회적, 환경적 조합 |
> | 오도넬
(O' Donnell, 1989) | 건강증진은 최적의 건강상태를 지향하기 위하여 사람들로 하여금 생활양식을 변화시키는 데 도움을 주는 과학과 기술 |

(3) **건강증진과 보건교육**

① **건강증진**: 모든 범위를 포괄하는 총체적인 의미로 사용될 수 있다.
  ㉠ 건강에 영향을 미치는 요인들을 조절하고 활성화시키는 것이 기본적인 목적이다.
  ㉡ 즉, 사람들의 건강을 개선시키고 조정하는 능력이 증가되도록 이끌어가는 과정이다.
  ㉢ 신체적 능력과 사회적·개인적 능력 개발을 강조하는 적극적인 개념이다.
② **보건교육**: 건강증진을 위한 중요한 수단이다.

(4) **건강증진의 목적** 기출 21

① 「국민건강증진법」은 1995년에 제정되었다.
② 제1조(목적): 국민에게 건강에 대한 가치와 책임의식을 함양하도록 건강에 관한 바른 지식을 보급하고 스스로 건강생활을 실천할 수 있는 여건을 조성함으로써 국민의 건강을 증진함을 목적으로 한다.

(5) **건강증진의 필요성 및 중요성**

① 평균수명 연장으로 만성질환 급증, 국민의료비 상승, 전반적인 삶의 질이 저하되었다(사회적인 문제).
② 만성질환 등의 증가(유병률·사망률 감소)로 늘어나는 사회적 비용(의료비 지출·생산성 손실)을 감소시키기 위함이다.

③ 만성질환의 원인(대사성 질환)을 감소시키기 위해, 건강증진의 원칙(영양, 운동, 휴식 등)으로 삶의 질을 높이기 위한 노력이 필요하고, 건강증진의 중요성을 근거로 정부는 아래 사항을 전개할 필요가 있다.
　⇨ 의료체계 정비, 국민건강보험제도와 사회보장제도 확대, 건강한 사회적 환경 조성으로 건강증진을 유도한다.
④ 전 세계 인구 모두의 실천과 동참이 필요하다(신종 감염성 급성 질환의 전 세계적 전염 ⇨ 세계적 동참 필요).
⑤ 국가의 건강증진 정책은 건강하고 안전한 사회적 환경 조성에 매우 중요하다.

3. 건강증진에 대한 국제회의

(1) WHO 제1차 국제건강증진회의(캐나다 오타와, 1986.11.) 기출 21

① 건강증진의 3대 기본 원칙 기출 17, 20, 21

옹호 (Advocacy)	건강의 중요성을 널리 알리고 옹호 또는 지지함으로써 건강에 영향을 주는 생활여건들을 건강지향적으로 만들어 가는 것
역량강화 (Enabling)	건강증진은 모든 사람들이 자신의 최대 건강잠재력을 달성할 수 있도록 현재의 건강 수준 차이를 줄이도록 노력하고 동등한 기회와 자원을 제공하는 것
중재 (Mediate)	건강 수준 향상을 위해서는 그 활동이 여러 수준 및 여러 분야 간에 통합되고 조정되어야 하므로 보건의료인력 및 관련 전문 집단은 사회 내 서로 다른 집단 간의 이해를 조정할 중요한 책임을 가지는 것

② 건강증진의 5대 활동 전략 기출 14, 16, 17, 19, 20, 21

건강한 공공정책의 수립	건강증진은 보건의료서비스를 초월하여 모든 부문에서 정책입안자들이 정책결정의 결과가 건강에 미치는 영향을 인식하게 함으로써 국민건강에 대한 책임을 환기시키는 것
지지적 환경의 조성	일과 여가생활은 건강에 좋은 원천이 되므로 안전하고, 건강을 북돋우며, 만족과 즐거움을 줄 수 있는 직장환경과 생활환경을 조성하는 것
지역사회활동의 강화	건강증진사업의 목적 달성은 우선순위와 활동범위를 결정하고, 전략적 계획과 실천방법을 모색하는 데에서 구체적이고 효과적인 지역사회활동을 통해 수행하는 것
개인의 기술 개발	건강증진활동을 통해 개개인은 건강과 환경에 대한 통제능력을 향상시키고, 건강에 유익한 선택을 할 수 있는 능력을 갖는 것
보건의료 서비스의 재정립	보건의료 부문의 역할은 치료와 임상서비스에 대한 책임을 뛰어넘어 건강증진 방향으로 전환되어야 하는 것

> **Plus⁺ POINT**
>
> **건강증진의 3대 원칙**
>
> 1. 옹호(To advocate)
>   대중에게는 건강에 대한 관심을 불러일으키고, 정책입안자나 행정가들에게는 보건의료수요를 충족시킬 수 있는 보건정책을 수립해야 한다는 촉구가 필요하다.
> 2. 역량강화(권능부여, Empowerment), 가능화(To enable)
>   ① 지원적인 환경조성, 정보의 접근성 제고, 건강기술 습득의 기회 제공 등 동등한 기회와 자원을 제공함으로써 건강증진이 가능하도록 하는 것이다.
>   ② 스스로의 건강관리에 적극적으로 참여하며 자신들의 행동에 책임을 느끼게 하는 것이다.
>   ③ 본인과 가족의 건강을 유지할 수 있게 하는 것을 그들의 권리로서 인정하는 것이다.
> 3. 연합(Alliance), 조정(중재, To mediate)
>   ① 모든 사람들이 건강을 위한 발전을 계속하도록 건강에 영향을 미치는 경제, 언론, 학교 등 모든 관련 분야 전문가들이 협조하는 것이다.
>   ② 건강증진은 많은 기관 및 부문의 협조와 조화가 필요하므로 이들 간의 이해관계를 파악하여 원만한 조정이 필요하다.

(2) 제2차 애들레이드 국제회의(1988)

① 개최과정
  ㉠ 1988년 4월 5일부터 9일까지(5일간) 제2차 건강증진을 위한 국제회의가 호주 애들레이드(Adelaide)에서 개최되었다.
  ㉡ 건강은 인간의 기본적인 권리인 동시에 건전한 사회적 투자라는 전제에서 출발하였으며, 건강증진을 위한 정부정책의 중요성에 대해 집중 토의하였다.
  ㉢ 제1차 국제회의에서 제시한 5개 활동요소 중 건강한 공공정책의 수립에 대해 집중적인 토의가 이루어졌다.

② 공공정책 중 4가지 핵심분야를 제시하였다.

> **Plus⁺ POINT**
>
> **공공정책 핵심분야**
>
> 1. 여성건강의 개선(여성의 건강증진, Supporting the health of women)
> 2. 식품과 영양(Food and nutrition)
> 3. 흡연과 음주(Tobacco and alcohol)
> 4. 지지적 환경의 조성(Creating supportive environments)

③ 정부정책에서 고려하여야 할 점
  ㉠ 정부정책을 통해서 건강보장을 위한 국가 자원이 공평하게 배분되어야 한다.
  ㉡ 국민 모두의 건강을 위하여 적절한 생활환경이 조성되어야 한다.

ⓒ 정책수립에 있어서 평화, 기본인권, 사회정의, 자연생태 보전, 지속적 발전이 보장되어야 한다.
ⓔ 보건은 정치형태의 차이에 관계 없이 모두의 책임이며 국민보건의 향상을 위하여 서로 간의 협력이 요구된다.

(3) 제3차 선즈볼 국제회의(1991)

① 1991년 6월 9일부터 15일까지 제3차 건강증진을 위한 국제회의가 스웨덴 선즈볼(Sundsvall)에서 개최되었다.
② 제3차 국제회의에서는 제1차 국제회의에서 제시된 5개 활동요소 중 지지적 환경의 조성에 대해 집중적인 토의가 이루어졌다.
③ 환경을 변화시키는 전략으로 정책개발, 법제도, 조직방향의 재설정, 옹호, 인식의 제고, 능력의 부여, 자원의 동원, 지역사회 역량의 강화를 채택하였다.

> **Plus⁺ POINT**
>
> **보건지원 환경구축의 중요성을 강조하고 모든 국가가 적극적으로 행동할 것을 촉구**
>
> 1. 건강의식의 고취를 위하여 여성을 포함하는 모든 지역사회를 통한 범국민적 계몽교육이 필요하다.
> 2. 개인과 지역사회는 그들의 건강을 지키고, 건강한 환경을 조성할 수 있는 능력을 구비할 수 있도록 교육되고 활성화되어야 한다.
> 3. 건강과 환경개선을 위한 사회적 운동이 일어나야 하며, 이를 효과적으로 이끌어가기 위하여 모든 관련 기관의 협력체계가 이루어져야 한다.
> 4. 보건지원 환경구축을 위한 범사회적 운동을 전개함에 있어서 혹시라도 야기될 수 있는 기관 간·단체 간 혹은 계층 간의 상반된 이해로 인한 협력관계의 훼손을 예방할 수 있는 조정기능이 있어야 한다.

(4) 제4차 자카르타 국제회의(1997)

① 개최과정
 ⓘ 1997년 7월 21일부터 25일까지 제4차 건강증진을 위한 국제회의가 인도네시아 자카르타(Jakarta)에서 개최되었다.
 ⓛ '건강증진은 가치 있는 투자'라는 전제하에 건강증진을 보건사업의 중심으로 보았고, 자카르타 선언(Jakarta Declaration)을 발표하였다.
② 21세기 건강증진을 위한 5가지 우선순위를 제시하였다.

> **Plus⁺ POINT**
>
> **21세기 건강증진을 위한 5가지 우선순위(제4차 자카르타 국제회의, 1997)**
>
> 1. 건강에 대한 사회적 책임 증진
> 2. 건강증진사업의 투자 확대
> 3. 건강 동반자관계 구축 확대
> 4. 지역사회의 능력 증대 및 개인역량의 강화
> 5. 건강증진을 위한 인프라 구축

(5) 제5차 멕시코시티 국제회의(2000)

① 개최과정
  ㉠ 2000년 6월 5일부터 9일까지 제5차 건강증진을 위한 국제회의가 멕시코 멕시코시티(Mexico City)에서 개최되었다.
  ㉡ 제5차 국제회의에서는 제4차 국제회의에서 제시한 기본 전략 이외에 취약한 환경에 거주하는 사람들의 건강과 삶을 향상시키고, 계층 및 지역 간 건강불균형의 해소방안에 대해 집중적인 토의가 이루어졌다.

② 건강증진을 위한 우선순위: 제4차 자카르타 회의에서 논의된 5가지 우선순위 외에 보건의료체계와 서비스의 재정비를 추가하였다.

Plus⁺ POINT

21세기 건강증진을 위한 6가지 우선순위(제5차 멕시코시티 국제회의, 2000)

1. 건강에 대한 사회적 책임 증진 2. 건강증진사업의 투자 확대 3. 건강 동반자관계 구축 확대 4. 지역사회의 능력 증대 및 개인역량의 강화 5. 건강증진을 위한 인프라 구축	제4차 자카르타 국제회의에서 도출
6. 보건의료체계와 서비스의 재정비	제5차 멕시코시티 국제회의에서 추가

③ 건강증진의 주요전략 제시: 건강을 위한 사회적 책임감의 증진, 건강증진 및 개발을 위한 투자의 증대, 지역사회의 역량과 개인의 능력 향상, 건강증진을 위한 과학적 근거의 강화, 보건조직과 서비스 재구성, 건강증진을 위한 과학적 근거의 확보, 파트너십의 구축 등을 제시하였다.

(6) 제6차 방콕 국제회의(2005)

① 개최과정
  ㉠ 2005년 8월 7일부터 11일까지 제6차 건강증진을 위한 국제회의가 태국 방콕(Bangkok)에서 개최되었다.
  ㉡ 제6차 국제회의에서 채택된 방콕헌장에서는 급속한 세계화 속에서 새롭게 직면하는 건강결정요인 및 건강과제를 파악하고, 이를 효과적으로 해결할 수 있는 새로운 건강증진전략과 서약을 제시하였다.

② 건강증진을 위한 우선순위
  ㉠ 건강의 중요성 및 형평성을 주창한다.
  ㉡ 건강을 위한 투자를 한다.
  ㉢ 건강증진을 위한 역량을 함양한다.
  ㉣ 규제 및 법규를 제정한다.
  ㉤ 건강을 위한 파트너십 및 연대를 구축한다.

(7) 제7차 나이로비 국제회의(2009) 기출 12, 22
① 개최과정
㉠ 2009년 10월 26일부터 30일까지 제7차 건강증진을 위한 국제회의가 케냐 나이로비(Nairobi)에서 개최되었다.
㉡ **제7차 국제회의의 주제**: 수행역량 격차 해소를 통한 건강증진과 개발을 주제로 하였다.
㉢ 나이로비 선언과 함께 아프리카의 날 행사가 치러졌다.
② 5가지 테마별 주제
㉠ 지역사회 역량강화
㉡ 건강지식 및 건강행동
㉢ 보건체계(보건시스템)의 강화
㉣ 파트너십 및 부문 간 활동
㉤ 건강증진을 위한 역량 강화

(8) 제8차 헬싱키 국제회의(2013)
① **개최과정**: 2013년 6월 10일부터 14일까지 제8차 건강증진을 위한 국제회의가 핀란드 헬싱키(Helsinki)에서 개최되었다.
② **제8차 국제회의의 주제**: 건강을 모든 정책들에서[Health in All Policies(HiAP)]
③ 제8차 국제회의는 지금까지 이루어진 건강증진에 대한 목표와 성과를 되돌아보고, 향후 건강시스템의 지속가능성, 지속가능한 개발의제들에 대한 토의가 이루어졌다.

(9) 제9차 상하이 국제회의(2016) 기출 20, 21(간호직 8급), 25
① 개최과정
㉠ 2016년 11월 21 ~ 24일까지 제9차 건강증진을 위한 국제회의가 중국 상하이에서 개최되었다.
㉡ 제9차 회의는 오타와 회의(1986) 30주년을 맞아 개최되었다.
㉢ **제9차 국제회의의 주제(슬로건)**: 모든 사람에게 건강을, 모든 것은 건강을 위해(Health for All and All for Health)
㉣ 제9차 회의는 특히 2016년이 지속가능발전목표(Sustainable Development Goals, SDGs, 2016 ~ 2030)의 첫 해였던 만큼 건강과 지속가능발전목표(SDGs)와의 연계를 강조하였다.
㉤ 제9차 회의에서는 '상하이 선언(Shanghai Declaration)'이 채택되었고, 100명 이상의 시장 등이 모인 '시장포럼(Mayor Forum)'에서는 건강도시에 관한 공동추진과제 '상하이 건강도시 시장합의문(The Shanghai Healthy Cities Mayors' Consensus)'을 채택하였다.
② **건강도시 실현을 위한 10가지 우선순위 과제(제9차 상하이 국제회의 시장합의문)**: 건강도시 관련 시장포럼(Mayor Forum)에서는 건강과 웰빙을 위해 일하는 도시가 지속가능한 도시라고 정의하고 건강을 위한 거버넌스(Governance)를 구축하고 건강도시 프로그램을 실현하기로 결의하였다. 건강도시 실현을 위한 10가지 우선순위 과제를 다음과 같이 합의하였다.

Plus⁺ POINT

건강도시 실현을 위한 10가지 우선순위 과제

1. 주민에게 교육, 주거, 고용, 안전 등의 기본적인 욕구를 충족하는 것
2. 대기, 수질, 토양오염을 저감하고 기후변화에 대응하는 것
3. 어린이에게 투자하는 것
4. 여성과 청소년 여학생에게 안전한 환경을 조성하는 것
5. 도시의 가난한 사람, 이민자, 체류자 등의 건강과 삶의 질을 높이는 것
6. 여러 가지 형태의 차별을 없애는 것
7. 감염병으로부터 안전한 도시를 만드는 것
8. 도시의 지속가능한 이동을 위해 디자인하는 것
9. 안전한 식품과 건강식품을 제공하는 것
10. 금연 환경을 조성하는 것

핵심정리 건강증진 국제회의 정리 기출 20

회의	내용
제2차 애들레이드 국제회의 (Adelaide, 1988)	• 제1차 회의에서 제시한 5대 전략 중 '건강한 공공정책의 수립'에 대해 집중 토의 • 식품과 영양, 여성의 건강증진, 흡연과 음주, 지지적 환경의 조성
제3차 선즈볼 국제회의 (Sundsvall, 1991)	• 제1차 회의에서 제시한 5대 전략 중 '지지적 환경의 조성'에 대해 집중 토의 • 교육, 식품과 영양, 가정과 이웃, 업무, 운송, 사회적 지지와 돌봄 등 6개 분야를 제시
제4차 자카르타 국제회의 (Jakarta, 1997)	건강증진은 가치 있는 투자
제5차 멕시코시티 국제회의 (Mexico City, 2000)	사회적 형평성 제고를 위한 계층 간 격차 해소에 대해 집중 토의
제6차 방콕 국제회의 (Bangkok, 2005)	옹호(advocate), 투자(invest), 역량 함양(build capacity), 법규 제정 및 규제(regulate and legislate), 파트너십 형성 및 연대 구축(partner and build alliances) 등 5가지를 기본방향으로 제시
제7차 나이로비 국제회의 (Nairobi, 2009)	건강증진 수행역량 격차 해소, 지역사회 역량강화(community empowerment), 건강지식과 건강행동(health literacy and health behavior), 보건체계의 강화(strengthening health system), 파트너십과 부문 간 활동(partnerships and intersectoral action), 역량함양(building capacity) 등 5가지를 제시
제8차 헬싱키 국제회의 (Helsinki, 2013)	모든 정책에 건강을(Health in All Policy)
제9차 상하이 국제회의 (Shanghai, 2016)	지속가능개발목표에 있어서의 건강증진: 모든 사람에게 건강을, 모든 것은 건강을 위해(Health Promotion in the Sustainable Development Goals: Health for All and All for Health)

4. 건강증진사업

> **관련 법령**
>
> 「국민건강증진법」 기출 11, 13, 15, 18, 19, 20 **제1조【목적】** 국민에게 건강에 대한 가치와 책임의식을 함양하도록 건강에 관한 바른 지식을 보급하고 스스로 건강생활을 실천할 수 있는 여건을 조성함으로써 국민의 건강을 증진함을 목적으로 한다.
>
> **제2조【정의】** 이 법에서 사용하는 용어의 정의는 다음과 같다.
> 1. "국민건강증진사업"
>   보건교육, 질병예방, 영양개선, 신체활동장려, 건강관리 및 건강생활의 실천등을 통하여 국민의 건강을 증진시키는 사업
> 2. "보건교육"
>   개인 또는 집단으로 하여금 건강에 유익한 행위를 자발적으로 수행하도록 하는 교육
> 3. "영양개선"
>   개인 또는 집단이 균형된 식생활을 통하여 건강을 개선시키는 것
> 4. "신체활동장려"
>   개인 또는 집단이 일상생활 중 신체의 근육을 활용하여 에너지를 소비하는 모든 활동을 자발적으로 적극 수행하도록 장려하는 것
> 5. "건강관리"
>   개인 또는 집단이 건강에 유익한 행위를 지속적으로 수행함으로써 건강한 상태를 유지하는 것
> 6. "건강친화제도"
>   근로자의 건강증진을 위하여 직장 내 문화 및 환경을 건강친화적으로 조성하고, 근로자가 자신의 건강관리를 적극적으로 수행할 수 있도록 교육, 상담 프로그램 등을 지원하는 것을 말한다.
>
> **제4조【국민건강증진종합계획의 수립】** 기출 13, 14, 15, 16, 17, 18, 20, 22 ① 보건복지부장관은 제5조의 규정에 따른 국민건강증진정책심의위원회의 심의를 거쳐 국민건강증진종합계획(이하 "종합계획"이라 한다)을 5년마다 수립하여야 한다. 이 경우 미리 관계중앙행정기관의 장과 협의를 거쳐야 한다.
> ② 종합계획에 포함되어야 할 사항은 다음과 같다.
> 1. 국민건강증진의 기본목표 및 추진방향
> 2. 국민건강증진을 위한 주요 추진과제 및 추진방법
> 3. 국민건강증진에 관한 인력의 관리 및 소요재원의 조달방안
> 4. 제22조의 규정에 따른 국민건강증진기금의 운용방안
> 4의2. 아동·여성·노인·장애인 등 건강취약 집단이나 계층에 대한 건강증진 지원방안
> 5. 국민건강증진 관련 통계 및 정보의 관리 방안
> 6. 그 밖에 국민건강증진을 위하여 필요한 사항

제2장 국민건강의 관리

제6조【건강친화 환경 조성 및 건강생활의 지원 등】 ① 국가 및 지방자치단체는 건강친화 환경을 조성하고, 국민이 건강생활을 실천할 수 있도록 지원하여야 한다.
② 국가는 혼인과 가정생활을 보호하기 위하여 혼인전에 혼인 당사자의 건강을 확인하도록 권장하여야 한다.
③ 제2항의 규정에 의한 건강확인의 내용 및 절차에 관하여 필요한 사항은 보건복지부령으로 정한다.

제6조의2【건강친화기업 인증】 ① 보건복지부장관은 건강친화 환경의 조성을 촉진하기 위하여 건강친화제도를 모범적으로 운영하고 있는 기업에 대하여 건강친화인증(이하 "인증"이라 한다)을 할 수 있다.
② 인증을 받고자 하는 자는 대통령령으로 정하는 바에 따라 보건복지부장관에게 신청하여야 한다.
③ 인증 받은 기업은 보건복지부령으로 정하는 바에 따라 인증의 표시를 할 수 있다.
④ 인증을 받지 아니한 기업은 인증표시 또는 이와 유사한 표시를 하여서는 아니 된다.
⑤ 국가 및 지방자치단체는 인증을 받은 기업에 대하여 대통령령으로 정하는 바에 따라 행정적·재정적 지원을 할 수 있다.
⑥ 인증의 기준 및 절차는 대통령령으로 정한다.

제6조의3【인증의 유효기간】 ① 인증의 유효기간은 인증을 받은 날부터 3년으로 하되, 대통령령으로 정하는 바에 따라 그 기간을 연장할 수 있다.
② 제1항에 따른 인증의 연장신청에 필요한 사항은 보건복지부령으로 정한다.

제6조의4【인증의 취소】 ① 보건복지부장관은 인증을 받은 기업이 다음 각 호의 어느 하나에 해당하면 보건복지부령으로 정하는 바에 따라 그 인증을 취소할 수 있다. 다만, 제1호에 해당하는 경우에는 인증을 취소하여야 한다.
1. 거짓이나 그 밖의 부정한 방법으로 인증을 받은 경우
2. 제6조의2 제6항에 따른 인증기준에 적합하지 아니하게 된 경우
② 보건복지부장관은 제1항 제1호에 따라 인증이 취소된 기업에 대해서는 그 취소된 날부터 3년이 지나지 아니한 경우에는 인증을 하여서는 아니 된다.
③ 보건복지부장관은 제1항에 따라 인증을 취소하고자 하는 경우에는 청문을 실시하여야 한다.

제16조의2 【신체활동장려사업의 계획 수립·시행】 국가 및 지방자치단체는 신체활동장려에 관한 사업 계획을 수립·시행하여야 한다.

제16조의3 【신체활동장려사업】 ① 국가 및 지방자치단체는 국민의 건강증진을 위하여 신체활동을 장려할 수 있도록 다음 각 호의 사업을 한다.
1. 신체활동장려에 관한 교육사업
2. 신체활동장려에 관한 조사·연구사업
3. 그 밖에 신체활동장려를 위하여 대통령령으로 정하는 사업
② 제1항 각 호의 사업 내용·기준 및 방법은 보건복지부령으로 정한다.

제19조 【건강증진사업 등】 ① 국가 및 지방자치단체는 국민건강증진사업에 필요한 요원 및 시설을 확보하고, 그 시설의 이용에 필요한 시책을 강구하여야 한다.
② 특별자치시장·특별자치도지사·시장·군수·구청장은 지역주민의 건강증진을 위하여 보건복지부령이 정하는 바에 의하여 보건소장으로 하여금 다음 각 호의 사업을 하게 할 수 있다.
1. 보건교육 및 건강상담
2. 영양관리
3. 신체활동장려
4. 구강건강의 관리
5. 질병의 조기발견을 위한 검진 및 처방
6. 지역사회의 보건문제에 관한 조사·연구
7. 기타 건강교실의 운영등 건강증진사업에 관한 사항
③ 보건소장이 제2항의 규정에 의하여 제2항 제1호 내지 제5호의 업무를 행한 때에는 이용자의 개인별 건강상태를 기록하여 유지·관리하여야 한다.
④ 건강증진사업에 필요한 시설·운영에 관하여는 보건복지부령으로 정한다.

제25조 【기금의 사용 등】 ① 기금은 다음 각 호의 사업에 사용한다. 기출 22
1. 금연교육 및 광고, 흡연피해 예방 및 흡연피해자 지원 등 국민건강관리사업
2. 건강생활의 지원사업
3. 보건교육 및 그 자료의 개발
4. 보건통계의 작성·보급과 보건의료관련 조사·연구 및 개발에 관한 사업
5. 질병의 예방·검진·관리 및 암의 치료를 위한 사업
6. 국민영양관리사업
7. 신체활동장려사업
8. 구강건강관리사업
9. 시·도지사 및 시장·군수·구청장이 행하는 건강증진사업
10. 공공보건의료 및 건강증진을 위한 시설·장비의 확충
11. 기금의 관리·운용에 필요한 경비
12. 그 밖에 국민건강증진사업에 소요되는 경비로서 대통령령이 정하는 사업

② 보건복지부장관은 기금을 제1항 각 호의 사업에 사용함에 있어서 아동·청소년·여성·노인·장애인 등에 대하여 특별히 배려·지원할 수 있다.
③ 보건복지부장관은 기금을 제1항 각 호의 사업에 사용함에 있어서 필요한 경우에는 보조금으로 교부할 수 있다.

5. 국민건강증진종합계획

(1) 제5차 HP2030 국민건강증진종합계획

Plus⁺ POINT

국민건강증진종합계획(Health Plan 2030)

1. 국민건강증진법 제4조
   '국민건강증진종합계획의 수립'에 따라, 질병 사전예방 및 건강증진을 위한 중장기 정책방향을 제시하고 성과지표 모니터링 및 평가를 통해 국민건강증진종합계획의 효율적인 운영 및 목표 달성을 추구한다.

2. 추진 결과
   ① 2017년: 추진체계 구축 및 현안 발굴 등을 통한 국내외 동향 및 현안을 분석한다.
   ② 2018년: 근거 마련을 위한 연구를 수행하고 전문가 포럼을 구성 및 운영한다.
   ③ 2019년: HP2030의 비전·총괄목표·기본 추진원칙을 합의한다.
   ④ 2020년: HP2030 기본틀 확정 및 계획 마련, 총괄목표 성과지표 등 확정, 분과위원회 위촉 및 분과별 심층토론회 등을 통한 중점과제별 세부계획(안)을 작성한다.
   ⑤ 2021년 1월: 제5차 국민건강증진종합계획(Health Plan 2030, '21~'30)을 발표한다.

① Health Plan 2020의 목표와 사업
   ㉠ **총괄목표**: 건강수명 연장과 건강형평성 제고를 목표로 한다.
   ㉡ 제4차 국민건강종합계획이 보완되었으며, 제5차 국민건강종합계획(2030)을 수립하였다.

② 제5차 건강증진종합계획의 기본 틀
   ㉠ **비전**: 모든 사람이 평생건강을 누리는 사회
   ㉡ **모든 사람**: 성, 계층, 지역 간 건강형평성을 확보하고, 적용 대상을 모든 사람으로 확대한다.
   ㉢ **평생 건강을 누리는 사회**: 출생부터 노년까지 전 생애주기에 걸친 건강권을 보장하고, 정부를 포함한 사회 전체를 포괄한다.

③ **총괄목표**: 건강수명 연장과 건강형평성 제고를 목표로 한다.
   ㉠ HP2030 추진의 최종 결과지표(Health Outcomes)로, HP2020을 유지한다.
   ㉡ 건강수명: 2030년까지 건강수명 73.3세를 달성한다(2018: 70.4세 ⇨ 2030: 73.3세).
   ㉢ 건강형평성: 건강수명의 소득 간, 지역 간 형평성을 확보한다.
   ㉣ 소득: 소득 수준 상위 20%의 건강수명과 소득 수준 하위 20%의 건강수명 격차를 7.6세 이하로 낮춘다.

ⓜ **지역**: 건강수명 상위 20%의 해당 지방자치단체의 건강수명과, 건강수명 하위 20%의 해당 지방자치단체의 건강수명의 격차를 2.9세 이하로 낮춘다.

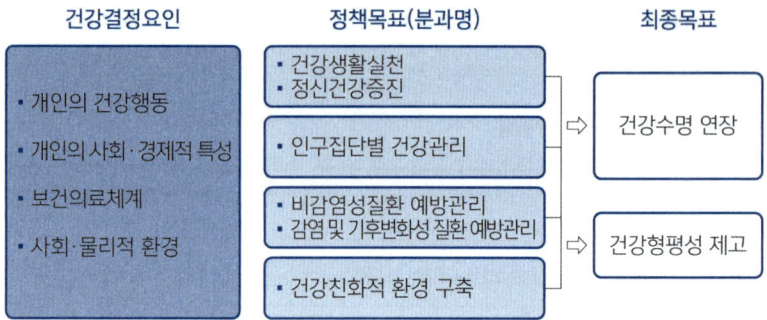

④ **기본 원칙**: HP2030 수립·추진·평가 시 기본이 되는 원칙을 신설하였다.

> **Plus⁺ POINT**
>
> **국민건강증진종합계획 수립 - 추진 - 평가 원칙** 기출 21, 22
> 1. 국가와 지역사회의 모든 정책 수립에 건강을 우선적으로 반영한다.
> 2. 보편적인 건강 수준의 향상과 건강형평성 제고를 함께 추진한다.
> 3. 모든 생애과정과 생활터에 적용한다.
> 4. 건강친화적인 환경을 구축한다.
> 5. 누구나 참여하여 함께 만들고 누릴 수 있도록 한다.
> 6. 관련된 모든 부문이 연계하고 협력한다.

⑤ **중점과제 분과(HP2030 6개 분과)**: 최종 목표를 달성하기 위하여 건강결정 요인별로 우선적으로 달성해야 하는 정책목표를 분과명으로 선정한다.
⑥ **중점과제(HP2030 28개 중점과제)**: 각 분과 내에서 우선적으로 추진해야 하는 과제를 관련 연구 및 전문가 협의 등을 통해 선정한다.

제5차 HP 국민건강증진종합계획 중점과제별 추진 목표

분류	지표명	'18	'30
건강생활 실천 기출 21	성인 남성 현재 흡연율(연령표준화)	36.7%	25.0%
	성인 여성 현재 흡연율(연령표준화)	7.5%	4.0%
	성인 남성 고위험음주율(연령표준화)	20.8%	17.8%
	성인 여성 고위험음주율(연령표준화)	8.4%	7.3%
	식품 안정성 확보 가구분율	96.9%	97.0%
	성인 남성 유산소 신체활동 실천율	51.0%	56.5%
	성인 여성 유산소 신체활동 실천율(연령표준화)	44.0%	49.3%
	영구치(12세) 우식 경험률(연령표준화)	56.4%	45.0%
정신건강 관리	자살사망률(인구 10만 명당)	26.6명	17.0명
	남성 자살사망률(인구 10만 명당)	38.5명	27.5명
	여성 자살사망률(인구 10만 명당)	14.8명	12.8명
	치매안심센터의 치매환자 등록·관리율(전국평균)	51.5%('19)	82.0%
	알코올 사용장애 정신건강 서비스 이용률	12.1%('16)	25.0%
	정신건강 서비스이용률 22.2%	22.2%('16)	35.0%
비감염성 질환 예방관리	성인 남성(20~74세) 암 발생률(인구 10만 명당, 연령표준화)	338.0명('17)	313.9명
	성인 여성(20~74세) 암 발생률(인구 10만 명당, 연령표준화)	358.5명('17)	330.0명
	성인 남성 고혈압 유병률(연령표준화)	33.2%	32.2%
	성인 여성 고혈압 유병률(연령표준화)	23.1%	22.1%
	성인 남성 당뇨병 유병률(연령표준화)	12.9%	11.9%
	성인 여성 당뇨병 유병률(연령표준화)	7.9%	6.9%
	급성 심근경색증 환자의 발병 후 3시간 미만 응급실 도착 비율	45.2%	50.4%
	성인 남성 비만 유병률(연령표준화)	42.8%	42.8% 이하
	성인 여성 비만 유병률(연령표준화)	25.5%	25.5% 이하
	손상사망률(인구 10만 명당)	54.7명	38.0명
감염 및 기후변화성 질환 예방관리	신고 결핵 신환자율(인구 10만 명당)	51.5명	10.0명
	MMR 완전접종률 * MMR: 홍역·유행성이하선염·풍진 3종 혼합백신	94.7%('19)	95% 이상
	기후보건영향평가 평가체계 구축 및 운영	-	구축 완료

인구집단별 건강관리 기출 21	영아사망률(출생아 1천 명당)	2.8명	2.3명
	고등학교 남학생 현재흡연율	14.1%	13.2%
	고등학교 여학생 현재흡연율	5.1%	4.2%
	모성사망비(출생아 10만 명당)	11.3명	7.0명
	노인 남성의 주관적 건강인지율	28.7%	34.7%
	노인 여성의 주관적 건강인지율	17.6%	23.6%
	성인 장애인 건강검진 수검률	64.9%('17)	69.9%
	연간 평균 노동시간	1,993시간	1,750시간
	군 장병 흡연율	40.7%('19)	33.0%
건강친화적 환경구축 기출 24	성인 남성 적절한 건강정보이해능력 수준	-	70.0%
	성인 여성 적절한 건강정보이해능력 수준	-	70.0%

제5차 HP 국민건강증진종합계획 중점과제별 추진계획

건강생활실천	• 개인의 금연, 절주 행동 변화 및 위해물질에 대한 규제 강화 • 취약계층과 생활터 중심 영양, 신체활동, 건강생활 실천 환경 조성
정신건강관리	• 자살 고위험군, 치매, 정신질환 조기 발견 및 개입체계 강화 • 정신건강서비스 인식 개선 및 지역사회 지지체계 확립
비감염성질환 예방관리	• 취약계층 대상 조기발견·예방 사업 강화 및 위해요인 개선 환경 조성 • 비감염성 질환 전주기 연속적 관리를 위한 다부처, 다기관 협력
감염 및 기후변화성 질환 예방관리	• 감염병 조기감지, 신속진단 등 감염병 대응 기술 혁신, 운영인력과 체계 구축 • 감염병으로 인한 취약계층 보호 및 필수의료 공백으로 인한 초과사망 감소
인구집단별 건강관리	• 영유아, 청소년의 건강한 성장 지원으로 평생건강 토대 마련 • 여성, 노인, 장애인 건강을 위한 환경 구축 • 건강을 지킬 수 있는 근로환경 개선과 군 생활 보장
건강친화적 환경구축	• 모든 정책에 건강(HiAP; Health in All Policies)을 고려하기 위한 중앙 및 지방정부 거버넌스와 법·제도 개선 • 건강형평성 제고전략으로서 건강정보 이해력과 혁신적 정보기술 활용

제4차 및 제5차 계획의 기본틀 비교

구분	제4차 국민건강증진종합계획(HP2020)	제5차 국민건강증진종합계획(HP2030)
비전	온 국민이 함께 만들고 누리는 건강세상	모든 사람이 평생 건강을 누리는 사회
목표	건강수명 연장과 건강형평성 제고	
기본 원칙	-	① HiAP, ② 건강형평성, ③ 모든 생애과정, ④ 건강친화환경, ⑤ 누구나 참여, ⑥ 다부문 연계

	총 6분과	27개 중점과제	총 6분과	28개 중점과제
사업 분야	Ⅰ. 건강생활 실천 확산	1. 금연 2. 절주 3. 신체활동 4. 영양	Ⅰ. 건강생활 실천	1. 금연 2. 절주 3. 영양 4. 신체활동 5. 구강건강
	Ⅱ. 만성퇴행성 질환과 발생위험요인 관리	5. 암 6. 건강검진(삭제) 7. 관절염(삭제) 8. 심뇌혈관질환 9. 비만 10. 정신보건(분과 확대) 11. 구강보건(분과 이동)	Ⅱ. 정신건강 관리	6. 자살예방 7. 치매 8. 중독 9. 지역사회정신건강
	Ⅲ. 감염질환 관리	12. 예방접종 13. 비상방역체계 14. 의료관련감염 15. 결핵 16. 에이즈	Ⅲ. 비감염성 질환 예방 관리	10. 암 11. 심뇌혈관질환 ① 심뇌혈관질환 ② 선행질환 12. 비만 13. 손상
	Ⅳ. 인구집단 건강 관리	17. 모성건강(→ 여성) 18. 영유아건강 19. 노인건강 20. 근로자건강증진 21. 군인건강증진 22. 학교보건 23. 취약가정방문건강(→ 노인) 24. 장애인건강	Ⅳ. 감염 및 기후변화성 질환 예방 관리	14. 감염병 예방 및 관리 ① 결핵 ② 에이즈 ③ 의료감염·항생제 내성 ④ 예방행태개선 15. 감염병위기대비대응 ① 검역/감시 ② 예방접종 16. 기후변화성 질환
	Ⅴ. 안전환경보건	25. 식품정책(삭제) 26. 손상예방	Ⅴ. 인구집단별 건강 관리	17. 영유아 18. 아동·청소년 19. 여성 20. 노인 21. 장애인 22. 근로자 23. 군인
	Ⅵ. 사업체계 관리	27. 사업체계관리(인프라, 평가, 정보·통계, 재원)	Ⅵ. 건강친화적 환경 구축	24. 건강친화적 법제도개선 25. 건강정보이해력 제고 26. 혁신적 정보기술의 적용 27. 재원마련 및 운용 28. 지역사회자원(인력, 시설) 확충 및 거버넌스 구축

* 건강검진: 비감염성 질환 '암' 등에 검진내용 포함하고 중점과제에서 제외
 관절염: 정책담당부서가 없어 관리 어려움. 노인 등에 포함하고 중점과제에서 제외
 식품정책: 건강생활실천 '영양' 과제 등에 포함하고 중점과제에서 제외

(2) 제4차 HP2020 국민건강증진종합계획 지표 달성 결과

중점과제	지표	지표 현황 및 목표치			달성도	변화율	현황
		2008	2018	2020 목표			
금연	성인 남자 현재 흡연율	47.80%	36.70%	29.00%	59.00%	-	개선
	중·고등학교 남학생 현재 흡연율	16.80%	9.40%	9.00%	94.90%	-	개선
절주	성인 남자 연간 음주자의 고위험 음주율	28.40%	24.00%	19.00%	46.80%	-	개선
	성인 여자 연간 음주자의 고위험 음주율	8.40%	10.50%	5.10%	-	25.00%	악화
신체활동	유산소 신체활동 실천율	57.10% - 2014	44.90%	62.80%	-	21.40%	악화
영양	건강식생활 실천인구 비율 (만 6세 이상)	30.20%	41.50%	48.60%	61.40%	-	개선
암	암사망률(인구 10만 명당)	124.1명	90.3명	82.3명	80.90%	-	개선
건강검진	일반검진수검률	65.30%	76.90%	80.00%	78.90%	-	개선
심뇌혈관	고혈압 유병률(30세 이상)	26.20%	28.30%	23.00%	-	8.00%	악화
	당뇨병 유병률(30세 이상)	9.70%	10.40%	11.00%	-	7.20%	악화
비만	성인 남자 비만 유병률	35.60%	41.90%	37.00%	-	17.70%	악화
	성인 여자 비만 유병률	26.50%	28.10%	27.00%	-	6.00%	악화
정신보건	자살사망률(인구 10만 명당)	26.0명	26.6명	20.0명	-	2.30%	악화
구강보건	영구치(12세) 치아 우식 경험률	61.10% - 2006	56.40%	45.00%	29.20%	-	개선
결핵	신고결핵 신환자율 (인구 10만 명당)	69.1명	51.5명	39.5명	59.50%	-	개선
손상예방	손상사망률(인구 10만 명당)	61.7명	54.7명	56.0명	122.80%	-	달성
모성건강	모성사망비(출생아 10만 명당)	12.0명	11.3명	9.0명	23.30%	-	개선
영유아건강	영아사망률(출생아 1천 명당)	3.4명	2.8명	2.8명	100.00%	-	달성
노인건강	노인일상생활수행능력(ADL) 장애율	11.40%	8.70% - 2017	6.50%	55.10%	-	개선

① **지표가 달성, 개선된 경우:** 달성도 = [(최근치 − 기준치)/(목표치 − 기준치)] ×100
② **지표가 악화, 유지된 경우:** 변화율 = [(최근치 − 기준치)/기준치] ×100
③ **현황**
  • 달성: 2020년 목표치 달성 및 초과한 지표
  • 개선: 2020년 목표치에 접근하는 지표(기준치에서 개선된 지표)
  • 유지: 2020년 목표에 접근하고 있으나, 실제로는 악화된 지표
  • 악화: 2020년 목표치에서 멀어지는 지표(기준치에서 악화되는 지표)

(3) 대표지표 주요 결과

① 국민건강증진종합계획은 총 19개 대표지표로 구성되며, 성별 구분 없이 총 17개 지표가 있다.
② 19개의 대표지표 중 2개 지표 목표 달성, 10개 지표 개선, 7개 지표 악화로 결과가 나타났다.
③ 대표지표 19개 지표 중 대부분 지표가 달성 또는 개선되고 있다.
④ 변화가 미진하거나 악화되고 있는 지표에 대하여 관련 정책 및 대응이 필요하다.
⑤ 악화되고 있는 성인 여자 연간음주자의 고위험음주율, 성인 남자·여자 비만, 고혈압 유병률, 당뇨병 유병률, 자살사망률, 성인 유산소 신체활동 실천율의 관리를 위한 정책 및 대응이 필요하다.

> **★ 핵심정리** 제4차 HP2020 국민건강증진종합계획 결과
>
> 1. 달성 – 총 2개 지표(10.5%) – 달성도가 높은 순서
>   손상사망률(인구 10만 명당), 영아사망률(출생아 1천 명당)
> 2. 개선 – 총 10개 지표(52.6%) – 달성도가 높은 순서
>   중·고등학교 남학생 현재흡연율, 암 사망률(인구 10만 명당), 일반검진 수검률, 건강식생활실천 인구비율(만 6세 이상), 신고 결핵 신환자율(인구 10만 명당), 성인 남자 현재흡연율, 노인 일상생활수행능력(ADL) 장애율, 성인 남자 연간 음주자의 고위험 음주율, 영구치(12세) 치아우식 경험률, 모성사망비(출생아 10만 명당)
> 3. 악화 – 총 7개 지표(36.8%) – 변화율이 높은 순서
>   성인 여자 연간음주자의 고위험 음주율, 유산소 신체활동 실천율, 성인 남자 비만유병률, 고혈압 유병률(30세 이상), 당뇨병 유병률(30세 이상), 성인 여자 비만유병률, 자살사망률(인구 10만 명당)

4 건강과 질병 관련 모형

1. 생의학적 모형(Biomedical Model) 기출 14, 17, 18, 19, 20

(1) 특징

① 인간을 하나의 기계로 보고, 마치 고장난 기계의 부품을 수리하듯이 질병의 원인을 찾아내고 이를 치료하는 것을 목표로 하며 정신과 신체를 이원화하여 생각하는 모형이다.
② 모든 질병은 보편적인 형태를 가지는데, 질병의 증상과 과정은 역사적으로나 문화적으로 서로 다른 사회에서 동일하게 발현한다.
③ 질병은 '정상상태에서 벗어났거나 일탈된 것'이다.
④ 이 모형에서 출발한 서양의학은 항생제와 백신의 개발을 통해 전염병으로 인한 조기사망의 수준을 크게 감소시킨 공로가 있다.
⑤ **단점**: 질병발생과 관련된 다양한 요인을 규명하는 데 무리가 따르며, 만성퇴행성 질환의 증가를 정확히 설명하지 못한다.

생의학적 모형 핵심 개념
1. 심신이원론
2. 기술만능주의
3. 환원주의
4. 특정병인론의 원칙
5. 육체 = 기계, 부품

> **Plus⁺ POINT**
>
> **생의학적 모형의 기본적인 전제**
> 1. 데카르트의 정신·신체 이원론의 등장과 생물학의 세포이론, 세균설 확립 이후 발전한 이론으로, 사회, 문화, 인간의 일상생활에 대한 설명을 배제하고 생물학적 구조와 과정이 발생하는 장해를 강조한 이론이다.
> 2. 질병은 육체(기계)의 고장이다.
>   ⇨ 의사(기술자), 치료(기계 수리)
> 3. 건강은 질병이 존재하지 않는 것으로 해석한다.
>   ⇨ 건강은 단지 질병의 부재이다.
> 4. 기술적 만능주의
>   기술 개입의 장점이 과대평가되었다.

(2) 한계점 기출 14

① 질병발생에 관여된 다양한 요인(사회적 요인, 환경요인, 행태요인 등)을 규명하는 데 무리가 따르며, 특히 만성퇴행성 질환의 증가를 정확히 설명하지 못하는 커다란 한계점을 내포하고 있다.

② 의학이 기술 만능주의에 빠지는 결과를 초래하였다.
   ⇨ '의사는 기술자이다.'

③ 대중적, 학문적 비판의 내용은 의학의 효능이 과대평가되었다는 점, 인간을 사회·환경적 맥락에서 보지 못한 점, 환자를 전인적인 존재가 아니라 수동적인 대상으로 취급한다는 점 등이다.

2. 생태학적 모형(Ecological Model, 역학적 모형, 병인·숙주·환경모형)

기출 16, 17, 18, 19, 20

(1) 특징

① 질병은 인간을 포함하는 생태계 각 구성요소들 간의 상호작용의 결과가 인간에게 나타난 것이라는 개념으로 병인(Agent), 숙주요인(Host Factors), 환경요인(Environmental Factors)으로 구성된다.

② 생태학적 모델이라고 불리는 병인·숙주·환경 모델(Agent - Host - Environment Model)은 리벨(Leavell)과 클라크(Clark, 1965)에 의해 개발되었으며, 개인의 질병 발생의 원인을 찾는 데 도움이 된다.

③ 병인·숙주·환경 간의 상호작용에서 발생하는 위험요인을 밝혀 건강유지와 증진에 유익한 모델이지만, 실제적으로 건강증진 측면보다는 질병을 예측하는 데 더 유용한 모델이다.

④ 병원체가 우세하거나 환경이 병원체에 유리하게 작용하면 평형이 파괴되어 질병이 발생하게 된다.

⑤ 병인·숙주·환경이 평형을 이룰 때는 건강을 유지하게 되고 균형이 깨질 때는 불건강 해지는데, 3요소 중 가장 중요한 요인은 환경적 요인이다.

(2) 생태학적 모형의 3가지 요소 기출 17, 18, 19

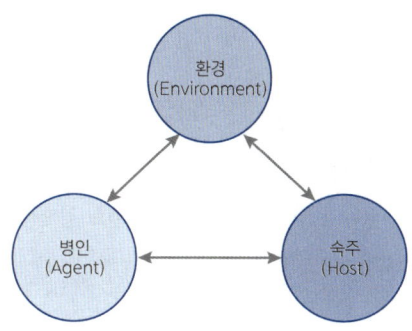

↑ 병인·숙주·환경의 상호작용 관계

병인 (Agent)	• 병인은 질병을 유발하는 원인으로 일반적으로 바이러스, 화학물질, 신체적·물리적·사회심리적 요소 등이 포함됨 • 질병의 원인이 되는 환경 또는 스트레스 등의 병인은 반드시 존재하지만 원인 없이도 질병은 발생할 수 있음
숙주 (Host)	숙주는 병원체에 의해 감염되거나 영향을 받을 수 있는 살아 있는 생물(인간, 동물)을 의미하며, 숙주의 반응은 가족력, 연령, 건강습관에 의해 영향을 받음
환경 (Environ- ment)	• 환경은 숙주를 둘러싸고 있으며 질병을 악화시키거나 회복에 도움이 될 수 있는 모든 외적 요소를 말함 • 물리적 환경요인에는 기후, 주거 상태, 소음 수준, 가정 경제 여건 등을, 사회적 환경요인에는 타인과의 상호작용 또는 배우자의 사망 등과 같은 생활사건의 변화를 예로 들 수 있음

📋 Plus⁺ POINT

생태학적 모형의 지렛대 모형

1. 전통적인 역학적 삼각형을 고든(Gordon)이 발전시킨 이론이다.
2. 양 끝에 병인과 숙주라는 추가 달려 있는 지렛대의 무게중심을 환경이 받쳐주고 있는 모형이다.
3. 세 가지 요인 중 하나에 변화가 발생하면 다른 요인의 상황에도 영향을 미쳐 변화를 유발하며, 이로 인해 요인 간 평형 상태가 깨져 질병이 발생한다는 이론이다.

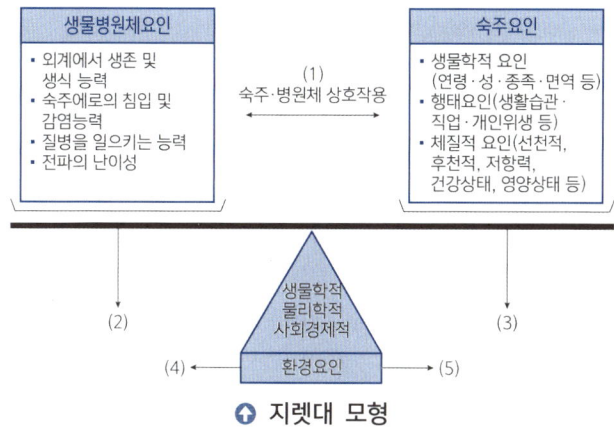

↑ 지렛대 모형

(1) 숙주 · 병원체 상호작용	–
(2) 병원체 요인에 변화가 있을 때	인플루엔자처럼 숙주나 숙주집단과 평형을 유지해 오던 바이러스가 항원성에 변이를 일으켜 감염력과 병원성이 증가되었을 때 유행이 발생하는 경우
(3) 숙주에게 변화가 있을 때	개인이나 집단의 면역 수준이 떨어져 숙주의 감수성이 증가하는 경우
(4) 환경이 숙주에게 변화를 줄 때	환경이 숙주의 감수성을 증가시키는 방향으로 변화한 것 예 기근으로 인한 영양불량, 대기오염이 상기도감염을 촉발하는 사실 등
(5) 환경이 병원체에게 변화를 줄 때	환경이 병원체에 유리한 방향으로 변화했을 경우 예 홍수 · 지진 · 화재 등이 일어났을 때

생태학적 모형의 단점

질병발생의 원인이 되는 병원체를 명확하게 알고 있는 감염병을 설명하는 데는 적합하나 특정 병인이 불분명한 비감염성 질환의 발생을 설명하기에는 부적절하다.

(3) 한계점

① 질병과 관련된 환경요인은 무수히 많기 때문에 질병 발생의 원인을 특별히 간추리기가 곤란하다.
② 여러 환경요인은 동시에 작용하기 때문에 질병 발생에 어느 환경요인이 가장 강하게 작용하고 있는지를 규명하기가 쉽지 않다.
③ 환경은 질병 발생에 직접적으로 작용하기보다는 간접적으로 작용하는 경향이 있다.
④ 환경은 다양하고 매우 복잡하기 때문에 질병 발생에 영향을 미치는 작동기전을 정확히 규명하는 것이 거의 불가능하다.

3. 사회생태학적 모형(Socio-Ecological Model) 기출 14, 16, 17, 20, 22, 25

(1) 특징

① 개인의 사회적, 심리학적 행태적 요인을 중시하는 모형으로 숙주요인, 외부환경요인, 개인행태요인이 주요 요소이다.
② 질병 발생에 영향을 주는 요인으로 개인과 집단의 행태를 중요한 결정요인으로 강조하는 모형이다.
③ 행태적 요인을 중요시한 모형으로 숙주요인, 외부환경요인, 개인행태요인 등과 같은 3가지 요인이 질병 발생에 영향을 준다.
  ㉠ 숙주요인(Host Factors): 내적 요인(Intrinsic Factors)으로, 숙주요인에는 선천적 · 유전적(Genetic) 소인과 후천적 · 경험적(Experiential) 소인이 있고, 숙주요인은 질병에 대한 감수성(Susceptibility)과 관련이 높다.
  ㉡ 외부환경요인(External Environmental Factors): 외적 요인(Extrinsic Factors)이라고도 하는 외부환경요인에는 생물학적 환경(병원소, 활성 전파체인 매개곤충, 기생충의 중간숙주의 존재 등), 사회적 환경(인구밀도, 직업, 사회적 관습, 경제생활의 실태 등), 물리 · 화학적 환경(계절의 변화, 기후, 실내외의 환경 등)이 있다.

기출 체크

다음에서 설명하는 건강개념에 관한 모형은? 기출 25

> 질병발생이나 건강의 중요한 결정요인은 숙주요인, 외부환경요인, 개인행태요인이다.

① 총체적 모형
② 생태학적 모형
③ 생의학적 모형
④ 사회생태학적 모형

정답 ④

ⓒ 개인행태요인(Personal Behavior Factors): 다른 모형에 비해 개인행태요인을 강조하고, 건강한 생활습관을 형성하는 것이 가장 중요하다. 질병 발생이나 건강에 개인행태요인이 강조되는 이유는 현대에 와서 질병의 양상이 예전과 달라졌기 때문이다.

> **Plus+ POINT**
>
> 사회생태학적 모형의 건강에 영향을 주는 내외적인 요인(McLeroy 등, 1988)
>
> | 내적 수준 | 개인이 가진 지식, 태도, 신념, 성격특성, 자기효능감 등이 건강에 영향을 미침 |
> |---|---|
> | 대인적 수준 | • 건강에 영향을 주는 외적 요인으로 친구, 동료, 친척 등과의 관계를 포함
• 이들은 개인의 사회적 정체감에 영향을 주며, 사회적 지지체계를 구성하고 사회구조 내에서 개인의 역할을 결정 |
> | 조직적 수준 | • 개인의 건강행위를 증진하기도 하고 억제하기도 함
• 근무환경과 관련되는 규칙, 규제, 비형식적 조직의 정책 등이 포함 |
> | 지역사회 수준 | 사회적 네트워크, 개인, 집단, 조직 내에 공식적 또는 비공식적으로 존재하는 행동 규범 또는 표준을 의미 |
> | 사회적 수준 | • 사회적 수준에서 건강행위를 권장하거나 금지하는 요소는 다양함
• 경제상태, 사회정책, 문화적 규범 등 |

(2) 현대의 질병양상

① 급성질병보다 만성질병이 증가하고 있다.
② 비병리학적 소인에 의한 질병이 점점 늘어나고 있는 추세이다.
③ 감염성 질환보다 비감염성 질환이 증가하고 있다.

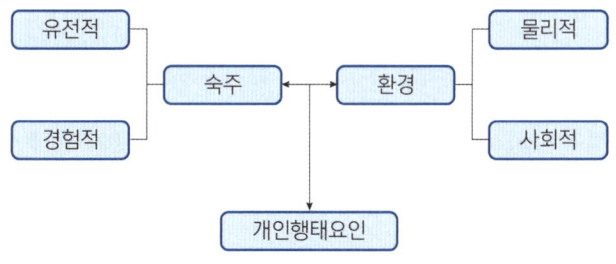

↑ 사회생태학적 모형 그림

4. 전인적 모형(Holistic Model, 총체적 모형)

(1) 특징 기출 19, 20

① 건강과 질병은 단순히 이분법적인 것이 아니라 그 정도에 따라 연속선상에 있는 것으로 보았다.
② 질병은 다양한 복합요인에 의해 발생되는 것이며, 치료의 목적은 단순히 질병을 제거하는 것만이 아니라 개인이 더 나은 건강을 성취할 수 있도록 건강을 증진시키고, 자기관리능력을 향상·확대시키는 넓은 개념을 포함하는 모형이다.
③ 의사는 조언자의 역할에 중점을 두고, 건강 성취의 주체는 개개인 자신으로 의사와 개인과의 신뢰성 확보가 우선임을 강조하였다.

④ 건강이란 사회 및 내부 생태체계가 역동적인 균형상태를 이루고 있는 것이다. 따라서 질병은 개인의 적응력이 감퇴하거나 조화가 깨질 때 발생한다.

(2) 전인적 모형의 구성요소 기출 10, 15, 16, 17, 18
① **환경**: 환경이란 물리적·심리적 환경을 포함하며 개인의 주변에 있는 모든 내적·외적 환경은 건강에 직·간접적으로 영향을 주고 있기 때문에 질병의 발생 여부와 관련이 있다.
② **생활 행태**: 질병과 위험요인에 노출되는 것은 개인의 책임이 큰 부분을 차지하기 때문에 개인의 생활 행태에 따라 건강의 상태가 달라질 수 있다.
③ **생물학적 특성**: 연령, 성, 인종, 유전적 소인 등과 같은 생물학적 요인은 질병에 따라 개인의 감수성 차이를 보인다.
④ **보건의료체계**: 보건의료체계의 운영·관리 상태에 따라 건강은 다른 양상을 보이는데, 보건의료체계는 포괄적인 개념으로 예방적 요소, 치료적 요소, 재활적 요소를 포함한다.

5. 웰니스 모형(Wellness Model)

(1) 특징
① 던(Dunn HL)이 발표한 개념이다.
② '개인의 생활환경 내에서 각자의 잠재력을 극대화하는 통합된 기능'이다.
③ 건강은 '충만하고 유익하며 창조적인 생활을 영위하기 위한 개인의 이상적인 상태'이다.
④ '건강의 예비적 준비 상태인 불건강을 극복하기 위한 힘과 능력'(Dunn, 1977)이다.
⑤ 웰니스 모형에서는 신체와 정신의 연계가 중요하게 간주되며, 상위 수준의 웰니스는 개인이 고차원적인 기능을 하고, 미래와 개인의 잠재력에 대하여 긍정적인 시각을 가지며, 개인적 기능에 있어서 신체적, 정신적, 영적인 영역에서 전인적인 통합을 포함하는 개념이다.
⑥ 건강은 단순히 질병이 없는 것이 아니고 안녕상태, 활력, 작업능력, 그리고 효율 등의 긍정적 차원들을 포괄하는 개념이며, 많은 수의 질병들이 신체의 정화작용 자체만으로 치료되는 것으로 본다.

(2) 웰니스 모형 사분면
① 던(Dunn)은 가로축인 건강축과 세로축인 환경축으로 구분되는 웰니스 사분면을 제시하였다.
② 가로축인 건강축은 최상의 웰니스에서 사망까지 건강 수준을 반영하였다.
③ 세로축인 환경 축은 건강지향적 환경에서 불건강 환경까지 환경상태를 반영하였다.
④ 건강 수준과 환경상태의 조합에 따라 각각 상위 수준의 웰니스, 우연한 상위 수준의 웰니스, 불건강 상태, 건강 보호의 사분면으로 나누어진다.

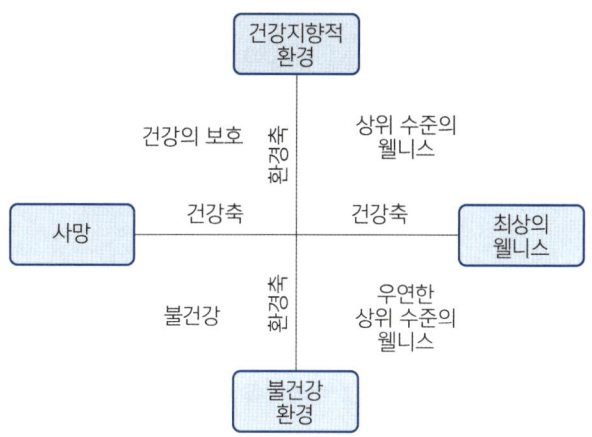

⬆ 웰니스 모형 사분면

(3) 단점
① 개개인마다 주관적으로 인지 혹은 지각되는 상태에 대한 웰니스의 객관적 측정이 어렵다.
② 객관적 측정이 어려운 이유
  ㉠ 웰니스를 판단하는 정도가 연령 및 문화적 맥락에서 다양할 것이며, 행복, 삶의 질, 다른 광범위한 내용들이 건강의 의미에서 확장되어 웰니스의 의미에 포함되어 있다.
  ㉡ 의료 측면에서 완벽하고 건강한 사람이라도 불행할 수도 있고, 웰니스 모형에 따라서는 삶의 질이 낮을 수도 있다.

6. 수레바퀴 모형(Wheel model) 기출 11, 15, 18

(1) 특징
① 질병의 발생에는 여러 '환경적 요소'가 중요한 역할을 한다.
② 인간을 둘러싼 생물학적·화학적·물리학적·사회적 환경이 질병 발생에 영향을 미친다.
③ 질병의 종류에 따라 각 바퀴를 구성하는 각 부분이 기여도 크기에 의해 면적의 크기가 달라진다.
④ 질병 발생에서 환경보다 더 중요한 것은 '인간 개체(숙주)'이며, 또한 인간 개체보다 가장 핵심적인 역할은 개인의 타고난 '유전적 소인'이다.
⑤ 유전이 숙주에 포함되며, 숙주와 환경을 구분한다.
⑥ 비감염성 질환의 설명에 적합하다.

(2) 장단점

장점	질병 발생에 대한 원인요소의 기여 정도에 중점을 두어 표현함으로써 역학적 분석에 도움이 됨
단점	병원체요인을 숙주를 둘러싸고 있는 환경요인에 포함하면서 병원체요인을 제외시킨 것이 환경과 병원체요인을 구별하지 않았음

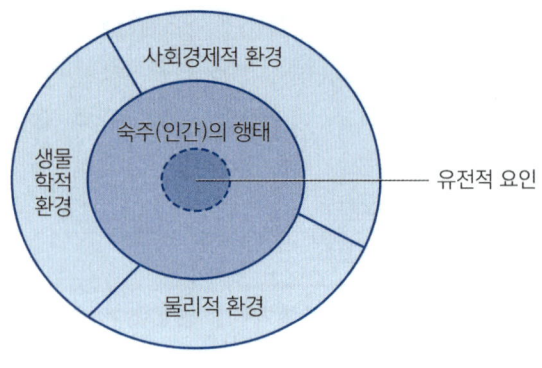

○ 수레바퀴 모형

7. 거미줄(원인망) 모형(Web of Causation) 기출 18, 19

(1) 특징
① 맥마흔(MacMahon B, 1923 ~ 2007)이 제시한 대표적인 거미줄 모형이다.
② 프라이드만(Fridman)은 심근경색 발생과 관련된 요인을 분석하였다.
③ 병인, 숙주, 환경을 구분하지 않는다.
  ⇨ 모두 질병발생에 영향을 주는 것이다.
④ 질병이 어느 한 가지 원인에 의해 발생하는 것이 아니라 여러 가지 원인이 서로 연관되어 있고 반드시 선행하는 요소가 거미줄처럼 복잡하게 얽혀 어떤 질병이 발생된다는 모형이다.
⑤ 비감염성 질환의 발생을 설명한다.

(2) 장단점

장점	많은 영향을 주는 요인 중 몇 가지를 제거하면 질병의 예방이 가능하다는 것을 보여줌
단점	몇 가지를 제거하면 예방이 가능하다는 원인의 확실한 근거가 없음

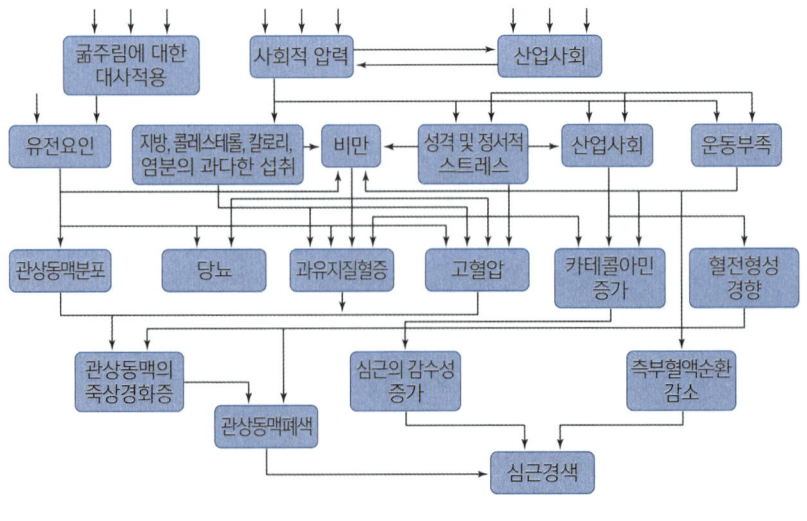

○ 거미줄 모형

5 질병의 이해

1. 질병(Disease)

(1) 정의
① 수명의 단축, 능력의 쇠퇴를 초래하는 신체 기능의 변화를 말한다.
② 정신적·신체적 기능 또는 구조에서 병리학적 변화를 의미하는 의학적 용어로, 특정한 증상과 원인을 가진다.

(2) 원인
생물학적 요인(virus, bacteria, fungus, rickettsia, protozoa 등), 유전적 요인, 화학적 요인(중금속, 약물, 강한 산과 염기 등), 물리적 요인(극심한 온도, 방사선, 전기 등), 스트레스, 화학적 혹은 대사성 장애, 자극 혹은 손상에 대한 조직 반응 등이 있다.

(3) 분류
급성 질병과 만성 질병으로 분류할 수 있다.

(4) 상병(Illness)
① 사람들이 신체적, 정서적, 지적, 사회적, 영적 기능이 저하되었다고 믿는 주관적인 상태이다.
② 자신이 병들거나 건강하지 못하다고 느끼는 질환에 대한 아주 개인적인 반응이며, 이는 질환과 관련되거나 관련되지 않을 수도 있다.
③ 질환에 대한 인간의 반응으로, 이전의 상태와 비교하여 변화된 신체 기능의 비정상적 과정을 말한다.
④ 이러한 반응은 각 개인에게 독특하게 나타나며, 개인과 타인의 지각 그리고 신체 구조와 기능의 변화, 개인의 역할, 관계, 문화, 정신적 가치, 신념 등의 변화로 나타난 결과에 영향을 받는다.
⑤ 자신이 상병이 있는지를 판단하는 기준(Bauman, 1965)
  ㉠ 증상의 유무
  ㉡ 건강상태에 대한 지각
  ㉢ 일상생활 수행능력

> **Plus⁺ POINT**
>
> **질병과 상병의 차이**
> Illness는 "I"는 내가 느끼므로* 주관적이고, 반대로 Disease는 객관적인 상태이다.
>
> | Disease(질병) | 객관적인 상태 |
> |---|---|
> | Illness(상병) | 주관적인 상태 |

* 영어의 나를 가리키는 "I"로 암기

2. 질병 예방 수준

(1) 1차 예방(Primary prevention) 기출 18, 20

① 1차 예방은 진정한 의미의 예방이다.
② 질병이나 기능장애 이전에 신체적·정서적으로 건강한 대상자에게 적용한다.
③ 1차 예방의 목적은 질병이나 기능장애에 대한 개인이나 집단의 취약성을 감소시키는 것이다.
④ 1차 예방은 수동적·능동적인 건강증진 전략을 포함한다.
⑤ 개인이나 일반 대중에게 제공하거나 또는 특정 질병이 발생할 위험이 있는 사람들에게 중점을 둔다.
⑥ 1차 예방은 건강증진에 목표를 두며 건강교육 프로그램, 예방접종 그리고 신체적 활동 등을 포함한다.

건강증진	• 건강교육 • 생의 발달 단계에 적합한 표준 영양 • 성격 발달에 대한 관심 • 적절한 주택, 레크리에이션, 쾌적한 근로조건 제공 • 결혼상담과 성교육 • 유전학적 검사 • 주기적인 선별검사
특정한 보호	• 특정 예방접종하기 • 개인위생에 대한 관심 • 환경위생 적용 • 직업적 위험요인에 대한 보호 • 특정 영양소 섭취 • 발암물질로부터 보호 • 알레르기 유발원 제거

(2) 2차 예방(Secondary prevention) 기출 19, 20

① 2차 예방은 건강문제나 질병을 경험하고 있거나, 합병증 유발 또는 상태가 악화될 위험이 있는 사람들에게 중점을 둔다.
② 조기 진단과 즉각적인 의료활동을 통해 대상자는 심각한 상태가 감소하고, 가능한 빨리 정상적인 건강수준으로 회복될 수 있다.
③ 대부분 가정, 병원 또는 전문적인 보건의료시설에서 이루어진다.
④ 2차 예방은 중증 질환으로 진행되는 것을 지연시킴으로써 장애를 최소화하는 조기검진과 조기치료 단계를 포함한다.

조기진단과 즉각적 치료	• **대상자 확인**: 개인, 집단 검진 • 선별검사 • 전염성 질환의 확산, 합병증 예방, 장애기간의 최소화를 위한 질환 치료와 예방
장애의 제한	• 질병 진행 정지와 합병증 예방을 위한 적절한 치료 • 장애를 제한하고 사망을 방지할 수 있는 기관 제공

(3) 3차 예방(Tertiary prevention) 기출 20

① 3차 예방은 결함과 장애가 영구적이고, 회복될 수 없으며 그 수준이 유지될 때 행해진다.
② 3차 예방은 합병증과 악화를 예방하기 위한 중재를 실시함으로써 만성질병으로 인한 영향이나 장애를 최소화하는 것과 관련이 있다.
③ 3차 예방은 진단과 처치보다는 재활을 위한 것이다.
④ 이 수준은 질병이나 장애에 의해 야기된 장애에도 불구하고, 가능한 한 최고 수준의 기능을 획득하도록 도와주는 단계이다.

회복과 재활	• 잔존기능 사용을 최대화하기 위한 훈련과 교육을 시행할 병원과 지역사회 시설 제공 • 가능한 최대 한도까지 재활되도록 공공기관과 산업체 교육을 선택적 배치 • 병원에서 작업치료

★ 핵심정리 질병 발생과 예방대책 단계

단계	병원성이전기		병원성기		
	Ⅰ. 비병원성기	Ⅱ. 조기병원성기	Ⅲ. 조기질환기 불현성감염	Ⅳ. 발현된 질환기 현성감염	Ⅴ. 회복기·사망
과정	병인·숙주· 환경의 상호작용	병인 자극의 형성	초기 병적 변화, 병인 자극에 대한 숙주 반응	질병	회복 또는 사망
예비 조치	건강증진활동, 환경위생 개선, 보건교육, 영양섭취, 홍보, 캠페인	특수예방 예방접종	조기발견 조기치료	악화 방지 및 장애 방지 및 감소를 위한 치료	재활서비스, 사회복귀훈련
예방	1차적 예방		2차적 예방		3차적 예방

출처: Leavell and Clark(1979). 질병 발생과 예방대책 단계

3. 보건활동 관점 서비스 유형

(1) 1차 보건의료
① 지역사회에서 발생하는 기본적인 보건활동을 시행하는 전통적인 보건활동이다.
② 모자보건사업, 풍토병관리사업, 예방접종사업, 영양개선활동사업, 식수위생사업 등이 있다.

포괄적 보건의료
1. 예방의학과 치료의학의 통합
2. 1차 의학(예방), 2차 의학(치료), 3차 의학(재활), 건강증진

(2) 2차 보건의료

전문활동의 요구, 급성 질환의 관리, 병원에서의 입원치료를 요하는 환자관리사업으로 전문적인 인력과 입원시설, 장비 등이다.

(3) 3차 보건의료
① 환자 재활, 노인성 질환의 관리 등을 주로 담당한다.
② 3차 의료서비스는 재활을 요하는 환자 및 노인의 장기요양이나 만성 질환자 관리사업 등이 중심이 되며 특히 노인성 질환 관리가 중요하다.
③ 특정 의료영역에 대해서 보다 전문적인 팀으로 구성되며 특수한 장비와 시설을 제공할 수 있는 환경이 필요하다.

6 공중보건

1. 공중보건의 의의

(1) 윈슬로(C. E. A. Winslow, 1920)의 공중보건학 정의 기출 15, 19
① **공중보건학**: 조직적인 지역사회의 노력을 통하여 질병을 예방하고 수명을 연장시키며 신체적·정신적 효율을 증진시키는 기술이자 과학이다.
② **조직적인 지역사회의 노력**: 환경위생 관리, 전염병 관리, 개인위생에 관한 보건교육, 의료 및 서비스의 조직화, 사회제도의 발전 등이 있다.

(2) 조직화된 지역사회의 의미
① 환경위생 관리
② 전염병 관리
③ 개인위생에 관한 보건교육
④ 질병의 조기발견, 조기진단을 위한 의료·보건사업의 체계화
⑤ 자신의 건강유지에 적합한 생활 수준을 보장받도록 사회제도 개선

(3) 공중보건의 목표와 활동
① 공중보건의 직능을 추진하는 주체는 국가와 공공단체 및 조직화된 지역사회나 직장사회 등이다.
② 공중보건의 주요 목표는 질병을 예방하고 생활환경(공기·수도·주택 등)을 위생적으로 하여 수명을 연장하는 것 외에 정신적·신체적 능률 향상을 도모하는 데 있다.
③ 공중보건의 활동을 추진하는 데는 과학과 기술이 중요하며 동시에 관계기관이 사회의 협력을 얻어 조직적으로 활동해 나아가는 것이 중요하다.

(4) 공중보건의 실행방법

조직적인 지역사회의 공동노력으로 이루어지며, 공중보건의 최소단위는 지역사회이다.

2. 공중보건사업

(1) 공중보건사업의 대상
개인 및 가족이 아닌 지역사회 전체의 주민 ⇨ 지역사회 및 지역사회 주민(전 국민)

(2) 공중보건의 3대 핵심 원칙(WHO) – 참여, 형평, 협동
① **참여(Participation)**: 공중보건사업을 기획하고 실시할 때에는 다양한 집단의 사람들을 참여시켜야 한다.
② **형평(평등, Equity)**: 영국의 블랙(Black) 보고서, 애치슨(Acheson) 보고서에서 밝혔듯이 사회·경제적 불평등을 극복하는, 즉 형평성을 제고하는 공중보건 정책을 수립·시행하여야 한다.
③ **협동(Collaboration)**: 공유된 프로젝트에 대하여 다른 사람들과 함께 일을 하고 파트너십을 구축하는 것으로 가령 정부 간행물을 발간할 때 지방 기관들은 해당 지역주민의 의견을 물어볼 필요가 있고, 건강증진을 위해 다양한 단체와 협력하여야 한다.

(3) 앤더슨(Anderson)의 공중보건수단(공중보건사업 수행의 3대 요소)
① **보건행정**: 보건서비스에 의한 봉사행정
② **보건관계법규**: 법규에 의한 통제행정
③ **보건교육**: 교육에 의한 조장행정(가장 중요한 구성요소)

(4) 애쉬튼과 시모어(Ashton & Seymour)의 공중보건 4단계 기출 16, 17
① **1차 단계(산업보건 대두 시기)**: 19세기 중반 산업화, 도시화로 인한 보건문제 대처단이 대두되었다.
② **2차 단계(개인위생중점 시기)**: 1870년 이후 개인 중심의 개인위생, 제방이 중요시되었다.
③ **3차 단계(치료의학 전성기)**: 신의의 개발로 감염성 질환이 급격히 감소하였다.
④ **4차 단계(신공중보건 단계)**: 1970년 이후 개인보건문제에서 사회적 문제 해결을 위한 보건의료서비스의 제공되었다.

(5) 전통의학과 공중보건학 비교

구분	전통의학	공중보건학
목적	질병치료	질병예방, 수명연장, 신체적·정신적 건강과 능률의 향상
책임소재	각 개인	국가의 지역사회
연구소재	각 개인	지역사회, 국가, 인류
진단방법	임상의 진단	보건통계자료와 조사를 통한 집단
내용	질병치료	불건강의 원인이 되는 사회적 요인 제거, 집단건강 향상

7 건강도시

1. 건강도시의 정의

(1) 세계보건기구(WHO)의 정의
① 건강도시를 지역사회의 물리적, 사회적, 환경적 여건을 지속적으로 개선해 나가면서, 개인의 잠재능력을 최대한 발휘하고, 시민들이 상호 협력함으로써 최상의 삶을 누리는 도시이다.
② 건강은 질병이 없고 허약하지 않을 뿐만 아니라 육체적으로 정신적으로 사회적으로 완전히 안녕한 상태이다(세계보건기구, 1948).
③ 건강도시란 도시의 물리적·사회적·환경적 여건을 창의적이고 지속적으로 개발해 나가는 가운데, 개인의 잠재능력을 최대한 발휘하며 지역사회의 참여 주체들이 상호 협력하며 시민의 건강과 삶의 질을 향상하기 위하여 지속적으로 노력해 나가는 도시를 말한다(세계보건기구, 2004).

(2) 건강도시의 목적
도시의 건강과 환경을 개선하여 도시 주민의 건강을 향상시키기 위함이고, 이는 지방자치단체와 지역사회의 창의성을 발휘하여 '모든 인류에게 건강을(Health for All)'을 달성하려는 데 있다.

(3) 건강도시의 목표
건강도시 프로젝트의 주요 특징은 강력한 정치적 지원, 각 분야 간의 협력, 적극적인 시민들의 참여, 생활터전의 활동적 통합, 건강 프로필과 지역활동계획의 개발, 주기적인 모니터링과 평가, 참여적 연구와 분석, 정보 공유, 대중매체의 참여, 사회 내 모든 집단의 취합, 지속가능성, 인적자원과 사회의 개발의 연계, 국가와 국제적 네트워크를 포함한다.

2. 건강도시의 연혁*

*출처: 대한민국건강도시협의회

(1) 건강도시의 개념은 '모든 인류에게 건강을(Health For All)'이라는 세계보건기구(WHO)의 선언(알마아타, 1978)과 이후 1980년대에 등장한 신공중보건운동(new public health)의 시작을 기점으로 대두되었다. 그 후 1986년 캐나다 오타와에서 개최된 제1차 WHO 국제건강증진회의에서 오타와 헌장이 선언되었다.
(2) 건강도시사업은 1986년 WHO 유럽 및 북미 지역사무소에서 16개 국가 30개 도시에서 시작하였으며, 서태평양지역은 1980년대 말 일본, 호주, 뉴질랜드에서 시작하였다.
(3) 1991년 WHO 총회에서 선진국, 개발도상국 모두에서 도시의 건강문제를 해결하는 수단으로 건강도시사업을 지목하였으며, 세계 지역별로 네트워크를 형성하여 정보 교환, 경험 공유, 상호 간 지지체계 확립, 새로운 전략 개발, 결과 및 아이디어 공유, 파트너십 형성 등을 위하여 1,000여 개 도시에서 공동으로 노력하고 있다.

Plus⁺ POINT

건강도시와 오타와 헌장

1. 건강도시 개념은 '모든 사람들에게 건강을(Health For All)'이라는 세계보건기구의 선언(알마아타, 1977)과 1980년대 등장한 신공중보건운동(new public health)의 시작을 기점으로 하여 대두되었으며, 1986년 11월 캐나다 오타와에서 개최된 제1차 국제건강증진회의에서 제시된 건강증진 개념과 접근법을 수용하였다.
2. 제9차 회의에서는 '상하이 선언(Shanghai Declaration)'이 채택되었고, 100명 이상의 시장 등이 모인 '시장포럼(Mayor Forum)'에서는 건강도시에 관한 공동추진과제인 '상하이 건강도시 시장합의문(The Shanghai Healthy Cities Mayors' Consensus)'을 채택하였다.

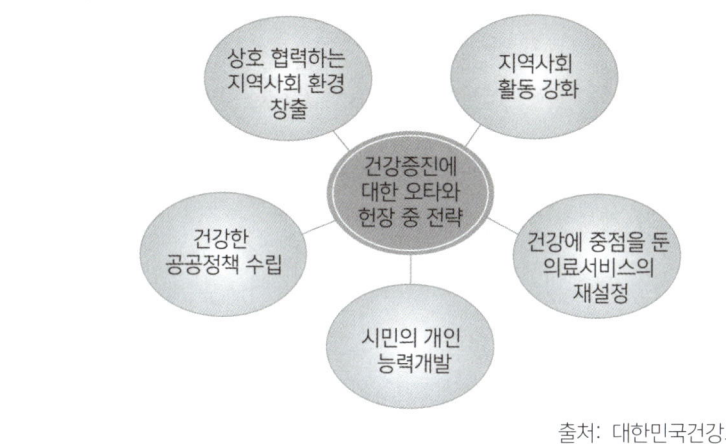

출처: 대한민국건강도시협의회

3. 건강도시의 조건

(1) 건강도시 네트워크에 가입하기 위한 필수조건[세계보건기구(WHO)] 기출 16, 20

① 깨끗하고 안전하며, 질(Quality) 높은 도시의 물리적 환경
② 안정되고, 장기적으로 지속가능한 생태계
③ 계층 간, 부문 간 강한 상호 지원체계와 착취하지 않는 지역사회
④ 개개인의 삶, 건강 및 복지에 영향을 미치는 문제에 대한 시민의 높은 참여와 통제
⑤ 모든 시민을 위한 기본적 요구(음식, 물, 주거, 소득, 안전, 직장) 등의 충족
⑥ 시민들 간의 다양한 만남, 상호작용 및 의사소통을 가능하게 하는 기회와 자원에 대한 접근성
⑦ 다양하고 활기 넘치며, 혁신적인 도시 경제
⑧ 역사, 문화 및 생물학적 유산 혹은 지역사회 내 모임들과 개인과의 연계를 도모
⑨ 모든 시민에 대한 적절한 공중보건 및 치료 서비스의 최적화
⑩ 높은 수준의 건강과 낮은 수준의 질병 발생
⑪ 이상의 요건들이 서로 양립할 뿐만 아니라 더불어 이 요소들을 증진시키는 도시 형태

```
┌─────────────────┐  ┌─────────────────┐  ┌─────────────────┐
│ 물리적인 환경이   │  │ 광범위하고 다양한  │  │ 다양하고 활기에   │
│ 깨끗하고 안전한   │  │ 만남, 상호교류,    │  │ 넘치고 혁신적인   │
│ 도시(주거의 질    │  │ 커뮤니케이션의    │  │ 경제            │
│ 포함)           │  │ 기회와 함께 폭넓은 │  └─────────────────┘
└─────────────────┘  │ 경험과 자원이용이  │
                     │ 가능한 도시       │
                     └─────────────────┘

┌─────────────────┐  ┌─────────────────┐  ┌─────────────────┐
│ 현재 안정적이며   │  │ 역사, 시민의 문화적│  │ 상호 협력이 잘   │
│ 장기적으로 지속   │  │ 및 생물학적 유산,  │  │ 이루어지며,      │
│ 가능한 생태계를   │  │ 타집단 및 개인들과 │  │ 비착취적인 지역   │
│ 보존하는 도시    │  │ 연속성이 장려되는  │  │ 사회            │
└─────────────────┘  │ 사회            │  └─────────────────┘
                     └─────────────────┘

┌─────────────────┐  ┌─────────────────┐  ┌─────────────────┐
│ 이상의 특성들을   │  │ 자신들의 생활,    │  │ 모든 시민이 접근 │
│ 충족하며 이를    │  │ 건강 및 웰빙에    │  │ 할 수 있는 적절한│
│ 강화시키는 도시   │  │ 영향을 미치는    │  │ 공중보건 및      │
│ 계획            │  │ 결정에 대한 시민의 │  │ 치료서비스의 최적 │
└─────────────────┘  │ 참여와 통제기능이  │  │ 수준            │
                     │ 높은 도시        │  └─────────────────┘
                     └─────────────────┘

           ┌─────────────────┐  ┌─────────────────┐
           │ 모든 시인의 기본  │  │ 지역주민의 건강  │
           │ 욕구(음식, 물,   │  │ 수준이 높은 도시 │
           │ 주거, 소득, 안전, │  │ (높은 건강수준과 │
           │ 직장)가 충족되는  │  │ 낮은 이환율)    │
           │ 도시            │  └─────────────────┘
           └─────────────────┘
```

🔼 건강한 도시가 제공하기 위해 노력해야 할 11가지 특징들

(2) 세계보건기구가 제시한 <u>9가지 건강도시의 지표</u>

① 인구
② 건강 수준
③ **생활양식**: 흡연, 음주, 운동, 체중 조절 등
④ 공중보건 정책 및 서비스
⑤ 주거환경
⑥ **사회경제적 여건**: 교육, 취업, 수입, 범죄, 문화행사
⑦ **물리적 환경**: 대기, 수질, 소음, 식품관리
⑧ 불평등
⑨ **물리적 및 사회적 하부구조**: 교통, 도시계획 등

📋 **Plus⁺ POINT**

건강도시 예시

원주시의 비전은 건강하고 푸른 레저관광, 경제도시 원주이다.

```
                    ┌─────────┐
                    │ 건강도시 │
                    │  원주   │
                    └─────────┘
                         │
              ┌──────────────────────┐
              │ 시민건강증진 및 삶의 질 향상 │
              └──────────────────────┘
           ┌─────┬─────┬─────┬─────┬─────┐
          ○     ○     ○     ○     ○
        인구    도시-   생활습관  웰빙문화  새로운
        노령화  농촌    의 서구화  의 확산   도시 이미지
                복합도시                    창조
                형태
```

출처: 원주시 홈페이지(분야별 정보 - 문화/체육 - 건강도시)

8 건강행태이론

1. 건강신념모형(HBM; Health Belief Model) 기출 12, 13, 17, 18

(1) 개념
① 1950년대 미국 사회심리학자들에 의해 개발되었다.
② 정부에서 제공하는 질병 조기발견 검사과정에서 사람들이 참여하지 않는 이유를 규명하기 위한 목적으로 개발되었다.

(2) 구성요소

지각된 감수성 (민감성)	개인이 질병에 걸릴 위험이 있다는 가능성에 대한 인지 정도 예 인구학적 특성, 환경 등
지각된 심각성	개인이 특정 질병을 얼마나 심각하게 인지하는가에 대한 지각 예 불구, 통증 등
지각된 이익 (유익성)	자신이 건강행위를 실행함으로써 질병에 감염될 위험 및 위험 결과의 심각성 감소효과를 지각하는 신념
지각된 장애성	특정 행위를 수행하는 데 부딪힐 어려움에 대한 인지 정도
행동의 계기	사람들이 특정 행위를 하도록 촉진 또는 자극하는 단서 예 개인교육, 상담, 홍보, 건강 관련 이벤트 등

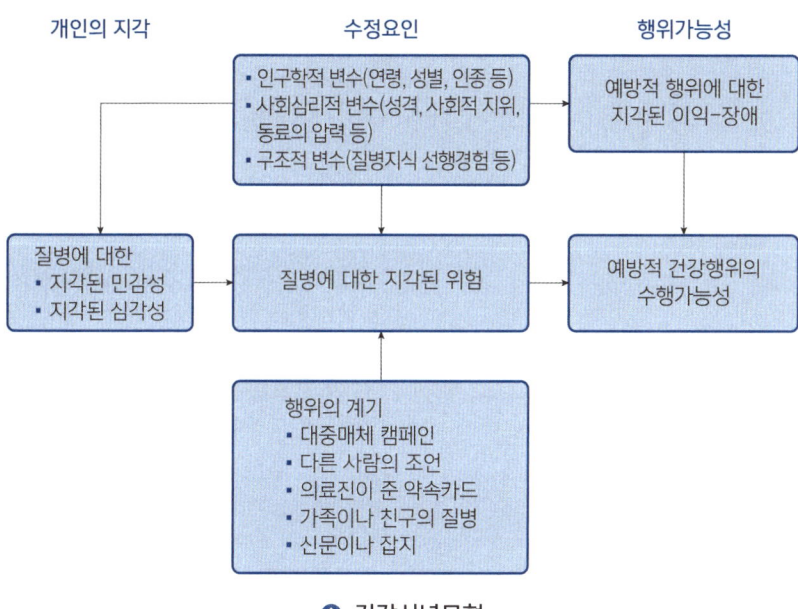

● 건강신념모형

개인 수준 건강행위이론

1. 인지조화론
   ① 정의: 인간은 자신이 가지고 있는 지식, 태도 및 행동이 서로 조화를 이루고 있는 상태를 선호한다.
   ② 특징: 건강에 관한 새로운 지식을 교육하면 건강한 생활 태도를 갖게 되고, 이어서 건강한 행동을 실천하게 된다. 지식, 태도, 행동은 복잡하고 역동적인 방법으로 상호작용을 하고 있으니 목표설정 시 3가지를 포함시킨다.
      예 새로운 지식을 습득하게 되면 기존에 조화를 이루고 있던 지식, 태도와 행동 사이에 부조화가 발생해 새로운 지식과 태도에 걸맞도록 행동을 바꾸게 된다는 것
2. 지식, 태도, 실천 모형
3. 건강신념모형 = 건강믿음모형
4. 합리적 행위이론
5. 계획된 행위이론
6. 귀인이론
7. 범이론적 모형
8. 예방 채택과정 모형

개인 간 수준 건강행위이론
1. 사회인지론
2. 자기효능이론
3. 사회적 관계망과 사회적 지지이론
4. 정보처리와 설득적 커뮤니케이션
5. 동기화 면담이론

집단 – 지역사회 수준 건강행위이론
1. 혁신 전파이론(혁신 확산이론)
2. MATCH
3. PRECEDE – PROCEED모형
4. 의사소통이론

2. 건강증진모형

(1) 펜더(Pender)의 건강증진모형

특징			• 건강행위에 영향을 미치는 요인을 설명 • 건강신념모형과 사회학습이론에 기초하여 개발됨
가정			• 인간은 각 개인의 독특한 건강잠재력을 표현할 수 있음 • 반성적인 자기 지각을 할 수 있는 능력을 가지고 있음 • 개인이 수용할 수 있는 변화와 안정 사이의 균형을 얻고자 노력 • 개인은 자신의 행동을 능동적으로 조절
구성 요소	개인의 특성과 행위의 결과 경험	이전의 관련된 행위	현재와 비슷하거나 같은 행위를 과거 얼마나 자주 했는지 의미하며, 건강행위 예측의 중요한 요인
		개인적 요인	생물학적, 심리적, 사회문화적 요인
	행동과 관련된 인지와 감정	지각된 유익성	• 내적 이득과 외적 이득이 있음 • 건강행위를 지속하는 동기화에는 내적 이득이 더 유력 예 피로감 감소, 상호작용 증가, 경제적 보상 등
		지각된 장애	• 행위를 방해하는 어려움이 있거나 발생할 수 있다고 인식되는 것 • 불가능함, 값이 비쌈, 어려움, 시간이 많이 소요됨, 만족감 감소 등
		지각된 자기효능감	• 특정 활동을 계획하고 실행하게 하는 자신의 능력을 판단하는 것 • 지각된 자기효능감이 클수록 지각된 장애 정도는 감소
		행위와 관련된 정서	• 행위를 시작하기 전, 하는 동안, 후에 일어나는 주관적 느낌으로 행동 자체가 가지는 자극의 특성 • 행동 관련 정서, 자아 관련 정서, 상황 관련 정서
		대인관계의 영향	다른 사람의 태도, 신념, 행위를 고려하는 인자(민감성은 개인 차이, 문화 차이 있음)
		상황적 영향	행위를 직접적, 간접적으로 촉진 또는 방해
	행위의 결과	행동계획수립	건강행위를 강화시키는 전략 선택
		즉각적인 갈등적 요구 및 선호	• **갈등적 요구**: 다른 가족의 건강을 책임져야 하여 자신의 건강에 방해되는 행위 선택 • **선호**: 개인 차원의 조절이 가능하나 자신의 기호 때문에 건강에 방해되는 행위 선택
		건강증진행위	건강증진모형의 종착지, 행동의 결과, 긍정적인 삶의 경험

(2) 건강증진모형의 장단점

장점	• 인지 - 지각요인을 변화시켜 건강증진행위를 촉진 • 모든 행위에 정서가 동반 • 긍정과 부정의 자기효능감 수준을 높임
단점	• 많은 변수들이 등장하고 간편성이 부족 • 실제 적용이 어려움

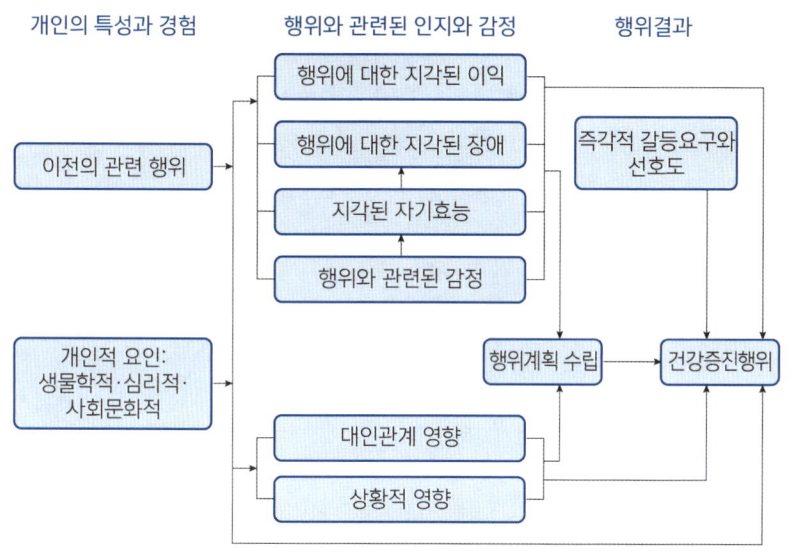

↑ 건강증진모형

(3) 타나힐(Tanahill)의 건강증진모형 - 구성 개념

① **보건교육**: 보건교육을 통해 건강과 사회적 돌봄에서의 예방적인 서비스, 질병·건강의 예방과 긍정적인 건강에 도움이 되는 지지적인 행동과 격려를 하고 건강 대처능력을 촉진시키는 것이다.

② **예방**: 의학적 중재를 통해 질병과 불건강을 감소시키는 것이다.
   ㉠ **1차 예방**: 건강위험요인을 감소시켜 질병이나 특정 건강문제가 발생하지 않도록 한다.
   ㉡ **2차 예방**: 질병이나 건강문제를 조기에 발견하여 예방한다.
   ㉢ **3차 예방**: 질병이나 건강문제로 인해 발생할 수 있는 합병증을 예방하고 재발을 방지한다.

③ **건강보호**: 환경에서 발생하는 환경적 위험과 감염을 통제하려는 노력이다.

> **Plus⁺ POINT**
>
> 타나힐의 건강증진모형
>
>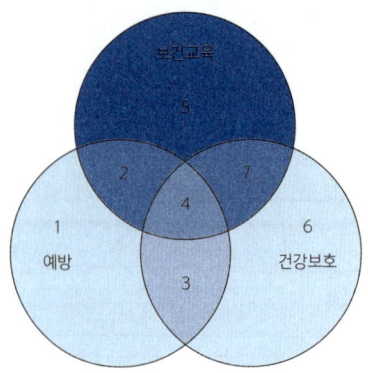
>
> 1. 예방 영역
> 2. 예방적 보건교육 영역
> 3. 예방적 건강보호 영역
> 4. 예방적 건강보호를 위한 보건교육 영역
> 5. 적극적 보건교육 영역
> 6. 적극적 건강보호 영역
> 7. 적극적 건강보호를 위한 보건교육 영역

3. 합리적 행위이론과 계획된 행위이론

(1) 개요
　① 가치기대이론에 근거한다.
　② **합리적 행위이론**: 인간이 어떤 특정한 행동을 선택하는 것은 그 행동의 결과로 야기될 수 있는 것들 중 좋은 것은 최대로 하고 나쁜 것은 최소로 하기 때문에 선택한다고 본다.
　③ **계획된 행위이론**: 아이젠에 의해서 개발되었으며 합리적 행위이론에 행위통제에 대한 지각을 포함하여 행위의도를 예측함으로써 사회적 행위나 건강 관련 행위를 예측할 수 있다고 본다.

(2) 구성요소

행동에 대한 태도	• 개인이 특정 행위에 대해 내리는 긍정적 혹은 부정적 평가의 정도 • 행위결과에 대한 태도 • **행위 신념**: 행위에 대한 태도는 특정 행위의 결과에 대해 갖는 신념 • **결과 평가**: 행위의 결과를 좋아하거나 싫어하거나 하는 정도 나타냄 예 당뇨 환자의 '당뇨식이행위에 대한 부정적 태도'
주관적 규범	• 건강행동을 하려고 하는 생각에 대한 개인의 신념 • 행위 수행 여부에 대해 느끼는 사회적 압력을 개인이 인지하는 것 • **규칙적 신념(규범적 신념)**: 어떤 행위를 하기를 원할 경우 사회적 압력을 통해 행동하게 되는 것 • **순응동기**: 자신에게 중요한 사람이 바라는 의도를 따르려는 것

행동에 대한 의도	• 특정 행동에 대한 동기유발이나 준비를 의미하는 것으로 인간이 어떤 행동을 실행할 동기가 얼마나 강한지 알 수 있음 • 행위 여부를 결정하며 특정 행위를 하는가, 하지 않는가를 예측하거나 설명하는 데 도움을 줌
지각된 행동통제	• 행동을 수행하는 데 있어서 어려움이나 용이함을 지각하는 정도 • 특정 행위를 수행하는 데 어려울 것이라고 지각하거나 쉽게 해낼 수 있을 것이라고 지각하는 것 • **통제 신념**: 행위 수행에 필요한 자원과 기회의 존재가능성에 대한 인식 • **지각된 영향력**: 행동의 촉진요인 또는 장애요인이 행위 수행을 쉽게 또는 어렵게 만드는 영향력을 얼마나 가지고 있는가에 대한 인식을 의미함

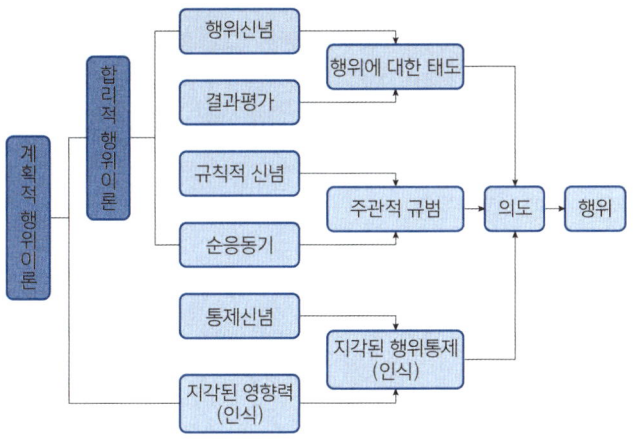

● 합리적 행위이론과 계획적 행위이론

4. 사회인지이론(Social Cognitive Theory) 기출 16, 17, 19

(1) 개요

① 반두라(Bandura, 1977)에 의해 제시되었다.
② 학습은 인간의 행위, 인지를 포함한 개인적 요소, 환경적 영향이 서로 역동적으로 상호작용하여 개인의 행위를 결정한다는 것이다.
③ 인간이 건강과 관련된 행동을 하게 하는 사회·심리적 요소들의 역동적 관계와 행동변화를 촉진하는 방법을 설명하는 이론이다.

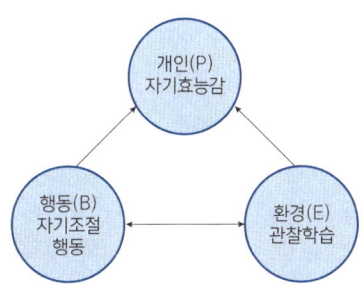

● 사회인지이론의 개념틀

(2) 구성요소
① 개인적 요소(자기효능감)
   ㉠ **개념**: 특정한 상황에서 특정한 행동의 조직과 수행을 얼마나 잘 할 수 있는가에 대한 주관적 판단이다.
   ㉡ 자기효능감을 강화하는 요소
      ⓐ **수행경험**: 직접 수행을 통한 성공의 경험이다.
      ⓑ **대리경험**: 타인의 목표수행을 관찰함으로써 자신의 효능감을 발달시킬 수 있다.
      ⓒ **언어적인 설득**: 목표행동을 수행할 수 있는 능력에 대한 자신감은 타인으로부터 격려·비판의 말에 의하여 영향을 받는다.
      ⓓ **생리적 상태**: 아픔, 피로 등은 과제 수행에 영향을 준다.
   ㉢ 자기효능감의 영향요소
      ⓐ **효능기대**: 자신의 능력에 대한 신념을 인간의 행동으로 연결시키는 매개역할을 한다.
      ⓑ **결과기대**: 특정 행동이 특정 결과를 가져올 것이라는 개인의 기대를 의미한다.
② 행동요소(자기조절행동)
   ㉠ 인간이 타인을 관찰하거나 사회화되는 과정 속에서 세운 행동수행의 기준에 의해 가진 자신의 행동을 평가하는 것이다.
   ㉡ 자기조절행동의 단계

자기관찰단계	강력한 학습경험이므로 사람들은 공식적이거나 비공식적인 학습경험을 통하여 인간행동의 다양한 측면에 대해 더 많이 알게 될수록 이전에는 중요하지 않게 생각했던 자신들의 행동의 많은 부분에 좀 더 관심을 기울이게 됨
자기평가단계	개인이 타당하고 현 상황에서 적용 가능하다고 생각하는 일련의 내면화된 기준에 의하게 됨
자기반응단계	특정한 일을 하는 자신을 관찰하고 판단한 후 그에 따른 보상을 주거나 처벌을 하는 과정

③ 환경요소(관찰학습)
   ㉠ 타인의 행동을 관찰함으로써 학습이 이루어지는 것이다.
   ㉡ 개인은 강화를 통해서뿐만 아니라 관찰을 통한 타인들로부터의 대리경험을 통해서 배울 수 있다.
   ㉢ **관찰학습의 유형**: 대리강화, 대리처벌, 모방 등이 있다.
   ㉣ **관찰학습의 과정**: 주의집중과정 ⇨ 파지과정 ⇨ 운동재생과정 ⇨ 동기화과정
   ㉤ 관찰학습과 관련된 강화의 형태
      ⓐ **직접강화**: 직접적인 강화를 받는 경우를 말한다.
      ⓑ **대리강화**: 타인의 경험을 관찰한 후 강화를 받은 것이다.
      ⓒ **자기강화**: 스스로 자신에게 강화를 주거나 자신만의 어떤 강화요인을 통제하는 경우를 말한다.

5. 범이론적 모형(TTM; Trans-Theoretical Model) - 행동변화단계모형

(1) 개요
① 프로차스카(Prochaska, 1979)가 심리치료연구를 바탕으로 발전시킨 모형이다.
② 개인이 어떻게 건강행동을 시작하고, 이를 유지하는가에 대한 행동변화의 원칙과 과정을 설명하는 통합적 모형이다.

(2) 구성요소

계획이전단계	• 6개월 이내 행동 변화의 의지가 없는 단계(무관심단계), 성공할 자신이 없거나 무기력하기 때문에 문제를 간과하는 것 • 변화의 이익을 강조하고, 압력이 적은 정보를 많이 제공하는 것이 효과적
계획단계	• 문제를 인식하고, 행위 변화를 심각하게 생각하지만 행동으로 옮기지 않는 시기로, 6개월 안에 행동 변화를 하고자 하는 사람이 머무는 단계 • 변화의 장단점을 알고 있어 만성 고민이나 행동지연이 나타남
준비단계	• 구체적인 행동실행계획이 잡혀 있는 단계로, 1개월 이내에 건강행동을 하려는 의도를 가짐 • 실행가능한 목표를 설정하는 것이 중요 • 금연이나 비만클리닉 같은 전통적인 행동지향적 프로그램에서 모집 가능 • 자가 학습용 인쇄물을 통한 교육방법도 효과적
행동단계	• 문제를 극복하기 위해 행동이나 경험 또는 환경을 눈에 띄게 변화하는 시기(1일 ~ 6개월) • 행동 변화가 완성되기 위한 하나의 과정
유지단계	• 변화가 지속되며 중독행위의 경우 변화된 행위가 생활의 일부분으로 정착되는 단계로, 예전의 행동으로 돌아가지 않기 위해 계속 노력 • 생활습관이 6개월 이상 지속되는 경우 • 변화된 행동을 유지할 수 있는 자신감을 갖게 됨 • **종료단계**: 사람들이 더 이상 유혹에 빠지지 않고 완전한 자기효능감을 갖게 된 단계

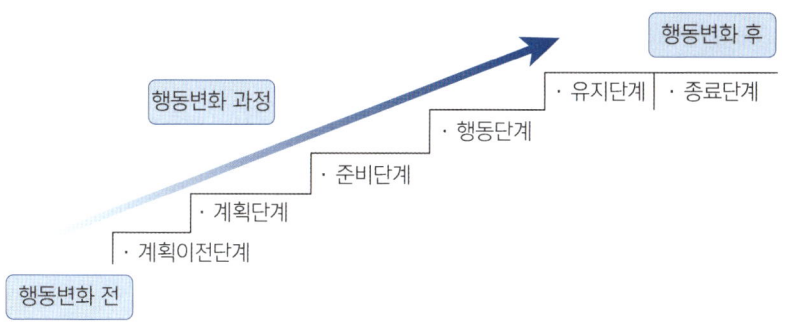

◐ 범이론적 모형 - 행동변화단계모형

(3) 인지적 과정단계

인식제고	• 높은 수준의 의식과 정보를 찾는 과정 • 특별한 문제행동에 대한 새로운 정보를 추구하고 문제를 이해하며 피드백을 얻고자 하는 개인의 노력 예 피드백, 대면하기, 설명하기, 책 읽기, 미디어 캠페인 등
극적 전환 (정서적 각성)	문제행위의 결과에 대한 감정을 경험하고 느끼고 표현하는 과정 예 역할극, 심리극, 우울감 해결 등
환경 재평가	• 환경에 미치는 영향을 재평가하는 것 • 자기 환경과 문제들에 대한 감정적·인지적 재인식 과정 예 정서적·인지적으로 사정하고 고려하는 과정, 글쓰기, 가족 중재, 다큐멘터리 등
사회적 해방	• 사회적으로 행동이행에 대한 대안이나 환경적 기회를 증가시키는 것이 바람직하다는 인식과 환경의 분위기를 조성하는 과정 • 상대적으로 박탈되고 억압받는 사람들을 위해 사회적 기회나 대안방법을 많이 제공하는 것 예 옹호, 힘 북돋우기, 정책의 개입 등
자기재평가	계획단계에서 준비단계로 이동할 때 자신의 가치관과 신념에 맞추어 자신의 행동을 정서적, 인지적으로 재평가하는 과정 예 가치 명료화, 심상요법 등

(4) 행동과정단계

자극 통제	행동을 방해하는 원인이 되는 사람이나 상황을 조절하고 이를 극복할 대안을 시도하여 행동을 일으키는 선행적 상황을 조정하는 과정 예 환경을 재구성, 회피, 자조집단 형성 등
조력관계	타인과의 행동에 대한 지지관계를 형성하는 것 예 자조모임, 사회적 지지, 자유적 연대 등
역조건 형성	• 행동단계나 유지단계에서 자극과 반응과의 연결을 끊어주는 것과 관련된 과정 • 행동하는 상황이나 환경을 대체할 수 있는 능력이나 대처방법 및 기술 등 예 이완, 둔감하기, 자기주장, 긍정적인 자기기술 등
강화 관리	준비와 행동단계, 긍정적인 행위 보상을 늘리고, 불건강 행동에 대한 보상은 감소 예 명시적 또는 은밀한 강하제, 집단 표창, 조건부 계약 등
자기 해방	변화하겠다는 능력에 대한 믿음으로 실제 행동화하는 선택과 노력, 변화하려는 결심을 공개하고 의지를 더욱 강화시킴 예 대중 앞에서 공언하기, 새해결심 등

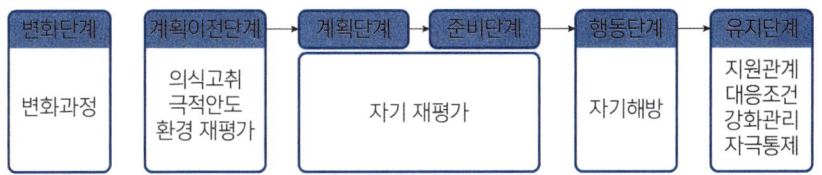

● 변화단계에 따른 변화과정

6. 의사결정균형

(1) 개인이 어떤 행동을 변화시킬 때 자신에게 발생하는 측면
   ① **긍정적인 측면**: 행동 변화에 대한 촉진제
   ② **부정적인 측면**: 행동 변화에 대한 장애요인

(2) 변화단계 중 계획이전단계에서 계획단계로 이동할 때 예측이 유용하다.

(3) **자기효능감**
   개인이 직면하게 되는 상황에서 필요한 행동을 성공적으로 수행할 수 있는 스스로에 대한 개인의 신념이다.

7. PRECEDE – PROCEED 모형

(1) 의의
   ① 보건교육기획에 있어 로드맵과 같은 역할의 모형이다.
   ② 1974년 그린(Green)의 교육적 진단목적의 PRECEDE와 1990년 크루터(Kreuter)의 행정적 진단단계인 PROCEED를 연결하여 보건교육 요구를 사정하고 계획하는 과정을 체계적으로 안내하는 논리적 모형으로 발전하였다.
   ③ 집단을 대상으로 적용하는 것이 적합하다.
   ④ 여러 측면의 사정과정을 통하여 건강과 건강행위에 영향을 미치는 다양한 요인들을 복합적으로 분류하여 조직화할 수 있는 접근체계를 제시하였다.
   ⑤ 건강 및 건강행위에 사회적·생태학적 측면들이 중요한 요인임을 강조하여 건강행위 변화에 대한 책임을 대상자 중심으로 보고 있는 다른 이론들과 구별된다.

(2) 단계 기출 15, 16, 17, 18, 19, 20, 24
   ① **1단계 – 사회적 사정**: 지역사회 주민의 사회문제를 파악하여 삶의 질에 영향을 미치는 요인을 주·객관적으로 사정한다.
   ② **2단계 – 역학적·행위적·환경적 사정**: 가장 큰 건강문제를 규명하고 이와 연결된 것으로 보이는 건강 관련 행위와 환경요인을 규명한다(예 보건교육사업 기획 시 흡연율 조사).
   ③ **3단계 – 교육 생태학적 사정**
      ㉠ 성향요인(소인성 요인): 건강행위의 근거나 동기를 제공하는 것이다(지식, 태도, 신념, 가치, 자기효능 등).

- ⓒ **가능요인(촉진요인):** 건강행위 수행을 가능하게 도와주는 요인, 보건의료 및 지역사회자원의 이용가능성, 접근성, 제공성과 개인의 기술, 개인의 자원 및 지역사회 자원 등이 있다.
- ⓒ **강화요인:** 보상, 칭찬, 벌 등 건강행위가 지속되거나 없어지게 하는 요인으로, 사회적 유익성, 신체적 유익성, 사회적 지지, 친구의 영향, 의료인의 피드백, 권고 등이 있다.

④ **4단계 - 행정적 및 정책적 사정 및 계획:** 건강증진 프로그램을 촉진 또는 방해하는 행정, 정책, 자원 및 환경을 사정하는 단계이다.

⑤ **5단계 - 프로그램 수행:** 계획, 예산, 조직과 정책을 지지하고 인력 조정과 감독을 포함한다.

⑥ **6단계 - 과정평가:** 수행한 프로그램의 과정에 대한 평가이다(예 교육과정의 난이도와 적절성, 과정의 수, 참석률 등).

⑦ **7단계 - 영향평가:** 프로그램의 효과성에 대한 평가이다(예 지식, 태도, 신념, 가치관, 기술, 행동 등).

⑧ **8단계 - 결과평가:** 프로그램이 건강과 삶의 질에 어떠한 효과를 주었는지에 대한 평가이다(예 이환율, 사망률 등).

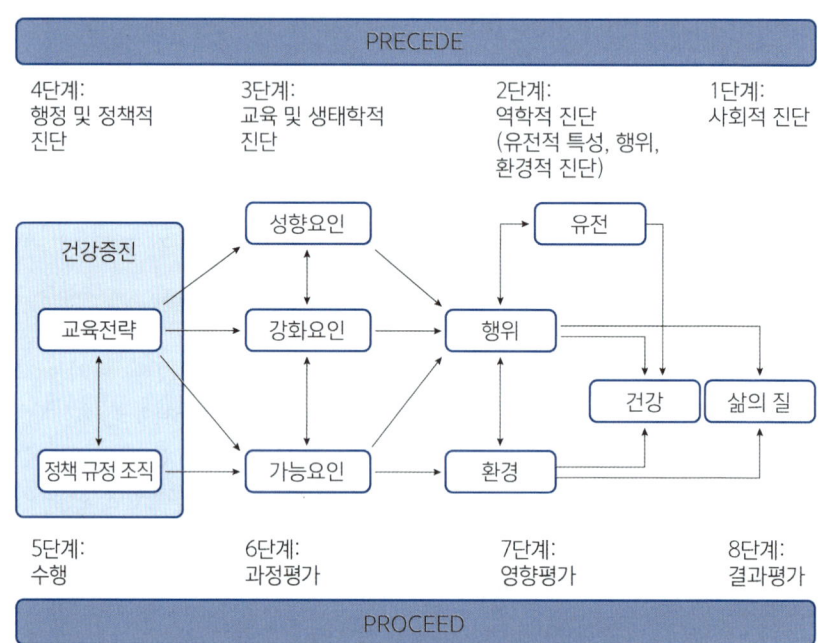

↑ PRECEDE – PROCEED 모형

8. 지식·태도·실천모형(KAP; Knowledge, Attitude, and Practice)

(1) 이론의 배경

① 보건교육 프로그램을 개발하고 교육 내용을 구성하기 위하여 사용된 고전적인 이론으로, 건강행태에 대한 지식의 축적이 태도의 변화를 가져오고 이를 통하여 실천을 가능하게 한다는 모형이다.

② 건강행태에 대한 지식의 축적이 태도의 변화를 가져오고 이를 통하여 실천을 가능하게 한다는 모형이다.

(2) 기본 전제
① 지식, 태도, 실천이 순서대로 인과관계를 가지고 있다고 전제한다.
② 즉, 건강행태에 대한 축적된 지식은 태도의 변화를 유도하고, 건강행태에 대한 긍정적 태도는 결국 실천으로 연결된다는 가정에 기초한다.

(3) 비판
행동의 변화에 있어서 지식의 제공이 중요하지만 지식의 제공만으로 태도가 형성되어 건전한 건강습관을 선택하게 하는 것은 불충분하며 지식과 실천의 중간단계에 있어서 건강습관을 선택하게 할 수 있도록 태도를 변화시킬 수 있는 별도의 방법이 제공되어야 한다.

(4) 활용
① 고전적인 지식·태도·실천모형의 제한점을 보완하기 위해 믿음(belief)을 넣어 KABP모형이 제시되었다.
② 즉, 태도의 변화가 믿음의 변화를 가져와서 이 믿음이 실천으로 이어지도록 관계를 추가하였고 이 각각의 단계에 다른 여러 가지 요인들이 함께 영향력을 미치는 것을 감안한 모형이 제시되고 있다.
③ 여러 가지 다른 요인으로는 연령, 교육 수준, 소득 수준, 건강에 대한 가치관, 관심도 등의 여러 요인들이 지식·태도·믿음·실천모형에 영향요인으로 함께 작용하는 것으로 제시되었다.

9. 예방채택과정모형(PAPM; Precaution Adoption Process Model)

(1) 개념
① 웨인 스타인(Neil D. Weinstein), 샌드맨(Peter M. Sandman), 블레이락(Susan J. Blalock) 등에 의해 개발된 건강행태변화이론이다.
② 사람들이 위험 커뮤니케이션에 대하여 어떻게 반응하고 처리하는지를 설명하는 모형이다.
③ 기존에 알지 못하던 새로운 예방행동에 대하여 이를 채택하고 실천하는 것은 의도적인 노력과 행동을 필요로 한다.
④ 예방채택과정모형에서는 개인의 심리과정에 초점을 둔 모형으로 문제를 전혀 인식하지 못하는 단계부터 예방적 행동에 이르기까지 7단계를 설명하고 있는데, 다른 모형과 달리 '문제를 인식하기 못하는 상태(1단계)'와 '행동에 관해서 생각조차 하지 않는 것(2단계)'을 소개하고 있다.

(2) 7단계
① 1단계: 사람들은 위험을 인식하지 못한다.
② 2단계: 건강문제를 인식하기는 하지만 건강문제에 별로 관여하지 않는다.
③ 3문제: 건강문제에 관여하고 의사결정에 대한 행동을 내린다.
④ 4단계: 만일 아무 행동을 하지 않겠다고 결정하는 단계이다.

⑤ 5단계: 사람들이 예방책을 채택하기로 결정하는 단계이다.
⑥ 6단계: 행동을 시작하는 단계이다.
⑦ 7단계: 채택한 행동을 한동안 유지한다.

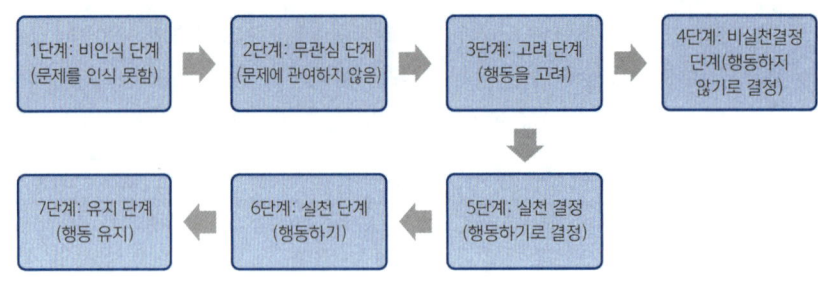

● 예방채택과정모형의 단계

관련 법령

「보건의료기본법」 제2장 보건의료에 관한 국민의 권리와 의무

제10조 【건강권 등】 ① 모든 국민은 이 법 또는 다른 법률에서 정하는 바에 따라 자신과 가족의 건강에 관하여 국가의 보호를 받을 권리를 가진다.
② 모든 국민은 성별, 나이, 종교, 사회적 신분 또는 경제적 사정 등을 이유로 자신과 가족의 건강에 관한 권리를 침해받지 아니한다.

제11조 【보건의료에 관한 알 권리】 ① 모든 국민은 관계 법령에서 정하는 바에 따라 국가와 지방자치단체의 보건의료시책에 관한 내용의 공개를 청구할 권리를 가진다.
② 모든 국민은 관계 법령에서 정하는 바에 따라 보건의료인이나 보건의료기관에 대하여 자신의 보건의료와 관련한 기록 등의 열람이나 사본의 교부를 요청할 수 있다. 다만, 본인이 요청할 수 없는 경우에는 그 배우자·직계존비속 또는 배우자의 직계존속이, 그 배우자·직계존비속 및 배우자의 직계존속이 없거나 질병이나 그 밖에 직접 요청을 할 수 없는 부득이한 사유가 있는 경우에는 본인이 지정하는 대리인이 기록의 열람 등을 요청할 수 있다.

제12조 【보건의료서비스에 관한 자기결정권】 모든 국민은 보건의료인으로부터 자신의 질병에 대한 치료 방법, 의학적 연구 대상 여부, 장기이식(臟器移植) 여부 등에 관하여 충분한 설명을 들은 후 이에 관한 동의 여부를 결정할 권리를 가진다.

제13조 【비밀 보장】 모든 국민은 보건의료와 관련하여 자신의 신체상·건강상의 비밀과 사생활의 비밀을 침해받지 아니한다.

제14조 【보건의료에 관한 국민의 의무】 ① 모든 국민은 자신과 가족의 건강을 보호·증진하기 위하여 노력하여야 하며, 관계 법령에서 정하는 바에 따라 건강을 보호·증진하는 데에 필요한 비용을 부담하여야 한다.

② 누구든지 건강에 위해한 정보를 유포·광고하거나 건강에 위해한 기구·물품을 판매·제공하는 등 다른 사람의 건강을 해치거나 해칠 우려가 있는 행위를 하여서는 아니 된다.
③ 모든 국민은 보건의료인의 정당한 보건의료서비스와 지도에 협조한다.

10. 건강 관련 행태의 종류(Kasl and Cobb, 1966)

(1) 건강행태
① 건강한 사람이 건강을 유지하고 질병을 예방하기 위하여 취하는 1차 예방 행태이다.
② 건강과 관련이 있는 행동을 취하는 데 영향을 미치는 지식, 태도, 실천의 조합으로서 아무런 증상이 없을 때 질병을 예방하고 찾아내기 위한 행위이다.

(2) 질병행태
① 평소와 다른 이상 증상이나 증후를 느꼈을 때 진단을 받고 치료방안을 찾기 위해 취하는 2차 예방 행태이다.
② 증상을 느낄 때 진단을 받고 적절한 치료책을 찾기 위한 행위이다.

(3) 환자역할행태
① 질병의 진행을 막고 합병증을 예방하는 등의 3차 예방 행태이다.
② 스스로 환자임을 인정하고 건강을 되찾기 위해 취하는 행위이다.

Plus⁺ POINT

파슨스(T. Parsons)의 환자역할행태

1. 환자역할
   의사로부터 공식적으로 질병이 있다고 인정받는 환자는 정상적인 사회적 역할 수행이 가능한 건강한 상태로 회복하기 위하여 치료 노력을 기울여야 한다. 또한 전문가인 의사의 도움과 치료를 구하고 그 과정에 협조하여야 하며, 이 과정 동안 정상적인 사회적 역할을 면제 받고 사회적 지지와 지원을 받는다.

2. 환자역할행태의 수행 과정
   ① 질병에 대한 책임을 환자 개인에게 지우지 않는다.
   ② 환자는 건강해질 때까지 정상적인 사회적 역할을 면제받는다.
   ③ 질병은 바람직한 상태가 아니다.
   ④ 환자는 반드시 전문가의 진료와 도움을 구해야 한다.

3. 파슨스 해석의 비판점
   ① 급성기 질병에만 적용이 가능하다.
   ② 의사마다 개개인의 환자에 대한 태도나 진료과정이 다른데 지나치게 긍정적이고 낙관적으로 해석하였다.
   ③ 환자의 문화적 역량과 계급에 따라 환자역할을 수용하는 태도에 적지 않은 차이가 존재하는 것을 비판한다.
   ④ 환자들의 질병의 책임론이 없다고 지속적으로 문제를 제기하며 등장하고 있다.
   ⑤ 다학제적인 진료 팀의 역할과 팀의 중요성이 높아지면서 주치의와 환자 간의 일대일 관계의 설득력이 낮아지고 있다.

치료순응도
보건의료제공자의 권고에 동의하여 약물복용, 식사요법 수행 그리고 생활습관 변화를 실천하는 정도로 정의한다.

11. Szasz와 Hollender의 환자역할형태

(1) 개념
환자 – 의사관계의 확장모형으로 질환의 심각성과 관리가능성을 고려하여 2종류의 기본 유형을 제안하였다.

(2) 3가지의 모형
① 제1형(시행 – 수혜모형)
  ㉠ 환자가 의사에게 절대적으로 의존하는 관계이다.
  ㉡ 환자는 수혜자, 의사는 환자에게 무엇인가를 시행하는 역할을 한다.
  ㉢ 부모 – 어린아이의 관계로 비유할 수 있다.
② 제2형(지도 – 협조모형)
  ㉠ 의사가 환자를 지도하는 우월한 위치에 서게 되는 관계이다.
  ㉡ 의사는 환자가 무엇을 할 것인가를 말해주고 환자는 의사의 명령에 따르는 협조자의 역할이다.
  ㉢ 급성 감염일 때 해당된다.
  ㉣ 부모 – 어린이 또는 청소년의 관계에 비유된다.
  ㉤ 파슨스의 환자 – 의사 관계에 해당되는 단계이다.
③ 제3형(상호 참여모형)
  ㉠ 의사와 환자가 서로의 행동에 관여하게 되는 관계이다.
  ㉡ 의사와 환자는 대등한 동반자적 관계이다.
  ㉢ 의사가 환자에게 도움을 주면 환자는 협력관계의 참여자의 역할을 수행한다.

12. 서치만(Suchman)의 질병행태

(1) 개념
질병행태 및 의료이용행태 모형으로 환자가 질병이 있음을 깨달은 후부터 회복이 될 때까지를 5단계로 나누어 행동을 설정한다.

(2) 서치만(Suchman)의 5단계
① 1단계 – 증상의 경험
  ㉠ 신체적 이상을 감지하는 단계로 민속요법이나 자가 투약을 하는 단계이다.
  ㉡ 증상을 부정하고 더 분명해질 때까지 결정을 유보하거나 건강장애로 수용할지 여부를 결정하는 것이다.
② 2단계 – 환자역할의 담당
  ㉠ 환자의 증세와 대처과정에 조언을 해 주는 비전문가적 의뢰(가족, 친구, 이웃 등)체계부터 정상적 역할 수행이 어렵다는 점을 임시로 인정받게 되는 단계이다.
  ㉡ 자가 투약을 지속함과 동시에 의료전문가로부터 공식적으로 환자역할을 인정받을지 결정해야 한다.

③ 3단계 - 의료인과의 접촉
　㉠ 의료전문가의 조언을 구함과 동시에 환자역할의 정당성을 부여받는다.
　㉡ 환자의 권리를 누리기 위해 노력한다.
　㉢ 치료과정에 개입하여 협상을 하기도 하고, 의사와 의견 차이가 있을 경우 '치료자 고르기' 현상이 나타날 수 있다.
④ 4단계 - 의존적 환자역할
　㉠ 의료인에게 의존하며 의료인의 지시를 따른다.
　㉡ 본격적으로 의료전문가의 치료를 받는다.
　㉢ 환자는 치료를 중단하기도 하고 치료자 고르기를 하기도 한다.
　㉣ 질병휴가와 같은 '이차적인 이익'을 기대하고 환자역할을 수용할 수도 있다.
⑤ 5단계 - 회복 또는 재활
　㉠ 치료를 마치고 회복하여 정상적인 역할을 다시 수행하게 되는 단계이다.
　㉡ 꾀병으로 환자역할을 지속하려는 경우도 발생할 수 있다.

13. 앤더슨(Andersen) 모형

(1) 개념
① 의료이용행태를 설명하기 위하여 제안된 이론이다.
② 환자들이 어떠한 이유로 누구의 영향을 받아 의료이용 여부를 결정하는가에 대한 설명을 하는 이론이다.
③ 앤더슨 모형은 개인의 의료서비스 이용이 소인성 요인, 가능성 요인, 필요 요인에 의해 결정되는 것으로 설명한다.
④ Aday와 Andersen의 확장모형은 개인보다는 사회체계의 관점에서 의료이용 행태를 설명하고 있다.

(2) 소인성 요인
① **인구학적 변수**: 질병이 발생하기 이전 가지고 있던 의료서비스 이용에 관련되는 개인적 특성(예 성별, 연령, 결혼상태, 가족구조 등)이 있다.
② **사회구조적 변수**: 직업, 교육 수준, 인종 등
③ 개인의 건강 및 의료에 대한 믿음이다.
④ 소인성 요인은 의료이용 경향에 직접적으로 영향을 미칠 수 있고, 가능성 요인과 필요 요인에 간접적으로 영향을 줄 수도 있다.
⑤ 소인성 요인은 변경 불가능한 요인의 특성을 가지고 있다.

(3) 가능성 요인
① 개인이 의료서비스를 이용할 수 있도록 하는 수단으로, 개인과 가족의 자원인 소득, 건강보험, 주치의 유무 등이 있다.
② 지역사회 자원으로는 의료인력과 시설의 분포, 의료전달체계의 특성, 의료비 등이 있다.

③ 가능성 요인은 의료이용에 직접적으로, 필요 요인은 간접적으로 의료이용에 영향을 준다.
④ 가능성 요인은 변경가능한 요인의 특성을 가지고 있다.

(4) 필요 요인

환자가 느끼는 필요 혹은 전문가가 판단한 의학적 필요를 의미하며, 의료이용을 가장 직접적으로 결정하는 요인이다.

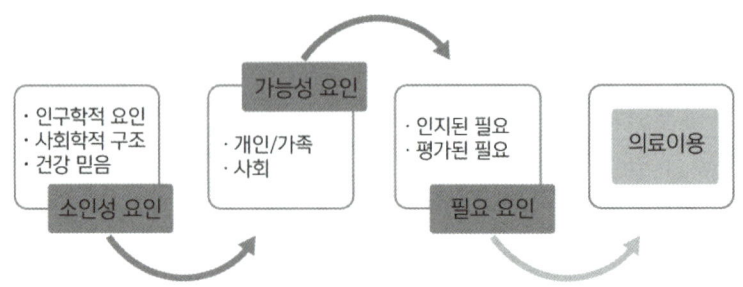

🔼 초기 Andersen 모형(1960s)

14. Aday와 Andersen의 확장모형

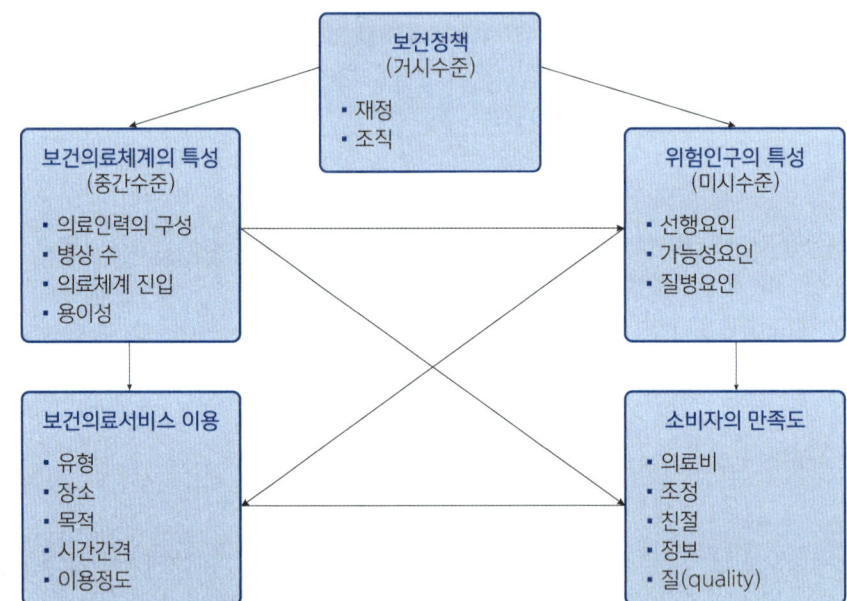

🔼 Aday와 Andersen의 확장모형

(1) 개념

① 앤더슨의 모형을 확장하여 거시 수준(보건정책), 중간 수준(보건의료체계), 미시 수준(개인의 특성, 만족도)의 요인들을 포괄하는 의료이용모형을 제시한다.
② 개인의료이용은 보건의료체계에 영향을 받는다.

③ 거시적으로 보건정책을 통하여 보건의료체계와 개인의 의료이용이 개선될 수 있다고 강조하였다.
④ 보건정책의 경우 의료재정조달, 의료인력 양성 및 충원 등에 대한 거시적인 정책들이 포함된다.
⑤ 보건의료체계요인은 보건정책을 지원하기 위한 보다 미시적인 시스템을 말한다.
⑥ 의료인력의 구성, 병상 수, 의료체계 진입의 용이성 등이 포함된다.
⑦ 개인적 특성에는 연령, 성, 인종, 개인의 소득, 의료욕구와 의료필요 등이 포함된다.
⑧ 거시적 차원에서 의료의 형평성을 강조하였다.

(2) 장단점
① 장점
  ㉠ 의료이용 형평성에 영향을 미치는 요인의 상대적 크기를 판단하는 데 도움을 줄 수 있었다.
  ㉡ 개인적 특성 외에도 이용자 및 환경에 관련되는 요인들이 함께 고려되고 있어 맥락적으로 상황을 파악하는 데 효과적이다.
② **단점**: 많은 설명변수가 필요하고, 변수 간의 교호작용을 파악하여 통제하기가 수월하지 않다는 한계가 있다.

9 보건의료서비스 이용과 수요

1. 경제학적 수요모형 - 보건의료서비스 이용에 영향을 미치는 요인

(1) 필요(Need)
① 특정 기간에 어떤 인구집단이 건강을 유지하기 위해서 필요하다고 의료전문가가 판단한 의료서비스의 양으로, 의학적 필요 또는 생물학적 필요라고도 한다.
② 의료전문가가 판단한 필요가 사회적 필요와 반드시 일치하는 것은 아니다.
③ 의료전문가가 판단한 필요가 개인이 느끼는 주관적 건강문제와 반드시 동일한 것은 아니다.

(2) 욕구(Want)
① 일반인이 자신에게 필요하다고 느끼는 의료서비스의 양이다.
② 욕구는 의학적 필요 이외에 개인의 건강에 대한 가치나 증상민감도 등에 의해서 달라진다.

(3) 수요(Demand)
① 특정 가격에 소비자가 구매의사를 가진 의료서비스의 양이다.
② 수요는 시장에서 소비자가 실제로 구입한 서비스, 즉 의료서비스 이용량을 말한다.

경제학적 수요모형
1. 개념
   보건의료서비스 수요에 영향을 미치는 요인들의 변화에 따른 수요의 변화를 설명하고 예측하기 위하여 사용하는 수리적 계량모형으로 수요량과 수요변화에 영향을 미치는 여러 요인 간 관계로 표현한다.
2. 장점
   보건의료서비스 수요에 영향을 미치는 요인들을 확인하고 그 영향 정도를 파악할 수 있고, 정책이나 제도 변화의 효과를 평가하거나 예측하는 데 활용된다.
3. 단점
   실제 경제학적 수요모형 추정에서 얻어진 수요탄력치의 정확도에 대해서는 일정한 한계가 존재하기 때문에 모형 적합과 결과 해석에서 오류를 최소화하려는 노력이 선행되어야 한다.

③ 수요가 소비자의 실제 욕구나 필요와 일치하지는 않는 것은 국민들의 소득 수준이나 의료서비스의 가격 등이 영향을 미치기 때문이다.

(4) 의료이용(Medical utilization)
① 실제 소모한 의료, 의료수요와 의료공급이 만나서 이루어지는 것이다.
② 의료에 대한 필요, 욕구, 수요는 상당부분 일치하지만 완전히 일치하는 것은 아니다.

구분		의료필요			
		없음		있음	
		의료욕구(인지된 필요)		의료욕구(인지된 필요)	
		없음	있음	없음	있음
의료이용	없음	A: 건강하고 의료이용 안 함 (적절한 의료이용)	B: 욕구는 있으나 의료이용 안함	C: 불건강하나, 욕구가 없고 의료이용 안함 (미충족 필요)	D: 불건강하여 욕구 있으나, 의료이용 안함 (미충족 필요)
	있음	E: 건강하지만 의료이용함	F: 욕구가 있으며, 의료이용함	G: 불건강하며 욕구 없으나, 의료이용함	H: 불건강하고 욕구가 있으며 의료이용함 (적절한 의료이용)

출처: 보건행정학교재편찬위원회(2018). 보건행정학. 서울: 에듀팩토리

2. 경제학적 수요모형 – 보건의료서비스 수요에 영향을 미치는 요인
의료필요요인, 사회·문화·인구학적 요인, 경제적 요인, 공급요인 4가지로 구분한다.

(1) 의료필요요인
① 개인의 의료이용은 기본적으로 주관적 필요나 의학적 필요, 즉 의료필요에 의해 발생한다.
② 의료이용을 설명하는 가장 중요한 변수가 의료필요이다.
③ 개인의 필요는 예측이 불가능하나, 집단의 수요는 연령과 성별에 따라 과거의 경험을 통해 비교적 정확한 예측이 가능하다.

(2) 사회·문화·인구학적 요인
① 연령, 성별, 교육 수준, 직업, 결혼 유무, 가족형태 지식, 가치와 태도 등이 있다.
② 이러한 요인은 특성별로 의료이용에 차이가 난다.

(3) 경제적 요인
① 가격, 가구소득, 시간비용을 의미한다.
② 보건의료서비스 가격이 상승하면 수요가 감소하고, 가격이 하락하면 수요가 증가하는데 가격의 변화에 따른 수요량의 변화인 가격탄력성(Price elasticity) 개념으로 측정할 수 있다.

탄력성
가격이 변할 때 수요량이 변하는 정도를 수치로 측정한 것이다. 가격 변화에 비해 수요량 변화가 크면 탄력적이라고 하고, 가격 변화에 비해 수요량 변화가 크지 않으면 비탄력적이라고 한다.

③ 가격의 탄력성은 수요량의 변화율(%)을 가격의 변화율(%)로 나눈 값이다.
④ 가격의 탄력성은 가격의 변화에 따른 수요나 공급의 변화량을 뜻한다.
⑤ 가격의 탄력성이 클수록 수요곡선 또는 공급곡선의 기울기의 절댓값이 작아진다. 비탄력적인 경우 곡선은 수직에 가까워지며, 탄력적인 경우 곡선은 수평에 가까워진다.
⑥ 건강보험의 도입은 진료 시 본인의 부담해야 할 비용은 감소를 초래하므로 마치 가격이 하락한 것과 같은 효과를 갖는다(수요곡선은 우측으로 이동).
⑦ 건강보험 도입이나 보장성이 확대되어 본인이 부담해야 할 의료비가 감소할 경우 의료기관까지의 교통시간 및 대기시간 등의 시간비용, 의료서비스의 질 등이 중요한 영향을 미치게 된다.

> 가격탄력성 = 수요량의 변화율(%) / 가격의 변화율(%)

가격의 탄력성	탄력 정도	의미	예시
0의 의미	완전 비탄력적	가격이 변화해도 수요량이 전혀 변하지 않는 경우	-
0 < 탄력성 < 1	비탄력적	가격 변화율보다 수요량의 변화가 작은 경우	• 급성 충수돌기 수술 • 응급환자의 치료 • 위중한 질병에 대한 치료나 처치
1의 의미	단위탄력적	수요량의 변화율이 가격변화율과 동일	• 판매자가 가격을 인상하거나 인하해도 매출액에는 변화가 없음 • 단위 탄력적인 상품의 판매자가 가격을 20% 인상하면 수요량은 20% 감소하고, 가격을 10% 인하하면 수요량은 10% 증가
1 ≤ 탄력성	가격탄력적	-	예방의료나 보철 등
탄력성 < ∞	완전 탄력적	가격이 조금만 변화해도 수요량이 무한대로 변화	출근길에 대중교통 버스요금이 2천 원에서 3천 원으로 올라도 타고 다녔는데, 다른 대체수단이 없었다. 그런데 택시가 생기면서 사람들이 함께 택시 1대로 출근을 하게 됨

수요의 가격탄력성과 공급의 가격탄력성
상품의 가격이 변할 때, 수요량이 얼마나 변동하는지를 나타내면 '수요의 가격탄력성'이 되고 공급량이 얼마나 변동하는지를 나타내면 '공급의 가격탄력성'이 된다. 더 정확히 수요와 공급의 가격탄력성은 수량의 변동률을 가격변동률로 나눈 값이다.

소득의 탄력성
수요량의 변화율(%) / 소득의 변화율(%)

◆ 탄력성과 총 지출의 관계

탄력성	가격변화	수요량 변화	총지출변화
탄력성 > 1	1% 상승	1% 이상 감소	감소
	1% 하락	1% 이상 증가	증가
탄력성 = 1	1% 상승	1% 감소	불변
	1% 하락	1% 증가	
탄력성 < 1	1% 상승	1% 이하 감소	증가
	1% 하락	1% 이하 증가	감소

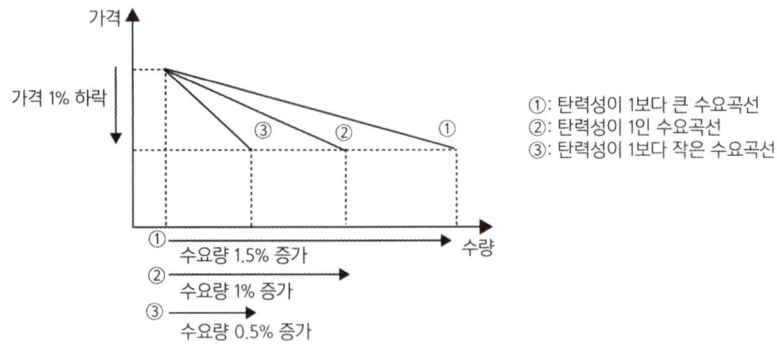

◆ 탄력성과 수요곡선의 기울기

📋 Plus⁺ POINT

수요와 수요법칙

1. 수요와 수요량

① 경제주체가 재화와 서비스를 구입하고자 하는 욕구인 수요는 사람들이 마음속에 가지고 있는 하나의 심리상태이다. 그러나 수요는 지불하고자 하는 가격과 능력까지 포함된 아주 구체적인 의사라는 점에서 재화에 대한 단순한 '욕구'나 '필요'와는 구별된다.

② 재화와 서비스를 구입하고자 하는 욕구는 가격, 소득, 취향(선호) 등 다양한 요인의 영향을 받는다. 이 중에서 특히 중요한 것은 가격인데, 주어진 가격 수준에서 소비자가 일정기간에 구입하고자 하는 구체적인 최대수량을 수요와 구분하여 수요량이라고 한다. 그리고 재화와 서비스의 가격과 수요량의 역(−)관계를 수요법칙이라고 한다. 이때 가격과 수요량 사이의 관계를 그림으로 나타낸 것이 수요곡선이다.

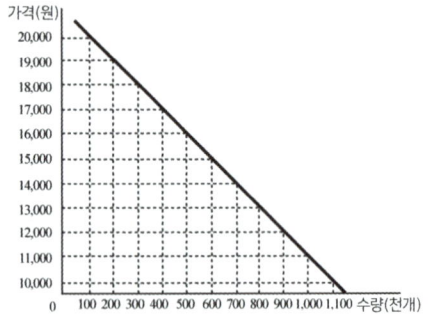

◆ 수요곡선

2. 수요법칙

① 일반적으로 백화점이 세일할 때 평소보다 사람들의 구매량이 늘어나는 것을 보면 가격이 하락할 때 수요량이 증가하는 것으로 추측할 수 있다. 이처럼 가격이 더 싸지면 사려는 수량이 증가하는데, 이를 '수요법칙'이라고 한다. 물론 가격이 더 비싸지면 사려는 수량이 줄어들기 때문에 반대의 경우도 수요법칙은 성립한다.

② 가격과 수요량의 역(–)관계

3. 수요계획표 작성하기

다른 모든 조건이 일정불변이라면 일정기간에 사람들이 구입하고자 하는 상품의 수량은 그 상품의 가격이 높고 낮음에 따라 크게 좌우된다. 수요법칙에서 보듯이 일반적으로 사람들은 어떤 상품의 가격이 높을수록 그 상품을 적게 구입하고자 하고, 가격이 낮을수록 많이 구입하고자 한다. 상품의 가격과 수요량 사이에 존재하는 이러한 관계를 숫자로 표시한 것을 수요계획(Demand schedule)이라고 한다.

출처: 경제정보센터

(4) 공급요인

① 보건의료서비스에 대한 소비자의 무지로 인해서 공급요인의 변화가 수요의 변동을 초래하는 경우도 있다.

② 가격이나 소비자의 선택에 의한 것이 아닌 공급자의 영향에 의해 나타나는 수요를 공급자 유인 수요라고 한다.

③ 의사 수나 병상 수의 증가가 의료이용 증가를 유발하는 현상을 의미한다.

Plus⁺ POINT

공급과 공급량

1. 공급과 공급법칙

① 공급이란 생산자가 재화와 서비스를 생산하고자 하는 욕구를 말한다. 그러나 그것은 막연한 희망사항이 아니라, 이윤이 남을 수 있는 상황이 되면 실행에 옮기게 될 구체적인 생산 의사를 말한다. 수요자와 마찬가지로 생산자에게 중요한 것은 재화와 서비스의 가격이다.

② 가격이 올라가면 재화와 서비스를 더 많이 생산할 것이고, 가격이 내려가면 덜 생산할 것이다. 이처럼 생산자가 주어진 가격에서 일정기간 생산하고자 하는 최대수량을 공급과 구별해서 공급량이라고 한다. 재화와 서비스의 가격과 공급량의 정(+)관계를 공급법칙(law of supply)이라고 하며, 이때 가격과 수요량 사이의 관계를 그림으로 나타낸 것이 공급곡선이다.

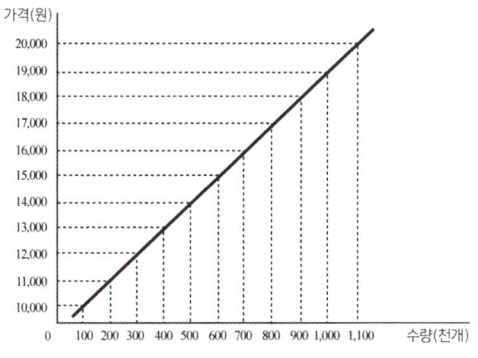

◐ 공급곡선

2. 공급계획표 작성하기

공급의 법칙을 구체적으로 알아보기 위해 공급계획표를 작성해 보았을 때, 다른 모든 조건이 일정불변이라면 일정기간에 공급자가 공급하고자 하는 상품의 수량은 그 상품의 가격이 높고 낮음에 따라 크게 좌우된다. 일반적으로 공급자는 상품의 가격이 높을수록 그 상품을 많이 생산할 것이고, 가격이 낮을수록 적게 생산할 것이다. 상품의 가격과 공급량 사이에 존재하는 이러한 관계를 표로 나타낸 것을 공급계획(supply schedule)이라고 한다.

3. 공급의 변화와 공급량의 변화

가격 변화로 인한 공급량의 변화는 주어진 공급곡선상의 이동으로 표시된다. 상품의 가격이 20,000원에서 30,000원으로 올라가면 공급량은 5개에서 7개로 증가한다. 이것은 우상향하는 공급곡선 위의 A점에서 B점으로의 변화이다. 반면, 가격 이외의 다른 요인이 변함에 따라 공급이 변하는 경우는 공급곡선 자체의 이동으로 나타난다. 가격이 일정한 상태에서 기술이 발달하거나 요소가격이 하락하면 생산비용이 줄어들기 때문에 같은 가격에 생산할 수 있는 재화와 서비스의 양이 늘어난다. 이는 공급곡선의 우측 이동(A → C)으로 나타난다. 재화와 서비스의 가격이 20,000원일 때의 공급량은 7개(C점)로 증가하게 된다. 반대로 가격이 일정한 상태에서 유가 등 요소 가격이 상승하거나 생산에 불리한 사건이 발생하면 기업의 공급이 줄어든다. 이는 공급곡선의 좌측 이동(A → D)으로 나타난다. 재화와 서비스의 가격이 20,000원일 때의 공급량은 3개(D점)로 줄어든다. 이처럼 공급량은 재화와 서비스의 가격에 따라 변하고, 공급은 투입 요소의 가격, 기술수준 등에 영향을 받는다. 이 외에도 공급은 미래 가격에 대한 예상에도 영향을 받는다.

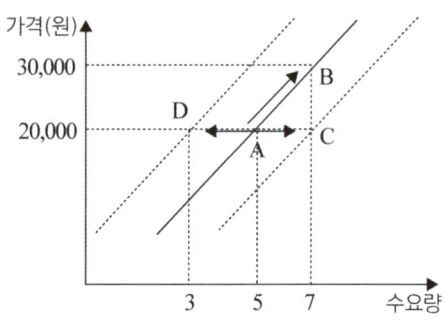

● 공급량의 변화와 공급의 변화

3. 의료이용의 용어 정의

(1) 의료요구율
인구집단 중 의료요구가 있는 사람의 분율이다.

(2) 치료율
인구집단 중 특정 기간 중 치료를 받은 사람의 분율이다.

(3) 미치료율
의료요구는 있으나 치료를 받지 못한 사람의 분율이다.

(4) 의료충족률
의료요구가 있는 사람 중에 치료가 이루어진 사람의 분율로 의료요구율 대비 치료율로 평가가 가능하다.

10 행정서비스 헌장

1. 행정서비스 헌장의 의의

(1) 개념
① 시민들의 행정욕구를 적절히 반영시켜 행정서비스 제공의 질을 향상시키고, 행정서비스의 경쟁력을 강화하는 등의 새로운 제도적 장치로 '행정서비스 헌장'을 제정한다.
② 행정기관이 제공하는 행정서비스의 기준과 내용, 절차 및 방법, 잘못된 행정에 대한 시정 및 보상조치 등을 사전에 국민의 협의를 통해 발표하고 이를 실현하기 위하여 시민헌장의 한 형태로서 행정서비스 헌장의 제정이 필요하였다.

(2) 우리나라 행정서비스 헌장 배경
① 1995년, 문민정부의 출범과 함께 행정의 효율성 증가 차원에서 지방자치제가 실시되면서 공조직의 혁신적인 변화가 필요하였다.
② 1998년, '대통령훈령 제70조'에 의해 행정자치부(현 행정안전부)가 주관이 되어 대부분의 공조직에서 행정서비스 헌장을 실시하고 있다.
③ 현재는 대부분의 공공 보건의료기관에서도 이를 실시하고 있으며, 주기적 평가를 통해 헌장 마크 등을 수여함으로써 이에 대한 시행을 독려하고 있다.

2. 행정서비스 헌장의 기능

(1) 신속한 행정
행정서비스의 내용 및 절차 등이 사전에 정해져 있으므로 불필요한 기다림, 재방문의 필요성 등이 적어지고 시간을 절약할 수 있게 되었다.

(2) 참여의식 향상
시민의 참여에 의해 헌장이 제정된 것으로 시민의 참여의식 향상에 기여할 수 있다.

(3) 행정의 투명성 제고
행정행위를 외부에 공개함으로써 투명성은 확보되나, 시민과 행정기관과의 오해나 갈등이 발생할 수 있다.

(4) 감시체계 강화
감시체계 강화를 통해 자의적인 행정행위를 사전에 차단할 수 있고, 시민의 권리를 보다 강화할 수 있다.

(5) 알 권리 보장
행정활동을 사전에 공개한다는 것은 시민의 행정에 대한 알 권리를 보장하는 것이다.

(6) 민주교육의 장

행정서비스 헌장은 정부, 시민단체, 이익단체 등이 모여 민주적인 절차와 상호 협의 과정을 통해 제·개정되므로 헌장 제정은 민주주의를 위한 교육의 장이다.

(7) 전략적 수단

① 행정서비스 헌장은 3C, 3E로 행정혁신을 위한 전략적 수단으로 표현한다.
② 3C는 시민과의 의사소통을 전제로 행정의 경쟁력이 증가된다.
⇨ **3C**: 고객(Customer), 경쟁력(Competition), 의사소통(Communication)
③ 3E는 적은 투입으로 행정의 산출과 만족도가 증가된다.
⇨ **3E**: 경제성(Economy), 효율성(Efficiency), 효과성(Effectiveness)

3. 이행 기준의 평가

(1) 이행 기준의 평가방법

① 제3자에 의한 관찰, ② 직접조사, ③ 서면평가가 있다.

(2) 이행 기준의 평가원칙

① **지속성의 원칙**: 시정조치를 위해 주기적이고 지속적으로 평가한다.
② **계량성의 원칙**: 민원인 응대 시 계량적인 지표를 활용한다.

제2장 보건행정의 역사

1. 서양의 보건행정 역사

고대기	중세기 (암흑기)	근세기 (여명기, 요람기)	근대기 (확립기)	현대기 (발전기)
• 장기설 • 위생 중심	• 전염병 유행 • 검역의 시작	• 산업혁명 • 공중보건사 사상 시작	• 세균학설 시대 • 보건의료 확립기 • 미생물 병인론기	• 보건의료 발전기 • 탈미생물학 시대 • 사회보장제도 발전
기원전 ~ 500년	500년 ~ 1500년	1500년 ~ 1850년	1850년 ~ 1900년	1900년 이후

(1) 고대기(기원전 ~ 500년) 기출 18

① 메소포타미아
  ㉠ **바빌로니아 함무라비 법전(B.C. 1750년, 공중보건을 담은 최초의 법전)**: 함무라비 법전(Code of Hammurabi)에는 의료제도와 의사의 지위 등에 관한 기록이 있다.
  ㉡ **구약성서 레위기(B.C. 1500년경)**: 모세가 언급한 위생 법전, 인류 최초의 보건법전이다.

> **Plus+ POINT**
>
> 레위기(Leviticus)
>
> 레위기는 27장 중 18장이 보건에 관한 계율인데, 여기에는 유대인이 지켜야 할 계율로서 악성 피부병과 한센병 환자의 조기 진단방법 및 격리를 통한 감염병 예방, 산모의 부정을 벗기는 의식, 청결한 개인위생과 성병 예방을 위한 그릇된 성관계 금지 규정 등을 구체적인 치유절차와 함께 기록하고 있어 <u>인류 최초의 보건법전</u>이라 할 수 있다.

② 이집트
  ㉠ 청결 관념에 따라 빗물을 모아 급수와 하수처리를 하였다.
  ㉡ **Papyri 42권**: 가장 오래된 의학 사전이다.

③ 그리스
  ㉠ 그리스 시대에는 개인 청결, 영양, 신체운동 그리고 지역사회 위생을 통한 건강한 삶의 추구에 보다 많은 관심을 기울였다.
  ㉡ 그리스인들은 사람과 환경 사이의 조화가 깨질 때 질병이 발생한다고 믿었다.
  ㉢ 음식물의 섭취와 배설 그리고 운동과 휴식의 조화 등을 중요하게 생각했다.
  ㉣ 보건의료의 대부분은 신화 또는 종교에서 파생되었다.

이집트인들

1. 기원전 약 3000~1500년의 미노아인들이나 크레타인들은 변소나 배수시설을 갖추고 있었으며, 헤로토스의 기록에 의하면 기원전 1000년의 이집트인들은 모든 문명국가 중 가장 건강하였다고 서술되어 있다.
2. 이집트인들은 개인의 청결 관념과 많은 약물처방과 변소시설을 갖추고 있었다.

> **📋 Plus⁺ POINT**
>
> **히포크라테스(Hippocrates, B.C. 460 ~ 377)** 기출 15, 17, 20
> 의학의 아버지, 장기설(Miasma Theory), 4체액설(체액병리설) 등을 주장하였다.
> 1. 환경요인(공기, 물, 장소 등)과 질병의 관련성을 최초로 제기하였다.
> 2. 풍토병과 유행병에 관한 이론적 근거를 제공하였다.
> 3. 저서
>   ① 『Epidenics Iu』: 말라리아 열, 눈의 염증 등의 질환에 대해 기록하였다.
>   ② 『Epidemies IL』: 중증인후염의 합병증 등에 관하여 기록하였다.
> 4. 장기설
>   "질병의 원인은 환경이며, 병을 낫게 하는 것은 자연이다."라고 하여 환경과 질병의 관련성이 강조되었고, 이로부터 장기설이 등장하였다.
> 5. 4체액설(체액병리설)
>   4체액(혈액, 점액, 황담즙, 흑담즙)의 조화로운 혼합은 건강상태이며 체액의 실조(失調, 조화를 잃음)로서 병이 된다. 즉, 치료란 인간생명이 가지고 있는 본래의 회복능력 작용을 강화하는 데 있다. 그래서 의미 없는 투약을 피하고 생활습관의 개선, 특히 식이요법에 주력했고 보조적으로 하제, 토제, 이뇨제 등을 쓰기도 하였다.

④ 로마
  ㉠ 갈레누스(A.D. 130 ~ 201) 기출 17
  ㉡ 히포크라테스의 장기설을 계승하여 발전시켰다.
  ㉢ 로마의 보건문제 중 광산 작업장 질병문제, 광부의 직업상 위험에 대하여 기술하였다.
  ㉣ '위생학(Hygiene)'이라는 용어를 처음으로 사용하였다.
  ㉤ 로마시대의 3대 전염병: 천연두, 페스트, 발진티푸스가 있다.
  ㉥ 인구조사, 의료기관 설립, 노예등록 등이 시행되었다.

(2) 중세기(500 ~ 1500) - 암흑기, 전염병 유행 기출 16, 17, 18, 19, 20, 21

천연두, 페스트, 결핵, 나병 등 전염병이 범발적으로 유행(Pandemic Transmission)한 시기이다.
① 6 ~ 7세기경: 회교도 성지순례로 인한 콜레라가 대유행하였다.
② 13세기경: 십자군운동으로 인해 한센병이 발생하였다.
③ 14세기경: 칭기즈칸의 유럽 정벌로 인해 페스트가 발생하였다.
④ 십자군 원정(13C) ⇨ 나병, 콜레라, 칭기즈칸 유럽정벌(14C) ⇨ (선)페스트
  ㉠ 페스트로 전 유럽인구의 1/4인 2,500만 명이 사망하였다.
  ㉡ (선)페스트 유행(1347~1377) 시에 페스트 유행지에서 돌아오는 사람은 항구 밖의 일정한 장소에서 40일간 격리하여 검역하였다. 모든 여행자와 선박에 대해 40일간 격리한다고 해서 검역을 Quarantine이라고 한다.
  ㉢ 1383년 프랑스 마르세유(Marseilles)에서는 최초로 검역소를 설치하고, 검역법을 제정하였다.
⑤ 15 ~ 16세기경 매독과 결핵이 유행하였다.

(3) 르네상스 시대 보건의료[1500(또는 1473) ~ 1750] 여명기, 요람기, 태동기 – 산업혁명, 공중보건사상 시작 기출 16, 17

- 산업혁명(1780~1830) ⇨ 콜레라, 폐결핵 만연
- 공중보건학이 체계를 갖춘 시기
- 개인위생이 공중위생으로 바뀌게 되는 시기 ⇨ 위생개혁운동 전개
- 산업혁명으로 공중보건의 사상이 싹튼 시기
- 국민의 복지를 국가적 관심사로 받아들이게 된 시기
- 매독의 유행과 격리조치 ⇨ 가장 무서운 질병, 성교 감염, 창녀 규제 등
- 구루병 확산

① 얀센(Janssen): 현미경을 발명하였다.
② 윌리엄(Petty William): 인구, 사망, 질병 등 통계화에 기여하였다.
③ 그라운트(John Graunt, 1662): 출생과 사망인구의 수량적 분석을 시작한 보건통계학의 시조이다. 기출 18, 19
④ 시드넘(Thomas Sydenham, 1624 ~ 1689) 기출 20
  ㉠ 'Miasma Theory', 즉 오염된 공기가 질병의 원인이라는 주장을 하였다.
  ㉡ 영국의 의사, 임상의학자, 철저한 임상 관찰과 경험, 자연치유를 중시하였다.
  ㉢ 의료에 아편을 도입하였으며, 말라리아 치료 시에 키니네 사용을 대중화하였다.
⑤ 라마치니(B. Ramazzini, 1663 ~ 1714, 이탈리아): 산업보건의 아버지(시조)이다.

📋 Plus⁺ POINT

라마치니(B. Ramazzini)의 직업병에 대한 저서 내용

직업병 연구와 노동자 보호의 선구자. 광부, 인쇄공, 도자기공, 조산원, 필경사(筆耕士, 법률사무원), 장의사, 군인 등 약 54종 이상의 직종에서 일하는 사람들의 질병에 관한 기록인 『일하는 사람들의 질병(De Morbis Artificum Diatriba)』이라는 산업보건학의 고전을 1700년에 출간하였다. 이 저서의 서두에는 "노동자들의 건강을 지키고 사회복지를 기하는 것이 의학자의 의무이다."라고 기술하여 임상의학적 접근법에 의한 공중보건학의 선구적인 저작으로 평가받는다.

⑥ 베살리우스(Versalius, 벨기에): 근대해부학의 창시자이다.
⑦ 윌리엄 하비(William Harvey, 영국, 1578 ~ 1657): 의학자·생리학자로, 인체의 구조·기능, 특히 심장·혈관의 생리에 대해 연구하여 심장의 박동을 원동력으로 하여 혈액 순환을 주장하였다.
⑧ 프라카스트로(Fracastro, 16세기 초): 전염의 형식은 접촉에 의한 것이며 접촉, 매개는 일정한 거리를 두고 전염한다는 세미나리아설(전염체, seminaria)을 주장하였다(과학적 세균설을 주장, 최초로 전염병을 이론화). 기출 17

(4) 계몽주의와 혁명시대의 보건의료(A.D 1750 ~ 1830)
   ① 필리프 피넬(Philippe Pinel, 프랑스, 1745 ~ 1826): 근대 정신의학의 창시자로, 정신병자의 처우 개선 및 관찰에 의거한 질병 분류에 노력을 쏟았다(1793년 정신병 환자의 족쇄에서 해방). 기출 17, 20
   ② 제너(Jenner): 우두 종두법을 개발(1798)하였다.
   ③ 스웨덴: 최초의 국세조사(1749)(동태조사, 1686), 영국은 1801년에 최초 국세조사가 실시되었다.
   ④ 프랭크(J. P. Frank): 『의사경찰체계(전 12권)』는 보건학 최초의 저서이며 독일의 위생행정을 확립하였다. 강력한 중앙정부하에서의 주정부의 역할을 설명하고 행정을 통한 건강개혁방법을 언급하며 인구정책이 중요하다고 강조하였다.
   ⑤ 토마스 맬서스(Thomas Malthus, 1798): 인구론을 주장하였다.
   ⑥ 베르누이: 보건문제를 통계적으로 분석하였다. 기출 18

(5) 사회개혁과 위생운동(1830 ~ 1875)
   ① 채드윅(Edwin Chadwick, 영국): 위생개혁운동의 선구자로, Fever Report에 이어 영국노동자의 질병상태보고서(1842)를 정부에 보고하였고, 이 2개의 보고서로 인하여 영국에서는 최초의 공중보건법이 제정되는 계기가 되었다. 기출 17, 19, 20
   ② 세계 최초의 공중보건법을 제정하였다(영국, 1848).
      ⇨ 최초로 공중보건국을 조직하였다.
   ③ 1842년 미국의 쉐턱(Khattuck)은 매사추세츠 주의 위생위원회 보고서를 제출하고 위생개혁운동을 주도하였다. 기출 17
   ④ 존 스노(John Snow): 콜레라 조사를 발표(1855)하였다. 감염설 입증으로 근대역학의 시조로 불린다. 기출 17, 20
   ⑤ 젬멜바이스: 산모들이 산욕열로 사망하는 이유가 의사들이 손을 씻지 않기 때문임을 최초로 밝혔다. 기출 18

(6) 근대기(1850 ~ 1900) - 보건의료 확립기, 세균학설 시대, 미생물병인론기

> - 세균학과 면역학 발달로 근대 예방의학 발전의 기초
> - 예방의학 대두, 위생학 교실, 역학조사, 세균학 및 면역학 대두
> - 공중보건학의 기초 확립
> - 예방의학적 개념 확립, 미생물학의 시대, 방문간호사업의 시작
> - 예방백신이 개발된 시기로 인구가 폭발적으로 증가

   ① 라스본(Rathborne): 최초의 보건소제도를 실시(영국, 1862)하였다(방문간호사업 시행, 오늘날의 보건소제도의 효시). 기출 20
   ② 페텐코퍼(Pettenkofer): 뮌헨대학 위생학 교실(1866), 실험위생학을 확립하였다. 기출 17
   ③ 한센(A. Hansen): 나병의 원인인 한센균을 발견하였다.

④ 파스퇴르(Pasteur): 근대의학의 창시자로, 장기설을 폐기 처분하고, 콜레라·탄저·광견병 백신을 발견하였다. ^{기출 17}
⑤ 코흐(Koch): 세균학의 아버지로, 탄저균(1876), 결핵균(1882), 콜레라균(1883)을 발견하였다. ^{기출 19}
⑥ 비스마르크(Bismarck): 세계 최초의 근로자 질병보호법(1883)을 제정하였고, 사회보장제도를 만드는 데 공헌하였다. ^{기출 17, 19}
⑦ 리스터(Lister): 무균수술과 석탄산 살균법을 개발하였다(1869).
⑧ 베링(Behring): 디프테리아 예방을 위한 수동 면역제인 항독소를 개발하였다(1890).

(7) 현대기(1900년 이후) - 보건의료 발전기, 탈미생물학 시대

- 사회보장제도 발전기 (인플루엔자 유행)
- 보건학의 전문적 분화와 체계적 종합화, 탈미생물학의 시대로 공중보건학에 사회학적·경제학적 개념 추가, 사회보장제도 확충, 포괄적인 보건의료의 필요성 대두
- 보건소제도의 확대 보급과 국가 간의 보건문제 해결을 위한 세계보건기구(WHO) 발족
- 알마아타선언, 리우환경선언, 지역사회보건학 확립 시기
- 1900년 이후 영국과 미국을 중심으로 현대의학이 발전하여 근대보건의 급진적 발전

① 1912년: 미국 하버드보건대학원
② 1919년: 영국은 세계 최초로 보건부 설치
③ 1948년(4월 7일): WHO 발족 ^{기출 17}
④ 1972년: 스웨덴 스톡홀름에서 국제 인간환경회의 개최 - 오직 하나뿐인 지구(The Only One Earth), 인간환경권 선언
⑤ 1973년: UN 산하 UNEP(유엔환경기구) 설립
⑥ 1977년: WHO 총회에서 'Health for all by the year 2000'이라는 전 인류의 건강목표 설정
⑦ 1978년: WHO에 의해 소련 알마아타에서 알마아타선언, 1차 보건의료(Primary Health Care)의 확립
⑧ 1979년: WHO Nairobi 두창(천연두) 근절선언
⑨ 1986년: 캐나다 오타와에서 오타와헌장 채택, 건강증진 개념 확립
⑩ 1992년: UNEP의 리우선언('Agenda 21'을 구호로 지구환경 파괴방지에 관한 논의) - 기후협약과 리우선언
⑪ 2008년: 제10차 람사총회 개최(창원), 사상충 퇴치선언, 결핵 2030 Plan
⑫ 2009년: 세계환경포럼(인천), 21세기 지구환경 전망 및 녹색성장 전략
⑬ 2010년: 글로벌 의약 정보 및 유럽보건회의
⑭ 2011년: UN 사막화방지 총회(창원)
⑮ 2015년: 파리기후협정, 온실가스 배출량 단계적 감축, 교토의정서 대체를 의미
⑯ 2019년: 기후변화에 관한 정부 간 협의체(IPCC; Intergovernmental Panel on Climate Change)

> **핵심정리** 공학자들의 별칭
>
> 1. 히포크라테스(Hippocrates) - 의학의 아버지
> 2. 시드넘(Thomas Sydenham) - 영국의 히포크라테스
> 3. 그라운트(John Graunt) - 정치산술(political arithmetic)의 창시자
> 4. 라마치니(B. Ramazzini) - 산업의학의 아버지, 직업병 연구와 노동자 보호의 선구자
> 5. 린드(J. Lind) - 영국 해군 보건위생학의 아버지
> 6. 페텐코퍼(M. Pettenkofer) - 현대 실험위생학(환경위생학)의 창시자
> 7. 파스퇴르(L. Pasteur) - 미생물학(세균학)의 아버지, 근대의학의 창시자
> 8. 코흐(Robert Koch) - 미생물학(세균학)의 아버지

2. 우리나라의 보건행정 역사

(1) 삼국시대 이전
① 토속적인 신앙에 의해 질병과 재화를 면하고자 주술로 악신을 물리쳤다고 한다.
② 우리나라의 보건에 관련된 최초의 언급은 고조선의 단군신화에서 찾을 수 있다.

(2) 삼국시대와 통일신라시대(A.D. 935년 이전) 기출 20
① 이 시대의 보건의료에 관한 이론으로는 재이론(災異論)과 무속론(巫俗論)이 있다.
② 인간능력을 초월한 자연의 이상현상에 의해 사람에게 육체적 질병과 정신적 질환이 유발된다고 보고, 이에 대한 적절한 비법을 통하여 질병을 물리친다는 것이 재이론이다.
③ 샤머니즘을 주제로 하여 인간의 축복과 평안을 기원하며 질병을 퇴치하였는데, 이는 무속의 한 분야이다.
④ 재이(災異)란 인간의 능력으로 알 수 없는 자연의 재난 또는 이상 현상을 하늘의 예시로 파악하는 것으로써 감염병의 유행은 잘못된 정치에 대한 경고 내지 견책으로 받아들여졌다.
⑤ 무속(巫俗)적인 사상은 자연에 대한 두려움으로 인해 자연대상에 영(靈)이 있다고 믿고, 그것을 신봉하는 것으로 병을 쫓기 위해 샤먼(Shaman)에 의존하고 샤머니즘의 마술방법을 이용하였다.

삼국시대 기출 16, 17, 19	통일신라시대 기출 10, 14, 16, 17, 18
• 고구려: 시의(왕실치료 담당) • 백제: 약물의 취급과 의학에 관한 일체의 업무를 관장하는 약부(藥部)라는 관청이 있었고, 의학을 담당하는 의박사와 약초와 관련 업무를 담당하는 채약사, 주술치료를 담당하는 주금사라는 관직이 있었음	통일신라는 비교적 잘 짜여진 의료제도를 갖추고 있었음 • 약전(藥典): 의료행정을 담당하는 기관으로, 이곳에는 직접 의료에 종사하는 공봉의사가 있었음 • 내공봉의사: 왕실의 질병을 진료하는 시의

- **신라**: 신라는 고구려와 백제에 비해 중국의학의 도입이 늦었지만, 『김무약방』을 저술한 김무와 일본의학에 큰 영향을 미친 승의(僧醫) 법탕 등과 같은 명의가 있었음
- **공봉복사**: 공봉의사와 마찬가지로 약전에 소속되어 있으면서 금주로써 질병을 예방하는 무주술사를 백제 말의 주금사와 같은 일을 맡았음
- **국의 및 승의**: 어떤 의료기관에 소속된 직명이 아니고 당시의 명의를 일컫는 용어
- **제도화된 의학교육**: 효소왕 원년(691)에 실시되었으며, 교육은 본초경, 갑을경, 소문경, 피경, 명담정, 난정 등을 2명의 박사가 실시하였고, 의생(학생)과 의박사가 있었음

(3) **고려시대** 기출 10, 14, 15, 16, 17, 18, 19, 20, 22, 24

태의감(대의감)	의료행정을 담당하는 관서
상약국	어약을 맡은 관서
혜민국	서민의료 담당
약점(藥店)	지방의 경우 주, 부, 현의 행정말단단위에 약점이 설치됨 ⇨ 오늘날의 보건소 역할을 담당
제위보	빈민·행려자의 구호와 치료
동서대비원	빈민이나 행려자 의료사업과 구제사업을 수행, 의식과 의약의 제공 및 감염병 사망자의 사체처리를 도맡아 담당
상식국	음식 치유를 담당한 식의가 배치
의학원	고려시대는 중앙과 서명에 유학원을 두었고, 지방 12목과 3경 10도에 의박사를 배치하여 의학교육을 실시

(4) **조선시대** 기출 10, 11, 12, 13, 14, 15, 16, 17, 18, 19, 20, 24

의녀제도	부녀자의 질병치료와 의인(의사)의 진료와 치료 담당
제생원	• 조선 초기 서민의 질병치료 및 의녀의 양성을 맡아 보던 의료기관(후에 혜민서에 병합) • 향약(鄕藥)의 수납과 병자들의 구료(救療)업무 담당
전의감	• 조선시대 중앙의료행정기관 • 왕실 및 조정 관료의 진료, 왕이 내리는 의약, 약재의 재배와 관리, 의료를 담당하는 인재의 시험과 선발(의과고시) 등 일반의료 행정, 의료교육, 의약품 공급을 담당
내의원	왕실의료 담당
혜민서	의약의 수납과 일반서민들의 구료사업을 담당
활인서	감염병 환자 담당기관
전향사	예조 산하에 의약 담당
심약	지방의료기관으로, 각 지방에서 향약(鄕藥) 채취 담당
치종청	종기 등 외부질환의 치료를 중심으로 한 관청

종약색	조선 초기 종약사무(**種藥**: 약재를 재배함)를 맡아보던 관청
의학교육	• 중앙에 의학이 있었고, 지방에는 의학교유가 파견되어 의학교육을 담당 • 세종 때에는 의학이 과거과목으로 정해져 고종 초까지 의과 취재가 시행 • 허준은 선조의 명을 받아 의약을 집대성한 『동의보감』을 저술

📋 Plus⁺ POINT

약부 – 약전 – 약점 – 심약
1. 약부(藥部)는 백제의 질병의 치료와 약재 등 조달을 관장하는 관서이다.
2. 약전(藥典)은 통일신라의 궁중의료 행정기관이다.
3. 약점(藥店)은 고려시대의 중앙과 지방 각지에 설치되어 백성의 질병 치료를 담당하였다.
4. 심약(審藥)은 조선시대의 지방의료기관이다.

조선시대 말기 보건행정 특징
1. 한의학이 점점 쇠퇴하고 서양의학이 도입되었다.
2. 갑오경장(1894)을 전후하여 서양병원이 개원하여 의학교육 및 보건행정 등도 서양의 제도를 따랐다.

(5) 조선시대 말기

1879년	지석영 종두법 실시
1885년 왕립 광혜원	• 한국 최초의 서양식 국립의료기관으로, 미국 선교의사인 알렌이 설립(광혜원은 개원 12일 만에 제중원으로 개칭) • 현재 세브란스 병원
1894년 갑오개혁 때 기출 17, 18	• 보건행정기관인 위생국을 설치 • 감염병과 종두의 예방 및 일체의 공중위생에 관한 사항과 검역 그리고 의사와 약제사의 관리에 대한 업무를 담당
1899년 내부병원 기출 19	• 내부 직할로 세운 국립병원 • 위생국을 위생과와 의무과로 분과

📋 Plus⁺ POINT

근대병원의 명칭 변경
1. 광혜원 ⇨ 제중원 ⇨ 세브란스 병원
2. 내부병원(內部病院) ⇨ 광제원 ⇨ 대한의원 ⇨ 조선총독부의원 ⇨ 서울대학교병원

일제강점시대
1. 위생과로 격하되었다.
2. 한국인에 대한 의학교에 많은 제약을 가했다.

(6) 일제강점시대 기출 15

① 1910년 조선총독부의 경무총감부 산하 경무국에 위생과를 두었다.
② **의료와 경찰 위생**: 중앙은 경찰국에 위생과를 설치하여 공중위생업무, 의사·약사·약제사의 면허업무, 병원·의원 등의 관리업무를 수행함으로써 보건행정을 경찰이 담당하였다.

(7) 미군정시대(광복 직후, 1945 ~ 1948)

① 1945년 미군정령 1호에 의거 위생국이 신설되었다.
② 1946년 미군정령 64호에 의거 보건후생국을 보건후생부로 승격시키면서 15개국 47개 과로 확대하여 보건행정 조직이 가장 방대한 시기이다.

(8) 대한민국 정부 수립 이후(1948년 이후 ~) 기출 17

> **Plus⁺ POINT**
>
> 보건복지부 직제 개편
>
> 위생국(1894) ⇨ 경찰국 위생과(1910) ⇨ 위생국(1945) ⇨ 보건후생국(1945) ⇨ 보건후생부(1946) ⇨ 사회부(1948) ⇨ 보건부(1949) ⇨ 보건사회부(1955) ⇨ 보건복지부(1994) ⇨ 보건복지가족부(2008) ⇨ 보건복지부(현재)

① 1948년: 사회부 보건국
② 1949년: 사회부 보건국으로부터 보건부로 독립(7월), 세계보건기구 가입(8월)
③ 1950년: 의료관계자 및 약제자 면허 갱신 규정 공포
④ 1951년: 6·25 전쟁 중 국민의료법 제정(500여개소 보건소 설치, 국민보건 향상과 의료의 적정)
⑤ 1952년: 의사, 치과의사, 한의사 국가시험 공포
⑥ 1953년: 노동기준법 제정(출산휴가제 실시 등)
⑦ 1954년: 해·공항검역법 및 전염병예방법 공포
⑧ 1956년: 사회부와 보건부를 보건사회부로 통합
⑨ 1956년: 보건소법 공포
⑩ 1994년: 보건사회부가 보건복지부로 개칭
⑪ 2008년: 보건복지부가 보건복지가족부로 개칭
⑫ 2010년: 보건복지가족부가 보건복지부로 환원

핵심정리 우리나라 보건행정의 역사

구분	의약행정	왕실의료 (궁 내 어약 담당)	서민의료	전염병 환자 치료(도성 내 병인구료)	구료기관 (빈민구호)
통일신라시대	약전	내공봉의사	-	-	-
고려시대	태의감	상의국, 상약국	혜민국	동서대비원	제위보
조선시대	전의감 구한말: 위생국	내의원	혜민서	(동서)활인서	제생원 (+의녀 양성)
일제강점기	위생과	-	-	-	-
미군정기	보건후생부	-	-	-	-
현재	보건복지부	-	-	-	-

1. 동서대비원(1392) ⇨ 동서활인원(1414) ⇨ 활인서(1466)
2. 보건복지부의 연혁
   위생국(1894) ⇨ 위생과(1910) ⇨ 위생국/보건후생국(1945) ⇨ 보건후생부(1946) ⇨ 사회부(1948) ⇨ 보건부(1949) ⇨ 보건사회부(1955) ⇨ 보건복지부(1994) ⇨ 보건복지가족부(2008) ⇨ 보건복지부(2010~)

제3장 보건의료와 보건의료체계의 이해

1 보건의료

1. 보건의료의 의의

(1) 보건의료의 정의

질병으로부터 건강을 유지·보호하고 치유 및 예방하는 제반의 행위이다.

> **관련 법령**
>
> 「보건의료기본법」 기출 09, 16, 18 제3조(정의) 이 법에서 사용하는 용어의 뜻은 다음과 같다.
> 1. "보건의료"란 국민의 건강을 보호·증진하기 위하여 국가·지방자치단체·보건의료기관 또는 보건의료인 등이 행하는 모든 활동을 말한다.
> 2. "보건의료서비스"란 국민의 건강을 보호·증진하기 위하여 보건의료인이 행하는 모든 활동을 말한다.
> 3. "보건의료인"이란 보건의료 관계 법령에서 정하는 바에 따라 자격·면허 등을 취득하거나 보건의료서비스에 종사하는 것이 허용된 자를 말한다.
> 4. "보건의료기관"이란 보건의료인이 공중(公衆) 또는 특정 다수인을 위하여 보건의료서비스를 행하는 보건기관, 의료기관, 약국, 그 밖에 대통령령으로 정하는 기관을 말한다.
> 5. "공공보건의료기관"이란 국가·지방자치단체, 그 밖의 공공단체가 설립·운영하는 보건의료기관을 말한다.
> 6. "보건의료정보"란 보건의료와 관련한 지식 또는 부호·숫자·문자·음성·음향·영상 등으로 표현된 모든 종류의 자료를 말한다.

보건, 의료, 보건의료의 공통점
인류의 건강을 유지·보전하려는 공통의 목적을 가지고 있다.

의료
의료인에 의해 시술되고 있는 행위와 제도이다.

진료
질병치료를 의미한다.

(2) 의료와 보건의료의 차이점

구분	의료(Medical care)	보건의료(Health care)
통칭	의료·의료서비스	보건·건강서비스·보건의료서비스
주 관심분야	질병관리	건강관리, 보건의료관리
내용	진단과 치료	양생·예방·증진·재활, 질병과 건강관리의 전체 영역
산출	Medical care service	Health care service
범위	좁은 의미의 의료(진료)	넓은 의미의 의료(건강관리)

출처: 예방의학과 공중보건학(제3판 수정증보판), 2019, 대한예방의학회(계축문화사)

2. 보건의료의 구성요소

의과학 (Medical science)	의과학은 인체의 기능과 구조를 이해하고 질병의 원인, 진단 및 치료 방법을 연구하고 적용하는 과학으로 기초의학과 임상의학을 포함
의료체계 (System)	보건의료가 생산되고 필요한 곳에 제대로 배분되기 위해서는 의료시설과 의료인력 등의 의료 제공 분야와 의료비 조달 등의 의료재정 분야를 제도적으로 포괄하는 의료체계가 필요
행태 (Behavior)	보건의료에 관계되는 모든 행위들의 행태(behavior)에는 의료이용자, 의료제공자, 기타 의료 관련 조직의 행태가 포함됨

3. 보건의료기준의 분류 기준

(1) 질병 예방적 관점에서의 분류

1차 예방	질병 발생 이전에 건강의 향상을 위해 제공되는 건강증진서비스와 특정 질병 발생을 예방하려는 예방서비스를 모두 포함
2차 예방	질병 발생 후의 진행을 방지하고 장애를 예방하는데 중요한 것으로 조기진단, 조기치료 그리고 질병에 대한 진단과 치료를 모두 포함하는 개념
3차 예방	질병의 결과로 초래된 장애를 최대한 줄이고, 신체적·정신적·사회적 안녕상태로 돌아가 원만한 생활을 할 수 있도록 도와주는 재활서비스

(2) 의료기술의 복잡성에 따른 분류

1차 의료	• 가정의를 포함한 포괄적 진료가 가능한 숙련된 의사(Generalist)와 적은 수의 보조인력이 비교적 간단한 시설과 장비로 제공할 수 있는 의료서비스로, 대상 문제의 범위가 넓고 대상자의 수도 많음 • 예방접종이나 건강교육을 비롯하여 감기나 설사, 단순외상 등의 진료를 하는데, 의료요구의 약 90%는 1차 의료로 해결할 수 있다는 보고도 있음 • 1차 의료서비스는 주로 의원과 보건소가 담당
2차 의료	• 1차 의료에 비해 전문적인 인력, 다수의 보조인력, 복잡한 시설과 장비가 있어야 해결할 수 있는 질병문제들을 대상으로 함 • 일반적으로 단과 전문의(Specialist)와 병원급 의료기관이 2차 의료를 담당하는데, 대상 문제의 범위와 대상자 수가 1차 의료에 비해 제한적
3차 의료	• 특정 의료영역을 전공한 분과 전문의(Subspecialist)와 여러 직종의 인력이 협동체제하에 특수시설과 장비를 갖춘 의료기관에서 제공하는 의료서비스 • 3차 의료는 대상자 수는 적지만, 인적 자원과 물적 자원의 소요가 매우 크며, 첨단의학기술이 반영된다는 점에서 의료서비스 영역에서 차지하는 비중은 큼

4. 양질의 보건의료 - 리와 존스(Lee & Jones)가 제시한 양질의 의료 8가지

(1) 의과학에 기초를 둔다.
(2) 예방을 강조한다.
(3) 의사와 환자의 긴밀한 협조를 요한다.
(4) 전인적인 진료를 한다.
(5) 의사와 환자 간에 지속적이며 가까운 인간관계를 유지한다.
(6) 사회복지사업과 활동을 한다.
(7) 모든 종류의 의료서비스와 협동을 한다.
(8) 인간의 필요에 따라 모든 과학적인 현대의료서비스를 제공함을 뜻한다.

5. 우리나라의 보건의료전달체계

(1) 보건의료전달체계

의료기관의 기술 수준에 따라 기능분담과 협업관계를 결정함으로써 의료이용을 단계화하고, 의료자원의 효율적 활용과 적정의료 이용을 유도하기 위한 제도적 장치이다.

> **Plus⁺ POINT**
>
> 우리나라 보건의료체계 특징
> 1. 대 진료권 및 구심적 역할을 담당하는 것은 3차 의료기관이다.
> 2. 보건소는 경미한 외래진료만 수행한다.
> 3. 치료 위주의 의료서비스를 제공한다.
> 4. 의료기관과 의료 인력이 도시로 집중된다.

(2) 진료전달체계

모든 국민에게 동등한 의료수준을 유지하면서 체계적으로 의료서비스를 제공하기 위해 인력, 시설, 재원관리기술 및 모든 정보를 고려하여 의료자원의 배치, 기능 및 그 상호관계 등을 의미하는 서비스 제공체계이다.

(3) 우리나라 진료전달체계의 현실

① 상급병원으로의 환자 집중현상
② 의료기관 간 종별 기능이 분화되지 못하고 경쟁 심화
③ 노인, 만성 질환에 대한 체계적인 관리 및 의료수요 변화에 대한 방안 미흡
④ 의원의 포괄적이고 지속적인 의료서비스 강화 필요
⑤ 병원은 전문 병원화를 통해 경쟁력 강화
⑥ 대형병원은 중증질환에 대한 진료기능 강화
⑦ 1차 의료 활성화를 위한 '의원급 만성질환관리제' 시행
⑧ 의료기관 평가인증제도 도입

2 보건의료체계의 이해

1. 보건의료체계

(1) 정의
① 한 국가가 국민의 건강권인 보건의료요구를 충족시키고, 건강 수준을 향상시키기 위한 보건의료와 관련된 제반 법률과 제도를 총칭한다.
② 보건의료체계는 그 사회의 국가정책에서 추구하는 근본 철학과 이념이 국민의 보건의료에 대한 형평성(Equity) 또는 효율성(Efficiency)을 어떻게 추구하느냐에 따라 그 목적을 달성하기 위한 제도를 구축한 것이다.

(2) 보건의료체계의 도입 목적
① 의료이용의 편의를 제공하고 의료자원의 효율성을 향상시키기 위함이다.
② 지역 간·의료기관 간의 균형적인 발전과 종합병원에 대한 환자집중현상을 방지하여 형평성을 제고하기 위함이다.
③ 국민의료비 상승을 억제하고 의료보장의 재정안정을 도모하기 위함이다.
④ 의료취약계층의 접근성을 높이기 위해 접근성 높은 의료기관을 설치하기 위함이다.
⑤ 의료전문가의 전문성을 최대한 보장하여 의료서비스의 전문성을 달성하기 위함이다.
⑥ 동일 소비자를 두고 나타나는 경쟁적인 의료서비스 제공을 견제하여 의료시장의 공정한 경쟁질서를 확립하기 위함이다.

(3) 보건의료체계의 5개 원칙

적절성	• 보건의료서비스는 과잉진료도 안 되고 과소진료도 안 되며 언제나 적절한 시기에 적절한 정도로 제공되어야 한다는 것 • 질병을 치료하는 데 적절한 양과 질의 보장은 보건의료체계의 <u>신뢰성 확보에 매우 중요한 조건</u>
접근성	• 보건의료서비스를 이용하고자 하는 대상자가 편리한 시간에 편리한 곳에서 간편한 절차를 통해 서비스를 제공받는 것 • 접근성은 지리적·경제적·심리적·구조적 장벽 등의 제거에 의해 확보될 수 있음
책임성	• 복지국가는 국민의 건강에 대해 책임을 짐 • 보건의료에 대한 욕구를 지닌 국민에게 양질의 보건의료서비스를 제공해야 함 • 복지국가인 현 시점에서는 이러한 국가의 보건의료 책임성을 강조
전문성	보건의료제공자는 의료소비자의 욕구 파악과 진단, 치료 등에 대한 전문적인 능력을 보유해서 대상자에게 보건의료서비스를 제공해야 함
통합성	의원과 병원은 보완적 상생관계로 변화되어야 1차 의료기관의 진정한 '문지기 역할'을 수행할 수 있을 때 자원^{기출 21}을 효율적으로 활용하는 통합적인 원칙이 됨

WHO 보건의료체계모형
1. 보건의료체계를 분석하는 데 가장 알려진 모델은 세계보건기구 모델이다.
2. 3개의 주축 분야와 이 3개의 주축 분야를 지원하는 보건의료재정과 보건의료관리의 2개 지원 분야로 구성된다.

재원조달 방법
1. **공공재원 및 준 공공재원**
   일반조세수입, 부채, 소비세수입, 사회보험, 복권 등
2. **민간재원**
   고용주 부담, 민간건강보험, 기부금, 진료비 본인부담 등

(4) 보건의료체계의 구성요소 기출 11, 12, 13, 14, 15, 16, 17, 18, 19, 20, 21, 22, 24

① **보건자원 개발**
  ㉠ 보건의료체계 안에서 보건의료를 제공하고 지원기능을 수행하기 위해 인적·물적 보건의료자원의 개발이 필요하다.
  ㉡ 인력, 시설, 장비 및 소모품, 지식 및 정보 등이 있다.

② **자원의 조직 및 배치**
  ㉠ 보건의료자원들이 서로 효과적인 관계를 맺고 개인이나 지역사회가 의료제공 기전을 통해 이들 자원과 접촉할 수 있도록 하는 것이다.
  ㉡ 공공조직과 영리·비영리 및 자원봉사단체 등을 포함한 민간조직의 관리 등이 있다.

③ **보건의료서비스 제공**: 사업의 목적에 따라 건강증진활동, 예방활동, 진료활동, 재활활동으로 구분이 가능하다.
  ⇨ 1차, 2차, 3차 보건의료로 구성되어 있다.

④ **재정지원**
  ㉠ 국가보건의료체계하에서 사업 수행을 위한 실제적인 재원조달 방법으로 보건자원과 보건의료전달제도는 경제적 지원이 필수요건이다.
  ㉡ 세금으로 조달되는 정부의 일반재정, 사회보험, 민간보험, 기부금 및 개인이나 가족의 부담금 등이 있다.

⑤ **보건의료 관리**
  ㉠ 보건의료체계 전체 조직의 운영을 원활하게 하기 위해서는 보건의료 관리가 매우 중요하다.
  ㉡ 기획, 행정, 규제 또는 지도력, 의사결정, 감시 및 평가 등이 있다.

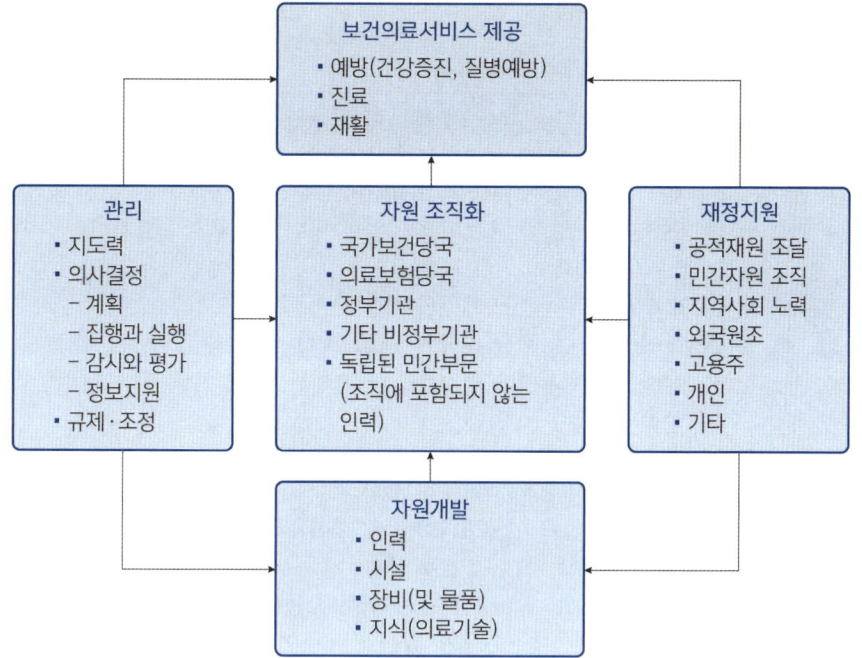

○ 국가보건의료체계 하부구조와 구성요소(WHO, 1984)

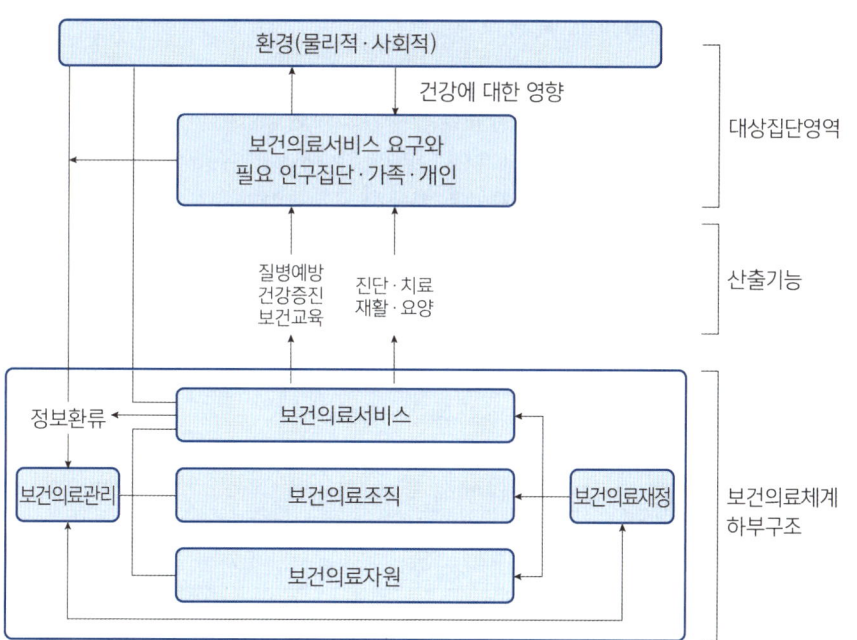

○ 보건의료체계의 구조와 기능적 상호관계

출처: Klezkowsk B.M., et al. National health system and their reorientation towards health for all. Geneva: WHO. 1984

2. 국가의료전달체계의 유형

◆ 프라이(Fry)의 의료전달체계의 유형 비교

구분	자유방임형	사회보장형	사회주의형
의료의 원칙	• 의료의 자유 선택과 책임 강조 • 기획, 조정이 어려움 • 행위별수가제 채택 • 의료의 개인 책임 • 지리, 사회적 여건, 경제성 등에 따라 의료서비스 수준의 차등 • 전문화 추구	• 국민보건 서비스형 • 무료 의료서비스 • 초진은 일반의, 병원치료는 전문의 • 예방의학 강조 • 환자의 가정, 병원 외래치료	• 의료는 사회경제정책의 일부 • 무료 의료서비스 • 예방의학 강조
의료의 기본구조	• 가족 단위의 개념 없음 • 환자 스스로 의료서비스, 의료 기관 선택 • 전문의 진료 • 다양한 의료기관	• 가정의사제도 • 일반의에게 등록되어 진료를 받음 • 의사를 선택하여 등록할 수 있는 권리 부여	• 초진의사 방문 진료 • 병원은 주로 입원 환자 취급 • 농촌에서는 중급의료인력 활용 • 의사의 선택 제한

(1) 프라이(Fry)의 보건의료전달체계 분류

① **자유방임형** 기출 10, 12, 16, 29, 20

　㉠ 의의

　　ⓐ 개개인의 능력과 자유를 최대한으로 존중한다.
　　ⓑ 자유시장경제의 논리에 따라 민간주도로 이루어진다.
　　ⓒ 정부의 간섭이나 통제는 가능한 극소화한다.
　　ⓓ 대표적인 국가: 미국, 일본, 한국

　㉡ 장단점 기출 19, 20

장점	• 효율적인 경영 가능 • <u>의료기관이나 의료인을 선택 가능</u> • 의료서비스의 질적 수준이 높음
단점	• 의료비 상승 • 의료 분배측면에서 불균형 심화 • 국가 통제의 어려움 • 치료서비스에 집중되어 의료의 지속성과 포괄성이 떨어짐

② **사회보장형** 기출 19

　㉠ 의의

　　ⓐ 정치적으로는 자유민주국가이나 사회적으로 교육, 의료, 실업 등 사회보장을 중시한다.
　　ⓑ 주로 정부가 주체가 되어 보건기획 및 자원을 효율적으로 활용하고 의료서비스를 무료로 제공한다.
　　ⓒ 대표적인 국가: 영국, 스칸디나비아

국민의료비 증가 억제대책
1. 진료비 일부를 사용자에게 부담시킨다.
2. 포괄수가제를 도입한다.
3. 고가 의료장비의 도입을 자제한다.
4. 자원을 적절히 통제 및 활용한다.

ⓒ 장단점 기출 18

장점	• 국민 전체가 무료서비스를 받음 • 예방적 측면의 의료가 강조됨 • 의료의 지속성과 포괄성이 있음
단점	• 대규모 의료조직의 형태를 수반하고 있어 의료서비스가 비효율적 • 의사에 대한 인센티브 부족으로 의료의 질이나 생산성이 떨어지는 것 • 의료서비스의 질 저하

③ 사회주의형
  ㉠ 의의
    ⓐ 의료자원과 의료서비스의 균등한 분포와 균등한 기회를 중시한다.
    ⓑ 국가의 중앙집권적인 관리와 배분이 이루어진다.
    ⓒ 개인은 선택의 자유가 없지만 필요할 때면 언제 어디서나 무료로 의료서비스를 받을 수 있다.
    ⓓ 대표적인 국가: 구소련 등
  ㉡ 장단점

장점	• 의료의 균등한 분포와 기회 • 의료비의 절감과 의료서비스의 포괄성이 높음
단점	• 개인의 선택권이 무시됨 • 관료조직체계가 가지는 경직성이나 의료인에 대한 인센티브 결여로 의료서비스의 생산성이나 질이 떨어지는 것

(2) 뢰머(Roemer)의 유형(1976) 기출 16, 17, 18, 19, 21, 22
  ① 자유기업형 기출 16, 17, 18, 19
    ㉠ 비교적 역사가 짧은 자본주의 국가이지만 고도로 산업화되어 있는 나라에서 볼 수 있다.
    ㉡ 의료비는 개인이 책임을 지며 정부의 개입은 최소화하는 것이고, 국민들은 질병이나 사고에 대한 대비책으로서 민간보험에 가입하는 구조이다.
    ㉢ 우리나라가 전국민 의료보험이 시작되기 전에 이런 구조였으며, 지나친 이윤추구가 소비자 현혹, 불필요한 진료 남용 등 부작용이 나타나기도 하였다.
    ㉣ 대표적인 국가: 미국
  ② 복지국가형 기출 17, 20
    ㉠ 보건의료서비스의 보편적 수혜를 기본요건으로 하며 보건의료서비스의 배분은 사회보험이나 조세를 통하여 이루어졌다.
    ㉡ 보건의료서비스 제공의 많은 부분이 민간에 의하지만 질과 비용의 통제에 관해서는 정부가 개입하는 것이다.
    ㉢ 병원은 주로 지방정부의 통제를 받는 경우가 많으며, 병원의사는 주로 전문의로서 월급이고, 개업의사는 일반의가 담당하는 시스템이다.

- ㉢ 보건의료서비스의 형평적인 배분을 유지할 수 있다는 장점이 있지만, 서비스 남용에 따라 보건의료비가 상승하는 문제가 있었다.
- ㉣ **대표적인 국가**: 프랑스, 독일, 스칸디나비아 3국, 영국 등의 유럽 국가, 일본, 이스라엘 등

③ **저개발국형** 기출 19
- ㉠ 경제적 낙후로 인해 인구의 대부분이 보건의료비 지출능력이 없는 아시아 및 아프리카 저개발국가가 여기에 속한다.
- ㉡ 전문보건의료인 부족으로 보조인력의 역할이 크며 보건의료시설의 부족 및 지역적 편중이 크다.
- ㉢ 국민들의 소득 수준이 낮아서 전통의료나 민간의료에 의존하는 경향이 크다.
- ㉣ 개별 의사의 독립적인 개원을 허락하고 있으며, 부유한 계층은 주로 개원의사의 서비스를 이용한다.

④ **개발도상국형**
- ㉠ 경제개발이 성공적으로 이루어져 국민의 소득증가와 더불어 의료에 대한 관심이 높아지고 있는 국가이다.
- ㉡ 국가의 정치체계에 따라서 자본주의 형태의 변이형 보건의료제도인 자유기업형과 복지국가형의 혼합형을 가지거나 사회주의 국가형태의 보건의료제도를 가지게 된다.
- ㉢ 경제개발 논리에 밀려 보건의료에 대한 우선순위는 낮지만 경제개발이 진행되면서 보건의료자원에 대한 개발이 활발하다.
- ㉣ 근로자 중심의 사회보험제도를 도입하며, 보험조직이 보건의료자원의 개발을 담당하고 있다.
- ㉤ **대표적인 국가**: 아시아와 남미 개발도상국 등

⑤ **사회주의국형**
- ㉠ 다른 사회복지서비스와 마찬가지로 보건의료서비스도 국가가 모든 책임을 지고 제공하는 것이다.
- ㉡ 사유재산을 인정하지 않는 체제이므로 사회 전체 구성원에게 일정한 원칙에 따라 분배한다.
- ㉢ 모든 보건의료인은 국가에 고용되어 있으며 보건의료시설은 국유화되어 있다.
- ㉣ 장단점
  - ⓐ **장점**: 보건의료의 형평성 있는 서비스 제공이 가능하다.
  - ⓑ **단점**: 보건의료서비스의 수준이 낮고 국유화로 인해 보건의료 생산의 효율성이 낮다.
- ㉤ **대표적인 국가**: 구소련, 쿠바, 북한 등

(3) 뢰머(M. Roemer)의 Matrix형 분류(1991) 기출 12, 14, 15, 18, 19, 20

① **자유기업형 보건의료체계** 기출 14
   ㉠ 자유기업형 보건의료체계는 민간 의료시장이 매우 강력하고 크다.
   ㉡ 정부개입이 미미하다.
   ㉢ 보건의료비 지출의 절반 이상이 환자 본인책임(Pocket money)이다.
   ㉣ 정부의 보건의료 프로그램이 취약하여 보장성이 낮으며 보건의료는 개인의 책임이다.
   ㉤ 대표적인 국가: 미국

② **복지지향형 보건의료체계** 기출 17, 18, 20
   ㉠ 복지지향형 보건의료체계에서는 정부나 제3지불자들이 다양한 방법으로 민간 보건의료시장에 개입한다.
   ㉡ 이러한 개입은 대개 보건의료 이용을 둘러싼 재정과정(Financing process)에 초점이 맞추어진다.
   ㉢ 대표적인 국가: 주로 공공 주도의 의료보험제도를 가진 독일, 일본, 한국 등이 이 체계에 해당한다.

③ **포괄적 보장형 보건의료체계** 기출 17, 20
   ㉠ 포괄적 보장형 보건의료체계는 복지지향형보다 시장개입의 정도가 더 심하다. 여기서는 전 국민이 완전한 보건의료서비스를 무상으로 받게 된다.
   ㉡ 재원이 조달되는 한 현존하는 모든 보건의료재원은 전 국민에게 공평하게 배분되도록 하자는 정치적 의지가 강하다.
   ㉢ 이 체계는 국민건강권 보장을 위해 대체로 보건의료에 높은 사업 우선 순위를 두고 있다.
   ㉣ 대표적인 국가: 영국, 뉴질랜드

④ **사회주의 계획형 보건의료체계**
   ㉠ 사회주의 계획형 보건의료체계는 정부에 의한 시장개입이 가장 심하다.
   ㉡ 민간의료시장을 완전히 제거하고 보건의료를 중앙계획을 통한 통제체계로 대체하자는 것이다.
   ㉢ 실질적으로는 이 체계도 사회주의 보건의료체계 내에서 작동할 어떤 시장기제가 필요함을 인식하고 있다.
   ㉣ 보건의료재정, 보건의료시설 및 인력은 정부의 직접 통제하에 있으며, 약품도 정부가 직접 생산한다.
   ㉤ 대표적인 국가: 러시아, 동유럽, 북한

뢰머의 Matrix형 분류의 특징
1. 보건의료체계를 구성하는 두 개의 차원인 경제적 요소와 정치적 요소를 가로와 세로로 놓고 교차하는 것이다.
2. 경제적 차원은 연간 국민 1인당 GNP(Gross National Product)를 쉽게 계측한다.
3. 정치적 차원은 정부 또는 공권력이 보건의료시장에 개입하는 정도를 반영하는 것이다.

(4) 테리스(Terris)의 유형(1980) - 의료보장의 재원 기준 기출 10, 16, 18, 19

구분	공적부조형	의료보험형	국민보건서비스형
특징	• 국민들은 보건의료를 조달할 능력이 없기 때문에 제공하는 서비스 • 1차 보건의료 중심의 서비스에 한정	• 국민들이 스스로 의료비 조달 가능 • 건강보험형 • 전국민의료보험 실시 • 치료 중심	• 보건의료서비스는 무료 • 보건의료자원을 국유화(사회보장 국가 + 사회주의 국가 해당)
재원조달	정부의 조세	보험료, 일부 국고 지원	모두 조세
적용 국가	아시아, 아프리카, 남미 등	한국, 독일, 프랑스, 일본 등	영국, 뉴질랜드, 이탈리아
적용 대상	공공보건의료기관에 접근이 가능한 사람	전 국민	전 국민

(5) OECD 국가의 보건의료체계 기출 08, 17, 19

구분	사회보험형(NHI) (비스마르크형)	소비자주권형	국민보건서비스형 (NHS)
특징	• 다수의 조합 형태로 운영 • 공단이나 정부기관이 관리·운영	• 민간의료보험 • 개인의 필요성에 따른 보장 • 정보의 비대칭으로 인해 역선택이 발생하여 많은 사람들이 보험에 가입하지 못하는 경우가 발생	• 보건의료서비스는 무료 • 베버리지형
재원조달	보험료(주로 정률제)	소득 정률제	모두 조세
적용 국가	한국, 독일, 프랑스, 네덜란드	미국	영국, 스웨덴, 캐나다, 덴마크 등
적용 대상	모든 국민	계약적 수급권	모든 국민

3. 우리나라 보건의료제공체계의 지역화

(1) 보건의료제공체계의 구조와 단계화 기출 20

① 1차 의료는 지역사회에 흔한 건강문제의 치료와 예방 조치로 구성되며, 의료기관 방문의 80 ~ 90%를 차지한다.
② 2차 의료는 병원 수준의 좀 더 전문적인 진료를 요구하는 문제를 다룬다.
③ 3차 의료는 고도로 전문화된 진료를 요하는 문제를 다루는 것으로 드물게 발생하지만 복합적인 질환이나 장애문제 등 의료의 기술적 측면에서 최상의 단계이다.

보건의료체계의 기타 - 브리지먼(1974)
서구대륙과 남미국가형, 북미국가형, 스칸디나비아 및 영국형, 사회주의 국가형, 전통문화가 작용하고 있는 개발도상국형, 전문화가 작용하고 있지 않은 개발도상국가형

보건의료제공체계의 목적
적절한 장소와 시점에서 적절한 의료서비스가 제공되도록 하는 것이다.

조직화
1920년 영국의 도슨보고서(Dawson report)를 통해 최초로 제시하였고, 각 단계의 서비스가 환자의 특정한 필요에 맞게 제공되어야 바람직한 공급구조라고 하였다. 그래서 조직화가 중요한 과제라 한다.

(2) 지역화의 개념
  ① 지역화(Regionalization)는 의료공급구조의 조직화와 밀접한 관련을 갖는 개념으로, 지역사회 내의 보건의료서비스가 일정 지역 내에서 완결될 수 있도록 하는 것이며, 주민이 필요한 의료를 일정하게 제공받을 수 있도록 의료기관, 인력의 역할을 분담하는 것이다.
  ② 의료공급구조의 조직화와 밀접한 관련을 갖는 개념이다.
  ③ 지역화는 지역사회 내의 보건의료서비스가 일정 지역 내에서 완결될 수 있도록 하는 것이며, 주민이 필요한 의료를 일정하게 제공받을 수 있도록 의료기관과 인력의 역할을 분담하는 것이다.
  ④ 지역화는 한정된 보건의료자원을 효율적으로 활용하고 지역주민의 서비스에 대한 지리적 접근도를 높이기 위한 것이다.
  ⑤ 각 지역의 특성에 맞추어 자원을 배치하고 계획을 수립, 추진해 나가는 것이 필요한데, 기술, 인력, 시설, 재원 등의 자원이 지역적으로 균등하게 분포되어 형평성을 유지하는 것이 중요한 목표이다.

(3) 보건의료제공체계와 지역화
  ① 지역화에 관한 정부의 정책은 1989년 7월부터 도입된 의료전달체계에 있다.
  ② 의료전달체계는 질병의 수준에 따라 환자의 흐름을 조정함으로써 제한된 의료자원의 효율적 사용을 목표로 했다.
  ③ 종합전문요양기관(당시 3차 진료기관의 명칭이며, 현재는 상급종합병원에 해당)에서 진료받기 위해서는 일반 병·의원에서 진료의뢰서를 발급받아야 보험급여를 받을 수 있고(진료의뢰서의 의무화) 의료기관의 종별에 따른 외래진료 본인부담금을 차등화함으로써(종별 본인부담금 차등제), 대형병원으로 환자가 몰리는 것을 막도록 하였다.
  ④ 난이도가 높지 않은 질병 치료에 대하여 시설이나 인력 등에 대한 투입이 낮은 수준으로 의료공급이 이루어지도록 하고, 난이도가 높은 질병 치료에 대하여는 시설이나 인력 등에 대한 투입이 높은 수준으로 의료공급이 이루어지도록 시도한 것이다.
  ⑤ 이 제도는 지역별 의료기관의 배치와 관계 설정 없이 시행됨으로써 각급 병원 간의 경쟁관계와 환자의 대형병원 집중화가 지속되어 당초의 목적을 달성하지 못하였다.
  ⑥ 오히려 단순히 환자의 흐름을 통제함으로써 의료기관의 선택권 제약에 대한 환자들의 불만이 높아졌고, 의료인들 간에는 인위적인 통제를 통해 각급 의료기관 간의 수지(병원 재정)에 악영향을 주는 제도로 인식되어 점차 미약화되었다.
  ⑦ 제도 실시 이후에도 의료서비스 제공의 비효율은 지속되었고 정책목표로 삼았던 건강보험 재정의 건전성도 의문시되고 있다.
  ⑧ 한편 2011년도 10월 1일부터는 52개 만성 경증질환에 대하여 약국(약제비) 본인부담금 차등제를 실시하여 대형병원으로의 환자집중을 막는 정책이 시행되고 있다.

4. 우리나라 보건행정체계의 특징과 문제점 기출 11, 12, 13, 15, 16, 17, 18, 19, 20

(1) 특징
① 프라이(Fry)의 분류로는 자유방임형이다.
② 뢰머(Roemer)의 분류는 1991년 기준으로 복지국가형이다.
③ 테리스(Terris)의 분류로 의료보험형으로 건강보험형을 사용중이다.
④ 비스마르크형으로 사회보험형이다.
⑤ 행위별수가제, 포괄수가제, 신포괄수가제를 병행하고 있다.

(2) 문제점
① 국민의료비가 지속적으로 증가한다.
② 공공보건의료가 취약하고, 민간 위주의 의료공급체계가 형성되어 있다.
③ 제약 없이 환자가 의료제공자를 선택할 수 있다.
④ 보건의료공급자의 문제점이 발생한다.
⑤ 포괄적인 의료서비스가 부재한다.
⑥ 의료기관 및 인력의 지역 간 불균형 분포가 심화되고 있다.
⑦ 공공의료 분야가 다원화되고 있다.

3 진료비 지불제도

진료비 지불제도
1. 성과분석을 위해서 의료비 지불제도는 진료비가 결정되는 시기를 기준으로 사후결정방식(retrospective system)과 사전결정방식(prospective system)으로 나누어진다.
2. 사전결정방식은 진료를 받기 전에 병원이나 의료인에게 지불될 총액이나 그 비율이 미리 정해져 있어 실제로 받은 서비스와 무관하게 진료비를 지불하는 방식이다.
3. 사후결정방식은 진료를 받은 후 받은 서비스에 대한 합산된 진료비를 지불하는 제도이다.

1. 사후결정방식 – 행위별수가제(상대가치수가제) 기출 15, 16, 17, 18, 19, 20, 22, 25

행위별수가제(Fee for service)는 진단, 치료, 투약과 개별 행위의 서비스를 총합하여 의료행위를 한 만큼 보상하는 방식이다.

2. 사전결정방식

(1) 포괄수가제 기출 15, 16, 17, 18, 19, 20, 22, 23
포괄수가제(Case payment)는 환자에게 제공되는 의료서비스의 양과 질에 상관없이 환자 요양일수별 혹은 질병별로 보수단가를 설정하여 미리 정해진 진료비를 의료기관에 지급하는 제도이다(진료의 표준화 유도).

신포괄수가제의 장점
진료에 필수적인 비보험검사 등에도 보험이 적용되어 대부분의 환자에게 진료비 부담이 줄어든다.

신포괄수가제의 적용대상
건강보험환자, 의료급여환자, 보훈국비환자 모두 가능하다(신생아, 장기이식 등 일부 환자 제외).

(2) 신포괄수가제 기출 18, 20
① 신포괄수가제는 기존의 포괄수가제에 행위별수가제적인 성격을 반영한 혼합모형이다.
② 지불제도로 입원기간 동안 발생한 입원료, 처치 등 진료에 필요한 기본적인 서비스는 포괄수가로 묶고, 의사의 수술, 시술 등은 행위별수가로 별도 보상하는 제도이다.
③ **신포괄수가제의 모형**: 신포괄수가제 = 포괄수가[기준수가 + (환자입원일수 − 평균입원일수)×일당수가] + 행위별수가

④ 포괄수가제와 신포괄수가제의 구분 기출 10, 15, 16, 17, 23

구분	7개 질병군 포괄수가제	신포괄수가제
대상기관	7개 질병군 진료가 있는 전체 의료기관(2013.7.1.부터)	• 국민건강보험 공단일산병원 • 국립중앙의료원, 지역거점공공병원 등 총 98개 기관
적용환자	• 7개 질병군 입원환자 • 백내장수술, 편도수술, 맹장수술, 항문수술, 탈장수술, 제왕절개분만, 자궁수술	603개 질병군 입원환자
장점	• 포괄수가(묶음) • 의료자원의 효율적 사용	• 포괄수가(묶음) + 행위별수가(건당) • 의료자원의 효율적 사용 + 적극적 의료서비스 제공

> **의료저축제도(MSA, Medical Savings Accounts)**
> 가입자가 부담하는 보험료 일부를 개인별 의료저축계좌에 적립하고, 별도로 정하는 진료비를 이 계좌에서 지급하는 제도로서 적립액이 일정액을 넘을 경우 개인이 타 용도로 사용할 수 있는 제도이다.

(3) 봉급제 기출 17, 18, 19, 20, 21

① 봉급제(Salary)는 서비스의 양과 상관없이 일정 기간 의료활동에 대한 반대급부로서 의료인에게 일정 보수를 지급하는 방식이다.

② 주로 사회주의 국가에서 채택하고 있으며, 자본주의 국가에서는 병원급 의료기관(2·3차 의료기관)에서 주로 채택하는 제도이다.

(4) 일당지불제 기출 20

① 일당지불제는 장기 환자를 다루는 의료서비스 제공자에게 진료비를 보상하기 위한 방법이다.

② 일당 비용은 개별 환자를 하루 진료하는 데 드는 모든 비용, 즉 치료, 약품과 붕대, 보철, 편의시설이용비 등을 포함한다.

(5) 인두제 기출 16, 17, 18, 19, 20

인두제(Capitation system)는 행위별수가제와 반대되는 제도로서 의료인이 담당하는 등록환자 수나 실 이용자 수를 기준으로 진료보수금액이 결정되는 제도이다.

(6) 총액계약제(예산제) 기출 15, 16, 17, 18, 19, 20

총액계약제(Global Budget Negotiation System)는 보험자 측(지불자)과 의사단체 측(의료공급자) 간에 미리 진료보수총액을 정하는 계약을 체결하고, 그 총액 범위 내에서 진료를 담당하고 의료서비스를 이용하는 제도이다.

(7) 진료비 지불제도의 장단점

지불보상제도	특징	결정방식	장점	단점
행위별수가제	의료비 상승	사후결정방식	• 양질의 서비스 • 자율성 보장 • 의료기술 발전 유도 • 신의료기술 및 신약 개발유도	• 과잉진료 위험성 • 의료비 상승 • 예방보다는 치료 중심의 의료행위 • 의료자원의 지역편재 경향 • 의료비 지불심사상의 행정절차 복잡
포괄수가제	의료비 억제	사전결정방식	• 의료비 지불수준이 미리 결정 • 과잉진료 및 총 진료비 억제효과 • 진료비 청구행정절차 간소 • 자발적 경영 효율 노력 기대	• 과소진료로 의료의 질 저하 • 많은 의료서비스를 요구하는 대상자는 기피현상 • 부당청구 가능성 (분류조작)
봉급제			• 의사의 직장이 보장 • 수입이 안정적 • 의사 간의 불필요한 경쟁심 억제	진료의 관료화 및 형식화
일당지불제			• 관리비용이 다른 지불제도에 비해 상대적으로 낮음 • 행정적으로 간편	의료의 질적 저하
인두제			• 환자의 서비스 제공량과 의사의 수입은 거의 관계가 없어 과잉진료 억제 • 예방 중심 • 행정적 절차 간편	• 환자가 의료인·의료기관 선택 제한 • 복합적인 질환 환자에게는 후송의뢰 많음 • 과소 진료
총액계약제			• 개개인의 과잉진료 억제 • 의료비 절감	• 의료공급혼란 • 과소진료 • 의료의 질적 저하

🏛 기출 체크

다음에 해당하는 진료비 지불제도는?
기출 25

• 장점: 의사의 자율성이 보장되고, 신의료기술 및 신약개발을 유도한다.
• 단점: 과잉진료로 의료비가 상승할 수 있고, 예방보다는 치료에 집중하는 경향이 있다.

① 인두제   ② 포괄수가제
③ 총액계약제 ④ 행위별수가제

정답 ④

4 국민의료비와 경상의료비

1. 국민의료비 기출 12, 16, 19

(1) 국민의료비는 <u>개인의 보건의료서비스 이용비용, 정부나 비영리기관의 보건프로그램 관리 및 운용비, 의료이용 순비용, 일반적인 국민건강증진에 사용된 정부지출, 비상업적 보건의료 관련 연구 및 의료시설에 투입된 제반 비용을 포함한다</u>(Gibson 외, 1983).

(2) 국민의료비는 <u>건강의 회복, 유지 및 증진을 위하여 구입한 보건의료재화와 서비스에 대하여 일정 기간 동안 국내에서 거주하는 국민이 지불한 직접비용과 미래의 보건의료서비스의 공급능력 확대를 위하여 지출한 투자비용의 합계이다</u>(홍정기, 1996).

(3) 국민의료비는 보건의료서비스 및 물품 구입을 위해 지출된 보건의료비 지출 총액 규모이다.

2. 경상의료비

(1) 경상의료비의 정의 기출 10, 17, 19, 20

① 경상의료비는 보건의료 재화 및 서비스의 소비를 위하여 국민 전체가 1년간 지출한 총액을 말한다(보건복지부, 2017).

② OECD는 Health Statics 2015부터 국민의료비(경상의료비 + 자본투자) 대신 경상의료비를 대표 지표로 발표해 오고 있다.

③ **경상의료비**: 개인의료비와 집합보건의료비로 구성된다.
  ㉠ **개인의료비**: 개인에게 직접 주어지는 서비스 내지 재화에 대한 지출을 의미한다. 흔히 병·의원 등의 의료기관이나 약국에서 발생된 지출이다.
  ㉡ **집합보건의료비**: 예방 및 공중보건사업이나 보건행정관리를 위한 지출로 공중을 대상으로 발생된 것을 말한다.

> GDP 대비 경상의료비 비중(%) = 경상의료비/경상GDP×100

(2) 경상의료비(국민의료비) 현황

① 국민의료비의 규모는 1980년 1.5조 원에서 2012년 96.6조 원으로 증가하였다.

② 국민의료비 상승 속도는 일반경제(GDP)의 규모 확대 속도보다 빨라서 '국민의료비 대 GDP 비율'은 1980년 3.6%에서 2012년 7.6%로 급격히 상승하였다.

③ 1997년 말에 시작된 금융 위기로 1998년에는 국민의료비의 증가가 일시적으로 멈추었으나, 2000년 후반에 시행된 의약분업제도와 이에 수반된 수가인상 그리고 2000년대 중반 이후의 보장성 강화 등의 영향으로 상승세를 보이고 있다.

국민의료비
경상의료비 + 고정자본 형성

경상의료비의 2가지 의료비 구성
1. **공공의료비**
   중앙 및 지방정부, 공보험 등에 의해 지출된 보건의료비이다.
2. **민간의료비**
   개인 본인부담, 민간보험 등에 의해 지출된 보건의료비이다.

GDP 대비
경상금액의 국내총생산(GDP)에 대한 국민의료비 비중으로 국민의료비 지출 수준을 보기 위한 지표이다.

국민보건계정(National Health Accounts)
의료비의 재원, 기능, 공급자별 흐름을 일목 요연하게 보여주는 국가단위 의료비 지출의 종합표를 말한다(보건복지부, 2015). 이는 OECD, Eurostat 및 WHO가 제시하고 있는 보건계정체계 매뉴얼에 따라 작성된다. 보건계정은 기능별, 재원별, 공급자별의 세 가지 축을 기본으로 해서 이를 기능별·공급자별, 공급자별·재원별·기능별의 세 가지 2차원 매트릭스를 구성한 것을 기본테이블로 한다.

3. 경상의료비 상승요인 기출 10, 12, 14, 15, 16, 17, 18, 19, 20

(1) 의료수요 증가요인
① 소득이 증가할 때 의료에 대한 수요가 증가한다(예 보철, 미용성형, 라식 수술 등).
② 의료보험의 확대가 의료에 대한 수요를 증가시킨다.
③ 인구의 고령화로 의료에 대한 수요가 증가한다.
④ 의료공급자에 의해 수요가 증가하는 경우가 있다(예 정보의 비대칭성, 과잉 진료 등).

(2) 의료서비스 생산비용 상승요인
① 재료비, 인건비, 시설 및 장비비 등의 생산비용의 상승은 의료비를 증가시킨다.
② MRI, CT, 방사선 기계 등 고가의료장비가 과도하게 도입되어 사용되고 있어 수가 상승의 원인이 되고, 필요 이상의 고가장비 사용은 건당 진료비를 증가하는 결과를 초래하고 있다.

(3) 제도적 요인
① 행위별수가제 이용으로 인해 의료비가 증가하였다.
② 행위별수가제는 최신의료기술이나 고가의료장비의 도입이 신속하게 이루어지는 경향이 있어 의료비를 증가시킨다.

> **Plus⁺ POINT**
>
> **아벨 스미스(B. Abel Smith)의 보건의료비 상승 원인**
> 1. 건강보험 적용 인구와 보험급여 내용이 확대되었다.
> 2. 인구구조의 변화에 의해 노인인구 비중이 증가되었다.
> 3. 의료인의 보수가 상대적으로 높은 수준이다.
> 4. 고가의료장비를 사용하는 등 의료기술이 변화되었다.
> 5. 의료인력의 과잉에서 기인하여 서비스가 과다 제공되었다.
> 6. 병상 수의 증설이나 병원의 신규 건립에 따라 공급 측면에서의 한계요인이 제거되었다.
> 7. 환자당 더 많은 의료자원을 제공해도 좋을 재정적인 유인이 있다.

4. 경상의료비 억제대책 기출 09, 10, 11, 15, 16, 17, 18, 19, 20, 21, 25

(1) 소비자 측 관리방안
① 진료비에 본인부담(Cost sharing)을 설정한다.
② 정액제, 정률제, 일정액공제제(정액공제제, 비용공제제) 등이 있다.

경상의료비를 억제하기 위한 소비자 측 관리방안의 주의할 점
본인부담이 지나치게 높으면 건강보험의 보장성이 약화되고 저소득층의 의료이용을 제한하는 부작용이 생기므로 적정수준의 본인부담 설정이 필요하다.

(2) 공급자 측 관리방안

① 고가의료장비의 과도한 도입을 억제한다.
② 지역별 의료요구도를 근거로 고가장비의 균형 분포를 유도한다.
③ 노인요양홈이나 노인전문요양시설에서 노인전문 간호인력을 활용한 장기요양서비스를 제공하는 것은 노인의 요구에 부합되면서도 경상의료비를 절감할 수 있는 비용-효과적인 방법이다.

(3) 진료비 지불방식 개편 기출 25

의료비 증가를 억제하는 진료비 사전보상방식을 보완하거나 개편한다.

(4) 국가적 차원의 노력

① 건강증진이나 예방보건서비스에 대한 보험급여를 포함시켜 수가로 인정하도록 한다.
② 표준진료지침을 개발하여 의료인에게 합리적인 의료를 유도한다.
③ 공중보건사업을 강화한다.
④ 의료제도를 1차 의료 중심으로 개편한다.
⑤ 의료의 사회화와 공공성을 확대한다.

5 보건의료자원

1. 보건의료자원의 의의

(1) 정의

① 국민에게 보건의료서비스를 제공하기 위해 필요한 모든 자원이라 한다.
② 보건의료를 제공하기 위해 필요한 인력, 시설, 장비, 지식 등이다.

(2) 분류 기출 09, 12, 13, 15, 16, 17, 19, 20

① 의료인력: 의료서비스를 제공하는 능력을 가진 사람이다.
② 의료시설: 의료인력이 업무를 수행할 수 있는 곳이다.
③ 의료장비 및 물자: 환자를 돌보는 데 사용되는 것이다.
④ 의료지식: 다양한 치료적, 예방적 목적을 위해 적용되는 것이다.

(3) 구성 원리(WHO) 기출 11, 12, 18, 20, 22, 24

① 양적 공급(Quantity)의 충분성: 필요한 의료서비스 제공에 요구되는 의료자원의 양적 공급에 관한 과제로서 흔히 인구당 자원의 양으로 표시한다.
② 질적 수준(Quality)의 적절성: 의료인력의 주요 기능수행능력과 지식 수준(기술 수준), 그리고 시설의 적정 구비 정도 등을 뜻한다. 최근에는 건강 수준이나 삶의 질, 부작용 등의 결과를 질적 수준의 주요 지표로 삼는 경향이 있다.
③ 분포(Distribution, Coverage): 인력 자원의 지리적, 직종 간, 전문과목별 분포나, 시설 자원의 지리적, 기능별, 규모별 분포가 주민들의 의료 필요에 상응하게 분포되어 있는가에 관한 과제이다.

공급자의 진료비 절감 유도정책

1. HMO(Health Maintenance Organization)
   진료시설과 인력을 보유한 조직에 지역주민이 일정 금액을 지불하고 자발적으로 가입하면 그 조직이 일정기간 가입자에게 포괄적인 보건의료서비스를 제공하고 가입자의 건강을 책임지는 제도이다.
2. DRG
   선불상환제이다.
3. PSRD(Professional Standard Re-view Organization)
   의료비의 문제를 인식하면서 양질의 의료보장을 달성할 수 있도록 고안된 제도이다. 전문적으로 체계화된 입원 진료지침과 치료지침을 권장하고 필요 없는 보건의료서비스를 지적함으로써 진료비의 문제와 양질의 의료보장을 동시에 해결하고자 한다.

기출 체크

국민의료비를 억제하기 위한 관리방안이 아닌 것은? 기출 25

① 진료비에 본인부담률을 높인다.
② 건강증진사업을 확대 실시한다.
③ 고가의료장비의 과도한 도입을 억제한다.
④ 진료비 지불방식을 사전보상보다는 사후보상으로 전환한다.

정답 ④

④ 효율성(Efficiency): 개발된 보건의료자원으로 보건의료서비스를 얼마나 산출해낼 수 있는가 또는 일정한 의료서비스를 생산하기 위하여 얼마나 많은 자원이 필요한가에 대한 과제이다.
⑤ 적합성(Relevance): 여러 보건의료자원의 복합적 집합체로서 공급된 보건의료서비스의 역량이 대상 주민들의 의료 필요에 얼마나 적합한가에 대한 과제이다.
⑥ 계획(Planning): 장래에 필요한 보건의료자원의 종류와 양을 얼마나 체계적이고 정확하게 예측하고 계획하는가 하는 문제이다.
⑦ 통합성(Integration): 보건의료자원의 개발에서 중요한 요소인 계획, 실행, 관리 등이 보건의료서비스 개발과 얼마나 통합적으로 이루어지는가의 문제이다.

(4) 현황 및 문제점 기출 12, 16, 17, 18, 19, 20
① 의사인력의 공급 현황
㉠ 우리나라는 의사 수의 증가율이 인구증가율을 크게 앞질렀다.
㉡ 1985년 0.6명이던 것이 2016년 2.3명으로 크게 증가하였으나 부족하다.
㉢ OECD 국가의 평균치가 3.3명에 비하면 의사 수는 상대적으로 충분하지 못하다.
㉣ 환자 진료량을 기준으로 의사수급을 추계한 연구결과에 따르면 공급이 수요를 상회하고 있어 앞으로 의사의 부족현상은 없다고 하였다.
② 의사인력의 질적 수준
㉠ 질적 수준을 제고하기 위해 의학전문대학원 입학생을 모집하였다(4 + 4제 의학교육).
㉡ 2 + 4제와 4 + 4제 의학교육 과정이 서로 차별화되어 있지 않아 의학교육의 질적 수준을 향상시켰다고 보기 어렵다.
㉢ 의사인력의 질적 수준을 높이기 위하여 의학교육기관에 대한 인증평가 제도를 강화하여야 한다.
㉣ 의사국가시험에서 실기시험을 강화할 필요가 있으며, 의사 보수교육의 내실화와 함께 의사면허제도 및 전문의 자격제도의 관리를 철저히 해야 한다.
③ 전문의제도
㉠ 의료의 전문화를 통한 의료의 질 향상을 위하여 전문의제도가 도입되었다.
㉡ 우리나라의 전문의제도는 개원의의 전문과목 표방의 필요성에 의해 생겨나 무분별하게 양성되어 왔기 때문에 여러 가지 문제가 제기되었다.
㉢ 전문의 양적 팽창에 1차 진료의사의 부족과 전문의 구성의 문제 등이 중요하게 부각되었다.
㉣ 전체 의사 중에서 전문의의 비중이 높고 일반의 내지는 1차 진료의사의 비중이 낮을 경우에는 1차 의료의 질 저하, 국민의료비의 증가, 의료기관이나 의사인력 간의 기능 중복 등의 문제가 발생하게 된다.

④ 의사인력의 분포
  ㉠ 의사인력의 지리적 분포는 의료수요나 경제적 요인에 의해 결정되기도 하고, 지역사회의 문화, 교통, 통신, 교육 등도 중요한 요인이 된다.
  ㉡ 의사인력의 지역별 분포는 이러한 요인들의 지역 간 격차가 줄어들고 의사의 공급 증가와 함께 공중보건의사 등 공공의료인력의 확충, 재정적 유인동기 제공 등의 정책으로 인해 지역별 불균형은 약간씩 개선되고 있다.
  ㉢ 공중보건의제도는 의사의 지역 간 불균형분포를 해소하여 농어촌지역 주민의 의료의 접근성을 향상시킬 목적으로 병역법에 의거하여 보충역에 편입된 의사·치과의사·한의사를 보건복지부장관이 계약직 공무원으로 채용하여 각 시도에 배치하여 3년의 의무기간 동안 농어촌지역 등에 근무하도록 하여 병역을 필한 것으로 인정하는 제도이다.
  ㉣ 의학전문대학원 학생의 여학생 비율 증가와 병역을 마친 학생의 비율 증가로 인해 공중보건의사 공급에 차질이 발생하였다.
⑤ 의사인력의 정책과 기획
  ㉠ 적정수의 의사인력을 양성하도록 하고 인력수급 모니터링체계를 구축하여 효율적으로 관리하도록 하여야 한다.
  ㉡ 의학교육기관의 증가로 인해 적정 교수와 임상실습병원을 확보하지 못한 의과대학이 적지 않아 의학교육의 부실화가 우려된다는 지적이다.
  ㉢ 교육과정의 질적 수준을 제고할 수 있는 기준이 마련되고 의학교육기관에 대한 인증평가제도가 강화되고 있다.
  ㉣ 평생동안 지속되는 면허제도를 개선하고 관리할 수 있는 제도가 논의되어야 한다(의사인력의 활용성과 생산성을 높이기 위함).
  ㉤ 전문의 과잉공급에 따른 1차 진료의사의 부족에 대한 대책이 마련되어야 한다.

(5) 우리나라 보건의료인력의 현황
  ① 간호인력은 부족한 편이고, 나머지 인력은 공급을 초과하는 현상을 보이고 있다.
  ② 의사인력과 약사인력을 제외한 나머지 보건의료인력은 취업률이 낮아 가용인력을 활용할 수 있는 방안이 모색되어야 한다.

2. 보건의료인력 자원

(1) 의료인력
  ① **의사**: 세계보건기구에서는 의사를 '국가가 인정하는 의과대학에 입학하여 정규 의학교육과정을 성공적으로 이수하고 의료를 행할 법적 면허를 취득한 사람으로 독립적인 판단하에 지역사회와 개인의 건강증진을 도모하는 사람'이라고 정의하였다.

② **독립적인 의료역할을 담당하는 의사 외 인력**: 한의사, 치과의사, 조산사 등이 있고, 약사의 독립성의 정도는 매우 다양하다. 안경사도 안경을 처방하는 측면에 국한한다면 이 경우도 인력에 속할 수 있다.

③ **의사나 독립적 의료역할을 담당하는 인력을 지원 또는 보조하는 인력**: 간호사, 임상병리사, 방사선사, 의무기록사, 영양사, 임상심리사, 물리치료사, 정신보건사회복지사 등(약사는 의사처방에 따라 조제한다는 측면에서 이 범주에 속함)이 포함된다.

④ **의사와 같은 의료인력의 명목적인 지도에 따라 서비스를 직접 제공하는 인력**: 보건진료원, 방문보건이나 보건교육을 담당하는 간호사 등이 포함된다.

관련 법령

「보건의료인력지원법」 기출 20, 21, 22 **제2조 【정의】** 이 법에서 사용하는 용어의 뜻은 다음과 같다.
1. "보건의료서비스"란 국민의 건강을 보호·증진하기 위하여 보건의료인이 행하는 모든 활동을 말한다.
3. "보건의료인력"이란 다음 각 목의 면허·자격 등을 취득한 사람을 말한다.
   가. 「의료법」에 따른 의료인 및 간호조무사
   나. 「약사법」에 따른 약사 및 한약사
   다. 「의료기사 등에 관한 법률」에 따른 의료기사, 보건의료정보관리사 및 안경사
   라. 「응급의료에 관한 법률」에 따른 응급구조사
   마. 「국민영양관리법」에 따른 영양사 등 보건의료 관계 법령에서 정하는 바에 따라 면허·자격 등을 취득한 사람으로서 대통령령으로 정하는 사람
4. "보건의료기관 종사자"란 제3호의 보건의료인력 외의 사람으로서 보건의료기관에서 보건의료서비스 외의 업무에 종사하는 사람을 말한다.

「보건의료인력지원법 시행령」 **제2조 【보건의료인력】** 「보건의료인력지원법」(이하 "법"이라 한다) 제2조 제3호 마목에서 "대통령령으로 정하는 사람"이란 다음 각 호의 면허 또는 자격을 취득한 사람을 말한다.
1. 「국민영양관리법」에 따른 영양사
2. 「공중위생관리법」에 따른 위생사
3. 「국민건강증진법」에 따른 보건교육사

관련 법령

「의료법」 기출 12, 14, 17, 18, 19, 20 **제2조 【의료인】** ① 이 법에서 "의료인"이란 보건복지부장관의 면허를 받은 의사·치과의사·한의사·조산사 및 간호사를 말한다.
② 의료인은 종별에 따라 다음 각 호의 임무를 수행하여 국민보건 향상을 이루고 국민의 건강한 생활 확보에 이바지할 사명을 가진다.

1. 의사는 의료와 보건지도를 임무로 한다.
2. 치과의사는 치과 의료와 구강 보건지도를 임무로 한다.
3. 한의사는 한방 의료와 한방 보건지도를 임무로 한다.
4. 조산사는 조산(助産)과 임산부 및 신생아에 대한 보건과 양호지도를 임무로 한다.

제77조【전문의】① 의사·치과의사 또는 한의사로서 전문의가 되려는 자는 대통령령으로 정하는 수련을 거쳐 보건복지부장관에게 자격 인정을 받아야 한다.

제79조【한지 의료인】① 이 법이 시행되기 전의 규정에 따라 면허를 받은 한지 의사(限地 醫師), 한지 치과의사 및 한지 한의사는 허가받은 지역에서 의료업무에 종사하는 경우 의료인으로 본다.
② 보건복지부장관은 제1항에 따른 의료인이 허가받은 지역 밖에서 의료행위를 하는 경우에는 그 면허를 취소할 수 있다.
③ 제1항에 따른 의료인의 허가지역 변경, 그 밖에 필요한 사항은 보건복지부령으로 정한다.
④ 한지 의사, 한지 치과의사, 한지 한의사로서 허가받은 지역에서 10년 이상 의료업무에 종사한 경력이 있는 자 또는 이 법 시행 당시 의료업무에 종사하고 있는 자 중 경력이 5년 이상인 자에게는 제5조에도 불구하고 보건복지부령으로 정하는 바에 따라 의사, 치과의사 또는 한의사의 면허를 줄 수 있다.

제81조【의료유사업자】① 이 법이 시행되기 전의 규정에 따라 자격을 받은 접골사(接骨士), 침사(鍼士), 구사(灸士)(이하 "의료유사업자"라 한다)는 제27조에도 불구하고 각 해당 시술소에서 시술(施術)을 업(業)으로 할 수 있다.
② 의료유사업자에 대하여는 이 법 중 의료인과 의료기관에 관한 규정을 준용한다. 이 경우 "의료인"은 "의료유사업자"로, "면허"는 "자격"으로, "면허증"은 "자격증"으로, "의료기관"은 "시술소"로 한다.
③ 의료유사업자의 시술행위, 시술업무의 한계 및 시술소의 기준 등에 관한 사항은 보건복지부령으로 정한다.

제82조【안마사】① 안마사는「장애인복지법」에 따른 시각장애인 중 다음 각 호의 어느 하나에 해당하는 자로서 시·도지사에게 자격인정을 받아야 한다.
1. 「초·중등교육법」제2조 제5호에 따른 특수학교 중 고등학교에 준한 교육을 하는 학교에서 제4항에 따른 안마사의 업무한계에 따라 물리적 시술에 관한 교육과정을 마친 자
2. 중학교 과정 이상의 교육을 받고 보건복지부장관이 지정하는 안마수련기관에서 2년 이상의 안마수련과정을 마친 자
② 제1항의 안마사는 제27조에도 불구하고 안마업무를 할 수 있다.

「간호법」제12조
「간호법」제12조【간호사의 업무】① 간호사는 다음 각 호의 업무를 임무로 한다.
1. 환자의 간호요구에 대한 관찰, 자료수집, 간호판단 및 요양을 위한 간호
2. 「의료법」에 따른 의사, 치과의사, 한의사의 지도하에 시행하는 진료의 보조
3. 간호 요구자에 대한 교육·상담 및 건강증진을 위한 활동의 기획과 수행, 그 밖에 대통령령으로 정하는 보건활동
4. 간호조무사가 수행하는 제1호부터 제3호까지의 업무 보조에 대한 지도
② 제1항에도 불구하고 간호사는「의료법」제3조 제2항 제3호에 따른 병원급 의료기관(이하 "병원급 의료기관"이라 한다) 중 보건복지부령으로 정하는 기관에서 환자의 진료 및 치료행위에 관한 의사의 전문적 판단이 있은 후에 의사의 일반적 지도와 위임에 근거하여 진료지원업무를 수행할 수 있다.
③ 제1항 제2호 및 제2항에 따른 업무에는「의료기사 등에 관한 법률」제2조 및 제3조에 따른 의료기사등의 업무는 원칙적으로 제외하되, 구체적인 범위와 한계는 대통령령으로 정한다.

> 📚 **관련 법령**

「응급의료에 관한 법률(응급의료법)」 제36조【응급구조사의 자격】① 응급구조사는 업무의 범위에 따라 1급 응급구조사와 2급 응급구조사로 구분한다.
  ② 1급 응급구조사가 되려는 사람은 다음 각 호의 어느 하나에 해당하는 사람으로서 보건복지부장관이 실시하는 시험에 합격한 후 보건복지부장관의 자격인정을 받아야 한다.
  1. 대학 또는 전문대학에서 응급구조학을 전공하고 졸업한 사람
  2. 보건복지부장관이 정하여 고시하는 기준에 해당하는 외국의 응급구조사 자격인정을 받은 사람
  3. 2급 응급구조사로서 응급구조사의 업무에 3년 이상 종사한 사람
  ③ 2급 응급구조사가 되려는 사람은 다음 각 호의 어느 하나에 해당하는 사람으로서 보건복지부장관이 실시하는 시험에 합격한 후 보건복지부장관의 자격인정을 받아야 한다.
  1. 보건복지부장관이 지정하는 응급구조사 양성기관에서 대통령령으로 정하는 양성과정을 마친 사람
  2. 보건복지부장관이 정하여 고시하는 기준에 해당하는 외국의 응급구조사 자격인정을 받은 사람
  ④ 보건복지부장관은 제2항과 제3항에 따른 응급구조사시험의 실시에 관한 업무를 대통령령으로 정하는 바에 따라 「한국보건의료인국가시험원법」에 따른 한국보건의료인국가시험원에 위탁할 수 있다.
  ⑤ 1급 응급구조사 및 2급 응급구조사의 시험과목, 시험방법 및 자격인정에 관하여 필요한 사항은 보건복지부령으로 정한다.

> 📚 **관련 법령**

「의료기사 등에 관한 법률」 제1조의2【정의】이 법에서 사용하는 용어의 뜻은 다음과 같다.
  1. "의료기사"란 의사 또는 치과의사의 지도 아래 진료나 의화학적(醫化學的) 검사에 종사하는 사람을 말한다.
  2. "보건의료정보관리사"란 의료 및 보건지도 등에 관한 기록 및 정보의 분류·확인·유지·관리를 주된 업무로 하는 사람을 말한다.
  3. "안경사"란 안경(시력보정용에 한정한다. 이하 같다)의 조제 및 판매와 콘택트렌즈(시력보정용이 아닌 경우를 포함한다. 이하 같다)의 판매를 주된 업무로 하는 사람을 말한다.

제2조【의료기사의 종류 및 업무】① 의료기사의 종류는 임상병리사, 방사선사, 물리치료사, 작업치료사, 치과기공사 및 치과위생사로 한다.
  ② 의료기사는 종별에 따라 다음 각 호의 업무 및 이와 관련하여 대통령령으로 정하는 업무를 수행한다.
  1. 임상병리사: 각종 화학적 또는 생리학적 검사

2. 방사선사: 방사선 등의 취급 또는 검사 및 방사선 등 관련 기기의 취급 또는 관리
3. 물리치료사: 신체의 교정 및 재활을 위한 물리요법적 치료
4. 작업치료사: 신체적·정신적 기능장애를 회복시키기 위한 작업요법적 치료
5. 치과기공사: 보철물의 제작, 수리 또는 가공
6. 치과위생사: 치아 및 구강질환의 예방과 위생 관리 등

관련 법령

「지역보건법」 제16조【전문인력의 적정 배치 등】 ① 지역보건의료기관에는 기관의 장과 해당 기관의 기능을 수행하는 데 필요한 면허·자격 또는 전문지식을 가진 인력(이하 "전문인력"이라 한다)을 두어야 한다.
② 시·도지사(특별자치시장·특별자치도지사를 포함한다)는 지역보건의료기관의 전문인력을 적정하게 배치하기 위하여 필요한 경우 「지방공무원법」 제30조의2 제2항에 따라 지역보건의료기관 간에 전문인력의 교류를 할 수 있다.
③ 보건복지부장관과 시·도지사(특별자치시장·특별자치도지사를 포함한다)는 지역보건의료기관의 전문인력의 자질 향상을 위하여 필요한 교육훈련을 시행하여야 한다.
④ 보건복지부장관은 지역보건의료기관의 전문인력의 배치 및 운영 실태를 조사할 수 있으며, 그 배치 및 운영이 부적절하다고 판단될 때에는 그 시정을 위하여 시·도지사 또는 시장·군수·구청장에게 권고할 수 있다.
⑤ 제1항에 따른 전문인력의 배치 및 임용자격 기준과 제3항에 따른 교육훈련의 대상·기간·평가 및 그 결과 처리 등에 필요한 사항은 대통령령으로 정한다.

제16조의2【방문건강관리 전담공무원】 ① 제11조 제1항 제5호 사목의 방문건강관리사업을 담당하게 하기 위하여 지역보건의료기관에 보건복지부령으로 정하는 전문인력을 방문건강관리 전담공무원으로 둘 수 있다.
② 국가는 제1항에 따른 방문건강관리 전담공무원의 배치에 필요한 비용의 전부 또는 일부를 보조할 수 있다.

관련 법령

「지역보건법 시행규칙」 제4조의2【방문건강관리 전담공무원】 ① 법 제16조의2에 따른 방문건강관리 전담공무원은 다음 각 호의 어느 하나에 해당하는 사람으로 한다.
1. 「의료법」 제2조 제1항에 따른 의사, 치과의사, 한의사 및 간호사
2. 「의료기사 등에 관한 법률」 제2조 제2항 제3호, 제4호 및 제6호에 따른 물리치료사, 작업치료사 및 치과위생사

3. 「국민영양관리법」 제15조에 따른 영양사
4. 「약사법」 제2조 제2호에 따른 약사 및 한약사
5. 「국민체육진흥법」 제2조 제6호에 따른 체육지도자
6. 그 밖에 법 제11조 제1항 제5호 사목에 따른 방문건강관리사업에 관한 전문지식과 경험이 있다고 보건복지부장관이 인정하여 고시하는 사람

② 방문건강관리 전담공무원의 임용 등에 관하여는 「지방공무원 임용령」에서 정하는 바에 따른다.

③ 제1항 및 제2항에서 규정한 사항 외에 방문건강관리 전담공무원 제도 운영에 관하여 필요한 사항은 보건복지부장관이 정한다.

보건의료인력 세부 구분

구분	내용
의료인	의사, 치과의사, 한의사, 간호사, 조산사
한지의료인	한지의사, 한지치과의사, 한지한의사
의료유사업자	접골사, 침사, 구사
전문간호사 (13종)	보건, 마취, 정신, 가정, 감염관리, 산업, 응급, 노인, 중환자, 호스피스, 아동, 임상, 종양
정신보건 전문요원	정신보건임상심리사, 정신보건간호사, 정신보건사회복지사 각 1·2급

핵심정리 보건의료인력의 종류와 업무 기출 20

관련법령	보건의료인력 종류	자격구분 (면허신고)	교부처
의료법	의료인	면허(신고)	보건복지부
	한지의료인	면허	보건복지부
	의료유사업자	자격	시·도지사
	간호조무사	자격(신고)	보건복지부
	안마사	자격	시·도지사
	전문의	자격	보건복지부
	치과전문의	자격	보건복지부
	한의사전문의	자격	보건복지부
	전문간호사	자격	보건복지부
의료기사 등에 관한 법률 제2조	의료기사	면허(신고)	보건복지부
의료기사 등에 관한 법률 제1조	의무기록사, 안경사	면허(신고)	보건복지부
응급의료에 관한 법률 제36조	응급구조사 1·2급	자격(신고)	보건복지부
국민건강증진법 제12조의2	보건교육사 1·2·3급	자격	보건복지부
정신보건법 제7조	정신보건전문요원	자격	보건복지부
장애인복지법 제63조	의지·보조기기사	자격	보건복지부
약사법 제3조, 제4조	약사, 한약사	면허(신고)	보건복지부
약사법 제44조	한약업사	자격	시·도지사
식품위생법 제53조	조리사	면허	시·군·구청장
국민건강관리법 제15조	영양사	면허(신고)	보건복지부
위생사에 관한 법률 제3조	위생사	면허(신고)	보건복지부
수의사법 제3조	수의사	면허(신고)	농림수산식품부
사회복지사업법 제11조	사회복지사 1·2·3급	자격	보건복지부
산업안전보건법 제52조의2	산업위생지도사, 산업안전지도사	자격	고용노동부

※ 한약업사는 신규 면허제도여서 자격제도가 없음

(2) 자격정지와 면허취소 기출 10, 12, 14, 15, 16, 17, 18, 19, 20

자격정지 (「의료법」 제66조)	• 의료인 품위 손상행위(학문적으로 인정되지 않은 진료행위, 비도덕적 행위, 거짓 또는 과대광고행위) • 진료기록부 등의 거짓 작성 또는 고의로 사실과 다른 추가 기재 또는 수정할 때 • 태아 성 감별 금지 위반, 의료인이 아닌 자에게 의료행위를 하게 할 때 등

면허취소
(「의료법」
제65조)
	• 절대적 취소사유
	  – 정신질환자, 마약·대마·향정신성 의약품 중독자
	  – 피성년후견인·피한정후견인
	  – 의료 관련 법령 위반으로 금고 이상의 형을 선고받고 형 집행이 종료되지 아니한 자(「의료법」제8조)
	• 상대적 취소사유
	  – 자격정지 처분 기간 중 의료행위를 하거나 3회 이상 자격정지 처분을 받은 자
	  – 면허의 조건을 이행하지 않은 경우나 면허증을 대여한 경우
	• 면허효력 정지(「의료법」제66조 제4항): 최초로 면허를 받은 후부터 3년마다 그 실태와 취업상황을 보건복지부 장관에게 신고하지 않을 때

면허신고제

「의료법」제25조에 의거 의료인은 대통령령으로 정하는 바에 따라 최초로 면허를 받은 후부터 3년마다 그 실태와 취업상황 등을 보건복지부장관에게 신고한다.

🔍 관련 법령

「의료법」제66조【자격정지 등】① 보건복지부장관은 의료인이 다음 각 호의 어느 하나에 해당하면 1년의 범위에서 면허자격을 정지시킬 수 있다. 이 경우 의료기술과 관련한 판단이 필요한 사항에 관하여는 관계 전문가의 의견을 들어 결정할 수 있다.

1. 의료인의 품위를 심하게 손상시키는 행위를 한 때
2. 의료기관 개설자가 될 수 없는 자에게 고용되어 의료행위를 한 때
2의2. 제4조 제6항을 위반한 때

> 제4조【의료인과 의료기관의 장의 의무】⑥ 의료인은 일회용 의료기기(한 번 사용할 목적으로 제작되거나 한 번의 의료행위에서 한 환자에게 사용하여야 하는 의료기기로서 보건복지부령으로 정하는 의료기기를 말한다. 이하 같다)를 한 번 사용한 후 다시 사용하여서는 아니 된다.

3. 제17조 제1항 및 제2항에 따른 진단서·검안서 또는 증명서를 거짓으로 작성하여 내주거나 제22조 제1항에 따른 진료기록부등을 거짓으로 작성하거나 고의로 사실과 다르게 추가기재·수정한 때

> **제17조【진단서 등】** ① 의료업에 종사하고 직접 진찰하거나 검안(檢案)한 의사[이하 이 항에서는 검안서에 한하여 검시(檢屍)업무를 담당하는 국가기관에 종사하는 의사를 포함한다], 치과의사, 한의사가 아니면 진단서·검안서·증명서를 작성하여 환자(환자가 사망하거나 의식이 없는 경우에는 직계존속·비속, 배우자 또는 배우자의 직계존속을 말하며, 환자가 사망하거나 의식이 없는 경우로서 환자의 직계존속·비속, 배우자 및 배우자의 직계존속이 모두 없는 경우에는 형제자매를 말한다) 또는 「형사소송법」 제222조 제1항에 따라 검시(檢屍)를 하는 지방검찰청검사(검안서에 한한다)에게 교부하지 못한다. 다만, 진료 중이던 환자가 최종 진료 시부터 48시간 이내에 사망한 경우에는 다시 진료하지 아니하더라도 진단서나 증명서를 내줄 수 있으며, 환자 또는 사망자를 직접 진찰하거나 검안한 의사·치과의사 또는 한의사가 부득이한 사유로 진단서·검안서 또는 증명서를 내줄 수 없으면 같은 의료기관에 종사하는 다른 의사·치과의사 또는 한의사가 환자의 진료기록부 등에 따라 내줄 수 있다.
>
> **제22조【진료기록부 등】** ① 의료인은 각각 진료기록부, 조산기록부, 간호기록부, 그 밖의 진료에 관한 기록(이하 "진료기록부등"이라 한다)을 갖추어 두고 환자의 주된 증상, 진단 및 치료 내용 등 보건복지부령으로 정하는 <u>의료행위에 관한 사항과 의견을 상세히 기록하고 서명하여야 한다.</u>

4. 제20조를 <u>위반한 경우</u>

> **제20조【태아 성 감별 행위 등 금지】** ① 의료인은 태아 성 감별을 목적으로 임부를 진찰하거나 검사하여서는 아니 되며, 같은 목적을 위한 다른 사람의 행위를 도와서도 아니 된다.
> ② 의료인은 임신 32주 이전에 태아나 임부를 진찰하거나 검사하면서 알게 된 태아의 성(性)을 임부, 임부의 가족, 그 밖의 다른 사람이 알게 하여서는 아니 된다. <u>[2009.12.31. 법률 제9906호에 의하여 2008.7.31. 헌법재판소에서 헌법불합치 결정된 이 조 제2항을 개정함]</u>

5. 삭제

6. <u>의료기사가 아닌 자에게 의료기사의 업무를 하게 하거나 의료기사에게 그 업무 범위를 벗어나게 한 때</u>

7. <u>관련 서류를 위조·변조하거나 속임수 등 부정한 방법으로 진료비를 거짓 청구한 때</u>

8. 삭제

9. 제23조의5를 위반하여 경제적 이익 등을 제공받은 때

> **제23조의5【부당한 경제적 이익등의 취득 금지】** ① 의료인, 의료기관 개설자(법인의 대표자, 이사, 그 밖에 이에 종사하는 자를 포함한다. 이하 이 조에서 같다) 및 의료기관 종사자는 「약사법」 제47조 제2항에 따른 의약품공급자로부터 의약품 채택·처방유도·거래유지 등 판매촉진을 목적으로 제공되는 금전, 물품, 편익, 노무, 향응, 그 밖의 경제적 이익(이하 "경제적 이익등"이라 한다)을 받거나 의료기관으로 하여금 받게 하여서는 아니 된다. 다만, 견본품 제공, 학술대회 지원, 임상시험 지원, 제품설명회, 대금결제조건에 따른 비용할인, 시판 후 조사 등의 행위(이하 "견본품 제공등의 행위"라 한다)로서 보건복지부령으로 정하는 범위 안의 경제적 이익등인 경우에는 그러하지 아니하다.
> ② 의료인, 의료기관 개설자 및 의료기관 종사자는 「의료기기법」 제6조에 따른 제조업자, 같은 법 제15조에 따른 의료기기 수입업자, 같은 법 제17조에 따른 의료기기 판매업자 또는 임대업자로부터 의료기기 채택·사용유도·거래유지 등 판매촉진을 목적으로 제공되는 경제적 이익등을 받거나 의료기관으로 하여금 받게 하여서는 아니 된다. 다만, 견본품 제공등의 행위로서 보건복지부령으로 정하는 범위 안의 경제적 이익등인 경우에는 그러하지 아니하다.

10. 그 밖에 이 법 또는 이 법에 따른 명령을 위반한 때
② 제1항 제1호에 따른 행위의 범위는 대통령령으로 정한다.

> 1. 의료인의 품위를 심하게 손상시키는 행위를 한 때
> ⇨ 의료행위 손상 범위는 대통령령 제32조로 한다.

③ 의료기관은 그 의료기관 개설자가 제1항 제7호에 따라 자격정지 처분을 받은 경우에는 그 자격정지 기간 중 의료업을 할 수 없다.

> 7. 관련 서류를 위조·변조하거나 속임수 등 부정한 방법으로 진료비를 거짓 청구한 때

④ 보건복지부장관은 의료인이 제25조에 따른 신고를 하지 아니한 때에는 신고할 때까지 면허의 효력을 정지할 수 있다.

> **제25조【신고】** ① 의료인은 대통령령으로 정하는 바에 따라 <u>최초로 면허를 받은 후부터 3년마다 그 실태와 취업상황 등을 보건복지부장관에게 신고하여야 한다.</u>
> ② 보건복지부장관은 제30조 제3항의 보수교육을 이수하지 아니한 의료인에 대하여 제1항에 따른 신고를 반려할 수 있다.
> ③ 보건복지부장관은 제1항에 따른 신고 수리 업무를 대통령령으로 정하는 바에 따라 관련 단체 등에 위탁할 수 있다.

⑤ 제1항 제2호를 위반한 의료인이 자진하여 그 사실을 신고한 경우에는 제1항에도 불구하고 보건복지부령으로 정하는 바에 따라 그 처분을 감경하거나 면제할 수 있다.

> 2. 의료기관 개설자가 될 수 없는 자에게 고용되어 의료행위를 한 때

⑥ 제1항에 따른 자격정지처분은 그 사유가 발생한 날부터 5년(제1항 제5호·제7호에 따른 자격정지처분의 경우에는 7년으로 한다)이 지나면 하지 못한다. 다만, 그 사유에 대하여 「형사소송법」 제246조에 따른 공소가 제기된 경우에는 공소가 제기된 날부터 해당 사건의 재판이 확정된 날까지의 기간은 시효 기간에 산입하지 아니한다.

관련 법령

「의료법」 제65조【면허 취소와 재교부】 ① 보건복지부장관은 의료인이 다음 각 호의 어느 하나에 해당할 경우에는 그 면허를 취소할 수 있다. 다만, 제1호의 경우에는 면허를 취소하여야 한다.
1. 제8조 각 호의 어느 하나에 해당하게 된 경우

> 제8조【결격사유 등】 다음 각 호의 어느 하나에 해당하는 자는 의료인이 될 수 없다.
> 1. 「정신건강증진 및 정신질환자 복지서비스 지원에 관한 법률」 제3조제1호에 따른 정신질환자. 다만, 전문의가 의료인으로서 적합하다고 인정하는 사람은 그러하지 아니하다.
> 2. 마약·대마·향정신성의약품 중독자
> 3. 피성년후견인·피한정후견인
> 4. 이 법 또는 「형법」 제233조, 제234조, 제269조, 제270조, 제317조제1항 및 제347조(허위로 진료비를 청구하여 환자나 진료비를 지급하는 기관이나 단체를 속인 경우만을 말한다), 「보건범죄단속에 관한 특별조치법」, 「지역보건법」, 「후천성면역결핍증 예방법」, 「응급의료에 관한 법률」, 「농어촌 등 보건의료를 위한 특별 조치법」, 「시체 해부 및 보존 등에 관한 법률」, 「혈액관리법」, 「마약류 관리에 관한 법률」, 「약사법」, 「모자보건법」, 그 밖에 대통령령으로 정하는 의료 관련 법령을 위반하여 금고 이상의 형을 선고받고 그 형의 집행이 종료되지 아니하였거나 집행을 받지 아니하기로 확정되지 아니한 자

2. 제66조에 따른 자격 정지 처분 기간 중에 의료행위를 하거나 3회 이상 자격 정지 처분을 받은 경우

> 자격 정지 사유

3. 제11조 제1항에 따른 면허 조건을 이행하지 아니한 경우

> **제11조【면허 조건과 등록】** ① 보건복지부장관은 보건의료 시책에 필요하다고 인정하면 제5조에서 제7조까지의 규정에 따른 면허를 내줄 때 3년 이내의 기간을 정하여 특정 지역이나 특정 업무에 종사할 것을 면허의 조건으로 붙일 수 있다.

4. 제4조의3 제1항을 위반하여 면허를 대여한 경우

> **제4조의3【의료인의 면허 대여 금지 등】** ① 의료인은 제5조(의사·치과의사 및 한의사를 말한다), 제6조(조산사를 말한다) 및 제7조(간호사를 말한다)에 따라 받은 면허를 다른 사람에게 대여하여서는 아니 된다.

5. 삭제

6. 제4조 제6항을 위반하여 사람의 생명 또는 신체에 중대한 위해를 발생하게 한 경우

> **제4조【의료인과 의료기관의 장의 의무】** ⑥ 의료인은 일회용 의료기기(한 번 사용할 목적으로 제작되거나 한 번의 의료행위에서 한 환자에게 사용하여야 하는 의료기기로서 보건복지부령으로 정하는 의료기기를 말한다. 이하 같다)를 한 번 사용한 후 다시 사용하여서는 아니 된다.

7. 제27조 제5항을 위반하여 사람의 생명 또는 신체에 중대한 위해를 발생하게 할 우려가 있는 수술, 수혈, 전신마취를 의료인 아닌 자에게 하게 하거나 의료인에게 면허 사항 외로 하게 한 경우

> **제27조【무면허 의료행위 등 금지】** ⑤ 누구든지 의료인이 아닌 자에게 의료행위를 하게 하거나 의료인에게 면허 사항 외의 의료행위를 하게 하여서는 아니 된다.

② 보건복지부장관은 제1항에 따라 면허가 취소된 자라도 취소의 원인이 된 사유가 없어지거나 개전(改悛)의 정이 뚜렷하다고 인정되면 면허를 재교부할 수 있다. 다만, 제1항 제3호에 따라 면허가 취소된 경우에는 취소된 날부터 1년 이내, 제1항 제2호에 따라 면허가 취소된 경우에는 취소된 날부터 2년 이내, 제1항 제4호·제6호·제7호 또는 제8조 제4호에 따른 사유로 면허가 취소된 경우에는 취소된 날부터 3년 이내에는 재교부하지 못한다.

관련 법령

「형법」제266조【과실치상】① 과실로 인하여 사람의 신체를 상해에 이르게 한 자는 500만 원 이하의 벌금, 구류 또는 과료에 처한다.
② 제1항의 죄는 피해자의 명시한 의사에 반하여 공소를 제기할 수 없다.

제267조【과실치사】과실로 인하여 사람을 사망에 이르게 한 자는 2년 이하의 금고 또는 700만 원 이하의 벌금에 처한다.

> 제268조 【업무상과실·중과실 치사상】 업무상과실 또는 중대한 과실로 인하여 사람을 사상에 이르게 한 자는 5년 이하의 금고 또는 2천만 원 이하의 벌금에 처한다.

🏃 관련 법령

「의료법 시행규칙」 [별표 8의2]

<u>감염관리 업무를 수행하는 사람의 인력기준 및 배치기준</u>(제46조 제1항 관련)

1. 인력기준: 감염관리실에서 감염관리 업무를 수행하는 사람은 감염관리에 관한 경험 및 지식이 있는 사람으로서 다음 각 목의 어느 하나에 해당하는 사람으로 한다.
   가. 의사
   나. 간호사
   다. 해당 의료기관의 장이 인정하는 사람
2. 배치기준: 다음 각 목의 구분에 따라 배치한다.
   가. 상급종합병원
   1) 의사

구분	100~300 병상	301~600 병상	601~900 병상	901~1,200 병상	1,201~1,500 병상	1,501~1,800 병상	1,801~2,100 병상	2,101~2,400 병상	2,401 병상 이상
의사	1명 이상	2명 이상	3명 이상	4명 이상	5명 이상	6명 이상	7명 이상	8명 이상	9명 이상

   2) 간호사 및 해당 의료기관의 장이 인정하는 사람

구분	100~200 병상	201~400 병상	401~600 병상	601~800 병상	801~1,000 병상	1,000~1,200 병상	1,201~1,400 병상	1,401~1,600 병상	1,601~1,800 병상	1,801~2,000 병상	2,001~2,200 병상	2,201~2,400 병상	2,401 병상 이상
간호사	1명 이상	2명 이상	2명 이상	3명 이상	3명 이상	4명 이상	4명 이상	5명 이상	5명 이상	6명 이상	6명 이상	7명 이상	7명 이상
의료기관의 장이 인정하는 사람	1명 이상	1명 이상	2명 이상	2명 이상	3명 이상	3명 이상	4명 이상	4명 이상	5명 이상	5명 이상	6명 이상	6명 이상	7명 이상

나. 종합병원

구분	100~300 병상	301~600 병상	601~900 병상	901~1,200 병상	1,201~1,500 병상	1,501~1,800 병상	1,801~2,100 병상	2,101 병상 이상
의사	1명 이상	2명 이상	3명 이상	4명 이상	5명 이상	6명 이상	7명 이상	8명 이상
간호사	1명 이상	2명 이상	2명 이상	3명 이상	3명 이상	4명 이상	4명 이상	5명 이상
의료기관의 장이 인정하는 사람	1명 이상	1명 이상	2명 이상	2명 이상	3명 이상	3명 이상	4명 이상	4명 이상

다. 병원·치과병원·한방병원·요양병원·정신병원

인력	100~300 병상	301~600 병상	601~900 병상	901~1,200 병상	1,201 병상 이상
의사	1명 이상	2명 이상	3명 이상	4명 이상	5명 이상
간호사	1명 이상	1명 이상	1명 이상	1명 이상	1명 이상
의료기관의 장이 인정하는 사람	1명 이상	1명 이상	1명 이상	1명 이상	1명 이상

[비고]
1. 위 표 제2호 가목 2)의 기준에도 불구하고 401병상 이상인 경우에는 해당 배치기준상의 최소인력을 기준으로 간호사를 1명씩 늘려 배치하면서 의료기관의 장이 인정하는 사람은 1명씩 줄여 배치할 수 있다. 다만, 의료기관의 장이 인정하는 사람이 최소 1명 이상 배치되어야 한다.
2. 위 표 제2호 나목의 기준에도 불구하고 601병상 이상인 경우에는 해당 배치기준상의 최소인력을 기준으로 간호사를 1명씩 늘려 배치하면서 의료기관의 장이 인정하는 사람을 1명씩 줄여 배치할 수 있다. 다만, 의료기관의 장이 인정하는 사람은 최소 1명 이상 배치되어야 한다.

「의료법 시행규칙」제46조【감염관리실의 운영 등】① 법 제47조 제1항에 따라 감염관리실에서 감염관리 업무를 수행하는 사람의 인력기준 및 배치기준은 별표 8의2와 같다.
② 제1항에 따라 감염관리실(150개 이상의 병상을 갖춘 병원, 치과병원 또는 한방병원만 해당한다)에 두는 인력 중 1명 이상은 감염관리실에서 전담 근무해야 한다.
③ 제1항에 따라 감염관리실에서 근무하는 사람은 별표 8의3에서 정한 교육기준에 따라 교육을 받아야 한다. (교육 이수 시간: 매년 16시간 이상)

3. 보건의료시설

(1) 보건의료시설의 의의
① 입원치료를 위한 병원이다.
② 병원외래, 의원, 보건소, 보건지소 등 통원을 위한 시설이다.
③ 특정 인구나 질병에 대해 통원치료서비스를 제공하는 특수 클리닉이다.
④ 요양병원, 재활병원, 호스피스시설 등과 같은 장기요양시설이다.
⑤ 약국, 임상검사시설, 혈액은행 등의 기타 특수 보건의료시설이다.

(2) 보건의료시설의 현황
① 보건의료시설이 급격히 증가하였다.
② 시설과 인력에 대한 지역 간 불균형(도시 집중)이 있다.
③ 보건의료시설 간 명확한 역할이 미설정되어 있고, 기능이 미분담(의원과 병원의 기능 미분화, 기능 중복)되어 있다.
④ 주요 선진국보다 아직도 의료시설의 양적 확충이 미비하다.
⑤ 양적 팽창이 민간에 의해 주도된다.
⑥ 달라진 수요변화에 부응하기 위해 의료공급체계의 재편이 필요하다.

(3) 보건의료 요양기관 수

▼ 종별 요양기관수(단위: 개소, 2025년 기준)

구분	2025
계	101,762
상급종합병원	47
종합병원	330
병원	1,418
요양병원	1,334
의원	36,986
치과병원	244
치과의원	19,162
조산원	16
보건소	246
보건지소	1,309
보건진료소	1,894
보건의료원	16
약국	24,707
한방병원	588
한의원	14,768
정신병원	262

출처: 건강보험심사평가원

법령에 따른 보건의료기관
1. 「의료법」에 따른 의료기관
2. 「약사법」에 따른 약국
3. 「지역보건법」에 따른 보건소·보건의료원 및 보건지소
4. 「농어촌 등 보건의료를 위한 특별조치법」에 따른 보건진료소
5. 그 밖에 보건의료인이 공중 또는 특정 다수인을 위하여 보건의료서비스를 행하는 시설이나 기관으로서 대통령령으로 정하는 시설이나 기관

관련 법령

「의료법」 제3조【의료기관】① 이 법에서 "의료기관"이란 의료인이 공중(公衆) 또는 특정 다수인을 위하여 의료·조산의 업(이하 "의료업"이라 한다)을 하는 곳을 말한다. 기출 11, 14, 15, 17, 18, 19, 20, 21

② 의료기관은 다음 각 호와 같이 구분한다.

1. 의원급 의료기관: 의사, 치과의사 또는 한의사가 주로 외래환자를 대상으로 각각 그 의료행위를 하는 의료기관으로서 그 종류는 다음 각 목과 같다.
   가. 의원
   나. 치과의원
   다. 한의원
2. 조산원: 조산사가 조산과 임산부 및 신생아를 대상으로 보건활동과 교육·상담을 하는 의료기관을 말한다. 기출 18, 20
3. 병원급 의료기관: 의사, 치과의사 또는 한의사가 주로 입원환자를 대상으로 의료행위를 하는 의료기관으로서 그 종류는 다음 각 목과 같다. 기출 21
   가. 병원
   나. 치과병원
   다. 한방병원
   라. 요양병원(「장애인복지법」 제58조 제1항 제4호에 따른 의료재활시설로서 제3조의2의 요건을 갖춘 의료기관을 포함한다. 이하 같다)
   마. 정신병원
   바. 종합병원

③ 보건복지부장관은 보건의료정책에 필요하다고 인정하는 경우에는 제2항 제1호부터 제3호까지의 규정에 따른 의료기관의 종류별 표준업무를 정하여 고시할 수 있다.

제3조의2【병원 등】병원·치과병원·한방병원 및 요양병원(이하 "병원등"이라 한다)은 30개 이상의 병상(병원·한방병원만 해당한다) 또는 요양병상(요양병원만 해당하며, 장기입원이 필요한 환자를 대상으로 의료행위를 하기 위하여 설치한 병상을 말한다)을 갖추어야 한다.

제3조의3【종합병원】① 종합병원은 다음 각 호의 요건을 갖추어야 한다.

1. 100개 이상의 병상을 갖출 것
2. 100병상 이상 300병상 이하인 경우에는 내과·외과·소아청소년과·산부인과 중 3개 진료과목, 영상의학과, 마취통증의학과와 진단검사의학과 또는 병리과를 포함한 7개 이상의 진료과목을 갖추고 각 진료과목마다 전속하는 전문의를 둘 것
3. 300병상을 초과하는 경우에는 내과, 외과, 소아청소년과, 산부인과, 영상의학과, 마취통증의학과, 진단검사의학과 또는 병리과, 정신건강의학과 및 치과를 포함한 9개 이상의 진료과목을 갖추고 각 진료과목마다 전속하는 전문의를 둘 것

② 종합병원은 제1항 제2호 또는 제3호에 따른 진료과목(이하 이 항에서 "필수진료과목"이라 한다) 외에 필요하면 추가로 진료과목을 설치·운영할 수 있다. 이 경우 필수진료과목 외의 진료과목에 대하여는 해당 의료기관에 전속하지 아니한 전문의를 둘 수 있다.

제3조의4【상급종합병원 지정】 ① 보건복지부장관은 다음 각 호의 요건을 갖춘 종합병원 중에서 중증질환에 대하여 난이도가 높은 의료행위를 전문적으로 하는 종합병원을 상급종합병원으로 지정할 수 있다.
 1. 보건복지부령으로 정하는 20개 이상의 진료과목을 갖추고 각 진료과목마다 전속하는 전문의를 둘 것
 2. 제77조 제1항에 따라 전문의가 되려는 자를 수련시키는 기관일 것
 3. 보건복지부령으로 정하는 인력·시설·장비 등을 갖출 것
 4. 질병군별(疾病群別) 환자구성 비율이 보건복지부령으로 정하는 기준에 해당할 것
② 보건복지부장관은 제1항에 따른 지정을 하는 경우 제1항 각 호의 사항 및 전문성 등에 대하여 평가를 실시하여야 한다.
③ 보건복지부장관은 제1항에 따라 상급종합병원으로 지정받은 종합병원에 대하여 3년마다 제2항에 따른 평가를 실시하여 재지정하거나 지정을 취소할 수 있다.
④ 보건복지부장관은 제2항 및 제3항에 따른 평가업무를 관계 전문기관 또는 단체에 위탁할 수 있다.
⑤ 상급종합병원 지정·재지정의 기준·절차 및 평가업무의 위탁 절차 등에 관하여 필요한 사항은 보건복지부령으로 정한다.

제3조의5【전문병원 지정】 ① 보건복지부장관은 병원급 의료기관 중에서 특정 진료과목이나 특정 질환 등에 대하여 난이도가 높은 의료행위를 하는 병원을 전문병원으로 지정할 수 있다.
② 제1항에 따른 전문병원은 다음 각 호의 요건을 갖추어야 한다.
 1. 특정 질환별·진료과목별 환자의 구성비율 등이 보건복지부령으로 정하는 기준에 해당할 것
 2. 보건복지부령으로 정하는 수 이상의 진료과목을 갖추고 각 진료과목마다 전속하는 전문의를 둘 것
③ 보건복지부장관은 제1항에 따라 전문병원으로 지정하는 경우 제2항 각 호의 사항 및 진료의 난이도 등에 대하여 평가를 실시하여야 한다.
④ 보건복지부장관은 제1항에 따라 전문병원으로 지정받은 의료기관에 대하여 3년마다 제3항에 따른 평가를 실시하여 전문병원으로 재지정할 수 있다.

⑤ 보건복지부장관은 제1항 또는 제4항에 따라 지정받거나 재지정받은 전문병원이 다음 각 호의 어느 하나에 해당하는 경우에는 그 지정 또는 재지정을 취소할 수 있다. 다만, 제1호에 해당하는 경우에는 그 지정 또는 재지정을 취소하여야 한다.
1. 거짓이나 그 밖의 부정한 방법으로 지정 또는 재지정을 받은 경우
2. 지정 또는 재지정의 취소를 원하는 경우
3. 제4항에 따른 평가 결과 제2항 각 호의 요건을 갖추지 못한 것으로 확인된 경우

⑥ 보건복지부장관은 제3항 및 제4항에 따른 평가업무를 관계 전문기관 또는 단체에 위탁할 수 있다.
⑦ 전문병원 지정·재지정의 기준·절차 및 평가업무의 위탁 절차 등에 관하여 필요한 사항은 보건복지부령으로 정한다.

제33조 【개설 등】 ① 의료인은 이 법에 따른 의료기관을 개설하지 아니하고는 의료업을 할 수 없으며, 다음 각 호의 어느 하나에 해당하는 경우 외에는 그 의료기관 내에서 의료업을 하여야 한다.
1. 「응급의료에 관한 법률」 제2조 제1호에 따른 응급환자를 진료하는 경우
2. 환자나 환자 보호자의 요청에 따라 진료하는 경우
3. 국가나 지방자치단체의 장이 공익상 필요하다고 인정하여 요청하는 경우
4. 보건복지부령으로 정하는 바에 따라 가정간호를 하는 경우
5. 그 밖에 이 법 또는 다른 법령으로 특별히 정한 경우나 환자가 있는 현장에서 진료를 하여야 하는 부득이한 사유가 있는 경우

② 다음 각 호의 어느 하나에 해당하는 자가 아니면 의료기관을 개설할 수 없다. 이 경우 의사는 종합병원·병원·요양병원·정신병원 또는 의원을, 치과의사는 치과병원 또는 치과의원을, 한의사는 한방병원·요양병원 또는 한의원을, 조산사는 조산원만을 개설할 수 있다.
1. 의사, 치과의사, 한의사 또는 조산사
2. 국가나 지방자치단체
3. 의료업을 목적으로 설립된 법인(이하 "의료법인"이라 한다)
4. 「민법」이나 특별법에 따라 설립된 비영리법인
5. 「공공기관의 운영에 관한 법률」에 따른 준정부기관, 「지방의료원의 설립 및 운영에 관한 법률」에 따른 지방의료원, 「한국보훈복지의료공단법」에 따른 한국보훈복지의료공단

③ 제2항에 따라 의원·치과의원·한의원 또는 조산원을 개설하려는 자는 보건복지부령으로 정하는 바에 따라 시장·군수·구청장에게 신고하여야 한다.

④ 제2항에 따라 종합병원·병원·치과병원·한방병원·요양병원 또는 정신병원을 개설하려면 제33조의2에 따른 시·도 의료기관개설위원회의 심의를 거쳐 보건복지부령으로 정하는 바에 따라 시·도지사의 허가를 받아야 한다. 이 경우 시·도지사는 개설하려는 의료기관이 다음 각 호의 어느 하나에 해당하는 경우에는 개설허가를 할 수 없다.
1. 제36조에 따른 시설기준에 맞지 아니하는 경우
2. 제60조 제1항에 따른 기본시책과 같은 조 제2항에 따른 수급 및 관리계획에 적합하지 아니한 경우

⑤ 제3항과 제4항에 따라 개설된 의료기관이 개설 장소를 이전하거나 개설에 관한 신고 또는 허가사항 중 보건복지부령으로 정하는 중요사항을 변경하려는 때에도 제3항 또는 제4항과 같다.
⑥ 조산원을 개설하는 자는 반드시 지도의사(指導醫師)를 정하여야 한다.
⑦ 다음 각 호의 어느 하나에 해당하는 경우에는 의료기관을 개설할 수 없다.
1. 약국 시설 안이나 구내인 경우
2. 약국의 시설이나 부지 일부를 분할·변경 또는 개수하여 의료기관을 개설하는 경우
3. 약국과 전용 복도·계단·승강기 또는 구름다리 등의 통로가 설치되어 있거나 이런 것들을 설치하여 의료기관을 개설하는 경우
4. 「건축법」 등 관계 법령에 따라 허가를 받지 아니하거나 신고를 하지 아니하고 건축 또는 증축·개축한 건축물에 의료기관을 개설하는 경우

⑧ 제2항 제1호의 의료인은 어떠한 명목으로도 둘 이상의 의료기관을 개설·운영할 수 없다. 다만, 2 이상의 의료인 면허를 소지한 자가 의원급 의료기관을 개설하려는 경우에는 하나의 장소에 한하여 면허 종별에 따른 의료기관을 함께 개설할 수 있다.
⑨ 의료법인 및 제2항 제4호에 따른 비영리법인(이하 이 조에서 "의료법인등"이라 한다)이 의료기관을 개설하려면 그 법인의 정관에 개설하고자 하는 의료기관의 소재지를 기재하여 대통령령으로 정하는 바에 따라 정관의 변경허가를 얻어야 한다(의료법인등을 설립할 때에는 설립 허가를 말한다. 이하 이 항에서 같다). 이 경우 그 법인의 주무관청은 정관의 변경허가를 하기 전에 그 법인이 개설하고자 하는 의료기관이 소재하는 시·도지사 또는 시장·군수·구청장과 협의하여야 한다.
⑩ 의료기관을 개설·운영하는 의료법인등은 다른 자에게 그 법인의 명의를 빌려주어서는 아니 된다.

> 관련 법령

「의료법 시행규칙」 제35조의2 【의료기관의 운영 기준】 의료기관을 개설하는 자는 법 제36조 제3호에 따라 다음 각 호의 운영 기준을 지켜야 한다.
1. 입원실의 정원을 초과하여 환자를 입원시키지 말 것
2. 입원실은 남·여별로 구별하여 운영할 것
3. 입원실이 아닌 장소에 환자를 입원시키지 말 것
4. 외래진료실에는 진료 중인 환자 외에 다른 환자를 대기시키지 말 것

제36조【요양병원의 운영】① 법 제36조 제3호에 따른 요양병원의 입원 대상은 다음 각 호의 어느 하나에 해당하는 자로서 주로 요양이 필요한 자로 한다. 기출 25
1. 노인성 질환자
2. 만성질환자
3. 외과적 수술 후 또는 상해 후 회복기간에 있는 자

② 제1항에도 불구하고 「감염병의 예방 및 관리에 관한 법률」 제41조 제1항에 따라 질병관리청장이 고시한 감염병에 걸린 같은 법 제2조 제13호부터 제15호까지에 따른 감염병환자, 감염병의사환자 또는 병원체보유자(이하 "감염병환자등"이라 한다) 및 같은 법 제42조 제1항 각 호의 어느 하나에 해당하는 감염병환자등은 요양병원의 입원 대상으로 하지 아니한다.

③ 제1항에도 불구하고 「정신건강증진 및 정신질환자 복지서비스 지원에 관한 법률」 제3조 제1호에 따른 정신질환자(노인성 치매환자는 제외한다)는 같은 법 제3조 제5호에 따른 정신의료기관 외의 요양병원의 입원 대상으로 하지 아니한다.

④ 각급 의료기관은 제1항에 따른 환자를 요양병원으로 옮긴 경우에는 환자 이송과 동시에 진료기록 사본 등을 그 요양병원에 송부하여야 한다.

⑤ 요양병원 개설자는 요양환자의 상태가 악화되는 경우에 적절한 조치를 할 수 있도록 환자 후송 등에 관하여 다른 의료기관과 협약을 맺거나 자체 시설 및 인력 등을 확보하여야 한다.

⑦ 요양병원 개설자는 휴일이나 야간에 입원환자의 안전 및 적절한 진료 등을 위하여 소속 의료인 및 직원에 대한 비상연락체계를 구축·유지하여야 한다.

4. 의료장비와 물자

(1) 의료장비와 물자의 의의
① 질병의 예방, 진단, 치료 및 재활에 필요한 장비 및 공급물을 의미한다.
② 다양한 의약품, 물자, 장비도 질환의 치료와 예방에 필요한 국가보건의료체계의 의료자원이다.
③ 의학의 발전은 의료장비와 물자의 종류와 기능을 더욱 다양하고 복잡하게 발전하게 하였다.

(2) 의료장비의 특징
① 고도의 기술 집약성을 요한다. ⇨ 제품의 다양성
② 고가의 제품 및 유지관리에 많은 비용이 투입된다. ⇨ 의료비 증가 요인
③ 장비 간의 연계성이 필요하다.

(3) 고가의 의료장비가 증가하는 이유
① 건강보험 실시 이후 의료수요가 폭증하여 의료기관 간 고가장비 구입 경쟁이 격화되었다.
② 우리나라는 고가장비 도입이 매우 많은 나라이다.
③ 비급여 항목이기 때문이다.

전자의무기록시스템(Eletronic Medical Record, EMR)
환자의 진료행위를 중심으로 발생한 업무상의 자료나 진료 및 수술·검사 기록을 전산에 기반하여 입력, 정리, 보관하는 시스템이다.

진료지원정보시스템
의료진의 처방에 따라 이루어지는 여러 검사, 약 조제, 의무기록 등의 업무를 수행하는 부서의 진료 지원업무를 위한 정보시스템이다.

기출 체크
의료법 시행규칙 상 주로 요양이 필요하여 요양병원에 입원이 가능한 자는?
기출 25
① 망상환자
② 감염병환자
③ 감염병의사환자
④ 노인성 치매환자

정답 ④

④ WTO체제 이후 고가장비 수입에 대한 규제의 어려움이 있다.
⑤ 민간 위주의 자유방임적 의료체계 때문이다.

(4) 의료장비의 현황

🔽 2024년 1분기 의료장비현황(단위: 대)

* BMD: 골밀도검사, ESWT: 체외충격파치료기

시도	요양기관종별	X-ray	CT	PET	BMD	MRI	ESWT
서울	계	4,720	481	61	2,591	483	192
	상급종합병원	303	136	32	47	100	18
	종합병원	361	103	20	74	83	31
	병원	411	108	1	196	169	4
	요양병원	168	-	-	14	-	-
	정신병원	10	1	-	3	1	-
	의원	3,341	130	8	2,221	120	139
	치과병원	7	2	-	1	2	-
	치과의원	1	-	-	-	-	-
	보건소	46	-	-	25	-	-
	보건지소	1	-	-	-	-	-
	한방병원	71	1	-	10	8	-
부산	계	1,663	182	19	1,085	151	75
	상급종합병원	63	28	8	11	16	4
	종합병원	202	47	8	36	42	23
	병원	239	74	1	118	70	2
	요양병원	152	-	-	26	-	-
	정신병원	16	-	-	1	-	-
	의원	942	32	2	883	18	46
	치과병원	-	-	-	-	-	-
	치과의원	-	-	-	-	-	-
	보건소	22	-	-	2	-	-
	보건지소	2	-	-	2	-	-
	한방병원	25	1	-	6	5	-
인천	계	1,280	114	6	727	97	48
	상급종합병원	55	17	4	7	12	3
	종합병원	156	38	2	37	29	16
	병원	93	30	-	50	38	1
	요양병원	86	1	-	7	-	-
	정신병원	11	-	-	-	-	-
	의원	812	28	-	607	17	28
	치과병원	-	-	-	-	-	-
	치과의원	-	-	-	-	-	-

	보건소	15	–	–	9	–	–
	보건지소	9	–	–	1	–	–
	보건진료소	–	–	–	–	–	–
	한방병원	43	–	–	8	1	–
	한의원	–	–	–	1	–	–
대구	계	1,388	152	11	934	127	73
	상급종합병원	92	30	8	11	20	6
	종합병원	84	24	2	19	25	8
	병원	160	46	1	74	45	3
	요양병원	93	–	–	11	–	–
	정신병원	19	1	–	4	–	–
	의원	910	50	–	806	35	56
	치과병원	1	–	–	–	–	–
	치과의원	–	–	–	1	–	–
	보건소	11	–	–	4	–	–
	보건지소	1	–	–	1	–	–
	한방병원	17	1	–	3	2	–
광주	계	881	86	4	483	84	47
	상급종합병원	39	10	2	4	7	3
	종합병원	120	26	2	25	32	19
	병원	120	29	–	52	33	2
	요양병원	72	–	–	3	–	–
	정신병원	9	–	–	3	–	–
	의원	438	20	–	391	11	23
	치과병원	2	–	–	–	–	–
	치과의원	–	–	–	–	–	–
	보건소	4	–	–	–	–	–
	한방병원	77	1	–	5	1	–
대전	계	698	76	7	425	74	28
	상급종합병원	37	11	3	5	10	2
	종합병원	70	20	4	15	16	7
	병원	73	20	–	34	33	1
	요양병원	54	–	–	5	–	–
	정신병원	3	–	–	–	–	–
	의원	437	24	–	361	14	18
	치과병원	–	–	–	–	–	–
	치과의원	–	–	–	–	–	–
	보건소	7	–	–	–	–	–
	보건지소	1	–	–	–	–	–
	한방병원	16	1	–	5	1	–

울산	계	418	46	3	269	38	29
	상급종합병원	19	7	1	2	5	1
	종합병원	67	14	1	12	14	8
	병원	43	12	-	22	10	2
	요양병원	34	-	-	10	-	-
	정신병원	6	-	-	3	-	-
	의원	233	13	1	217	8	18
	치과병원	-	-	-	-	-	-
	치과의원	-	-	-	-	-	-
	보건소	9	-	-	2	-	-
	보건지소	1	-	-	-	-	-
	한방병원	6	-	-	1	1	-
경기	계	5,449	498	31	3,086	451	216
	상급종합병원	107	42	9	16	31	7
	종합병원	579	163	20	103	125	58
	병원	547	167	-	270	210	6
	요양병원	368	1	-	42	1	-
	정신병원	35	-	-	4	-	-
	의원	3,593	122	2	2,587	77	145
	치과병원	2	-	-	2	-	-
	치과의원	1	-	-	-	-	-
	보건소	73	-	-	35	-	-
	보건지소	12	-	-	6	-	-
	보건의료원	3	1	-	1	-	-
	한방병원	129	2	-	19	7	-
	한의원	-	-	-	1	-	-
강원	계	653	82	5	460	48	18
	상급종합병원	32	12	3	4	7	2
	종합병원	92	23	2	20	17	5
	병원	70	26	-	38	18	-
	요양병원	24	-	-	5	-	-
	정신병원	8	1	-	4	-	-
	의원	386	18	-	384	6	11
	치과병원	2	1	-	-	-	-
	치과의원	-	-	-	-	-	-
	보건소	25	-	-	4	-	-
	보건지소	5	-	-	-	-	-
	보건의료원	4	1	-	1	-	-
	한방병원	5	-	-	-	-	-

충북	계	698	71	2	499	57	27
	상급종합병원	19	5	1	2	3	1
	종합병원	100	25	1	19	22	10
	병원	62	20	-	30	18	1
	요양병원	41	-	-	9	-	-
	정신병원	9	-	-	-	-	-
	의원	435	21	-	431	13	15
	치과병원	-	-	-	-	-	-
	치과의원	-	-	-	-	-	-
	보건소	23	-	-	8	-	-
	보건지소	2	-	-	-	-	-
	한방병원	7	-	-	-	1	-
충남	계	914	79	3	577	55	39
	상급종합병원	16	5	1	2	3	1
	종합병원	103	24	2	15	19	12
	병원	93	30	-	45	26	2
	요양병원	76	-	-	11	-	-
	정신병원	11	1	-	3	1	-
	의원	563	15	-	483	5	24
	치과병원	1	1	-	-	-	-
	치과의원	-	-	-	-	-	-
	보건소	24	-	-	12	-	-
	보건지소	5	-	-	-	-	-
	보건의료원	6	2	-	3	-	-
	한방병원	16	1	-	3	1	-
전북	계	917	107	8	725	69	33
	상급종합병원	48	14	3	6	8	2
	종합병원	88	20	4	19	19	10
	병원	91	36	-	58	28	3
	요양병원	80	-	-	15	-	-
	정신병원	12	1	-	2	-	-
	의원	542	32	1	611	14	18
	치과병원	-	-	-	-	-	-
	치과의원	-	-	-	-	-	-
	보건소	20	-	-	2	-	-
	보건지소	-	-	-	-	-	-
	보건의료원	9	3	-	5	-	-
	한방병원	27	1	-	7	-	-

전남	계	846	102	3	622	77	42
	상급종합병원	10	6	2	1	5	1
	종합병원	149	39	1	32	33	16
	병원	130	44	-	69	33	3
	요양병원	85	-	-	4	-	-
	정신병원	6	-	-	1	-	-
	의원	396	13	-	504	6	22
	치과병원	-	-	-	-	-	-
	치과의원	1	-	-	-	-	-
	보건소	36	-	-	5	-	-
	보건지소	10	-	-	1	-	-
	보건의료원	6	-	-	3	-	-
	한방병원	17	-	-	2	-	-
경북	계	1,150	86	3	811	63	50
	종합병원	193	41	3	33	34	17
	병원	98	29	-	39	20	2
	요양병원	124	1	-	20	-	-
	정신병원	22	1	-	4	-	-
	의원	664	13	-	698	9	31
	치과병원	-	-	-	-	-	-
	치과의원	-	-	-	-	-	-
	보건소	35	-	-	13	-	-
	보건지소	6	-	-	-	-	-
	보건의료원	3	1	-	3	-	-
	한방병원	5	-	-	1	-	-
경남	계	1,325	168	7	898	131	71
	상급종합병원	61	18	4	7	11	3
	종합병원	153	41	3	29	42	18
	병원	244	73	-	103	70	9
	요양병원	129	1	-	29	-	-
	정신병원	26	2	-	8	-	-
	의원	648	33	-	706	7	41
	치과병원	1	-	-	-	-	-
	치과의원	-	-	-	-	-	-
	보건소	32	-	-	8	-	-
	보건지소	8	-	-	-	-	-
	보건의료원	3	-	-	1	-	-
	한방병원	20	-	-	7	1	-

제주	계	316	18	2	198	12	10
	종합병원	52	12	2	7	8	4
	병원	19	4	-	6	1	-
	요양병원	11	-	-	1	-	-
	정신병원	2	-	-	-	-	-
	의원	222	2	-	184	3	6
	치과병원	-	-	-	-	-	-
	치과의원	-	-	-	-	-	-
	보건소	6	-	-	-	-	-
	보건지소	3	-	-	-	-	-
	한방병원	1	-	-	-	-	-
세종	계	142	13	1	79	6	6
	종합병원	14	4	1	3	3	1
	병원	4	-	-	2	1	-
	요양병원	1	-	-	-	-	-
	의원	116	9	-	71	2	5
	치과병원	-	-	-	-	-	-
	치과의원	-	-	-	-	-	-
	보건소	2	-	-	1	-	-
	보건지소	1	-	-	-	-	-
	한방병원	4	-	-	2	-	-

출처: 건강보험심사평가원

5. 보건의료지식 및 기술

(1) 보건의료지식 및 기술의 의의
① 국가보건의료체계에서 요구되는 또 하나의 의료자원은 의료 및 질환, 질환 예방·치료·재활의 다양한 방법에 대한 지식이다.
② 의료체계에서 중요한 지식 중 일부는 관찰과 경험에서 비롯된 것이지만 많은 부분이 과학적 연구로부터 도출된 것이다.

(2) 보건의료기술의 정의[보건의료기술 진흥법(구 보건의료기술법령 제2조)]
① 의과학·치의학·한의학·의료공학 및 의료정보학 등에 관련되는 기술이다.
② 의약품·의료기기·식품·화장품·한약 등의 개발 및 성능 향상에 관련되는 기술이다.

보건의료기술
조직화된 지식을 실제 목적에 적용하는 일체의 것이다.

(3) 보건의료기술의 확산
① **의료기술의 확산과정**: 의료기술과 같은 새로운 기술의 확산과정은 일반적으로 도입기, 채택기(도약기, 성장기), 성숙기(광범위한 사용), 소멸기(쇠퇴기)를 거치는 전형적인 S자 모양의 곡선이 나타났다.

② 의료기술의 확산에 영향을 미치는 요인
   ㉠ 의학기술 자체의 상대적인 비용과 편익
   ㉡ 기술에 대한 규제
   ㉢ 의료보장의 보상체계
   ㉣ 가격
   ㉤ 주위 의료제공자와의 경쟁
   ㉥ 의학적 수용성
   ㉦ 환자나 의료제공자의 태도 등
③ 의료기술에 대한 평가
   ㉠ 새로운 기술이라고 해서 비용과 편익 측면에서 항상 유리한 것은 아니다.
   ㉡ 새로운 기술이 사회경제적, 기술적, 문화적, 윤리적, 법률적 측면에서 미칠 수 있는 영향을 평가하는 것을 기술평가 혹은 기술영향평가라고 한다.

> **관련 법령**
>
> 「의료법」제23조 【전자의무기록】 ① 의료인이나 의료기관 개설자는 제22조의 규정에도 불구하고 진료기록부등을 「전자서명법」에 따른 전자서명이 기재된 전자문서(이하 "전자의무기록"이라 한다)로 작성·보관할 수 있다.
> ② 의료인이나 의료기관 개설자는 보건복지부령으로 정하는 바에 따라 전자의무기록을 안전하게 관리·보존하는 데에 필요한 시설과 장비를 갖추어야 한다.
> ③ 누구든지 정당한 사유 없이 전자의무기록에 저장된 개인정보를 탐지하거나 누출·변조 또는 훼손하여서는 아니 된다.
> ④ 의료인이나 의료기관 개설자는 전자의무기록에 추가기재·수정을 한 경우 보건복지부령으로 정하는 바에 따라 접속기록을 별도로 보관하여야 한다.

6. 보건의료정보의 이해

(1) 보건의료정보의 정의
보건의료와 관련한 지식 또는 부호·숫자·문자·음성·음향 및 영상 등으로 표현된 모든 종류의 자료를 의미한다.

(2) 국가보건의료정보체계
국가 단위 보건의료체계정보는 개인건강 영역과 공중보건 영역 그리고 의료서비스 공급자 영역을 설정하고 있다.
① **개인건강 영역**: 개인의 복지와 보건의료와 관련한 의사결정을 지원하고 개인적 보건의료사항이나 비임상적 정보에 대한 지원을 목표로 하는 것이다.
② **공중보건 영역**: 인구집단의 건강 영향요소와 위해요소, 건강평가, 보건교육, 관리체계 연구 등이 주요 목표 사업이 된다.
③ **의료서비스 공급자 영역**: 환자의 진료정보 제공, 임상연구, 전문가 의사결정 지원, 근거 중심 지침 등을 제공하는 것이다.

의료정보학
기술의 융합을 통해 의료적인 문제를 해결하고 의사결정을 적절하게 하는 데 필요한 제 방법론에 관한 것이다.

진료기록부의 보존
1. 2년 보존
   처방전
2. 3년 보존
   진단서, 사망진단서, 시체검안서, 진단서 등 부본(사본)
3. 5년 보존
   환자명부, 검사 소견기록(5년), 조산기록부, 간호기록지, 방사선사진 및 소견서
4. 10년 보존
   진료기록부, 수술기록

(3) 공중보건정보학

① 인구집단 중심의 공중보건정보학의 경우 의료체계 전체에 대한 문제를 해결하는 데 일차적인 관심을 가지게 된다.
② 집단의 건강 위해요인이나 환경을 변화시켜 질병과 손상을 예방하는 데 초점을 둔다.
③ 질환이나 상해 또는 장애 상태에서는 이들 인과관계 속에서 취약한 측면을 파악해서 더 이상의 진행을 막도록 하는 데 필요한 정보과학기술의 적용을 원칙으로 한다.

(4) 보건의료정보의 표준

① 정보체계에서는 자료의 연계가 필수적이므로 단위별 정보표준이 중요하다.
② 국제적으로 수용할 수 있는 표준체계를 따라야 한다(의료정보교환 표준 규약).

> **관련 법령**
>
> 「의료법」 제23조의2 【전자의무기록의 표준화 등】 ① 보건복지부장관은 전자의무기록이 효율적이고 통일적으로 관리·활용될 수 있도록 기록의 작성, 관리 및 보존에 필요한 전산정보처리시스템(이하 이 조에서 "전자의무기록시스템"이라 한다), 시설, 장비 및 기록 서식 등에 관한 표준을 정하여 고시하고 전자의무기록시스템을 제조·공급하는 자, 의료인 또는 의료기관 개설자에게 그 준수를 권고할 수 있다.
> ② 보건복지부장관은 전자의무기록시스템이 제1항에 따른 표준, 전자의무기록시스템 간 호환성, 정보 보안 등 대통령령으로 정하는 인증 기준에 적합한 경우에는 인증을 할 수 있다.
> ③ 제2항에 따라 인증을 받은 자는 대통령령으로 정하는 바에 따라 인증의 내용을 표시할 수 있다. 이 경우 인증을 받지 아니한 자는 인증의 표시 또는 이와 유사한 표시를 하여서는 아니 된다.
> ④ 보건복지부장관은 다음 각 호의 어느 하나에 해당하는 경우에는 제2항에 따른 인증을 취소할 수 있다. 다만, 제1호에 해당하는 경우에는 인증을 취소하여야 한다.
> 1. 거짓이나 그 밖의 부정한 방법으로 인증을 받은 경우
> 2. 제2항에 따른 인증 기준에 미달하게 된 경우
> ⑤ 보건복지부장관은 전자의무기록시스템의 기술 개발 및 활용을 촉진하기 위한 사업을 할 수 있다.
> ⑥ 제1항에 따른 표준의 대상, 제2항에 따른 인증의 방법·절차 등에 필요한 사항은 대통령령으로 정한다.

(5) 정보의 보호와 윤리

① 보호란 자료의 무리한 조작이나 손실, 도난 등을 통해 자료를 잘못 사용하게 되거나 아예 사용하지 못하게 되는 측면을 안전하게 관리하는 정보의 안전성 측면과 의도적이든 의도적이지 않든 자료의 잘못된 사용을 막아주는 자료의 보안성이라는 두 가지 측면이 있다.

② 환자의 이익에 위배되는 의도적이거나 비의도적인 자료의 접근, 불법적인 유출이나 수정, 파괴를 막기 위해서 기술적이고 행정적인 절차와 조치가 필요하다.

③ 환자의 정보 보호 및 사생활 유지

개인정보 수집	• 진료, 연구, 교육, 병원관리, 평가 등의 목적으로 개인정보를 수집할 수 있음 • 개인정보를 수집하는 경우 동의를 받아야 함 • 만 14세 미만 또는 의사무능력자는 법정 대리인의 동의를 받음 • 응급진료 또는 전화에 의한 동의의 경우 추후 동의를 받음 • 응급상황 시 전화에 의한 동의는 향후 입증을 위한 상대방과의 합의하에 통화내용을 녹취할 수 있음 • 개인정보는 진료 등에 직접적으로 관련된 성명, 연락처 등의 최소한의 정보만을 수집
개인정보 이용 및 제공	• 법령 규정에 의거한 수사목적으로 법에 정해진 절차와 방법에 따라 수사기간이 요구하는 경우 • 통계작성, 학술연구 또는 시장조사를 위해 개인을 알아볼 수 없는 형태로 가공하여 제공하는 경우 • 환자 또는 제3자의 생명, 신체, 재산 및 기타 권리 이익을 해칠 우려가 있는 경우 • 병원의 적정한 업무수행에 명백한 지장을 끼칠 우려가 있는 경우
개인정보 비밀유지	환자 개인의 정보를 훼손, 침해 또는 누설해서는 안되며, 개인정보를 정해진 목적 외에 이용해서는 안 됨
개인정보 자료관리	• 업무 및 출력의 용도에 따라 출력자를 제한 • 출력자 외에 개인정보를 출력할 경우 실무책임자의 사전 승인제도가 필요 • 개인정보는 수집의 목적 달성 후에는 개인정보 복구가 불가능한 방법으로 파기
개인정보 공개제한	• 업무 외의 목적으로 환자의 정보를 사용하지 않고, 공공장소에서 정보(진단명, 주민등록번호)를 공개하지 말아야 함 • '정보보완'을 요청한 경우, 병동 내 환자 이름 명기여부를 환자가 선택
정보시스템의 운영 및 보안관리	• 정보시스템 권한은 사용자의 근무장소와 직위에 따라 부여함 • 모든 사용자는 아이디(I.D.)와 고유의 패스워드(Password)를 가져야 하며, 다른 사람과 공유하면 안 됨 • 정보보호교육은 입사 및 직무변경 시 반드시 실시
환자의 사생활 보호	• 의료 제공을 통해 우연히 알게 된 환자의 사적인 문제나 환자의 정보에 대해 비밀을 유지해야 함 • 의료 수행이나 치료 시(도뇨, 주사, 변기사용 등) 신체노출이 되지 않도록 함 • 의료업무수행이나 의사소통 시 환자의 사생활을 보호해야 함

관련 법령

「의료법」 제23조의3 【진료정보 침해사고의 통지】 ① 의료인 또는 의료기관 개설자는 전자의무기록에 대한 전자적 침해행위로 진료정보가 유출되거나 의료기관의 업무가 교란·마비되는 등 대통령령으로 정하는 사고(이하 "진료정보 침해사고"라 한다)가 발생한 때에는 보건복지부장관에게 즉시 그 사실을 통지하여야 한다.
② 보건복지부장관은 제1항에 따라 진료정보 침해사고의 통지를 받거나 진료정보 침해사고가 발생한 사실을 알게 되면 이를 관계 행정기관에 통보하여야 한다.

제23조의4 【진료정보 침해사고의 예방 및 대응 등】 ① 보건복지부장관은 진료정보 침해사고의 예방 및 대응을 위하여 다음 각 호의 업무를 수행한다.
1. 진료정보 침해사고에 관한 정보의 수집·전파
2. 진료정보 침해사고의 예보·경보
3. 진료정보 침해사고에 대한 긴급조치
4. 전자의무기록에 대한 전자적 침해행위의 탐지·분석
5. 그 밖에 진료정보 침해사고 예방 및 대응을 위하여 대통령령으로 정하는 사항
② 보건복지부장관은 제1항에 따른 업무의 전부 또는 일부를 전문기관에 위탁할 수 있다.
③ 제1항에 따른 업무를 수행하는 데 필요한 절차 및 방법, 제2항에 따른 업무의 위탁 절차 등에 필요한 사항은 보건복지부령으로 정한다.

(6) 정보시스템 기획 및 관리
① 의료정보는 의학기술의 발전과 정보기술의 발전에 따라 지속적으로 진화하는 영역이다.
② 정보화전략 기획은 정보화를 추진하기 이전에 정보화가 목표로 하는 대상에 대한 모든 과정을 분석하고 시스템의 바람직한 방향을 설정한 다음 현재의 상태에서 미래 목표를 달성하기 위해서 정보화를 어떻게 추진할지, 재원은 어떻게 조달하고 얼마를 투입할지, 관리를 어떻게 할지 등에 대한 전 과정을 전략적으로 기획하는 것이다.

(7) 의료정보의 미래
① 정보기술의 발달로 정보화가 매우 빠르게 진행되고 있고, 보건의료 영역에서도 진행되고 있으며 의료서비스의 디지털화를 넘어서 유비쿼터스 의료, 인공지능 기술이 의료에 도입될 예정이다.
② 유비쿼터스 의료가 현실화되기 위해서는 정보의 획득과 전달과정에서 각종 센서 기술의 발달과 획득한 정보의 안전한 전달과 공유를 위한 통신, 시스템, 정보 보안 등 모두 안정성이 보장되어야 한다.

기술적 변화로 인한 보건의료 환경의 변화
1. 치료와 진단 중심으로 예방 중심으로 보건의료의 패러다임 변화가 기대된다.
2. 정해진 공간 안에서 허용되던 의료행위가 영역을 벗어나서도 가능해지고 새로운 유형의 의료가 생성된다는 점에서 기존의 의료 영역 및 형태에서 벗어나 새로운 유형의 의료산업이 기대된다.
3. 의료 영역의 확대는 보건행정의 영역 확대로 이어진다.
4. 원격진료뿐만 아니라 정보통신과 생명기술에서 파생되는 신의료 영역 및 형태에 능동적으로 대처하고 이를 수용할 수 있는 법률의 제·개정 등의 제도적 장치가 신축성 있게 마련되어야 한다.

③ 점차 온라인 중심의 가상병원과의 결합형태로 갈 가능성이 높을 것으로 예측한다.
④ 의료로봇의 발달로 손 떨림이 교정되고 사물이 확대되면서 더 안정적으로 정밀한 수술을 할 수 있을 것이다.
⑤ 정보통신기술의 4차 산업혁명은 보건의료 분야에 그대로 적용되고 있다.

◆ 4차 산업과 보건의료 신기술

구분	종류	내용	대상	개발국
사물인터넷 (IoT)	커넥티드 홈 (connected)	가정용 기구 등에 인터넷을 연결하여 건강정보 등을 제공	노령, 건강약자	영국
	웨어러블 인터넷 (Wearable unternet)	• 시계, 옷 등에 인터넷 연결 • 기초 건강정보 제공(혈압, 혈당, 운동량 측정 등)	전체	
로봇기술 (RT)	• 로봇약사 • 로봇청소기	• 약조제 및 분리 작업 • 환경소독, 멸균작업, 방사선, 소독 및 처리 등	의료기관, 보건의료 소비자	미국, 일본
생명기술 (BT)	• 이식형 피임기구 • 3D프린팅	• 이식형모바일 폰 사용 (건강기초정보 내장, 건강상태 점검 등) • 뼈, 치아, 간 등에 재생	의료기관	미국

출처: 보건행정학, 2019, 최찬호(학지사메디컬)

관련 법령

「의료법」제34조【원격의료】① 의료인(의료업에 종사하는 의사·치과의사·한의사만 해당한다)은 제33조 제1항에도 불구하고 컴퓨터·화상통신 등 정보통신기술을 활용하여 먼 곳에 있는 의료인에게 의료지식이나 기술을 지원하는 원격의료(이하 "원격의료"라 한다)를 할 수 있다.
② 원격의료를 행하거나 받으려는 자는 보건복지부령으로 정하는 시설과 장비를 갖추어야 한다.
③ 원격의료를 하는 자(이하 "원격지의사"라 한다)는 환자를 직접 대면하여 진료하는 경우와 같은 책임을 진다.
④ 원격지의사의 원격의료에 따라 의료행위를 한 의료인이 의사·치과의사 또는 한의사(이하 "현지의사"라 한다)인 경우에는 그 의료행위에 대하여 원격지의사의 과실을 인정할 만한 명백한 근거가 없으면 환자에 대한 책임은 제3항에도 불구하고 현지의사에게 있는 것으로 본다.

제23조【전자의무기록】① 의료인이나 의료기관 개설자는 제22조의 규정에도 불구하고 진료기록부등을「전자서명법」에 따른 전자서명이 기재된 전자문서(이하 "전자의무기록"이라 한다)로 작성·보관할 수 있다.

② 의료인이나 의료기관 개설자는 보건복지부령으로 정하는 바에 따라 전자의무기록을 안전하게 관리·보존하는 데에 필요한 시설과 장비를 갖추어야 한다.
③ 누구든지 정당한 사유 없이 전자의무기록에 저장된 개인정보를 탐지하거나 누출·변조 또는 훼손하여서는 아니 된다.
④ 의료인이나 의료기관 개설자는 전자의무기록에 추가기재·수정을 한 경우 보건복지부령으로 정하는 바에 따라 접속기록을 별도로 보관하여야 한다.

「의료법 시행규칙」 제29조【원격의료의 시설 및 장비】 법 제34조 제2항에 따라 원격의료를 행하거나 받으려는 자가 갖추어야 할 시설과 장비는 다음 각 호와 같다.
1. 원격진료실
2. 데이터 및 화상(畵像)을 전송·수신할 수 있는 단말기, 서버, 정보통신망 등의 장비

◐ 보건의료 자원 배분의 정책적 원칙

수요(구매력)에 따른 배분	• 개인의 능력 • 구매력에 의하여 보건의료서비스의 분배 • 형평성 < 효율성, 생산성
필요에 따른 배분	• 필요에 의한 보건의료서비스의 배분 • 건강권은 기본권으로 누구나 받아 들여야 함 • 경제적 능력 < 건강상의 필요에 의하여 보건의료서비스 • 경제적·지리적 장벽은 국가에 의해 제거 • **대표국가**: 영국, 스웨덴 등
사회 전체의 필요에 따른 배분	• 생산수단의 공동소유를 통하여 개인의 필요에 의한 보건의료서비스의 이용을 강조 • 동등한 수준의 건강을 유지하기 위하여 필요한 보건의료서비스를 받을 권리가 있다는 원칙 • 대중의 통제기능체제를 지향
공평성에 따른 배분	• 부족하거나 제한적인 재화와 서비스의 배분원칙으로 평등의 원칙과 차등의 원칙을 주장 • 국민적 합의과정을 통하여 불평등 해소방안이 제시된다면, 차등은 합리화되고 사회의 기본적 가치인 자유와 평등은 실현되어 사회정의가 달성된다는 원칙 • 국민의 건강권을 확보하기 위해 국가가 기본적인 보건의료서비스에 대해 적극적으로 개입해야 하는 정당성을 제시

Plus⁺ POINT

유비쿼터스 헬스케어(Ubiquitous Health-care)

1. 유비쿼터스 헬스케어 의의
   ① IT 기술을 보건의료서비스와 접목한 것이다.
   ② 병원에서 행해지는 보건의료서비스의 한계를 극복하고 의료비를 절감하기 위한 해결책으로, 정부 차원에서 추진한다.
   ③ 직접 보건의료진을 방문하여 진료와 처방이 이루어지는 시간·공간적 제한을 극복하고 생활 속에서 건강관리를 통해 질병을 예방하는 것으로 건강관리 개념을 전환시켰다.
   ④ 건강 관련 정보에 취약한 어린이, 노인과 의료취약지역에 있는 주민들의 삶의 질을 높일 수 있다.

2. 국내 도입된 U-Health 사업
   ① 원격자문으로 특별히 전문성을 인정받은 의사를 통해 환자 곁에 있는 의사가 전문적인 의학적 자문을 구하거나 협진을 하는 형태의 서비스
   ② 원격 화상진료로 비의사 의료인과 함께 있는 환자가 화상을 통하거나 생체정보 측정 수치의 공유를 통하여 원격 지역 의사의 진료를 받는 서비스
   ③ U-방문간호로 방문간호사가 가정방문을 통해 환자의 상태를 측정 및 파악한 후 의사의 지침을 전달하는 형태의 서비스
   ④ 원격 응급진료로 응급상황에 처한 환자와 함께 있는 비의료인에게 원격지의 의사가 적절한 지침을 제공하는 서비스
   ⑤ 재택 건강관리로 거주지의 환자가 직접 본인의 생체정보를 측정하고 의사에게 전달함으로써 지속적으로 모니터링을 가능하게 하고 이를 기반으로 의사와 의학적 상담이 가능하도록 하는 서비스
   ⑥ 지역별 U-Health를 이용한 대사증후군 관리서비스로 U-Health 센터에서 서비스 이용자의 생체정보를 측정하고 U-Health 센터 소속의 운동처방사와 영양사에게 전달하여 지속적인 모니터링과 상담을 제공하는 서비스

3. 의료정보와 관련 용어의 정의

데이터베이스	유용한 정보를 쉽게 검색해 볼 수 있도록 컴퓨터에 저장하여 관리되는 자료의 집합
빅 데이터	기존 데이터베이스 관리도구로 데이터를 관리하고 분석할 수 있는 역량을 넘어서 대량의 데이터 세트와 데이터로부터 원하는 결과를 분석하여 가치를 창조하는 기술을 포괄
데이터마이닝	다량의 데이터로부터 쉽게 드러나지 않는 유용한 정보들을 추출하여 이를 활용
데이터웨어하우스	단순히 데이터가 보관되어 있는 거대한 저장고를 의미하는 반면, 데이터웨어하우징은 데이터의 수집 및 처리에서 도출되는 정보의 활용에 이르는 일련의 프로세스라 정의

6 지역사회 보건행정

1. 중앙 보건행정조직

(1) 보건복지부(Ministry for Health and Welfare) 기출 09

① 보건복지부는 우리나라 보건행정업무의 주관부처로서 1948년 설치된 사회부와 1949년 설치된 보건부를 그 모태로 하는 중앙행정기관의 하나이다.
② 보건복지부장관은 생활보호·자활지원·사회보장·아동(영·유아 보육을 포함)·노인·장애인·보건위생·의정 및 약정에 관한 사무를 관장하고, 방역·검역 등 감염병에 관한 사무 및 각종 질병에 관한 조사·시험·연구에 관한 사무를 관장한다(「정부조직법」 제38조).

> **보건복지부**
> 보건 관련 기술행정에 대해서는 보건복지부장관의 지도·감독을 받는다.

(2) 행정안전부 기출 11, 14, 15, 16, 17, 18, 19

① 보건행정의 지도 및 시·군 단위의 조직을 담당한다.
② 시·도 단위에서는 시·도의 건강 관련 담당국(경상북도에는 복지건강국)이 지방의 보건의료조직을 총괄한다.
③ 국내에 건강 관련 과를 두고, 각종 규제, 감시업무, 병원의 운영, 보건소 및 보건지소의 지원 등을 담당한다.
④ 시·군에서는 시(군)청의 보건소에서 건강 관련 업무를 담당한다.

> **행정안전부**
> 1. 시·도 및 시·군·구 지방자치단체의 공무원 인사에 관한 사항 및 재정에 관한 사무 등 지휘권한으로 관장한다.
> 2. 지방보건행정조직들은 조직, 인사, 예산과 같은 일반행정에 대해서는 국무총리 또는 행정안전부장관의 지휘·감독을 받는다.

(3) 고용노동부

근로자 근로조건 기준, 노사관계 조정, 노동위원회 및 최저 임금 심의위원회의 관리 등 노동에 관한 사무를 관장한다.

(4) 여성가족부

가족과 청소년의 보건복지 관련 사항을 담당한다.

(5) 환경부

자연환경 및 생활환경의 보존과 환경오염 방지에 관한 사무를 관장한다.

(6) 교육부

학교보건과 관련된 사항은 교육부 교육정책실 학생복지안전관의 학생건강안전과에서 담당한다.

2. 보건복지부 소속기관 직제 기출 14, 19

(1) 4실 5국 기출 18

① 4실: 기획조정실, 보건의료정책실, 사회복지정책실, 인구정책실
② 5국: 건강보험정책국, 건강정책국, 보건산업정책국, 장애인정책국, 사회보장위원회사무국

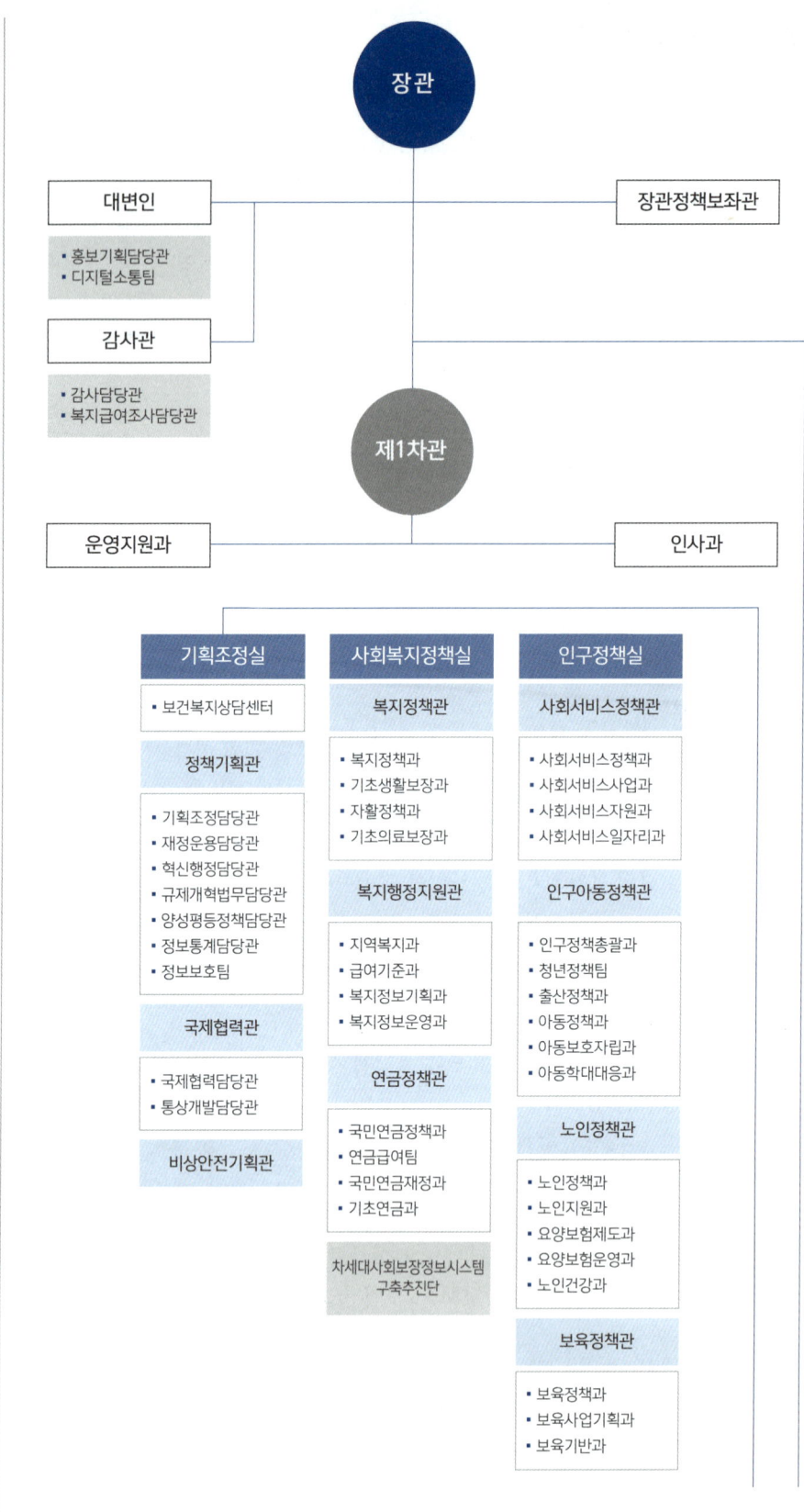

장애인정책국
- 장애인정책과
- 장애인권익지원과
- 장애인자립기반과
- 장애인서비스과
- 장애인건강과

사회보장위원회사무국
- 사회보장총괄과
- 사회보장조정과
- 사회보장평가과

제2차관

보건의료정책실

보건의료정책관
- 보건의료정책과
- 의료인력정책과
- 의료자원정책과
- 간호정책과
- 의료기관정책과
- 약무정책과

공공보건정책관
- 질병정책과
- 공공의료과
- 응급의료과
- 재난의료대응과
- 생명윤리정책과
- 혈액장기정책과

공공보건정책관
- 한의약정책과
- 한의약산업과

건강보험정책국
- 보험정책과
- 보험급여과
- 보험약제과
- 보험평가과

필수의료지원관
- 필수의료총괄과
- 지역의료정책과

건강정책국
- 건강정책과
- 건강증진과
- 구강정책과

정신건강정책관
- 정신건강정책과
- 정신건강관리과
- 자살예방정책과

보건산업정책국
- 보건산업정책과
- 보건의료기술개발과
- 보건산업진흥과
- 보건산업해외진출과

첨단의료지원관
- 의료정보정책과
- 보건의료데이터진흥과
- 재상의료정책과

■ 임시조직
- 국민연금개혁지원단
- 바이오헬스혁신추진단
- 의료개혁추진단

↑ 보건복지부 조직도 기출 14, 16, 17, 18

> **관련 법령**
>
> 「보건복지부와 그 소속기관 직제」 제3조【직무】 보건복지부는 생활보호·자활지원·사회보장·아동(영·유아 보육을 포함한다)·노인·장애인·보건위생·의정(醫政) 및 약정(藥政)에 관한 사무를 관장한다.
>
> 제4조【하부조직】 ① 보건복지부에 운영지원과, 인사과, 사회복지정책실, 장애인정책국, 인구정책실, 연금정책국, 사회보장위원회 사무국, 보건의료정책실, 건강보험정책국, 건강정책국 및 보건산업정책국을 둔다.
> ② 장관 밑에 대변인 1명, 감사관 1명 및 장관정책보좌관 2명을 두고, 제1차관 밑에 기획조정실장 1명을 둔다.
>
> 제4조의2【복수차관의 운영】 ① 보건복지부에 제1차관 및 제2차관을 두며, 장관이 부득이한 사유로 그 직무를 수행할 수 없을 때에는 제1차관, 제2차관 순으로 그 직무를 대행한다.
> ② 제1차관은 운영지원과·인사과·사회복지정책실·장애인정책국·인구정책실·연금정책국 및 사회보장위원회 사무국의 소관업무에 관하여 장관을 보조한다.
> ③ 제2차관은 보건의료정책실·건강보험정책국·건강정책국 및 보건산업정책국의 소관업무에 관하여 장관을 보조한다.

(2) 보건복지부 소속기관

① 국립정신건강센터 및 국립정신병원, 국립소록도병원, 오송생명과학단지 지원센터, 국립장기조직혈액관리원, 국립망향의동산관리원, 건강보험분쟁조정위원회 사무국, 첨단재생의료 및 첨단바이오의약품 심의위원회 사무국, 국립재활원 등이 있다.

② 법령에 의한 보건복지부 소속기관의 직무(보건복지부와 그 소속기관 직제)

소속기관	직무	관리자
국립정신건강센터 및 국립정신병원 기출 14, 19, 20, 25	제19조(직무) ① 국립정신건강센터는 정신질환을 가진 사람에 대한 진료·조사·연구, 정신건강증진사업의 지원·수행, 정신건강의학과 의료요원 등의 교육·훈련 및 정신건강연구에 관한 업무를 관장한다. ② 국립나주병원·국립부곡병원·국립춘천병원 및 국립공주병원(이하 "국립정신병원"이라 한다)은 정신질환을 가진 사람에 대한 진료·조사·연구, 정신건강증진사업의 지원·수행 및 정신건강의학과 의료요원 등의 교육·훈련에 관한 업무를 관장한다.	제20조(하부조직의 설치 등) ③ 국립정신건강센터 및 국립정신병원에 두는 고위공무원단에 속하는 공무원으로 보하는 직위의 총수는 보건복지부령으로 정한다.

국립소록도 병원	제22조(직무) 국립소록도병원(이하 "소록도병원"이라 한다)은 한센인의 진료·요양·복지 및 자활 지원과 한센병에 관한 연구 업무를 관장한다.	제23조(원장) ① 소록도병원에 원장 1명을 두되, 고위공무원단에 속하는 일반직공무원으로 보한다. ② 원장은 장관의 명을 받아 소관사무를 통할하고, 소속공무원을 지휘·감독한다. ③ 원장이 부득이한 사유로 인하여 직무를 행할 수 없는 때에는 의료부장이 그 직무를 대행한다.
오송생명 과학단지 지원센터	제27조의2(직무) 오송생명과학단지지원센터(이하 "센터"라 한다)는 오송생명과학단지의 지원 및 관리에 관한 다음 사무를 관장한다. 1. 오송생명과학단지의 관리계획 수립, 청사 관리·방호 및 입주기관 지원에 관한 사항 2. 오송생명과학단지의 증축·개축, 청사·연구시설물의 유지·보수 및 관리에 관한 사항	제27조의3(센터장) ① 센터에 센터장 1명을 두며, 3급 또는 4급으로 보한다. ② 센터장은 장관의 명을 받아 소관사무를 총괄하고 소속 공무원을 지휘·감독한다.
국립장기 조직혈액 관리원	제27조의5(직무) 국립장기조직혈액관리원은 장기기증 및 장기이식관리, 혈액안전감시 등에 관한 업무를 관장한다.	제27조의6(원장) ① 국립장기조직혈액관리원에 원장 1명을 두되, 3급 또는 4급으로 보한다. ② 원장은 장관의 명을 받아 소관 사무를 총괄하고, 소속 공무원을 지휘·감독한다.
국립망향의 동산관리원	제28조(직무) 국립망향의동산관리원(이하 "관리원"이라 한다)은 해외동포의 유해안장, 유해안장을 위한 주선 및 합동위령제에 관한 사항과 망향의 동산 안의 수목 및 시설물 등의 관리, 국내외 참배성묘객의 안내와 성묘객에 대한 모국소개 등에 관한 업무를 관장한다.	제29조(원장) ① 관리원에 원장 1명을 두되, 4급으로 보한다. ② 원장은 장관의 명을 받아 소관사무를 통할하고, 소속공무원을 지휘·감독한다.
건강보험 분쟁조정 위원회 사무국	제37조(직무) 건강보험분쟁조정위원회 사무국(이하 이 장에서 "사무국"이라 한다)은 건강보험분쟁조정위원회 운영에 관한 업무를 관장한다.	제38조(사무국장) ① 사무국에 사무국장 1명을 두되, 4급으로 보한다. ② 사무국장은 건강보험분쟁조정위원회 위원장의 명을 받아 소관사무를 통할하고, 소속 공무원을 지휘·감독한다.

첨단재생의료 및 첨단바이오의약품 심의위원회 사무국	제38조의2(직무) 첨단재생의료 및 첨단바이오의약품 심의위원회(이하 이 장에서 "첨단재생의료심의위원회"라 한다) 사무국은 첨단재생의료심의위원회 운영에 관한 업무를 관장한다.	제38조의3(사무국장) ① 첨단재생의료심의위원회 사무국에 사무국장 1명을 두되, 3급 또는 4급으로 보한다. ② 사무국장은 첨단재생의료심의위원회 위원장의 명을 받아 소관 사무를 총괄하고, 소속 공무원을 지휘·감독한다.
국립재활원	제39조(직무) 국립재활원은 장애인의 복지증진을 위한 진료, 재활연구, 교육훈련, 사회복귀지원, 공공재활의료지원 및 지역사회중심재활에 관한 업무를 관장한다.	제40조(하부조직의 설치 등) ③ 국립재활원에 두는 고위공무원단에 속하는 공무원으로 보하는 직위의 총수는 보건복지부령으로 정한다.

(3) 질병관리청

① **질병관리청의 직무**: 질병관리청은 방역·검역 등 감염병에 관한 사무 및 각종 질병에 관한 조사·시험·연구에 관한 사무를 관장한다(「질병관리청과 그 소속기관 직제」 제3조).

② **소속기관**
  ㉠ 질병관리청장의 관장 사무를 지원하기 위하여 질병관리청장 소속으로 국립보건연구원 및 질병대응센터를 둔다(「질병관리청과 그 소속기관 직제」 제2조).
  ㉡ 질병관리청장의 관장 사무를 지원하기 위하여 책임운영기관의 설치·운영에 관한 법률 제4조 제1항, 동법 시행령 제2조 제1항 및 별표 1에 따라 질병관리청장 소속의 책임운영기관으로 국립마산병원 및 국립목포병원을 둔다.

③ **하부조직**: 질병관리청에 운영지원과·감염병정책국·감염병위기대응국·감염병진단분석국·의료안전예방국 및 만성질환관리국을 둔다. 청장 밑에 대변인, 종합상황실장 및 위기대응분석관 각 1명을 두고, 차장 밑에 기획조정관 및 감사담당관 각 1명을 둔다(「질병관리청과 그 소속기관 직제」 제4조).

④ **차장**: 고위공무원단에 속하는 일반직 또는 연구직 공무원으로 보한다(「질병관리청과 그 소속기관 직제」 제5조).

질병관리본부에서 질병관리청으로 승격(2020.9.12.)

질병관리청 승격 및 개편[5소속기관: 국립보건연구원, 질병대응센터(5), 국립결핵병원(2), 국립감염병연구소, 국립검역소(13), 질병대응센터 제주출장소, 국립검역소 지소(11)]

질병관리청의 업무

코로나19와 같은 신종 및 해외 유입 감염병에 대한 선제적 대응, 효율적 만성질환 관리, 보건의료 R&D 및 연구 인프라 강화업무 기출 서울시 22

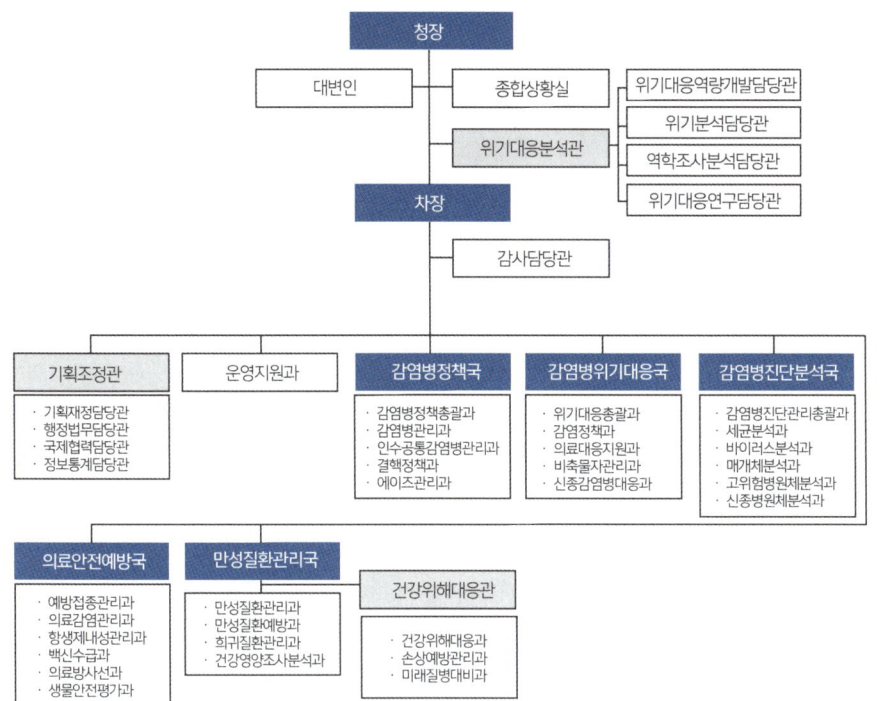

↑ 질병관리청 조직도

⑤ 질병관리청 소속기관의 직무 및 관리 기출 24

소속기관	직무	관리
국립보건 연구원	제18조(직무) 국립보건연구원(이하 이 장에서 "연구원"이라 한다)은 감염병, 유전체, 바이오 빅데이터, 만성질환 및 첨단재생의료 관련 시험·연구 업무에 관한 사무를 관장한다.	제19조(원장) ① 연구원에 원장 1명을 두며, 고위공무원단에 속하는 일반직 또는 연구직 공무원으로 보한다. ② 원장은 질병관리청장의 명을 받아 소관 사무를 총괄하고, 소속 공무원을 지휘·감독한다.
질병대응 센터	제25조(직무) 질병대응센터(이하 이 장에서 "센터"라 한다)는 다음 사무를 관장한다. 다만, 제2호·제3호·제9호 및 제10호의 사무는 관계 법령 등에 따라 질병관리청장이 수행해야 하는 사무로 한정한다. 1. <u>센터 및 출장소의 서무, 기록물 관리, 예산·결산 등 운영 지원에 관한 사항</u>	제27조(센터장) ① 센터에 센터장 1명을 두며, 3급 또는 4급이나 연구관으로 보한다. 다만, 수도권질병대응센터장은 고위공무원단에 속하는 일반직 또는 연구직 공무원으로 보한다. ② 센터장은 질병관리청장의 명을 받아 소관 사무를 총괄하고, 소속 공무원을 지휘·감독한다.

	2. 감염병·내성균·결핵·의료관련감염병의 감시·조사 및 유관기관 지원 3. 감염병에 대한 감시·역학조사·진단·분석과 지방자치단체 역학조사 지원을 위한 진단검사 및 병원체 분석 4. 국가가 설립·지정하는 감염병병원의 관리·지원 및 감염병 대비·대응 자원 비축·관리 5. 검역감염병 의사환자 등에 대한 역학조사 지원, 감염병 유행 시 검역지원 인력 및 격리시설 확보, 검역 정보 수집·분석 등에 관한 사항 6. 검역감염병 진단검사, 병원체 감시·검사 및 매개체 서식 분포 등 조사 7. 민간 감염병 검사기관 기술지도·조정, 검사 질 관리 및 진단역량 강화 지원 8. 감염병 등 질병 대응과 건강영양, 만성질환, 손상 예방관리 및 건강증진을 위한 지방자치단체 등 유관기관과의 협력체계 구축·운영 9. 국민영양조사, 구강건강실태조사 등 만성질환 및 건강행태 관련 조사에 관한 사항 10. 지역보건법에 따른 지역사회 건강실태조사 및 지역격차 해소 지원에 관한 사항 11. 만성질환, 손상 조사 관련 교육프로그램 운영 및 조사 품질 제고에 관한 사항	
국립결핵 병원	**제31조(직무)** 국립마산병원 및 국립목포병원(이하 이 장에서 "국립결핵병원"이라 한다)은 결핵환자의 진료·연구, 결핵전문가 양성 및 결핵관리요원의 교육·훈련에 관한 업무를 관장한다.	**제32조(하부조직의 설치 등)** ① 국립결핵병원의 하부조직 설치와 분장사무는 책임운영기관의 설치·운영에 관한 법률 제15조 제2항에 따라 같은 법 제10조에 따른 기본운영규정으로 정한다.

(4) 보건복지부 산하 공공기관(준정부기관)

국민건강보험공단, 국민연금공단, 건강보험심사평가원, 한국보건복지인력개발원, 국립암센터, 대한적십자사, 한국보건의료인국가시험원, 한국건강증진개발원, 한국보건의료연구원, 의료기관평가인증원 등이 있다.

소속기관	사업	관리
국립중앙의료원	「국립중앙의료원의 설립 및 운영에 관한 법률」 제5조(사업) 국립중앙의료원은 다음 각 호의 사업을 행한다. 1. 공공보건의료에 관한 임상진료지침의 개발 및 보급 2. 노인성질환의 예방 및 관리 3. 희귀난치질환 등 국가가 특별히 관리할 필요가 있다고 인정되는 질병에 대한 관리 4. 감염병 및 비감염병 또는 재난으로 인한 환자의 진료 등의 예방과 관리 5. 남북의 보건의료 협력과 국제보건의료 관련 국내외 협력 6. 민간 및 공공보건의료기관에 대한 기술 지원 7. 진료 및 의학계, 한방진료 및 한의학계 관련 연구 8. 전공의의 수련 및 의료인력의 훈련 9. 삭제 10. 「응급의료에 관한 법률」 제25조에 따른 응급의료에 관한 각종 사업의 지원 11. 「모자보건법」 제10조의6에 따른 고위험 임산부 및 미숙아 등의 의료지원에 필요한 각종 사업의 지원 12. 「공공보건의료에 관한 법률」 제21조에 따른 공공보건의료에 관한 각종 업무의 지원 13. 그 밖에 공공보건의료에 관하여 보건복지부장관이 위탁하는 사업	제10조(원장) ① 원장은 국립중앙의료원을 대표하며 국립중앙의료원의 업무를 총괄하고 소속 직원을 지휘·감독한다. ② 원장은 다음 각 호의 어느 하나에 해당하는 경우를 제외하고는 임기 중 본인의 의사에 반하여 해임되지 아니한다. 1. 이 법 또는 이 법에 따른 명령이나 정관을 위반한 경우 2. 회계부정이나 고의 또는 중대한 과실로 인하여 국립중앙의료원의 운영에 지장을 초래한 경우 3. 심신상의 장애로 인하여 직무수행이 심히 곤란하게 되거나 불가능하게 된 경우 4. 제21조 제1항에 따른 운영평가 결과 실적이 부진한 경우 ③ 제2항 각 호의 어느 하나에 해당하여 원장을 해임하고자 할 때에는 이사정수의 3분의 2 이상의 찬성에 의한 의결을 거쳐 해임건의가 있어야 한다. ④ 원장이 부득이한 사유로 직무를 수행할 수 없으면 이사 중 정관으로 정하는 자가 그 직무를 대행한다.

(5) 보건복지부 산하 공공기관

국민건강보험, 국민연금, 건강보험심사평가원, 한국보건산업진흥원, 한국노인인력개발원, 한국사회보장정보원, 한국보건복지인재원, 국립암센터, 대한적십자사, 한국보건의료인국가시험원, 한국장애인개발원, 한국국제보건의료재단, 한국사회복지협의회, 국립중앙의료원, 한국보육진흥원, 한국건강증진개발원, 한국의료분쟁조정중재원, 한국보건의료연구원, 오송첨단의료산업진흥재단, 대구경북첨단의료산업진흥재단, 한국장기조직기증원, 한국의약진흥원, 의료기관평가인증원, 국가생명윤리정책원, 한국공공조직은행, 아동권리보장원, 한국자활복지개발원, (재)한국보건의료정보원 등이 있다.

(6) 보건복지부 소속기관

국립정신건강센터, 국립나주병원, 국립부곡병원, 국립춘천병원, 국립공주병원, 국립소록도 병원, 국립재활원, 국립장기조직혈액관리원, 오송생명과학단지지원센터, 국립망향의동산관리원, 건강보험분쟁조정위원회사무국, 첨단재생의료 및 첨단바이오의약품 심의위원회사무국 등이 있다.

2. 지방 보건행정조직 기출 17, 18, 19, 20, 24

구분	설치근거	설치기준
보건소	• 「지역보건법」 제10조 • 「지역보건법 시행령」 제8조	• 시·군·구별 1개소 • 필요할 경우 시장·군수·구청장이 추가 설치
보건지소	• 「지역보건법」 제13조 • 「지역보건법 시행령」 제10조	• 읍·면별 1개소 • 필요할 경우 시장·군수·구청장이 설치, 운영 및 통합 지소 설치운영
보건진료소	「농어촌 등 보건의료를 위한 특별조치법」 제15조	리 단위의 오지·벽지에 설치
건강생활지원센터	• 「지역보건법」 제14조 • 「지역보건법 시행령」 제11조	읍·면·동(보건소가 설치된 읍·면·동은 제외한다)마다 1개씩 설치

「지역보건법」 제10조

「지역보건법」 제10조 【보건소의 설치】
① 지역주민의 건강을 증진하고 질병을 예방·관리하기 위하여 시·군·구에 1개소의 보건소(보건의료원을 포함한다. 이하 같다)를 설치한다. 다만, 시·군·구의 인구가 30만 명을 초과하는 등 지역주민의 보건의료를 위하여 특별히 필요하다고 인정되는 경우에는 대통령령으로 정하는 기준에 따라 해당 지방자치단체의 조례로 보건소를 추가로 설치할 수 있다.
② 동일한 시·군·구에 2개 이상의 보건소가 설치되어 있는 경우 해당 지방자치단체의 조례로 정하는 바에 따라 업무를 총괄하는 보건소를 지정하여 운영할 수 있다.

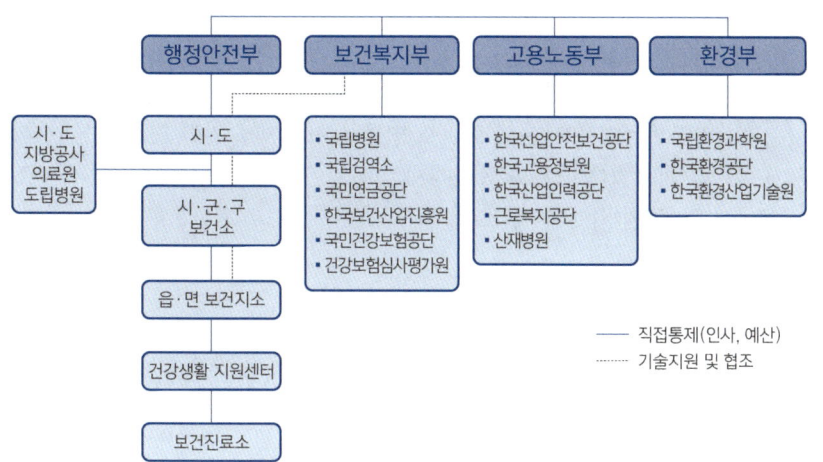

◆ 국가보건의료의 조직화

(1) 보건소
① 보건소의 기능 기출 17
㉠ **보건기획과 평가 기능**: 지역보건의료계획을 수립·시행·평가한다.
㉡ **행정규제와 지원 기능**: 병·의원, 약국 등 관련 업소와 단체의 지도·감독과 지원 기능을 한다.
㉢ **지역보건사업의 전개**: 건강증진, 질병예방, 치료, 재활서비스 등 포괄적인 보건의료서비스를 제공한다.
② 보건소의 인력
㉠ **의료인**: 의사, 치과의사, 한의사, 조산사, 간호사(「의료법」 제2조)
㉡ 약사 및 한약사(「약사법」 제2조)
㉢ **의료기사**: 임상병리사, 방사선사, 물리치료사, 작업치료사, 치과기공사, 치과위생사(「의료기사 등에 관한 법률」 제3조)
㉣ 의무기록사, 안경사(「의료기사 등에 관한 법률」 제2조)
㉤ 응급구조사(「응급의료에 관한 법률」 제36조)
㉥ 간호조무사(「의료법」 제80조)
㉦ **의료유사업자**: 접골사, 침사, 구사(「의료법」 제81조)
㉧ 안마사(「의료법」 제82조)
㉨ **보건소장**: 의사의 면허를 가진 자나 최근 5년 이상 보건 등의 업무와 관련한 근무경험이 있는 보건의무직군(보건, 의무, 약무, 간호, 식품위생, 의료기술직) 직렬 공무원으로 임용한다.

③ 보건소의 업무
  ㉠ 지역보건법 개정에 따라 보건소에서 관장하는 업무의 내용도 더욱 광범위하게 강화되었다.
  ㉡ 지역보건법은 다음의 보건소 업무를 보건의료 관련 기관·단체에게 위탁, 의료법에 따른 의료인에게 대행할 수 있다(「지역보건법」제30조 제2항, 동법 시행령 제23조).

> **관련 법령**
>
> 「지역보건법」제11조 기출 16, 17, 18, 19, 20, 21 【보건소의 기능 및 업무】① 보건소는 해당 지방자치단체의 관할 구역에서 다음 각 호의 기능 및 업무를 수행한다.
> 1. 건강 친화적인 지역사회 여건의 조성
> 2. 지역보건의료정책의 기획, 조사·연구 및 평가
> 3. 보건의료인 및 보건의료기본법 제3조 제4호에 따른 보건의료기관 등에 대한 지도·관리·육성과 국민보건 향상을 위한 지도·관리
> 4. 보건의료 관련기관·단체, 학교, 직장 등과의 협력체계 구축
> 5. 지역주민의 건강증진 및 질병예방·관리를 위한 다음 각 목의 지역보건의료서비스의 제공 기출 16, 19
>   가. 국민건강증진·구강건강·영양관리사업 및 보건교육
>   나. 감염병의 예방 및 관리
>   다. 모성과 영유아의 건강유지·증진
>   라. 여성·노인·장애인 등 보건의료취약계층의 건강유지·증진
>   마. 정신건강증진 및 생명존중에 관한 사항
>   바. 지역주민에 대한 진료, 건강검진 및 만성질환 등의 질병관리에 관한 사항
>   사. 가정 및 사회복지시설 등을 방문하여 행하는 보건의료사업
>   아. 난임의 예방 및 관리
> ② 제1항에 따른 보건소 기능 및 업무 등에 관하여 필요한 세부사항은 대통령령으로 정한다.

위탁업무	• 지역사회 건강실태조사에 관한 업무 • 지역보건의료계획의 시행에 관한 업무 • 감염병의 예방 및 관리에 관한 업무 • 지역주민에 대한 진료, 건강검진 및 만성질환 등 질병관리에 관한 사항 중 전문지식 및 기술이 필요한 진료, 실험 또는 검사 업무 • 가정 및 사회복지시설 등을 방문하여 행하는 보건의료사업에 관한 업무
대행업무	지역주민에 대한 진료, 건강검진 및 만성질환 등 질병관리에 관한 사항 중 전문지식 및 기술이 필요한 진료에 관한 업무

「지역보건법 시행령」 제9조 【보건소의 기능 및 업무의 세부 사항】 ① 법 제11조 제11항 제2호에 따른 지역보건의료정책의 기획, 조사·연구 및 평가의 세부 사항은 다음 각 호와 같다.
1. 지역보건의료계획 등 보건의료 및 건강증진에 관한 중장기 계획 및 실행계획의 수립·시행 및 평가에 관한 사항
2. 지역사회 건강실태조사 등 보건의료 및 건강증진에 관한 조사·연구에 관한 사항
3. 보건에 관한 실험 또는 검사에 관한 사항

② 법 제11조 제1항 제3호에 따른 보건의료인 및 「보건의료기본법」 제3조 제4호에 따른 보건의료기관등에 대한 지도·관리·육성과 국민보건 향상을 위한 지도·관리의 세부 사항은 다음 각 호와 같다.
1. 의료인 및 의료기관에 대한 지도 등에 관한 사항
2. 의료기사·보건의료정보관리사 및 안경사에 대한 지도 등에 관한 사항
3. 응급의료에 관한 사항
4. 「농어촌 등 보건의료를 위한 특별조치법」에 따른 공중보건의사, 보건진료 전담공무원 및 보건진료소에 대한 지도 등에 관한 사항
5. 약사에 관한 사항과 마약·향정신성의약품의 관리에 관한 사항
6. 공중위생 및 식품위생에 관한 사항

③ 법 제11조 제2항에서 "대통령령으로 정하는 업무"란 난임시술 주사제 투약에 관한 지원 및 정보제공을 말한다.

④ 보건소의 발전과정 기출 20

1945.9.	미 군정청 군정법 제1호, 보건행정개혁: 예방보건사업의 적극추진
1946.10.	모범보건소(서울)
1948	국립 중앙보건소로 승격
1951.9.	국민의료법 제정
1953	15개의 보건소와 471개의 보건진료소 설치
1955	16개의 보건소와 515개의 보건진료소
1956.12.	보건소법 제정: 시·도립 보건소 직제 완성
1958.6.	보건소법 시행령 공포
1962.9.	보건소법 전면 개정: 시·도립 보건소체제에서 시·군보건소체제, 13보건소업무 규정
1975	위생업무 시·군청으로 분리, 진료기능강화
1976	보건소법 시행령 공포 – 보건소 설치기준 마련(시·군·구)
1977	의료보호법 제정과 의료보험 실시로 진료기능 강화

1980.12.		농어촌 보건의료를 위한 특별조치법 • 농어촌 벽오지 보건진료소 설치 및 보건진료원 배치 • 읍·면 보건지소에 공중보건의사 및 치과의사 배치
1988 ~ 1989		의료취약지역 군 보건소의 병원화 사업추진(15개 보건의료원 설립)
1991.3.		**보건소법 개정**: 보건지소 설치근거 마련 및 보건소업무 보완
1992.7.		보건소 및 보건지소 보건의료 전문인력 배치기준(보사부훈령 제639호)
1994.12.		**농어촌특별세법**: 농어촌 의료개선사업 실시
1995		**보건소법을 지역보건법으로 전환**: 국민건강증진법 제정
1996		보건소별 지역보건의료계획 작성
1997		건강증진기금 신설
2002		보건소 한방공공보건사업 실시, 건강증진사업에서 건강생활실천사업 4개 분야로 개편(금연, 절주, 운동, 영양)
2005		도시 취약계층을 위한 도시 보건지소 확충(30개소), 보건소 금연클리닉 운영
2006		보건소 통합정보시스템 개발, 질환 조사 감시체계 수립
2007		맞춤형 방문건강관리사업 실시
2010		보건소 통합정보시스템 구축사업 실시
2013		지역사회통합건강증진사업 도입, 건강생활지원센터 시범사업 실시
2014		건강생활지원센터 정규사업 실시
2017		치매 국가 책임제(치매안심센터의 설립)
2020		질병관리본부 ⇨ 질병관리청 승격

(2) 보건지소 기출 11, 12, 14, 16, 17, 18

① 1981년부터 「농어촌 등 보건의료를 위한 특별조치법」에 의해 공중보건의사를 보건지소장으로 배치하도록 되어 있다.

② 보건지소장은 관할 보건소장의 지휘·감독을 받아 보건지소의 업무를 관장하고 소속직원을 지휘 감독하며 관내 보건진료 전담공무원의 업무를 지도·감독한다.

③ 기능

㉠ 보건의료전달체계의 하부조직인 1차 보건의료기관으로서 1차 진료와 보건관리업무를 포괄적 보건의료, 즉 팀 활동에 의한 1차 보건의료 활동과 환자 후송 등 환자 관리를 주 기능으로 하는 일반과 진료를 수행한다.

㉡ 구강보건관리를 주 기능으로 하는 치과진료를 한다.

㉢ 모자보건사업, 예방접종사업 등의 보건사업을 실시한다.

㉣ 만성질환자 및 노인건강사업 등을 포함한 통합보건사업을 수행한다.

(3) **보건진료소** 기출 23
   ① **설치 목적**: 보건진료소는 보건의료 취약지역 주민에게 1차 보건의료서비스를 효율적으로 제공함으로써 보건의료서비스의 균형과 건강 수준을 향상시키기 위해 설치되었다.
   ② **보건진료소 인력**: 전문인인 보건진료 전담공무원의 자격은 간호사, 조산사 기타 대통령령이 정하는 자이다.
   ③ 보건복지부장관이 실시하는 24주 이상의 직무교육을 받은 자(2018년 이후 26주 교육 실시 중)의 직무교육 과정은 총 26주로, 이론교육(8주), 임상실습(12주), 현지실습(6주)으로 구성된다.

관련 법령

「농어촌 등 보건의료를 위한 특별조치법」 제2조 【정의】
   4. "보건진료소"란 의사가 배치되어 있지 아니하고 계속하여 의사를 배치하기 어려울 것으로 예상되는 의료 취약지역에서 보건진료 전담공무원으로 하여금 의료행위를 하게 하기 위하여 시장·군수가 설치·운영하는 보건의료시설을 말한다.

제5조의2 【공중보건의사의 배치기관 및 배치시설】 ① 제5조 제1항 및 제2항에 따라 보건복지부장관 또는 시·도지사가 공중보건의사를 배치할 수 있는 기관 또는 시설은 다음 각 호와 같다.
   1. 보건소 또는 보건지소
   2. 국가·지방자치단체 또는 공공단체가 설립·운영하는 병원으로서 보건복지부장관이 정하는 병원(이하 이 조에서 "공공병원"이라 한다)
   3. 공공보건의료연구기관
   4. 공중보건사업의 위탁사업을 수행하는 기관 또는 단체
   5. 보건의료정책을 수행할 때에 공중보건의사의 배치가 필요한 기관 또는 시설로 대통령령으로 정하는 기관 또는 시설
   ② 제1항에 따른 보건소 및 공공병원은 특별시·광역시(광역시의 관할구역에 있는 군 지역은 제외한다) 외의 지역에 있는 기관 및 시설로 한정한다.

제7조 【의무복무기간】 ① 공중보건의사의 의무복무기간은 「병역법」 제55조에 따라 받는 교육소집기간 외에 3년으로 한다.
   ② 제1항에 따른 의무복무기간을 마친 공중보건의사에 대하여는 「병역법」 제34조 제2항에 따라 사회복무요원 복무를 마친 것으로 본다.
   ③ 보건복지부장관은 제1항에 따른 의무복무기간을 마친 공중보건의사의 명단을 병무청장에게 통보하여야 한다.

제9조 【공중보건의사의 복무】 ① 공중보건의사는 의무복무기간 동안 공중보건업무에 성실히 종사하여야 하며, 제5조 제1항에 따라 부여받은 공중보건업무 외의 업무에 종사하여서는 아니 된다.
② 보건복지부장관은 공중보건의사가 제8조 제1항 및 제2항에 따른 명령을 위반하여 의무복무기간 중 통틀어 7일 이내의 기간 동안 직장을 이탈하거나 근무지역을 이탈하였을 때에는 그 이탈일수의 5배의 기간을 연장하여 근무할 것을 명할 수 있다.
③ 보건복지부장관은 공중보건의사가 제1항을 위반하여 공중보건업무 외의 업무에 종사하였을 때에는 그 업무에 종사한 일수의 5배의 기간을 연장하여 근무할 것을 명할 수 있다.
④ 보건복지부장관은 공중보건의사가 장기입원 또는 요양 등 직무 외의 사유로 1개월 이상 근무하지 못한 경우에는 그 기간만큼 연장하여 근무할 것을 명할 수 있다.
⑤ 보건복지부장관은 제2항부터 제4항까지의 규정에 따라 의무복무기간 연장을 명할 때에는 미리 상대방에게 의견을 진술할 기회를 주어야 한다.
⑥ 공중보건의사가 제2항부터 제4항까지의 규정에 따라 보건복지부장관의 근무기간 연장 명령을 받은 경우에는 채용계약 기간이 연장된 것으로 본다.
⑦ 공중보건의사가 「병역법」 제35조 제2항 및 제4항에 따라 편입이 취소되거나 제12조 제1항에 따라 전공의(專攻醫) 수련이 허가된 경우에는 채용계약이 해지된 것으로 본다.
⑧ 공중보건의사의 복무에 관하여는 이 법에서 규정한 사항을 제외하고는 「국가공무원법」에 따른다.

제16조 【보건진료 전담공무원의 자격】 ① 보건진료 전담공무원은 간호사·조산사 면허를 가진 사람으로서 보건복지부장관이 실시하는 24주 이상의 직무교육을 받은 사람이어야 한다.
② 제1항의 직무교육에 필요한 사항은 보건복지부령으로 정한다.

제17조 【보건진료 전담공무원의 신분 및 임용】 ① 보건진료 전담공무원은 지방공무원으로 하며, 특별자치시장·특별자치도지사·시장·군수 또는 구청장이 근무지역을 지정하여 임용한다.
② 특별자치시장·특별자치도지사·시장·군수 또는 구청장은 보건진료 전담공무원이 다음 각 호의 어느 하나에 해당하는 경우에는 그 보건진료 전담공무원을 징계할 수 있다.
1. 정당한 이유 없이 지정받은 근무지역 밖에서 의료행위를 한 경우
2. 제19조에 따른 범위를 넘어 의료행위를 한 경우
3. 제20조에 따른 관할구역 이탈금지 명령을 위반하여 허가 없이 연속하여 7일 이상 관할구역을 이탈한 경우
③ 제2항에 따른 징계의 절차·방법, 그 밖에 필요한 사항은 「지방공무원법」에 따른다.

「농어촌 등 보건의료를 위한 특별조치법 시행령」 제14조 【보건진료 전담공무원의 업무】 ① 법 제19조에 따른 보건진료 전담공무원의 의료행위의 범위는 다음 각 호와 같다.
1. 질병·부상상태를 판별하기 위한 진찰·검사
2. 환자의 이송
3. 외상 등 흔히 볼 수 있는 환자의 치료 및 응급 조치가 필요한 환자에 대한 응급처치
4. 질병·부상의 악화 방지를 위한 처치
5. 만성병 환자의 요양지도 및 관리
6. 정상분만 시의 분만 도움
7. 예방접종
8. 제1호부터 제7호까지의 의료행위에 따르는 의약품의 투여
② 보건진료 전담공무원은 제1항 각 호의 의료행위 외에 다음 각 호의 업무를 수행한다.
1. 환경위생 및 영양개선에 관한 업무
2. 질병예방에 관한 업무
3. 모자보건에 관한 업무
4. 주민의 건강에 관한 업무를 담당하는 사람에 대한 교육 및 지도에 관한 업무
5. 그 밖에 주민의 건강증진에 관한 업무
③ 보건진료 전담공무원은 제1항에 따른 의료행위를 할 때에는 보건복지부장관이 정하는 환자 진료지침에 따라야 한다.

(4) 보건의료원 기출 17, 18, 25
① 설치근거: 「지역보건법」 제12조
② 보건소 중 의료법에 따른 병원의 요건을 갖춘 보건소는 의료원 명칭을 사용한다.

(5) 건강생활지원센터 기출 17, 18, 20
① 설치근거: 「지역보건법」 제14조
② 설치기준: 읍·면·동마다 1개씩 설치한다(보건소 설치지역 제외).
③ 지방자치단체가 보건소의 업무 중에서 특별히 지역주민의 만성질환 예방 및 건강한 생활습관 형성을 지원하기 위함이다.
④ 건강생활지원센터 설치 및 운영은 지속적으로 증가하고 있는 추세이다.

(6) 공공의료기관
① 공공의료기관이란 「공공보건의료에 관한 법률」 제2조 제3호에 의거한 공공보건의료기관 중 공공보건기관(보건소, 보건지소, 보건의료원, 보건진료소)을 제외한 공공의료기관이다.

기출 체크
우리나라의 지역보건행정조직에 대한 설명으로 옳은 것은? 기출 25
① 보건진료소는 지역보건법에 의하여 설치한다.
② 보건소, 보건지소는 정부조직법에 의하여 설치 및 운영한다.
③ 보건의료원은 의료법에 의하여 병원의 요건을 갖춘 보건소이다.
④ 보건소는 읍·면·동별로 1개소씩 설치하되 필요한 지역에 추가로 설치할 수 있다.

정답 ③

🔻 공공보건의료기관 현황 및 정의

설립형태		근거법령	소관부처	보건의료기관	비고
중앙	국가 (26)	보건복지부와 그 소속기관 직제	복지부	국립재활원(1), 국립정신병원(5), 국립소록도병원(1)	공공 의료 기관 (231)
		경찰청과 그 소속기관 직제	행안부	국립경찰병원(1)	
		법무부와 그 소속기관 직제	법무부	국립법무병원(1)	
		국군조직법	국방부	군병원(15)	
		질병관리청과 그 소속기관 직제	질병청	국립결핵병원(2)	
	특수법인 (58)	국민건강보험법	복지부	국민건강보험공단 일산병원(1)	
		국립중앙의료원의 설립 및 운영에 관한 법률	복지부	국립중앙의료원(1)	
		암관리법	복지부	국립암센터(1)	
		대한적십자조직법	복지부	적십자병원(6)	
		산업재해보상보험법	노동부	근로복지공단병원(10), 근로복지공단의원(4)	
		한국보훈복지공단법	보훈처	보훈병원(6), 보훈요양병원(2)	
		국립대학병원 설치법, 국립대학치과병원설치법, 서울대학교병원설치법, 서울대학교치과병원설치법	교육부	국립대학병원(9), 국립대학병원분원(5), 국립대학치과병원(5), 국립대학한방병원(1), 국립대학전문센터(1), 서울대학교병원(1), 서울대학교병원분원(1), 서울대학교치과병원(2)	
		장애인복지법/ 대한적십자조직법	복지부	경인권역재활병원(1)	
		자동차손해배상보장법	국토부	국립교통재활병원(1)	
	재단법인 (2)	방사선 및 방사성동위원소 이용진흥법	과기부	원자력병원(2)	
지자체	특수법인 (40)	지방의료원의 설립 및 운영에 관한 법률	복지부	지방의료원(35), 지방의료원분원(5)	
	시·도/군립 (105)	장애인복지법	복지부	권역재활병원(4)	
		시·도/군 조례	행안부	시도/군립병원(101)	
	공공보건 기관 (3,598)	지역보건법	행안부 (복지부)	보건소(보건의료원 포함), 보건지소, 건강생활지원센터(1,696)	공공 보건 기관 (3,598)
		농어촌 등 보건의료를 위한 특별 조치법	행안부 (복지부)	보건진료소(1,902)	

* 공공보건기관은 보건소(보건의료원 포함), 보건지소, 건강생활지원센터, 보건진료소 포함
(출처: 보건복지부 건강정책과)
* 괄호 안 숫자는 의료기관 개소 수

② 우리나라의 공공의료기관은 2022년 기준 총 231개로, 기능에 따라 일반진료 중심, 특수대상 중심, 특수질환 중심, 노인병원으로 구분되며 지역에 따라 설치되어 있다.

🔽 공공의료기관의 기능 및 관할 지역에 따른 분류(2022년 12월 기준)

기능 구분	광역 이상		단일 혹은 복수 기초자치단체	
일반진료 중심(72)	국립중앙의료원(1) 국립대학병원(9) 국립대학병원분원(5) 건보공단일산병원(1) 서울대학교병원(1) 서울대학교병원분원(1)	18	지방의료원(35) 지방의료원분원(3) 적십자병원(6) 시군립일반병원(10)	54
특수대상 중심(36)	경찰병원(1) 보훈병원(6) 군병원(15) 근로복지공단 병·의원(14)	36		
특수질환 중심(42)	국립결핵병원(2) 국립정신병원(5) 국립법무병원(1) 국립재활원(1) 국립교통재활병원(1) 권역재활병원(5) 국립암센터(1) 국립소록도병원(1) 국립대학치과병원(5) 서울대학교치과병원(2) 원자력병원(2) 국립대학한방병원(1) 국립대학전문센터(1)	28	시립장애인치과병원(1) 시립서북병원(1) 시립어린이병원(1) 시도립정신병원(10) 군립일반병원(1)	14
노인병원(81)	시도립노인병원(32) 보훈요양병원(2)	34	시군구립노인병원(47)	47

* 괄호 안 숫자는 의료기관 개소 수
출처: 보건복지부, 국립중앙의료원(2022). 공공의료기관현황

(7) 지역보건의료계획(「지역보건법」 제7조)
① **수립자**: 시·도지사 및 시장·군수·구청장
② **수립기간**: 지역보건의료계획은 4년마다 수립한다.
③ **수립절차**
  ㉠ 시장·군수·구청장(특별자치시장·특별자치도지사 제외)은 해당 시·군·구 위원회의 심의를 거쳐 지역보건의료계획(연차별 시행계획 포함)을 수립한 후 해당 시·군·구 의회에 보고하고 시·도지사에게 제출하여야 한다.

ⓒ 특별자치시장·특별자치도지사 및 관할 시·군·구의 지역보건의료계획을 받은 시·도지사는 해당 위원회의 심의를 거쳐 시·도(특별자치시·특별자치도 포함)의 지역보건의료계획을 수립한 후 해당 <u>시·도의회에 보고하고 보건복지부장관에게 제출</u>하여야 한다.

④ **제출 시기** 기출 20
　㉠ 시장·군수·구청장은 지역보건의료계획(연차별 시행계획을 포함)을 계획 시행연도 <u>1월 31일까지 시·도지사</u>에게 제출하여야 한다.
　㉡ 시·도지사는 법 제7조 제4항에 따라 지역보건의료계획을 계획 시행연도 <u>2월 말일까지 보건복지부장관</u>에게 제출하여야 한다.
　㉢ 시장·군수·구청장은 지역 내 인구의 급격한 변화 등 예측하지 못한 보건의료환경 변화에 따라 <u>지역보건의료계획을 변경할 필요가 있는 경우</u>에는 시·군·구 위원회의 심의를 거쳐 변경한 후 시·군·구 의회에 변경 사실 및 변경 내용을 보고하고, 시·도지사에게 지체 없이 변경 사실 및 변경 내용을 제출하여야 한다.
　㉣ 시·도지사는 지역 내 인구의 급격한 변화 등 예측하지 못한 보건의료환경 변화에 따라 지역보건의료계획을 변경할 필요가 있는 경우에는 시·도(특별자치시·특별자치도를 포함) 위원회의 심의를 거쳐 변경한 후 시·도 의회에 변경 사실 및 변경 내용을 보고하고, 보건복지부장관에게 지체 없이 변경 사실 및 변경 내용을 제출하여야 한다.

⑤ **내용** 기출 15, 16, 17, 18, 19, 20
　㉠ 보건의료 수요의 측정
　㉡ 사업 계획 시 지역주민의 요구를 반영
　㉢ 지역보건의료서비스에 관한 장기·단기 공급대책
　㉣ 인력·조직·재정 등 보건의료자원의 조달 및 관리
　㉤ 지역보건의료서비스의 제공을 위한 전달체계 구성 방안
　㉥ 지역보건의료에 관련된 통계의 수집 및 정리

⑥ **지역보건의료계획의 공통 세부 내용(「지역보건법 시행령」 제4조)** 기출 15, 16, 19
　㉠ 지역보건의료계획의 달성 목표
　㉡ 지역현황과 전망
　㉢ 지역보건의료기관과 보건의료 관련기관·단체 간의 기능 분담 및 발전 방향
　㉣ 법 제11조에 따른 보건소의 기능 및 업무의 추진계획과 추진현황
　㉤ 지역보건의료기관의 인력·시설 등 자원 확충 및 정비 계획
　㉥ 취약계층의 건강관리 및 지역주민의 건강 상태 격차 해소를 위한 추진 계획
　㉦ 지역보건의료와 사회복지사업 사이의 연계성 확보 계획
　㉧ 의료기관의 병상(病床)의 수요·공급
　㉨ 정신질환 등의 치료를 위한 전문치료시설의 수요·공급
　㉩ 특별자치시·특별자치도·시·군·구(구는 자치구를 말하며, 이하 "시·군·구"라 한다) 지역보건의료기관의 설치·운영 지원

ㄷ. 시·군·구 지역보건의료기관 인력의 교육훈련
ㄹ. 지역보건의료기관과 보건의료 관련기관·단체 간의 협력·연계
ㅁ. 그 밖에 시·도지사 및 특별자치시장·특별자치도지사가 지역보건의료계획을 수립함에 있어서 필요하다고 인정하는 사항

⑦ 지역보건의료계획 시행 결과의 평가(「지역보건법」 시행령 제7조) 기출 21
 ㉠ 지역보건의료계획 내용의 충실성
 ㉡ 지역보건의료계획 시행 결과의 목표달성도
 ㉢ 보건의료자원의 협력 정도
 ㉣ 지역주민의 참여도와 만족도
 ㉤ 그 밖에 지역보건의료계획의 연차별 시행계획에 따른 시행 결과를 평가하기 위하여 보건복지부장관이 필요하다고 정하는 기준
 ㉥ 보건복지부장관 또는 시·도지사는 ㉠~㉤에 따라 지역보건의료계획의 연차별 시행계획에 따른 시행 결과를 평가한 경우에는 그 평가 결과를 공표할 수 있다.

> **★ 핵심정리 지역보건의료계획**
>
> 1. **수립**
>   4년마다 수립한다.
> 2. 지역주민의 요구도 중요시하여 2주 이상 공고하고 의견을 수렴한다.
> 3. **시행계획의 수립**
>   시장·군수·구청장은 1월 31일까지 시·도지사에게 제출 ⇨ 2월 말일까지 보건복지부장관에게 제출한다.
> 4. 혹시라도 계획 내용 변경 시 지체 없이 변경 사실 및 변경 내용을 제출한다.
> 5. **시행 결과(시행연도 다음 해)**
>   시장·군수·구청장은 1월 31일까지 시·도지사에게 제출 ⇨ 2월 말일까지 보건복지부장관에게 제출한다.

3. 민간 보건의료조직

(1) 대한결핵협회

① 대한결핵협회는 국가결핵관리사업을 지원한다.
② 우리나라의 결핵병 근절과 호흡기 질환 퇴치에 기여하며, 나아가서 국제항결핵 운동에 기여함을 목적으로 1953년에 발족하였다.
③ 대한결핵협회는 「결핵예방법」 제21조의 규정에 의한 결핵에 관한 조사·연구와 예방 및 퇴치사업을 수행함으로써 국민보건 향상에 이바지함을 목적으로 아래와 같은 사업을 수행한다.

국내결핵퇴치사업	결핵환자 진료, 결핵환자 발견, 결핵균 검사, 결핵관리시설 운영, 흉부 X선 원격 판독, 교육협력, 결핵예방홍보, 결핵퇴치 기금모금, 결핵연구, 학생행복나눔
국외결핵퇴치사업	국제협력사업, 공적개발원조, 결핵교육 및 기술지원, 민간기업 지원 원조

(2) 인구보건복지협회
① 인구보건복지협회는 1961년 4월에 대한가족계획협회로 설립되었다.
② 1999년에 대한가족보건복지협회로, 2006년에 인구보건복지협회로 개칭하였다.
③ 전국에 어머니회를 조직하여 가족계획에 대한 계몽, 피임시술 홍보, 연구요원 훈련 등을 수행하여 우리나라의 가족계획사업을 성공적으로 이끌어 왔으며 세계적으로 널리 알리는 데 큰 역할을 하였다.
④ 주요 사업으로는 인구변화 대응, 출산모자보건, 가족보건의료, 국제교류 및 협력강화 등이 있다.

(3) 대한적십자사
① 대한적십자사는 인도·공평·중립·독립·봉사·단일·보편의 국제적십자운동의 기본 원칙 아래 구한말 시대인 1905년에 인도주의를 실현하고 세계평화와 인류의 복지에 공헌함을 목적으로 설립되었다.
② 1949년 대한적십자사 조직법이 공포되었다.
③ 적십자는 재난구호사업, 복지사업(평시구호), 국제사업, 교육 및 연구, 인도주의 활동가 양성, 공공의료사업, 혈액사업 등의 다양한 사업을 전개한다.
④ 전국에 6개의 적십자병원, 1개의 재활센터병원과 15개의 적십자 혈액원, 1개의 혈장분획센터, 1개의 혈액수혈연구원, 3개의 혈액검사센터를 운영 중이다.

(4) 한국한센복지협회
① 한국한센복지협회는 1948년 9월에 대한나예방협회로 창립되어 2000년 7월에 한국한센복지협회로 개칭하였다.
② 국가시책에 따라 한센병 등에 관한 진료·조사연구 및 교육홍보사업을 수행하고, 국제교류를 통한 정보 교환 등을 통해 한센병을 퇴치·예방하며, 장애인에 대한 의료적·사회적 재활사업을 추진함으로써 국민보건 향상에 기여한다.

(5) 한국건강관리협회
① 한국건강관리협회는 1964년 창립된 이래 1986년 11월에 한국기생충박멸협회를 병합하여 감염병의 예방 및 관리에 관한 법률에 따라 기생충 감염병에 관한 조사연구 등 예방사업을 지원하였다.
② 비전염성 만성질환과 보건복지부장관이 국민보건의료시책상 필요로 하는 질환의 조기발견, 예방을 위한 효율적인 건강검진과 치료, 역학적 조사연구 및 보건교육을 실시하여 국민건강증진에 기여함을 목적으로 한다.

(6) 기타
대한산업보건협회, 직업건강협회, 대한의사협회, 대한간호협회, 대한한의사협회, 대한치과의사협회, 대한조산사협회, 대한약사회, 대한보건협회, 대한병원협회 등이 있다.

4. 국제보건기구

(1) 정의

국제보건은 범세계적인 건강 수준을 향상하고 건강 불평등을 감소시키고, 국경을 넘어 위협이 되는 질병으로부터 인류를 보호하는 것이다.

(2) 국제보건과 국가 간 보건의 특징 비교

구분	국제보건(세계보건) (Global Health, GH)	국가 간 보건 (International Health, IH)
목표	모든 국가와 대상자들의 건강평등 달성을 목표로 함	다른 나라 보건문제 해결을 돕기 위함
지리적 범위	국가 간 경계를 넘는 보건문제에 관심	다른 나라, 특히 후진국과 개발도상국에 관심
협력의 수준	• 전 지구적 협력 • 범세계적 협력을 필요로 하는 보건문제 해결책의 개발과 수행	• 주로 두 국가 간 협력 • 대부분 상대 국가 간의 협력을 필요로 하는 보건문제 해결책의 개발과 수행
개인과 집단	모든 집단	
건강에 대한 접근	• 국가 간, 개인 간 건강형평성이 목표 • 건강에 직·간접적 영향을 주는 보건문제, 특히 국가의 경계를 초월한 보건문제에 우선순위를 두고 접근함	• 2개 이상의 국가의 보건문제에 초점을 두고, 특히 저소득·중간소득 국가의 보건문제에 우선순위를 두고 접근함 • 다른 나라 사람들을 돕는 데에 관심
연구의 범위	보건과 의학을 넘는 다분야, 분야 간 협력	일부 분야, 다분야에 대한 접근은 미약

출처: Koplan et al. (2009). Towards a common definition of global health. Lancer, 373(9679), 1993-1995.

(3) 목적

국제보건기구는 국가 간 보건의료정보의 교환과 의료기술의 지원 및 이전 등의 필요성 증가에 따라 국제적 협력을 통하여 인류의 건강을 회복·유지·향상시키기 위한 것이다.

(4) 세계보건기구(WHO; World Health Organization) 기출 14, 16, 17, 18

① **설립 목적**: 모든 사람이 가능한 한 최고 수준의 건강을 영위하게 하는 것이다.
② 제시한 의제
  ㉠ **2개의 목표**: 건강과 개발증진, 건강보장 강화
  ㉡ **2개의 전략**: 건강전달체계 강화, 연구와 정보 및 근거 제공
  ㉢ **2개의 조작적 접근**: 파트너십 확대, 효과적이고 효율적인 수행

국제보건의 주요 과제

1. 주요 건강 관리
2. 보건시스템의 개선
3. 3대 감염병 대책(HIV/AIDS, 결핵, 말라리아)
4. 글로벌 공중보건 안전(Global Public Health Security)(신종 감염병, 생물전 등)
5. 기후변화와 건강
6. 모자보건·생식건강
7. 영양(저영양, 미량 원소 결핍 등)
8. 기생충 감염증 대책
9. 담배 규제(Global Tobacco Control)
10. 비감염성 질환 대책(Non-communicable disease control)
11. 건강의 사회적 결정요인·사회역학
12. 인구이동(이주)과 건강·거주 외국인의 건강
13. 국제 긴급 원조
14. 여행의학·도항의학
15. 정신건강
16. 직업 안전건강

WHO의 주요 보건사업

기출 17, 18, 19, 20

1. 결핵관리사업
2. 모자보건사업
3. 영양개선사업
4. 환경위생사업
5. 보건교육사업
6. 성병, 에이즈사업
7. 말라리아근절사업

③ 주요 기능(세계보건기구 헌장 제1조) 기출 10, 15, 17, 18, 19
  ㉠ 국제적인 보건사업 지휘 및 조정, 보건에 중요한 문제들에 지도력을 제시한다.
  ㉡ 보건서비스의 강화를 위한 각국 정부의 요청에 대한 지원 및 공동 행동이 필요한 경우에는 파트너십에 참가한다.
  ㉢ 각국 정부의 요청 시 적절한 기술을 지원하고, 응급상황 발생 시 필요한 도움을 제공한다.
  ㉣ 감염병 및 기타 질병 등의 예방과 관리에 대한 업무를 지원한다.
  ㉤ 영양, 주택, 위생, 경제 혹은 작업여건, 환경 등에 대한 다른 전문기관과의 협력을 지원한다.
  ㉥ 생의학과 보건서비스 연구를 지원하고 조정한다.
  ㉦ 보건, 의학 그리고 관련 전문 분야의 교육과 훈련의 기준을 개발 및 개발 지원, 기술 지원, 변화 촉진 및 지속가능한 역량 개발을 지원한다.
  ㉧ 생물학, 제약학 그리고 유사물질들에 대한 국제적 표준 개발 및 진단기법의 표준화를 시행한다.
  ㉨ 정신 분야의 활동지원 및 윤리적 근거에 기반을 둔 정책대안을 형성한다.
  ㉩ 선진국과 후진국 사이의 건강불평등 해소를 목적으로 여성건강, 아동건강, HIV/AIDS, 감염병, 건강불평등 해소를 위한 보건서비스 및 연구를 지원한다.
  ㉪ 보건상태 모니터링 및 보건의 추이를 평가한다.
  ㉫ 규범과 표준을 마련하고, 전파하며 그 이행을 모니터링한다.
  ㉬ 연구과제 형성, 가치 있는 지식의 생산 및 전파를 수행한다.

④ 구조 기출 11, 14, 15, 16, 17, 18, 19, 20
  ㉠ <u>본부</u>: 스위스 제네바에 위치해 있다.
  ㉡ 조직
    ⓐ 세계보건총회(WHA, World Health Assembly): 각 회원국의 대표로 구성되어 있다(우리나라는 1949년 8월 17일 세계 65번째로 회원국에 가입).
    ⓑ 집행이사회: 세계보건총회에서 지명된 이사국(34개국)으로 구성되며 세계보건총회의 결정사항과 정책을 집행한다.
    ⓒ 사무국: 사무총장, 5인의 사무차장과 그 하부에 기술 및 행정요원으로 구성되어 있다(사무총장은 임기 5년이며, 우리나라는 이종욱 박사가 2003년에 선출되었다).
    ⓓ 지역사무소(6개 지역에 지역사무소 및 소재지): 지역위원회의 행정기관으로 세계보건총회와 이사회에서 결정된 사항을 지역 내에서 집행한다.
      • 동지중해 지역: 이집트 카이로
      • 동남아시아 지역: 인도 뉴델리
      • 서태평양 지역: 필리핀 마닐라

WHO의 회원분담금
기출 15, 16, 18, 20

1. 연간 예산은 약 20억 달러이다.
2. 회원국이 의무적으로 납부해야 하는 정규부담금은 25% 차지이고 나머지는 자발적 기여금으로 조성되며 이 비중이 계속 증가하는 추세이다.
3. 회부납부는 의무이고 회비인 정규분담금을 2년 이상 연체 시 투표권 박탈이 된다.
4. WHO 회원분담금은 보건복지부장관이 관리한다.

- 범미주 지역: 미국 워싱턴
- 아프리카 지역: 콩고 브라자빌
- 유럽 지역: 덴마크 코펜하겐

> **★ 핵심정리** 우리나라와 WHO
>
> 1. 가입
>   우리나라는 1949년 WHO에 가입하였다.
> 2. 세계보건기구의 6개 지역기구 중 우리나라는 서태평양 지역에 속한다.
> 3. 서태평양 지역(Western pacific region) 사무소는 필리핀 마닐라에 소재지를 두고 있다.

(5) 기타 국제보건기구

유엔인구활동기금(UNFPA; United Nations Fund for Population Activities)	인구 및 가족계획 분야에서 각국 정부 및 연구기관 등에서 활동자금 제공
유엔개발계획(UNDP; United Nations Development Programme)	개발도상국의 경제적·사회적 개발을 촉진하기 위한 기술 원조
유엔환경계획(UNEP; United Nations Environmental Programme)	환경문제 조정기능 및 촉매기능 유지, 환경상태 평가 및 환경관리, 환경보호를 위한 지원조치
유엔마약류통제계획(UNDCP; United Nations International Drug Control Programme)	마약에 관한 국제협력의 이행을 감시, UN 마약남용통제기금을 통합하여 세계적인 마약남용을 방지
경제협력개발기구(OECD; Organization for Economic Cooperation and Development)	모든 경제·사회·복지 문제를 망라하는 포괄적 경제협의, 회원국 간 경제·산업정책에 대한 정보교류와 공동연구 및 정책협조
유엔경제사회이사회(UNECOSOC; United Nations Economic and Social Council)	UN체제 및 UN회원국에 대한 정책적 권고사항 제시, 경제·사회·문화·교육·보건에 관한 연구·보고
유엔아동기금(UNICEF; United Nations Children's Fund) 기출 16	1946년 12월 제2차 세계대전이 끝난 직후 UN총회의 결의에 의해 전쟁의 피해로 고통받고 있는 전후 어린이와 청소년을 구호하기 위한 목적으로 설립
국제간호협의회(ICN)	1899년에 설립된 국제적으로 가장 오랜 역사를 가지는 동시에 보건의료 분야에서 가장 오래된 전문단체로 각 회원협회가 자국 간호의 질적 수준을 높이고 사회적 지위의 향상을 도모하기 위한 조언, 원조 등을 하고 있으며, 본부는 스위스 제네바에 위치

시그마 국제학회(STTI; Sigma Theta Tau International)	1992년 미국 인디애나 대학교에서 간호사들의 학습, 지식, 전문직 개발을 지원하기 위하여 설립된 단체
세계식량계획(WFP; World Food Programme)	식량원조와 긴급구호활동을 통해 저개발국과 개발도상국의 경제개발을 촉진시키고 사회발전을 돕는 것이 목적임
국제 노동 기구(ILO; International Labor Organization)	노동 문제를 다루는 UN의 전문기구로서, 자유롭고 평등하고 안전하게 인간의 존엄성을 유지할 수 있는 노동을 보장하는 것을 목표로 하고 스위스 제네바에 본부를 두고 있음

5. 국제보건의 최근 동향

(1) 새천년개발목표(MDGs; Millennium Development Goals)

① "새천년에는 인간이 더욱 존엄성 있는 모습으로 살아가게 하자. 그러기 위해 온 세계가 하나 되어 힘을 합쳐서 개발도상국을 돕자."라는 취지 속에서 다음과 같이 8개의 목표가 있다.
   ㉠ 절대빈곤 및 기아 퇴치
   ㉡ 보편적 초등교육 실현
   ㉢ 양성평등 및 여성능력 고양
   ㉣ 아동사망률 감소
   ㉤ 모성보건 증진
   ㉥ 에이즈 등 질병 퇴치
   ㉦ 지속가능한 환경 확보
   ㉧ 개발을 위한 글로벌 파트너십 구축

② 새천년개발목표(MDGs)의 8개의 목표 중 아동사망률 감소, 모성보건증진, 에이즈 등 질병 퇴치의 3개 목표는 직접적으로 국제보건에 관련되며 주요 지표가 된다.

(2) 새천년개발목표(MDGs)와 지속가능발전목표(SDGs) 비교

구분	새천년개발목표(MDGs)	지속가능발전목표(SDGs)
구성	8개 목표, 21개 세부목표	17개 목표, 169개 세부목표
대상	개발도상국	개발도상국 중심이나, 선진국도 대상(보편성)
분야	빈곤·의료 등 사회 분야 중심	경제성장, 기후변화 등 경제·사회·환경 통합 고려(변혁성)
참여	정부 중심	정부, 시민사회, 민간기업 등 모든 이해관계자 참여(포용성)

Plus⁺ POINT

UN – 지속가능발전목표(UN – SDGs)

UN 지속가능발전목표 169개 세부목표 및 지표

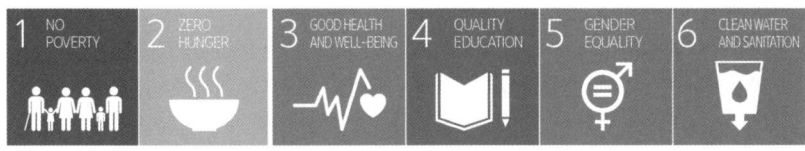
 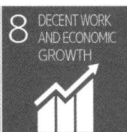    

1. No Poverty
   모든 곳에서 모든 형태의 빈곤을 종식한다.

2. Zero Hunger
   기아를 종식하고, 식량 안보와 개선된 영양상태를 달성하며, 지속가능한 농업을 강화한다.

3. Good Health and Well-Being
   ① 모든 연령층을 위한 건강한 삶을 보장하고 복지를 증진한다.
   ② 전 연령대의 건강한 삶을 보장하고 복지를 증진하는 것은 지속가능한 발전에 필수적이다.

4. Quality Education
   모두를 위한 포용적이고 공평한 양질의 교육을 보장하고 평생학습의 기회를 증진한다.

5. Gender Equality
   성평등을 달성하고, 모든 여성 및 여아의 권익을 신장한다.

6. Clean Water and Sanitation
   모두를 위한 물과 위생의 이용가능성과 지속가능한 관리를 보장한다.

7. Affordable and Clean Energy
   적정한 가격에 신뢰할 수 있고 지속가능한 현대적인 에너지에 대한 접근을 보장한다.

8. Decent Work and Economic Growth
   포용적이고 지속가능한 경제성장을 이루고, 완전하고 생산적인 고용과 모두를 위한 양질의 일자리를 증진시킨다.

9. Industry, Innovation and Infrastructure
   회복력 있는 사회기반시설을 구축하고, 포용적이고 지속가능한 산업화의 증진과 혁신을 도모한다.

10. Reduced Inequalities
    국내 및 국가 간 불평등을 감소시킨다.

11. Sustainable Cities and Communities
   포용적이고 안전하며 회복력 있고 지속가능한 도시와 주거지를 조성한다.

12. Responsible Consumption and Production
   지속가능한 소비와 생산 양식을 보장한다.

13. Climate Action
   기후변화와 그로 인한 영향에 맞서기 위해 긴급 대응을 한다.

14. Life Below Water
   지속가능한 발전을 위해 대양, 바다, 해양자원을 보전하고, 지속가능하게 이용한다.

15. Life on Land
   ① 육상생태계가 지속가능하도록 보호·복원·증진하고 숲이 지속가능하도록 관리한다.
   ② 사막화를 방지하고, 토지황폐화를 중지하고 회복한다.
   ③ 생물다양성의 손실을 중단시킨다.

16. Peace, Justice and Strong Institutions
   ① 지속가능발전을 위한 평화롭고 포용적인 사회를 증진시키고, 모두에게 정의를 보장한다.
   ② 모든 수준에서 효과적이며 책임감 있고 포용적인 제도를 구축한다.

17. Partnerships for the Goals
   이행수단을 강화하고 지속가능발전을 위해 글로벌 파트너십을 활성화한다.

출처: UN 홈페이지

MDGs와 SDGs 항목 비교

MDGs(2001 ~ 2015)	SDGs(2016 ~ 2030)	가치
극심한 빈곤 및 기아 퇴치	모든 곳에서 모든 형태의 빈곤 퇴치	인간 (People)
	기아 종식, 지속가능한 농업 도모	
HIV/AIDS, 말라리아 등 질병 퇴치	보건과 복지	
모성보건 증진		
유아사망률 감소		
보편적 초등교육 실현	양질의 교육	
성 평등 및 여성 권한 강화	양성 평등 및 여성 역량 강화	
지속가능한 환경 보장	물과 위생	지구 (Planet)
	기후변화 대응	
	해양 생태계 보존 및 지속가능한 활용	
	육상 생태계의 보호, 복원 및 지속가능한 활용	
	지속가능한 소비 및 생산 패턴 확보	
	지속가능한 도시 및 주거 여건 조성	번영 (Prosperity)
	클린 에너지	
해당 없음	일자리와 경제성장	번영 (Prosperity)
	산업, 혁신과 인프라	
	불평등 완화	
	평화롭고 포용적인 사회 구축, 정의에 대한 접근성 제고, 신뢰할 만하고 포용적인 제도 구축	평화 (Peace)
파트너십	이행 수단과 글로벌 파트너십 강화	파트너십 (Partnership)

출처: 박지연 외(2016). 국제사회의 개발 협력 패러다임과 북한 개발 협력

제4장 보건의료서비스와 질

「보건의료인력지원법」제2조
보건의료서비스란 국민의 건강을 보호·증진하기 위하여 보건의료인이 행하는 모든 활동을 말한다.

1 보건서비스의 이해

1. 보건의료서비스의 정의

(1) 의료 또는 의료서비스라 함은 인간의 생명, 건강, 질병문제에 의학을 적용하여 진단 및 치료하는 행위이며, 보건의료서비스는 건강을 유지·보호하는 예방 및 건강증진행위로 의료서비스를 포함하는 용어로 사용한다.
(2) 보건의료서비스는 보건서비스와 의료서비스의 합성어이다.
(3) 보건서비스는 보다 넓은 의미에서 건강을 보살핀다는 양생과 예방의 의미가 강하다.
(4) 의료서비스는 보다 좁은 의미로 질병을 다스리는 수단으로의 치유의 의미가 강하다.
(5) 보건서비스를 보건의료서비스로 표현하기도 한다.

2. 보건의료서비스의 특징

(1) **정보의 비대칭** 기출 17, 18, 19, 25
  ① 정보의 비대칭은 소비자의 무지 또는 소비자의 지식 부족으로도 일컬어지는 것이다.
  ② 질병이 발생하게 되면, 보건의료에 대한 전문적 기술을 가지고 있지 않은 소비자는 보건의료서비스 제공자인 의료전문가에게 보건의료를 의뢰하게 된다.
  ③ 소비자가 의료전문가의 충분한 설명을 통해서 동의하는 것을 법적으로 의무화하고 있다.
  ④ 공급이 수요를 창출한다는 세이의 법칙(Say's law)에 따라 의료인이 환자의 대리인으로 의료수요를 유발한다(의사의 유인수요).

* 불확실성을 분산시킬 수 있는 수단으로는 의료보험이 있다.

(2) **불확실성*** 기출 16, 17, 18, 19, 20
  ① 건강문제는 개인적으로 볼 때 모두가 경험하는 것이 아니므로 불균등한 것이며 언제 발생할지 모르기 때문에 예측이 불가능하고 긴급을 요하는 상황이 많이 발생하므로 경제적·심리적으로 준비하기가 어렵다.
  ② 이러한 상황에 대응하기 위해 의료보험이라는 위험분산의 경제적 수단을 활용한다.

기출 체크

다음에 해당하는 보건의료서비스의 사회경제적 특성은? 기출 25

'공급이 수요를 창출한다'는 세이의 법칙(Say's law)에 따라 의료인이 환자의 대리인으로 의료수요를 유발한다.

① 외부효과
② 정보의 비대칭성
③ 노동집약적 특성
④ 치료의 불확실성

정답 ②

(3) 외부효과 기출 16, 17, 18, 19, 20, 21, 22
① 각 개인의 건강과 관련된 자의적 행동이 타인에게 파급되는 좋은 혹은 나쁜 효과로서의 결과를 뜻한다.
② 특정 질병에 대해 상당수 비율의 인구가 예방접종을 통해 면역수준이 높아지면 다른 사람들도 감염될 위험률이 상대적으로 낮아진다.
  ⇨ 예방 및 건강증진을 중심으로 하는 지역사회보건사업은 외부효과가 크다고 할 수 있다.

외부효과의 예

외부효과의 부정적인 예	공해유발 산업, 간접흡연 등
외부효과의 긍정적인 예	연구개발을 통한 의료기술 발달, 예방접종 등

(4) 공급의 독점성 기출 18, 19, 20
① 보건의료서비스는 면허제도를 통하여 해당 서비스를 제공할 수 있는 자격을 제한하고 있다.
② 의료인이 아니면 의료행위를 할 수 없고 면허 범위 내에서만 의료행위를 할 수 있다.
③ 이는 환자에게 안전한 진료를 보장하지만 공급의 독점을 형성한다.

공급 독점현상의 완화
세계화 진전에 따라 국가 간에 면허의 상호 인정 등이 이루어지면 공급 독점현상이 다소 완화될 수 있다.

(5) 가치재(우량재) 기출 16, 17, 18, 19, 20
① 민간부문에서의 생산량이 이윤 극대화 논리에 따라 사회적인 최적 수준에 미치지 못하여 정부가 직접 공급에 개입하는 재화를 뜻한다.
② 국민이라면 누구든지 보건의료서비스를 받을 수 있는 건강권이 보장되어야 한다.
③ 인간생활의 필수요소로 국가가 보건의료에 관한 국민의 권리를 법적으로 보장하고 있으므로(「보건의료기본법」 제10조) 의료비를 스스로 부담할 수 없는 사회계층까지 확대되어야 한다.

공공재 기출 14
모든 사람이 함께 소비하는 재화로 개인이 해당 재화에 대하여 비용을 지불할 인센티브가 없기 때문에 무임승차의 문제가 나타나기도 한다(비경합성, 비배제성).

(6) 노동집약적인 대인서비스
① 재고가 있을 수 없는 공급 독점적·개별적 주문생산이므로 대량생산이 불가능하며 원가절하가 되지 않는다.
② 다른 산업에 비해 노동집약적이어서 인건비 상승에 따른 의료비는 다른 재화나 서비스에 비해 상대적으로 훨씬 높은 상승률을 나타내기 쉽다.

(7) 비영리적 동기
① 인간의 건강을 다루는 의료기관은 이익을 추구하는 곳이 아니다.
② 의료인에게는 환자의 치료와 관련된 사항들에 대해 간섭을 받지 아니하고 의료기자재 등도 우선적으로 공급받을 권리를 보장하고 있다.

(8) 보건의료는 서비스와 교육의 공동생산물
① 보건의료서비스는 양질의 교육을 통해 생산된다.
② 교육수행과 연구의욕을 고취하여 최대의 역할 수행이 가능한 분위기를 조성해야 보건의료의 질을 높일 수 있다.

3. 보건의료서비스의 질 구성요소

(1) 각 기관과 학자의 의료의 질 구성요소 기출 17, 19

구성요소	미국 의학한림원	OECD	도나베디언	세계보건기구
효능성			○	
안전성	○	○		○
효과성	○	○	○	○
환자 중심성, 반응성, 수용성	○	○	○	○
적시성	○			
접근성				○
효율성	○		○	○
형평성	○		○	○
적정성			○	
합법성			○	
지속성			○	
질, 기술 수준				
적합성				

(2) 의료의 질 구성요소 기출 16, 18

① **효과성(Effectiveness)**: 안정된 의료서비스의 수행정도로 목표의 적절성, 장기적 결과, 이상적 가치 등의 올바른 산출과 관련된 개념이다.
② **효율성(Efficiency)**: 의료서비스 자원이 불필요하게 제공되지 않고, 효율적으로 활용되는지에 대한 정도이다.
③ **기술 수준(Technical Quality)**: 서비스의 기술적인 수준이다.
④ **접근성(Accessibility)**: 시간이나 거리 등의 요인에 의해 의료서비스 비용에 제한을 받는 정도이다.
⑤ **가용성(Availability)**: 필요한 서비스를 제공할 수 있는 여건의 구비 정도이다.
⑥ **적정성(Optimality)**: 건강개선과 그 건강 개선에 드는 비용 간의 균형이다.
⑦ **합법성(Legitimacy)**: 윤리적 원칙, 규범, 법, 규제 등에서 표현된 사회의 선호도에 대한 순응이다.
⑧ **지속성(Continuity)**: 의료서비스의 시간적, 지리적 연결 정도와 상관성을 의미한다.
⑨ **형평성(Equity)**: 분배와 혜택의 고정성을 결정하는 원칙에 대한 순응이다.
⑩ **이용자 만족도(Consumer Satisfaction)**: 서비스에 대한 이용자의 판단이다.
⑪ **적합성**: 대상 인구집단의 요구에 부합하는 정도이다.

Lee와 Jones의 양질의 의료 8가지 개념 기출 15, 17

1. 의과학에 기초를 둔다.
2. 예방을 강조한다.
3. 의사와 환자의 긴밀한 협조를 요한다.
4. 전인적인 진료를 한다.
5. 의사와 환자 간에 지속적이며 가까운 인간관계를 유지한다.
6. 사회복지사업과 활동을 한다.
7. 모든 종류의 의료서비스와 협동을 한다.
8. 인간의 필요에 따라 모든 과학적인 현대의료서비스를 제공한다.

의료서비스 질 구성요소

학자 또는 기관마다 차이가 있을 수 있으나 11가지를 기본으로 암기한다.

(3) 바람직한 보건의료서비스의 특성(미국 의학한림원) 기출 19

효과성	예방서비스, 진단적 검사 또는 치료와 같은 어떠한 개입조치가 다른 대안들에 비하여 더 나은 결과를 가져올 것인지의 여부에 대하여 체계적으로 수집한 근거를 바탕으로 의료를 제공하는 것을 의미
안정성	보건의료는 효과가 있어야 할 뿐만 아니라, 이용자를 위험하게 하거나 손상을 일으키지 않아야 함
환자 중심성	환자 개개인의 선호, 필요 및 가치를 존중하고 그에 반응하는 방식으로 보건의료가 제공되고, 환자의 가치에 따라 모든 임상적 결정이 이루어지도록 하는 것을 의미
적시성	바람직한 보건의료를 제공하기 위해서는 대기시간을 단축하고 제공자와 이용자 모두에게 불필요한 보건의료 제공의 지연을 감소시켜야 함
효율성	보건의료 제공에 사용된 자원, 시간 등의 단위 투입요소당 산출량을 의미
형평성	공정성 또는 정의와 같은 의미로 사회적, 경제적, 인구학적 또는 지리적으로 정의한 집단들 또는 하위 집단들 사이에 피하거나 교정할 수 있는 체계적인 차이가 없는 것을 의미

> **미국 의료한림원(IOM)의 의료의 질**
> 의료의 질이란 현재 단계에서 주어진 의학지식의 조건 내에서, 진료과정이 환자에게 기대되는 바람직한 진료결과의 확률을 높이는 한편, 원하지 않는 부정적인 결과의 확률을 낮게 하는 정도를 말한다.

(4) Vuori의 의료 질의 구성요소 기출 17
① **효과성**: 한 서비스가 이상적인 상황에서 잠재적 영향을 모두 발휘했을 경우와 비교하여 운영체계 내에서 실제로 영향을 미친 정도를 보는 것이다.
② **효율성**: 한 서비스가 생산비에 미치는 실제적인 영향의 관계를 나타낸 개념이다.
③ **적합성**: 인구집단의 요구와 이용 가능한 서비스와의 관계로서 수적·분배적 두 측면을 가지는 것이다.
④ **과학적-기술의 질**: 현재 이용 가능한 의학지식과 기술을 실제에 적용하는 정도이다.

(5) 도나베디언(Donabedian)의 의료 질의 구성요소 기출 16
① **효능(Efficacy)**: 보건의료의 과학과 기술을 가장 바람직한 환경에서 사용하였을 때 건강을 향상시키는 능력이다.
② **효과(Effectiveness)**: 의료서비스를 제공하는 일상적인 환경에서 성취할 수 있는 건강수준 향상 능력이다.
③ **효율(Efficiency)**: 특정 건강 수준을 획득하는 데 사용한 비용을 측정하는 것이다.
④ **적정성(Optimality)**: 비용에 대한 상대적인 의료의 효과 또는 편익(benefits)이다.
⑤ **수용성(Receptivity)**: 의료의 효과에 대한 환자와 환자 가족의 기대이다.
  ㉠ **접근성(Acceptability)**: 환자에게 의료서비스를 쉽고 편리하게 제공하는 능력이다.

- ⓒ 환자 – 의료 제공자 관계(Patient – Practitioner relationship): 의료서비스를 제공하는 과정에서 환자와 의료제공자가 맺게 되는 관계로, 환자만족도에 중요하다.
- ⓒ 쾌적한 환경(Amenities of care): 편리하고 안락한 의료 환경이다.
- ⓔ 의료의 효과에 대한 환자 선호도: 환자가 인지하는 의료서비스의 효과로, 의료인이 판단하는 의료의 효과와 항상 일치하는 것은 아니다.
- ⓜ 의료의 비용에 대한 환자 선호도: 환자가 인지하는 의료서비스의 비용이다.
⑥ **합법성(Legitimacy)**: 사회적 선호도(윤리적 원칙, 가치, 법, 규제)와 개인의 수용성의 일치 정도이다.
⑦ **형평성(Equity)**: 의료서비스의 분포와 의료의 편익이 인구 집단에게 얼마나 공평하게 제공되는 것을 말한다.

(6) 마이어(Myers)의 의료 질의 구성요소(1978) 기출 12, 14, 15, 16, 17, 18, 19, 21, 24

구분	내용
접근용이성 (Accessibility)	• 환자가 보건의료를 필요로 할 때 쉽게 서비스를 이용할 수 있어야 함 • **지리적 접근성**: 거주하는 지역 내 의료기관이 있어야 함 • **경제적 접근성**: 보건의료서비스 가격에 지불해야 할 돈으로 우리나라는 건강보험제도의 경제적 접근성을 높였음 • **시간적 접근성**: 질병을 가진 대상자들이 바빠서 의료이용에 장애가 있는 것을 의미
질 (Quality)	• 보건의료의 질은 우선 전문적인 능력이 문제가 됨 • 각종 연수 교육, 학술잡지, 각종 학술모임 등을 통해 나날이 발전하는 연구를 통해 의료진들이 능력을 개발하고 적정한 의료서비스를 제공하여야 함 • 우리나라의 경우 의료기관에서 '적정성평가'를 실시하고 있음 • 전문적 자격, 개인적 수용성, 질적 적합성 ⇨ 양질의 의료제공
지속성 (Continuity)	• 의료이용자에게 공급되는 보건의료서비스의 제공이 예방, 진단 및 치료, 재활에 이르기까지 포괄적으로 이루어지는 것을 말함 • 개인적인 차원에서는 전인적인 의료가 지속적으로 이루어지는 것을 의미 • 지역사회 수준에서는 의료기관들이 유기적인 관계를 가지고 협동하여 보건의료서비스 기능을 수행하는 것을 의미 • 개인 중심의 진료, 중점적 의료제공, 서비스 조정 ⇨ 의료의 지속성
효율성 (Efficiency)	• 효율성은 경제적인 합리성이라고도 하며 한정된 자원을 얼마나 효율적으로 활용할 수 있는지를 의미 • 평등한 재정, 적정한 보상, 효율적 관리 ⇨ 효율성 관리

4. 도나베디언의 의료의 질 평가

의료의 질 평가 접근방법과 세부 요인

구조적 평가	• **투입요소**: 물리적 구조, 시설, 장비 • **조직체계**: 관리, 인력, 재정

⇩

과정적 평가	• **진단**: 검사 • **치료**: 투약, 수술 • 의뢰, 지속성, 기타

⇩

결과적 평가	• **중간산물**: 진료의 양 • **건강 수준 변화**: 사망률, 이환율, 재발률, 기능회복 • **만족도**: 환자, 의료제공자

(1) 구조적 접근(조건에 대한 평가) 기출 19, 20, 21, 23

① 구조 평가는 투입되는 자원의 적절성을 평가하는 것이다.
② 의료서비스를 제공하는 물리적 환경이나 자원과 같은 조건적 상황에 대한 평가로서 물리적 시설, 인력배치, 감독방법 등을 파악하여 평가하는 것이다.
③ **대표적인 예**: 시설, 장비 등의 설치요건 설정평가, 병원표준화 사업을 통한 평가, 수련병원의 지정기준 평가, 면허제도와 인증제도, 의료기관 인증제도 등이 있다.
  ㉠ **신임제도**: 정부기관이나 민간조직이 평가항목을 미리 제시하고 의료기관이 이를 충족하고 있는지를 평가하고 인정하는 과정이다.
  ㉡ **면허제도**: 면허는 정부기관이나 조직이 개인에게 일정한 수준의 능력을 지녔음을 증명하는 것으로써 특정한 직업에 종사할 수 있도록 허가해 주는 과정이다.
  ㉢ **자격증인 회원증제도**: 민간기관이나 협회가 개인에게 일정한 수준의 자격을 갖추었음을 인정해 주는 과정이다.

(2) 과정적 평가(수행 자체 평가) 기출 18, 19, 20

① 의료제공자와 환자 간 내부에서 일어나는 과정과 행위를 평가하는 것이다.
② 의료인과 대상자의 상호작용 속에서 이루어지는 활동의 중심으로 평가하는 것이다.
③ 직접관찰, 의무기록을 중심으로 평가하는 방법이 있다.
④ **대표적인 예**: 의료이용도 조사, 동료의사에 의한 검토, 의료감사, 진료비 청구심사, 임상진료지침 개발과 보급, 보수교육 등이 있다.
  ㉠ **내부 및 외부평가**: 내부평가는 의료기관이 자발적으로 관리하는 활동이며 외부평가는 전문가협회, 교육기관, 법적 기구, 연구 집단 또는 상업화된 기업과 같은 기관 외부에 있는 단체들이 평가자가 된다.
  ㉡ **의료이용도 조사**: 보험자에게 제출하는 진료비청구명세서나 의무기록 등을 통해 제공된 의료서비스가 진료에 필수적인지, 적정한 수준과 강도, 비용으로 서비스가 제공되었는지를 조사하는 방법이다(예 미국의 '동료심사위원회').

보건의료서비스의 평가체계 조건
1. 평가에만 전념하는 평가요원의 확보
2. 평가와 의사결정체제 간의 확고한 관계 설정
3. 환자와 지역보건 관련자의 참여

구조적 평가의 장단점
1. 장점
   측정이 용이하고, 안정적이며, 신속하게 진행된다.
2. 단점
   지속적인 평가는 할 수 없고, 대형 의료기관이나 교육병원에 대한 평가가 실제 수준보다 과대평가될 가능성이 있다.

과정적 평가의 장단점
1. 장점
   진료의 결과를 평가하는 것보다 비용과 시간이 적게 소요된다.
2. 단점
   과학적인 기준을 설정하는 것이 어렵고, 교육병원에서 제공하는 의료서비스의 질을 과대평가할 수 있다.

ⓒ **임상진료지침**: 질병별 또는 의료서비스별로 시행기준과 과정에 대한 원칙을 표준화하여 지침을 개발하고 진료행위가 설정된 지침에 따라 수행되었는지를 검토하는 과정이다.
ⓓ **보수교육**: 보건의료전문인들이 신의료기술이나 신지식 등 시대에 뒤떨어지지 않게 하기 위해서는 필요하며 진료 시 발생하는 문제점을 개선하기 위해 보수교육이 필요하다.
ⓔ **동료평가**: 동등한 자격을 갖춘 동료로부터 평가를 받게 하여 자신의 의료행위가 동료들에 비해 어떤 수준인가를 알 수 있게 함으로써 적정 의료의 수준을 보장할 수 있도록 하는 방법이다. 대표적인 경우로는 미국에서 진단명 기준 환자군(DRG; Diagnosis Related Groups) 제도가 실시된 이후 의료의 질을 정기적으로 검토·심사하여 적정 의료 수준을 보장하고자 조직된 동료심사기구(PRO; Peer Review Organization)에서 수행하는 평가활동을 들 수 있다.
ⓕ **의료감사**: 환자의 의무기록을 정기적, 조직적으로 검토하여 환자진료의 질을 평가하고 문제점을 확인하여 해결하도록 조치함으로써 진료의 질적 향상을 추구하는 프로그램이다. 미리 정해진 평가항목별로 기준을 설정하고 병력, 진단, 치료, 추적관찰, 재활 등에서 실제로 시행된 진료가 기준에 얼마나 부합하는지를 평가한다.

(3) 결과적 평가(수행 결과 평가) 기출 21, 25

① 보건의료서비스를 받은 결과로서 나타나는 환자의 변화 결과를 평가하는 것이다.
② 환자의 변화를 객관적 수치로 평가함으로써 질적 향상과 비용 – 효과적인 면의 측정이 가능하다.
③ **대표적인 예**: 사망률, 고객만족도·의료서비스 평가, 진료 결과 평가(불편감 정도, 문제해결, 증상조절, 이환율, 사망률, 합병증 등)
  ⓐ **고객만족도 조사, 의료서비스 평가**: 각 의료기관이 제공한 의료서비스의 질적 수준 평가 자료나 환자만족도 조사 등을 공개 배포함으로써 의료기관이 자체적으로 서비스 질을 높이도록 유도하는 방법이다.
  ⓑ **진료결과 평가**: 이환율, 사망률, 합병증 등의 지표를 공표하는 것이다.

5. 의료기관의 질 관리 기출 16, 19, 20

(1) 병원신임제도(병원인증제도; Hospital Accreditation)

① 어떤 의료기관이 미리 정해진 기준에 의해 이를 충족하고 있는지 여부를 조사하는 것이다.
② **목표**: 공중에 대한 위험예방, 최소기준의 의료보증, 의료서비스의 효율성 향상이다.
③ **미국의 의료기관 인증프로그램**: JCAHO가 주관하고 있으며, 노인의료보험제도, 국민의료보조제도에 참여할 수 있는 요건으로 의료기관은 인증(신임)을 얻어야 한다.

결과적 평가의 장단점
1. 장점
   의료의 질을 포괄적으로 보여줄 수 있다.
2. 단점
   측정하기 어렵고 시간과 비용이 많이 소요된다.

기출 체크
도나베디안(A. Donabedian)의 보건의료서비스 질 평가방법과 해당 항목의 연결로 옳지 않은 것은? 기출 25
① 총괄적 평가 – 의료장비 조사
② 구조적 평가 – 의료인면허 조사
③ 과정적 평가 – 의료이용도 조사
④ 결과적 평가 – 환자만족도 조사

정답 ①

④ **국제의료평가위원회(JCI)**: 1994년 창설된 기관으로, 세계보건기구와의 제휴 하에 인증프로그램을 운영하고 있다.
  ㉠ 의료기관을 대상으로 환자 안전 및 보건의료 질을 개선할 목적으로 시행한다.
  ㉡ 총 193개의 인증평가 세부항목 중 112개의 항목이 간호와 관련된 평가지표를 포함하고 있다.
⑤ **우리나라 인증평가**: 병원표준화 심사(1963), 의료기관평가제도가 있다.
⑥ **대한병원협회의 병원표준화 심사**
  ㉠ 수련병원 지정을 위한 심사를 확대·발전시킨 것으로, 수련병원을 대상으로 실시하는 병원평가제도이다.
  ㉡ 1997년에 적정진료보장 부분이 강화되었으나, 사회적으로 공인받는 제도로는 활용되지 못하고 있다.
  ㉢ 각 병원들에 대해 양질의 서비스를 제공하도록 유인하는 효과도 적다.

(2) 의료기관 인증제도

① 의료기관 평가 인증원(2010)이 「의료법」 제58조에 의해 의료기관의 인증에 관한 규정된 내용을 기반으로 평가한다.
② 의료기관이 환자의 안전과 의료 서비스의 질 향상을 위하여 자발적으로 지속적인 노력을 하도록 하여, 국민에게 양질의 의료서비스를 제공하도록 하는 제도이다.
③ **인증조사 기본틀**: 기본가치체계, 환자진료체계, 조직관리체계, 성과관리체계로 나뉘어져 있다.
④ **평가 내용**: 「의료법」 제58조의3에 의거하여 <u>환자의 권리와 안전, 의료기관의 의료서비스 질 향상활동, 의료서비스의 제공과정 및 성과, 의료기관의 조직과 인력 관리 및 운영, 환자 만족도</u> 사항들이 인증 기준에 포함된다.
⑤ 우리나라의 사회적으로 공인된 의료기관평가제도이다.
⑥ 절대평가를 통하여 인증 여부를 결정한다.
⑦ **인증 유효기간**: 4년으로, 조건부일 경우 1년이다. 의료기관의 장은 유효기간 내에 보건복지부령으로 정하는 바에 따라 재인증을 받아야 한다.
⑧ **인증조사 절차**
  ㉠ 의료기관은 의료의 질 향상에 대한 자발적 의지를 가지고 조사를 신청한다.
  ㉡ 희망조사일은 신청일로부터 1개월 이후 ~ 6개월 내에 지정 가능하다.
  ㉢ 인증원의 훈련된 조사위원들이 인증기준에 따른 충족 여부를 조사한다.
  ㉣ 조사 마지막 날로부터 60일 이내에 인증심의위원회를 개최하여 인증등급을 결정한다.
  ㉤ **인증등급 결정**: 인증, 조건부 인증, 불인증으로 나뉜다.
  ㉥ 의료기관은 30일 이내에 결정된 등급에 대해 이의신청이 가능하다.
  ㉦ 조건부 인증(1년의 유효기간)이 취소되면 1년 이내에 인증 신청을 할 수 없다.

JCI의 평가 방식 중 가장 중요한 요소 – 추적법
1. 환자가 재원기간 중 경험하는 진료를 추적하는 방식으로 '복수의 치료를 받아 다양한 부서를 거친 환자'를 선정하여 병원의 진료, 치료, 서비스와 관련된 시스템을 평가하는 방식이다.
2. 평가단은 최신기록을 통해 병원이 환자에게 제공한 의료서비스과정을 추적하고, 진료과목·부서·프로그램·병동 간의 관계를 평가한다.

정신병원 인증 전환
3주기 평가부터 정신병원은 인증 의무에서 자율로 전환하였다. 이는 정신병원이 요양병원에 속해 있어 분리하는 법령이 제정이 되면서 병원급으로 정신병원이 분리되어 자율로 변경된 것이다.

↑ 인증 의료기관 마크

★ 핵심정리 의료기관 인증 평가

인증조사 기본틀	기본가치체계, 환자진료체계, 조직관리체계, 성과관리체계
평가 내용	환자의 권리와 안전, 의료기관의 의료서비스 질 향상활동, 의료서비스의 제공과정 및 성과, 의료기관의 조직과 인력관리 및 운영, 환자 만족도
인증 유효기간	• 4년으로, 조건부일 경우 1년 • 의료기관의 장은 유효기간 내에 보건복지부령으로 정하는 바에 따라 재인증을 받아야 함
인증제도에서의 간호 분야 적용	간호의 질 관리, 간호 관리자의 리더십, 간호사의 자율성과 책임감, 간호인력 보충 등에 관한 평가지표를 포함하고 있음
의료기관인증위원회	• 위원회는 위원장 1명을 포함한 15인 이내의 위원으로 구성됨 • 위원회의 위원장은 보건복지부차관
이의 신청	평가결과 또는 인증등급을 통보받은 날부터 30일 이내 신청

🏃 관련 법령

「**의료법**」 기출 14, 17, 18, 19, 20, 21, 22, 23 **제58조【의료기관 인증】** ① 보건복지부장관은 의료의 질과 환자 안전의 수준을 높이기 위하여 병원급 의료기관 및 대통령령으로 정하는 의료기관에 대한 인증(이하 "의료기관 인증"이라 한다)을 할 수 있다.

② 보건복지부장관은 대통령령으로 정하는 바에 따라 의료기관 인증에 관한 업무를 제58조의11에 따른 의료기관평가인증원에 위탁할 수 있다.

③ 보건복지부장관은 다른 법률에 따라 의료기관을 대상으로 실시하는 평가를 통합하여 제58조의11에 따른 의료기관평가인증원으로 하여금 시행하도록 할 수 있다.

제58조의2【의료기관인증위원회】 ① 보건복지부장관은 의료기관 인증에 관한 주요 정책을 심의하기 위하여 보건복지부장관 소속으로 의료기관인증위원회(이하 이 조에서 "위원회"라 한다)를 둔다.

② 위원회는 위원장 1명을 포함한 15인 이내의 위원으로 구성한다.

③ 위원회의 위원장은 보건복지부차관으로 하고, 위원회의 위원은 다음 각 호의 사람 중에서 보건복지부장관이 임명 또는 위촉한다.

1. 제28조에 따른 의료인 단체 및 제52조에 따른 의료기관단체에서 추천하는 자
2. 노동계, 시민단체(「비영리민간단체지원법」 제2조에 따른 비영리민간단체를 말한다), 소비자단체(「소비자기본법」 제29조에 따른 소비자단체를 말한다)에서 추천하는 자
3. 보건의료에 관한 학식과 경험이 풍부한 자
4. 시설물 안전진단에 관한 학식과 경험이 풍부한 자
5. 보건복지부 소속 3급 이상 공무원 또는 고위공무원단에 속하는 공무원

제58조의3 【의료기관 인증기준 및 방법 등】 ① 의료기관 인증기준은 다음 각 호의 사항을 포함하여야 한다. **기출 25**
1. 환자의 권리와 안전
2. 의료기관의 의료서비스 질 향상 활동
3. 의료서비스의 제공과정 및 성과
4. 의료기관의 조직·인력관리 및 운영
5. 환자 만족도

② 인증등급은 인증, 조건부인증 및 불인증으로 구분한다.
③ 인증의 유효기간은 4년으로 한다. 다만, 조건부인증의 경우에는 유효기간을 1년으로 한다.
④ 조건부인증을 받은 의료기관의 장은 유효기간 내에 보건복지부령으로 정하는 바에 따라 재인증을 받아야 한다.
⑤ 인증기준의 세부 내용은 보건복지부장관이 정한다.

제58조의4 【의료기관 인증의 신청 및 평가】 ① 의료기관 인증을 받고자 하는 의료기관의 장은 보건복지부령으로 정하는 바에 따라 보건복지부장관에게 신청할 수 있다.
② 제1항에도 불구하고 제3조 제2항 제3호에 따른 요양병원(「장애인복지법」 제58조 제1항 제4호에 따른 의료재활시설로서 제3조의2에 따른 요건을 갖춘 의료기관은 제외한다)의 장은 보건복지부령으로 정하는 바에 따라 보건복지부장관에게 인증을 신청하여야 한다.
③ 제2항에 따라 인증을 신청하여야 하는 요양병원이 조건부인증 또는 불인증을 받거나 제58조의10 제1항 제4호 및 제5호에 따라 인증 또는 조건부인증이 취소된 경우 해당 요양병원의 장은 보건복지부령으로 정하는 기간 내에 다시 인증을 신청하여야 한다.
④ 보건복지부장관은 인증을 신청한 의료기관에 대하여 제58조의3 제1항에 따른 인증기준 적합 여부를 평가하여야 한다. 이 경우 보건복지부장관은 보건복지부령으로 정하는 바에 따라 필요한 조사를 할 수 있고, 인증을 신청한 의료기관은 정당한 사유가 없으면 조사에 협조하여야 한다.
⑤ 보건복지부장관은 제4항에 따른 평가 결과와 인증등급을 지체 없이 해당 의료기관의 장에게 통보하여야 한다.

제58조의5 【이의신청】 ① 의료기관 인증을 신청한 의료기관의 장은 평가결과 또는 인증등급에 관하여 보건복지부장관에게 이의신청을 할 수 있다.
② 제1항에 따른 이의신청은 평가결과 또는 인증등급을 통보받은 날부터 30일 이내에 하여야 한다. 다만, 책임질 수 없는 사유로 그 기간을 지킬 수 없었던 경우에는 그 사유가 없어진 날부터 기산한다.
③ 제1항에 따른 이의신청의 방법 및 처리 결과의 통보 등에 필요한 사항은 보건복지부령으로 정한다.

기출 체크
의료법 상 의료기관 인증기준에 포함되어야 하는 사항이 아닌 것은? **기출 25**
① 의료인의 권리와 안전
② 의료서비스의 제공과정 및 성과
③ 의료기관의 조직·인력관리 및 운영
④ 의료기관의 의료서비스 질 향상 활동

정답 ①

제58조의6 【인증서와 인증마크】 ① 보건복지부장관은 인증을 받은 의료기관에 인증서를 교부하고 인증을 나타내는 표시(이하 "인증마크"라 한다)를 제작하여 인증을 받은 의료기관이 사용하도록 할 수 있다.
② 누구든지 제58조제1항에 따른 인증을 받지 아니하고 인증서나 인증마크를 제작·사용하거나 그 밖의 방법으로 인증을 사칭하여서는 아니 된다.
③ 인증마크의 도안 및 표시방법 등에 필요한 사항은 보건복지부령으로 정한다.

제58조의7 【인증의 공표 및 활용】 ① 보건복지부장관은 인증을 받은 의료기관에 관하여 인증기준, 인증 유효기간 및 제58조의4 제4항에 따라 평가한 결과 등 보건복지부령으로 정하는 사항을 인터넷 홈페이지 등에 공표하여야 한다.
② 보건복지부장관은 제58조의4 제4항에 따른 평가 결과와 인증등급을 활용하여 의료기관에 대하여 다음 각 호에 해당하는 행정적·재정적 지원 등 필요한 조치를 할 수 있다.
1. 제3조의4에 따른 상급종합병원 지정
2. 제3조의5에 따른 전문병원 지정
3. 의료의 질 및 환자 안전 수준 향상을 위한 교육, 컨설팅 지원
4. 그 밖에 다른 법률에서 정하거나 보건복지부장관이 필요하다고 인정한 사항
③ 제1항에 따른 공표 등에 필요한 사항은 보건복지부령으로 정한다.

제58조의9 【의료기관 인증의 사후관리】 보건복지부장관은 인증의 실효성을 유지하기 위하여 보건복지부령으로 정하는 바에 따라 인증을 받은 의료기관에 대하여 제58조의3 제1항에 따른 인증기준의 충족 여부를 조사할 수 있다.

제58조의10 【의료기관 인증의 취소 등】 ① 보건복지부장관은 인증을 받은 의료기관이 인증 유효기간 중 다음 각 호의 어느 하나에 해당하는 경우에는 의료기관 인증 또는 조건부인증을 취소하거나 인증마크의 사용정지 또는 시정을 명할 수 있다. 다만, 제1호 및 제2호에 해당하는 경우에는 인증 또는 조건부인증을 취소하여야 한다.
1. 거짓이나 그 밖의 부정한 방법으로 인증 또는 조건부인증을 받은 경우
2. 제64조 제1항에 따라 의료기관 개설 허가가 취소되거나 폐쇄명령을 받은 경우
3. 의료기관의 종별 변경 등 인증 또는 조건부인증의 전제나 근거가 되는 중대한 사실이 변경된 경우
4. 제58조의3 제1항에 따른 인증기준을 충족하지 못하게 된 경우
5. 인증마크의 사용정지 또는 시정명령을 위반한 경우
② 제1항 제1호에 따라 인증이 취소된 의료기관은 인증 또는 조건부인증이 취소된 날부터 1년 이내에 인증 신청을 할 수 없다.
③ 제1항에 따른 의료기관 인증 또는 조건부인증의 취소 및 인증마크의 사용정지 등에 필요한 절차와 처분의 기준 등은 보건복지부령으로 정한다.

> **제58조의11 【의료기관평가인증원의 설립 등】** ① 의료기관 인증에 관한 업무와 의료기관을 대상으로 실시하는 각종 평가 업무를 효율적으로 수행하기 위하여 의료기관평가인증원(이하 "인증원"이라 한다)을 설립한다.
> ② 인증원은 다음 각 호의 업무를 수행한다.
> 1. 의료기관 인증에 관한 업무로서 제58조 제2항에 따라 위탁받은 업무
> 2. 다른 법률에 따라 의료기관을 대상으로 실시하는 평가 업무로서 보건복지부장관으로부터 위탁받은 업무
> 3. 그 밖에 이 법 또는 다른 법률에 따라 보건복지부장관으로부터 위탁받은 업무
> ③ 인증원은 법인으로 하고, 주된 사무소의 소재지에 설립등기를 함으로써 성립한다.
> ④ 인증원에는 정관으로 정하는 바에 따라 임원과 필요한 직원을 둔다.
> ⑤ 보건복지부장관은 인증원의 운영 및 사업에 필요한 경비를 예산의 범위에서 지원할 수 있다.
> ⑥ 인증원은 보건복지부장관의 승인을 받아 의료기관 인증을 신청한 의료기관의 장으로부터 인증에 소요되는 비용을 징수할 수 있다.
> ⑦ 인증원은 제2항에 따른 업무 수행에 지장이 없는 범위에서 보건복지부령으로 정하는 바에 따라 교육, 컨설팅 등 수익사업을 할 수 있다.
> ⑧ 인증원에 관하여 이 법 및 「공공기관의 운영에 관한 법률」에서 정하는 사항 외에는 「민법」 중 재단법인에 관한 규정을 준용한다.

(3) 의료 질 관리사업의 현황과 사례

① 국내 의료기관의 질 관리사업 현황
  ㉠ **국제 의료평가위원회의 JCI 인증**: 연세대학교 세브란스병원(2007), 고려대학교 안암병원(2009), 가천의대 가천뇌건강센터와 화순전남대학교병원(2010), 강남세브란스병원(2010)이 인증평가를 받거나 인증을 준비 중이다.
  ㉡ 국내 의료기관평가제도에 대한 보완책으로 국제적 인증 기준을 충족시키기 위한 시도이다.
  ㉢ 해외환자의 유치를 목적으로 인증을 받았다[연세대학교 세브란스병원(2010)].

② 의료의 질 관리사업 사례
  ㉠ 감염관리 기출 15
    ⓐ **병원감염**: 입원 당시에 없던 혹은 잠복하고 있지 않던 감염이 입원 기간 혹은 수술환자는 수술 후 30일 이내에 발생하는 것을 말한다(의료진, 보호자, 방문객의 교차 감염도 포함됨).
    ⓑ **질 향상의 중요한 과제**: 병원감염을 줄일 목적으로 비용효과적인 활동으로 입증되고 있으며, 목표에 대한 논란이 적고, 관여하는 모든 의료진의 의견일치가 보기 쉬운 과제이다.
    ⓒ 미국질병관리센터(CDC)가 중심이 되어 병원감염관리의 여러 측면에 대한 효과 및 효율성에 관한 연구를 수행한다.

호주 감염관리 지표의 예
청결, 오염, 수술 5일 후 창상감염과 병원감염에 의한 균혈증 발생률 등이 있다.

ⓓ 대한병원감염관리학회에서는 의료기관의 손위생 증진사업, 감염관리 실무자 교육 등의 프로그램을 운영하고 있다.
ⓔ **감염관리의 평가내용**: 환자 및 직원의 감염 예방, 감독, 관리를 위한 효과적인 프로그램의 제공과 준수사항을 평가내용으로 한다.
ⓕ **활동내역**: 병원 내에 감염관리위원회를 구성하여 활동하며, 감염관리 전담 직원이 관리하고 있다.

ⓛ 위험관리
ⓐ 병원환경의 여러 분야를 점검하여 의료서비스 중에 발생하는 환자의 상해를 예방하고, 위험상황이나 사고의 결과로 빚어지는 경제적 손실로부터 기관의 자산을 보호하기 위한 전략의 개발 및 수행을 포함한다.
ⓑ **목표**: 의료서비스의 부족부분을 보충하고 의료과실 소송을 예방하는 것을 목표로 한다.
ⓒ **관리내용**: 재정관리, 위험확인, 위험분석, 위험처리, 위험평가 등이다.
ⓓ **위험관리위원회**: 위험관리 프로그램의 실행을 위해 구성되며, 위험관리자가 운영에 대한 업무를 수행한다.
ⓔ **위험관리 내용**: 사건이 발생할 가능성이 있는 환자를 정기적 방문, 직원의 안전관리 프로그램 운영, 위원회의 운영관리, 사건보고서의 검토와 조사 및 모니터, 월별 사건에 대한 통계 및 기록 등이다.

ⓒ 퇴원관리
ⓐ 의료전달체계의 효과적 운영, 퇴원 후 환자의 적절한 관리나 의뢰, 사고발생과 부담가능성을 감소시키기 위한 목적으로 실시한다.
ⓑ 의사, 간호사, 의료기사, 환자 및 가족 모두의 참여가 필요하다.
ⓒ 주치의 및 환자, 가족의 요청 시, 적정진료관리실, 이용도관리실의 요청이 있을 때 실시한다.
ⓓ **대상**: 의료장비가 필요한 환자, 모든 전원환자, 집중치료실, 암병동, 투석실의 입원환자에게 적용된다.

> **Plus⁺ POINT**
>
> **의료서비스 환자경험평가**
>
> 1. 도입 배경
>   의료서비스 환자경험평가는 여러 나라에서 환자경험(Patient Experience)을 보건의료체계의 성과를 평가하는 데 필수영역으로 다루어 오면서 우리나라는 2017년에 환자경험평가를 도입하였다.
>
> 2. 평가개요
>   ① 목적: 의료서비스 영역에서 환자의 의견과 가치가 존중되고 환자 중심의 의료문화 확산과 국민이 체감하는 의료의 질을 향상시키고자 한다.
>   ② 대상: 상급종합병원, 500병상 이상 종합병원에 1일 이상 입원했던 만 19세 이상 성인을 대상으로 한다.
>   ③ 방법: 입원 중 경험한 의사·간호사 서비스, 투약 및 치료과정, 병원환경, 환자 권리보장, 개인 특성 등 24개 문항을 전화로 조사한다.

6. 의료의 질 개선 5단계*

(1) 우선순위 결정(1단계)
① 의료의 질을 개선시키는 데 가용할 수 있는 시간과 재원이 한정되어 있으므로 전 영역에 걸쳐 한꺼번에 질 관리를 하기는 현실적으로 어렵다.
② 의료기관 단위 또는 부서 단위에서 질 개선 노력이 요구되는 심각성과 시급성 정도에 따라 질 개선의 우선순위를 설정한 후 순차적으로 각 영역들에 대해 접근한다.

(2) 현재 수준 평가(2단계)
우선순위에 따라 영역이 결정되면 세부 영역 내에서 의료의 질을 평가하여 현재의 질적 수준을 파악해야 한다.

(3) 세부원인 규명(3단계)
질 평가 결과에서 질적 수준에 문제가 있다고 판단되는 세부 영역들을 발견하게 되면 이들 영역들에 대한 심층평가를 통해 질을 저하시킨 원인을 규명하고, 질 개선계획 수립을 위한 근거정보들을 정리하는 단계이다.

(4) 개선계획 수립 및 실행(4단계)
질적 문제를 야기하는 세부원인이 파악되면 이를 해결할 수 있는 개선계획을 수립하고 이를 실행하는 단계이다.

(5) 결과 재평가(5단계)
질 개선 활동의 실행 결과 질적 수준의 개선 정도를 재평가하고 활동과정에서 나온 문제점을 보완하여 다시 질 개선 활동으로 연결시켜 나가는 단계이다.

> * 5단계 중 1·2·3단계는 질 평가단계이고, 4·5단계는 질 개선을 시도하는 단계이다.

7. 의료의 질과 총체적 질 관리

(1) 질(Quality)과 관련된 용어의 정의
① 질: 어떤 사물의 유용성, 내용의 좋고 나쁨, 가치, 등급, 속성 따위를 의미하는 것으로 적정 수준의 성취 가능한 결과를 확보하는 것을 말한다.
② 간호의 질: 특정 서비스나 절차, 진단 혹은 임상적 문제에서 일반적으로 인정된 좋은 실무에 대한 현행표준과 예상되는 결과의 달성에 부합되는 정도를 말한다(미국병원신임기구, JCAHO).
③ 질 통제(QC; Quality Control): 질의 일정 수준을 표준으로 선정한 후 특정 서비스가 도달하였는지 평가하고 감시하는 것이다(산업체의 품질관리에 사용된 언어).
④ 질 평가(QA; Quality Assessment)
　㉠ 어떤 시점에서 제공된 서비스의 실제적인 질적 수준을 측정하는 것이다.
　㉡ 수행해야 할 행위를 올바른 방법으로 수행하였는지는 결정하는 활동을 의미한다.

> **지표(Indicator)**
> 특정 기준의 하위 문항으로 기준을 달성하기 위한 구체적이고 측정 가능한 요소이다.
>
> **기준**
> 현존 지식과 경험을 토대로 지표를 평가할 수 있는 미리 설정된 객관적 수준이다.
>
> **낮은 질로 인해 발생하는 비용**
> 업무가 첫 번째 단계에서 정확하게 수행되지 못했을 때 발생하는 비용이다.

⑤ 질 향상(QI; Quality Improvement)
㉠ 핵심적인 진료과정의 수준을 향상시키기 위해 노력하는 것이다.
㉡ 환자 진료의 질을 지속적으로 개선하기 위해 노력하는 것이다.
ⓐ **총체적 질 관리(TQM; Total Quality Management)**: 관리과정으로, 과정, 결과, 서비스 전반에 지속적인 향상을 추구하는 질 관리기법이다.
ⓑ **지속적 질 향상(CQI; Continuous Quality Improvement)**: 질 평가와 질 개선이 일시적인 활동이 아니라 지속적으로 시행해야 함을 강조한다(TQM과 동시에 쓰이는 용어이며, 성과 향상(PI)의 개념을 강조).
ⓒ **성과 향상(PI; Performance Improvement)**: 성과의 향상을 의미한다.
ⓓ **위험 관리(RM; Risk Management)**: 환자와 직원의 위험을 최소화하는 통합적인 관리프로그램이다.

(2) 의료의 질 관리의 일반적 원칙
① 고객에게 초점을 맞춘다.
② 프로세스와 시스템을 관리한다.
③ 질 개선 활동의 객관적 검증과정을 가진다.
④ 팀워크를 활용한다.

> **QA**
> 기존에 설정된 기준에 부응하는 것을 목표로 한다.

(3) 질 보장(QA)와 질 향상(QI)의 비교

관점	질 보장(전통적 접근, QA)	질 향상(새로운 접근, QI)
활동동기	표준의 준수 정도를 측정	지속적 프로세스 개선
활동수단	사후조사	사전예방
수용태도	수동적, 방어적	능동적, 적극적
활동초점	비정상수치, '썩은 사과' 골라내기	프로세스, 시스템 관리
활동범위	의료진	진료 전 분야
활동책임	일부 직원	모든 직원

> **TQM**
> 1. 일상적인 부분에 중점을 둔다(일상적 원인 중심).
> 2. 지속적으로 질을 향상시키는 방향으로 행동한다.
> 3. 결과에 영향을 주는 모든 진행과정을 검토한다.
> 4. 조직 전반을 대상으로 한다(환자를 포함한 모든 대상).

(4) 총체적 질 관리(TQM; Total Quality Management)
데밍(Deming, 1980)이 문제점 중 85%는 시스템 오류이고, 15%만이 일하는 직원의 잘못에서 기인한다는 점에서 착안하여 TQM의 개념을 주창하였다.
① 고객의 요구에 부응하기 위해 조직 차원에서 체계적이고, 지속적으로 꾸준한 질 향상 노력을 기울이는 체계적인 과정을 말한다.
② 환자를 포함한 고객들을 위해 의료기관이 제공하는 모든 서비스와 진료 결과의 질을 향상시키는 방향으로 행동하는 것이다.
③ 의료의 질을 개선하고자 하는 철학과 태도가 중요하다.
④ 개선을 위해 사용하는 분석적 지식과 기법, 인간관계, 조직문화, 리더십 등이 효과적으로 적용 및 활용되는 것이 중요하다.

⑤ 사례관리, 관리의료에 이용되기도 한다(표준화된 프로토콜 개발이나 기록지 개발 등).
⑥ 표준진료지침이 총체적 질 관리를 위한 부분적 도구로 이용될 수 있다.

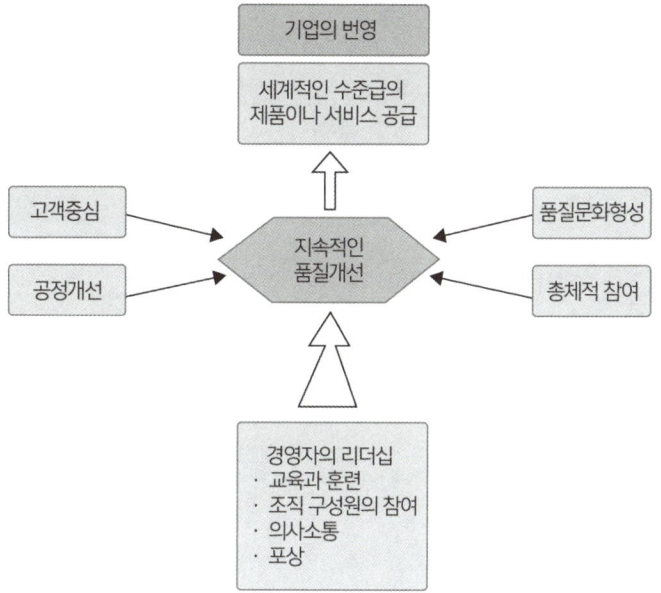

❶ TQM 추진 원리와 요소

(5) 질 향상 활동과정

① **문제의 발견**: 조직구성원이 모여 업무수행에서의 문제점을 모두 파악한다.
② **개선주제의 우선순위 결정**: 개선활동을 위한 우선순위를 결정한다.
③ **문제분석**: 질 개선 활동의 주제에 대한 문제를 더욱 명확하게 분석한다.
④ **자료수집**: 분석된 문제를 중심으로 실제 현황을 조사하기 위한 자료를 수집한다(후향적, 동시적, 전향적 조사).
⑤ **결과 분석 및 비교**: 수집된 자료 분석으로 수행과정의 문제와 성격, 원인파악과 바람직한 조직의 성과와 비교하여 차이를 인식한다.
⑥ **개선과제의 규명**: 결과의 비교단계를 통해 조직의 개선 과정을 명확히 규명한다.
⑦ **표준의 설정**: 현재 달성 가능한 업무의 질적 수준으로 개선활동을 위한 표준을 정한다.
⑧ **질 개선 계획의 수립**: 설정된 목표를 바탕으로 질 개선 계획을 수립한다(직원교육 강화, 업무환경 개선, 업무프로세스 개선, 감독 강화 등).
⑨ **개선과제 수행**: 계획단계에서부터 관련 조직구성원을 참여시켜 실행계획 전반을 협의하는 것이 중요하다.
⑩ **모니터링 및 결과 평가**: 수행 중에도 적절한 시기에 진행상황을 모니터링하고, 문제분석 및 필요한 지원을 공급받는다.

(6) 질 보장과 총체적 질 관리의 비교(Coffery, 1991)

특징	질 보장(QA)	총체적 질 관리(TQM)
목적	• 보건의료의 질 향상 • 문제의 발견과 해결 • 범위를 벗어난 결과에 대한 개인과 특별한 원인을 규명	• 환자와 다른 고객을 위한 서비스에 대한 질 향상 • 문제가 확인되지 않아도 지속적인 질 향상 추구
범위	• 임상의료의 과정 및 결과 • 환자에게 취해진 활동	• 임상과 비임상 부서의 모든 시스템과 진행과정 • 진행과정의 개선을 위해 취한 모든 조치
리더십	의사 및 임상 측면에서의 리더: 임상 각 과정, QA 위원	모든 임상 및 비임상 부서의 리더
초점	• 부서나 진료과별 수직적 검토 • 표준에 미달하는 사람들을 교육함 • 결과가 중요함	• 결과에 영향을 주는 모든 진행과정과 사람을 향상시키는 수평적으로 초점을 두고 검토함 • 과정을 향상시키기 위한 예방과 계획 • 과정과 결과를 중시함
방법	• 차트(의무기록) 감사와 가설 검증 • 지표검사 • Nominal Group Technique	• 지표감시 및 자료 이용 • 브레인스토밍 • 체크리스트, 히스토그램, 플로워 차트 등을 이용 • Nominal Group Technique
참여자	• QA프로그램과 임명된 위원회 • 제한된 참여	• 과정에 관련된 모든 사람 • 전체 직원의 참여
결과	• 측정과 감시, 방어적 자세 • 언급된 소수 개인의 성과 향상	• 측정과 감시, 과정 개선 중심 • 과정에 참여한 개개인의 성과 향상
계속되는 활동	표준에서 벗어난 활동을 추후 감시	표준에서 벗어난 활동을 추후 감시하면서 지속적으로 표준을 개선, 향상시킴

2 보건의료서비스와 정부(국가) 개입의 정당성

1. 보건의료서비스와 정부(국가) 개입 – 시장실패

(1) 개념
① 자유로운 가격(시장기구가 자원의 효율적인 배분을 실현하지 못하는 현상을 의미한다.
② 자원의 효율적 배분이 실패할 경우 정부가 개입하기도 한다.

(2) 원인
① 시장의 불안정성
② 독과점 형성, 경쟁 제한
③ 외부효과
④ 공공재의 존재
⑤ 정부의 개입
⑥ 불확실성과 정보의 차이

> 불완전 경쟁시장 ⇨ 독점 혹은 과점 시장 ⇨ 높은 가격, 적은 공급량
> ⇨ 비효율적 자원 배분 발생 ⇨ 시장 실패

2. 정부(국가) 개입정책

(1) 수요(소비)규제정책
① 정부가 불필요한 의료이용이나 과잉이용을 규제하는 것이다.
② 진단과 검사, 처치를 하는 데 있어서 효과적이지 않거나 상대적으로 비싼 의료장비 등의 사용을 억제하는 정책이나 진료비 중 본인에게 일부 부담시키는 정책이 이에 속한다.
③ 정부가 규제정책을 실시하는 것은 보건의료분야의 비효율성을 저해하는 것을 방지하기 위해서이다.

(2) 수요(소비)촉진정책
① 정부가 적극적으로 국민의 삶의 질을 향상시키기 위해 최첨단의 의료장비를 광범위하게 사용하도록 권장하고 촉진하는 정책이다.
② CT, MRI 및 PET 등 질병치료에 필수적인 고가의료장비를 전 국민이 활용할 수 있도록 건강보험 급여화 정책을 실시하는 것은 좋은 예이다.
③ 노인 대상 의치의 보험급여도 이에 해당된다.

(3) 공급규제정책
① 의료공급자 또는 의료기기 생산자에 대해 규제를 하는 정책이다.
② 의료시설이나 장비의 과잉투자억제정책, 의료비심사정책이나 의료장비 생산과정에 개입하는 정책이 해당된다.

수요(소비)촉진정책
1. 의료비 공급이 수요를 창출한다.
2. 세이(Say)의 법칙
   공급은 그 스스로의 수요를 창출한다.
3. 뢰머(Reomer)의 법칙
   병원은 일단 세워지기만 하면 이동되는 경향이 있다.
4. Feldstein
   설립된 병상은 채워진 병상이다.

(4) 공급촉진정책
① 소비자의 의료이용 접근도를 제고시키기 위해 공급 영역에서 촉진정책을 통하여 개입하는 것을 의미한다.
② 의료취약지역에 대한 의료시설의 확충, 취약지역에 의료기관 개설 시 세금 감면, 금융지원 등의 재정정책 등이 있다.

3. 정부(국가)의 역할

(1) 규제자
① 의료문제 전반에 대하여 보다 적극적으로 개입하는 경우이다.
② 면허제도나 질 관리, 병원표준화제도 등을 실시한다.
③ 낭비요소를 제거하기 위해 고가의료장비의 중복투자나 병상 과잉공급을 규제하기도 한다.
④ 보건의료서비스 가격을 통제한다.

> **보건의료서비스 가격 통제 이유**
> 1. 의료의 전문성으로 인해 제공자와 이용자 간에 지식과 정보의 차이가 커서 시장에서 활발한 경쟁에 의한 가격결정이 어렵다.
> 2. 비용 증가의 압박이 항상 존재하여 보험재정이 불안하며 이는 결국 국민 부담으로 이어진다.
> 3. 형평성의 논리로 가격규제로 재정적 장벽이 낮아지면 가난한 사람들이 해당 재화를 구매하거나 이용할 수가 있다.

(2) 정보제공자
① 소비자는 의료에 대한 전문적인 지식과 정보가 없어 의료공급자를 합리적으로 평가하지 못한다.
② 정부는 보건의료에 대한 지식과 정보를 소비자에게 제공함으로써 소비자의 지식 부족을 보완할 수 있다.
③ 병원의 양질의 서비스 평가 내용을 공개하여 소비자에게 정보를 제공한다.

(3) 보건의료서비스 제공자
① 보건의료서비스의 직접적인 제공자의 역할을 한다.
② 정부는 경찰병원, 보훈병원, 공무원 전용병원 등을 건립하여 대상자나 가족에 대한 보건의료서비스를 제공한다.
③ 의료취약지역에 공공병원을 직접 건립하거나 보건기관을 확충하여 지역주민들의 건강문제를 해결하는 방법을 제공한다.

(4) 재정지원자
① 정부는 국민건강을 위해 막대한 재정을 투자하고 있다.
② 의료취약지역에 병원 건립을 위해 금융이나 세제상의 지원정책을 사용하기도 한다.
③ 우리나라 국민의 약 2~3% 정도가 의료급여 대상자로 되어 있다.

(5) 보건의료자원 제공자
① 무의촌에 공중보건의를 파견하거나 병원을 건립하거나, 고가의료장비를 정부가 구입하여 한 지역사회에서 여러 의료기관의 공동으로 사용하도록 하는 등 정부는 의료자원 전반에 공급자의 역할을 하고 있다.
② 정부는 민간 부문이 취급하지 않거나 취급하기가 불가능한 부분을 담당하지 않으면 안 된다.

(6) 보험자
① 접근도의 제고를 통해 보건의료서비스의 원활한 배분을 위하여 정부는 건강보험제도를 주관하는 보험자의 역할을 수행하기도 한다.
② 위험이 발생할 가능성이 높은 사람들이 보험에 가입하거나 보험자 측에서는 위험발생도가 낮은 사람만 선택적으로 보험에 가입시키는 역선택(Adverse selection)이 발생하면 보험은 성립하지 못한다.
③ 보험가입집단의 크기가 클수록 역선택의 문제는 자연적으로 해결된다.
④ 우리나라는 강제보험을 실시하여 역선택 문제를 대처하고 있다.

Plus⁺ POINT

역선택과 도덕적 해이

1. **역선택**
잘못된 정보나 불충분한 정보로 인하여 효율적인 선택이 이루어지지 못하는 경우이다. 정보가 부족하여 질이 낮은 상품을 선택하는 것이다.

2. **도덕적 해이(거래 이후)**
다분히 의도적으로 규율을 지키지 않거나 규율의 허점을 이용함으로써 다른 사람에게 피해를 주는 행위를 의미한다. 보험 가입 전에는 최선을 다하던 사람이 보험 가입 후 노력을 게을리 하는 현상이 나타나는 것이 도덕적 해이이다. 도덕적 해이를 해결하기 위한 방법 중에는 본인일부부담금제가 있다.

제5장 일차 보건의료

일차 보건의료의 대두배경 기출 23
1. 빈부 격차의 심화
2. 의료혜택의 불균형
3. 예방사업보다 질병치료 우선
4. 고가의 인적 자원과 장비 활용의 비효율성
5. 의료시설과 의료인력의 불균형적 분포(도시 집중)
6. 의료전달체계의 미확립
7. 보건의식 수준 문제

일차 보건의료의 중요성
1. 현재 인구에서 나타나는 건강문제 80%는 1차적인 보건문제로서 조직에 적절한 치료와 진료로 2차적인 중증문제를 예방할 수 있다.
2. 지역사회 주민들의 건강유지와 증진과 더불어 의료비 절감을 가져올 수 있다.
3. 국민의 건강문제 중 80%가 저렴한 가격으로 쉽게 이용가능하고 받아들일 수 있으며 이는 적극적인 주민참여를 유도할 수 있다.

우리나라 일차 보건의료 실시과정
1. 1969년 선교사인 시블리박사가 지역사회보건사업을 시작하였다.
2. 제4차 경제개발 5개년 계획(1977~1981)에 포함되었다.
3. 1978년 국민의료를 위한 특별조치법을 제정하였다.
4. 1979년 의사, 치과의사, 공중보건의로 농어촌에 배치되었다.
5. 1980년 농어촌 등 보건의료를 위한 특별조치법으로 보건진료전담공무원을 배치하였다.

1. 일차 보건의료의 개념

(1) 일차 보건의료의 정의 기출 21
① 필수적인 보건의료로서 실용적이며 과학적이고 사회적으로 수용할 수 있는 방법과 기술을 바탕으로 지역사회의 참여를 통해 지역사회와 국가의 발전 단계에 따라 자립과 자주적 결정 정신에 입각하여 유지비용을 부담할 수 있고, 지역사회의 모든 개인과 가족이 이용할 수 있는 의료이다.
② 주민이 보건의료체계에 1차적으로 접하는 관문이며 단순히 1차 진료나 간호만을 의미하는 것이 아니고 개인, 및 지역사회를 위하여 건강증진, 예방, 치료 및 재활 등의 서비스가 통합된 포괄적 보건의료를 의미한다.

(2) 역사적 배경 기출 10, 14, 17, 20
① WHO는 1977년 'Health for all by the year 2000'이라는 인류건강 실현목표를 설정하였다.
② 1978년 소련의 알마아타(Alma-Ata) 회의에서 그 목표를 실현하는 접근방법이 일차 보건의료 실현에 있다고 결론을 내렸다.
③ 알마아타 선언에 담긴 건강에 대한 사회적, 경제적 요인의 영향력과 참여에 대한 강조는 건강증진의 개념 발전에 영향을 주었다.
④ 알마아타 선언에서 강조된 권리로서의 건강 및 건강형평성은 이후 건강증진이 형평성을 중시하는 데 있어 큰 영향을 주었다.

(3) 일차 보건의료의 기본 이념
사회정의 정신에 입각하여 형평의 원칙하에 모든 사람에게 양질의 보건의료를 제공하는 것이다.

(4) 일차 보건의료의 목적
① 개인이나 지역사회의 자립을 증진시키는 데 있으며, 궁극적인 목표는 사회적·경제적으로 생산적인 삶(socially and economically productive life)을 영위할 수 있게 하는 데 있다.
② 일차 보건의료는 단순히 진료만을 뜻하는 것이 아니고 건강 그 자체를 취급하며, 인간 개발(Human Development), 보건 개발(Health Development) 및 지역사회 개발(Community Development)에 그 초점이 있다.

(5) 일차 보건의료의 내용[1978년 소련의 알마아타(Alma-Ata)]
기출 12, 13, 14, 15, 16, 17, 18, 19, 20, 21

① 식량의 공급과 영양의 증진
② 안전한 물의 공급

③ 가족계획을 포함한 모자보건
④ 그 지역사회의 주된 감염병의 예방접종
⑤ 그 지역의 풍토병 예방 및 관리
⑥ 통상질환과 상해의 적절한 치료
⑦ 정신보건의 증진
⑧ 기본 의약품의 제공
⑨ 널리 퍼져 있는 주요 건강문제에 대한 예방 및 관리방법 교육

◉ 일차 보건의료의 개념적 틀

철학	건강은 인간의 기본 권리 개인의 책임 모든 사람들에게 균등 사회, 경제개발의 기본 요소
목표	인류 모두에게 건강을
서비스	보건교육, 영양, 안전한 식수와 위생, 모자보건 및 가족계획, 예방접종, 풍토병의 예방과 관리 간단히 치료 필수의약품 공급
구조	지역주민이 보건의료에 처음 접하는 관문
접근방법	지역주민의 참여, 부문간 협조, 보건 인력의 훈련, 주민의 자립, 자조 정신, 보건의료 자원의 균등한 분포, 효율적인 의료전달체계

(6) 일차 보건의료와 전통 기본보건의료와의 차이점 기출 16

구분	일차 보건의료	전통 기본보건의료
대상	지역사회	환자
접근법	건강유지, 건강증진, 예방, 치료, 재활의 통합접근법, 원인 추구적 접근법	질병 중심, 질병치료, 치료 중심 접근, 임상 중심 접근법
관계	동반자 관계	제공자와 소비자(환자) 관계
팀 개념	팀 접근법	팀 개념 희박
협조	부문 간 협조	의료인력 간의 협조
개발	인간 개발, 사회경제 개발, 지역사회 개발	의료기술 개발, 의약품 개발
목표	개인 및 지역사회의 잠재력 개발, 문제해결능력의 함양	질병의 치유, 건강의 회복
주체	지역사회 주민	의료전문직

2. 일차 보건의료 접근의 필수요소(WHO의 4A)

(1) 접근성(Accessible)
① 개개인이나 가족단위의 모든 주민이 쉽게 이용할 수 있어야 한다.
② 지역적, 지리적, 경제적, 사회적 이유 등으로 지역 주민이 이용하는 데 차별이 있어서는 안 되며, 특히 국가의 보건의료 활동은 소외된 지역 없이 오지까지 전달될 수 있어야 하며, 이렇게 접근성을 높이는 것이 일차 보건의료 활동의 핵심이 되어야 한다.

(2) 수용가능성(Acceptable)
① 지역사회가 쉽게 받아들일 수 있는 방법으로 사업이 제공되어야 한다.
② 즉, 주민들이 수용할 수 있도록 과학적 방법으로 접근해 건강문제를 해결해야 한다.

(3) 주민의 참여(Available)
① 지역사회의 적극적인 참여를 통해 이루어져야 한다.
② 일차 보건의료는 국가보건의료체계의 핵심으로서 지역사회 개발정책의 일환으로 진행되고 있으므로 지역 내의 보건의료 발전을 위한 지역주민의 참여는 필수적이라고 할 수 있다.
③ 이를 위해서는 지방분권화된 보건의료체계 속에서의 일차 보건의료 도입이 바람직하다.

(4) 지불부담능력(Affordable)
① 지역사회구성원의 지불능력에 맞는 보건의료수가로 제공되어야 한다.
② 이는 국가나 지역사회가 재정적으로 부담이 가능한 방법으로 지역사회 내에서 이루어지는 것이 바람직하다.

(5) 포괄성
기본적인 건강관리서비스는 모든 사람에게 필요한 서비스를 제공하여야 한다.

(6) 균등성
기본적인 건강서비스는 누구나 어떤 여건에서든 필요한 만큼의 서비스를 똑같이 받을 수 있어야 한다.

(7) 지속성
기본적인 건강상태를 유지하기 위해 필요한 서비스 제공이 지속적으로 이루어져야 한다.

(8) 유용성
주민들에게 꼭 필요하고 요긴한 서비스여야 한다.

(9) 상호협조성
관련부서가 서로 협조함으로써 의뢰체계를 구축하여야 한다.

3. 일차 보건의료의 접근방법 기출 12, 14, 15, 16, 18, 19, 20

(1) 예방에 중점을 둔다.
(2) 적절한 기술과 인력을 사용한다.
(3) 쉽게 이용 가능해야 한다.
(4) 지역사회가 쉽게 받아들일 수 있는 방법으로 사업이 제공되어야 한다.
(5) 지역사회의 적극적인 참여가 이루어져야 한다.
(6) 건강을 위해 관련 분야의 상호 협력이 이루어져야 한다.
(7) 지역사회 지불능력에 맞는 보건의료수가로 사업이 제공되어야 한다.

(8) 자조, 자립정신을 바탕으로 한다.
(9) 지역사회 특성에 맞는 보건사업을 추진한다.

> **Plus⁺ POINT**
>
> **알마아타 선언이 제시한 4가지 접근방법** 기출 12, 13, 14, 15, 16, 17, 18, 19, 20
>
> 1. 접근성
>   필요에 따른 보편적인 적용과 접근이 용이해야 한다.
> 2. 주민참여
>   개인과 지역사회의 참여와 자립이 필요하다.
> 3. 종합적인 접근
>   건강을 위해 다학제적인 상호협력이 이루어져야 한다.
> 4. 비용 - 효과성
>   적절한 기술이 적용되고 기술의 비용 - 효과성을 고려해야 한다.

4. 지역사회 통합건강증진사업

(1) 사업의 특징

① **통합건강증진사업**: 중앙정부가 전국을 대상으로 획일적으로 실시하는 국가 주도형 사업방식에서 탈피하여, 지방자치단체가 지역사회 주민을 대상으로 실시하는 건강생활 실천 및 만성 질환 예방, 취약계층 건강관리를 목적으로 하는 사업을 통합하여 지역 특성 및 주민 수요에 맞게 기획 · 추진하는 사업이다.

② **사업영역**: 금연, 음주폐해 예방(절주), 신체활동, 영양, 비만 예방관리, 구강보건, 심뇌혈관질환 예방관리, 한의약건강증진, 아토피 · 천식 예방관리, 여성어린이특화, 치매 관리, 지역사회 중심 재활, 방문건강관리로 구성된다.

③ 사업영역 간 경계를 없애고, 주민 중심으로 사업을 통합 · 협력하여 수행할 것을 권장한다.

(2) 기존 국고보조사업과 지역사회 통합건강증진사업의 비교

기존 국고보조사업	지역사회 통합건강증진사업
사업내용 및 방법 지정 지침	사업범위 및 원칙 중심 지침
중앙집중식 · 하향식	지방분권식 · 상향식
지역여건에 무방한 사업	지역여건과 연계된 사업
산출 중심의 사업 평가	과정, 성과 중심의 평가
분절적 사업수행으로 비효율	보건소 내외 사업 통합 · 연계 활성화

해커스공무원 학원·인강
gosi.Hackers.com

제2편

보건행정의 기획과 정책 제도

제1장 보건기획
제2장 보건정책
제3장 사회보장제도와 의료보장제도

제1장 보건기획

보건기획
1. 기획은 조직의 목표설정뿐만 아니라 이를 효과적으로 달성하기 위한 수단으로서의 행동과정도 포함한다.
2. 지역사회 보건사업이 최적의 수단으로 목표를 달성하기 위하여 미래의 활동에 관해 일련의 결정을 준비하는 지속적이고 동태적인 과정이다.

기획과 계획의 차이 기출 18, 20
1. 기획
   ① 계획을 수립·집행하는 과정이다.
   ② 기획은 계획에 비해 업무의 목적과 목표가 중요한 관점이므로 절차와 과정을 중시한다.
2. 계획
   ① 기획을 통해 산출되는 결과이다.
   ② 계획은 기획에 비해 생산과 스케줄에 큰 비중을 두므로 구체적으로 문서화된 업무수행방법이 제시되어야 한다.
3. 계획하는 과정이 기획이다.

1 보건사업기획 개요

1. 보건기획의 의의

(1) 보건기획의 정의

① 기획(Planning)은 전략적인 의사결정과정으로 사회나 조직을 위한 목표, 정책 그리고 절차나 방법과 같은 수단들을 선택하고 결정하는 과정이며, 계획(Plan)은 기획과정의 결과로 나타난 최종산물이다.
② 즉, 기획은 업무의 목적과 목표 달성을 위한 절차와 과정을 중요시하는 반면, 계획은 기획을 통해 산출되는 결과로서 예산과 일정에 비중을 두고 구체적으로 문서화된 업무 수행계획을 중요시한다.
③ 보건기획은 국민이 당면하고 있는 보건문제를 해결함으로써 보건복지를 증진시키고자 합리적인 보건정책의 수립과 보건자원의 동원을 효과적으로 하기 위한 제반 보건활동이다.
④ 보건기획은 의도된 미래의 상에 맞추기 위해 현재를 변화시키는 과정이다.
⑤ 보건기획은 보건상의 목표를 달성하기 위해 복수의 대안 중에 최선의 안을 선택하여 조직적으로, 의식적으로, 계속적으로 노력하는 것이다(WHO).

(2) 보건기획의 목적(미국공중보건협회)

① 보건사업을 위한 조직 개선
② 새로운 필요사업의 발전 촉진과 기존 사업의 강화 및 그 활용의 추진
③ 보다 나은 협조로 보건사업의 질적 향상
④ 지역사회의 불필요한 사업계획의 중지
⑤ 정부와 민간기관 간의 사업 중복을 방지
⑥ 보건사업의 지역 간 배분 개선
⑦ 신규사업의 우선순위 결정과 보건사업기획의 균형 있는 발전, 그리고 지역사회의 특수보건 수요를 위한 서비스
⑧ 부족한 보건인력의 효율적인 이용과 훈련시설의 개발육성
⑨ 보건 요구와 문제의 파악, 그리고 해당 지역의 특성에 맞는 변화를 위하여 현실적인 목표설정 지원
⑩ 새로운 보건지식의 신속한 적용
⑪ 보건사업 연구와 인적 자원 훈련의 밀접한 관계 조성
⑫ 지역사회 발전을 위한 경제적·물리적 계획과 보건수요의 종합적 조정

(3) **보건기획의 특성** 기출 10, 11, 13, 15, 16, 17, 18, 19, 20
① **미래지향적**: 얼마나 미래를 잘 예측하고 통제하는지를 말한다.
② **목표지향적이며 의도적**: 기획은 이미 수립된 목표를 달성하기 위한 구체적인 방법을 제시하는 활동이다.
③ **목표를 달성하기 위한 최적의 수단을 제시**: 기획은 목표에 도달하기 위해 최적의 수단을 계획적으로 제시하는 것이다.
④ **행동지향적**: 기획은 본질적으로 권한과 자원을 동반하여 계획을 성공적으로 수행하는 것이다.
⑤ **의사결정과정**: 기획과정의 여러 단계는 체계적으로 연결되어 상호 영향을 주는 연속적인 과정이다.

(4) **보건기획의 필요성** 기출 14, 17, 19
① 활동보다는 결과에 초점을 두어 성공가능성을 높여준다.
② 분석적 사고와 여러 대안에 대한 평가력을 강화시킴으로써 의사결정의 질을 높여준다.
③ 조직의 인적·물적 자원을 예측하고 통제함으로써 미래상황에 효과적으로 대처할 수 있다.
④ 능동적 행동을 유도하며, 위기를 피하도록 도와주고, 의사결정의 유연성을 제공한다.
⑤ 제한된 자원의 효율적 활용을 도와 비용 효과적이며, 개인과 조직의 성과 측정의 기초를 제공한다.
⑥ 조직원의 참여를 증대시키고, 의사소통을 향상시켜 변화의 필요성을 발견할 수 있게 해준다.

(5) **보건사업기획의 특성**
① **목적성**: 보건사업은 명확한 목적이 있고 모든 보건사업은 목적에 부합되게 구조화되고 체계화되어야 하는 것이다.
② **조직성**: 보건사업의 목적을 달성하기 위해 선정한 내용, 활동, 절차가 위계적인 체계에 맞추어 조직되어 있다.
③ **계획성**: 보건사업의 구성 내용, 활동, 절차가 체계적으로 조직되어 계획적인 요소를 갖는 것이다.
④ **통제성**: 보건사업의 구성과 운영절차에서 보건사업의 목적에 부합하지 않는 사항은 배제시켜 구조성과 체계성을 높이고 누구나 용이하게 프로그램을 수행할 수 있도록 사업의 수행절차를 통제해야 하는 것이다.
⑤ **공인성**: 보건사업은 반드시 평가를 거쳐 프로그램의 효율성이 입증되고 공인되어야 한다.
⑥ **접근성**: 보건사업은 우선적으로 이를 필요로 하는 대상자가 쉽고 편리하게 접근할 수 있어야 한다.

보건기획의 특성
1. 목표지향적, 미래지향적
2. 행동지향적
3. 연속적 의사결정과정
4. 근거기반
5. 접근성
6. 지속성

보건기획의 필요성
1. 각종 요구와 희소자원의 효과적 배분
2. 가용 자원의 효율적 사용
3. 미래에의 대비
4. 이해대립의 조정 및 결정
5. 새로운 지식과 기술 개발
6. 합리적 의사결정

⑦ **포괄성**: 보건사업은 대상자의 다양한 욕구를 충족시켜 주고 문제를 해결해 줄 수 있도록 하는 것이다.
⑧ **지속성**: 보건사업은 프로그램 전 과정을 계속적으로 모니터링하여 대상자의 요구를 충족시킬 수 있도록 하는 것이다.

(6) 보건사업기획의 대상
① **인적 자원기획**: 각종 보건의료인력의 양성 및 관리, 지역적 분포 및 활용 목표에 대한 정확한 기준, 추계 등을 기준으로 인적 자원을 기획하는 것이다.
② **물적 자원기획**: 각종 보건의료시설과 의료장비 및 소모품을 생산, 분배하고 관리하는 것이다.
③ **보건행정기획**: 보건의료전달체계의 발전과 재원 조달, 분배 및 보건사업정보체계의 개발 등에 관한 기획을 의미한다.
④ **환경기획**: 쾌적한 생활환경 확보와 관련되는 보건사업, 즉 기본환경관리, 공해관리 및 상하수도관리 등에 관한 기획을 말한다.
⑤ **보건교육기획**: 예방보건사업과 건강한 생활을 영위하기 위한 국민보건교육 및 홍보에 관한 기획을 의미한다.
⑥ **조사 및 연구기획**: 국민보건 실태를 분석하기 위한 제반 활동과 보건과학 및 의학기술 향상과 관련된 조사연구 기획이다.

(7) 보건기획 원칙의 내용 기출 10, 12, 13, 15, 16, 17, 19, 20, 21

목적부합의 원칙	• 목적을 구체적으로 명확하게 기술하고, 그에 부합된 목표와 계획을 수립해야 함 • 보건기획은 그 실시과정에 있어서 능률과 낭비를 피하고 그 효과를 높이기 위해 명확하고 구체적인 목적이 제시되어야 함
장래예측의 원칙	• 미래의 상황을 정확한 정보를 바탕으로 객관적으로 예측해야 함 • 보건기획에 있어서 예측은 그 달성 여부에 결정적인 영향을 미치므로 어디까지나 명확할 것이 요구됨 • 기획은 장래를 예측할 수 있도록 작성되어야 함
계층화의 원칙 (계속성)	• 추상성이 높은 계획에서 구체적인 계획으로 순차적으로 계획을 수립해야 함 • 기획은 반드시 하위계층으로 내려감에 따라 구체적이고 세분된 기획으로 분류되어 조직단위별로 업무가 배분되어야 함
균형성의 원칙	목표와 계획이 조화롭게 균형을 유지해야 함
필요성의 원칙	타당한 근거와 필요성을 바탕으로 목표와 계획을 세워야 함
포괄성의 원칙	계획을 수행하는 데 필요한 인력, 장비, 물품, 예산 등 제반 요소들을 포함하여 수립해야 함
경제성의 원칙 (능률성)	• 최소의 비용으로 최대의 효과를 산출하도록 자원을 경제적으로 활용하는 예산을 수립해야 함 • 현재 사용가능한 자원을 활용해야 함

안정성의 원칙	• 정확한 예측을 바탕으로 목표와 계획을 수립해야 함 • <u>빈번한 보건기획의 수정은 기획 자체를 무의미하게 만들 수 있기 때문에 피해야 함</u> • 기획의 수정은 본래의 기획에서 크게 벗어나지 않는 범위여야 함
간결성의 원칙 (단순성)	• 목표와 계획은 <u>이해하기 쉬운 용어를 사용</u>하여 간결하고 명료하게 표현해야 함 • 일반 대상자들이 광범위하게 이해와 협조를 얻을 수 있도록 간단명확하고 전문용어는 피해야 함
탄력성의 원칙 (신축성)	• <u>환경의 변화</u>에 따라 수정할 수 있도록 목표와 계획을 융통성 있게 수립해야 함 • 유동적인 보건행정 상황에 대응하여 수정될 수 있도록 작성되어야 함 • 미래의 환경을 정확히 예측하여 기획을 수립하는 것은 사실상 불가능하기 때문에 융통성과 탄력성을 가지고 필요에 따라 수정할 수 있음
표준화의 원칙	• 보건기획의 대상이 되는 <u>예산, 서비스 및 사업방법 등의 표준화</u>를 통하여 용이하게 보건기획을 수립하여야 함 • 기획대상의 표준화는 기획과정에서의 의사소통을 원활하게 하여 성공적 기획집행에 기여함

(8) 기획의 유형

① **시간에 의한 분류** 기출 12, 15, 20
   ㉠ **장기기획**: 5년 이상의 기획으로 미래전망을 설정하고 기본방향 지침을 제공한다.
   ㉡ **중기기획**: 1 ~ 5년의 기획이다.
   ㉢ **단기기획**: 1년 미만의 기획으로 집행기획의 실용성이 있다.

② **구체성에 의한 분류**
   ㉠ **지침적 기획(일반적 기획)**: 일반적이고 폭넓은 지침을 가지는 기획으로 융통성이 있다.
   ㉡ **구체적 기획**: 분명히 정해진 목표를 가지는 구체성이 높은 기획이다.

③ **대상별 유형 분류**
   ㉠ **자연기획(물리적 기획)**: 자연자원, 토지, 시설, 공간 등을 대상으로 하는 기획이다. 도시기획이나 국토종합개발기획 등이 해당된다. 물적 기획은 공간 및 자연 개발과 공중의 편익 증진을 위해 수립된 기획이다.
   ㉡ **사회기획**: 사회보장, 인구, 보건, 교육 등 우리나라의 교육부와 보건복지부가 주로 관장하는 분야로서 경제 개발과 직접적인 관련이 있다고 생각하는 인력이나 교육에는 지원이 어느 정도 발전되었으나 사회보장 부분은 많이 발전되지 못한 편이다.
   ㉢ **경제기획**: 경제 개발, 소득 분배, 실업 해소, 물가 안정, 재정 안정 등 경제 전반을 대상으로 실시하는 기획을 말한다. 경제기획은 국민경제의 수준을 일정한 목표에 접근시키려는 종합적·계속적 정책결정과정이다.

지역별 보건사업 기획 유형
1. **지방기획**
   시·군·구 단위(예 시·군·구 지역보건의료계획, 건강증진사업기획)
2. **지역기획**
   광역 지역(예 시·도 지역보건의료계획, 건강증진사업기획)
3. **국가기획**
   국가 단위(예 국민건강증진종합계획 HP2030)
4. **국제기획**
   세계보건기구, 국제개발은행 등

④ 계층별 유형
    ㉠ 정책기획
        ⓐ 새로운 입법을 하거나 기존 법의 수정을 포함하는 정부활동을 다루는 것이다.
        ⓑ 정부의 광범위하고 기본적인 방침을 설정하는 종합적·포괄적 기획으로서 정부기관의 모든 부문에 영향을 미치며 입법적 성격을 지닌다.
        ⓒ 행정수반 차원에서 이루어지는 전략적 기획으로서 가치성을 가지고 있다.
    ㉡ 운영기획
        ⓐ 정책기획의 하위기획이며 구체적·세부적·사업적 성격을 가지고 있다.
        ⓑ 우리나라 정부부처의 주요 업무계획, 주요 업무시행계획 등을 들 수 있다.

(9) 기획의 범위와 수준에 의한 분류

🔼 기획의 분류

① 전략적 기획(Strategic Planning)
    ㉠ 의의: 일반적으로 조직의 목표를 설정하고 이를 달성하기 위하여 요구되는 종합적이고 총괄적인 조직 차원의 기획이다.
    ㉡ 특성
        ⓐ 장기계획으로 최고 관리자가 수행한다.
        ⓑ 미래의 문제와 기회를 예측할 수 있는 방법이다.
        ⓒ 조직이 지향하는 미래의 분명한 목표와 방향을 제공한다.
        ⓓ 내·외적 환경에 대한 기회와 위기를 조직의 자원과 기능에 맞추는 데 초점을 둔다.
        ⓔ 모든 계획의 기본 틀을 제공하고, 조직의 행동 및 의사결정에 일관성을 유지시켜 준다.
    ㉢ 전략기획과정
        ⓐ 목표(미션·비전)설정: 조직이 존재하는 목적이나 이유, 사명을 말한다.
        ⓑ 내·외적 환경분석 기출 22, 25
            • SWOT 분석: 조직의 내·외적 환경에 대한 강점과 약점, 기회와 위협을 분석하여 핵심과제를 도출한다.

전략적 기획
하버드 모형의 SWOT분석

- **균형성과표**: 카플란과 노턴이 개발했으며, 조직의 균형과 발전을 도모하기 위한 전략적 기획 및 성과 평가 관리체계이다.

SO 전략 강점-기회 전략	공격적 전략	• 강점요인을 바탕으로 기회요인을 활용하는 전략 • 사업구조, 시장 확대
ST 전략 강점-위협 전략	다각화 전략	• 강점요인을 활용하여 위협요인을 대응하는 전략 • 새로운 사업, 새로운 시장, 새로운 기술, 새로운 고객 개발
WO 전략 약점-기회 전략	국면전환 전략	• 약점요인을 보완하여 기회요인을 활용하려는 전략 • 구조조정, 혁신운동
WT 전략 약점-위협 전략	방어적 전략	• 약점요인을 극복하며 위협요인을 회피하려는 전략 • 사업축소, 사업폐지

ⓒ **핵심과제 도출 및 전략 수립**: 찾아낸 과제를 중요도와 긴급도에 따라 평가한 뒤 핵심과제를 도출하여 전략을 수립한다.
ⓓ **전략 수행**: 실행과정에서 수정·보완되며, 구체적인 활동이 진행된다.
ⓔ **실행결과에 대한 평가**: 결과에 대한 평가로 목적에 부합되는지 기준에 따라 평가 후 피드백과정을 거친다.

② **전술적 기획(Tactical Planning)**
㉠ 조직의 중간 관리자가 수립하는 <u>1~3년 미만의 중기기획</u>이다.
㉡ 전략적 기획을 수행하는 데 필요한 세분화된 구체적인 기획이다.
㉢ 부서별 업무 수준의 프로그램, 프로젝트 계획, 정책, 규제, 절차 등이 포함된다.
㉣ 구체적인 결과를 비교적 빠른 시일 내에 확인 가능하다.

③ **운영적 기획(Operational Planning)**
㉠ 일선관리자가 세우는 <u>1년 미만의 단기기획</u>이다.
㉡ 부서의 구체적 업무기획으로, 기간별 활동과 업무수행절차와 책임자를 정하고, 목표를 계량적으로 기술한다.
㉢ 특정 목표달성을 위해 <u>일시적 기획과 반복적으로 수행되는 업무를 위해 지속하는 상시적 기획이 포함</u>된다.

단용계획	• 비교적 짧은 기간 내에 특정의 목표를 달성하기 위한 계획(1회용 기획) • 특정 목표가 성취되면 계획으로서의 효용성이 소멸되어 더 이상 필요 없는 계획 예 프로그램, 프로젝트 등
상용계획	• 규칙적으로 일어나는 활동에 사용되는 계획 • 조직 내에서 반복적으로 수행되는 업무를 위해 지침을 제공하기 위해 사용되는 지속적인 계획 예 정책, 절차, 규칙, 기준 등

SWOT의 정의
1. 강점(S)
   조직의 목표 달성을 돕는 조직의 내적인 속성이다.
2. 약점(W)
   조직의 목표 달성을 어렵게 하는 조직의 내적인 속성이다.
3. 기회(O)
   조직의 목표 달성을 돕는 조직의 외적인 조건이다.
4. 위협(T)
   조직의 목표 달성을 어렵게 하거나 위협하는 조직의 외적인 조건이다.

전술적 기획
1. 전략적 기획보다는 불확실성이 낮은 환경에서 이루어지는 것이다.
2. 부서별, 사업별 업무 수준의 기획이다.
3. 전략적 기획을 위한 수단이다.

운영적 기획
1. 구체적인 업무 계획으로 일선관리자가 수립한다.
2. 일시적 기획은 일회성 프로젝트이다.
3. 상시적 기획은 반복 업무를 위해 지속적으로 이루어진다(정책, 절차, 규칙).

기간의 고정 여부별 유형
1. 고정기획
   경제개발 5개년 계획
2. 연동기획
   수정·보완하지만, 동일한 기간을 유지한다(신축성 유지 가능).

📖 **기출 체크**
다음에서 설명하는 SWOT 전략은?
기출 25

> 보건의료조직이 조직의 강점과 기회를 결합하여 사업구조나 영역을 공격적으로 확대한다.

① WO전략   ② WT전략
③ SO전략   ④ ST전략

정답 ③

(10) 전략(최고관리자) - 전술(중간관리자) - 일선(하위관리자) 관리자의 특징 기출 18

최고관리자	중간관리자	하위관리자
• 조직 전체에 영향을 미치는 장기적 목표 및 정책 결정 등 전반적인 사업에 대한 의사결정을 함(미래지향적인 의사결정) • 환경과 관련하여 조직의 장기적 목표, 전략 등을 결정하고 조직의 사회적 책임을 가짐 • 중간관리자의 업무성과를 모니터링 • 최고경영자는 조직의 활동방침을 설정하거나, 조직 외부의 환경과 상호작용을 하는 과업 수행	• 최고관리자가 설정한 조직의 목표, 전략, 정책을 집행하기 위한 제반 활동 수행 ⇨ 최고관리자를 보좌·조언하는 역할 • 상급자와 하급자의 중간에서 상호 간의 관계를 조정하는 역할 수행 • 일선관리자를 지휘, 조직, 감독, 명령이나 지시를 함	• 임상 실무와 관리를 주로 담당하며, 구성원들과 함께 팀을 형성하고 지휘·감독을 함 ⇨ 더 이상 하위관리자가 없는 경우에만 최일선의 관리자 • 조직의 효율성을 높이기 위해 조직의 목적이 적합한지 평가하고, 필요하면 최고관리자에게 조직의 목적을 일부 변경하도록 제안

📋 Plus⁺ POINT

기획범위와 수준에 의한 분류

전략적 기획 (최고관리자)	개념	• 조직의 기본적인 목적과 일반적인 목표를 어떻게 달성할 것인가를 결정 • 조직의 사명을 명확히 하고, 기회를 확인하기 위해 환경을 분석하고 조직의 경쟁적인 이점을 지닐 수 있도록 기획에 연결하도록 하는 과정
	특징	• 장기계획적이며, 포괄적이고 일반적인 용어로 표현됨 • 최고관리자에 의해 조직이 지향하는 미래의 분명한 목표와 방향을 제시 • 급변하는 환경에 대해 미래의 문제와 기회를 예측할 수 있는 방법 • 조직의 내외적 환경에 대한 기회와 이익을 조직의 자원과 기능에 맞춤 • 모든 계획의 기본틀을 제공하여 조직의 행동 및 의사결정에 일관성을 유지시킴
전술적 기획 (중간관리자)	개념	최고관리자의 전략적 계획을 수행하기 위해 설계된 계획
	특징	• 중기계획(1 ~ 2년)을 중간 관리층에 의해 개발되고 수행됨 • 주요 부서나 단위별 계획으로, 전술적 목적의 실행을 통해 전략적 목적이 실행됨 • 설정된 목표를 달성하기 위해 자원의 적절한 배정과 수단과 방법에 관심을 둠 • 결과를 빠른 시간 내에 분명하게 알 수 있어, 구체적인 행동으로 되기 쉬움

운영적 기획 (일선관리자)	개념	단기 목표를 달성하기 위한 세부적인 계획을 실행
	특징	• 하부관리자에 의해 단기계획을 다룸(년, 월, 주, 일일 계획) • 목표는 구체적이고 측정 가능하게 수립된, 조직 구성원 각자가 담당할 업무 • 단기적인 목표를 달성하기 위해 운영적 전략을 동원하여 기획 예 1개월간 낙상환자 10% 줄이기
	종류	• 단용계획: 짧은 기간 내에 특정 목표를 달성하기 위한 계획(프로젝트, 프로그램) • 상용계획: 규칙적으로 일어나는 활동에 사용되는 계획(방침, 절차, 규칙)

2. 보건기획의 과정

(1) 보건사업기획에서의 참여

① **보건사업기획의 참여자**: 지역사회를 대표할 수 있는 사람으로 지역주민들의 참여를 권유할 수 있는 개인 또는 집단을 참여시켜 대변될 수 있는 참여자를 선정한다.

② **보건사업기획의 참여범위**: 수집된 정보에 대해 피드백을 받고, 계획에 대한 협의와 의견 제시를 통해 의견을 수렴하며, 프로그램 시작부터 최종 평가에 이르기까지 적극적 협의와 상담과정을 거치는 등 모든 보건사업기획과정의 각 단계마다 원활한 의사결정과정을 통한 참여과정이 이루어져야 한다.

(2) 보건사업기획과정에서 이해관계자의 참여

① **보건사업을 위해 가장 선행되어야 할 단계**: 지역사회의 이해관계자가 참여한 기획팀을 조직하는 것이다.

② **이해관계자의 참여 이유**: 우선순위 결정단계에서 주민의 실제 욕구에 부합되고, 우선순위가 높은 사업을 선정할 수 있게 하고, 사업 실행단계에서 지역사회 참여와 역량 강화에 모든 기획 및 평가단계에 영향을 미친다.

(3) 보건사업기획과정 기출 09, 12, 16, 17, 18, 19, 20

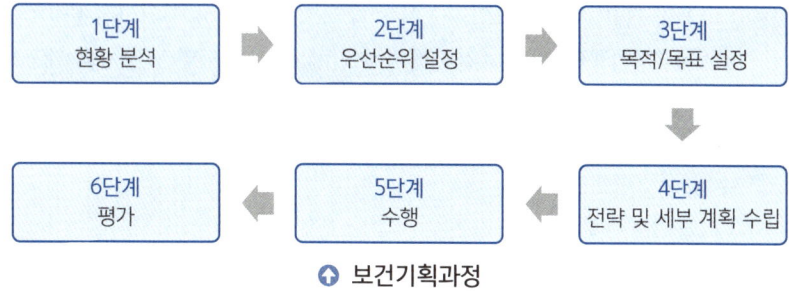

◆ 보건기획과정

① 지역사회 현황 분석

  ㉠ **지역의 건강 수준 평가**: 지역의 인구학적·물리적·사회경제적 특성, 건강수준과 질병부담, 건강결정요인, 건강불평등 등을 평가한다.

  ㉡ 지역사회의 관심과 장점을 분석한다.

> ⓒ **지역보건체계의 평가**: 현재 시행되고 있는 지역보건사업의 현황과 평가, 보건기관의 건강문제 해결능력을 평가한다.
> ⓓ **건강문제와 해결능력에 영향을 미치는 환경의 변화**: SWOT의 외부환경 분석을 활용하여 지역사회주민의 노력과 상관없이 통제할 수 없는 환경적 요인을 조사한다[조직에 도움되는 기회(O)와 조직에 나쁜 영향을 줄 수 있는 위협(T)으로 구분하여 조사].

② **우선순위 설정**
㉠ 다수에게 영향을 미치게 되므로, 이해당사자들이 모두 동의할 수 있는 기준이 되어야 한다.
㉡ 우선순위를 정할 때는 누구나 객관적으로 인정할 수 있는 타당성을 가진 합의된 기준에 의거해 결정한다.

> **우선순위 설정 기준**
> 1. 브라이언트의 우선순위 결정기준
> 2. Hanlon과 Pichett의 우선순위 결정기준(BPRS, PEARL)

③ **목적과 목표의 설정**
㉠ 목적과 목표
ⓐ **목적(Goal)**: 보건사업이 궁극적으로 달성하고자 하는 것에 대한 일반적 기술이며, 건강한 지역사회에 대한 조직의 비전에서 출발한다(장기적).
ⓑ **목표(Objectives)**: 보건사업의 목적을 달성하기 위해 필요한 변화에 대한 구체적인 기술, 단기적인 경우가 많고 관리의 대상이 되며 평가에도 직접 활용된다.
㉡ 목표 설정
ⓐ **구체성(Specific)**: 무엇을, 언제까지, 어디에서, 누구에게, 얼마나 등에 대한 것이다.
ⓑ **측정 가능성(Measurable)**: 목표 수준은 숫자로 설정한다.
ⓒ **실현 가능성(Aggressive and achievable)**: 성취 가능한 현실적인 것이어야 한다.
ⓓ **관련성(Relevant)**: 사업목적 및 문제해결과 인과관계가 있어야 한다.
ⓔ **목표달성 시기(Time limited)**: 목표달성의 기한과 시점을 제시한다.

④ **전략과 세부사업계획의 수립**
㉠ **전략 개발**: 사업전략은 사업목적과 목표를 달성하기 위한 수단이다.
㉡ **세부사업계획 수립**: 보건사업의 추진체계, 보건사업 담당자와 개인별 구체적인 업무, 필요한 예산과 자원, 일정계획, 모니터링 및 평가방법 등이다.

⑤ **수행**
㉠ 보건사업을 홍보하고, 시범사업을 운영한다.
㉡ 정책적 지지와 재원을 마련한다.
㉢ 보건사업 지원조직을 개발하고, 타 분야와의 협력 강화 계획을 수립한다.
㉣ 보건사업 제공자의 능력을 강화한다.

⑥ 평가
　㉠ 보건사업평가 목적
　　ⓐ **사업평가**: 사업에 관한 의사결정을 지원하기 위해 체계적으로 정보를 수집·분석·보고하는 과정이다.
　　ⓑ 보건사업평가는 사업의 실행을 개선하기 위해, 사업의 효과를 알기 위해, 사업의 효율을 높이기 위해, 책임을 명확하게 하기 위해, 역량을 높이기 위해, 보건사업에 필요한 새로운 지식을 획득하기 위해 실시한다.
　㉡ 보건사업평가 영역: ⓐ 보건사업을 통하여 수행한 활동과 산출물 평가, ⓑ 보건사업이 결과목표를 달성하였는지 평가, ⓒ 보건사업의 성공과 실패에 대한 이유 분석, ⓓ 보건사업의 지속 및 확대 가능성 평가를 말한다.

> **Plus⁺ POINT**
>
> **보건기획과정**
>
> 1. 1단계 – 미래 예측 및 목표 설정
>   ① 예측이란 과거와 현재에 대한 정보를 수집하고 그것을 분석하여 미래에 대하여 추정하는 것을 말한다.
>   ② 미래를 예측하는 방법으로는 ㉠ 가장 비과학적이라고 할 수 있으나 담당자나 기관장이 직관·통찰력 등 초합리적인 것에 의존하여 예측하는 방법, ㉡ 전문가들에 의한 예측으로 델파이방법, ㉢ 계량적 방법 등이 있다.
>   ③ 기획의 목표는 사람들의 미래에 대한 소망을 반영하고 있다.
>   ④ 목표는 일반적으로 추상적이고 불분명한 상태에서 실현 가능한 목적으로 구체화하는 과정이다.
>   ⑤ 현황분석 및 장래추세의 예측에서 파악된 문제점과 자료의 제약 등을 고려하여 전반적인 보건행정의 정책목표를 설정하고 보건정책의 기초방향을 정립하여 정책수단을 발전시키는 데 지침으로 삼도록 한다.
>
> 2. 2단계 – 정보의 수집·분석
>   ① 목표가 설정되면 미래의 목표를 달성하는 데 문제점을 파악하고 장애요인을 규명하는 것을 말한다.
>   ② 관련된 사항의 정보를 수립·분석하는 데 있어 제일 큰 문제는 정확한 통계치를 얻는 것이다.
>
> 3. 3단계 – 대안의 작성 및 평가
>   ① 실현가능성, 형평성, 효과성, 능률성 등을 고려하기 때문에 이 단계에서 계량적인 통계기법이 가장 많이 활용된다.
>   ② 질적, 양적 모두 고려하여 평가를 한다.
>
> 4. 4단계 – 선택
>   ① 기획과정의 마지막 단계는 최종안을 선택·경정하는 것이다.
>   ② 최종안의 선택에 있어서 직관이나 개인적·주관적 가치판단을 가능한 한 배제하여야 한다.
>   ③ 현실가능성에 대한 충분한 검토가 있어야 하고, 계획의 신축성에 대한 고려가 있어야 한다.

3. 보건기획의 제약요인과 성공요인

(1) 보건기획의 제약요인 기출 15, 18

기획목표설정상의 갈등과 대립	기획당사자와 이해당사자 간의 이해 대립, 정치적·경제적 요인 등의 작용으로 명확한 목표설정이 어려움
미래예측의 곤란성·비용과 시간	미래에 대한 정확한 예측이 곤란하며, 불확실한 미래에 대한 효과적인 계획을 세울 수 없으며, 기획은 많은 시간이 소요됨
자료·정보의 부족과 부정확성	정보자료의 중요성에도 불구하고 계획의 수립과 분석은 한계가 있으며 정확한 자료의 입수가 어렵고, 개발도상국의 경우 정보가 왜곡되거나 변질되는 경우가 많음
개인적 창의력 위축	기획이 지나치게 포괄적이고 세부적인 경우와 기획의 과정이 집권적인 경우에는 일반직원이나 감독자의 창의력을 저해하게 됨
기획의 그레샴 법칙	특별한 노력이 요구되지 않는 정형화된 기획에 주력하고 비정형적 기획을 기피하는 경향이 있음

(2) 기획집행상의 제약요인 기출 14, 17, 18

기획의 경직성	경직성은 융통성 없는 행정을 초래할 수 있고, 변동하는 사회에 대한 적응력도 약하게 함
이해관계자의 저항	기획의 집행에 대해 일부 국민이나 관료로부터 이해관계로 인한 저항, 반발이 발생될 수 있음
즉흥적·권위적 결정에 의한 빈번한 수정	최고관리층이 전임자의 기획을 법적 구속력이 없다는 이유로 즉흥적·권위적 결정에 의해 빈번하게 수정되는 경우가 많음
자원배분의 비효율성	한정된 자원의 배분이 행정수요의 우선순위에 따라 이루어져야 하는데, 각 행정조직 단위 간의 대립·갈등으로 왜곡되면 계획집행에 차질이 생김

(3) 정치적·행정적 제약요인 기출 17, 19

기획능력 부족	후진국의 경우 기획에 관련된 경험의 부족과 기술의 낙후성으로 기획요원의 능력이 부족한 경우가 많음
번잡한 행정절차 및 행정조직의 비효율성	문서주의, 관료적 형식주의, 비합리적인 사무처리절차 등으로 기획을 저해하고 있고, 효율적인 행정조직의 결여는 발전기획을 저해
조정의 결여	여러 행정기관의 발전기획이 상호 조정되지 않음으로써 합리적인 사업계획의 집행이 저해되고 있으며 빈번한 무원칙적인 행정기구 개혁은 오히려 기획의 집행을 저해하고 있음
기획과정의 참여 부족	기획과정의 참여가 적극적으로 이루어지지 않으면 대내외적으로 기획에 대한 동의 또는 적극적 협조를 받지 못함

(4) 성공적인 보건기획의 요인 기출 12, 16

① 기획은 변화지향적이고 목적지향적이며 의식적이어야 한다.
② 몇 개의 서로 연관된 기획은 기능적인 조화를 이루어야 한다.
③ 기획의 목표와 목적이 명백하게 제시되어야 한다.
④ 논리적으로 볼 때 기본기획은 전체적인 것이어야 하므로 이들 기본기획은 최고경영층에서 수립되어야 한다.
⑤ 기획의 범위를 정하여야 한다(공간적, 시간적).
⑥ 기획수립을 뒷받침할 수 있도록 조직이 구조화되어야 한다.
⑦ 기획은 간단하고 구체적이되 과학적인 근거에 기반하여야 한다.

Plus⁺ POINT

기획의 실패요인과 성공요인

실패요인	성공요인
• 의미 있는 목표의 부재	• 기획 수립상의 장애요소 제거와 분위기 조성
• 기획 전제의 과소 평가	• 최고경영층의 전략적 기본계획 수립
• 기획 범위의 완전한 파악 미비(임무, 전략, 절차, 예산 등)	• 기획 수립·조직의 구조화
• 기획 수립의 합리성 인식 부족	• 최고 수준의 명확한 기획 수립
• 과거 경영에 대한 지나친 의존	• 목표, 전략 및 방침의 연계와 관리자에의 전달
• 최고경영자의 지원 부족	• 구성원의 참여
• 권한 위양을 받지 못함	• 단기계획과 통합된 장기계획
• 적절한 통계 기법과 정보의 부족	
• 변화에 대한 저항	

4. 목표관리(MBO; Management By Objectives) 기출 10, 17, 19, 20, 21

(1) 정의

① 피터 드러커가 목표 설정 시 하위자를 참여시켜 그들의 자주성과 창의성을 반영한 새로운 관리방법이다.
② 구성원이 조직 및 부서 목표에 대한 이해를 바탕으로 주인의식을 가지고, 자신의 업무에 대한 측정 가능한 결과지향적인 목표와 성취 수준을 결정하게 하는 것이다.
③ 총체적 관리과정: 조직의 상급자와 하급자가 공동목표를 함께 규정한다.
④ 목표설정, 구성원 참여, 환류(피드백)가 가장 중요하다.

(2) 전제조건

① 수행과업에 대한 명확한 정의와 구체성, 측정가능한 표준이 확립되어야 한다.
② 조직원이 달성가능하고 현실적인 적절한 업무량이어야 한다.
③ 업무수행에 필요한 작업 규범이 설정되어 있어야 한다.
④ 목표는 구성원 행동의 최종상태를 반영할 수 있어야 한다.

목표관리의 특징

1. 결과의 주요 책임 분야를 상호 협의하여 정해진 기준에 따라 조직단위들이 직접 직무를 수행한다.
2. 각 구성원의 성과와 기여도를 측정하고 평가한다.

⑤ 목표 달성의 시간적 구분과 제한이 명확하여야 한다.
⑥ 업무 수행에서 비용상의 제한이 있어야 한다.
예) 전년 대비 행정 처리 시간을 30분 단축한다.

(3) 효과적인 목표관리
① 구성원에 의해 합의된 목표를 설정한다(검증 가능한 세부적인 목표와 직원 개인에게 할당된 책임 영역을 확정).
② 장기 목표를 설정한 후 분석한다.
⇨ 불만족과 부적절한 업무 수행의 원인을 추론한다.
⇨ 문제의 목록을 직원들에게 알린다.
⇨ 업무 수행에 영향을 미치는 내·외적 요인을 확인한다.
⇨ 새로운 직무기술을 마련한다.
⇨ 수행평가를 실시한다.
③ 달성한 성과를 정기적으로 검토하고 평가한다.

(4) 목표관리의 장단점

장점	• **업무의 효율화**: 구체적이고 명확한 목표와 수단 방법을 결정해 계획적으로 업무를 수행하게 함 • **자기개발과 자아실현**: 자신의 직업발전과 자기개발 촉진, 조직구성들의 직업을 통한 자아실현이 가능 • **조직 구성원의 활성화**: 자신의 업무를 스스로 결정하고 관리자의 지지를 받아 수행함으로써, 근로의욕 향상, 신규직원들의 조직 내 동화가 용이 • **업적평가와 처우개선**: 업적평가가 쉬워 그 결과의 반영이 용이 • **통제수단**: 명확한 목표제시와 자기통제를 통한 업무를 평가하고 통제
단점	• 목표의 명확한 제시의 어려움과 단기목표를 강조 • 목표의 수량적 성과 달성에만 관심을 둠 ⇨ 계량화할 수 없는 성과에는 무시될 수 있음 • 지나친 경쟁의식으로 조직 분열이 가능 • 문제 발견 시 MBO를 변환시켜야 함(환경변화에 대한 신축성 결여)

(5) 목표관리 과정

목표설정 ⇨ 목표수행 ⇨ 수행결과 측정 및 평가와 피드백의 3단계 순환 과정으로 설명한다.

목표관리 과정	주요 활동
목표설정	• 주요 조직목표를 확인하고 정의함 • 전체 목표로부터 파생된 주요 부서목표를 확인하고 정의함 • 조직 구성원을 위한 운영목표를 확인하고 정의함 • 특정한 일에 대한 목표를 세우고, 방법을 만들고 제안 • 지속적인 관리 집담회를 염 • 개인 목표와 개인 수행에 관한 합동조약을 함 • 수행 검토를 위한 주기적인 회의 일정표를 작성 • 목표설정 기간은 6개월~1년이 가장 적당함
수행·경과관리	• 관리 집담회 참석을 지속함 • 관리 피드백, 새로운 억제책, 새로운 투자를 기초로 한 목표의 적용과 정돈을 시행 • 부적절한 목표 제거와 필요한 일정을 재조정함 • 관리감시도구를 이용한 제시된 일정표와 실제 수행을 지속적으로 비교함
결과평가	• 업적과 목표달성을 관리자와 조직 구성원이 함께 평가 • 새로운 계획을 위한 내년도 계획을 위해 조직과 부서의 전체적인 목표를 검토

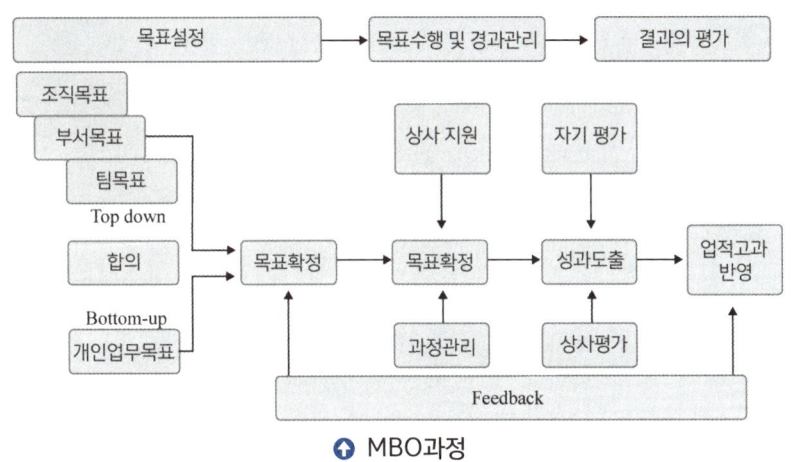

↑ MBO과정

Top-down
상위에서 하위계층으로

Bottom-up
하위에서 상위계층으로

Plus⁺ POINT

말리(Mali)의 목표관리(5단계)

1. 조직의 현재 상황을 분석하고 장래의 상태를 검토하는 목표발견 단계
2. 조직이 달성하고자 하는 미래의 바람직한 상태를 확립하는 목표설정 단계
3. 목표설정 단계에서 상사와 부하직원이 함께 참여하여 설정한 목표를 확인하는 단계
4. 목표를 달성하기 위한 실제적 행동과정인 목표실행 단계
5. 목표의 달성도를 측정하고 평가하여 피드백을 수행하는 평가 단계

출처: 허광회(1997). 목표관리에 의한 업적평가제도, 인사관리. 8월호.

2 의사결정(Decision Making)

1. 정의 기출 17

(1) 문제를 확인하여 해결하고 그 결과를 평가하는 일련의 과정을 의미한다.
(2) 문제를 해결하기 위하여 두 가지 이상의 대안 중 한 가지를 선택하는 복잡한 인지적 과정을 의미한다.

2. 관련 개념

개념		정의	주요 특징
의사 결정	의사결정	여러 대안 중 한 행동방향을 선택하는 과정으로 문제해결로 귀결되지 않음	선택
	경험적 의사결정	과거의 경험적 데이터를 토대로 여러 가지 기법과 절차를 혼합적으로 사용하여 얻음	경험
	사실적 의사결정	경험적 관찰과 검증이 가능한 것에 대한 결정	관찰, 검증
문제해결		문제의 실제적인 원인이 된 상황분석에 초점을 두는 체계적인 과정이며, 항상 의사결정 과정을 거침	분석, 해결
비판적 사고		한 상황을 평가할 때 철학적인 질문과 세심한 판단을 하는 능력 높은 수준의 추론과 평가를 포함	평가
창조적 사고		• 의사결정이 대안 선택에 초점을 두는 반면, 창조적 사고는 대안의 독창성을 중시함 • 과정: 욕구 ⇨ 준비 ⇨ 숙고 ⇨ 조명 ⇨ 검증	독창성

3. 영향요인

개인적 요인	• 가치관과 인생경험 • 개인적 선호도 • 개인적 사고방식과 의사결정방법
조직 내 요인	• 조직 권력의 영향 • 관리적 의사결정자의 유형 • 조직의 응집력 • 조직의 규모
의사결정 저해요인	• 불분명한 목표와 기업문화 • 부정확한 자료 및 정보수집 • 시간, 자금, 기술 부족 • 자신에 대한 인식 결여

4. 의사결정의 유형

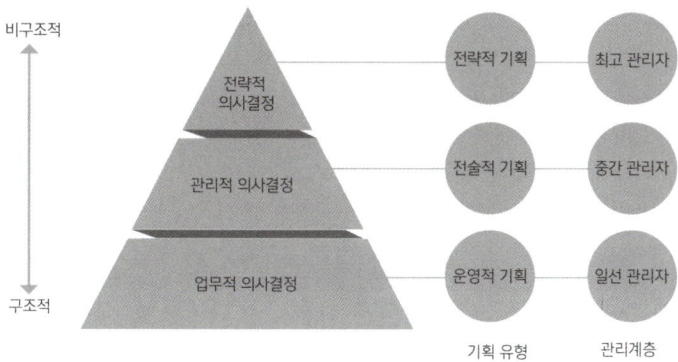

○ 문제의 적용 수준에 따른 의사결정 유형

출처: Ansoff. H. I(1965). Corporate Strategy: An analytic approach ti business policy for growth and expansion

(1) 문제의 적용 수준에 따른 유형

전략적 의사결정	관리적(전술적) 의사결정	운영적(업무적) 의사결정
장기적 (조직 전체에 영향을 줌)	중·단기적	단기적
최고관리자 (부서장)	중간관리자 (팀장, 과장)	일선관리자 (단위관리자)
비정형적, 비구조적	일상적, 관례적	정형적, 구조적
• 무엇을 할 것인가? • 조직의 운영을 결정하고 나아가야 할 방향을 제시 • 조직의 목적달성을 위해 구성원이 최대능력을 발휘할 수 있도록 자원을 배분함 예 인력 채용규모와 면접 방법 결정	• 어떻게 할 것인가? • 전략적 결정의 실천방법을 위한 결정 • 최대의 과업 성과를 위해 자원조달, 조직기구 관리나 개발에 대한 결정 • 조직편성, 인력배치, 권한 및 책임관계 정립, 비용을 조달함 예 연휴 기간의 근무 일정표 작성	• 단기적인 전략수행을 위한 의사결정 • 업무의 수익성을 극대화하기 위한 성과달성과 관련됨 예 행정업무 사정에 따른 진단, 계획 작성과 적절한 중재방법 적용

(2) 문제의 구조화 정도에 따른 유형

요소	정형적 의사결정	비정형적 의사결정
문제의 독특성	문제가 일상적이고 보편적임	문제가 독특하고 참신함
해결방식	해결안의 정책이나 절차에 의해 사전에 명시됨	해결안은 문제가 정의된 후에 창의적으로 결정함
의사결정 계층	하위층	상위층

집단의사결정
1. 질
2. 수용성
3. 정확성

개인의사결정
1. 신속성
2. 창의성
3. 비용

(3) 의사결정 주체에 따른 유형

① **집단의사결정(Group decision making)**: 조직 내에서 구성원들 간에 의견 및 아이디어, 지식의 교환과 같은 집단적 상호작용을 거쳐 문제를 인식하고 이를 해결할 수 있는 대안을 선택하는 과정을 의미한다.

② **개인의사결정**: 타인을 참여시키지 않고 개인이 혼자서 결정하는 것으로 개인의 문제나 업무를 처리하는 과정이다.

③ **장단점**

구분	개인의사결정	집단의사결정
장점	• 창의적, 신속한 결정에 유리함 • 시간과 비용이 적게 소요됨 • 의사결정에 대한 책임이 명확함	• 다양한 견해와 대안의 고려가 유리함 • 많은 정보와 지식 활용으로 의사결정의 질과 정확성이 높음 • 구성원들의 이해와 결과 수용도가 높음
단점	• 개인적 편견과 특성이 영향을 줌 • 제한된 정보와 지식으로 다양한 관점의 접근이 어려움 • 결정에 대한 구성원의 이해와 수용도가 낮음	• 시간과 비용이 많이 듦 • 구성원 결정의 수용에 대한 압력을 가할 수 있음 • 책임 소재가 모호하여 책임감이 낮아질 수 있음 • 최적안보다는 타협안이 가능성이 높음 • 의사결정과정에서 구성원 간의 갈등이 발생할 수 있음

> **Plus⁺ POINT**
>
> **결과의 예측 정도에 따른 의사결정 유형[구텐베르크(Gutenberg)의 3가지 분류]**
>
> 1. **확실한 상황의 의사결정(Decision Making Under Certainty)**
>   ① 의사결정에 필요한 모든 정보가 완전히 알려져 있는 경우의 의사결정이다.
>   ② 완전한 지식, 상황의 안정성·명확성 등을 가정한 확정적 모형(deterministic model)을 수립한다.
>   ③ 현실적으로 이러한 의사결정을 하는 경우는 희소하다.
>
> 2. **위험상황의 의사결정(Decision Making Under Risk)**
>   ① 확실한 상황과 불확실한 중간 상황에서의 의사결정이다.
>   ② 의사결정에 도움을 주기 위하여 아주 정확하다고 볼 수는 없어도 어느 정도의 발생 가능성을 확률로 나타내는 의사결정이다.
>
> 3. **불확실한 상황의 의사결정(Decision Making Under Uncertainty)**
>   ① 상황에 따라 발생할 수 있는 결과를 추정할 수 있으나 그 발생 확률을 알 수 없는 경우를 의미한다.
>   ② 이 경우 완전한 의사결정이란 있을 수 없고, 의사결정자의 능력·취향·위험에 대한 태도 등에 따라 차이가 있다.

(4) 집단의사결정의 문제점

집단 사고	집단 구성원 간의 응집력이 높아 구성원 간의 합의에 대한 요구가 커서 현실적인 다른 대안들의 모색을 저해하는 현상
애쉬효과 (Asch effect)	• 심리적으로 다른 사람의 의견을 따라가는 성향 • 다수가 공유하는 옳지 않은 생각 때문에 한 개인의 옳은 판단이 영향을 받게 되는 현상
로스구이 효과	문제의 본질을 깨닫지 못하여 효과적이고 간단한 대안보다는 어렵고 값비싼 대안을 선택하여 큰 대가를 치르는 현상

집단 사고(Group think) 현상
응집력이 높은 집단에서 만장일치의 분위기를 조성하여 개인의 비판적인 사고는 접어둔 채 구성원들 간의 합의에 대한 요구가 커서 결과에 대해 순응하도록 압력을 가하는 상태이다.

(5) 집단의사결정기법 기출 10, 12, 15, 16, 17, 18, 19, 20, 21, 23, 24

브레인스토밍 (대면적 집단토의)	• 자주적인 아이디어를 대면적으로 제시하는 집단토의 • 장점: 자유롭고 융통성 있는 사고를 증진시키고, 구성원들의 창의성을 증진시킴 • 단점: 아이디어를 평가하지 않기 때문에 문제해결 과정을 결론지을 수 없음
명목집단기법	• 언어적 의사소통(대화, 토론) 없이 개인 의견을 제출하고, 구성원간에 토의를 거쳐 투표로 의사를 결정하는 법 • 장점: 타인의 영향을 받지 않고 자유롭게 사고하고, 토론하여 의사결정함 • 단점: 한 번에 한 가지 의사결정밖에 할 수 없음 문제의 기술 → 아이디어의 생성(각자) → 흑판에 아이디어를 기록 → 아이디어를 명확히 함 아이디어의 최종적인 서열화 ← 재조정된 아이디어의 토의 ← 예비투표(아이디어 제거) ◐ 명목집단화의 단계
델파이기법 (Delphi technique)	• 한 문제에 대해 몇 명의 전문가들이 독립적인 의견을 우편으로 수집 ⇨ 의견을 반영하여 설문지 수정 후 다시 의견을 제시하는 절차를 반복함 ⇨ 최종적인 합의가 이루어질 때까지 논평함 • 장점: 전문가들이 한 장소에 모일 필요가 없고, 타인의 영향력을 배제한 의사결정이 가능 • 단점: 시간이 많이 소요되며, 응답자의 탈락으로 신뢰도가 낮은 결과를 얻을 수 있음 구성원에게 설문지로 문제 제시 → 각 전문가가 설문지를 완성하여 돌려줌 → 전문자에게 결과가 수집되고 제공됨 → 각 전문가가 두번째(후속적) 설문지를 완성 → 일치되기까지 이 과정이 거듭됨 ◐ 델파이기법의 과정
전자회의	• 컴퓨터 기술과 명목집단기법을 혼합 • 장점: 익명성, 정직성, 신속성

명목집단기법
아이디어 서면 작성 ⇨ 아이디어 제출 및 전체 아이디어 기록 ⇨ 조직 구성원 토의 ⇨ 투표 후 결정

델파이기법
1940년대 미국 산타모니카의 랜드연구소에서 개발되었다. 원래 델파이기법은 국방에 응용하기 위한 것이었으며 특정 질문에 대한 답변이 판단작용을 크게 요하는 경우 전문가들 사이에 어느 정도의 공감대를 형성하고자 하는 데 목적이 있다.

(6) 의사결정과정 기출 15, 17

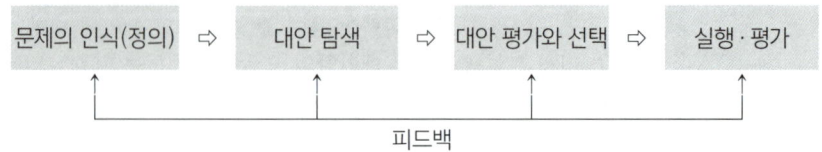

◆ 의사결정과정

① **문제의 인식**: 문제의 존재와 그 원인을 분석하여 문제를 명확히 하는 것으로 의사결정자의 특성이 영향을 준다.
② **대안 탐색**: 다양한 정보 수집과 조직화를 통해 문제를 해결할 수 있는 대안을 모색하는 것으로 문제 자체의 특성이 영향을 준다.
③ **대안 평가와 선택**: 여러 기준에 따라 대안을 평가하고 선택하는 것으로, 합리적 의사결정보다는 관리적 의사결정에 의해 선택되는 경우가 많다.
④ **실행·평가**: 선택된 대안을 실행에 옮기고, 대안의 실행결과를 평가하는 단계로, 환경적 특성이 영향을 준다(의사결정 변경가능성, 중요성, 책임정도, 시간과 자금의 제약 등).

(7) 의사결정(미래) 예측기법 도구
① 간트 차트(Gantt Chart) 기출 21
  ㉠ 테일러가 고안하고 간트가 발전시킨 도표로, 실제 업무 진행을 비교하여 시각적으로 보여준다.
  ㉡ 관리자가 진행 중인 업무나 프로젝트를 쉽게 파악하고 일정을 확인하여 평가하는 데 유용하다.

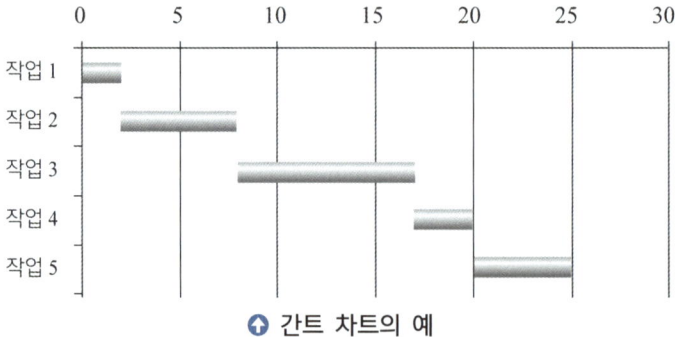

◆ 간트 차트의 예

PERT
최적의 일정계획을 세워 효율적으로 진도를 관리하는 방법이다.

② PERT(Program Evaluation and Review Technique) 기출 12, 13, 15, 16, 18
  ㉠ 불확실한 상태에서 기획과 통제를 하기 위한 네트워크 체계모형이다.
    ⓐ 프로젝트의 주요 활동을 순서대로 분석, 진행도표로 나열하여 각 활동의 소요시간을 할당한다.
    ⓑ 하부 작업 시작 전에 완성되어야 하고, 주요 사건이 확인되고 정해지는 번호와 순서를 화살표로 연결하여 업무흐름의 방향을 결정한다.

ⓒ 대규모 연구나 개발 프로젝트에 적합하며, 소요되는 시간 추정이 가능하다.
  ⓐ 낙관적 소요시간(T0)
  ⓑ 가능소요시간(Tm)
  ⓒ 비관적 소요시간(Tp)
  ⓓ 활동에 필요한 기대 시간 Te = (T0 + 4Tm + Tp)/6
ⓒ 한 집단에 여러 사람이 함께 하나의 프로젝트를 수행할 때 도움이 된다.
② 문제 발생 시 바로 확인할 수 있다.

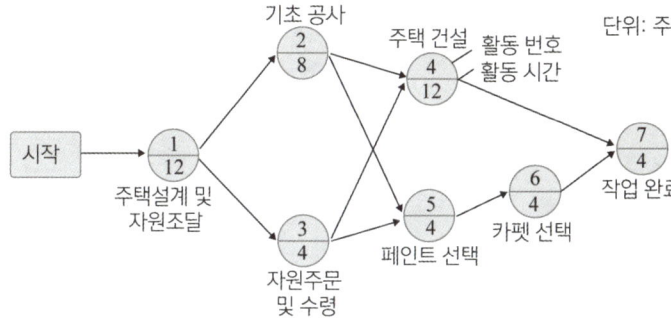

● PERT의 예

③ 의사결정나무(Decision tree)
  ⓐ 의사결정자가 선택할 수 있는 대안과 그에 따른 결과를 나뭇가지 모양으로 나타낸 도표이다.
  ⓑ 특정한 문제에 대하여 가능한 대안, 결과, 위험, 정보 요구도 등을 확인할 수 있다.

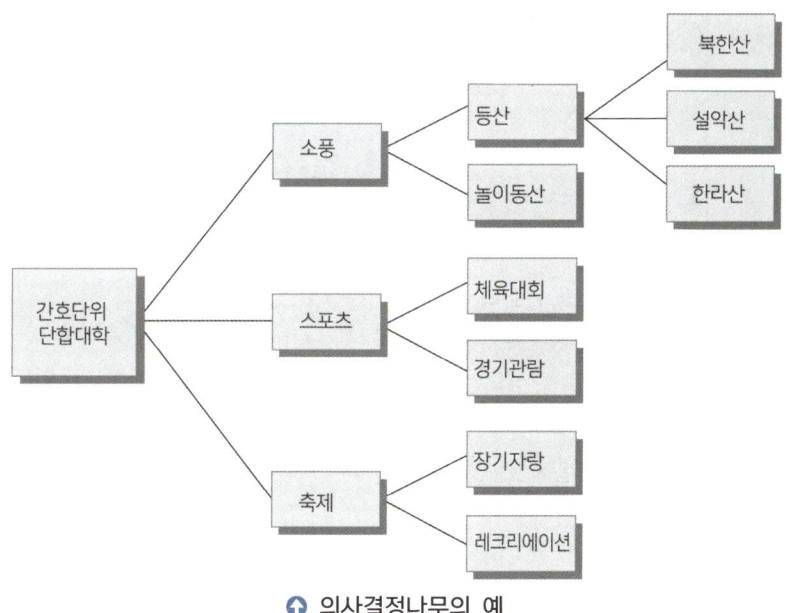

● 의사결정나무의 예

출처: 간호관리학, 정면숙 외(현문사)

④ 주경로 기법(CPM)
  ㉠ PERT와 유사하나 프로젝트를 위한 하나의 완성시간만을 추정하는 방법이 다르다.
  ㉡ 비용문제해결을 위해 시도된 방법이다.
  ㉢ 소요시간이 확실한 경우, 최우선 작업과 전체 프로젝트의 최단 소요시간을 추정하기 위해 사용한다.
  ㉣ 작업 활동을 배열하고 하나의 완성시간만을 추정함으로써, 주경로가 제 시간 내에 끝나도록 관리자는 자원투입 및 작업속도를 조절한다.

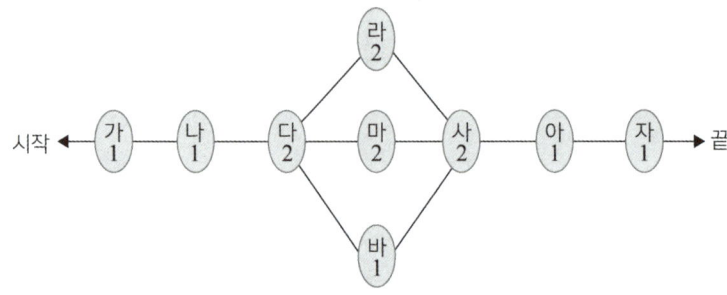

↑ 주경로 기법의 예

⑤ 기획예산제도(PPBS) 기출 12, 15
  ㉠ 장기적인 계획수립과 단기적인 예산편성을 하나로 통합시킴으로써 자원 분배에 대해 일관성 있고 합리적인 의사결정을 하려는 제도이다.
  ㉡ 목표의 구체화, 목표달성을 위한 대안의 파악 및 평가, 전체 예산 편성, 관리통제의 순으로 이루어진다.

⑥ 확률이론 - 불확실성하의 의사결정
  ㉠ 의사결정 중 활용할 만한 기존의 자료가 없어 불확실성이 존재할 때 적용하는 것이다.
  ㉡ Maximax: 최고의 편익을 낳을 수 있는 결과를 얻을 수 있는 대안을 선택한다.
  ㉢ Maximin: 비용 손실이 가장 적어 위험부담이 낮은 결과를 선택한다.

(8) 기타 기획기법
  ① 정치적, 경제적, 문화적, 사회적, 기술적(PECST) 분석
    ㉠ 5가지 구성요소들을 차례차례 제시하고 해당 조직에 영향을 줄 수 있는 것으로 예상되는 흐름이나 경향을 탐색해 나가는 과정이다.
    ㉡ 이 분석의 핵심은 주어진 상황과 요인을 면밀히 검토하여 자신의 조직에 가장 알맞다고 생각되는 리스트를 만들어 내는 작업이다.
  ② 시장조사
    ㉠ 조직의 내부환경과 외부환경 모두를 분석하는 데 사용할 수 있다.
    ㉡ 내부환경은 조직이 제공하는 서비스에 관한 조사이고, 외부환경은 제공된 서비스 수요의 동향, 경쟁자들의 행동과 태도 등을 파악하는 것이다.

운영 연구(OR, operation research)
기출 18

1. 운영 연구는 조작적 연구라고도 하며, 주어진 사회적·경제적 조건하에서 일정목표를 달성하기 위한 최적의 방법을 발견하기 위한 분석방법이다.
2. 이 방법은 제2차 세계대전 중에 효과적인 작전계획을 세우기 위하여 미국에서 개발되었으며, 가용자원을 효율적으로 분배해야 할 필요성이 증가할 때 적용하는 분석방법이다.
3. 운영 연구의 특징은 하나의 문제를 각종의 실무자 및 과학자들이 전문분야별로 검토하고 그 문제에 대한 최적의 해결방법을 발견해내는 집단적인 접근방법이다.

③ 벤치마케팅 기출 09, 16, 19
   ㉠ 조직의 행위나 성과를 다른 조직의 행위나 성과와 비교하기 위한 체계적인 노력이라고 할 수 있다.
   ㉡ 내부적 벤치마케팅은 가장 솔직하고 정직한 방법이고, 외부적 벤치마케팅은 경쟁자와의 벤치마케팅, 기능적 벤치마케팅, 유사한 조직의 벤치마케팅이 있다.

> **Plus⁺ POINT**
>
> **보건기획 미래예측방법**
>
> **1. 질적 예측기법**
> ① 비계량적, 비통계적인 방법을 이용하여 미래를 예측하는 방법이다.
> ② 인간의 주관적 통찰력과 판단 등에 의존하여 장래의 상황을 예측하기 위한 방법이다.
> ③ 장점: 추정하려는 문제와 관련된 모든 정보와 판단을 종합적으로 고려할 수 있으며 이해가 용이하고 사용이 간편하다.
> ④ 단점: 주관적인 편견이 개입될 수 있고 규칙성에 입각한 객관적인 설명을 할 수 없다.
> 예 역사적 유추법, 토의법, 델파이법, 명목집단법 등
>
> | | |
> |---|---|
> | 역사적 유추법 | 과거에 있었던 비슷한 사례를 참조하여 미래를 예측하는 것으로 예측하려는 문제와 유사한 지난날의 사례를 비교 검토하여 앞으로도 유사하거나 동일한 결과가 나타날 것으로 전망하는 방법 |
> | 토의법 | 예측과 관련된 문제의 전문가들이 대면적 토의를 통해 신속히 짧은 시간 내에 중지를 모아 미래를 전망하는 방법 |
>
> **2. 양적 예측기법** 기출 16
>
> | | |
> |---|---|
> | 시계열 분석방법 | • 축적된 자료를 토대로 미래를 예측하는 방법
• 시간을 독립변수로 하여 특정 현상의 과거로부터 현재에 이르는 변화를 분석함으로써 해당 현상의 미래상태를 예측하려는 동태적 분석방법
• 시계열은 추세변동, 계절변동, 순환변동, 불규칙변동 4가지 성분으로 구성됨
• 시간의 경과에 따른 경과도표의 직선 또는 곡선의 경향선을 긋는 데 사용하는 방법으로 목측법, 시계열분해법, 이동평균법, 지수평활법과 최소자승법 등이 있음 |
> | 인과분석방법 | • 여러 변인들 간의 관계 특히 독립변인과 종속변수 간의 인과관계를 분석하여 그 함수관계 내지 모형을 기초로 하여 미래를 예측하는 방법
• 인과분석에는 회귀분석, 요인분석이 있음
  - 회귀분석: 종속변수의 변화를 설명하는 다양한 독립변수를 모형화하고 독립변수의 변화가 가져오는 종속변수의 변화를 측정하여 인과관계에 근거한 변수들 간의 관계를 분석해 내거나 미래상황을 예측하는 방법
  - 요인분석: 특정 현상에 내포되어 있는 규칙성을 찾아내려는 분석방법으로 각 변수 간의 상호의존성과 유형을 알아내는 데 이용함 |

경향선
1. 목측법
   눈짐작으로 선을 긋는 방법이다.
2. 시계열분해법
   시계열자료를 구성요소별로 분해하여 미래를 예측하는 방법이다.
3. 이동평균법
   과거 일정기간의 실제 수요를 이동평균하여 미래를 예측한다.
4. 지수평활법
   최근의 자료에 더 큰 가중치를 부여하는 방법이다.
5. 최소자승법
   오차의 제곱의 합이 가장 적도록 하는 방법이다.

3 보건기획 우선순위 방법

1. MATCH(Multi-Level Approach To Community Health) 기출 20(간호직)

(1) 특징
  ① 지역사회보건사업 전략을 생태학적인 여러 차원에 단계적으로 영향을 주도록 고안된 모형이다.
  ② 개인의 행동과 환경에 영향을 주는 요인들을 개인에서부터 조직, 지역사회, 국가 등의 여러 수준으로 나누어 지역사회보건사업을 기획하는 것이다.
  ③ 질병이나 사고에 대한 위험요인과 예방방법이 알려져 있고 우선순위가 정해져 있을 때에 실제 수행을 위한 지역사회보건사업을 개발할 때에 적합한 방법이다.

(2) MATCH의 단계
  목적 설정, 중재계획, 지역사회보건사업 개발, 실행, 평가의 단계로 구성된다.

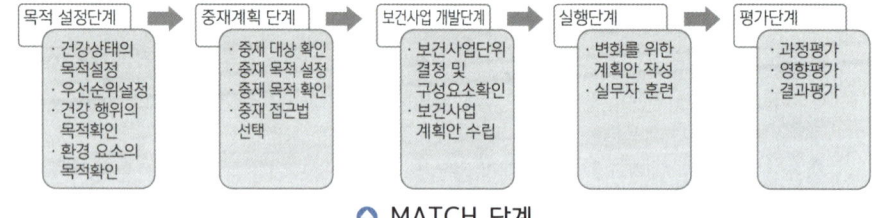

↑ MATCH 단계

2. PATCH(Planned Approach To Community Health) 기출 11, 13, 19, 20, 21

(1) 특징
  ① 미국 질병통제예방센터(CDC, Centers for Disease Control and Prevention)에서 개발한 지역사회 보건사업의 기획지침이다.
  ② 지역 단위에서 지역사회 보건사업을 위한 실무팀을 구성하고 이들 지역의 <u>자료수집과 활용, 건강문제의 우선순위 설정, 중재계획, 효과평가 등을 할 수 있도록 한다.</u>

(2) PATCH의 단계
  지역사회 조직화, 자료수집 및 분석, 우선순위 선정, 포괄적인 중재안 개발, 평가의 단계로 구성된다.

1단계: 지역사회 조직화	• 추진위원회를 조직하고 지역회의를 개최하며, 실무 작업팀을 구성 • 구성되는 조직은 지역사회의 건강 우선순위를 파악하기 위한 작업부터 시작 • 이 단계에서는 충분한 지원을 받을 수 있도록 지역사회 전체를 대상으로 PATCH에 대한 홍보를 함
2단계: 자료수집 및 분석	• 자료를 수집하기 위한 실무팀을 구성하여 첫 지역회의를 하면서 시작 • 자료는 실무 작업팀이 분석

	• 2단계 기간 중에 열리는 회의에서 발표하고 지역사회의 주요 보건문제가 무엇인지 결정하기 위한 기초자료로 활용 • 수집된 건강행동자료는 행동이 건강에 미치는 영향에 대한 토의가 있는 3단계 기간 중의 회의에서 발표
3단계: 우선순위 선정	• 이 단계에서는 건강행동 자료나 기타 추가적인 자료를 검토하고, 지역사회 집단에 제공 • 지역사회 집단은 질병이나 조기사망의 위험이 있는 사람들의 행동에 영향을 미치는 사회경제적, 정치적, 환경적 요인을 분석하며 그 결과에 따라 건강 우선순위를 결정하고 대상집단을 선정
4단계: 포괄적인 중재안 개발	3단계에서 선택된 중재의 목표 설정, 중재 및 평가계획 개발, 주요 활동에 대한 일정표 준비, 자원봉사자의 모집과 훈련, 중재의 홍보와 수행, 중재결과의 지역사회 통보 등을 포함
5단계: 평가	평가는 PATCH의 전체 과정에서 지속되며, 각 단계에서 이루어지는 일련의 과정이 지역사회에 미치는 영향, 중재활동으로 인한 지역사회의 변화 확인 등으로 이루어짐

(3) PATCH의 우선순위 결정기준

중요성과 변화가능성을 건강문제의 우선순위로 결정한다.

중요성	의의	• 건강문제가 지역사회에 얼마나 심각한 영향을 주는가 • 건강문제를 변화시키면 건강 수준에 얼마나 효과가 나타나는가를 평가하는 기준
	중요성의 판단 기준	• 건강문제가 얼마나 심각한가 • 건강문제가 지역의 건강 수준에 얼마나 심각한 영향을 미치는가
변화가능성	의의	• 건강문제가 얼마나 용이하게 변화될 수 있는가 • PATCH를 이용한 건강문제의 우선순위 결정단계 • **1단계**: 브레인스토밍 등의 방법을 사용하여 지역에서 흔한 건강문제를 취합 • **2단계**: 건강문제의 중요성과 변화가능성을 고려해서 해당 영역에 정리 • **3단계**: 중요하고 변화가능성이 높은 문제들을 중심으로 다시 한 번 우선순위 결정

3. MAPP(Mobilizing for Action through Planning and Partnerships)

기출 19, 20(간호직)

(1) 특징

① 미국의 NACCHO와 질병통제예방센터(CDC)가 공동 개발한 지역사회건강증진을 위한 보건사업기획모형이다.
② 지역사회보건체계가 총체적으로 지역사회의 보건현황을 파악하고, 보건문제에 대응하는 역량개발에 초점을 맞추고 있다.

(2) MAPP의 단계
① **1단계 - 지역사회의 조직화와 파트너십 개발(대상자와 동반자적 관계 형성)**: 지역사회 보건기획 과정을 조직화하고 기획에 참여할 파트너를 개발하는 데 초점을 둔다.
② **2단계 - 비전 제시 설정**: 지역사회가 공유할 수 있는 비전을 세운다.
③ **3단계 - 사정**: 지역사회의 건강 수준, 지역사회 핵심주제와 강점, 지역
  ㉠ **지역의 건강수준 사정**: 인구학적 특성, 사회경제적 특성, 보건자원 유용성, 건강위험요인, 환경지표, 정신건강, 모성건강, 사망, 질병, 부상, 감염성 질환 등을 통해서 지역사회의 건강과 삶의 질과 관련된 주요 쟁점이다.
  ㉡ **지역사회 핵심주제와 장점 사정**: 지역사회 주민이 느끼는 핵심 주제에 대해 이해하는 것은 매우 중요하며, 지역사회에서 가장 중요한 것은 무엇인지, 지역사회의 건강을 증진시킬 수 있는 어떤 자산을 가지고 있는지 등과 같은 질문을 통해서 확인한다.
  ㉢ **지역보건체계 사정**: 지역사회 주민의 건강에 기여하는 모든 보건조직과 활동에 대해서 포괄적으로 확인하며, 지역사회 공중보건체계의 활동, 장점, 역량은 무엇인지, 우리 지역에 제공되고 있는 필수적인 서비스는 어떤 수준인지 등과 같은 질문을 통해서 확인한다.
  ㉣ **변화의 역량 사정**: 지역사회의 건강문제와 보건체계에 영향을 미칠 수 있는 법적, 기술적, 기타 관련 문제들을 확인한다.
④ **4단계 - 전략적 이슈 확인**: 진단 결과에 따라 지역사회보건전략의 우선순위 이슈를 선정한다.
⑤ **5단계 - 목표와 전략 수립**: 우선순위 이슈에 대한 구체적 목표와 전략을 수립한다.
⑥ **6단계 - 순환적 활동**: 지역사회보건사업을 계획·수행 및 평가한다.

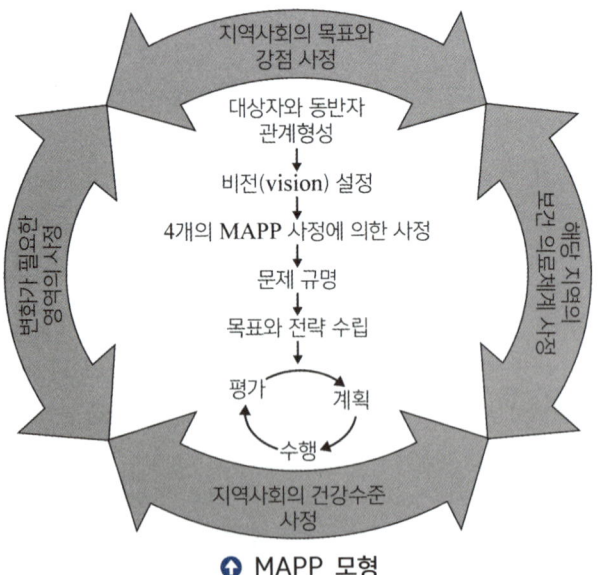

↑ MAPP 모형

4. Bryant 방법 기출 09, 10, 12, 15, 17, 18, 19, 20

(1) 특징
① 브라이언트(Bryant)에 의해 처음으로 체계화된 우선순위 결정기준을 도입하였다.
② 주로 감염성 질환관리사업에서 적용되었던 기준이다.
③ 결핵, 나병, 성병, AIDS, 간염 등의 감염성 질환을 선정하기 위해 사용되었다.
④ **문제의 심각도**: 긴급성, 심각성, 경제적 손실, 잠재적 영향 등 세부항목으로 평가하였다.

(2) 브라이언트(Bryant)의 4가지 기준
① 문제의 크기
② 심각도
③ 해결가능성(관리가능성)
④ 지역사회 주민의 관심도

5. BPRS(Basic Priority Rating System) 기출 12, 13, 16, 17, 18, 19, 21, 23

(1) 특징
지역사회의 서로 다른 건강문제의 상대적 중요성을 객관적 방식으로 제시하기 위해 개발된 방법으로 모델 개발자인 Halon과 Pickett의 이름을 따서 Halon-Pickett 방법이라고 한다.

(2) BPRS의 공식

> BPR(Basic Priority Rating) = (A + 2B)×C
> - A: 문제의 크기
> - B: 문제의 심각도
> - C: 사업의 추정 효과

건강문제의 크기	• BPRS는 질병 간의 우선순위를 결정하기 위해 개발된 방법 • 만성 질환은 유병률, 급성 질환은 발생률을 이용하여 점수를 매김
건강문제의 심각성	• **긴급성**: 문제가 긴급한 정도, 발생이나 사망, 위험요인의 경향, 주민 입장에서의 상대적 중요도, 문제해결에 필요한 서비스에 대한 현재의 접근도 등 • **중증도**: 생존률, 사망 당시의 평균수명, 조기사망률, 잠재수명 손실 연수, 장애 정도 등 • **경제적 손실**: 국가, 지역사회, 가구 또는 개인에 대한 경제적 손실 등 • **해결의지**: 문제해결을 위한 정치적 지지, 문제에 대한 대중의 인지 정도 등

사업의 추정효과	점수가 객관적이나, 연구자의 주관적인 판단에 의한 점수 부여가 객관성을 결여될 가능성 있음(보건사업의 개입효과)	
	사업의 추정효과	점수
	매우 효과적	9 or 10
	상대적으로 효과적	7 or 8
	효과적	5 or 6
	조금 효과적	3 or 4
	상대적으로 비효과적	1 or 2
	거의 전적으로 비효과적	0

6. PEARL

(1) 특징
① PEARL은 BPRS 계산 후 사업의 실현가능성 여부를 판단하는 기준이다.
② 장기계획이나 우선순위가 쉽게 나타나지 않을 때 사용한다.
③ PEARL: 각 평가항목에 0 또는 1을 부여하며, 5가지 항목이다.
④ (P×E×A×R×L)을 곱하여 시행 여부를 결정한다.
⑤ 5가지 평가항목 중 하나라도 불가 판정을 받으면 사업은 시작할 수 없다.

(2) PEARL의 5가지 평가 항목
① Propriety(적절성)
② Economic Feasibility(경제적 타당성)
③ Acceptability(수용성)
④ Resource(자원의 이용가능성)
⑤ Legality(적법성)

7. 황금 다이아몬드 기출 16, 18, 19, 23

(1) 특징
① 미국 메릴랜드(Maryland) 주에서 보건지표의 상대적 크기와 변화의 경향(trend)을 이용하여 우선순위를 결정하는 방법이다.
② 이 방법은 지방자치단체별 건강지표 자료 및 과거의 경향이 확보되어 있다면 쉽게 우선순위를 정할 수 있으며, 형평성을 추구하는 데 매우 적합한 우선순위 결정방법이다.

(2) 단계
① 우선순위를 결정할 주요 건강문제를 선정한다.
② "주가 좋음", "같음", "주가 나쁨"으로 구분한다(3점 척도).
③ 우선순위를 결정한다.
④ 1순위의 사업은 미국 전체에 비해 주의 지표가 좋지 않고, 변화 추세도 나쁜 경우이다.

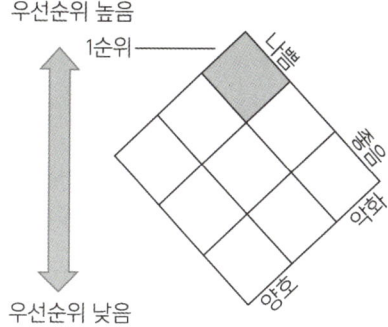

⊙ 건강문제의 우선순위를 결정하기 위한 황금 다이아몬드

8. NIBP(Needs / Impact – Based Planning)

(1) 캐나다에서 개발한 보건 프로그램 기획방법이다.
(2) 건강문제의 요구와 해결방법의 효과를 기준으로 우선순위를 평가한다.
(3) 효과추정 정도 기준은 반드시 수행해야 할 문제, 수행해야 할 문제, 연구를 촉진해야 할 문제, 프로그램 수행을 금지해야 할 문제로 구분한다.

9. CLEAR

NIBP방식으로 결정된 건강문제의 우선순위가 프로그램 수행가능성 측면에서도 효과를 나타낼 수 있는지를 확인하는 기준으로 이용된다.

지역사회의 역량 (Community capacity)	건강 프로그램을 시행할 때 대상자가 사업에 대해 관심을 가지고 기획, 수행, 평가 등 전 과정에 적극적으로 참여하며 탄력적으로 대응할 능력이 있는지 확인
합법성 (Legality)	건강 프로그램사업과 관련된 법적 기준과 지침을 확인하여, 사업 수행 시 법적인 제한점이나 문제가 없는지 확인
효율성 (Efficiency)	건강 프로그램 시행에 드는 투입 비용을 환산하였을 때 비용 효과적인지 확인
수용성 (Acceptability)	대상자들이 건강 프로그램을 시행할 때 거부감 없이 받아들여 참여할 수 있는지 확인
자원의 활용성 (Resource availability)	주민이나 건강 프로그램 관련 요원들의 인적 자원과 건물, 시설, 도구, 물품, 비품 등의 물적 자원 등이 활용 가능한지 여부를 확인

4 보건사업 평가

1. 보건사업 평가의 개요

(1) 보건사업의 정의 기출 12, 13

① 보건사업이란 개인이나 인구집단의 건강유지 및 증진을 목적으로 특정의 목적 사업에 필요한 일단의 활동을 조직화한 체계라고 할 수 있다.
② 보건사업에 관한 의사결정을 지원하기 위해 체계적으로 정보를 수립, 분석, 보고하는 과정이다.

(2) 보건사업 평가의 필요성

① 국가예산으로 운영되는 보건사업의 가치나 효과에 대한 국민의 책임추궁이 강조되어 세금낭비 여부를 따지게 되었다.
② 정부로부터 연구지원 사업이 대폭 증가되었다.
③ 새로운 기술 혹은 방법의 계속적인 성장은 이들의 효과 측정의 필요성을 유발했다.
④ 정책수립에 있어 우선순위를 결정하는 근거자료로 수요가 증가했다.

2. 보건사업 평가의 목적

(1) 사업목표의 달성 정도의 파악 및 수행 여부 판단

① 가장 우선적인 평가의 목적은 보건사업이 바람직한 과정을 통해 달성하고자 하는 목표를 이루었는가에 대한 판단과 문제점 발견이다.
② 사업의 유용성을 평가하는 기준이 된다.
③ 기존 사업의 계속 여부를 확인하는 것이다.

(2) 사업의 효율성 제고, 사업추진력 확보 및 계속사업의 관리·개선

사업을 보다 잘 관리하기 위하여 효과성, 효율성 등 여러 가지 기준에 의한 성과를 높이기 위하여 정기적, 계속적으로 평가를 실시한다.

(3) 사업운영과정에 대한 모니터링체계 구축 및 신규사업 시행의 판단

① 보건사업 진행에 대한 전문적인 평가과정을 만들고 이 과정에서 각 사업의 목표를 달성하기 위한 지원방안을 모색하기 위한 모니터링체계를 구축하는 것도 평가의 중요한 목적이다.
② 모니터링과정은 사업의 진행과정을 점검하고 보건사업의 지속 여부를 결정할 수 있으며, 신규사업의 유용성과 문제점을 파악할 수 있다.

(4) 보건사업 담당자의 업무능력 배양

① 전문적인 평가과정을 통해 관련 업무를 담당하고 있는 사람들에게 보건사업에 대한 개념을 확고히 정립시키고, 보건사업의 방향을 제시해 담당자들의 업무능력을 배양하도록 해야 한다.
② 담당자에게 교육기회를 부여하고 보건사업에 대한 평가의 실효성을 제고시킨다.

지역사회보건사업 평가
국가보건 발전을 위한 관리 과정의 한 부분으로 국민의 건강 수준을 향상시키는 입장에서 각종 보건사업활동의 효율성, 효과성, 파급효과를 사정하고 보건정책, 전략 및 활동계획의 실행상태를 모니터링하는 과정이다.

(5) 법적 또는 규정상의 책임 이행

보건사업 중에는 법률이나 조직의 규정상 지속적 또는 일시적으로 실적이나 평가결과를 보고하도록 의무화되어 있는 사업 등이다.

> **핵심정리** 보건사업 평가의 목적
>
> 1. 보건사업 기획가나 관리자가 보건사업이나 활동에 대한 의사결정을 할 때 도움을 준다.
> 2. 사업목표를 성취하는 데 효율성을 높여준다.
> 3. 보건사업 활동을 더욱 효과적·효율적으로 수행할 수 있도록 한다.
> 4. 현재 수행되고 있는 사업 내용이나 활동을 개선·향상시켜 준다.
> 5. 향후 수행될 보건사업에 있어 자원의 분배를 예측하는 데 있다.

3. 보건사업 평가의 기본 원칙 기출 11, 18

(1) 명확한 목적 아래 시행되어야 한다.
(2) 계획에 관련된 사람, 사업에 참여한 사람, 평가에 영향을 받게 될 사람에 의하여 행해져야 한다.
(3) 보건사업의 전 과정에 걸쳐 지속적으로 수행되어야 한다.
(4) 측정 기준은 명확하고 객관적이어야 한다.
(5) 사업의 기획단계부터 최종결과까지를 포괄하여야 한다.
(6) 장점과 단점이 명시되어야 한다.
(7) 미래지향적이며, 활동 중심적으로 시행되어야 한다.
(8) 목표를 달성하는 데 발생하는 문제점을 기술하고, 그 해결방안이 마련되도록 하여야 한다.
(9) 그 결과가 사업의 향상과 성장을 위하여 되먹임되어야 한다.
(10) 의사결정을 돕는 데 핵심적인 역할을 하여야 한다.
(11) 습득의 경험 자료로 사용되어야 한다.
(12) 방법과 결과보고서는 누구든지 알 수 있게, 쉽게 사용되도록 마련되어야 한다.

4. 보건사업 평가 기준

(1) 평가 내용

① 보건사업을 통하여 계획대로 진행되었는지, 무엇을 수행하였는지를 평가하는 것이다(산출물에 대한 평가).
② 사업의 최종목표에 달성하였는지 사업의 결과에 대한 평가를 하는 것이다.
③ 사업의 성공과 실패에 대한 이유를 분석하는 것이다.
④ 서비스 노력과 성취도의 비율도 평가의 대상에 포함한다.

(2) 미국 공중보건협회의 평가 항목 기출 19

① **사업의 적합성**: 수많은 보건문제 중에서 특정 사업을 선정한 정당성을 따지는 것으로 가치의 타당성을 우선순위 결정에 비추어 본 것이다.

보건사업 평가 기준 4가지
1. 서비스 노력
2. 서비스 성취도
3. 서비스 노력과 성취도의 비율
4. 사업의 성공 및 실패 요인의 분석

② **사업량의 충족성**: 전체 보건문제의 크기 중 얼마만큼을 해결할 수 있는 사업을 투입했는가를 평가하는 것으로, 지역보건 건강문제는 100만큼인데, 이 중 90을 해결할 수 있는 사업에 투입된 것인지, 50만큼만 투입이 된 것인지를 보는 것이다.
③ **사업의 효과성**: 설정된 목표를 얼마나 달성했는지를 보는 것이다.
④ **사업의 효율성**: 목표달성에 쓰인 비용은 합리적이고 낭비 없이 가장 효과적인 방법으로 수행되었는지를 보는 것이다.
⑤ **사업에 의한 부수적 효과**: 사업의 계획 당시에는 전혀 예견하지 못했던 부수적 효과, 즉 바람직한 효과 또는 바람직하지 못한 부작용 모두를 점검하는 것이다.

(3) **서치만의 5가지 평가 항목** 기출 15, 16, 19, 20, 23
① **업무량·노력 평가**: 사업 활동량 및 질을 포함하는 투입에너지와 투입량을 의미하는 것이다.
  예 결핵환자 발견사업에서 몇 명을 방사선 관찰했는가, 보건소 직원이 가정방문을 몇 건 했는가 등
② **성과 평가**: 투입된 노력의 결과로 나타나는 측정된 효과를 의미한다.
  예 결핵발생률의 감소량, 예방접종 건수, 결핵환자 발견 건수 등
③ **성과의 충족량 평가(적절성 평가)**: 효과 있는 사업 활동이 얼마나 수요를 충족했는가를 보는 것이다.
  예 "결핵발견을 위한 관찰대상자 중 실제 관찰을 한 대상자의 비율은 지역사회의 결핵발생률을 감소시키기에 충분한가"라는 시각에서 점검하는 것
④ **효율성 평가**
  ㉠ 투입된 인력, 비용, 시간 등 여러 가지 측면에서 각 대안들을 비교·검토하는 방법이다.
  ㉡ 투입된 노력이 적절한 것이었던가를 측정하는 것이다.
  예 한 사람의 결핵환자 발생 예방에 투입된 비용 대비 가치가 있는 예방사업인지를 평가
⑤ **업무진행과정 평가(과정평가)**: 사업의 업무진행과정을 분석함으로써 그 사업의 성패요인을 파악하는 것이다.
  예 보건사업 시 거리, 비용, 노력이 장애가 되어 참여하지 못하는 경우 장애요인을 해소하고 보건사업 참여를 할 수 있도록 찾아가는 서비스를 제공하여 사업의 성과를 높임

5. 보건사업 평가 과정

(1) **평가준비 단계**
① 보건사업의 기획 단계에서부터 시작된다.
② 평가준비 단계는 보건사업의 평가에 이용할 평가모형을 결정하고 사업의 평가목적에 부합되는 평가지표와 기준을 설정하고 평가계획을 수립한다.

③ 평가준비 단계에서 준비해야 할 것

평가모형의 개발	평가모형은 보건사업의 목적과 수단, 성과판단의 지표를 논리적 틀에 따라 연결시킨 것으로 사업의 목적과 수단, 평가의 목적과 수단을 일관성 있게 연계하여 파악하는데 도움을 줌
평가지표의 개발	평가지표는 보건사업을 시행한 후 이루어진 변화를 측정하는 데 사용되는 도구
평가일정표의 작성	사업 진행 일정 안에 평가를 위한 일정을 포함시키는 측정의 주기와 방법, 프로토콜 등의 도구를 작성하는 것

(2) 평가진행 단계

① **자료수집 단계**: 여러 1차 자료와 2차 자료를 수립하는 것이다.
② **자료분석 단계**: 수집된 평가 자료를 가지고 설정된 목적에 얼마나 가깝게 도달했는지, 도달하지 못했다면 왜 못했는지를 구분하는 과정이다.

(3) 평가활용 단계

① 지역보건사업의 평가를 바탕으로 적극적으로 활용하여야 한다.
② 적극적인 활용을 위해서는 평가부터 이해당사자 참여, 홍보, 사업의 성취 내용 강조, 보고서 작성 등이다.

6. 보건사업 평가의 한계와 개선방안

(1) 평가의 한계

① **방법론의 차이**: 서로 다른 접근법을 사용하게 되면 성과 평가의 영향을 준다.
② **평가자의 인식 차이**: 전문적 지식 유무나 학자 유무에 따라 실질적인 문제에 대한 답변이 상이해져서 사업평가에 차질이 생길 수 있다.
③ **공식적인 저항**: 보건사업조직 내의 관료들은 자신의 지위 유지를 위해 평가 연구를 기피하고 자료의 접근을 원천적으로 봉쇄한다.
④ **사업목표의 불확실성**: 보건사업의 목표가 애매모호한 경우 사업목표를 객관적으로 파악하기 어려운 경우가 있다.
⑤ **사업영향의 확산**: 사업에 따른 결과는 구체적으로 지정된 대상 외에 다른 집단에도 영향을 주며 상호 관련성이 존재함으로써 사업의 효과를 정확히 판단하기가 곤란한 점이다.
⑥ **사업평가에 필요한 인적·물적 자원의 부족**: 실제 평가에 필요한 정보, 인력, 예산 부족으로 평가가 어려운 경우가 발생한다.

(2) 평가 결과 활용을 위한 개선방안

① 평가자는 의사결정자에 대한 충분한 정보를 가지고 있어야 한다.
② 평가 결과는 필요한 때에 적시에 사용할 수 있어야 한다.
③ 평가자는 사업에 대한 이해관계당사자들이 사업에 대해 관여하는 것을 존중해야 한다.
④ 활용과 배포계획은 평가 설계의 일부분이 되도록 해야 한다.
⑤ 평가는 평가 결과의 활용에 대한 사정을 포함하도록 하여야 한다.

보건사업 평가의 과정
1. 목표의 설정
2. 성공 정도를 측정하는 데 필요한 기준의 선정
3. 성공정도의 확정 및 이에 대한 논리적 설명
4. 앞으로 사업 활동의 제언

5 보건사업 평가 유형

1. 평가 기준에 따른 분류

(1) 절대평가(Criterion referenced evaluation)

기준에 따른 평가로 보건교육 계획 시 목표를 설정해 놓고, 교육을 실시한 후 목표도달 여부를 확인하는 방법으로 이 평가는 무엇을 할 수 있는지를 알려는 목적을 두고 있기 때문에 학습자의 점수를 비교하지 않는다.

(2) 상대평가(Norm referenced evaluation)

① 다른 학습자에 비해 어느 정도 하고 있는지를 평가하는 것이다.
② 학습자 개인의 상대적인 위치와 우열의 파악이 가능하며 경쟁을 통해 학습동기를 유발하는 방법이다.
③ 평가의 주된 대상은 학습자로 교육자가 아닌 다른 사람이 평가자가 될 수도 있는 방법이다.

2. 평가 시점에 따른 분류

(1) 진단평가(Pretest evaluation)

① 사전평가라 불린다.
② 교육을 실시하기 전에 교육대상자들이 보건교육 주제에 대해서 갖고 있는 지식, 태도 및 행동의 수준을 파악하여 학습자들의 요구를 확인하는 방법이다.
③ 어떤 유형의 보건사업이 필요한지를 결정하기 위해 요구분석 및 선행연구 검토 등을 통하여 실시되는 평가이다.

(2) 형성평가(Formative evaluation)

① 보건사업을 수행하는 중간에 실시되는 평가이다.
② 지역사회보건사업이 계획대로 진행되고 있는지 평가하는 것이다.
③ 교육이 진행되는 동안 교육내용, 교육방법, 교육효과를 향상시키기 위하여 무엇을 조정하거나 추가하는 것이 필요한지를 확인하는 방법이다.
④ 교육이 진행되는 동안 학습자에게 형성되는 교육 결과를 알려주고 학습이 이루어지는 영향요인들을 찾아 개선함으로써 학습목표에 도달하게 된다.

(3) 총괄평가(Summative evaluation)

① 보건사업이 실시된 후에 진행되는 평가이다.
② 투입된 노력의 대가로 무엇이 나타났는지, 목표는 달성했는지, 보건사업이 대상자 및 사회에 끼친 영향 등을 평가하는 것이다.
③ 보건교육 후 학습자가 교육주제에 대한 지식, 태도의 변화가 있는지, 행동에 대한 동기부여가 되었는지를 확인하는 방법이다.
④ 교육방법, 학습자의 욕구충족, 장점과 단점 등 교육과정에 대한 전반적인 평가를 통해 다음 교육에 재반영하게 되며, 이런 평가과정에는 학습자의 참여도 중요하다.

3. 평가 성과에 초점을 둔 분류

(1) 과정평가(Process evaluation)
① 과정평가는 보건교육 프로그램이 어떻게 시행되었는가를 평가하는 것이다.
② 과정평가의 대상에는 교육 프로그램에 사용된 여러 자료들, 제반 교육과정의 적절성과 난이성, 과정의 수, 각 과정의 시간적 길이, 참석자의 수, 대상자의 참여율 등이 포함될 수 있다.

(2) 영향평가(Impact evaluation)
① 영향평가는 프로그램을 투입한 결과로 단기적으로 나타난 바람직한 변화를 평가하는 것이다.
② 대상자의 지식·태도·신념의 변화, 기술 또는 행동의 변화, 기관의 프로그램, 자원의 변화, 사업의 수용도 등을 측정한다.

(3) 성과평가(Outcome evaluation)
① 성과평가는 보건교육을 통해 나타난 바람직한 변화가 시간이 흐름에 따라 긍정적으로 나타난 효과를 평가하는 것이다.
② 프로그램을 시행한 결과로 얻어진 건강 또는 사회적 요인의 개선점, 이환률이나 사망률의 감소, 삶의 질 향상 등을 평가하는 것이다.
③ 보건교육의 결과로 감소된 이환율이나 사망률을 알아내기는 그렇게 쉽지 않을 뿐 아니라, 프로그램 실시 후 상당한 기간이 경과되어야만 알 수 있기 때문에 평가하기가 쉽지 않다.

4. 사업진행과정에 따른 분류

(1) 구조평가 기출 17, 18, 19, 20, 22
① 사전조사를 포함하는 구조평가는 프로그램 수행 전 자료의 강점이나 약점 또는 캠페인 전략의 강점 및 약점을 평가하기 위해서 실시한다.
② 사업에 투입되는 자료의 적절성을 평가하는 것이다.
③ 사업인력, 시설 및 장비의 적절성을 평가하는 것이다.

(2) 과정평가 기출 17, 18, 19, 20, 22
① 프로그램을 수행하는 과정 중에 실시하는 평가이다.
② 프로그램 진행 일정의 준수, 프로그램 자원의 적절성과 효율성, 프로그램 이용자의 특성과 형평성, 프로그램 전략 및 활동의 적합성과 제공된 서비스의 질을 평가한다.
③ 과정평가를 통해 프로그램 계획과 진행 정도를 비교함으로써 목표달성이 가능하도록 프로그램 내용을 조정한다.
④ 목표달성을 저해하는 요인을 조기에 발견하여 시정하는 한편 목표달성을 촉진하는 요인을 강화하고자 하는 목적에서 실시한다.

수행평가
1. 교수자가 학습자의 과제 수행과정이나 결과를 다양한 방법으로 직접 관찰하고 그 결과를 통하여 학습자의 능력을 전문적으로 판단하는 평가방식이다.
2. 서술, 논술, 실시, 시험, 관찰, 토론, 구술, 면접, 자기평가보고서, 포트폴리오 등이 해당한다.

> **Plus⁺ POINT**
>
> 과정평가의 내용
> 1. 목표 대비 사업의 진행 정도가 원래 의도한 대로 실행되고 있는가?
> 2. 자원(인력, 시설, 장비, 정보 등)과 예산은 적절하게 지원되고 있으며 이를 효율적으로 사용하고 있는가?
> 3. 사업에 참여하는 자와 이용하는 자의 태도 및 특성은 어떠한가?
> 4. 제공되고 있는 서비스의 질과 대상자의 만족도는 어떠한가?
> 5. 사업을 더 효율적·효과적으로 만들기 위해 변화시키거나 사업목표가 수정될 필요성은 없는가?

(3) 영향평가

① 프로그램의 단기적 결과에 대한 평가로 즉각적으로 관찰가능한 프로그램의 효과인 인식(사업의 수용도, 접근의 용이성, 프로그램에 대한 존재 인식, 위험에 대한 인식), 지식, 태도, 기술 및 행위의 변화를 측정한다.

② 영향평가는 즉각적인 프로그램의 결과에 초점을 맞추는 반면, 효과평가는 프로그램의 근원적인 문제점에 대한 최종적인 효과를 평가하는 것이다.

(4) 결과평가 기출 17, 20, 22

① 프로그램의 궁극적인 목표, 결과에 대한 평가로 프로그램 투입집단의 생리학적 측정지표, 유병률, 사망률의 변동으로 측정한다.

② 영향평가보다는 자원이나 시간이 많이 소요되는 특성을 가진다.

> **Plus⁺ POINT**
>
> 결과평가의 내용
> 1. 사업이 목적과 목표를 달성하였는가?
> 2. 사업으로 인한 의도되지 않은 결과는 없는가?
> 3. 사업이 사회적 형평성 달성에 기여하고 있는가?
> 4. 조직과 지역사회의 문제해결 역량이 강화되었는가?
> 5. 사업전략이 얼마나 효과적인가?
> 6. 사업의 가능한 대안은 무엇인가? 다른 대안과 비교할 때 사업이 얼마나 효과적인가?
> 7. 다른 상황하에서는 사업이 얼마나 효과적일 것인가?
> 8. 사업을 지속하거나 확대할 필요가 있는가?

5. 평가 주체에 따른 분류

(1) 내부평가(Internal evaluation)

① 실제 보건사업을 수행하고 있는 실무자에 의해서 이루어지는 평가이다.

② **장점**: 사업 수행자가 그 보건사업에 대해서 평가하기 때문에 기관의 특성이나 보건사업의 독특한 성격을 반영할 수 있다.

③ **단점**: 평가자 자신이 보건사업 관리와 관련되어 있으므로 객관적이고 공정한 평가 활동을 하기 어려워 결과에 대한 신뢰성 문제가 제기될 수 있다.

(2) 외부평가(External evaluation)

① 내부평가로는 보건사업에 대해서 객관적으로 평가할 수 없다는 가정하에 주로 전문기관이나 전문가들로 구성된 패널에 의하여 실시하는 평가이다.
② **장점**: 보건사업에 대한 전문적인 지식을 가지고 객관적으로 평가할 수 있다.
③ **단점**: 비용과 시간이 많이 소요되고, 보건사업을 수행하는 기관이나 보건사업의 고유한 특성을 반영하기 어렵다.

6. 평가 자료에 따른 구분

(1) 질적 평가(Qualitative evaluation)

① **장점**: 검사도구로 측정하여 수량화할 수 없는 경우에 활용함으로써 그 특성의 달성 정도나 수준을 보다 상세하게 기술·묘사할 수 있다.
② **단점**: 기준의 신뢰성 및 객관성을 보장받기 어렵고 평가에 고도의 전문성이 요구되거나 자료수집에 비용과 시간 및 노력이 많이 든다.

(2) 양적 평가(Quantitative evaluation)

① 체계적, 과학적, 경험적이고 일정한 과정에 따라 진행되어야 하며 심층적인 탐구의 전통을 따라 평가 대상을 다양한 형태로 수량화하는 것이다.
② 양적 평가란 수량화된 자료를 가지고 적절한 통계방법을 이용하여 기술하고 분석하는 평가이다.

7. 논리모형에 따른 평가 분류

투입(Inputs) 단계의 평가	보건사업 수행을 위해 필요한 자원, 인력, 예산, 시설, 장비 등
활동(Activities) 단계의 평가	건강 결과를 성취하기 위해 지역사회보건사업에서 수행한 직접적인 중재, 교육, 상담, 자문, 옹호, 환경사정, 사례관리, 건강검진 등
산출(Outputs) 단계의 평가	보건사업활동으로 얻은 직접적인 산출물, 교육 혹은 상담횟수, 참가자 수 등
결과(Outcomes) 단계의 평가	단기, 중기, 장기 결과로 구분하여 보건사업 수행으로 나타난 대상자의 변화, 영향, 결과, 대상자가 얻는 새로운 지식, 기술 향상 정도, 변화된 태도, 수정된 행동, 개선된 건강 상태 등

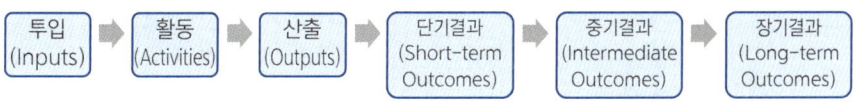

● 논리모형의 기본 요소

8. 경제성 평가

(1) 비용-효과 분석(CEA; Cost-Effectiveness Analysis) 기출 16, 17, 18, 19, 20, 21, 25

① 비용-효과 분석은 분석 대상 프로그램들에서 같은 방법으로 측정한 하나의 효과에 대해 각각의 관련된 비용을 비교하여 어느 사업이 효과 단위당 비용이 적게 드는지 판단하는 것이다.
② 어떤 프로그램 혹은 중재가 비용 대비 효과가 더 좋은지 평가할 수 있다.

(2) 비용-편익 분석(CBA; Cost-Benefit Analysis) 기출 12, 14, 15, 16, 17, 18, 19, 20, 21

① 비용-편익 분석은 비용-효과 분석과 달리 비교하고자 하는 프로그램들이 산출하는 건강 결과가 동일하거나 하나일 필요는 없다.
② 비용-편익 분석에서 편익은 프로그램의 결과로 얻은 직접적인 편익뿐만 아니라 사회적 편익과 같은 간접적인 편익을 포함하여 측정한 비용-편익 분석에서 비용과 편익은 모두 화폐단위로 측정하며 총 편익에서 총 비용을 빼서 구한 순편익으로 어느 프로그램이 더 좋은지를 평가한다.
③ 비용-편익 분석의 평가 기준

평가 기준	계산방법	의미
편익비용비 (B/C ratio)	$\dfrac{\text{편익(B)의 현재가치}}{\text{비용(C)의 현재가치}}$	• 수익률 지수임 • B/C > 1이라면 경제적 타당성이 있어 사업을 추진할 만한 가치가 있음 • 대안이 복수일 경우는 그 값이 가장 큰 대안이 가장 타당함
순현재가치 (NPV; Net Present Value)	편익(B)의 현재가치 - 비용(C)의 현재가치	• 어떠한 대안이 NPV가 0보다 크면 그 사업은 추진할 만한 가치가 있음 • 그 대안이 복수일 경우 그 값이 가장 큰 대안이 가장 타당성이 있음
내부수익률 (IRR; Internal Rate of Return)	NPV = 0이 되도록 하는 할인율	• 내부수익률은 '투자가가 주관적으로 기대하는 투자 수익률'로서 투입된 자금의 기회비용에 해당하는 시장할인율(r) 또는 의사결정자가 적절하다고 생각하여 설정한 기준 할인율보다 크다면 그 투자사업은 타당성 있는 것으로 평가됨 • 내부수익률이 클수록 경제적 타당성은 큼 • 내부수익률은 할인율이 존재하지 않는 경우에도 구해지기 때문에, 할인율이 알려져 있지 않은 경우 기준할인율과 비교하여 사업을 평가할 수 있는 유용한 기준

📖 **기출 체크**

다음에 해당하는 보건사업의 경제성 평가 방법은? 기출 25

• 고혈압 환자를 대상으로 서로 다른 두 가지 치료방법을 적용하고, 각 방법의 혈압 감소치를 측정하였다.
• 측정 후 투입한 비용 대비 혈압의 하락 정도를 비교하였다.

① 비용최소화분석
② 비용-효과분석
③ 비용-편익분석
④ 비용-효용분석

정답 ②

④ 할인율(r; discount rate)의 결정
  ㉠ **할인율**: 미래에 발생하는 비용과 편익을 현재가치로 환산할 때 사용하는 이자율이다.
  ㉡ **할인율 결정의 중요성**: 어떤 할인율을 적용하느냐에 따라 사업의 효과가 달라진다.
    ⓐ 높은 할인율은 편익이 단기간에 걸쳐 집약적으로 발생하는 단기투자에 유리한데, 이는 미래로 갈수록 복할인되어 미래편익의 현재가치가 작아지기 때문이다.
    ⓑ 낮은 할인율은 장기간에 걸쳐 편익이 발생하는 장기투자에 유리하다.
  ㉢ **공공사업에 적용되는 3가지의 할인율**
    ⓐ **민간할인율**: 민간자본시장에서 형성되는 시장이자율을 중심으로 결정되는 것이다.
    ⓑ **사회적 할인율**: 공공사업에서는 공공사업의 외부효과 등을 고려하여 시장이자율보다 낮은 할인율이 적용되어야 한다는 것이다.
    ⓒ **자본의 기회비용**: 자원이 공공사업에 사용되지 않고 민간사업에 사용되었을 때 획득할 수 있는 수익률을 공공사업의 할인율로 하는 것이다.

(3) 비용 – 효용 분석(CUA; cost – utility analysis) 기출 16, 18, 19, 22
  ① 비용 – 효용 분석은 비용 – 편익 분석과 마찬가지로 결과가 다른 프로그램들을 비교할 수 있다.
  ② 효용은 건강에 대한 개인의 선호도를 나타내며, 일반적으로 질보정생존연수(QALYs; Quality Adjusted Life Years)로 측정한다.
  ③ 비용 – 효용 분석의 산출식은 QALY당 비용이다.
  ④ 비용 – 효용 분석은 다양하고 이질적인 산출물들을 하나의 복합적이고 종합적인 산출물로 통합할 수 있어, 이질적인 프로그램에 대해 광범위한 비교가 가능하다.

🔽 경제성 평가방법 비교

유형	적용 조건	기본 공식	비용측정	결과의 측정
비용 – 효과 분석	동일한 산출효과 비교	$\dfrac{총 비용}{효과 단위}$	화폐 단위	자연 단위(예 연장 수명, 혈압변화, 예방접종 완료 아동 수 등)
비용 – 편익 분석	동일하거나 다른 형태의 산출효과 비교	순편익 = 총 편익 – 총 비용	화폐 단위	화폐 단위
비용 – 효용 분석	동일하거나 다른 형태의 산출효과 비교	$\dfrac{총 비용}{효용 단위}$	화폐 단위	질보정생존연수 (Quality Adjusted Life Years)

Plus⁺ POINT
건강수명 지표의 종류

구분	용어(지표)	개념	가중치
건강 격차	DALY (Disability - Adjusted Life Years)	조기사망이나 상병 및 장애로 인한 건강한 삶의 손실(장애보정생존연수)	건강상태 선호도: 질환별 중증도에 따른 가중치
	QALY (Quality Adjusted Life Expectancy)	일정 한도의 질이 보장되는 건강한 삶의 증가	건강상태 선호도: 개인에 의해 선택된 가중치
건강 수명	HALE (Health Life Expectancy)	질병이나 장애로 인하여 건강을 잃은 기간을 제외한 기대여명	장애가중치: 질환별 중증도에 따른 가중치(0 ~ 1)
	DALE (Disability Adjusted Life Expectancy)	장애보정기대여명	장애가중치: 장애 중증도별 가중치(0 ~ 1)
	DFLE (Disability Free Life Expectancy)	장애 없는 기대여명 (무장애기대여명)	장애가 있으면 = 1 장애가 없으면 = 0

6 지역사회보건사업 전략

1. 지역사회 조직

(1) 지역사회 조직화의 의의

① **지역사회 조직화**: 사회 구성원의 욕구를 해결하고 발전시킬 수 있는 영속적인 지역사회 조직체 건설을 목적으로 한다.

② **주민 조직화**
   ㉠ 주민을 조직화하여 하나의 세력 또는 조직으로 고유하게 존재할 수 있는 실천방법이다.
   ㉡ 주민 조직화는 지역사회에서 발생하는 문제를 주민 조직화과정을 통해 공동의 문제로 조직화하는 것이다.
   ㉢ 문제해결을 위한 지속적이고 안정적인 조직 형성을 통해 구조를 유지시키는 것이다.
   ㉣ 궁극적으로 조직화과정에 참여한 주민과 지역사회 역량을 강화시키는 것이다.

(2) 지역사회 조직화의 목표

① **문제해결**: 주민의 요구를 사정 ⇨ 지역사회 문제에 주민참여 활동과정 ⇨ 문제를 해결
② **조직형성**: 지속적인 관계 형성을 바탕으로 조직이 형성된다.
③ **지역사회 역량강화**: 지역사회의 능력을 향상시킬 수 있는 사회적 능력을 강화시키는 것이다.

(3) 지역사회 조직화의 역할과 기능
① **지역사회 연대**: 지역사회의 생활공간에서 발생하는 다양한 문제 또는 이슈에 대해 함께 대응하거나 책임을 지는 것이다.
② **결정과정 참여**: 주민이 지역사회의 각종 의사결정과정에 참여하여 영향력을 발휘하는 과정과 이를 위해 지역사회의 각종 활동에 활발하게 참여하는 과정이다.
③ **주민 사회교육**: 주민 조직화를 통해 형성된 조직이 지속적으로 지역사회운동을 전개할 수 있게 하는 기초가 된다.

(4) 지역사회 조직화의 원칙
① 지역사회의 특성과 요구에 맞게 조직화한다.
② 지역주민과 긴밀한 관계를 형성한다.
③ 지역사회 조직화 프로그램의 기획과 실행과정이 필요하다.
④ 지역사회의 각종 활동에 참여하고 활동을 수행하는 주체는 주민이 되도록 한다.
⑤ 가능한 많은 주민의 참여가능성, 지속가능성, 주민 조직의 영향력 강화가능성에 초점을 맞추어 우선순위를 정하고 실천 이슈를 설정한다.
⑥ 실천활동을 전개하기 위해 효과적이며 명확한 목표가 설정되어야 한다.

(5) 지역사회 조직화의 모델

Ross House 모임 모델	• <u>조직은 적지만 특정한 지역에 대한 소명감이나 응집력을 가지고 있는 경우에 적합한 모델</u> • House 모임은 주로 저녁시간에 빈곤지역에 6 ~ 20명이 특정문제에 대해 맞춰서 조직화하기 이전에 하부조직을 구축 • 모임은 구성원의 집에서 열리고 서로를 알아가고 서로의 말을 경청하고 문제에 대해 그들에게 얘기하고 개입되도록 고취
Chavez 연결 모델	• <u>소수의 조직으로 사회 응집력 및 사명감이 적은 상황에 놓여있는 사람을 조직하는 모델</u> • 이 모델은 결속되지 않는 집단에 소속감과 사명감을 느낄 수 있는 구조를 제공하는 것이 가장 중요 • 조직화과정은 쉽지 않고 빨리 이루어지지 않으며 많은 시간을 헌신해야 함
Social Networks 모델	• <u>지역주민이 함께 사회 취약계층을 보살피는 것을 강조</u> • 이 모델은 교회, 성당, 절 등의 종교단체가 사회적 설립을 목적으로 지역과 이웃하는 데 있어 개선된 관계를 제공함으로 구성원이 조직하는 것을 돕는 역할을 담당
Alinsky Coalition 모델	• 지역 내 많은 단체를 조직할 수 있음 • 이 모델은 개인의 문제가 다른 사람의 문제가 되는 것을 알 수 있도록 하고 이 문제를 공동의 노력으로 해결하려 함

(6) 지역사회 조직화의 활성화전략
① 주민 중심으로 조직화한다.
② 단체의 특성과 규모에 맞는 조직화전략을 개발한다.
③ 단체의 인큐베이터로서의 역할을 확대한다.
④ 공익성을 가진 조직화를 한다.
⑤ 참여 통로를 다양화한다.
⑥ 중소지역 단위의 소모임을 구성한다.

> **Plus⁺ POINT**
>
> **지역사회 조직**
> 1. 지역주민의 요구를 발굴하고 주민이 참여하여 사회적 환경을 효과적으로 만들기 위해 활동하는 것이다.
> 2. 참여한 주민은 지역사회 조직과정에서 잠재력과 공동체의식을 고양하고 자신이 직면한 문제를 해결할 수 있는 역량을 향상시켜 나아간다.
> 3. **지역사회 조직 구성 시 고려사항**
>   ① 주민평등 참여
>   ㉠ 목적 달성을 위하여 충분한 능력과 자질을 갖춘 사람으로 조직과 단체를 구성한다.
>   ㉡ 민주주의적이며 자신이 바라는 업무의 결정 및 수행에 자발적으로 참여하도록 한다.
>   ㉢ 지역사회 주민이 적극적으로 참여할 때 비로소 지역사회 사업 수행이 성공할 수 있다.
>   ② 정책: 실질적, 형식적, 합법적이어야 한다.

2. 지역사회 주민참여전략

(1) 지역사회 주민참여의 개념
지역사회 주민참여는 지역사회의 일반 주민이 그 지역사회의 일반적 사항과 관련된 결정에 대해 권력을 행사하는 과정으로 정부의 정책결정에 영향을 미치려고 의도하는 일반 주민의 행위이다.

(2) 지역사회 주민참여의 유형
① **소극적 참여**: 대상자의 비자발적, 수동적인 참여를 의미한다.
   예 정책홍보 모임 참가, 정부정책에 대한 방송 청취 등
② **적극적 참여**: 주민 스스로 능동적으로 참여하는 경우로 지역주민 지방자치 행정체계 또는 정부의 정책과 관련된 내용을 건의하고 실질적으로 정책결정에 참여하는 것을 의미한다.
   예 주민총회, 공청회, 시민배심원제도, 주민자문위원회, 주민투표, 주민발안, 주민소환, 자원봉사 등

> **Plus⁺ POINT**
>
> **시민배심원제도**
>
> 무작위로 선발한 20 ~ 30명의 배심원이 모여 평결을 하며, 권고형식으로 지자체와 정부에 전달되고 정책결정에 적극적으로 반영한다(배심원단의 결정은 법적 구속력을 갖지 않음).

(3) 지역사회 주민참여의 방법

① 개입 정도
  ㉠ **직접적 방법**: 정부기관에 대한 공개적, 비공개적 행동, 정보 제공 등이 있다.
  ㉡ **간접적 방법**: 선전물 발간, 편지, 전화, 시위 등이 있다.

② 주민의 주도 정도

동원	주민의 자발적 참여가 아주 낮은 형식적이고 강요된 참여
협조	• 주민참여를 유도하나 보건사업의 계획과 조정과정이 제공자 측에 강요된 참여 • 참여 동기는 일정부분 반대 급부가 있음
협력	• 협조보다 강제성이 약화된 참여 • 설득방식에 의한 주민참여가 강조되는 단계로 보건사업의 계획과 조정과정에서 주민의 의사가 반영되도록 함
개입	주민 측에서 개발사업과정이 공개되기를 주장하는 의사결정 참여
주도	주민 주도적 접근이 아주 높은 형태로 주민 스스로 주도적 참여

(4) 지역사회 주민참여의 접근방식

① **제도적 방식**: 접촉, 비폭력적 시위 등이 있다.
② **강제적 방식**: 폭동, 테러, 비합법적 시위 등이 있다.

(5) 지역사회 주민참여의 장점

정책 홍보 및 정당성 확보	정보를 주민에게 직접적으로 알리고 홍보함으로써 주민에게 수혜의 기회를 더 많이 제공하고, 정책결정에 대한 주민의 협조와 지지를 확보하여 정책 집행에 대한 주민의 저항이나 반대를 순화하고 이해집단 간의 이해 충돌이나 상충을 완화할 수 있음
신뢰성 제고	정책 의제 수립단계에서의 시민 참여는 정부에 대한 불신을 완화하고 신뢰성을 제고하여 주민의 적극적인 참여를 유도할 수 있음
지역주민 요구에 신속한 대응	지역주민이 주체가 되어 지역문제를 해결하므로 지역사회 및 지역주민의 생활상의 요구에 즉각적으로 대응
주민의 이익 대변	일반 주민, 소외계층, 정치적 약자 등에 대해서도 이익을 대변
책임감 고취	지역사회 문제와 욕구를 해결하는 과정에서 주민이 직접 참여함으로써 공동체 의식을 고취하고 이로 인해 책임감이 향상

지역사회 기반 참여연구(CBPR; Community Based Participatory Research) 기출 18

1. 연구 주체와 연구 객체를 의식적으로 흐리게 하는 접근방법이다.
2. 연구과정의 모든 단계에서 지역사회 내의 파트너가 참여할 것을 강조한다.
3. 이들은 협력 과정에서 연구자들과 함께 생산되는 지식 및 과업을 공유하며 지역사회의 변화를 위한 실천을 함께한다.
4. 지역사회 기반 참여연구는 지역사회 건강 수준을 증진시키거나 건강에 대한 사회적 불평등을 줄이는 것에 초점을 둔다.
5. 지역사회 기반 참여연구는 주민들의 안녕을 증진시키는 것을 목표로 한다.

출처: 정민수 외 지역사회 기반 참여연구 방법론, Journal of Korean Society for Health Education and Promotion, Vol.25, No.1, 2008)

(6) 지역사회 주민참여의 제한점

다양성	• 지역사회를 구성하는 주민은 성, 연령, 직업, 경제능력 등이 다양함 • 집단을 대표할 수 있는 대표성을 확보하는 것이 필요
사회경제적 차이	• 빈곤한 주민의 경우 지역공동체 참여를 위한 시간, 소득, 지식 등의 자원을 투입하기 어려움 • 사회·경제적 격차는 주민참여를 위한 기반구조 측면 및 공동체 간 참여도에서 차이를 유발할 수 있음
특정 이익집단	특정한 이해세력이 자신만의 이익을 관철시키려는 불공정한 수단으로 사용될 수 있음
비전문성	당면 문제에 대해 잘 알지 못하면 참여가 제대로 이루어지지 못하고 의사결정에 어려움이 있을 수 있음
지역주민의 무관심	주민참여가 이루어지지 않으면 정부의 정책결정에 영향을 미칠 수 없으며, 나아가 지역사회가 의도하는 바를 이룰 수 없음
관료주의	관료에서 주도권을 가지고 있으면 주민의 참여가 제한되고 수행에 방해가 됨

(7) 지역사회 주민참여 활성화전략

① **공정성 확보**: 평등한 참여 기회를 부여한다.
② **투명성 확보**: 정보를 투명하게 공개하고, 객관적으로 참여할 수 있는 장을 마련한다.
③ **지속적인 제도 개선**: 지속적으로 주민참여를 위해 제도 개선을 위한 내용을 반영한다.
④ **민간단체 조직역량 및 공익서비스 창출 지원 강화**: 조직의 자생과 유지, 발전을 위해 필요하다.
⑤ **제도적 장치**: 주민참여를 통한 아이디어 수용 및 참여 가능 제도적 장치가 필요하다.
⑥ **지역 발전적 접근**: 지역주민의 적극적인 참여와 추진력을 바탕으로 사회·경제적인 추세에 따라 창조적인 계획이 필요하다.
⑦ **사회적 계획의 접근**: 교정이 필요하다고 추정되는 지역사회 활동이나 제도의 기본적인 변화에 목적을 둔다.
⑧ **조직된 지역사회 조직 활용**: 비공식 조직을 활성화한다.

3. 홍보활동

(1) 홍보(PR; Public Relations)의 의의
개인이나 조직체가 그와 관계되는 공중(Public)의 이해와 협력을 얻고자 커뮤니케이션의 수단을 통해 지향하는 목표를 전달, 이해, 설득시키거나 공중의 의사를 반영하여 상호 호혜적인 관계를 구축하는 커뮤니케이션 관리활동이다.

(2) 홍보활동의 기능
① 조직 운영과 계획에 영향을 미칠 수 있는 여론, 태도, 쟁점 등을 예측, 분석하는 여론 분석기능
② 공중관계와 사회 책임업무에 관한 조직의 정책 결정과 행동방향, 커뮤니케이션 등에 관해 경영진에게 조언하는 커뮤니케이션 상담기능
③ 조직의 목적 달성에 중요한 조직의 활동을 알리기 위한 대외활동 및 마케팅, 기금 모금, 지역사회 관계, 정부와의 관계 등을 담당하는 커뮤니케이션 프로그램 수행기능
④ 공공정책을 홍보 조직체에 유리하도록 변화시키거나 정책에 영향을 미치기 위한 조직체의 노력을 계획하는 공공정책에 대한 대응기능
⑤ 홍보활동을 수행하는 데 필요한 기획, 예산, 자원 조달 및 목표설정과 담당 인력의 선발·훈련 등을 관리하는 홍보자원 관리기능

(3) 홍보활동의 종류
① **언론을 통한 홍보**: 뉴스로 받아들이기 때문에 마음을 움직이기 용이하다.
② **매체를 활용한 홍보**: 인쇄매체(신문, 잡지), 전파매체(TV, 라디오), 설치매체(옥외광고, 디스플레이), 기타 매체(회보, DM), 온라인 매체(이메일, 온라인 뉴스레터, SNS) 등에 의한 홍보이다.
③ **대면관계를 통한 홍보**: 직접적인 접촉에 의한 것으로 회의, 방문, 좌담회, 집회, 캠페인 등의 활동을 통해 이루어진다.

4. 보건사업의 전략 수립

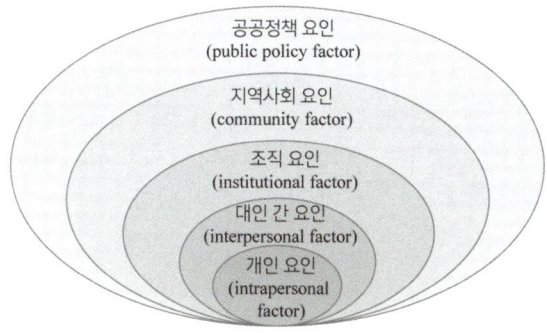

↑ 사회생태학적 모형*에 따른 건강영향요인

출처: McLeroy, K. R., Bibeau, D., Steckler, A., & Glanz, K. An ecological perspective on health promotion programs. Health Education Quarterly. 1988; 15.

* 사회생태학적 모형은 건강증진 중재가 개인에게만 초점을 맞추는 것이 아니며, 각 차원에 대한 접근이 가능하므로 개인과 한경을 구분하여 구체적인 건강증진방법과 예방행위를 제시할 수 있다.

(1) 개인적 차원의 전략
① 건강 관련 행동에 영향을 미치는 개인의 지식, 믿음, 태도, 기질을 변화시키기 위해 교육, 상담, 행태 개선훈련, 직접 서비스, 유인 제공 등의 전략을 사용한다.
② 개인에게 영향을 줄 수 있는 요소로 인구 사회학적 특성과 개인이 변화하고자 하는 능력과 욕구 등으로, 개인의 자아효능감, 심각도, 민감도가 있다.

(2) 개인 간 요인 전략
① 개인의 행동을 변화시킬 수 있는 사회적, 문화적 지지로 개인의 행동에 영향을 줄 수 있는 개인 간 지지, 사회적 지지, 사회적 기준과 권유가 있다.
② 가족, 친구, 직장동료, 이웃 등 개인에게 영향을 미칠 수 있는 사람을 함께 관리한다. 이를 위해서는 기존 네트워크의 활용, 새로운 네트워크의 개발, 자생적 지도자의 활용 등이 있다.
③ 기존 네트워크를 활용하기 위해서는 네트워크의 강화, 네트워크 구성원에 대한 지지 제공, 지도자에 대한 기술훈련을 하는 것이 필요하다.

(3) 조직적 차원의 전략
① 개인의 건강에 영향을 주는 사회적 환경에서 조직과 개인이 연결되는 곳에서 개인의 행동에 영향을 미칠 수 있다.
② 개별 학교나 직장과 같은 조직에 대한 접근은 조직개발이론과 조직관계 이론에 근거를 두고 수행된다. 조직 개발과 조직관계이론을 적용하는 것이 도움이 된다.

(4) 지역사회 차원의 전략
① 건강박람회나 걷기대회 등의 이벤트를 하거나, 어떤 소식이나 정보를 알리는 홍보활동, 사회마케팅, 환경 개선 및 지역사회 규범 개선, 지역사회 개발이 해당된다.
② 개인의 행동을 지지해 줄 수 있고, 개인의 건강을 향상시킬 수 있는 환경적 자산으로 조직이 공식, 비공식적으로 존재하는 것이다.

(5) 정책적 전략
① 정책요인은 환경을 구성하는 요소로 개인의 행동에 영향을 주는 법, 정책, 규제, 로비 등이 속한다.
② 정책, 규제, 법 등과 비공식적인 규정이나 합의가 이에 해당되며, 행동을 조장하기 위한 정책과 억제하기 위한 정책이 있다.

사회지향적 마케팅 (Societal marketing) 기출 16(6급)
1. 소비자와 사회의 안녕을 유지 또는 향상시키기 위해 표적시장의 욕구, 필요, 관심을 결정하여, 다른 경쟁자들보다 효율적이고 효과적이며 바람직하게 사용자 전체 집단인 사회를 만족시키는 것을 의미한다.
2. 고객지향적 관점에서 생산된 제품과 서비스를 고객이 소비함으로써 만족하는데 가치를 둔다.
   ⇨ 소비자의 생활환경과 삶의 질 향상에 공헌하는 방식으로 소비자의 욕구를 충족해야 한다는 관리 철학이다.
3. 마케팅 4P
   제품, 가격, 유통, 촉진
4. 마케팅 7P
   제품, 가격, 유통, 촉진, 프로세스, 사람, 물리적 증거
   예 많은 기업에서 환경 캠페인을 벌인다든지, 문화행사를 후원한다든지, 매출액의 1%를 사회에 기부한다든지 하는 다양한 활동들을 통하여 기업 이미지를 제고하는 것

Plus⁺ POINT

사회·생태학적 모형에 따른 전략의 종류

단계		사용되는 전략의 종류
개인 수준		• 교육: 강좌, 세미나, 워크숍 등 • 행태 개선 훈련: 정보제공, 기술훈련과 동기강화를 위한 훈련일지 작성, 시뮬레이션, 소집단 토의 등 • 정보 직접 서비스 제공: 예방접종, 조기검진, 진료, 재활, 방문간호 등 • 유인 제공: 상급자나 동료, 강사 등으로부터 특별한 인정, 칭찬, 격려, 저렴한 물품의 제공, 추가검진, 적립 점수, 보너스, 작업시간 단축 등
대인 간 수준		기존 네트워크의 활용, 새로운 네트워크의 개발(멘토 활용, 동료 활용, 자조집단의 형성), 비공식적인 자생적 지도자의 활용
지역사회 수준	조직요인	조직개발이론과 조직관계이론의 적용
	지역사회 요인	이벤트, 매체 홍보, 사회마케팅, 지역사회역량 강화
	정책요인	• 건강 행동 촉진 정책 • 건강 위해행동 억제 또는 정책 제한 • 옹호, 정책 개발

출처: Glanz, K., Rimer, B.K., & Viswanath, K. Health Behavior and Health Education, CA: Jossey-Bass Publishers; 2008.

제2장 보건정책

1 정책의 이해

1. 정책의 개요

(1) 정책의 정의

① 정책은 바람직한 사회를 이루려는 정책목표와 이를 달성하기 위한 정책수단에 대하여 권위 있는 정부의 각 부처와 기관이 공식적으로 결정한 기본방침이다.
② 다이(Dye): 정부가 하기로 선택하였거나 하지 않기로 선택한 모든 것(non-decision: 아무것도 하지 않기로 하거나, 새로운 프로그램을 만들지 않기로 하거나, 단순히 현상을 유지하기로 한 결정 등)
③ 라스웰과 카플란(Lasswell & Kaplan): 목표가 되는 가치와 실제를 투사해서 얻은 행동계획이다.
④ 이스턴(Eastern): 전체 사회를 위한 제 가치의 권위적 배분이다.
⑤ 앤더슨(Anderson): 어떤 문제 또는 관심사를 다루는 데 있어서 행위자 또는 행위자 집단이 추구하는 의도적이고 실제적인 행동노선이다.
⑥ 어떤 사회 분야에서 사회적 시스템, 구조, 문화, 가치, 규범, 행태, 물리적 환경 등을 바꾸며, 또 다른 방법으로 바꾸고자 하는 정부관여의 수단을 결정해 놓은 것을 말한다.

학자별 정책의 정의
1. 사칸스키(Sharkansky)
   정부의 중요한 활동이다.
2. 드로어(Dror)
   매우 복잡하고 역동적인 과정을 통하여 주로 정부기관에 의해 만들어지는 미래지향적인 행동지침이다.
3. 정정길(1989)
   바람직한 사회상태를 이룩하려는 정책목표와 이를 달성하기 위해 필요한 정책수단에 대하여 권위 있는 정부기관이 공식적으로 결정한 기본방침이다.

(2) 정책의 특징 기출 15, 18

① 정책은 공익을 우선 중시한다.
② 정책은 목표지향적, 미래지향적이다.
③ 정책은 인본주의적 가치와 행동을 추구한다.
④ 정책은 정치적 성격을 지니며 자원의 배분과도 관련이 있다.
⑤ 정책은 합리성을 강조한다.
⑥ 정책은 정부의 의도적인 노력이다.
⑦ 정책은 변동지향적이다.

(3) 정책의 구성요소 기출 17

① 정책목표
   ㉠ 정책을 통해서 달성하고자 하는 바람직한 상태를 말한다.
   ㉡ 바람직한 상태를 판단하는 가치판단에 의존하기 때문에 주관적이며 규범성을 가지며 또한 앞으로의 방향과 미래지향성을 지닌다.

② 정책수단
- ㉠ 정책목표를 달성하기 위한 행동방안으로, 정책의 실질적 내용이며 가장 중요한 정책의 구성요소이다.
- ㉡ 국민들에게 직접적인 영향을 미치므로 이해당사자 간의 갈등이 발생한다.

③ 정책 대상 집단
- ㉠ 정책집행으로 영향을 받는 집단을 말한다.
- ㉡ 정책집행에 대하여 적극적으로 찬성하는 집단(수혜집단)과 정책집행 때문에 희생을 당하는 집단, 즉 정책의 비용을 부담하는 집단(비용부담집단)이 있다.

2. 정책의 유형(Lowi)

(1) 분배정책 기출 12, 14, 17, 18, 19, 20

① 국가가 국민에게 이익과 서비스를 분배해주는 정책을 말한다.
② 분배정책의 수혜집단은 특정 대상인 반면, 비용부담집단은 불특정 일반 국민이다.
③ 분배정책은 정부예산과 공공자원으로 충당하기 때문에 정책으로부터 직접적 이익을 받지 못하는 국민은 직접적인 손해와 상실감을 갖지 않는다.
④ 분배정책은 특정한 개인, 기업체, 조직, 지역사회에 공공서비스와 편익을 분배하는 것으로 무의촌에 대한 보건진료, 의료취약지역 의료기관에 대한 정부보조, 수출 특혜 금융, 농·어업장려금, 지방자치단체에 대한 국가보조금 지급, 주택자금의 대출, 택지 분양 등이 해당된다.

(2) 규제정책 기출 12, 14, 19, 20

① 개인이나 집단의 재산권, 권리, 행위 등에 공권력을 적용하여 규제하는 행위이다.
② 규제정책은 환경오염, 독과점, 공공요금, 기업활동 등 특정 개인이나 집단의 재산권 행사나 행동의 자유를 구속·억제하여 반사적으로 다른 사람들을 보호하려는 정책을 한다.
③ 규제정책은 정책대상인 개인과 집단의 자유와 재량을 제약하거나 침해하기 때문에 수혜집단은 규제정책에 적극적으로 찬성하고, 상실집단은 적극적으로 반대한다.
④ 상실집단과 수혜집단 사이의 갈등이 분명하고 치열하다.
⑤ 보건의료의 특성 중 하나가 사회안전과 공익성이므로 보건정책은 규제정책에 해당된다는 것이다.

⑥ 규제정책의 분류 기출 12, 13, 17

보호적 규제정책	• 기업의 독과점을 규제함으로써 다수의 일반 소비자들을 보호하는 정책 • 보험수가에 의한 의료비 규제, 최저임금제, 항공요금정책, 철도요금책정과 독과점 규제를 위한 공정거래법, 직업 및 작업장의 안전규제, 식품 및 의약품 안전규제, 소비자보호정책, 환경규제정책 등
경쟁적 규제정책	• 분배정책과 보호적 규제정책의 혼합형 • 많은 이권이 걸려 있는 서비스나 용역을 특정한 개인이나 기업체, 단체에 부여하면서 이들에게 특별한 규제 장치를 부여하는 정책 • 이권을 부여받게 되는 당사자는 독과점적인 이익을 얻게 되기 때문에 서로 이권을 차지하고자 경쟁 • 정부는 이권을 부여하는 대신 해당 당사자에게 적정 요금 수준 운항 횟수, 서비스의 질에 대한 기준의 설정 등에 의무를 부여하여 적절히 통제하게 됨
자율적 규제정책	• 규제대상이 되는 당사자에게 그 소속의 활동에 대해 스스로 규제 기준을 설정하고 그 집행까지도 위임하는 경우 • 의사와 변호사 등과 같은 전문직업의 면허제도 등이 자율적 규제정책의 좋은 예 • 이 유형의 정책에는 명백한 상실집단이 존재하지 않으며 정책을 둘러싼 갈등도 심하지 않음

(3) **재분배정책** 기출 09, 14, 15, 16, 17, 18, 19, 20
① 소득불평등의 시정을 목적으로 하기 때문에 사회적 형평성을 조장하기 위한 정책이다.
② 평등하게 재분배하기 위한 정책으로 가진 자는 상실집단이 되고 못 가진 자는 수혜집단이 되며 이들 사이의 대립과 갈등을 배경으로 하는 정책이다.
③ 재분배정책은 대립과 갈등의 해소와 조정을 위해 정부가 국민의 경제생활에 적극적으로 개입함으로써 형성되는 것이다(정책과정 공개).
예 누진소득세, 영세근로자의 생계지원사업이나 임대주택 건설, 세액공제나 감면 등

구성정책
현상을 유지하려는 세력과 변경을 원하는 세력 간의 갈등이 심하게 나타난다.

(4) **구성정책** 기출 14, 17, 18, 19, 20, 21, 23
① 정부기관의 신설이나 변경, 선거구 조정 등과 관련된 정책이다.
② 사회전체를 위한 이익과 정부자체를 대상으로 하는 정책이다.
예 정부의 새로운 기국의 신설, 공직자의 보수 책정, 군인 퇴직연금에 관한 정책 등

(5) **추출정책**
공중보건의 제도, 강제 저축, 방위성금, 조세정책, 징병제도 물자 수용, 강제적 토지 수용, 노력 동원 등과 같이 환경으로부터 인적·물적 자원을 추출하는 정책이다.

(6) 상징정책

상징정책은 정치지도자들이 평등, 자유, 민주주의, 공산주의 등의 이념에 호소하거나 미래의 업적 또는 보상을 약속하는 정책이다.

예 경복궁 복원, 군대 열병, 88올림픽 경기, 대전엑스포, 서울페스티벌, 2002 한·일 월드컵경기와 같이 국민 전체의 자긍심을 높이고 민족공동체에 대한 국민의 충성심을 유발하기 위한 각종 의식이나 이념의 개발 등

> **Plus⁺ POINT**
>
> **공공정책의 개념**
> 1. 공공기관이 주체이므로 정치적 권력을 갖는다.
> 2. 목표지향적 활동이므로 미래성과 방향성이 있다.
> 3. 목표와 목표 달성을 위한 실현수단을 핵심으로 한다.
> 4. 의도 또는 비의도 행위에 대한 무의사결정을 포함한다.
> 5. 비용과 편익 배분을 통해 국민의 이해관계에 영향을 미친다.
> 6. 연속적인 선택과정이므로 일회성 선택 의사결정과 구별된다.
> 7. 공익을 추구하는 공공기관의 활동이므로 일반적 의사결정과 구별된다.
> 8. 의사결정과정에 관련된 많은 요인이 영향을 미치므로 상호작용의 결과인 경우가 많다.

핵심정리 정책의 유형 및 내용 기출 14, 17, 18, 19

유형	의미	특징	예시
규제정책	일부 집단에 대해 재산권 행사, 행동의 자유를 구속·억제하여 대다수 사람을 보호하는 정책	• 공권력 행사 • 개개인의 자유권리 제한 • 피해자의 반발, 갈등	• 불공정거래 규제 • 과대광고 규제 • MRI 설치 규제
분배정책	국민들에게 처리나 이익 또는 서비스를 배분하는 정책	• 세부사업별로 분해 • 나눠먹기식 정책 • 승자와 패자 간의 정면 대결 없음	• 사회간접 자본 확충 • 무의촌지역해소 정책
재분배정책	고소득층으로부터 저소득층으로의 소득 이전을 목적으로 하는 정책	계급 대립적 성격, 재산 자체의 평등한 소유 지향	• 소득세·누진세 적용 • 사회보험료 차등 부과
추출정책	민간부분에서 자원을 추출하는 정책	–	• 장병인력 추출 • 비상 시 의료자원 동원
상징정책	정치체제의 정당성에 대한 심리적 신뢰감을 증진시키기 위한 정책	–	• 88올림픽 경기 • 대규모 건축물 축조
구성정책	정치체제에서의 투입을 조직화하고 체제의 구성과 운영에 관련된 정책	대외적 가치의 배분과 거리가 있음	• 선거구 조정 • 정부기관 신설 • 공무원 보수 정책

출처: 유비쿼터스 보건행정학(제4판), 2017, 고성진(수문사)

2 보건정책

1. 보건정책의 이해

(1) 보건정책의 정의
① 보건의료인이 행동하도록 허용 또는 기대하는 행동 범위에 대한 정부·국가의 공식적인 태도를 계획한 표현이다.
② 정부나 기타 단체가 인구집단의 건강증진을 목표로 하는 활동이다.
③ 국민의 건강과 복지에 관한 입법부·사법부·행정부의 결정이며, 국민의 질병을 치료하고 예방하며 건강을 유지·증진하기 위한 결정과 국민의 빈곤과 사회적 소외를 해결하기 위한 결정이다.

보건정책의 3가지 특징
1. 보건의료정책
2. 예방정책
3. 범부처 간 보건정책

(2) 보건정책의 분류
① **보건의료정책**: 진단, 치료, 간호, 진료를 관리하는 것이다.
② **예방정책**: 이미 발생하고 있거나 나빠진 건강문제를 예방하기 위한 활동을 하는 것이다(예 예방접종, 건강검진, 보건교육, 건강보호 등).
③ **직제 간 보건정책**: 공식적인 공중보건 업무범위를 벗어나지만 아직도 건강에 손상을 주는 것을 방지하는 건강 관련 정책이다(예 교통안전정책, 건축규제, 고용정책, 농업정책 등).

> 📋 **Plus⁺ POINT**
>
> **보건의료정책의 철의 삼각(Iron Triangle of Healthcare)** 기출 17
>
> 1. 보건학 교수인 윌리엄 키식의 저서 『의료의 딜레마: 무한한 요구 대 유한한 자원』에서 처음 소개되었다(1994).
> 2. 국민의 삶의 질을 향상시키기 위해 보건의료정책은 세 가지 부분으로 구분할 수 있는데 의료 접근도, 의료의 질, 의료비로 이를 보건의료정책 분야의 철의 삼각이라 한다 (Kissick, 1994).
> 3. 삼각형의 꼭짓점의 3가지는 모두 같은 우선순위를 가지고 있으며 제한된 의료자원을 중심으로 균형을 이루고 있어서 한 가지 가치를 높이면 다른 가치를 낮추는 결과가 나타난다.
> 4. **보건의료정책의 철의 삼각의 해결순서**
>   접근성 ⇨ 양질의 서비스 질 ⇨ 비용절감
> 5. 접근성은 지리적인 접근성, 의료보험제도, 경제적 접근성 등도 포함된다.
> 6. 접근성이 어느 정도 확보된 다음에는 일정 수준 이상의 양질의 의료서비스가 제공되도록 하려는 정책목표를 가지게 된다.
> 7. 접근성과 양질의 서비스 질의 두 단계를 지나는 과정에서 의료에 투입되는 비용이 증가하게 되면서 대부분의 국가들은 국가재정을 감당할 수 있는 정도의 비용 중심의 정책목표를 설정하게 된다.

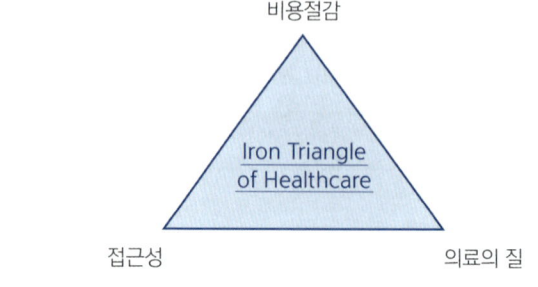

(3) 보건정책의 목표
① 의료이용의 적절성과 형평성 증진
② 의료서비스의 경제적 효율성 제고
③ 국민의료비(경상의료비) 지출의 적정화
④ 소비자(환자, 대상자)의 자유로운 선택
⑤ 공급자(의료진)의 적절한 자율성 보장

(4) 보건정책의 수단
의료서비스 공급을 위한 조직체계와 재원조달제도를 주축으로 하는 의료체계의 설계와 운영 등이다.

(5) 보건정책의 특성 기출 12, 15, 18
① 형평성을 강조한다.
  ㉠ 인간의 생명을 다루는 것이기 때문에 효율성보다는 형평성을 강조한다.
  ㉡ 특이한 형평성 문제가 발생했을 때에는 정책수단의 활용에 제한을 받는 경우도 있다.
② 국가 경제력과의 밀접한 관련성을 가지고 있다.
  ㉠ 국가정책에서 보건정책의 우선순위는 대체로 경제력과 비례한다.
  ㉡ 보건정책은 경제개발단계에서 우선순위가 높지 않기 때문에 경제발전 후의 과제로 미루는 경우가 많다.
③ 시장경제원리 적용에 한계가 있다.
  ㉠ 보건 분야는 일반정책과 달라 경제의 원리가 항상 적용되는 것은 아니다.
  ㉡ 공급과 수요가 타 분야의 활용으로 균형을 맞추기 어려워 국가적 낭비를 초래하게 된다.
④ 정책파급효과가 광범위하다.
  ㉠ 보건의료서비스는 외부효과를 가지고 있기 때문에 보건정책은 국민 모두에게 지대한 영향을 준다.
  ㉡ 보건정책은 효과의 범위가 광범위하고 파급기간도 장기간에 걸치기 때문에 국가의 적극적인 개입과 간섭이 정당화되고 있다.
⑤ 보건의료서비스 요구가 급속히 증가한다.
  ㉠ 소득과 의식 수준이 향상되면서 보건의료서비스에 대한 국민들의 요구는 급속히 증가하고 변화하고 있다.
  ㉡ 국민들의 다양한 의료요구에 대한 정책 대처능력이 절실히 필요하다.
⑥ 구조적 다양성을 가진다.
  ㉠ 보건의료부문은 구조적 연결고리가 다양하다.
  ㉡ 보건의료부문은 학교보건, 건강보험, 참여주제의 다양성이나 정책, 재원관계 등을 총체적으로 연결되어 있다.

보건정책의 목표 설정
객관적 현실인식과 더불어 사회적, 정치적 가치의 영향을 받기 마련이다.

(6) 보건정책 수립 시 고려사항 기출 08, 12
① 인구의 성장, 구성 및 동태
② 경제개발 수준 및 단계
③ 지배적인 가치관
④ 보건의료제도
⑤ 국민의 건강상태
⑥ 사회구조와 생활패턴

2. 보건정책과정

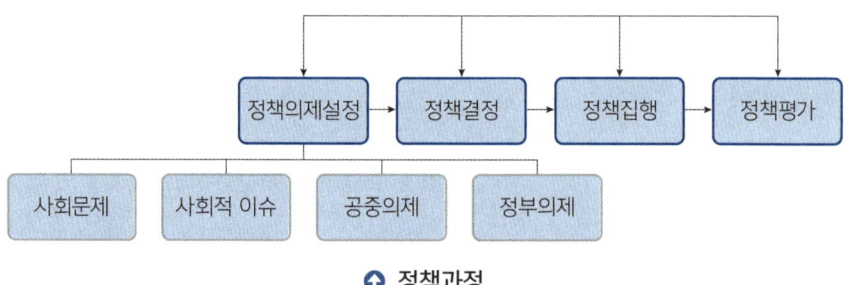

↑ 정책과정

정책과정
1. 정책문제와 국민욕구의 파악단계
2. 목표설정단계
3. 정책대안의 수립 및 분석단계
4. 최적안의 선택단계
5. **정책과정의 성격**
   연쇄적, 동태적, 순환적

(1) 보건정책형성 기출 13, 16, 19, 20

① 의의
  ㉠ 많은 사회문제 중 일정한 문제에 정책적 해결이 필요하여 정부정책결정기구의 관심 대상으로 부각되고, 그것이 정책결정체제의 정책결정 대상항목으로 선정 혹은 채택되는 과정이다.
  ㉡ 다양한 사회문제가 정부의 정책적 조치로 처리·해결되기 위하여 정책결정체제로 들어가는 과정을 의미한다.
  ㉢ 정부의 정책결정체제가 정치와 접합되는 연결점이다.
  ㉣ '어떤 문제가 정책의제가 되고, 어떤 문제는 왜 논의대상도 되지 못하는가'에 대한 문제이다.

② 보건정책의제 형성과정
  ㉠ 사회문제의 인식(사회문제)
    ⓐ 어떠한 문제가 관련된 개인이나 집단에 의해 사회문제로 인식되는 것을 의미한다.
    ⓑ 사회문제란 '개인문제가 불특정 다수에게 장기간에 걸쳐 반복적으로 일어나는 문제'이다.
  ㉡ 문제의 사회적 쟁점화(사회적 이슈)
    ⓐ 인식된 사회문제에 대해서 부정적 견해를 가지거나 해결방법에 대해 다른 견해를 가진 다수의 집단이 나타나, 문제해결에 합의점을 찾지 못하고 갈등이 발생하는 단계를 의미한다.
    ⓑ 어떤 특정 방법에 의한 문제해결방식이 어떤 집단에게는 혜택을 주면서 어떤 집단에게는 피해를 주기 때문에 갈등이 발생하는 것이다.

정책과정의 특성
1. 혼재성
   단계가 명백히 구분되지 않고 혼재되어 있다.
2. 반복성, 생략성, 순환성
3. 가변성
   한번 채택된 정책은 그것이 종결될 때까지 고정되어 있는 것이 아니다.
4. 정치성
   정책과정이 분석적 측면을 포함하지만 다른 한편으로 정치적 측면, 즉 현상과 타협 그리고 권력적 작용을 포함한다.
5. 사회과정성
   다수의 활동주체들이 복합적이고 동태적인 참여과정이다.
6. 영속성
   정책과정은 영원히 끝나지 않는 과정이다.

어젠다(agenda)정책형성과정
1. 안건들의 목록
2. 정책의제 설정, 정책대안 작성, 정책분석 등의 활동을 포함

ⓒ 사회적으로 쟁점화하고 싶은 사회적 문제를 이끌어낼 주도자가 있어야 하고, 사회적 문제가 많은 사람들의 주목과 시선을 이끌어 낼 수 있도록 점화장치가 있어야 한다.
ⓒ 쟁점의 공중의제화
ⓐ 일반 대중의 주목을 받을 가치가 있으며 정부가 문제해결을 하는 것이 정당한 것으로 인정되는 사회문제를 공중의 의제화시켜야 한다.
ⓑ 사회적 쟁점이 공중의제가 되기 위한 3가지 조건
- 많은 사람들에게 관심이 있어야 한다.
- 그 문제에 정부가 개입하여 조치를 취해야 한다는 것을 많은 사람들이 이해하고 필요하다는 것이다.
- 문제가 정부의 적절한 고려대상이 될 것이며, 그 사회적인 문제해결을 정부의 권한이라는 것을 많은 사람들이 믿는 것이다.
ⓔ 쟁점의 정부의제화(제도적 의제 또는 공식 의제)
ⓐ 정부의제는 정부의 공식적인 의사결정에 의하여 그 해결을 심각하게 고려하기로 명백히 밝힌 문제들이다.
ⓑ 공중의제가 정부 내부로 진입함으로써 정부의제화되는데, 이 과정이 정책의제형성론의 핵심이다.

③ 주도집단에 따른 정책의제 설정과정 기출 14, 16, 19
㉠ 외부주도형(Outside initiative model)
ⓐ 정부 밖에 있는 집단이 압력을 가하여 사회문제를 해결해 줄 것을 요구하는 유형이다.
ⓑ 이 모형은 정부에 압력을 가할 수 있는 집단들이 발달하고 다원화·민주화된 선진국 정치 체계에서 나타나는 유형이다.
ⓒ **정책의제 설정과정**: 사회문제 ⇨ 공중의제 ⇨ 정부의제
예 낙동강 수질오염 개선, 군필자 가산점 폐지, 금융실명제, 개방형 임용제, 양성평등채용목표, 그린벨트 지정 완화 등
㉡ 동원형(Mobilization model)
ⓐ 정책결정자가 새로운 정책이나 사업계획을 채택하여 발표하면 자동적으로 공식적인 정부정책으로 확정이 되며 이러한 정책이나 사업계획을 효율적으로 집행하는 데 필요한 공중의 관심과 지원을 확보하기 위해서는 공중의 동원이 요청된다고 보는 모형이다.
ⓑ 정부의제가 먼저 채택이 되고 정부의 의도적인 노력에 의해서 공중의제로 확산되는 것이다.
ⓒ 정부의 힘이 강하고 민간부문의 이익집단이 취약한 후진국가에서 나타난다.
ⓓ **정책의제 설정과정**: 사회문제 ⇨ 정부의제 ⇨ 공중의제
예 가족계획사업, 새마을운동, 의료보험제도 실시, 서울시 지하철 건설, 서울올림픽 유치, 교육행정정보시스템(NEIS) 도입, 행정수도 이전

정부의제화
1. 정부의제로 채택되었다고 해서 모두가 정책결정의 대상이 되는 것은 아니다.
2. 문제의 대한 해결책이 없을 경우 공식의제로 채택되지 않는다.

주도집단에 따른 정책의제 설정과정
1. 콥(Cobb)과 그의 동료들에 의해 제시되었다.
2. 외부주도형
   선진국에서 나타나는 국민주도형
3. 동원형
   후진국형
4. 내부접근형
   외부주도형과 동원형의 혼합형

내부접근형과 동원형 비교

구분	동원형	내부접근형
유사점	쉽게 정부의제화	
주도세력	최고통치자	고위관료
정책공중의제홍보	공중의제화 함	공중의제 막음

ⓒ 내부접근형(Inside access model) – 음모형
  ⓐ 정부 내의 관료집단이나 정책결정자에게 쉽게 접근할 수 있는 외부집단에 의해 주도되어 최고정책결정자에게 접근하여 문제를 정책의제화하는 경우이다.
  ⓑ 의제 형성과정에서 일반국민이나 집단의 참여를 배제시키고 정책 담당자들에 의해 바로 정책의제로 채택이 된다.
  ⓒ 고위관료가 준비한 정책내용을 그대로 집행하거나 집행하는 데 꼭 필요한 사람에게 알리고 반대할 사람에게는 숨기려 하는 것이다.
  ⓓ **정책결정과정**: 사회문제 ⇨ 정부의제
  예 전투 경찰대 설치, 국방부의 무기구매, 마산수출자유지역 지정, 이동통신사업자 선정 등

> ⭐ **핵심정리** 정책의제 형성
> 1. 사회적 문제의 중요성(정책문제의 중요성)
> 2. 사회적 문제의 의제화 가능성(쟁점화의 정도)
> 3. 사회적 문제의 인지하는 집단의 크기(사람들의 규모)
> 4. 사회적 문제의 해결책의 유무

보건정책결정의 방향
1. 공공보건의료기능 강화
2. 응급의료체계 구축
3. 신종전염병 대응체계 강화
4. 식품위해요소의 사전 예방적 안전관리
5. 보건의료인력의 적정수급
6. 건강보험 지불보상제도의 개선

(2) 보건정책결정과정
  ① 의의
    ㉠ 의제 형성과정에 의해 채택된 정책의제를 그 해결책을 강구한 정책으로 바꾸어 나가는 정책의 작성이나 정책수립과정이다.
    ㉡ 공식·비공식의 참여자와 다양한 압력주체들이 상호 영향을 주고받는 동태적 과정이다.
    ㉢ 정치권력의 영향력이 함께 작용하는 정치적 과정이다.
    ㉣ 다시 문제의 파악과 정의, 정책목표의 설정, 정책대안의 탐색과 개발, 정책대안의 미래 예측, 대안의 비교·평가, 최적 대안의 선택이라는 소과정으로 구분된다.
    ㉤ '누가 정책을 고안하고 주도적 대안을 내며, 또한 정책은 어떻게 만들어지는 것인가'에 대한 문제이다.
  ② **정책결정과정** 기출 15, 19
    ㉠ 문제의 인지
      ⓐ 정책결정의 첫 번째 단계로서 상황분석을 통해 정책문제가 무엇인지 정확히 인지할 필요가 있다.
      ⓑ 문제를 인지하는 데 여러 요인에 의해 인지 정도가 달라질 수 있다.
    ㉡ 정보의 수집 및 분석
      ⓐ 문제가 인지되고 나면 그 문제의 해결을 위하여 관련된 정보와 자료를 수립하고 분석하는 단계이다.
      ⓑ 정보의 정책대안의 평가와 선택에 필요한 지식을 제공함으로써 정책결정자가 합리적이고 효과적인 정책을 채택할 수 있게 한다.

정보 수집 및 분석 시 고려사항
1. 어떤 행정활동을 강요하거나 견제하는 요소의 탐색
2. 과거의 경험적·미래상황 예측에 관한 것
3. 현실적이거나 행동진료를 진행시키기 위해 필요로 하는 정보의 수집·분석
4. 기타 불확실하고 급변하는 상황에도 적절하게 대처할 수 있는 정보자료의 수집·분석 등

ⓒ 대안의 작성 및 평가
  ⓐ 다양한 과학적 관리기법이 활용되고 작성된 각각의 대안에 대한 비교와 분석이 이루어지는 단계이다.
  ⓑ 효과성, 비용 – 편익 분석, 파급효과 및 실현가능성 등을 고려한다.
ⓔ 대안의 선택
  ⓐ 정책결정의 최종단계이다.
  ⓑ 결정자는 선택안의 시행에 따른 위험과 시행착오, 이해당사자들 간의 갈등 등을 충분히 고려하고 이것을 극복할 준비와 함께 최종안을 선택해야 한다.

③ 보건의료 정책결정과정의 참여자 기출 14, 16

	공식적 정책 참여자	비공식적 정책 참여자
중앙정부	• 국회 • 행정기관 • 대통령 • 사법부	• 정당 • 이익집단 • 비정부기구 • 언론기관 • 전문가 및 학자 • 일반국민
지방정부	• 자치단체장 • 지방의회 • 지방공무원 • 일선행정기관	

④ 정책결정모형
  ㉠ 합리모형(Rational model) 기출 17, 18, 19, 20, 21, 22

의의	• 의사결정이 인간의 이성과 합리성에 근거하여 이루어진다고 가정한 이론 • 의사결정자들은 관련된 모든 대안들을 탐색할 수 있고, 그 대안들에 대한 모든 정보를 고려하고 분석·예측하여 최선의 대안을 선택한다는 것을 전제로 한 이론모형
특징	• 의사결정자의 전지전능성의 가정을 전제로 함 • 각 대안으로부터 나타날 모든 결과가 계산되고 예측이 가능하여 최적의 대안을 선택 • 결정자는 목표나 가치를 극대화하는 대안을 선택 • 정치적 합리성은 고려하지 않고 경제적 합리성만을 추구 • 문제와 대안의 분석을 위해 관리과학을 활용
비판	• 인간은 완벽한 미래예측능력이 없으며 지적능력에도 한계가 있고, 완전한 대안의 선택 및 발견을 하는 과정에 시간과 비용이 많이 소요됨 • 합리모형은 과학적 분석에만 주력하므로 인간의 주관적 가치판단을 무시하고 있어 주관적 합리성에 한계가 있음 • 낙관주의와 이상주의에 입각하고 있음 • 매몰비용이 존재하는 경우 합리적 선택범위가 제한됨

매몰비용
어느 시기에 어떤 일을 착수하여 경비나 시간·노력을 들인 경우 장래의 대안을 선택할 수 있는 범위가 제약을 받을 수밖에 없는 것

ⓛ **만족모형(Satisficing model)** 기출 12, 17, 18, 19, 20, 21, 22, 25

의의	• 현실적으로 만족할 만한 수준에서 결정된다는 이론(Simon & March) • 사람들의 심리에 현실적으로 입각한 것이라고 할 수 있으나 만족의 정도는 극히 주관적이어서 보편성을 적용하기 어려운 문제점도 있음(결정자의 개인적, 심리적 차원에 치중) • 예 2,000만 원의 은행 금리가 3% 정도로 예측이 되었고, 그 3% 수준에서 만족을 하니 그 이상의 높은 금리를 얻으려는 방법을 중지하는 것
특징	• 현실적으로 완전한 합리성이란 존재하지 않음(제한된 합리성 추구) • 결정자의 개인적 또는 심리적 만족감에 치중하여 정책을 설명함 • 모든 대안을 동시에 평가할 필요가 없으므로 결정은 단순화되어 현실의 의사결정자의 능력으로도 가능하다고 보는 모형
비판	• 주관적인 경향이 강함 • 개인적인 의사결정에 초점을 두니 집단의사결정에 적용하는 데 제약이 많음 • 현실적인 만족으로 그 이상의 대안 탐색은 포기하기 때문에 창조적인 정책은 고려할 수 없음(보수주의에 빠질 우려 있음)

ⓒ **점증모형(Incremental model)** 기출 14, 15, 16, 17, 18, 19, 20

의의	• 목표달성을 위해 여러 대안을 평가하여 최적의 것을 선택하는 방법과는 달리, 기존의 정책이나 결정을 일단 긍정적으로 검토하고 그것보다 약간 향상된 대안에 대해서만 부분적·순차적으로 탐색하여 의사결정을 하는 현실적·실증적 접근법에 의한 모형(Lindblom & Wildavsky) • 기존의 정책에서 소폭적인 변화만을 가감한 정책이 채택된다는 모형 • 점증모형은 나무의 뿌리는 건드리지 않고 가지들만 건드리는 방법으로 지엽적 방법이라고 함
특징	• 정책결정자는 현재의 수준보다 좀 더 향상된 수준에만 관심이 있음 • 현재의 사회문제에 대한 개선에 중점을 둠 • 비교적 한정된 수의 중요한 정책대안만 검토 • 현존하는 정책에서 약간 수정 및 보완된 것만을 정책대안으로 고려함 • 예산은 전형적인 점증모형에 의해 결정됨
비판	• 의사결정의 평가 기준이 없고 계획성이 결여되어 있음 • 현존의 정책에 오류가 존재할 때 이를 기준으로 정책결정을 하게 되므로 오차 수정이 불가능 • 급격한 변동과 쇄신이 필요한 정책은 실현할 수 없음 • 단기 정책에 관심이 집중됨 • 과감한 정책변동이 요구되는 상황에는 적용하기 어려움

기출 체크

다음에서 설명하는 보건정책결정의 이론 모형은? 기출 25

- 결정자의 개인적, 심리적 차원에 치중하여 정책을 설명하고자 한다.
- 현실적으로 완전한 합리성이란 존재하지 않으며 제한된 합리성을 추구한다.
- 모든 대안을 동시에 평가할 필요가 없으므로 대표적인 몇 개의 대안만 탐색한다.

① 만족모형 ② 점증모형
③ 혼합모형 ④ 최적모형

정답 ①

ⓔ 혼합(탐사, 주사)모형(Mixed-scanning model) 기출 16, 17, 18, 19, 20, 22

의의	• 에치오니(Etzioni)에 의해 제창된 모형 • 합리모형과 점증모형의 장단점을 절충한 모형 • 근본적 결정은 큰 줄기(합리모형)에 해당하는 부분의 결정으로 대안을 고려해서 대안의 결과평가에서 중요한 것만 고려하는 것으로 합리모형을 먼저 적용하고, 세부적 결정은 점증모형을 적용하여 조금씩 변화된 대안을 마련해 나가는 것을 설명한 모형
특징	• 합리모형의 비현실성과 점증모형의 보수성을 동시에 극복 가능 • 근본적인 결정은 합리모형을 적용하고, 세부적 결정에는 점증모형을 적용하는 것 • 상황에 따라 융통성 있게 적용되어야 함 <table><tr><td>합리모형</td><td>• 정책결정자가 유능할 경우 • 불안정하고 급변하는 경우</td></tr><tr><td>점증모형</td><td>• 정책결정자가 무능할 경우 • 상황이 안정적인 경우</td></tr></table>
비판	• 현실적으로 양 모형을 신축성 있게 전환시키면서 결정하는 것은 매우 어려움 • 독창성 부족

합리모형, 점증모형
1. 합리모형은 모든 대안의 모든 결과를 정확하게 예측할 것을 요구하는 지나치게 엄격한 이상적인 작업(전 세계 기후를 관찰하기 위하여 하늘 전체를 세밀하게 관찰할 수 없음)이다.
2. 점증모형은 근시안적이고 방향감각이 없고 너무 보수적으로 반혁신적인 정책결정을 정당화시키는 것(기후를 관찰하기 위해 하늘의 일부분만 깊이 관찰하는 것도 옳지 않음)이다.

ⓕ 최적모형(Optimal Model) 기출 10, 14, 15, 16, 17, 18, 19, 20, 21, 22

의의	• 드로어(Dror)가 기존의 합리적 결정방식이 지나치게 수리적인 완벽성을 추구해 현실성을 잃는 것을 경계하고, 반대로 지나치게 현실지향적이 되는 것을 방지하기 위해 제시한 모형 • 선례 없는 비정형적 의사결정을 하는 경우 합리성 및 경제성을 고려하는 것 외에도 불가피하게 적극적 요인으로 초합리적 요인, 직관·판단·창의와 잠재의식이 개입하게 됨을 중시하는 모형 • 제한된 자원, 불확실한 지식 및 정보의 결여 등이 의사결정과정에서 합리성을 제약하므로 초합리성의 개입은 불가피
특징	• 합리적 모형과 초합리성 요인을 함께 고려해야 함 • 대안의 탐색이나 선택에 있어서는 합리모형을 사용할 것을 강조(계량적 모형 성격) • 결정자의 직관적 판단도 중요하고 양적 분석과 동시에 질적 분석도 고려되어야 함 • 초합리성의 개념을 도입하면서 합리모형보다 체계적으로 정책결정을 발전시키는 데 공헌 • 사회적 변동상황에서 혁신적 의사결정이 거시적으로 정당화될 수 있는 이론적 근거를 제시
비판	• 초합리성의 구체적인 성격이 명확하지 못하고 너무 이상적이며, 정책결정자의 직관, 영감, 육감이라는 것이 너무 비현실적이고 정확성이 떨어짐 • 기본적으로 경제적 합리성을 지향하기 때문에 정책결정의 과정에 대한 고찰이 불충분 • 인간의 결정능력은 한계가 있어 최적 수준의 결정은 실제로 어려움

ⓗ 앨리슨모형(Allison model): 정책결정과정을 3가지 상호 배타적인 모형으로 분류하여 설명한 모형이다. 기출 10, 17, 19, 20

합리적 행위자 모형 (Model Ⅰ)	• 개인적 차원의 합리적 결정을 설명하는 것으로 합리모형과 그 논리가 같음 • 국가 또는 정부의 합리적이고 단일적인 결정자로 간주하고, 일관된 선호, 목표, 평가기준을 지니는 것으로 봄 • 조직 구성원 또는 참여자들은 합리적인 정책을 결정하기 위해 최선의 노력을 다하는 것으로 가정
조직과정 모형 (Model Ⅱ)	• 조직모형과 회사모형이 논리를 적용한 것 • <u>국가 또는 정부는 느슨하게 연결된 반독립적인 하위조직들의 집합체로 보고, 각각의 하위조직들은 상이한 목표를 지니고 정책결정에 임하기 때문에 이들 간의 갈등은 불가피하다고 봄</u> • 정책결정을 합리적 선택행위라고 보는 것이 아니라 조직 행태의 산출(output)로 간주 • 하위조직은 불확실성을 회피하려고 노력
관료정치 모형 (Model Ⅲ)	• 참여자들 간에 갈등과 타협, 흥정에 의하여 의사결정이 이루어지는 정치적 활동으로 보는 모형 • 정부를 서로 독립적인 정치적 참여자들의 집합체로 보는 모형 • 정책결정은 정치체제 내의 집단이나 개인 간의 협상의 결과라고 파악함

ⓘ 기타 보건정책 결정모형 기출 10, 17, 18, 21

회사모형	• 사이어트와 마치(R. Cyert & March)가 주장한 연합모형 • 많은 조직은 단위 사업부서별로 준독립적인 운영을 하는 경우가 많은데, 이런 조직에서 다른 부서 상황을 고려하면서 조직 전체의 목적을 극대화하는 결정을 해야 함
쓰레기통 모형 (Garbage Can)	• 코헨(Cohen), 마치(March), 올슨(Olsen) 등이 제시한 쓰레기통모형은 기본적으로 '조직화된 혼란상태'에서의 의사결정을 다루고 있음 • 무정부상태에서 이루어지는 의사결정 형태 • 이 모형은 현실 속의 정책결정은 어떤 일정한 규칙에 따라 움직이는 것이 아니라 <u>문제, 해결책, 선택기회, 참여자의 4가지 요소가 독자적으로 흘러 다니다가 어떠한 계기로 교차하여 만나게 될 때 정책결정이 이루어진다는 것</u> • Can 모형은 동태적인 현대사회에 적합한 모형이지만 이 이론이 제시하는 상황은 일반적이지 않고, 현실적 의사결정의 형태를 설명한 것에 지나지 않는다는 비판을 받음 • 또한, 비일상적인 의사결정만을 다루어 분업, 표준화된 결정과정 등의 일반적인 의사결정을 충분히 설명하지 못함

⑤ 합리적 보건정책결정의 제약요인 기출 14, 19
　㉠ 인간적 요인
　　ⓐ 정책결정자가 가지고 있는 감정·동기·가치관 그리고 과거의 경험이나 개인적 판단에 의해서 영향을 받는다.
　　ⓑ 정책결정자의 전문지식, 시간의 부족 및 인지능력의 한계 등도 제약요인이다.
　　ⓒ 전근대적 가치관(가족주의, 연고주의, 권위주의, 정적인간주의)과 병리적 행태(무사안일, 선례답습주의, 무능, 보수주의) 등도 합리적 정책결정을 제약하는 요인이 된다.
　㉡ 구조적 요인
　　ⓐ 정책결정기구의 지나친 집권화와 지나친 전문화로 인해 조직 구성원이 자신이 속한 기관과 부서만을 생각하고 배타적이고 편협한 태도를 취한다면 합리적 정책결정의 제약요인이 된다.
　　ⓑ 의사전달체계가 왜곡되어 있거나 전문적인 정책결정 전담 구성원의 부족, 복잡한 정책결정절차로 인한 문서주의 등도 제약요인이 된다.
　　ⓒ 정책결정자의 경직적이고 답습적인 결정의 선호도 제약요인이 된다.
　㉢ 환경적 요인
　　ⓐ 조직활동의 대안으로 선택할 수 있는 목표나 문제가 다양하고 복잡한 경우, 이익집단이나 정치세력의 반대에 직면하는 경우, 사회 관습과 규범의 요인에 의해서 영향을 받는다.
　　ⓑ 일반적으로 사회 관습에 배치된 결정을 취한다는 것은 현실적으로 어렵다.
　　ⓒ 매몰비용의 문제도 제약요인이 된다.

(3) 보건정책집행

① 의의
　㉠ 정책결정체제가 작성·산출한 정책을 정책집행기관이 환경에 적용·실현해 가는 과정이다(정책내용을 실현시키는 활동).
　㉡ **정책집행 준비단계**: 집행계획의 수립, 집행 담당 조직 구성, 인사·예산 배정, 기타 관련 자원 지원 등의 단계로 구성된다.
　㉢ 실행단계는 집행계획과 주어진 자원을 활용하면서 이를 행정활동으로 옮겨 나가는 활동이다.
　㉣ 정책목표를 달성하기 위한 권위 있는 활동이다.

② **보건정책집행의 순응과 불응** 기출 15, 16
  ㉠ 순응의 의의

순응의 정의	정책집행자나 정책 대상집단이 정책결정자의 의도나 정책에 대해서 일치된 행위를 하는 것
순응의 원인	• 정책결정기관의 정통성과 신뢰성이 높고, 정책이 정당한 절차에 따라 결정되었다는 신념을 갖게 되면 정책에 순응 • 정책내용이 실현될 가능성이 있고, 목표가 적합하며 정책수단이 효과적이고 능률적이면 정책에 순응 • 개인이나 집단이 정책수용을 통해 직접 이익을 얻을 수 있다고 생각하는 사람들은 정책에 순응 • 정책에 불응하면 벌금이나 처벌 등이 수반되는 경우에 정책에 순응 • 정책에 대한 수용력은 시간의 경과에 따라 증가 • 처음에 논란이 된 대상 정책도 사람들에게 친밀하게 되면 수용도가 높아짐
순응의 확보방안	• **편의의 제공을 통하여 순응을 확보**: 정책담당자는 정책에 순응하는 사람들에게 경제적 이익과 같은 편익을 제공함으로써 대상자의 자발적인 순응을 유도할 수 있음 • **교육과 설득을 통하여 순응을 확보**: 정책집행기관은 교육과 설득을 통하여 정책이 합리적이고 필요하며 사회적으로 유익하다는 것을 이해시키고 동의를 구함 • **처벌 및 강압과 같은 제재수단을 통하여 순응을 확보**: 정책불응에 대한 벌금을 부과하거나 혜택을 박탈함으로써 순응을 확보하는 방안으로, 이 방법은 개인의 인권과 재산권이 침해되며 감정적 적대심을 줄 수 있음 • 정책을 잘 모르는 집단에게 정보를 제공하여 정책에 협조하도록 함

  ㉡ 불응의 의의

불응의 정의	정책집행자나 정책 대상집단이 정책결정자의 의도나 정책에 대해서 불일치된 행위를 하는 것
불응의 원인	• 정책목표를 달성할 수단이 결여되어 있는 경우, 정책집행자들이 정책의 목표에 동의하지 않는 경우에 정책에 대한 불응이 발생 • 정책결정기관의 정통성이나 도덕성에 대한 믿음이 결여된 경우, 순응에 필요한 자원이 부족한 경우에 불응이 발생 • 정책담당자의 공정한 태도나 일관성이 결여된 경우, 정확한 정보를 획득하지 못하여 정책내용을 모르는 경우에 정책에 대한 불응이 발생

③ 보건정책 집행에 영향을 미치는 요인
  ⊙ 내부요인
    ⓐ 명확한 목표 설정 여부가 정책집행에 영향을 준다.
    ⓑ **정책 자체의 성격**: 신규정책, 분권화된 정책, 논란이 많은 정책, 복잡한 정책, 위기정책 등도 영향을 미친다.
    ⓒ 정책집행에 필요한 인적·물적 자원 확보 정도와 정보, 권한 정도 등도 영향을 미친다.
    ⓓ **정책집행자의 성향**: 집행자의 심리적 태도나 가치관 등도 영향을 미친다.
    ⓔ **집행기관의 조직구조**: 집행기관은 비교적 권위적이고 집권적인 계층구조를 가지게 되는데, 효율적인 정책집행을 위해서는 신속한 대응구조를 가져야 하며 민주적이고 분권적인 구조를 신축성 있게 활용하여야 한다.
    ⓕ 집행기관의 규칙이나 절차 및 커뮤니케이션체계 등도 지대한 영향을 미친다.
  ⓛ 외부요인
    ⓐ 정치·경제·사회 등 환경적인 요인은 정책집행에 큰 영향을 준다.
    ⓑ 정책집행 시 해당 정책과 연계된 관련단체들의 정책집행에 대한 적극적인 지지도 영향을 준다.
    ⓒ 정책결정기관의 지지도 영향을 미친다.
    ⓓ 대중매체의 관심과 여론의 지지도 영향을 미친다.

(4) 보건정책평가
  ① 의의
    ⊙ 정책평가를 담당한 개인이나 집단 혹은 정부의 기관이 대상정책의 내용 및 정책의 형성과정과 집행과정은 물론 집행 결과 나타난 정책의 성과 등을 탐지하여 일정한 평가 기준에 따라 심사하고 평가하며, 시정조치를 취해가는 과정이다.
    ⓛ 정책평가는 정책의 내용, 집행의 성공 여부 및 그 영향을 추정하거나 평정하는 것을 말한다.
    ⓒ 정책평가는 사전에 결정된 목표의 달성에 있어 성공의 가치 또는 양을 결정하는 과정이다(미국 공중보건협회).
    ⓔ 정보자료의 수집과정, 평가 기준 설정과정, 평가 및 시정조치과정, 환류과정 등으로 이루어진다.
  ② 보건정책평가의 목적
    ⊙ 보건정책목표의 충족 정도를 파악한다.
    ⓛ 보건정책의 성공과 실패의 원인을 규명한다.
    ⓒ 보건정책 도중에 문제점을 파악하여 정책집행을 개선한다.

보건정책평가가 보건의료사업 개선에 갖추어야 할 요인
1. 목표의 정확한 정의
2. 사업 목표의 실행가능성
3. 평가 정보의 의도적인 이용

③ 보건정책평가의 일반적 절차
  ㉠ 보건정책평가의 목적을 확인·결정한다.
  ㉡ 보건정책 목표·수단 및 구조를 파악하고 평가의 대상을 구체적으로 확정한다.
  ㉢ 보건정책평가의 방법을 결정한다.
  ㉣ 보건의료자료를 수집하고 분석한다.
  ㉤ 보건정책의 평가 결과를 제시한다.

④ 보건정책평가의 유형 기출 15
  ㉠ 과정평가(Process evaluation)
    ⓐ 형성평가, 도중평가, 진행평가라고도 한다.
    ⓑ 집행과정을 평가대상으로 하고 집행계획, 집행절차, 집행활동을 검토하여 정책집행과정에서 제기되는 문제점을 분석하여 보다 바람직한 집행전략, 집행방법을 모색하기 위하여 행하여지는 평가를 의미한다.
    ⓒ 과정평가는 정책집행 완료 전에 행해지는 사전평가를 포함한다.
    ⓓ 과정평가의 주된 대상은 자원 투입의 적절성, 규정이나 절차의 준수 여부, 정책효과를 발생시킨 인과 경로의 추적, 의도대로 집행되었는가의 여부, 관련사업과의 균형적 추진 여부, 일정이나 진도 대로 집행되고 있는지 여부, 효율적인 정책집행의 전략수립 등을 들수 있다.

  ㉡ 총괄평가(Summative evaluation)
    ⓐ 결과평가, 영향평가, 종결평가라고도 한다.
    ⓑ 정책집행에 의한 변화의 정도를 평가하는 것이다.
    ⓒ 정책이 집행된 후에 그 정책이 의도했던 효과를 성취하였는가를 판단하는 활동이다.
    ⓓ 정책의 영향에는 정책효과뿐만 아니라 부수적 효과도 평가한다.
    ⓔ 총괄평가(정책평가)의 내용

효과성평가	• 총괄평가의 가장 핵심적 작업으로 의도한 정책효과가 그 정책 때문에 효과가 있었는지를 알아보는 것 • 즉, 정책목표의 달성도인 효과성을 판단하는 것
능률성평가	투입과 산출의 비율로 표현되며 능률성평가는 정책효과뿐만 아니라 정책의 비용까지도 고려
공평성평가	정책효과와 비용이 사회집단 간 또는 지역 간에 공정하게 배분이 공정한지 여부를 평가하는 것

과정평가의 어려움
1. 협조체계가 미흡하여 정보의 교류와 공유가 어렵다.
2. 관련된 기관이 각기 이기주의를 내세우기 때문에 평가에 대한 객관적인 기준설정이 어렵다.
3. 기관 및 집행자 사이에 갈등이 조성되면 이를 해결할 조정자의 선별이 용이하지 못하다.

ⓒ 평가자의 소속에 따른 분류
  ⓐ **내부평가**: 집행기관이 정책이나 사업을 스스로 평가하는 자체평가와 상부 기관에서 지휘·감독하는 상부평가로 세분화된다.

장점	전문성과 경험이 풍부하므로 생산성을 향상시키고 평가결과를 바로 적용하여 집행과정을 개선할 수 있음
단점	• 객관성과 공정성을 유지하기 어려움 • 자신의 업적을 과대평가할 수 있음 • 정책 실패를 축소 또는 은폐할 수 있음

  ⓑ **외부평가**: 정책집행체계 외부의 전문가에 의한 평가하는 것이다.

장점	• 공정하고 정확한 평가를 기대할 수 있음
단점	• 평가자의 경험 부족이나 평가대상자의 저항 등이 예상됨 • 평가받기 싫어서 협조하지 않아 자료의 획득이나 행정적 어려움이 나타날 수 있음

📋 Plus⁺ POINT

보건정책평가의 유형

분류 기준	유형
평가주체의 성격	공식평가, 비공식평가
평가자 소속	자체평가, 내부평가, 외부평가
평가시점	형성평가, 총괄평가
평가방법	과학적 평가, 주관적 평가 또는 정성평가, 정량평가
평가목적	노력평가, 성과평가, 성과충분성평가, 능률성평가, 과정평가(영향평가), 전략평가, 단위사업평가, 단위사업비교평가
평가범위	정책의제평가, 정책대안평가, 정책결정과정평가, 정책집행과정평가, 정책결과평가, 정책영향평가, 정책평가의 평가

⑤ 보건정책평가의 기준 기출 10, 11, 12, 13, 14, 15, 16, 17, 18, 20
  ㉠ 효과성
    ⓐ 목표의 달성도를 의미한다.
    ⓑ 정책이 의도한 본래의 목표를 달성하였는가를 파악하는 것으로 가장 핵심적인 작업이다.
  ㉡ 효율성(능률)
    ⓐ 투입과 산출의 비율로서 표현한다.
    ⓑ 적은 비용으로 산출의 극대화를 달성했는지 여부를 확인하는 것이다.
    ⓒ 적은 투입으로 보다 많은 산출을 내는 것을 의미한다.
  ㉢ 형평성
    ⓐ 비용과 편익이 상이한 집단 간에 공정하게 배분되고 있는가에 대한 기준을 말한다.
    ⓑ 정치적 합리성을 측정하는 중요한 기준이 된다.

보건의료 분야의 형평성 분석 3가지 영역
1. 보건의료 재원부담의 형평성
   가쿠와니 지수를 이용한다.
2. 건강상태의 형평성
   집중도를 분석한다.
3. 의료이용의 형평성
   로그와 지수를 활용한다.

ⓔ 대응성
  ⓐ 정책이 특정 집단의 요구나 선호·가치를 만족시키는 정도를 의미한다.
  ⓑ 정책실시 전의 여론조사와 정책실시 후의 여론조사의 일치성 여부로 확인할 수 있다.
ⓜ 적절성
  ⓐ 정책문제 해결을 위해 사용된 수단이나 방법들이 바람직한 수준에서 이루어졌는가를 평가하는 기준이다.
  ⓑ 가치 있는 결과의 성취가 문제를 어느 정도 해결해 주었는가에 대한 평가이다.
ⓗ 국민의 만족도
  ⓐ 정책결정자들이 자신들이 추진하는 정책에 대한 일반국민의 광범위한 지지를 얻는 것을 말한다.
  ⓑ 정책을 입안할 때 국민들의 요구가 얼마나 잘 수렴되어 반영되었는지를 검토하는 것이다.
ⓢ 민주성 및 참여성
  ⓐ 민주성은 국민의 참여를 확대시키고 여론을 충실하게 반영하며 집행에 있어서도 국민의 의사를 충실하게 고려하는 정도이다.
  ⓑ 참여성이란 정책결정과정과 정책수행과정 및 정책평가과정에 다수의 국민들이 참여하여 어느 정도 투입작용을 행하는 것을 말한다.
  ⓒ 보건의료서비스와 같은 공공서비스의 경우에는 참여성의 개념 속에 건전한 비판과 참여의식을 가지고 있는 민주성의 개념을 함께 포함하여 분석해야만 한다.

> **Plus⁺ POINT**
>
> **학자별 정책평가의 기준**
>
> | 구분 | 개념 | 학자별 제시 기준 | |
> | --- | --- | --- | --- |
> | | | 나카무라와 스몰우드 | 던 |
> | 목표달성도 | 목표에의 달성 정도 | ○ | ○ |
> | 능률성 | 비용 대비 산출 | ○ | ○ |
> | 주민만족도 | 전체 주민의 호응도 | ○ | - |
> | 수혜자 대응성 | 정책의 직접 소비자의 호응도 | ○ | ○ |
> | 체제 유지 | 체제의 안정과 집행조직의 활력에 기여 | ○ | - |
> | 적정성 | 충분성, 충족성 | - | ○ |
> | 적합성 | 정책결과의 유용성 | - | ○ |
> | 형평성 | 공정한 배분 | - | ○ |
>
> 출처: 유비쿼터스 보건행정학(제4판), 2017, 고성진 외(수문사)

⑥ 보건정책평가의 방법
  ㉠ **비실험적 방법**: 비실험설계는 정책효과의 존재 여부를 판단하기 위하여 정책 대상 집단과 다른 집단에 정책을 집행한 후에 사후적으로 찾아내서 일정한 시점에서 비교하는 설계이다.
  ㉡ **실험적 방법**: 대상을 의도적으로 두 집단으로 나누고 실험집단에는 일정한 조작 또는 처리를 가하고 통제집단은 처리하지 않음으로써 일정한 시점이 지난 후에 두 집단에 나타나는 결과를 비교하여 판단하는 방법을 적용한다.
  ㉢ **준실험**: 내적 타당성의 약점을 지니고 있는 비동질적 통제집단설계를 말한다.
  ㉣ **진실험**: 실험집단과 통제집단의 동질성을 확보하여 행하는 실험을 말한다.
  ㉤ **자연실험**: 인위적인 실험이 아닌 자연현상이나 사회현상 속에서 만들어진 사건이나 변화에서 혼란변수의 영향력을 통제하기 위하여 이용되는 것이다.
⑦ 보건정책평가의 어려움
  ㉠ 전문성 부족
  ㉡ 관심 부족
  ㉢ 정치적 배려
  ㉣ 영향력 행사

보건정책평가의 결과가 정책 수행 개선에 도움이 되지 않는 이유
1. 보건의료사업과 보건의료문제에 대한 부적절한 정의
2. 평가 정보에 근거한 관리능력과 의지의 부족
3. 사업 활동과 기대된 결과 간의 인과관계에 대한 이해 부족과 불완전한 분석

3. 우리나라 보건정책 현황 및 추진방향

(1) 보건의료정책의 현황
① 국민의 건강 수준이 높아졌다.
② 보건의료체계가 민간우위, 치료 중심이다.
③ 보건의료자원 분포가 심한 불균형상태이다.
④ 보건산업의 경쟁력이 부족하다.
⑤ 건강보험 본인부담률이 높고 재정이 불안정하다.
⑥ 보건의료여건 변화에 따른 대응이 필요하다.

(2) 보건의료 관련 여건 변화와 수요전망

여건 변화	보건의료 수요전망
경제선진국 진입	• 복지 · 건강에 대한 욕구의 양적 확대와 질적 다양화 • 시혜적 복지보다는 권리로서의 복지요구 증가
고령화사회 도래	• 노인의 의료수요 급증 • 빈곤노인의 의료보장욕구 증대
정보화 · 지구촌화 · 지식기반 경제의 급진전	• 의료시장에서의 전자상거래 확산 • 경쟁력이 떨어지는 고령자 · 빈곤층의 교육 · 훈련 필요 증대
지방화 진전	• 지역별로 특성화된 건강 · 복지수요대책 수립 필요 • 중앙 · 지방자치단체 간 재원배분 · 정보연계 · 전달체계 조정 필요
소요재정의 급속한 증가	• 건강욕구를 사회가 흡수하는 시스템으로의 이행 • 재정지출이 증가하는 반면, 대규모 지속적인 재원조달은 곤란
질병구조의 다양화	• 만성 퇴행성 질환 증가로 재가 · 장기요양서비스 욕구 증대 • 신종 · 재출현 감염병 확산으로 새로운 의료수요 증가 • 건강위해요인 증가로 의료서비스 수요 증대 • 정신질환 증가에 따른 정신건강증진서비스의 중요성 및 수요 증대
취약계층에 대한 의료보장	• 노인 및 취약계층 증가에 따른 의료안전망 강화 등 국가지원 필요 증가 • 희귀 난치성 질환 및 중증 질환에 대한 지원책 마련
보건의료서비스 소비 행태의 변화	• 의료수요의 다양화, 전문화된 서비스에 대한 수요 급증 • 가족 내에서의 간병기능 약화로 의료 관련 부대서비스에 대한 수요 급증
보건의료서비스 공급체계의 효율화	• 의료의 질에 대한 국민의 기대 수준 향상에 부응한 세분화된 특수 전문진료서비스 개발 · 보급 증가 • 병원경영의 합리화를 위한 비용절감적인 경영기법의 도입과 전문화 • 저가의 장기요양서비스 확충 • 보건의료서비스 공급체계의 비효율성 개선
보건산업의 발전	• 미래형 성장주도 산업으로서 국가 간의 경쟁 심화 • 새로운 치료기술이나 신약 개발 등 고부가가치 창출
의료시장의 개방	세계무역기구 · 도하개발 아젠다 협상전략 개발과 의료서비스의 국제경쟁력 확보 노력
보건의료 분야 대외협력 증진	• 최빈국 및 개발도상국의 빈곤과 질병 퇴치를 위한 지원 • 신종 감염병 출현 등으로 인한 인접국가들의 공동노력 요구

출처: 보건행정학(제8판), 2019, 문상식(보문각)

(3) 우리나라 보건정책의 방향

① **비전**: 함께 가꾸어 가는 건강사회
② **목표**: 모든 국민의 건강권이 보장되는 '건강공동체'의 구현
③ **추진전략**
　㉠ **평생국민건강 관리체계의 구축**
　　ⓐ 건강증진사업 및 국민건강생활실천운동 활성화
　　ⓑ 주요 질병의 국가중점관리체계 구축
　　ⓒ 생애주기별 건강관리 강화
　㉡ **보건의료서비스의 보장성 강화**
　　ⓐ 공공보건의료 확충
　　ⓑ 국민건강보험의 내실화
　　ⓒ 응급의료체계의 획기적 개선
　　ⓓ 노인요양 인프라 구축
　㉢ **보건의료체계의 효율화 및 지적 제고**
　　ⓐ 보건의료자원의 적정관리
　　ⓑ 보건의료서비스의 수준 제고 및 질 관리 강화
　　ⓒ 의료수요자 보호 강화(의료분쟁조정, 장기이식, 혈액공급, 식품안전 등)
　㉣ **보건산업의 경쟁력 제고**
　　ⓐ 보건의료기술 경쟁력 강화
　　ⓑ 보건산업 기반조성
　　ⓒ 시장개방에 대비한 보건의료제도 개선
④ **보건의료 발전을 위한 기반 구축**
　㉠ 보건의료 관련 조직의 기능 강화
　㉡ 보건의료통계 및 정보화 개선
　㉢ 보건의료성과 평가 및 재정투자 확대
　㉣ 보건의료분야 대외협력 네트워크 구축

(4) 제2차 공공보건의료 기본계획(2021~2025)

> **Plus+ POINT**
>
> **제2차 공공보건의료 기본계획(2021~2025) 추진 체계도**
>
> 1. 비전 – 모든 국민 필수보건의료 보장으로 포용적 건강사회 실현
>
> | 정책 목표 | 주요 성과 지표(현재 → '25년~) |
> |---|---|
> | ① 누구나 어디서든 이용할 수 있는 공공보건의료 | 치료가능사망률 및 지역 격차 감소
(10만 명 당 43.8 → 30.7명, 5분위 격차비 1.41 → 1.27배) |
> | | 지역 공공병원 20개소 이상 신·증축
(지역 공공병원 병상 1만 → 1.5만+α개) |
> | ② 양질의 적정한 공공보건의료 제공 | 지역책임의료기관 의료인력 확충
(기관별 평균 전문의 30 → 40명, 간호사 150 → 200명) |
> | | 인턴·레지던트 수련 지방의료원 확대(7개소 → 20개소) |
> | ③ 공공보건의료의 효과적 협력 및 운영 | 중앙 및 시·도 공공보건의료 위원회 운영
(1개 지역 → 중앙 및 17개 시·도별 구성) |
> | | 시·도 공공보건의료지원단 전국 설치(13개 → 17개 시·도) |
>
>
>
> | 3대 분야 | 11개 추진 과제 |
> |---|---|
> | <규모·양>
필수의료 제공 체계 확충 | • 공공보건의료 수행기관 확충 및 역할 정립
• 지역 완결적 필수중증의료 보장
• 건강 취약 계층 및 수요 증가 분야 지원
• 공중보건위기 대응 체계 구축 및 역량 강화 |
> | <역량·질>
공공보건의료 역량 강화 | • 공공보건의료 인력 양성 및 지원
• 공공의료기관 운영 개선 및 역량 강화
• 국립중앙의료원 및 국립대학병원의 공공적 역할 확대
• 첨단 정보통신기술 활용 강화 |
> | <협력·지원>
공공보건의료 제도 기반 강화 | • 협력 및 지원 기반 확대
• 재원 및 유인 체계 강화
• 평가 체계 정비 |
>
> 2. 「의료법」 제3장 보건의료발전계획의 수립·시행
>
>> **제15조 【보건의료발전계획의 수립 등】** ① 보건복지부장관은 관계 중앙행정기관의 장과의 협의와 제20조에 따른 보건의료정책심의위원회의 심의를 거쳐 보건의료발전계획을 5년마다 수립하여야 한다.
>> ② 보건의료발전계획에 포함되어야 할 사항은 다음 각 호와 같다.
>> 1. 보건의료 발전의 기본 목표 및 그 추진 방향
>> 2. 주요 보건의료사업계획 및 그 추진 방법
>> 3. 보건의료자원의 조달 및 관리 방안
>> 4. 지역별 병상 총량의 관리에 관한 시책
>> 5. 보건의료의 제공 및 이용체계 등 보건의료의 효율화에 관한 시책
>> 6. 중앙행정기관 간의 보건의료 관련 업무의 종합·조정
>> 7. 노인·장애인 등 보건의료 취약계층에 대한 보건의료사업계획
>> 8. 보건의료 통계 및 그 정보의 관리 방안
>> 9. 그 밖에 보건의료 발전을 위하여 특히 필요하다고 인정되는 사항
>> ③ 보건의료발전계획은 국무회의의 심의를 거쳐 확정한다.

제3장 사회보장제도와 의료보장제도

1 사회보장제도의 이해

1. 사회보장의 정의

(1) 베버리지 보고서(Beveridge report) 기출 22

실업, 질병 또는 부상으로 인하여 수입이 중단된 경우나 노령에 의한 퇴직이나 부양책임자의 사망으로 인한 부양의 상실에 대비하고 나아가 출생, 사망, 결혼 등에 관련된 특별한 지출을 감당하기 위한 소득보장이다.

(2) 국제노동기구(ILO; International Labor Organization)

사람들이 살아가다가 직면하는 여러 가지 위험요인들, 즉 질병, 실업, 노령, 실업, 장애, 사망, 출산, 빈곤 등으로 인해 소득이 일시적으로 중단되거나, 소득이 장기적으로 없어지거나 지출이 크게 증가하는 사람들이 이전의 생활을 하지 못할 경우 이전의 사회생활을 할 수 있도록 하는 국가의 모든 국가프로그램이다.

(3) 국제사회보장협회(ISSA; International Social Security Association)

자기의 과실에 의하지 않는 사회적 사고의 피해자와 자기의 과실에 의하나 사회적으로 현저히 불이익한 입장에 서 있는 사람들에 대하여 사회정의에 입각하여 일정한 생활 수준을 보장해주는 국가의 시책이다.

(4) 국제사회복지협의회(ICSW; International Council on Social Welfare)

개인이 그 자신의 능력이나 예견만으로는 그 자신이나 그의 가족을 보호할 수 없는 현대사회의 모든 우발적 사고에 대처하기 위하여 사회에 의하여 마련된 모든 보호조치이다.

(5) 라로크(Laroque)

근로자 대중에 대한 생활수단의 지속적인 보장이며 적어도 모든 경우에서 적당한 최저생활의 보장이다. 나아가서는 국민적인 연대책임하에 전체 사회에 의한 모든 사회 구성원에 대한 보장이다(완전고용을 목표로 하는 경제정책, 의료정책, 소득재분배정책).

> **베버리지 보고서의 5대 해악(해결방안)**
> 빈곤(소득), 질병(의료), 무지(교육), 불결(주택 및 환경 개선), 태만 또는 게으름(완전 고용)

관련 법령

「사회보장법」 제3조 【정의】 이 법에서 사용하는 용어의 뜻은 다음과 같다. 기출 24

1. "사회보장"이란 출산, 양육, 실업, 노령, 장애, 질병, 빈곤 및 사망 등의 사회적 위험으로부터 모든 국민을 보호하고 국민 삶의 질을 향상시키는 데 필요한 소득·서비스를 보장하는 사회보험, 공공부조, 사회서비스를 말한다.

2. "사회보험"이란 국민에게 발생하는 사회적 위험을 보험의 방식으로 대처함으로써 국민의 건강과 소득을 보장하는 제도를 말한다.
3. "공공부조"(公共扶助)란 국가와 지방자치단체의 책임 하에 생활 유지 능력이 없거나 생활이 어려운 국민의 최저생활을 보장하고 자립을 지원하는 제도를 말한다.
4. "사회서비스"란 국가·지방자치단체 및 민간부문의 도움이 필요한 모든 국민에게 복지, 보건의료, 교육, 고용, 주거, 문화, 환경 등의 분야에서 인간다운 생활을 보장하고 상담, 재활, 돌봄, 정보의 제공, 관련 시설의 이용, 역량 개발, 사회참여 지원 등을 통하여 국민의 삶의 질이 향상되도록 지원하는 제도를 말한다.
5. "평생사회안전망" 기출 24 이란 생애주기에 걸쳐 보편적으로 충족되어야 하는 기본욕구와 특정한 사회위험에 의하여 발생하는 특수욕구를 동시에 고려하여 소득·서비스를 보장하는 맞춤형 사회보장제도를 말한다.
6. "사회보장 행정데이터"란 국가, 지방자치단체, 공공기관 및 법인이 법령에 따라 생성 또는 취득하여 관리하고 있는 자료 또는 정보로서 사회보장 정책 수행에 필요한 자료 또는 정보를 말한다.

2. 사회보장의 역사적 배경

(1) 공공부조제도의 발전 과정

① 엘리자베스 구빈법(Elizabethan Poor Low, 1601) 기출 16, 20

㉠ 구빈법 제정의 시대적 배경

ⓐ 흑사병(1348 ~ 1349)이 전 유럽을 휩쓸었다.

ⓑ 구빈법은 15세기부터 19세기 초까지 진행된 인클로저 운동(Enclosure Movement)으로 생계수단을 빼앗긴 채 떠도는 유랑민과 거지를 구제하기 위해 국가적 차원에서 수립된 구빈대책이다.

ⓒ 1601년 제정된 엘리자베스 구빈법은 14세기 이후 확립된 노동 통제, 빈민구제에 대한 법적·재정적 책임을 재확인하면서 빈민구제 업무를 전국적인 행정조직을 통해 최초로 수립하였다.

㉡ 주요 내용

ⓐ 빈민구제에 대한 국가의 책임을 인식하였다.

ⓑ 구빈행정체계를 확립(교회의 교구단위로 행해지던 구빈사업이 국가사업으로 전환)하였다.

ⓒ 세금을 활용(교구단위로 주민들의 구빈세를 재원으로 활용)하였다.

ⓓ **빈민의 분류와 처우의 차등지원**
- **자격없는 빈민(노동능력이 없는 빈민)**: 노령, 불구, 모자세대 등으로 구빈원(자선원)에 입소시켜 집단 수용 또는 거처가 있는 자에 대해서는 예외적으로 현물급여와 거택보호를 실시한다.

구빈법
현대 공공부조제도 초기의 형태로서 많은 나라도 구빈대책을 실시했으나 그 원형은 국가적 차원에서 개입을 다룬 영국의 구빈법을 대표적으로 볼 수 있다.

- **자격있는 빈민(노동능력이 있는 빈민)**: 건강한 부랑자, 걸식자로서 교정원이나 작업장에 입소시켜 강제노력에 종사하게 한다. 강제노역 거부 시 처벌과 동시에 이들에 대한 자선금지 등을 행사한다.
- **빈곤아동 등**: 고아, 기아 및 부모가 있어도 부양능력이 없는 빈곤아동은 유·무료의 가정위탁에 의해 보호하고 어느 정도 노동력이 있는 8세 이상의 아동은 도시의 상공인들에게 맡겨 도제화한다.

② 신구빈법(Poor Law Reform, 1834)
   ㉠ 1834년 개정된 신구빈법은 구빈 관련 법령을 재정비하여 전국적 차원의 중앙집권적 통합을 시도한 제2단계 구빈법이다.
   ㉡ 신구빈법은 실제보다는 더 가혹한 빈민구제정책으로 가능한 보호를 청구하지 못하게 하고 빈곤의 원인은 개인의 책임이며, 게으름이나 독립심의 부족으로 빈곤자를 범죄자로 취급하였다.
   ㉢ 중앙집권적 행정체계와 최저수준의 보장이라는 기본원칙은 20세기 사회보장제도가 확립될 때까지 기본원리로 그 맥을 유지하게 되었다.
   ㉣ 주요 내용
      ⓐ 구빈법 위원, 서기(간사), 부서기로 구성되는 항구적인 구빈행정당국을 설치하여 교구연합의 결성권 및 전국적인 구빈행정의 감시·감독을 위한 명령·규칙의 발동권을 부여하였다(전국적으로 통일된 구빈행정체계를 확립, 전국균일처우의 원칙).
      ⓑ 빈민구제를 작업장 내의 원내규제로 한정하는 동시에 작업장 선서제를 엄격히 행하고 그 구제의 책임을 각 교구로 하여금 전담하게 했다(작업장 수용의 원칙).
      ⓒ 구제의 수준은 독자적으로 자립·자활하는 노동자의 일상생활 수준 이하, 즉 열등처우의 원칙에 의하여 구제하였다.

③ 국가부조법(1948)
   ㉠ 영국의 빈곤문제가 가장 큰 사회악으로 국가가 이를 제거해야 한다고 생각하기 시작한 것은 1900년대부터이다.
   ㉡ 1930년대에 와서 비로소 영국은 오랜 역사를 가진 빈민법으로부터 근대적인 공공부조제도로의 전환이 이루어졌다.
   ㉢ 최저생활은 국가의 책임으로 이를 보장받을 권리가 있다고 인정하여 1948년 국가부조법이 제정되고 국민의 생존적인 기본권이 보장되기 시작했다.

(2) 사회보장제도의 발전 과정
① 독일의 사회보험
   ㉠ 독일의 비스마르크(Bismarck)가 세계 최초로 사회보험을 제도화하였다.
   ㉡ 1854년 프로이센 광업종업원 공제조합법을 통해 모든 광산종업원에게 의무적으로 보험에 가입하게 하고 광산소유자에게 갹출분담을 의무화하였다.

도제(徒弟)
상인과 장인의 직업 교육 제도이며 젊은 세대를 업무에 종사시키는 제도를 의미한다. 도제와 제자도 경력을 구축할 수 있으며, 공공 기술 인증을 취득하는 것이 가능하다. 도제는 고용주와 계약한 기간 지속적인 노동에 종사하여 대가로 기술을 배울 수 있다.

선서제
여럿 앞에서 성실하게 할 것을 맹세하는 것이다.

ⓒ 1860년대에 노동재해나 노동자의 질병이 증가하였다. 다른 한 쪽은 노동운동이 활발하게 진행되어 1875년 독일 사회주의노동당이 결성되어 노사 간의 갈등이 격화되었다.
ⓔ **1878년 사회주의 진압법 제정(규제법)**: 사회주의 결사금지와 사회주의 언론탄압을 위한 법이다.
ⓜ **1883년 질병보험법**: 공장 및 광산노동자를 위한 법이다.
ⓗ 1884년 근로자재해보험법이 제정되었다.
ⓢ 1889년 폐질·노령연금보험법이 제정되었다.
ⓞ **1911년 국가보험법**: 질병·노동재해·폐질·노령연금보험이 제정되었고, 유족 연금제가 설치되었다.
ⓩ 1923년 광부생명보험법이 제정되었다.
ⓧ 1927년 직업소개·실업보험법이 제정되었다.

② **영국의 사회보험***
  ㉠ 1897년 근로자재해보상법이 제정되었다.
  ㉡ 1908년 노령연금법이 제정되었다.
  ㉢ **1911년 국민보험법 제정**: 영국사회보장제도의 근간이며 조오지형 사회보험이고 영국의 국민보험법은 세계 최초의 실업보험제도이다.
  ㉣ 1942년 말에 베버리지 보고서 제출 ^{기출 14}
    ⓐ 전 국민을 대상으로 한다.
    ⓑ 전 국민에게 최소한의 소득을 보장해 주어야 한다.
    ⓒ 베버리지 보고서의 5대 해악(해결방안)
      • 빈곤(소득)
      • 질병(의료)
      • 무지(교육)
      • 불결(주택 및 환경개선)
      • 태만 또는 게으름(완전 고용)
    ⓓ 사회보장의 성공적인 추진을 위한 전제 조건으로는 완전고용, 포괄적인 보건 및 재활서비스 제공, 아동수당의 필요성을 강조하였다.
    ⓔ 베버리지 보고서를 기초로 국민보건성을 신설하여 사회보험 전담 부서로서의 역할을 수행하였다.

③ **미국의 사회보장**
  ㉠ 미국은 1935년 사회보장법이 제도적으로 정착되기 전, 1794년 메사추세츠주, 1886년 코네티컷주에서 구빈법을 제정, 1911년 근로자 재해보상법을 추진하였으나 실패하였다.
  ㉡ 강제보험이 아닌 임의보험식의 의료보험은 1920년대부터 시작되었는데, 대학생 및 교직원 의료보험, 의과대학 부속병원과 생명보험회사의 지정병원 계약에 의한 의료보험, 1929년 Blue Cross 의료보험 조합과 1939년 Blue Shield 의료보험 조합에 의한 의료보험 등이 실시되었다. Blue Cross와 Blue Shield는 미국 의료보험의 발전의 기초가 되었다.

---

* 영국의 사회보험은 독일의 사회보험의 영향을 많이 받았다.

베버리지 보고서를 기초로 제정된 사회보장법
1. 가족수당법(1945)
2. 국민산업재해보상법(1946)
3. 국민보험법(1946)
4. 국가보건서비스법(1946)
5. 국가부조법(1947)
6. 아동법(1948)

ⓒ 1929년에 발생한 세계대공황으로 루스벨트 대통령은 대량실업과 빈곤의 사회적 문제를 해결하기 위해 뉴딜정책인 사회보장법(1935)을 제정하였다.
ⓔ 사회보장법은 사회보험과 공공부조, 사회서비스에 대해 규정하였고 사회보험에는 실업보험과 노령 연금제도가 포함되었다.
ⓜ 실업보험은 연방 단위가 아니라 주정부 단위의 독립적인 실업보험제도로 운영되기 때문에 각 주마다 상이한 제도를 가지고 있다.
ⓗ 사회보장법은 미국 사회보장제도의 근간을 이루게 되었다. 사회보장법 제정 의의는 연방정부 차원에서 강제보험제도를 실시하였다는 점이다.
ⓢ 메디케어와 메디케이드 비교

구분	메디케어	메디케이드
자격요건	• **병원보험**: 모든 노인 • **의료보험**: 기부금을 낸 노인	자산조사에 의한 모든 요구 환자
방법	사회보험	공공부조
급여형태	병원 및 의료서비스의 일부	모든 의료서비스
재정	• **병원보험**: 사용자, 근로, 자영자의근로소득세 • **의료보험**: 자발적 기부금, 일정 비율의 조세	연방정부의 일반조세와 주정부의 일반조세
행정	• 비용청구를 처리하는 여러 보험자들을 이용하는 연방정부 차원 • 자격이나 혜택에 단일한 전국적 기준을 제시 • 의사들이 보험에 지불하는 것 보다 더 높은 요금을 부과하는 것을 허용	• 연방정부의 지침, 선정기준이 주마다 차이가 있으며 주 행정 차원 • 의사들이 보험에 지불하는 것보다 더 높은 요금을 부과하는 것을 허가하지 않으므로 의사의 참여 저조

3. 사회보장의 목적과 기능

(1) 목적

생활의 보장과 생활의 안정	단순한 최저생활 보장에서 나아가 건강하고 안심되는 생활의 안정을 보장하는 것이나 생활의 안정이 깨어지는 것을 방지하는 것을 그 목적으로 함
개인의 자립 지원	질병이나 사고로 인한 신체적인 장애가 발생하거나 기업이 도산하거나 체력이 쇠퇴하는 노령기에 자력으로 생존하기 어려울 때, 인간의 존엄을 지키면서 자립적인 생활을 해 나갈 수 있도록 지원
가정기능 지원	핵가족 제도로 변화하고 생활방식이 변화하며, 노령화, 맞벌이 부부, 부모봉양문제, 육아문제 등이 발생하면서 이를 안정화시키기 위한 목적을 가짐

사회보장제도의 필요성
1. 전통적 상호부조제도의 붕괴
2. 산업구조 변화로 근로자 수의 증가
3. 사회체제 및 국민생활 안정
4. 국민의 생존권 실현

사회보장제도의 부정적 측면
1. 개인주의 경향 만연(개인의 소득 안정화 등)
2. 사회보장의 오용과 남용의 문제
3. 사용자의 사회보장비 부담이 과도할 경우 근로 의욕 감퇴
4. 실업의 증가로 국가 재정 증가, 세금 증가
5. 경제발전의 장애요인 발생
6. 도덕적 해이 발생

(2) 기능

최저생활의 보장	• 사회보장이 보장하는 생활 수준은 최저생활 • 생리적 한계에서 최저생활을 의미 • 최저생활의 보장을 사회보장이 책임짐으로써 모든 국민이 인간으로서의 존엄을 보장받는 기본조건을 충족하게 되는 것
소득분배의 기능	• 개인의 소득이 시기에 따라 변동을 가져오는 시간적 소득분배 • 소득이 많은 계층에서 적은 계층으로 이전하는 사회적 소득분배로 분류
경제적 기능	사회보장은 그 정책을 통하여 국민경제의 성장과 경제변동을 완화하는 기능
사회적 연대 기능	• 위험분산을 통한 사회적 연대기능 • 연대란 개인들 간에 상호 존재하는 의존성의 관계 • 구성원 간의 불평등을 없애고 위화감을 줄여 사회연대를 실현하며 사회적 지원이 필요한 사람에게 도움을 제공함으로써 국민통합에 기여 • 사회보장은 국민생활을 안정시키는 정책목적을 수행 • 국민생활에 대한 각종 요구나 이해대립을 조정하는 기능

Plus⁺ POINT

소득재분배의 3가지 형태

1. **수직적 재분배**
   소득계층들 간에 재분배하는 형태로서 누진적이거나 역진적인 형태를 취하는 것으로 대체적으로 소득이 높은 계층으로부터 소득이 낮은 계층으로 재분배되는 형태를 의미한다.

2. **수평적 재분배**
   집단 내에서 위험 발생에 따라 재분배하는 형태이다.

3. **세대 간 재분배**
   현 근로세대와 노령세대, 또는 현 세대와 미래세대 간의 소득을 재분배하는 형태로 대표적인 제도는 공적연금제도이다.

(3) 여러 학자가 제시한 사회보장의 기능

이준협	최저생활 보장, 국민경제 안정, 소득재분배효과, 사회통합
김태성	보호기능, 소득재분배기능, 생산성기능, 사회정치적 기능
일본 사회보장 교재	생활의 안정과 보장, 개인의 자립 지원, 가정기능의 지원

4. 사회보장의 원칙

(1) 베버리지의 3가지 전제 조건

① 15세 이하의 아동에 대한 아동수당을 지급할 것
② 모든 주민에게 질병예방, 치료, 작업능력 회복을 위한 포괄적인 보건 및 재활서비스를 제공할 것
③ 대량실업을 피할 수 있는 완전고용을 실현할 것

베버리지 보고서의 핵심 – '국민최저선'
영국의 모든 시민이 노령, 질병, 실업 혹은 기타 다른 사회적 위험에 처했을 때 자산조사에 관계 없이 기본적 소득을 보장한다.

(2) 베버리지의 6가지 원칙 기출 14, 15, 16, 17, 18, 19, 20, 21

① 포괄성의 원칙
- ㉠ **적용대상자 범위의 포괄성**: 신분이나 소득 수준에 관계 없이 전 국민이 대상이다.
- ㉡ 사회보험은 강제가입이 원칙이다.
- ㉢ **사고의 포괄성**: 모든 욕구를 포괄한다(질병, 실업, 장애, 노령, 혼인, 출산, 사망 등의 특별지출도 포함하며 면책범위를 넓히고 면책조항을 엄격하게 제한하면 안 된다).

② 정액생계급여의 원칙
- ㉠ 실업이나 장애, 질병, 퇴직 등으로 수입이 중단 또는 종료된 경우 근로소득 수준에 상관 없이 동일한 금액의 보험급여를 지급하는 원칙이다.
- ㉡ 기본적인 욕구를 만족시키는 국민최저선은 모든 국민에게 동일하게 적용된다.

③ 정액기여금의 원칙
- ㉠ 근로자나 고용주가 지불하는 기여금은 소득 수준에 관계 없이 동일한 금액을 적용한다는 원칙이다.
- ㉡ 급여가 동일하기 때문에 똑같이 내고 똑같이 받는다는 원칙이다.

④ 행정책임 통합의 원칙
- ㉠ 경비절감과 행정부처 및 제도의 상이한 운영방법으로 자금과 인력이 낭비가 되어, 이를 개선하기 위해 운영기관을 통일해야 한다는 원칙이다.
- ㉡ 베버리지는 이를 개선하기 위한 사회보장성을 신설하고 지방마다 단일한 행정국을 설치하여 모든 피보험자를 포괄하도록 권고하였다.

⑤ 급여 적절성의 원칙
- ㉠ 급여 수준과 지급기간이 적절하게 적용되어야 한다는 원칙이다.
- ㉡ 급여 수준은 최저생계를 보장하기에 적절해야 하고 지급기간은 국민의 욕구가 존재하는 한 중단되어서는 안 되며, 지속적으로 지급되어야 한다는 원칙이다.

⑥ 피보험자 분류의 원칙
- ㉠ 적용대상이 포괄적이라 할지라도 지역사회 내의 다양한 생활 형태를 반영하는 원칙이다.
- ㉡ 다양한 생활 형태와 다양한 요구에 적합한 조정이 필요하다는 원칙이다.
- ㉢ 베버리지는 전체 국민을 6개의 계층으로 분류하였다.
    - ⓐ 피고용인
    - ⓑ 자영업자
    - ⓒ 무보수 종사자(가정주부 등)
    - ⓓ 취업연령에 속하지만 비취업자
    - ⓔ 취업연령 미달자(15세 미만, 아동수당을 지급)
    - ⓕ 취업연령 초과자(남자 65세 이상, 여자 60세 이상, 퇴직연금을 지급)

(3) 국제노동기구(International Labor Organization, ILO)의 3가지 원칙

기출 15, 17, 19, 20, 21

보편주의적 적용대상 원칙	제2차 세계대전 이후 질병의 위험이나 소득 상실의 문제가 노동자들에게만 해당되는 것이 아니라 모든 사람들에게 해당되는 문제로 인식되면서 사회보장을 전 국민을 대상으로 할 필요가 있다는 원칙
공평한 비용부담 원칙	비용부담은 기여금이나 조세에 의해 충당하되, 소득 수준이 낮은 사람들에게는 과중한 부담을 주지 않도록 피보험자의 경제적 상태를 고려하여 결정한다는 원칙
적절한 급여 수준의 원칙	급여 수준은 각 개인의 생활 수준에 맞게 상응하고 최저 수준까지는 누구에게나 동일한 액수를 제공하여 최저생활이 보장되도록 해야 한다는 원칙

5. 사회보장의 대상

(1) 보편주의

전 국민을 사회보장 대상자로 간주하고 하나의 권리로 서비스를 제공하며 급여의 자격과 기준을 균등화하고 있다.

(2) 선별주의

대상자를 사회적, 신체적, 교육적 수준에 의거하여 구분하고 급여를 제공한다. 선별주의는 자산조사를 통해 인정된 대상자이며 결손가정, 무능력자, 노인, 빈민을 그 대상자로 선정한다.

(3) 사회보장의 대상 – 보편주의와 선별주의

구분	보편주의	선별주의
범위	전 국민에 확대	특수 문제 집단에 한정
자격	제한 완화	제한 강화
급여수준	적절한 보상률로 인상	최저 수준으로 인하
급여기간	연장	단축
장점	공평성, 접근성, 편익성이 높음	유효성, 효율성이 높음
단점	• 경비가 많이 듦 • 낭비가 많음	스티그마(stigma)

출처: 사회복지개론, 2008, 조주용 등(창지사)

2 사회보장제도의 유형 기출 11, 14, 15, 16, 17, 19, 20, 22, 23, 25

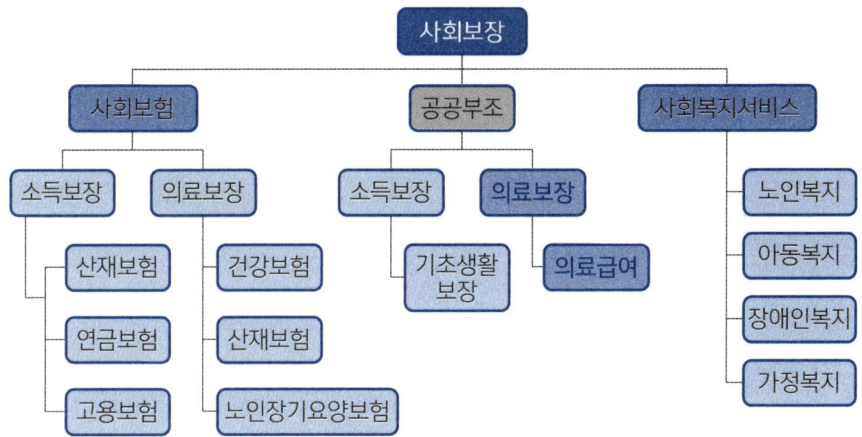

◆ 사회보장체계도

출처: 보건복지부(2019), 2018 보건복지백서 수정

구분	건강보험	노인장기 요양보험	국민연금	고용보험	산재보험
관장부처	보건복지부			고용노동부	
운영주체	국민건강보험 공단	국민건강보험 공단	국민연금공단	고용보험공단	근로복지공단
근거법	국민건강 보험법	노인장기 요양보험법	국민연금법	고용보험법	산업재해 보상보험법
보장내용	의료보장· 건강증진	노인요양 시설급여, 재가급여, 특별현금급여	소득보장	실업급여· 고용안정 및 직업능력개발	산업재해보상· 재활
도입시기	1977.7.1.	2008.7.1.	1988.1.1.	1995.7.1.	1964.7.1.

1. 사회보험 기출 14, 15, 16, 17, 18, 19, 20

(1) 질병, 장애, 노령, 실업, 사망 등 각종 사회적 위협에서 모든 국민을 보호하고 빈곤을 해소하며, 국민생활의 질을 향상시키기 위하여 제공되는 사회보험, 공공부조, 사회복지서비스 및 관련 복지 제도이다.
(2) 우리나라에서 사회보장이란 용어는 넓은 의미로 질병·노령·실업·산업·재해·빈곤 등 사회적 위험에서 모든 국민을 보호하기 위한 제도적 장치를 일컫는 것이다.
(3) 5대 사회보험(건강보험·노인장기요양보험·국민연금·고용보험·산재보험)과 공공부조이다.

사회보험
1. 국가가 사회정책을 수행하기 위해 보험의 원리와 방식을 도입하여 만든 사회경제제도이다.
2. 국민건강과 소득을 보장하는 제도이다.
3. 사회 연대성과 가입의 강제성을 가진다.
4. 5대 사회보험
   연금보험, 고용보험, 노인장기요양보험, 건강보험, 산업재해보상보험

기출 체크
우리나라의 사회보장제도 중 공공부조에 해당하는 것은? 기출 25
① 국민연금
② 고용보험
③ 산재보험
④ 국민기초생활보장

정답 ④

(4) 사회보험과 민간보험 비교 기출 10, 13, 14, 15, 16, 17, 18, 20

구분	사회보험	민간보험
목적	최저생계 및 기본의료 보장	개인의 필요에 따른 보장
보험가입	강제가입	임의가입
보험보호대상	질병, 분만, 산재, 노령, 실업, 폐질에 국한	발생위험률을 알 수 있는 모든 위험
비용부담	공동부담	본인부담
재원부담	차등부담, 능력비례	동일부담, 능력무관
부양성	국가 · 사회부양	없음
보험료부담 방식	정률제	정액제
보험자위험 선택	불가능	가능
수급권	법적권리	계약권리
급여 수준	균등급여	차등급여
독점/경쟁	국가독점	자유경쟁
보험사고 대상	대인보험	대물보험
집단/개별성	집단보험	개별보험
재원부담	능력비례부담	능력무관(동액부담)
보험료 수준	위험률 상당 이하 요율	위험률 비례요율(경험률)
인플레이션 대책	가능	취약

출처: 보건행정학(제8판), 2019, 문상식 외(보문사)

(5) 사회보험과 민간보험의 유사점
① 가입자에게 경제적 또는 의료적 보상을 해 준다.
② 위험분산을 통한 보험기능을 수행한다.
③ 보험료 산정과 보험급여의 결정이 엄격한 확률계산을 기초로 하여 이루어진다.
④ 자격요건이 제한되지 않고 상호 보완적 기능을 수행한다.

2. 공공부조 기출 11, 15, 17, 18, 19, 20

(1) 국가 및 지방자치단체의 책임 아래 생활유지능력이 없거나 생활이 어려운 국민의 최저 생활을 보장하고 자립을 지원하는 제도이다.
(2) 국가가 재정자금으로 보호해 주는 일종의 구빈제도이다.

(3) 사회보험과 공공부조 비교 기출 13, 14, 15, 16, 17, 18, 19, 20, 21

구분	사회보험	공공부조
기원	공제조합	빈민법
목적	빈곤을 예방하고 모든 계층의 경제적 비보장을 경감	빈곤의 완화
재원	가입자 보험료(기여금의 납부)	조세로 재정 확보
재정예측성	용이	곤란
자산조사	불필요	반드시 필요
대상	모든 참여자	일정기준 해당자
급여 수준	자격 갖춘 사람에게 급여 지급, 사회적 적정성	필요한 사람에게 지급하되 최저 필요한 범위로 한정, 최저생활보장
지불능력	보험료를 지불할 능력이 있는 국민이 대상	보험료를 지불할 능력이 없는 계층이 대상
사회보장 위치	사회보장의 핵심	사회보장의 보완장치
개별성	의료, 질병, 실업, 노동재해, 폐질 등을 개별적으로 제도화	종합하여 하나의 제도로 행함
수급원의 성격	강한 권리성	희박한 권리성
적용원리	비례원리에 따른 형평주의	무차별 평등주의

3. 사회복지서비스 기출 14, 17, 18, 19

(1) 사회보장법에 의하면 "사회서비스"란 국가·지방자치단체 및 민간부문의 도움이 필요한 모든 국민에게 복지, 보건의료, 교육, 고용, 주거, 문화, 환경 등의 분야에서 인간다운 생활을 보장하고 상담, 재활, 돌봄, 정보의 제공, 관련 시설의 이용, 역량 개발, 사회참여 지원 등을 통하여 국민의 삶의 질이 향상되도록 지원하는 제도를 말한다.

(2) 국가, 지방자치단체 및 민간부문의 도움이 필요한 모든 국민에게 상담, 재활, 직업소개 및 지도, 사회복지시설 이용 등을 제공하여 정상적인 생활이 가능하도록 지원하는 제도이다.

(3) 저출산·고령화와 여성의 사회진출로 인하여 사회서비스에 대한 수요는 지속적으로 증가되었으며, 공공부조만으로 빈곤탈출이 어려워 더 적극적인 복지정책으로 사회서비스가 대두되고 있다.

4. 포용적 복지로의 전환과 커뮤니티케어

(1) 기존에는 돌봄이 필요한 환자가 발생했을 때 의료는 건강보험이나 의료보호 제도로, 돌봄은 노인복지법이나 장애인복지법 등을 근거로 하는 사회서비스로, 주거 등의 기초생활 보장 또한 각 법률에 근거하여 복지가 제공되었다.

(2) 이러한 분절적 서비스 제공으로 인하여 돌봄 대상자는 각 제도에 따라 의료기관이나 복지시설 등으로 생활터전을 바꾸어야 했고, 대상자의 필요성과는 괴리가 있는 획일적인 서비스를 제공받아야 하는 한계점이 있었다.

(3) 커뮤니티케어는 시설 대신 지역사회에서, 분절적 서비스 대신 포괄적인 돌봄(care)을 제공하는 것을 목표로 한다. 우리나라에서는 이 제도를 지역사회 통합 돌봄정책으로 도입하여 2019년 8월부터 선도 사업을 추진하고 있다.

(4) 지역사회 통합 돌봄이란 돌봄이 필요한 주민(노인, 장애인, 정신장애인 등)들이 살던 곳(자기 집, 그룹홈 등)에서 개개인의 욕구에 맞는 서비스를 누리고, 지역사회와 함께 어울려 살아갈 수 있도록 주거, 보건의료, 요양, 돌봄, 일상생활의 지원이 통합적으로 확보되는 지역 주도형 정책이다.

핵심정리 사회보험, 공공부조, 사회복지서비스 비교 기출 09, 12, 13

구분	사회보험	공공부조	사회복지서비스
주체	국가	국가 및 지방자치단체	사회복지법인
대상	모든 국민	저소득층	보호가 필요한 자
기원	산업재해보상보험법(1963)	생활보호법(1961)	사회복지사업법(1970)
목적	• 건강보장 • 소득보장	• 최저생활보장 • 자립지원	정상적인 사회생활 지원
종류	• 국민연금보험 • 국민건강보험 • 산업재해보상보험 • 고용보험 • 선원보험 • 장기요양보험 등	• 기초생활보장사업 • 의료급여사업 • 부랑인보호사업 • 국가유공자사업 • 재해구호사업 • 의사상자예우사업 등	• 영유아복지서비스 • 아동복지서비스 • 청소년복지서비스 • 노인복지서비스 • 장애인복지서비스 등
재원	기여금·부담금	조세	재정보조금, 헌금, 공동모금
자격 조건	기여금 납부자	자산조사	자산조사
사회안전망	제1차적	제2차적	보조적
이념	보편주의	선별주의	선별주의

Plus⁺ POINT

기초연금 기출 17, 18, 20

법적근거	기초연금법(2014년 7월 1일 시행)
도입배경	심각한 노인빈곤문제를 해결하면서 미래세대의 부담을 덜어주고 노후에 안정된 혜택을 누릴 수 있도록 2014년 기초노령연금이 폐지되고 기초연금이 시행됨
소득대상	안정된 노후생활을 위해 만 65세 이상 노인 중 소득 하위 70%에 대해 매월 일정한 기초연금을 지급함

> **관련 법령**
>
> 「기초연금법」 제2조【정의】 이 법에서 사용하는 용어의 뜻은 다음과 같다.
> 1. "기초연금 수급권(受給權)"이란 이 법에 따른 기초연금을 받을 권리를 말한다.
> 2. "기초연금 수급권자"란 기초연금 수급권을 가진 사람을 말한다.
> 3. "기초연금 수급자"란 이 법에 따라 기초연금을 지급받고 있는 사람을 말한다.
> 4. "소득인정액"이란 본인 및 배우자의 소득평가액과 재산의 소득환산액을 합산한 금액을 말한다. 이 경우 소득평가액과 재산의 소득환산액을 산정하는 소득 및 재산의 범위는 대통령령으로 정하고, 소득평가액과 재산의 소득환산액의 구체적인 산정방법은 보건복지부령으로 정한다.

3 의료보장제도

1. 의료보장(Medical insurance)의 의의

(1) 의료보장의 개념
① 의료보장은 국민의 건강권을 보호하기 위하여 필요한 보건의료서비스를 국가나 사회가 제도적으로 제공하는 것을 말한다.
② 국민의 건강권을 보호하기 위하여 필요한 보건의료서비스를 사회가 제도적으로 제공하는 것이다.

(2) 의료보장의 목적 기출 10, 17
① 개인의 능력으로 해결할 수 없는 건강문제를 사회적 연대책임으로 해결하여 사회 구성원 누구나 건강한 삶을 향유할 수 있도록 하는 데 궁극적인 목적이 있다.
② 예상하지 못한 의료비 부담으로부터 사회 구성원들을 재정적으로 보호하고 필요에 따른 의료이용의 형평성을 높이며, 국민의료비를 적절한 수준으로 유지하고, 의료수급의 효율성을 제고하는 데 있다.

(3) 의료보장의 필요성
① 의료욕구의 원인인 질병이나 사고가 개인의 과실이나 태만과 같이 개인적일 수도 있지만 오히려 개인이 통제할 수 없는 또는 아직도 규명되지 않은 원인에 기인하는 경우가 많다.
② 현재 의료서비스의 비용은 개인이 부담하기에는 너무 과도하다.
③ 건강은 인간의 가장 기본적인 요소이고, 건강을 잃으면 모든 것을 잃은 것과 같다는 말이 있듯이 건강의 상실이 초래하는 파급효과는 실제로 막대하다.

(4) 의료보장의 4가지 기능
① 국민화합에 이바지한다.
② 각종 위험이나 재해를 예방하거나 보호하는 기능을 한다.
③ 경제제도로부터 야기되는 소득의 불평등을 교정하는 기능도 한다.
④ 국민들의 노동 생산성 향상과 이동성의 증대를 통해 경제 성장을 증진시키는 기능을 한다.

(5) 의료보장의 주요 목표
① 의료비의 상승을 억제한다.
② 국민이 의료혜택을 쉽게 받을 수 있도록 한다.
③ 국민이 의료혜택을 받는 데 있어서 비용상의 문제를 제거한다.

(6) 의료보장의 부차적 목표
① 국민의 보험급여에 있어서 평등한 혜택을 받는다.
② 각종 행정을 안배하여 의료공급자와 수익자가 모두 만족할 수 있도록 한다.
③ 의료의 질 통제를 통하여 국민에게 공정하고 균등하며 질 좋은 보건의료서비스를 제공한다.

📋 Plus⁺ POINT

의료보장의 목표

1. 의료비로 인한 가정 경제의 해체 방지
   예기치 못한 의료비의 부담으로부터 국민을 경제적으로 보장한다.
2. 의료혜택의 균등 분배
   국민 간의 보건의료서비스를 균등하게 분배한다.
3. 국민의료의 효과성과 능률성 제고
   보건의료사업의 극대화를 추구한다.
4. 국민의료비의 증가 억제
   보건의료비의 적정수준을 유지한다.

의료보장의 유형
경제협력개발기구(OECD)는 사회보험방식, 국가보건서비스방식, 민간보험방식 등 3가지로 분류한다.

2. 의료보장의 유형

(1) 국가보건서비스방식(NHS; National Health Service) 기출 12, 18, 19, 20, 22
① 국민의 의료문제는 국가가 책임져야 한다.
② 정부가 일반조세로 재원을 마련하여 모든 국민에게 무상으로 의료를 제공하는 국가의 직접적인 의료관장방식으로, 일명 조세방식 또는 베버리지방식이라고 한다.
③ 일반재정으로 의료비를 부담하므로 국가의 막대한 재원이 소요된다.
④ 조세제도를 통한 재원조달은 비교적 소득재분배효과가 강하다.
⑤ 의료의 사회화가 상대적으로 의료의 질을 저하시키며 조세에 의한 의료비 재원조달에 많은 어려움이 있어 정부의 과다한 복지비용 부담이 문제가 되고 있다.

⑥ 의료수용자 측의 비용의식 부족과 민간보험의 확대 그리고 장기간 진료대기문제 등 부작용이 나타나고 있어 이에 대한 제도개혁의 필요성이 증가되고 있다.

(2) 사회보험방식(NHI; National Health Insurance) 기출 10, 17, 18, 19

① 각 보험집단별로 보험료를 똑같이 지불하여 재원을 마련하고 이에 따라 피보험자에게 직접 또는 계약을 체결하는 의료기관을 통해 보험급여를 실시하고 있다.
② 이 방식은 의료비에 대한 국민의 자기 책임의식을 견지하되 이를 사회화하여 정부기관이 아닌 보험자가 보험료로서 재원을 마련하여 의료를 보장하는 방식으로 독일의 비스마르크가 창시하여 비스마르크방식이라고도 한다.
③ 보험의 원리는 1차적으로 국민의 보험료에 의해 재원을 조달하고 국가는 2차적 지원과 후견적 지도기능을 수행한다.
④ 질병으로 인한 경제적 손실을 예방하고자 한다.
⑤ 양질의 의료가 제공될 수 있으나 보험료 부과의 형평성 부족, 의료비 증가에 대한 억제기능 취약 등이 발생할 수 있다.
⑥ 소득유형 등이 서로 다른 구성원에 대한 단일 보험료 부과 기준 적용의 어려움, 의료비 증가에 대한 억제기능이 취약하여 보험재정 안정을 위한 노력이 필요하다.

(3) 국가보건서비스방식과 사회보험방식의 비교 기출 14, 16, 17, 18, 19, 20, 22, 24

구분	국가보건서비스방식	사회보험방식
적용대상 관리	전 국민 일괄 적용 (집단 구분 없음)	국민을 임금소득자, 공무원, 자영업자 등으로 구분 관리
재원조달	정부 일반조세	보험료, 일부 국고 지원
의료기관	• 공공 의료기관 중심 • 의료의 사회화 내지 국유화	• 일반 의료기관 중심 • 의료의 사유화 전제
급여내용	예방 중심적	치료 중심적
의료보수	• 일반 개원의사는 인두제 • 병원급 의사는 봉급제	의료기관과의 계약에 의한 행위별수가제
관리기구	정부기관(사회보험청 등)	보험자(조합 또는 금고)
국가	영국, 스웨덴, 이탈리아, 캐나다 등	독일, 프랑스, 네덜란드, 일본, 한국 등
기본철학	국민의료비에 대한 국가의 책임 견지, 전 국민 보편 적용 (국민의 정부의존 심화)	의료비에 대한 국민의 일차적 책임의식 견지 (국민의 정부의존 최소화)
국민의료비	의료비 통제효과 강함	의료비 억제기능 취약
보험료 형평성	• 조세에 의한 재원조달로 소득 재분배효과(선진국) • 조세체계가 선진화되지 않은 경우 소득역전 초래	• 보험자 간 보험료 부과의 형평성 부족 • 보험자 간 재정 불균형 파생

미국 공적의료보장제도
1. 메디케어
   수입과 상관없이 65세 이상의 노인을 위한 의료보장제도이다.
2. 메디케이드
   빈민층 의료보호 프로그램이다.

의료서비스	의료의 질 저하, 입원 대기환자 급증(대기시간 장기화, 개원의의 입원 의뢰 남발)	• 상대적으로 양질의 의료 제공 • 첨단 의료기술 발전에 긍정적 영향
관리운영	• 민간 사회보험의 가입 증가로 국민의 이중부담 초래 • 정부기관 직접 관리(가입자의 운영참여 배제) • 관리운영비 절감(보험료 징수 인력 불필요)	• 조합 중심 자율운영 • 상대적으로 관리운영비가 많이 소요됨(보험료 징수 등)

출처: 지역사회간호학 1, 2020, 안옥희 외(현문사)

3. 우리나라 의료보장제도의 의의(국민건강보험제도)

(1) 발달과정

① 우리나라 건강보험은 1963년 의료보험법이 제정된 이래 1989년 전 국민의료보험시대가 시작되었다.
② 2000년 7월부터는 국민건강보험법으로 전면 개정되어 전 국민을 대상으로 하는 건강보험이 실시되었다.
③ 2000년도부터는 그 명칭이 '의료보험'에서 '건강보험'으로 변경되었다.

(2) 적용대상과 가입자(피부양자)

① **가입자**: 국내에 거주하는 모든 국민은 건강보험의 가입자 또는 피부양자가 되며(의료급여 수급권자와 유공자 등 의료보호 대상자 제외), 가입자는 직장가입자와 지역가입자로 구분한다.
② 피부양자
  ㉠ 인정요건(2가지 조건을 충족해야 함)
    ⓐ **소득요건**: 보수 또는 소득이 없는 경우
    ⓑ **부양요건**: 가입자에 의하여 부양받고 있음이 인정되는 자
  ㉡ 피부양자의 자격
    ⓐ 직장가입자의 배우자(배우자의 직계존속 포함)
    ⓑ 직장가입자의 직계비속(배우자의 직계존속 포함)과 그 배우자
    ⓒ 직장가입자의 직계비속
    ⓓ 직장가입자의 형제·자매

피부양자
직장가입자에게 주로 생계를 의존하는 사람으로서 보수나 소득이 없는 사람이다.

🔍 관련 법령

「국민건강보험법」 제5조【적용 대상 등】① 국내에 거주하는 국민은 건강보험의 가입자(이하 "가입자"라 한다) 또는 피부양자가 된다. 다만, 다음 각 호의 어느 하나에 해당하는 사람은 제외한다.
1. 「의료급여법」에 따라 의료급여를 받는 사람(이하 "수급권자"라 한다)
2. 「독립유공자예우에 관한 법률」 및 「국가유공자 등 예우 및 지원에 관한 법률」에 따라 의료보호를 받는 사람(이하 "유공자등 의료보호대상자"라 한다). 다만, 다음 각 목의 어느 하나에 해당하는 사람은 가입자 또는 피부양자가 된다.
   가. 유공자등 의료보호대상자 중 건강보험의 적용을 보험자에게 신청한 사람
   나. 건강보험을 적용받고 있던 사람이 유공자등 의료보호대상자로 되었으나 건강보험의 적용배제신청을 보험자에게 하지 아니한 사람

② 제1항의 피부양자는 다음 각 호의 어느 하나에 해당하는 사람 중 직장가입자에게 주로 생계를 의존하는 사람으로서 소득 및 재산이 보건복지부령으로 정하는 기준 이하에 해당하는 사람을 말한다.
1. 직장가입자의 배우자
2. 직장가입자의 직계존속(배우자의 직계존속을 포함한다)
3. 직장가입자의 직계비속(배우자의 직계비속을 포함한다)과 그 배우자
4. 직장가입자의 형제·자매

③ 제2항에 따른 피부양자 자격의 인정 기준, 취득·상실시기 및 그 밖에 필요한 사항은 보건복지부령으로 정한다.

제6조【가입자의 종류】① 가입자는 직장가입자와 지역가입자로 구분한다.
② 모든 사업장의 근로자 및 사용자와 공무원 및 교직원은 직장가입자가 된다. 다만, 다음 각 호의 어느 하나에 해당하는 사람은 제외한다.
1. 고용 기간이 1개월 미만인 일용근로자
2. 「병역법」에 따른 현역병(지원에 의하지 아니하고 임용된 하사를 포함한다), 전환복무된 사람 및 군간부후보생
3. 선거에 당선되어 취임하는 공무원으로서 매월 보수 또는 보수에 준하는 급료를 받지 아니하는 사람
4. 그 밖에 사업장의 특성, 고용 형태 및 사업의 종류 등을 고려하여 대통령령으로 정하는 사업장의 근로자 및 사용자와 공무원 및 교직원
③ 지역가입자는 직장가입자와 그 피부양자를 제외한 가입자를 말한다.

제8조【자격의 취득 시기 등】① 가입자는 국내에 거주하게 된 날에 직장가입자 또는 지역가입자의 자격을 얻는다. 다만, 다음 각 호의 어느 하나에 해당하는 사람은 그 해당되는 날에 각각 자격을 얻는다.
1. 수급권자이었던 사람은 그 대상자에서 제외된 날
2. 직장가입자의 피부양자이었던 사람은 그 자격을 잃은 날

3. 유공자등 의료보호대상자이었던 사람은 그 대상자에서 제외된 날
4. 제5조 제1항 제2호 가목에 따라 보험자에게 건강보험의 적용을 신청한 유공자등 의료보호대상자는 그 신청한 날

② 제1항에 따라 자격을 얻은 경우 그 직장가입자의 사용자 및 지역가입자의 세대주는 그 명세를 보건복지부령으로 정하는 바에 따라 자격을 취득한 날부터 14일 이내에 보험자에게 신고하여야 한다.

제10조 【자격의 상실 시기 등】 ① 가입자는 다음 각 호의 어느 하나에 해당하게 된 날에 그 자격을 잃는다.
1. 사망한 날의 다음 날
2. 국적을 잃은 날의 다음 날
3. 국내에 거주하지 아니하게 된 날의 다음 날
4. 직장가입자의 피부양자가 된 날
5. 수급권자가 된 날
6. 건강보험을 적용받고 있던 사람이 유공자등 의료보호대상자가 되어 건강보험의 적용배제신청을 한 날

② 제1항에 따라 자격을 잃은 경우 직장가입자의 사용자와 지역가입자의 세대주는 그 명세를 보건복지부령으로 정하는 바에 따라 자격을 잃은 날부터 14일 이내에 보험자에게 신고하여야 한다.

(3) 국민건강보험의 주요 특징 기출 14, 15, 16, 17, 18, 19, 20, 21, 22
① 법률에 의한 강제가입
② 일시적인 사고 대상
③ 예측 불가능한 질병 대상에게 혜택
④ 제3자 지불제의 채택
⑤ 소득재분배 및 위험분산 기능의 수행
⑥ 보험료율의 분담
⑦ 보험급여의 제한 및 비급여
⑧ 현물급여를 원칙으로 하고 현금급여도 사용 중
⑨ 단기보험

(4) 건강보험이 갖추어야 할 기본 요인
① 접근성의 보장
㉠ 건강보험 급여를 개인의 지불능력과 상관 없이 언제, 어디서나, 필요에 따라 제공받을 수 있어야 한다.
㉡ 의료서비스의 기회가 모든 국민에게 보장되어야 한다.
② 효율성의 확보
㉠ 건강보험의 주어진 성과목표를 달성하기 위해 한정된 자원을 적절히 활용해야 한다.

ⓛ 최소한의 비용으로 최대의 산출을 추구하는 비용의 효율성과 건강보험제도가 궁극적 목표를 달성할 수 있도록 자원이 최적으로 배분되는 배분적 효율을 충분히 고려해야 한다.

③ 형평성의 확보
ⓙ 보험료 부담 및 급여 혜택에 있어서 건강보험 가입자 간 소득 수준 등 부담능력에 따라 공평하게 분담되어야 한다.
ⓛ 필요에 따라 의료이용이 균등하게 보장되어야 한다.

④ 지속가능성의 확보
ⓙ 보험 수지 상등의 원칙에 입각하여 건강보험의 재정수입 대비 지출이 적정 수준을 유지함으로써 제도가 지속적으로 유지되어야 한다.
ⓛ 지속가능성을 위해 건강보험 재원은 양적으로 일정 수준 확보되어 안정적인 동시에 미래의 수요변화에도 충분히 대응할 수 있어야 한다.

(5) 건강보험 관리운영과 진료비 심사 주체

① 관리운영 주체(보험자)
ⓙ 보험자는 보험을 관리하고 운영하는 주체로 보험운영자를 의미한다.
ⓛ 건강보험 관리운영은 정부, 지방자치단체, 건강보험조합, 국민건강보험공단, 민간보험회사, 건강유지기구 등이 관장할 수 있다.
ⓒ 우리나라는 국민건강보험공단에서 건강보험 관리와 요양기관 지정 업무를 관할한다.
ⓔ 요양기관에서 제공하는 보험급여는 건강보험심사평가원에서 심사한다.

② 국민건강보험공단 설립목적과 기능 기출 12, 13, 15, 16, 17, 18, 23

설립목적	국민의 질병·부상에 대한 예방·진단·치료·재활과 출산·사망 및 건강증진에 대하여 보험급여를 실시함으로써 국민보건을 향상시키고 사회보장을 증진하려는 목적
기능(업무)	「국민건강보험법」 제14조 • 가입자 및 피부양자의 자격관리 • 보험료, 기타 국민건강보험법에 의한 징수금의 부과·징수 • 보험급여의 관리 • 가입자 및 피부양자의 건강의 유지·증진을 위하여 필요한 예방사업 • 보험급여비용의 지급 • 자산의 관리·운영 및 증식사업 • 의료시설의 운영 • 건강보험에 관한 교육훈련 및 홍보 • 건강보험에 관한 조사연구 및 국제협력 • 「국민건강보험법」 또는 다른 법령에 의하여 위탁받은 업무 • 기타 건강보험과 관련하여 보건복지부장관이 필요하다고 인정한 업무

③ 건강보험심사평가원 설립목적과 기능 기출 21, 25

설립목적	요양급여 비용 심사 및 요양급여의 적정성 평가업무를 수행하고 국민보건 향상 및 사회보장 증진에 기여
기능	• 「국민건강보험법」 제63조 제1항 　- 요양급여비용의 심사 　- 요양급여의 적정성 평가 　- 심사 기준 및 평가 기준의 개발 　- 심사 및 적정성 평가와 관련된 조사연구 및 국제협력 　- 다른 법률에 따라 지급되는 급여비용의 심사 또는 의료의 적정성 평가에 관하여 위탁받은 업무 　- 건강보험과 관련하여 보건복지부장관이 필요하다고 인정한 업무 　- 그 밖에 보험급여 비용의 심사와 보험급여의 적정성 평가와 관련하여 대통령령으로 정하는 업무 • 「국민건강보험법 시행령」 제28조 제1항 　- 「국민건강보험법」 제63조 제1항 제7호 관련 대통령령으로 정하는 업무 　- 요양급여비용 심사청구와 관련된 소프트웨어의 개발·공급·검사 등 전산관리 　- 보건복지부령으로 정하는 기관에서 받은 요양비에 대한 심사 　- 요양급여의 적정성 평가 결과의 공개 　- 환자 분류체계의 개발·관리 　- 업무와 관련된 교육·홍보

◆ 국민건강보험 연혁(1963 ~ 현재) 기출 21

1963.12.	의료보험법 제정
1977.7.	500인 이상 사업장 근로자 의료보험 실시(486개 조합 설립)
1979.1.	공무원 및 사립학교교직원 의료보험 실시
1981.1.	100인 이상 사업자 의료보험 적용 확대
1988.1.	농어촌 지역의료보험 확대 실시
1988.7.	5인 이상 사업장 의료보험 적용 확대
1989.7.	도시지역의료보험 실시 ⇨ 전국민 의료보험 실현
1997.12.	국민의료보험법 제정
1998.10.	• 지역의료보험조합(227개 조합)과 공·교 의료보험관리공단 통합 • 국민의료보험관리공단 출범
1999.2.	국민건강보험법 제정
2000.7.	• 국민의료보험관리공단과 직장의료보험조합(139개) 통합 • 국민건강보험공단 출범(의료보험 완전 통합)
2001.7.	5인 미만 사업장 근로자 직장가입자 편입
2002.1.	국민건강보험재정건전화특별법 제정
2003.7.	직장재정과 지역재정 통합(실질적인 건강보험 통합)

기출 체크

국민건강보험법 상 건강보험심사평가원의 업무에 해당하는 것은? 기출 25
① 의료시설의 운영
② 의료기관 인증 및 평가
③ 보험료와 징수금의 부과·징수
④ 요양급여비용의 심사 및 요양급여의 적정성 평가

정답 ④

2005.7.	노인장기요양보험 시범사업 실시
2007.4.	노인장기요양보험법 제정(법률 제8403호)
2008.7.	노인장기요양보험 실시
2011.1.	사회보험 징수통합(건강보험, 국민연금, 고용보험, 산재보험)
2012.7.	포괄수가제 병·의원급 의료기관 당연적용(7개 질병군 입원환자)
2013.8.	중증질환 재난적 의료비 지원사업 실시
2014.4.	건강보험공단, 담배회사 상대로 손해배상청구소송 제기
2015.1.	간호·간병통합서비스 보험급여 적용(2015.12. 의료법 개정으로 기존 포괄간호서비스에서 간호·간병통합서비스로 명칭 변경)
2018.7.	소득 중심 보험료 부과체계(1단계 개편)
2019.7.	외국인 지역가입자 당연적용 실시
2022.9.	소득 중심 보험료 부과체계(2단계 개편)

4. 우리나라 건강보험의 급여 범위 및 급여제공 유형

(1) 의료서비스급여 범위
① **상병수당**: 질병이나 사고로 인한 소득상실을 보상하기 위해 현금으로 지급한다.
② **의료급여**: 질병이나 사고로 인한 치료와 관련하여 지급하는 요양급여(우리나라 분만급여 포함, 서비스급여), 요양비(분만비 포함, 현금급여), 건강검진(서비스급여), 본인부담액 보상금(현금급여) 등이다.
③ **장제급여**: 질병이나 사고로 사망하는 경우 현금으로 지급한다.

(2) 건강보험 급여제공 유형
① **직접 제공방법** 기출 10, 14, 16
  ㉠ NHS 또는 지방보건서비스제도를 시행하고 있는 국가로서 중앙정부 또는 지방정부의 재정으로 국민들에게 의료를 보장하는 형태이다.
  ㉡ **대표적인 나라**: 뉴질랜드, 영국, 스웨덴, 덴마크, 캐나다 등
  ㉢ 사회보험형 국가로 보험공단이 보험료를 징수함과 동시에 직접의료시설을 건립하여 적용자에게 보험공단이 직영하는 병원이나 진료소를 통하여 서비스를 제공하는 형태이다.
  ㉣ 사회보장제도 속에 포함되는 것이 아니지만 미국의 건강유지조직(HMO; Health Maintenance Organization) 가운데 일부가 의료기관을 소유하여 적용자에게 의료서비스를 제공하는 형태 등이 있다.

○ 직접제공형 진료비 지불 및 서비스 모형

미국의 건강유지조직(HMO; Health Maintenance Organization)
1. 보험자와 의료공급자가 합쳐진 보험료 사전지불방식의 회원제 의료제공계획 보험자와 의료공급자가 합쳐진 보험료 사전지불방식의 회원제 의료제공계획이다.
2. HMO 가입자는 지정된 의료기관과 의사에게만 진료받을 수 있다.
3. 가입자는 보험료를 가입 시 일정액으로 선납하고 그 예산 범위 내에서 의료서비스를 제공받을 수 있다.

② 간접 제공방법
  ㉠ 제3자 지불제도 기출 14, 15, 18
    ⓐ 가입자가 의료기관을 이용할 때 진료비를 일부만 부담하고 의료기관이 나머지 진료비를 보험자에게 청구하는 것이다.
    ⓑ 대표적인 나라: 한국, 일본, 독일 등
    ⓒ 장단점

장점	• 저소득층의 의료이용 제약이 적음 • 의료공급체계의 합리화 촉진
단점	• 가입자의 의료기관 선택권이 제한적 • 의료서비스 남용이 발생할 수 있음 • 과잉진료가 나타날 수 있음 • 부당청구 ⇨ 심사에 따른 갈등

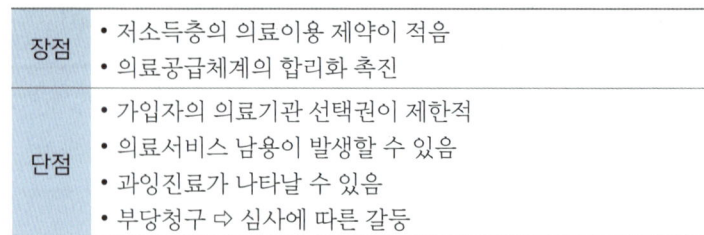

↑ 제3자 지불제도모형

  ㉡ 현금배상형 기출 14, 15, 17
    ⓐ 의료보장의 적용자가 의료기관에 가서 진료를 받을 때 진료비 전액을 의료기관에 먼저 지불하고 난 후에 보험공단이나 질병금고에 청구하여 진료비를 환불받는 제도이다.
    ⓑ 대표적인 나라: 프랑스, 벨기에, 스위스 등
    ⓒ 장단점

장점	• 가입자의 의료기관 선택권을 보장 • 의료기관의 진료비 청구 부담을 제거
단점	• 의료기관 이용 시 현금을 소지해야 하므로 저소득층의 의료이용 제약이 큼 • 의료공급체계의 합리화 촉진이 불가능

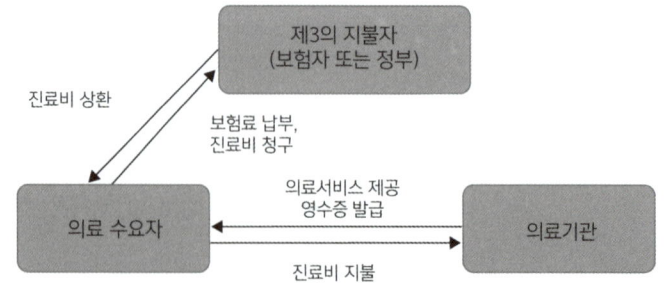

↑ 현금배상형(상환제)모형

ⓒ 변이형
  ⓐ 보험자의 의료기관을 직접 소유하거나 계약하여 가입자에게 포괄적인 의료서비스를 제공함으로써 의료비를 절감하고자 하는 유형이다.
  ⓑ 대표적인 예: 남미 국가, 미국의 건강유지기구(HMO), 부산의 청십자 의원, 건강보험공단 일산 병원 등
  ⓒ 장단점

장점	• 진료비 심사가 필요 없음 • 행정절차가 간편함
단점	• 의료인과 보험자 간의 갈등이 있음 • 가입자의 의료기관 선택권 제한이 있음 • 의료서비스 제공량을 최소화하여 의료의 질적 문제가 있음

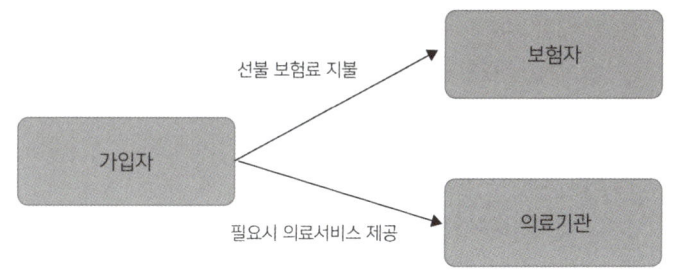

🔼 변이형 건강보험모형

(3) 건강보험 급여 기출 21, 22

① 급여의 유형

요양급여	진찰·검사·약제·치료재료의 지급, 처치·수술 그 밖의 치료, 예방·재활, 입원, 간호, 이송 등 물리적 서비스에 대해 실시하는 현물급여
건강검진	보험자가 피보험자에 대하여 질병의 조기발견과 그에 따른 요양급여를 하기 위하여 건강검진을 실시하는 현물급여
요양비	피부양자가 부득이한 사유로 인하여 요양기관과 유사한 기능을 수행하는 기관으로서 보건복지부령이 정한 기관에서 질병·부상·출산 등에 대하여 요양을 받거나 요양기관 외의 장소에서 출산을 할 때, 그 요양급여에 상당하는 금액을 피보험자에게 지급하는 현금급여
장애인 보장구 급여비	「장애인 복지법」에 의해 등록한 장애인이 보장구를 구입할 때 구입금액의 일부를 현금급여로 지급하는 것
임신·출산 진료비 지원	임신·출산 진료비의 본인부담금 일부를 전자바우처 방식으로 지원

보험급여 기출 21
1. **현물급여**
   요양급여, 건강검진
2. **현금급여**
   요양비, 임신·출산 진료비, 장애인 보조기기 급여비, 본인부담액 상한제

관련 법령

「국민건강보험 요양급여의 기준에 관한 규칙」 제2조 【요양급여의 절차】 기출 21, 22

① 요양급여는 1단계 요양급여와 2단계 요양급여로 구분하며, 가입자 또는 피부양자(이하 "가입자등"이라 한다)는 1단계 요양급여를 받은 후 2단계 요양급여를 받아야 한다.

② 제1항의 규정에 의한 1단계 요양급여는 「의료법」 제3조의4에 따른 상급종합병원(이하 "상급종합병원"이라 한다)을 제외한 요양기관에서 받는 요양급여(건강진단 또는 건강검진을 포함한다)를 말하며, 2단계 요양급여는 상급종합병원에서 받는 요양급여를 말한다.

③ 제1항 및 제2항의 규정에 불구하고 가입자등이 다음 각 호의 1에 해당하는 경우에는 상급종합병원에서 1단계 요양급여를 받을 수 있다.

1. 「응급의료에 관한 법률」 제2조 제1호에 해당하는 응급환자인 경우
2. 분만의 경우
3. 치과에서 요양급여를 받는 경우
4. 「장애인복지법」 제32조에 따른 등록 장애인 또는 단순 물리치료가 아닌 작업치료·운동치료 등의 재활치료가 필요하다고 인정되는 자가 재활의학과에서 요양급여를 받는 경우
5. 가정의학과에서 요양급여를 받는 경우
6. 당해 요양기관에서 근무하는 가입자가 요양급여를 받는 경우
7. 혈우병환자가 요양급여를 받는 경우

④ 가입자등이 상급종합병원에서 2단계 요양급여를 받고자 하는 때에는 상급종합병원에서의 요양급여가 필요하다는 의사소견이 기재된 건강진단·건강검진결과서 또는 별지 제4호서식의 요양급여의뢰서를 건강보험증 또는 신분증명서(주민등록증, 운전면허증 및 여권을 말한다. 이하 같다)와 함께 제출하여야 한다.

② 보험 급여의 제한 및 정지

Plus⁺ POINT

「국민건강보험법」상 급여의 제한 및 정지

1. 급여 제한
   국민건강보험공단(이하 "공단"이라 함)은 보험급여를 받을 수 있는 사람이 다음의 어느 하나에 해당하면 보험급여를 하지 아니한다(제53조 제1항).
   ① 고의 또는 중대한 과실로 인한 범죄행위에 그 원인이 있거나 고의로 사고를 일으킨 경우
   ② 고의 또는 중대한 과실로 공단이나 요양기관의 요양에 관한 지시에 따르지 않은 경우
   ③ 고의 또는 중대한 과실로 「국민건강보험법」 제55조에 따른 문서와 그 밖의 물건의 제출을 거부하거나 질문 또는 진단을 기피한 경우
   ④ 업무 또는 공무로 생긴 질병·부상·재해로 다른 법령에 따른 보험급여나 보상(報償) 또는 보상(補償)을 받게 되는 경우

2. 급여 정지

① 공단은 보험급여를 받을 수 있는 사람이 다른 법령에 따라 국가나 지방자치단체로부터 보험급여에 상당하는 급여를 받거나 보험급여에 상당하는 비용을 지급받게 되는 경우에는 그 한도에서 보험급여를 하지 아니한다(제53조 제2항).

② 보험급여를 받을 수 있는 사람이 다음의 어느 하나에 해당하면 그 기간에는 보험급여를 하지 않는다. 다만, 3. 및 4.의 경우에는 국민건강보험법 제60조에 따른 요양급여를 실시한다(제54조 및 제6조 제2항 제2호).

> 1. 국외에 체류하는 경우
> 2. 「병역법」에 따른 현역병(지원에 의하지 않고 임용된 하사를 포함), 전환복무된 사람 및 군간부후보생
> 3. 교도소나 그 밖에 이에 준하는 시설에 수용되어 있는 경우

3. 보험료의 체납에 따른 보험급여의 제한

① 공단은 지역가입자가 1개월 이상 세대단위의 보험료를 체납한 경우 그 체납한 보험료를 완납할 때까지 그 지역가입자에 대하여 보험급여를 실시하지 않을 수 있다.

② 월별 보험료의 총체납횟수(이미 납부된 체납보험료는 총체납횟수에서 제외하며, 보험료의 체납기간은 고려하지 않음)가 6회 미만이거나 지역가입자의 소득·재산 등이 대통령령으로 정하는 기준 미만인 경우에는 보험급여가 제한되지 않는다(규제 「국민건강보험법」 제53조 제3항 및 「국민건강보험법 시행령」 제26조).

③ 위 규정에도 불구하고 공단으로부터 체납보험료의 분할납부 승인을 받고 그 승인된 보험료를 1회 이상 낸 경우에는 보험급여를 할 수 있다. 다만, 분할납부 승인을 받은 사람이 정당한 사유 없이 5회(규제 「국민건강보험법」 제53조 제1항에 따라 승인받은 분할납부 횟수가 5회 미만인 경우에는 해당 분할납부 횟수를 말함) 이상 그 승인된 보험료를 내지 않은 경우에는 보험급여를 하지 않을 수 있다(「국민건강보험법」 제53조 제5항).

④ 보험급여를 하지 않는 기간(이하 "급여제한기간"이라 함)에 받은 보험급여는 다음의 어느 하나에 해당하는 경우에만 보험급여로 인정한다(규제 「국민건강보험법」 제53조 제6항).

⑤ 공단이 급여제한기간에 보험급여를 받은 사실이 있음을 가입자에게 통지한 날부터 2개월이 지난날이 속한 달의 납부기한 이내에 체납된 보험료를 완납한 경우 공단이 급여제한기간에 보험급여를 받은 사실이 있음을 가입자에게 통지한 날부터 2개월이 지난날이 속한 달의 납부기한 이내에 분할납부 승인을 받은 체납보험료를 1회 이상 낸 경우(다만, 체납보험료의 분할납부 승인을 받은 사람이 정당한 사유 없이 5회 이상 그 승인된 보험료를 내지 않은 경우에는 제외함)

③ 건강보험 보장성 강화

㉠ **암 등 중증질환, 희귀 난치성질환자의 산정 특례**: 암 등 중증질환에 대한 본인부담률을 10%로 인하한다.

㉡ **자기공명영상장치(MRI) + PET 보험급여**: 암 등 중증질환의 경우 진료수가 5%만 부담한다.

㉢ **자연분만 본인부담금 면제**: 자연분만으로 출산을 한 경우 자연분만 비용 본인부담금을 면제한다.

㉣ **6세 미만 아동 입원 시 본인부담률**: 신생아의 입원기간 중 본인부담은 면제하고, 생후 28일부터 6세 미만 아동의 입원 시에는 본인부담률 10%로 한다.

㉤ **안면화상에 대한 수술 보험급여**: 안면부의 화상 반흔 제거수술의 경우 첫 번째 수술은 급여 대상으로 한다.

㉥ **노인 틀니 유지·관리행위 보험급여**: 만 65세 이상 틀니 장착자로 확대 적용하였다.

㉦ **치과임플란트**: 치과임플란트 보험급여를 적용한다.

㉧ **치석 제거 보험급여**: 만 20세 이상 후속조치 없이 치석 제거만으로 치료가 종료되는 환자로 확대 적용하였다.

㉨ 호스피스, 완화의료 건강보험수가를 적용한다.

㉩ 금연치료 지원사업을 시행한다.

5. 건강보험료 부과 및 비용체계

(1) 보험료 부과방식

① **직장가입자**: 직장가입자가 일정기간 동안 지급받는 보수를 기준으로 하여 보수월액에 보험료율을 곱하여 산정한다.

② **지역가입자**: 직장가입자를 제외한 대한민국 국민으로 소득과 재산을 점수 당화하여 보험료를 산정한다.

> **🔎 관련 법령**
>
> 「국민건강보험법」 제76조【보험료의 부담】① 직장가입자의 보수월액보험료는 직장가입자와 다음 각 호의 구분에 따른 자가 각각 보험료액의 100분의 50씩 부담한다. 다만, 직장가입자가 교직원으로서 사립학교에 근무하는 교원이면 보험료액은 그 직장가입자가 100분의 50을, 제3조 제2호 다목에 해당하는 사용자가 100분의 30을, 국가가 100분의 20을 각각 부담한다.
> 1. 직장가입자가 근로자인 경우에는 제3조 제2호 가목에 해당하는 사업주
> 2. 직장가입자가 공무원인 경우에는 그 공무원이 소속되어 있는 국가 또는 지방자치단체
> 3. 직장가입자가 교직원(사립학교에 근무하는 교원은 제외한다)인 경우에는 제3조 제2호 다목에 해당하는 사용자
> ② 직장가입자의 소득월액보험료는 직장가입자가 부담한다.
> ③ 지역가입자의 보험료는 그 가입자가 속한 세대의 지역가입자 전원이 연대하여 부담한다.
> ④ 직장가입자가 교직원인 경우 제3조 제2호 다목에 해당하는 사용자가 부담액 전부를 부담할 수 없으면 그 부족액을 학교에 속하는 회계에서 부담하게 할 수 있다.
>
> 「국민건강보험법 시행령」 제44조【보험료율 및 보험료부과점수당 금액】① 법 제73조 제1항에 따른 직장가입자의 보험료율은 1만분의 699로 한다.

우리나라 보험재정의 특성

1. **단기보험**
   건강보험재정은 연금재정과 달리 저축성의 의미가 아니다. 장기적인 증식 목적이 아니다.
2. **수지상등의 원칙**
   건강보험은 공동 욕망의 충족을 목적(공공보험)으로 하여 사회복지 내지 효용의 극대화를 추구하기 때문이다.
3. **양출제입의 원칙**
   보험재정에서는 지출을 먼저 계산하고 수입을 제한하는 것이 기본이다.
4. **강제성**
   대한민국 사람이라면 모두 적용이 된다.

② 법 제73조 제3항에 따른 지역가입자의 보험료부과점수당 금액은 205.3원으로 한다.

「국민건강보험법」 제69조 【보험료】 ⑤ 지역가입자의 월별 보험료액은 세대 단위로 산정하되, 지역가입자가 속한 세대의 월별 보험료액은 제72조에 따라 산정한 보험료부과점수에 제73조 제3항에 따른 보험료부과점수당 금액을 곱한 금액으로 한다.

> 지역가입자가 속한 세대의 월별 보험료액
> = 보험료부과점수 × 보험료부과점수당 금액

제72조 【보험료부과점수】 ① 제69조 제5항에 따른 보험료부과점수는 지역가입자의 소득 및 재산을 기준으로 산정한다.

핵심정리 보수월액보험료의 부담 기출 21

1. 근로자 50% + 사업주 50%
2. 공무원 50% + 국가·지방자치단체 50%
3. 국·공립학교 교직원 50% + 국가·지방자치단체 50%
4. 사립학교 직원 50% + 학교설립 운영자 50%
5. 사립학교 교원 50% + 학교설립 운영자 30% + 국가 20%

(2) **본인일부부담금** 기출 22

① **개념**: 요양급여를 받는 자는 대통령령으로 정하는 바에 따라 비용의 일부를 본인이 부담한다.

② **도입 목적**

㉠ 요양급여비용의 일부를 요양급여를 받은 자가 부담하게 함으로써 급여비용 전액을 비용지급 주체인 공단이 부담할 경우 초래될 수 있는 보험재정 부담을 줄이고, 불필요한 의료비용(의료쇼핑 등)을 억제함으로써 보험재정 악화를 방지하기 위하여 도입되었다.

㉡ 가입자별로 본인이 받은 급여의 액수, 횟수 등에 따라 보험료를 지불하도록 함으로써 소득 수준에 따라 보험료를 부담하는 방식으로 인하여 초래된 불평등을 사후에 어느 정도 보완하고자 하는 것이다.

㉢ 본인에게 진료비용의 일부를 부담하게 함으로써 건강보험에 대한 재정의 안정성과 의료서비스의 남용을 억제하고, 도덕적 해이를 줄이기 위함이다.

③ **문제점 및 보완대책** 기출 16, 18

㉠ 부담이 과도할 경우 건강보험에 대한 신뢰를 약화시키고 건강보험의 본래 취지인 경제적 취약계층에 대한 사회적 보호가 곤란해질 수 있다.

ⓒ 적정 본인부담 수준을 정하기는 대단히 어려운 문제이나 보험재정의 압박 정도, 가입자의 수진경향 등 주어진 구체적 여건을 종합적으로 고려하여 본인부담 수준을 합리적으로 결정하여야 한다.

> **관련 법령**
>
> 「국민건강보험법」 제44조 【비용의 일부부담】 ① 요양급여를 받는 자는 대통령령으로 정하는 바에 따라 비용의 일부(이하 "본인일부부담금"이라 한다)를 본인이 부담한다. 이 경우 선별급여에 대해서는 다른 요양급여에 비하여 본인일부부담금을 상향 조정할 수 있다.
> ② 제1항에 따라 본인이 연간 부담하는 본인일부부담금의 총액이 대통령령으로 정하는 금액(이하 이 조에서 "본인부담상한액"이라 한다)을 초과한 경우에는 공단이 그 초과 금액을 부담하여야 한다.
> ③ 제2항에 따른 본인부담상한액은 가입자의 소득수준 등에 따라 정한다.
> ④ 제2항에 따른 본인일부부담금 총액 산정 방법, 본인부담상한액을 넘는 금액의 지급 방법 및 제3항에 따른 가입자의 소득수준 등에 따른 본인부담상한액 설정 등에 필요한 사항은 대통령령으로 정한다.

(3) 보험급여체계 - 우리나라 입원진료

① 요양급여 비용 총액의 20%를 금액에 입원기간 중 식대는 50%에 해당하는 금액을 환자가 부담한다.
② 요양병원의 경우에는 요양급여 비용이 40%이고 식대는 50%를 더한 금액을 환자가 부담해야 한다.

6. 본인일부부담제도의 유형

(1) 정액부담(Co-Payment) 기출 17

① 이용자가 의료를 이용하는 시점에 일정한 액수를 부담하고 그 이상의 의료비만 건강보험 급여의 대상으로 하는 방식이다.
② 우리나라에서도 이러한 방식이 사용되고 있는데, 외래 진료비 총액이 15,000원 이하인 경우에는 진료비의 크기와 무관하게 일정액만 납부하도록 되어 있다.
③ 장단점

장점	• 정액부담은 가벼운 질환의 이용자 부담은 크게 하고, 중증 질환에서는 부담을 줄이는 효과가 있으며, 진료비 계산 등 행정업무가 상대적으로 적게 듦 • 환자의 비용인식 제고, 소액진료 견제효과가 있음
단점	• 가벼운 질환임에도 경제적 부담으로 이용하지 못하거나, 전체 비용이 정액부담보다 훨씬 큰 경우 이용자 부담효과가 미미해지는 부작용이 나타남 • 저가의료서비스에 대한 유도책이 없고, 처방당 용량 증가, 의료이용 증가(풍선효과)가 나타남

(2) 정률부담(Co-Insurance) 기출 17, 18

① 이용자가 진료비 총액 중 일정 비율을 부담하는 것이다.
② 보험자가 의료비의 일정 비율만 지불하고 나머지 부분은 본인이 부담하는 방식이다.
③ 정률부담을 적용하는 대부분의 국가에서는 이용자 부담에 상한을 두는 방식을 병행하고 있다.
④ 예를 들어 입원진료비의 20%, 의원급 외래진료비의 30~55%를 본인이 부담하는 현행 제도가 정률제에 해당한다.
⑤ 장단점

장점	• 소액 진료비 이용자의 부담이 줄어듦 • 저가약 사용 유도 가능, 의약품 과이용 감소
단점	• 고액 진료비 이용자의 부담이 지나치게 커짐 • 의료이용 증가(풍선효과)

(3) 본인부담정액제(Deductibles)

① 민간보험에서 많이 사용하는 공제(控除)방식으로, 일정액 이하의 진료비는 이용자가 모두 부담하고 일정액을 넘어서는 비용에 대해서만 보험자가 부담하는 방식이다.
② 일반적으로 연(年) 단위로 일정 한도를 정하여 본인이 의료비를 부담한다.
③ 이 제도는 경제적으로 취약한 계층의 의료 접근성을 가장 크게 위협하는 방식으로, 이용자가 부담하는 비용한계를 지나치게 높이게 되면 건강보장제도로서 의의가 대폭 감소하게 된다.
④ 장단점

장점	• 의료보험 보장 수준의 균형을 맞출 수 있음 • 저가약 사용 유도 가능, 의약품 과이용 감소
단점	• 공제액 근처에 있으면 약제비 절감 유인이 사라짐 • 의료비의 공제액을 넘으려 함

(4) 급여 상한제(Limit) 기출 11

① 건강보장에서 지불하는 비용의 총액을 정해두고, 이 총액을 넘는 경우 이용자가 비용을 부담하는 방식이다.
② 이 제도의 관리자로서는 최대 지출을 예상할 수 있어 재정추계도 쉽고, 가장 강력한 재정 안전장치가 되기도 한다.
③ 그러나 상한을 넘는 고액 진료비의 부담이 클 수 있으므로, 이용자에게 매우 불리하여 공적 건강보장체계에서는 잘 사용하지 않는다.
④ 장단점

장점	불요불급하며 고액의 진료비를 요하는 의료서비스 혹은 사치성 의료서비스를 의료보험 급여대상에서 제외하고 전액을 본인이 부담하게 함으로써 의료비의 증가를 억제

단점	• 고액의 진료비를 발생시키는 의료이용이 사치성 의료서비스에 대한 이용이 아니라 건강회복을 위해 반드시 필요한 의료서비스일 경우 의료서비스 이용에 제약이 발생 • 고액의 진료비를 부담할 만한 잠재적 능력이 있는 소비자라면 개별적으로 고액의 의료서비스를 이용하거나 혹은 고액의 진료비에 대해 추가적인 보험을 구입하여 의료비 감소효과가 줄어듦

(5) 정액수혜제(Indemnity) 기출 12, 17, 18, 19, 20, 25

① 이용하는 의료서비스 건당 일정액만을 보험자가 부담하고 나머지는 환자가 지불하는 본인부담 방법으로, 의료이용자에게 상당한 부담이 되는 비용분담제도이다.

② 환자로 하여금 값싼 의료제공자를 찾게 하는 경제적 동기를 부여하고, 추가적으로 의료서비스의 가격과 질에서 공급자 간 경쟁을 유도하는 효과가 있다.

출처: 이채은, 우리나라 본인부담 정책의 변화 양상과 국민 의료이용에 미친 영향, 서울대학교 의료관리학연구소, 2009.

7. 본인부담일부부담금 보완방법

(1) 본인부담상한제 기출 18, 19, 20

① 과도한 의료비로 인한 가계부담을 덜어주기 위해 연간 건강보험 본인부담금이 개인별 상한액을 넘는 경우 그 초과금액을 공단에서 부담하는 제도이다.

② 건강보험료 부과체계 개편과 연동한 본인부담상한제도를 반영해 2019년도 본인부담상한액 초과금을 일괄 지급한다.

③ 단, 비급여, 선별급여, 전액 본인부담, 임플란트, 2·3인실 입원료, 추나요법 본인부담금은 제외한다.

(2) 본인부담보상제 기출 20

① 수급권자의 급여대상 본인부담금이 대통령령에서 정하는 금액을 초과한 경우, 그 초과금액의 100분의 50에 해당하는 금액 보상이다.

② 단, 노인틀니, 치과 임플란트, 선별급여, 상급종합병원·종합병원·병원·한방병원 이상 의료기관 상급 병실료(2·3인실) 및 연장승인 미신청 등으로 인한 건강보험 부담적용 금액은 제외한다.

> **Plus⁺ POINT**
>
> 의료급여 입원 본인일부부담금(식대 제외)
>
> | 의료급여기관 | 1종 수급권자 | 2종 수급권자 | |
> |---|---|---|---|
> | | | 일반 | 장애인 |
> | 제1·2·3차 의료급여기관 | 무료 | 의료급여비용총액의 10% | 무료(장애인 의료비) |

기출 체크

다음에서 설명하는 건강보험의 진료비 본인부담 제도는? 기출 25

> 보험자가 의료서비스 건당 일정액만을 부담하고 의료이용자가 나머지 전액을 부담하는 방법

① 급여제한제　② 정률부담제
③ 정액수혜제　④ 급여상한제

정답 ③

8. 재원조달방법

(1) 공공재원 및 준공공재원 ^{기출 24}

일반 조세수입	• 의료보장을 위한 가장 중요한 재원 • 상업거래 및 이윤에 부과되는 조세, 수출 및 수입에 부과되는 관세·소득세 그리고 재산세가 주종
부채	국가 재정당국이 국내에서 혹은 외국에서 돈을 빌려서 사업에 대한 재원으로 충당하는 것
소비세수입	담배나 주류의 판매에서 얻어지는 세수를 보건의료사업을 위한 재원으로 사용함
사회보험	근로자나 고용주에게 임금의 일정률을 보험료로 납부하도록 강제함으로써 재원을 조달하는 체계
복권	민간이 상업적으로 할 수 있으나 많은 경우 공공사업의 수행을 위한 재원 확보의 방법으로 이용되고 있음

(2) 민간재원 ^{기출 24}

고용주 부담	고용주가 직장건강보험의 50%인 상당부분을 부담
민간건강보험	사회보장제도를 채택하지 않은 나라에서 성행하며 국가에 따라서는 사회보험제도의 보완책으로서 민간보험시장이 형성되기도 함
기부금	• 보건의료비에 차지하는 비중은 낮은 편 • 특수시설, 소모품이나 약품 등의 물품 지원이 될 경우도 있고, 의료종사자에 대한 현물기부의 형태도 있음
진료비 본인부담	의료남용을 방지하기 위하여 수진 시 일정액을 환자가 지불하는 본인일부부담제도와 전액 진료비를 지불하는 본인전액부담제도가 있음

● 재원조달체계

구분	직장근로자	지역가입자

보험료	• 보수월액보험료
	  - 보수월액 × 보험료율(7.09%)
	  - 사용자, 근로자가 각 50%씩 부담
	  - 사용자가 원천징수하여 공단에 납부
	  - 사립학교 교원은 본인, 사립학교 설립·운영자, 정부가 각 50%, 30%, 20%씩 부담
	• 소득월액 보험료
	  - (연간보수외 소득 - 2,000만 원) × 1/12
	  - 가입자가 납부
		• 소득·재산(자동차 포함) 등의 등급별 점수를 합산한 보험료부과점수에 점수당 단가(208.4원)를 곱한 금액
		• 세대주가 납부

정부지원	당해연도 보험료 예상수입액의 14%	
건강증진기금	당해연도 보험료 예상수입액의 6% (단, 담배부담금 예상수입액의 65% 상한)	

9. 보험재정 관리의 기본 원칙 기출 16, 17

(1) 재정 수지상등의 원칙
건강보험료의 총액과 보험급여의 총액이 같아야 한다.

(2) 보험료 부담 공평성의 원칙
① 보험가입자 개인의 능력에 따라 보험료를 산정해야 한다는 원칙이다.
② 사회보험은 가입자의 부담능력을 보험료 산정 기준으로 한다.
③ 사회보험은 가입자의 소득 수준을 정확히 파악할 때 보험료 부담의 공평성이 유지된다.

(3) 보험료 비용 공동부담의 원칙
사회보험은 직접적인 수익자 이외에 사회 구성원의 모든 사람들에게 보험료를 분담시키는 것이 원칙이다.

(4) 보험료 불가침의 원칙
① 보험료 수입은 가입자와 피부양자를 위한 보험급여로만 활용되어야 한다는 원칙이다.
② 사무운영비나 행정관리비용은 국고에서 충당한다.

4 의료급여제도

1. 개념
의료급여제도는 생활유지능력이 없거나 생활이 어려운 국민의 의료문제를 국가가 보장하는 공공부조제도로서, 건강보험과 더불어 국민 의료보장의 중요한 수단이 되는 사회보장제도이다.

2. 목적
생활이 어려운 사람에게 의료급여를 함으로써 국민보건의 향상과 사회복지의 증진에 이바지한다.

3. 발전과정
(1) 1961년에 제정된 생활보호법을 근거로 취약계층에 대해 무료진료 형태의 진료사업을 실시하였다.
(2) 1977년에 전 국민의 5~10%를 대상으로 의료급여사업을 시작하였다.
(3) 1986년에는 의료부조제도를 도입하였으나 이는 1994년에 폐지되었다.
(4) 2000년 7월에는 의료급여 진료혜택이 365일로 확대되었다.
(5) 2001년에는 의료보호법이 의료급여법으로 변경되면서 전면 개정되었다.
(6) 2006년 7월 '의료비 혁신 종합대책'을 수립하였다.
(7) 2007년 7월부터 1종 수급권자에 대한 건강생활유지비 지원 및 본인부담금 신설, 선택병·의원제와 자격관리시스템 도입 등 제도 개선이 이루어졌다.

(8) 2009년에는 동일 성분 의약품을 중복 투약하는 수급권자를 관리하고 선택 병·의원 대상자라도 일반수급권자와 동일하게 급여일수 연장 심사를 받도록 하였다.
(9) 2012년에는 의료급여법 및 의료급여법 시행규칙을 개정하고 의료급여사례관리사 자격배치 기준 등 조치를 마련하여 의료급여 대상자의 사례관리가 실시되었다.
(10) 2014년에는 75세 이상 노인의 치과 임플란트를 포함시키고, 2015년에는 70세 이상 노인 틀니 및 치과 임플란트 급여를 확대 적용하였으며, 2016년에는 65세로 확대 적용하였다.
(11) 2017년에는 정신질환에 대한 적용이 확대되었다.

4. 의료급여체계 - 의료급여 수급권자 유형 및 대상자

1종 수급권자	① **국민기초생활보장수급자**: 근로무능력가구, 시설수급자, 결핵질환자, 희귀난치성질환 또는 중증질환자 ② **타법적용자**: 이재민, 노숙인, 타법적용자 중 근로무능력자(의상자 및 의사자의 유족, 입양아동(18세 미만), 국가유공자, 국가무형문화재의 보유자, 북한이탈주민, 5·18 민주화운동 관련자), 행려환자
2종 수급권자	국민기초생활보장 수급자 및 타법적용자 중 1종 수급권자 기준에 해당되지 않는 자

🔽 의료급여 절차(「의료급여법 시행규칙」 제3조)

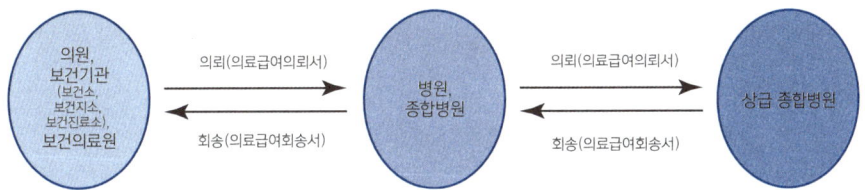

의료급여 절차에 의하지 않고(의료급여의뢰서 없이) 의료급여기관을 이용한 경우 소요 비용은 전액 본인부담 (「의료급여법 시행규칙」제19조 및 별표1의 2)

출처: 건강보험심사평가원

5. 의료급여 단계별 진료 예외 사항

대상자	의료급여기관
• 「응급의료에 관한 법률」 제2조 제1호에 해당하는 <u>응급환자의 경우</u> • <u>분만의 경우</u> • 「의료급여법 시행령」 제3조 제2항 제1호 라목에 따라 보건복지부장관이 정하여 고시하는 <u>결핵질환, 희귀질환자 또는 중증난치질환자가 의료급여를 받으려는 경우</u> • <u>중증의 경우 등록된 중증환자만 해당</u> • 제2차의료급여기관 또는 제3차 의료급여기관에서 근무하는 수급권자가 그 근무하는 의료급여기관에서 의료급여를 받으려는 경우 • 「장애인복지법」 제32조에 따라 등록한 <u>장애인이 장애인 보조기기를 지급 받으려는 경우</u>	제2차 의료급여기관 또는 제3차 의료급여기관에 의료급여 신청 가능

• 「장애인복지법」제32조에 따라 등록한 장애인이 「구강보건법」제15조의2에 따른 장애인구강진료센터에서 의료급여를 받으려는 경우 • 감염병의 확산 등 긴급한 사유가 있어 보건복지부장관이 정하여 고시하는 기준에 따라 의료급여를 받으려는 경우 • 「건강검진기본법」에 따른 국가건강검진을 받은 사람이 결핵질환의 확진검사에 대하여 의료급여를 받으려는 경우	
• 단순물리치료가 아닌 작업치료·운동치료 등의 재활치료가 필요하다고 인정되는 사람이 재활의학과에서 의료급여를 받고자 하는 경우 • 한센병환자가 의료급여를 받고자 하는 경우 • 「장애인복지법」제32조에 따라 등록한 장애인이 의료급여를 받고자 하는 경우 • 「국민건강보험법 시행령」제45조 제1호에 해당하는 지역의 의료급여 수급권자가 의료급여를 받고자 하는 경우 • 「국가유공자 등 예우 및 지원에 관한 법률 시행령」제14조 또는 「보훈보상대상자 지원에 관한 법률 시행령」제8조에 의한 상이 등급을 받은 사람이 의료급여를 받으려는 경우 • 15세 이하의 아동이 의료급여를 받으려는 경우	제2차 의료급여기관에 의료급여 신청 가능

6. 의료급여기관과 의료급여 범위

(1) 의료급여 환자는 「의료급여법 시행규칙」 제3조의 규정에 의한 1차 의료급여기관 ⇨ 2차 의료급여기관 ⇨ 3차 의료급여기관에서 단계적으로 진료를 받을 수 있다.

(2) **1차 의료급여기관** 기출 24

  의료법에 따라 시장·군수·구청장에게 개설 신고한 의료기관, 보건소·보건의료원 및 보건지소, 약국이 포함된다.

(3) **2차 의료급여기관**

  의료법에 따라 시·도지사가 개설을 허가한 의료기관이다.

(4) **3차 의료급여기관**

  2차 의료급여기관 중에서 보건복지부장관이 지정하는 의료기관이다.

Plus⁺ POINT

의료법 시행규칙 [별표 5] 기출 24

의료기관에 두는 의료인의 정원(제38조 관련)

구분	종합병원	병원	치과병원	한방병원	요양병원	의원	치과의원	한의원
의사	연평균 1일 입원환자를 20명으로 나눈 수(이 경우 소수점은 올림). 외래환자 3명은 입원환자 1명으로 환산함	종합병원과 같음	추가하는 진료과목당 1명(법 제43조 제2항에 따라 의과 진료과목을 설치하는 경우)	추가하는 진료과목당 1명(법 제43조 제2항에 따라 의과 진료과목을 설치하는 경우)	연평균 1일 입원환자 80명까지는 2명으로 하되, 80명을 초과하는 입원환자는 매 40명마다 1명을 기준으로 함(한의사를 포함하여 환산함). 외래환자 3명은 입원환자 1명으로 환산함	종합병원과 같음	–	–
치과의사	의사의 경우와 같음	추가하는 진료과목당 1명(법 제43조 제3항에 따라 치과 진료과목을 설치하는 경우)	종합병원과 같음	추가하는 진료과목당 1명(법 제43조 제3항에 따라 치과 진료과목을 설치하는 경우)	추가하는 진료과목당 1명(법 제43조 제3항에 따라 치과 진료과목을 설치하는 경우)	–	종합병원과 같음	–
한의사	추가하는 진료과목당 1명(법 제43조 제1항에 따라 한의과 진료과목을 설치하는 경우)	추가하는 진료과목당 1명(법 제43조 제1항에 따라 한의과 진료과목을 설치하는 경우)	추가하는 진료과목당 1명(법 제43조 제1항에 따라 한의과 진료과목을 설치하는 경우)	연평균 1일 입원환자를 20명으로 나눈 수(이 경우 소수점은 올림). 외래환자 3명은 입원환자 1명으로 환산함	연평균 1일 입원환자 40명마다 1명을 기준으로 함(의사를 포함하여 환산함). 외래환자 3명은 입원환자 1명으로 환산함	–	–	한방병원과 같음
조산사	산부인과에 배정된 간호사 정원의 3분의 1 이상	종합병원과 같음(산부인과가 있는 경우에만 둠)	–	종합병원과 같음(법 제43조 제2항에 따라 산부인과를 설치하는 경우)	–	병원과 같음	–	–
간호사 (치과의료기관의 경우에는 치과위생사 또는 간호사)	연평균 1일 입원환자를 2.5명으로 나눈 수(이 경우 소수점은 올림). 외래환자 12명은 입원환자 1명으로 환산함	종합병원과 같음	종합병원과 같음	연평균 1일 입원환자를 5명으로 나눈 수(이 경우 소수점은 올림). 외래환자 12명은 입원환자 1명으로 환산함	연평균 1일 입원환자 6명마다 1명을 기준으로 함(다만, 간호조무사는 간호사 정원의 3분의 2 범위 내에서 둘 수 있음. 외래환자 12명은 입원환자 1명으로 환산함	종합병원과 같음	종합병원과 같음	한방병원과 같음

해커스공무원 학원·인강
gosi.Hackers.com

제3편

보건행정의 과정

제1장 보건행정조직
제2장 보건재정관리
제3장 보건행정의 인사
제4장 보건행정지휘의 이해

제1장 보건행정조직

1 조직의 이해

1. 조직의 의의

(1) 조직의 정의

① 공동의 목적을 달성하기 위해 필요한 여러 가지 활동을 분담하고, 상호 간 협조하여 수행하는 사람들의 집합체이다.

② 학자별 정의

학자	정의
웨버 (Max Weber)	특정한 목적을 가지고 그 목적을 달성하기 위하여 구성원 간에 상호작용하는 인간들의 협동집단
버나드 (C. Barrnard)	공동의 목표를 달성하기 위해 노력을 할 두 사람 이상의 인간들이 상호의사를 전달하는 집합체
셀즈닉 (P. Selznick)	계속적으로 환경에 적응하면서 공동의 목표를 달성하기 위해 공식적·비공식적 관계를 유지하는 사회적 구조
카츠와 칸 (Katz & Kahn)	공동목표를 가지고 있으며 조직의 내부관리를 위해 각종 규제장치를 가지고 있고, 외부의 환경관리를 위해 적응구조를 발전시켜 나가는 인간의 집단(사회적 체제의 한 종류)
에치오니 (A. Etzioni)	특정한 목적을 달성하기 위하여 의식적으로 구성되고, 재구성되는 사회적 단위
가우스 (J. Gaus)	기능과 책임의 분담을 통해 합의된 목적 달성을 효율화하기 위한 인적 배치
사이먼 & 마치 (H. Simon & J. March)	인간들의 상호작용 집합체로서의 하나의 사회제도
알렌 (H. Allen)	사람들이 목적을 달성하기 위해 가장 효과적으로 협력할 수 있도록 가능한 직무의 성격을 명확히 편성하고, 책임과 권한을 명백하게 하여 이것을 하위자에게 위임하고 또한 상호관계를 설정하는 과정
파슨스 (T. Parson)	좀 더 큰 사회의 기능에 공헌하는 특정한 목적을 달성하기 위한 하나의 사회적 단위

(2) 조직의 특성
  ① 조직은 규모가 크고 구성이 복잡하며 어느 정도 합리성의 지배를 받는다.
  ② 조직은 사람으로 구성되며 동시에 개별적인 존재와는 별도의 실체를 형성한다.
  ③ 조직에는 그 조직이 가지는 목적(Goal)이 있다.
  ④ 조직에는 분화와 통합에 대한 공식적 구조와 과정이 있다.
  ⑤ 조직 안에는 비공식적 또는 자생적 관계가 형성된다.
  ⑥ 조직에는 경계가 있어 조직과 그 환경을 구별하게 해 준다.
  ⑦ 조직은 사회적 단위로서 그 환경과 상호작용한다.
  ⑧ 조직은 시간선상에서 움직여 가는 동태적인 현상이다.

(3) 조직의 목적
  조직의 목적이란 조직이 달성하고자 하는 바람직한 미래의 상태를 말한다.

(4) 조직목적의 기능

조직지침	조직이 달성하고자 하는 바람직한 상태로 가기 위한 운영방향 및 활동지침을 제공
정당성 근거	사회 속에서 조직이 존재하는 이유와 활동의 근거 및 정당성을 제공하는 조직의 신념 또는 철학
효과성 평가 기준	조직의 목적달성 정도나 효과성 또는 능률성을 평가하는 평가 기준의 기능을 함
기획	조직이 '바람직한 미래상'으로 가기 위한 방향과 방법을 제공

(5) 조직목적의 유형

공식적 목적	조직이 공식적으로 내세우는 목적으로 조직의 형태나 책임자의 선정 등에 의해 나타남
실질적 목적	조직이 행동을 통해 실질적으로 추구하는 것으로 공식적 목적과 실질적 목적이 일치하지 않을 수 있고, 두 목적이 일치하면 조직이 존립하는 것에 정당성을 높여 줌
상위 목적	조직 전체가 달성해야 하는 목적으로 추상적이고 무형적
하위 목적	상위목적을 달성하기 위한 수단적·단계적 목적으로 구체적이고 상세하기 때문에 계측 및 계량화가 가능하며 유형적
질적 목적	목적의 내용이 가치를 포함하거나 추상적인 것으로 측정이 어려움
양적 목적	목적의 내용이 사실을 나타내는 것으로 구체적이고 측정 가능

조직의 특성 또는 속성(문상식 외, 2019)
1. 공동의 목표
2. 업무의 분업
3. 구성원(진정한 주체)
4. 권한체계
5. 환경적응(동태적)

보건행정조직의 특성
1. 인간이 주된 서비스 대상
2. 다양한 목표
3. 다양한 직종
4. 보건의료서비스 제공자와 소비자의 갈등
5. 상호의존성
6. 통제와 조정의 어려움
7. 높은 자본비중

(6) 조직의 기본 개념

권력	• '복종, 통제, 지배할 수 있다'는 의미와 '다른 사람을 움직일 수 있게 하는 권리나 특권 등'을 의미하는 것으로 힘이나 능력과 관련이 되지만, 그렇다고 힘이나 능력 그 자체만을 의미하지는 않음 • 권력은 상대방의 의지와는 상관없이 자신의 의지를 관철시킬 수 있는 잠재적·실재적인 힘
권한	조직규범에서 정당성이 인정된 권력 또는 직무를 수행할 수 있게 하는 자유재량권
권한위임	상위계층이 갖고 있는 업무의 일부를 조직의 아랫사람이 책임지고 할 수 있도록 재량권을 부여하는 것
집권화	권력이나 권한의 중심화로 조직의 중요한 의사결정이 조직의 한 부분에 집중되는 것
분권화	권력이나 권한이 조직의 많은 장소에 분산되어 있는 것
책임	• 사람이 조직에서 자신의 직위와 관련하여 수행해야 하는 임무와 의무로, 일반적으로는 직위에 따라 수행되어야 하는 업무 • 조직 구성원이 조직 내의 자신의 직위에 따라 맡겨지는 것 또는 수행해야 하는 의무
책무	• 책임보다는 좀 더 특수하고 협의적인 의미로 사용 • 직위에 부과된 임무를 수행하고 난 결과에 대해 책임을 지는 것
직위	• 어느 한 집단이나 조직이 달성해야 할 직무들이 체계적으로 배열되어진 계층적인 구조 속에 개인이 일정기간에 걸쳐 점하고 있는 상대적인 가치와 서열 • 조직의 체계적이고 총체적인 직무배열 속에 차지하고 있는 위치
역할	개인이 특정 사회에서 차지하고 있는 지위 또는 직위와 관련되어 수행되어야 하는 행동 유형
라인 (Line)	조직 내의 상하·수직적인 계층구조 속에서 상층의 관리자가 하층의 부하에게 지시·명령·감독할 수 있는 관계
스탭 (Staff)	명령할 수는 없지만 라인의 기본적이면서도 우선적인 직능에 대해 조언이나 조력을 함으로써 일반적으로 라인 활동을 좀 더 효과적이고 효율적으로 촉진시키며, 조직활동의 목표를 달성하는 데 간접적으로 기여하는 것

(7) 조직의 중요성

① **목표달성의 도구**: 조직을 통해 바람직한 목표와 성과달성이 용이하다.
② **가치창출의 도구**: 조직을 통해 주주, 고객, 종업원을 위한 가치창출이 용이하다.
③ **효율적 생산의 도구**: 조직을 통해 효과적으로 재화와 서비스 생산이 용이하다.
④ **혁신의 도구**: 조직을 통해 환경변화에 적응하며 혁신이 용이하다.

2. 조직구조의 특성

(1) 조직구조의 개념
① 조직 구성원 간의 유형화된 상호작용을 의미한다.
② 기계적 구조와 유기적 구조로 구분된다.

(2) 조직구조의 기본 모형
① 기계적 조직구조
  ㉠ 엄격히 규정된 직무
  ㉡ 많은 규칙과 규정(높은 공식화)
  ㉢ 집권적 권한과 분명한 명령체계
  ㉣ 좁은 통솔범위
  ㉤ 낮은 팀워크
② 유기적 조직구조
  ㉠ 적은 규칙과 규정(낮은 공식화)
  ㉡ 분권적 권한
  ㉢ 광범위한 직무
  ㉣ 넓은 통솔범위
  ㉤ 높은 팀워크

(3) 기계적 구조와 유기적 구조 비교 기출 10, 15(간호직 8급)

구분	기계적 구조	유기적 구조
주안점	예측가능성	환경변화에 대한 적응성
조직특성	• 좁은 직무범위 • 표준 운영절차 • 분명한 책임관계 • 계층제 • 공식적이고 몰인간적 대면관계	• 넓은 직무범위 • 적은 규칙과 절차 • 모호한 책임관계 • 채널의 분화 • 비공식적이고 인간적인 대면관계
상황조건	• 명확한 조직목표와 과제 • 분업적 과제 • 단순한 과제 • 성과 측정이 가능 • 금전적 동기부여 • 권위의 정당성 확보	• 모호한 조직목표와 과제 • 분업이 어려운 과제 • 복합적 과제 • 성과 측정이 어려움 • 복합적 동기부여 • 도전받는 권위

조직의 구성요소
1. 공식화(formalization)
2. 집권화(centralization)
3. 복잡성(complexity)

(4) 조직구조의 구성요인

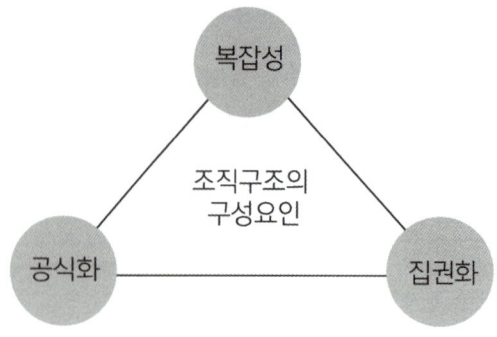

◐ 조직구조의 3대 구성요인

① 공식화(Formalization)
  ㉠ 조직 내 업무가 얼마나 표준화되어 있는가, 구성원들이 업무를 수행하는 데 취할 수 있는 수단 및 행동과 관련된 사항이 얼마나 구체적으로 제시되어 있는가의 정도를 말한다.
  ㉡ 조직에서 직무수행에 관해 언제, 무엇을, 어떻게 수행해야 하는가 하는 행위의 절차와 규칙이 명시화된 정도를 의미한다.
  ㉢ 공식화의 장단점

장점	• 업무행위의 편차를 최소화 • 업무 흐름의 일관성 · 명확성을 높여 생산의 효율성 향상 • 업무의 영역, 권한과 책임소재, 명령과 지시, 보고 계통 등을 명확히 함 • 업무가 모호한 상태에서 시간과 자원의 낭비를 줄여 줌 • 부서 간의 마찰과 갈등 방지
단점	• 조직구성원의 자율성이 축소되고, 관료제의 병리현상이 만연하게 됨 • 관료제의 역기능적 현상이 공식화에 그대로 적용될 수 있음

조직에서 공식화가 필요한 이유
1. 조직 구성원의 행동을 정형화함으로써 통제가 용이하다.
2. 공식화 정도가 높을수록 조직 내 행동과 결과에 대한 예측 가능성이 높아진다.
3. 조직 내 활동의 표준화로 업무수행 상황과 행동에 대해 혼란을 막을 수 있다.
4. 공식화로 경제성이 증가되고, 고객들에 대한 공평성을 유지할 수 있다.
5. 조정을 촉진시켜 개인 간, 집단 간에 발생하는 갈등을 줄여준다.

② 집권화(Centralization)와 분권화(Decentralization)
  ㉠ 조직 내 자원 배분에 관련된 의사결정의 집중도 및 직무수행에 관계된 의사결정의 집중도를 포함한 권한의 분배 정도이다.
  ㉡ **집권화**: 의사결정의 권한이 중앙 또는 상위기관에 체계적으로 유보되어 있는 것을 의미한다.
  ㉢ **분권화**: 의사결정의 권한이 지방 또는 하급기관에 위임되어 있는 것을 의미한다.
  ㉣ 단순작업층(비숙련공)의 경우 종업관은 X이론에 따른다(의사결정이 경영관리자에게 집중됨).

ⓜ 집권화와 분권화의 장단점

구분	집권화	분권화
장점	• 행동 통일성 촉진 • 명령의 신속한 전달 • 높은 통합적 조정 • 업무에 대한 일사불란한 대처가 가능 • 최고관리자의 리더십 발휘가 용이	• 의사결정의 신속성과 원활한 의사전달 • 업무의 효율성과 전문화 기능 • 많은 정보의 투입으로 정확한 선택이 가능 • 전문가들에 의한 정보해석의 정확성 높임 • 관리자의 종업원에 대한 Y이론관의 신뢰를 형성 • 하위계층을 강하게 훈련시키는 효과를 초래
단점	• 조직 내 권위주의와 획일주의가 만연함 • 조직의 탄력성 부족과 전문화의 어려움 • 구성원의 창의성과 혁신성, 업무의 자율성이 감소 • 의사소통의 문제를 유발 • 자발적인 혁신의 어려움	• 중앙통제의 약화로 전체를 종합적으로 보지 못함 • 조직 내 통일과 협동이 부족 • 조직 전체의 이익 도모가 어려움 • 업무의 중복과 비용의 낭비를 초래

③ **복잡성(Complexity)**: 조직의 분화 정도로, 조직이 하위단위로 세분화되는 과정이나 상태를 의미한다.

㉠ 수평적 분화

특징	• 조직 전체 수준에서의 분업으로, 단위부서 간의 횡적 분리의 정도를 나타냄 • 분화된 여러 활동을 수평적으로 조정하는 방법 • 분업으로 세분화된 활동들을 직무와 대응시키고 이를 다시 조직 전체 수준에서 집단별로 결합시키는 과정 • 조직구조를 하부구조로 나누어 관리자가 제한된 활동의 범위 안에서 구체화시킬 수 있음 • 기관의 조직은 집단행동과 효율성에 영향을 미침 • 같은 부서에 비슷한 전문적 기술을 가지는 사람들을 배치함으로써 전문화된 기술을 강화시킬 수 있음 • 조직이 목표를 효과적으로 달성하기 위해 과업의 특성이나 구성원들의 교육 및 훈련 정도에 따라 부서를 나누어 분업하는 것 • 조직 내에 전문적 지식이나 기술을 필요로 하는 직무의 수가 많으면 많을수록 수평적 분화는 많이 일어나고 복잡성은 증대됨 • 수평적 분화는 인간의 신체적 한계와 지식의 한계 때문에 어쩔 수 없이 발생하며 효율성 때문에 장려되기도 함

장단점	장점	• 단위부서 구성원들에게 자율성을 부여하고, 제한된 업무범위 내에서 절차와 표준화가 가능하여 업무의 효율성이 높아짐 • 개인은 전문화된 기술 습득이 가능함
	단점	• 구성원들이 자신의 목표만 강조하게 되면 조직 전체의 목표를 등한시하기 쉬움 • 장비와 서비스가 중복될 가능성이 있음
예	조직을 기능별, 대상자별, 시간별로 부문화	
	기능별 부문화	내과와 외과 단위로 부문화하고, 내과 단위에는 소화기계, 호흡기계, 순환기계, 신경계 등으로, 외과 단위는 일반외과, 정형외과, 흉부외과, 신경외과 등으로 세분화된 의학전문과 기능 중심의 부문화
	대상자별 부문화	아동, 산모, 성인, 노인, 암환자, 호스피스 등으로 구분하여 부문화
	시간별 부문화	근무시간별로 낮번, 초번, 밤번, PRN근무번 등 시간별로 부문화

ⓒ 수직적 분화
ⓐ 조직구조의 깊이를 가리키는 것으로, 권한계층의 상층에서 하층에 이르는 계층수를 말한다.
ⓑ 조직이 분화되어 복잡성이 증가할수록 조직 내의 권한계층의 수도 증가한다.
ⓒ 구성원들 간의 의사소통이 왜곡될 가능성이 커지고 이들 간의 의견을 조정하기도 어려워진다.
ⓓ 수직적 분화는 조직의 원리 중 '통제범위의 원리'와 가장 밀접하게 관련된다.
ⓔ 수직적 분화는 수평적 분화와 관계 없이 독립적으로 발생하지 않는다.
ⓕ 수평적 분화가 증가할수록 부문 혹은 부서 간에 조정이 필요하고 이에 따라 수직적 분화도 함께 발생한다.

ⓒ 지리적 분화
ⓐ 조직의 사무실, 공장, 인력 등이 지역적·지리적으로 분산되는데, 이렇게 분산된 정도를 말한다.
ⓑ 분산의 범위가 넓을수록 조직의 복잡성이 증대되고, 부하직원들과 의사소통, 조정, 통제가 상대적으로 불리해진다.

(5) 조직구조의 결정요인

전략 (Strategy)	조직목표를 달성하기 위한 합리적 수단으로, 조직의 장기목적에 따라 정책의 방향을 결정하고 행동의 방침을 채택하여 목적 달성에 필요한 제반 자원을 배분하는 것	
조직의 규모 (Size)	인력, 물적 수용능력, 투입 및 산출, 재정적 자원 등 많은 요소가 관련되어 있으나 일반적으로 조직의 크기, 즉 구성원의 총수와 밀접하게 관계가 있음	
기술 (Technology)	조직 내에서 투입물을 산출물로 변환시키는 과정 혹은 방법으로, 기술은 여러 가지 투입물을 조직이 바라는 산출물로 변환시키는 데 이용되는 기술, 지식, 능력, 도구, 기계, 컴퓨터, 장비 등을 말함	
환경 (Environment)	조직이 생존하기 위해 필요로 하는 자본, 인력, 물적 자원, 기술적 정보, 시장 등을 제공하는 중요한 영향요인으로 조직의 생성이나 존속 및 성장에 크게 영향을 미침	
권력-통제	조직구조에 대한 의사결정은 조직의 특별한 이해집단이나 연합체들 간에 권력투쟁의 결과	

(6) 보건의료조직의 특징

① 산출을 정의하고 측정하기가 어렵다.
② 업무가 가변적이고 복잡하다.
③ 상당수의 업무가 응급을 요하거나 미룰 수 없다.
④ 업무가 매우 상호의존적이며 다양하나 전문가들의 조화된 협조가 요구된다.
⑤ 업무는 높은 수준의 전문성을 요구한다.
⑥ 구성원들은 전문화되어 있고 조직보다는 자신의 전문분야에 더 충성한다.
⑦ 의사들에 대한 효과적인 조직, 경영상의 통제수단이 거의 없다.
⑧ 이중의 권위구조로 책임소재의 문제를 일으키며 역할의 혼돈을 가져온다.

3. 조직의 유형 - 학자별 조직 분류

(1) 에치오니(Etzioni) - 복종의 형태에 의한 분류 기출 18, 19, 20, 21

유형	정의	예
강제적 조직	조직의 통제수단이 강제적이고 구성원들이 고도의 소외의식을 가짐	군대, 경찰서, 강제수용소, 교도소, 감금정신병원 등
공리적 조직	조직이 구성원에 대하여 임금을 제공하고 구성원은 조직으로부터 지급되는 보상만큼 일한다는 입장임	기업, 경제단체, 이익단체, 민간기업 등
규범적 조직	통제의 원천이 규범적 권한과 도덕적 복종이 부합되어 있는 조직으로, 지도자의 개인적 영향력 의존과 비공식적 제재가 강함	종교단체, 이념정당, 학교, 가족, 대학, 병원 등

(2) 블라우와 스코트(Blau & Scott) - 조직의 **수혜자**에 의한 분류 기출 18, 19, 21

수혜자 유형	정의	예
호혜적 조직	조직 구성원 일반을 위한 상호 이익이 가장 중요한 목표인 조직	종교단체, 노동조합, 이익단체, 정당, 클럽 등
기업 조직	소유주가 조직의 수혜자인 조직, 능률성 강조	일반기업, 은행, 보험회사 등
봉사 조직	고객을 위한 조직으로 조직은 고객과 정기적·직접적으로 관계를 가짐	법률상담소, 사회사업기관, 병원, 학교 등
공익 조직	공익추구조직으로 일반대중이 수혜자가 되는 조직	경찰서, 행정기관, 군대조직, 소방서 등

(3) 파슨스(T. Parsons) - 사회적 기능에 의한 분류 기출 14, 19, 20, 21

유형	정의	기능	예
경제 조직	경제적 재화의 생산과 분배에 종사하는 조직	적응기능	기업, 경제조직 등
정치 조직	사회체계의 목표를 수립·집행하는 기능과 관련된 조직	목표달성 기능	정당, 정부조직, 정치조직 등
통합 조직	사회의 구성원의 갈등을 조정하고 안정을 유지하는 조직	통합기능	경찰, 사회복지조직, 사법기관 등
형상유지 조직	교육이나 문화 활동을 통해 사회의 틀이 오랫동안 유지되도록 하는 조직	형상유지 기능	문화단체, 연구소, 학교, 종교집단 등

(4) 카츠와 칸(Katz & Khan) - 조직의 기능에 의한 분류 기출 17

유형	정의	예
생산적 조직	사회를 위해 재화와 용역을 제공하는 기능을 수행	농업, 공업, 등
형상유지 조직	인간이 사회나 조직에서 역할을 수행할 수 있도록 사회화시키는 기능을 수행	교육기관, 종교단체, 병원
적응 조직	변화하는 자연적 사회적 환경 속에서 사회가 계속 적응·발전할 수 있도록 새로운 지식이나 창조적 아이디어를 개발하는 기능을 수행	대학, 연구소 등
관리·정치적 조직	사람과 자원 그리고 하위 체제에 대한 통제, 조정 기능을 수행	국가기관, 정부조직, 정당, 노동조합 등

(5) 민츠버그(Mintzberg) - 조직의 규모와 관리 복잡성 정도(복수국면, 상황요인)

기출 15, 17, 18, 19, 21, 23

유형	정의	예
단순구조 조직	구조가 간단하고 소규모이면서 유동성이 강한 조직	자동차 딜러 신생조직, 독재조직 등
기계적 관료제 조직	조직의 역사가 길며 대규모로서 표준화되어 있는 안정적 조직	우체국, 철강제조회사, 항공사 등
전문적 관료제 조직	전문가집단이 일하는 대규모 조직	사회복지기관, 대학, 종합병원 등
대형지부 조직	고객의 다양성에 대처하기 위해 각 사업부서가 책임을 지고 자율적인 활동을 하는 조직	재벌기업, 대학(여러 캠퍼스) 등
임시특별 조직	복잡한 형태이며 대체로 연구개발 조직과 같은 성향의 조직	첨단기술연구소, 광고회사, 우주센터 등

(6) 리커트(Likert) - 의사결정 참여도에 의한 분류

유형	체제	정의
권위형	수탈적 권위형 (체제 1)	관리자는 부하를 가장 신뢰하고 있지 않으며, 의사결정은 상위층에서 하고 명령계통은 엄함
권위형	온정적 권위형 (체제 2)	관리자는 부하에게 어느 정도의 신뢰감을 가지고 있으나, 주인 대 머슴과 같은 종속관계로서 한정된 부분만을 하위에서 결정
민주형	협의적 권위형 (체제 3)	관리자는 부하를 상당한 정도까지 신뢰하고 있으나 아직도 완전한 신뢰감이라고 할 수 없고, 대개의 방침이나 일반적인 결정은 상위층에서 하지만 차원이 낮은 개별적인 문제의 결정은 부하에 위임
민주형	참여적 권위형 (체제 4)	관리자는 부하를 전적으로 신뢰하고 신용함

2 조직의 원리

1. 계층구조의 원리(Principle of Hierarchy) 기출 11, 12, 13, 15, 16, 17, 18, 19, 20, 25

(1) 특징

① 공식조직을 형성하는 구성원들의 계층 간 책임을 분배하고 명령계통, 지휘, 감독체계를 확립하는 것이다. ⇨ 권한과 책임정도의 '피라미드'식의 사다리
② 권한과 책임의 정도에 따라 직무를 등급화함으로써 최고관리자, 중간관리자, 하부구성원 사이를 직무상 지휘·감독 관계에 서게 하는 것이다.
③ 구성원들의 직무를 수직적으로 등급화하여 상위의 등급자가 하위의 등급자에게 명령한다.

계층제
1. 조직 내 분쟁의 해결통로
2. 권한 위임의 통로
3. 의사소통의 통로
4. 조직의 내부통제 경로

(2) 장단점

장점	• 조직 내 명령통일과 의사소통의 통로가 됨 • 지휘·감독을 통한 질서 확보의 통로가 됨 • 조직 내 권한과 책임의 위임통로가 됨 • 조직 내부의 여러 갈등의 조정과 해결의 수단이 됨 • 조직의 목표설정이나 배분의 통로가 됨 • 행정적 결정의 엄수 및 행정 책임의 소재 규명의 수단이 됨
단점	• 상·하 간의 지나친 수직관계로 근무의욕 저하, 엄격한 경직화를 초래 • 계층 수준의 심화(여러 계층을 거치는 동안)로 의사소통이 왜곡됨 • 변동하는 외부사정에 즉각적 적응이 어렵고, 보수성을 가짐 • 하위계층의 창의력 저해, 동태적 인간관계 형성을 방해

2. 통솔범위의 원리(Principle of Span of Control) 기출 11, 14, 15, 16, 18, 19, 20

(1) 특징

① 한 사람의 관리자가 효과적으로 직접 관리할 수 있는 직원의 수 또는 관리의 범위를 말한다.
② 관리자의 통제의 폭을 결정할 때 실제적인 관계 수에 따라 결정해야 한다.

(2) 관리자의 통제 폭을 결정하는 요인 기출 21

① **조직 방침의 명확성**: 조직의 계획의 명확성, 방침의 정확성, 권한위임 정도가 분명해야 한다.
② **부하의 과업성격**: 부하의 과업이 일상적이고, 반복적이며, 비전문적일수록 관리의 폭이 넓어진다.
③ **객관적 표준의 이용가능성**: 업무수행 결과에 대한 객관적 평가 기준이 명확할수록 감독의 필요성이 적어지므로 폭이 넓어진다.
④ **부하의 능력**: 유능하고 경험이 많으며, 훈련이 잘 된 부하직원은 권한위임이 용이하고, 관리 폭이 자연스럽게 넓어진다.
⑤ **정보전달능력 및 기법**: 모든 계획, 지시, 명령, 조직의 문제를 구두로 전달 시 시간부담이 높아 관리 폭이 좁아진다.
⑥ **전문 스탭의 이용가능성**: 스탭에게 업무상 조언과 지원을 많이 받을수록 관리자의 폭이 넓어진다.
⑦ **지역적 위치**: 지역적으로 부하들이 분산되어 있으면 의사소통문제가 발생하고 관리의 폭이 좁아진다.
⑧ **기획조정 기능**: 목적설정, 예산편성, 실적평가, 관련부서와 업무조정 등 관리자의 경영관리 기능이 많고, 복잡할수록 관리 폭이 좁아진다.

(3) 적정 관리 인원

① **최고관리자**: 2 ~ 3명이다.
② **중간관리자**: 4 ~ 8명이다.
③ **하급관리자**: 8 ~ 10명 내외이다.

기출 체크

다음에서 설명하는 조직의 원리는?
기출 25

• 권한과 책임의 정도에 따라 직무를 등급화한 피라미드 구조이다.
• 구성원들의 직무를 수직적으로 등급화하여 상위의 등급자가 하위의 등급자에게 명령한다.

① 전문화의 원리
② 계층제의 원리
③ 부서편성의 원리
④ 조정·통합의 원리

정답 ②

(4) 장단점

장점	적절한 범위의 부하의 수를 가진 조직에서 관리자의 지휘가 용이
단점	관리자에게 부하의 수가 많은 경우 이에 대응하여 필요에 따라 비용이 발생할 수 있음

3. 명령통일의 원리(Principle of Unity of Command) 기출 11, 14, 15, 16, 17, 18, 21, 22

(1) 특징
① 조직 질서를 유지하기 위한 명령체계의 확립을 요구하는 원칙이다.
② 한 사람의 상관에게서 명령을 받고 이에 대해 책임을 지는 것이다.
③ 구성원의 책임소재가 명확해야 한다.
④ 조직의 책임자가 조직을 전체적으로 조정해야 한다.
⑤ 상급자와 하급자 사이에 명령과 보고의 내용이 명백해야 한다.
⑥ 조직상 의사소통의 혼란을 최소화해야 한다.

(2) 장단점

장점	• 조직 구성원의 책임소재가 명확함 ⇨ 업무의 비능률과 혼란, 무책임 등을 예방할 수 있음 • 조직의 책임자가 조직을 전체적으로 조정 가능 • 상급자와 하급자 사이에 명령과 보고의 대상이 명백함 • 조직에서 의사소통의 혼란을 최소화 가능
단점	• 의사소통 시, 하급자가 심리적 부담을 과도하게 받음 • 기능 전문가의 영향력 감소로 시행착오 및 업무의 지연이 발생할 수 있음 • 계층적 권위가 과도하게 노출될 수 있음 • 조직성과에 저해가 됨 • 업무진행이 지연되고, 조직이 불안정할 수 있음

4. 분업 – 전문화의 원리[아담 스미스 – 아지리스(전문화)] 기출 11, 12, 13, 15, 16, 17, 19

(1) 특징
① 업무를 특성별로 나누어 조직 구성원들에게 가능한 한 가지 주된 업무를 분업시키는 것이다.
② 전체 과업을 더 작은 직무로 분할하는 것으로, 유사한 과업끼리 묶는 것이다.

(2) 장단점

장점	• 시간과 비용의 절감되고, 효과적이며, 능률적으로 일할 수 있음 • 업무의 기계화를 통한 개인적 차이 해결
단점	• 단순한 업무의 반복으로 업무에 대한 흥미가 상실되어 능력이 개발되지 않음 • 지나친 분업은 조직 내 단위 간의 조정을 어렵게 함 • 조직을 통합적으로 관리하는 것보다는 더 많은 비용을 요구 • 업무의 중복, 낭비 • 책임을 회피

5. 조정의 원리(사이먼, H. A. Simon, 1916) 기출 11, 12, 13, 14, 15, 16, 17, 18, 19, 20

(1) 특징
① 조직의 존속을 도모하는 기능으로 조직의 공동 목표를 수행할 수 있도록 행동의 통일을 기하는 것이다(목표 통일의 원리).
② 공동의 목적달성을 추구하는 행동의 통일을 기하기 위하여 각 집단적 노력을 질서 있게 배열하는 것이다.
③ 조직 환경 변화가 심한 경우, 작업 간 상호 관련성이 높을수록 조정이 필요하다.

(2) 조정의 저해요인
① 타 조직에 대한 배타적이며 비협조적인 할거주의 현상
② 권한책임의 불명확 및 의사전달의 미흡
③ 정치적 영향력에 의한 파벌 형성
④ 관리자 혹은 조직 구성원의 조정능력 부족 등이 저해요인으로 작용한다.

(3) 효율적인 조정 이용법
① 계층제에 의해 권한 및 책임을 명확화한다.
② 위원회 및 참모기관을 활용한다.
③ 통합기구(프로젝트조직, 행렬조직)를 설치한다.
④ 규율 및 징계제도를 활용한다.
⑤ 규정과 절차를 통한 의사결정지침을 마련한다.

6. POSDCoRB의 원리[귤릭(L. Gulick)]

(1) 행정관리자 또는 지도자의 기능에 관한 원리로, '계획 – 조직 – 인사 – 지휘 – 조정 – 보고접수 – 예산'의 7종으로 구분한다.

(2) POSDCoRB의 기능

계획	조직의 목표를 성취하기 위하여 해야 할 행동의 대상과 그 방법을 개괄적으로 확정하는 행위
조직	목표의 성취를 위하여 공식적 권한의 구조를 설정하고 분업을 행하며, 각 직위의 직무 내용을 확정하는 행위
인사	직원을 채용하고 훈련하며, 좋은 근무조건을 주도록 노력하는 것
지휘	행정관리자가 의사결정을 하고 그에 따라서 각종의 명령을 내리는 행위
조정	업무의 모든 부분 간의 상호관계를 정해 주는 것
보고	행정관리자가 그와 그의 부하가 신속하고 정확한 보고를 접수하게 하는 행위
예산	예산의 편성, 회계, 통제 등을 하는 것

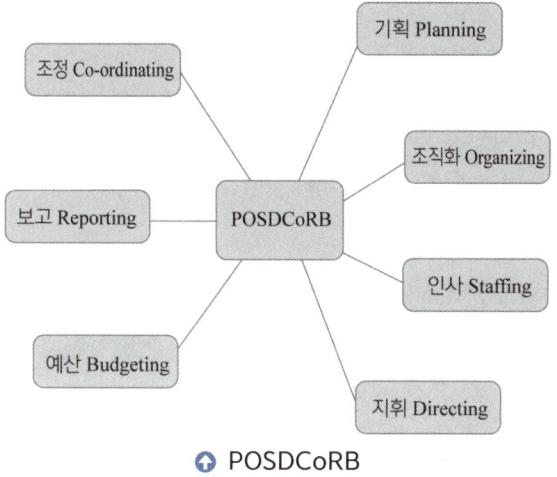

↑ POSDCoRB

7. 일치의 원리 기출 19

(1) 개념
정해진 책임과 그 책임의 완수를 위하여 <u>필요한 권한의 양자가 일치해야 하는 것을 의미한다.</u>

(2) 등급화의 원리
책임의 경중에 따라 상·하 간에 분업하는 것을 말한다.*

(3) 권한과 책임의 4가지 원칙
① **권한과 책임의 원칙**: 각 직위의 권한과 책임은 명확히 규정되어야 한다.
② **권한과 책임 균등의 원칙**: 각 직위의 권한과 책임은 표리일체의 관계가 있으므로 양자의 비중이 균등해야 한다.
③ **권한과 책임 위양의 원칙**: 분화조직체에서 직무상의 권한과 함께 책임의 일부를 위양해야 업무 집행이 신속하고 능률적이다.
④ **권한과 책임 위양의 예외의 원칙**: 일상적·통상적 사항의 권한과 책임은 하위자에게 위양할 수 있으나, 예외적인 사항은 위양하면 안 된다.

8. 예외의 원리 기출 19

(1) 특징
① 대부분의 관례적인 결정은 부하에게 위임하고, 관리자는 예외적인 사항만 취급해야 한다는 원리이다.
② 일상적이고 관례적인 것은 위임이 가능하나, 조직의 장래문제나 정책문제는 위임이 불가하다는 원칙이다.
③ 행정관리자의 대부분의 관례적인 결정을 하급자에게 대폭 위임하고, 자신의 예외적인 것(특별한 사건, 특별히 좋은 것)만을 결정하는 것을 말한다.
④ 행정관리자는 과거 일정기간 내의 처리상황을 일괄적으로 보고 받고, 과거의 평균 또는 관리자가 한 표준에 도달했는지의 여부만을 본다.

* 직위마다 책임의 경중이 정해지고, 수평적 분업의 결과로 직위의 책임의 내용이 정해진다.

목적의 원리
조직의 편성이나 부서관리에 있어서 행정 관리자는 명확한 목적을 가져야 한다는 것을 의미한다.

(2) 그레샴(Gresham) 법칙
① 사이몬의 계획에서의 그레샴 법칙: 관리자가 관례적인 일에 자기 시간의 대부분을 빼앗겨, 시초의 계획 내지 정책적 일에 대한 시간이 감소되는 현상이다.
② "악화가 양화를 구축한다(Bad money drives out good)."라는 것으로 나쁜 것이 번창하고 좋은 것이 사라진다는 의미이다.

> **Plus⁺ POINT**
>
> 계층구조, 통솔범위, 명령통일, 분업 – 전문화의 원리의 장단점
>
> | 속성 | 장점 | 단점 |
> | --- | --- | --- |
> | 계층구조의 원리 | • 조직 내 명령통일과 의사소통의 통로가 됨
• 의사결정에 대한 책임이 분명
• 분쟁이나 갈등 조정 시 용이
• 지휘와 감독을 통해 조직의 질서유지가 용이 | • 상하의 지나친 수직관계로 경직화가 초래
• 의사소통의 자유성과 융통성이 제한
• 구성원의 자율성, 창의성을 약화시킴
• 주위환경에 대한 신축적인 대응이 어려움 |
> | 통솔범위의 원리 | 적절한 범위의 부하의 수를 가진 조직에서 관리자의 지휘가 용이 | 관리자에게 부하의 수가 많은 경우 이에 대응하는 필요에 따른 비용이 발생할 수 있음 |
> | 명령통일의 원리 | • 업무와 책임 소재와 의사소통이 명백
• 조직의 책임자가 전체적으로 조정함
• 명령과 보호의 상호대상이 명백 | • 관리자의 권위가 지나치게 강조
• 기능적 전문가의 영향력 감소와 행정지연을 초래
• 조직의 저해가능성이 있음 |
> | 분업 – 전문화의 원리 | • 업무의 단순화, 생산성 향상시킴
• 개인의 작업능률을 향상시킴
• 업무의 신속처리방법 발견의 기회를 제공
• 특정 전문가 양성이 가능 | • 일에 대한 흥미와 창조성을 잃음
• 업무의 중복, 책임 회피할 수 있음
• 업무의 통합성이 부족하고, 조정이 곤란 |

3 조직이론의 발전

구분	고전적 조직이론 (1890 ~)	신고전적 조직이론 (1930 ~)	현대적 조직이론 (1940 ~)
시대적 이론	• 과학적 관리론 • 행정관리론 • 관료체제론	• 인간관계론 • 환경관계론	• 행태론 • 체제론 • 상황론
조직의 가치관	기계적 능률	사회적 능률	다양한 가치
조직의 구조관	공식적 구조	비공식 구조	조직구조 전반
조직의 인간관	경제적 인간	사회적 인간	자아실현인, 복잡한 인간(Z이론)
조직의 환경관	폐쇄체제관	소극적 환경관	적극적 환경관
접근의 방식	낮은 경험성	경험성 강조	높은 경험성, 다양성

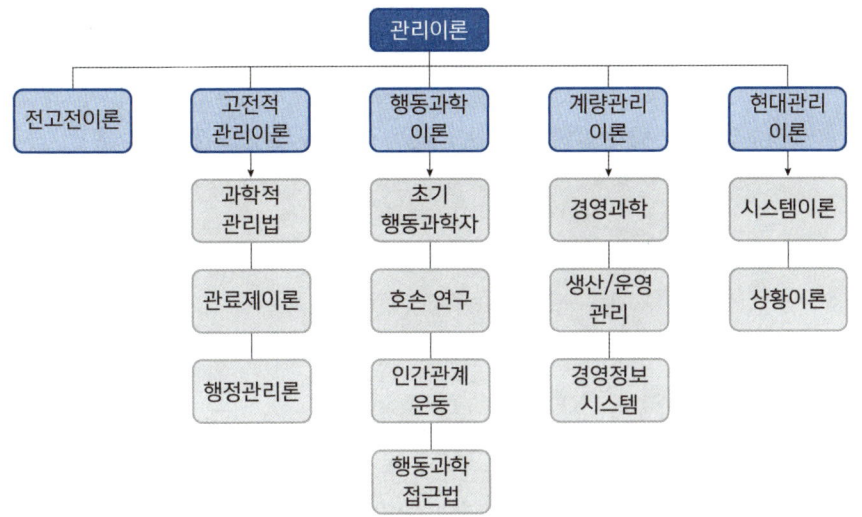

○ 관리이론의 분류

출처: Hellriegel, S., Jackson, S. & Slocum, J.(2005). Management

1. 고전적 조직이론(Classical management theories, 1880 ~ 1930년 사이)

(1) 과학적 관리론(Scientific management) 기출 07, 10, 12, 14, 15, 18, 19, 20, 21

① 의의: 테일러(F. W. Taylor)에 의해 발전되어 현재에도 사용되는 테일러주의 이론이다.

② 특성
  ㉠ 업무의 효율성과 생산성을 향상시키는 방법에 대해 과학적 원칙을 적용한다.
  ㉡ 시간과 동작연구를 통해 근로자의 작업 시간을 측정한다.
    ⓐ 조직과 인간 관리의 과학화로 능률의 극대화에 기여하였다.
    ⓑ 생산 공정에서 인간의 활용을 극대화하는 기술과 지식을 체계화하는 기초를 확립하였다.
    ⓒ 직무를 전문화하고 대량생산을 가능하게 하였다.
  ㉢ 작업 표준을 마련하여 가장 적은 시간으로 가장 많은 일을 할 수 있는 방법에 관심을 가진다.
  ㉣ 생산율에 따라 성과급을 지급한다.
  ㉤ 작업의 적합한 근로자의 선발과 훈련을 한다.
  ㉥ 폐쇄 - 합리적 조직이론의 기틀을 마련하였다.
  ㉦ 관습, 감정, 직관을 배제한 과학적 원칙을 적용한다.

③ 4가지 관리원칙
  ㉠ 원칙 1 - 근로자의 효율적인 업무수행방법에 관한 실험연구: 수행할 업무에 관한 정보 수집과 근로자의 업무수행방법 및 업무수행 향상방법에 관해 실험한다.

과학적 관리론
1. 차별성과급제도
2. 시간동작 연구
3. 현재도 현장에서 쓰이고 있다.

역사적 인식
과학적 관리론을 활용한 결과 산업혁명과 함께 사회의 산업화과정에 큰 호응과 놀라운 생산성 향상을 가져와 유럽 전 지역에서 테일러(Taylor)의 경영방법은 일명 '테일러주의'로 확산되었다.

과학적 관리론의 특징
1. 과학적 관리론의 생산성 > 인간적
2. 업무의 표준화·효율성·생산성 추구 - 시간동작 연구 - 성과급제 도입 - 업무의 적합한 근로자의 선발 및 훈련

ⓒ **원칙 2 - 효율적인 업무수행방법의 문서화 작업과 근로자 훈련**: 업무수행에 필요한 동작을 분석하여 효율적인 업무수행 절차와 규칙을 문서화하고, 이 과정에 따라 업무를 수행하도록 근로자를 훈련시킨다.
ⓒ **원칙 3 - 업무수행에 필요한 능력과 기술을 지닌 근로자 선발과 훈련**: 특정한 업무수행에 필요한 능력과 기술을 지닌 근로자를 선발하고 문서자료에 따라 훈련시킨다.
ⓔ **원칙 4 - 근로자에 대한 객관적인 업무수행 평가와 보수체계**: 근로자의 업무 생산성에 따른 공정하고 수용 가능한 업무수행 평가방법을 적용하고 이에 따른 보수체계를 개발한다.

④ 과학적 관리론의 비판
　ⓐ 과학적 관리는 경영의 과학이 아니라 근로자에 대한 노동의 과학이다.
　ⓑ 과학적 관리는 관리자와 근로자가 이분화된 관리자의 일방적인 관리로 업무 계획과 통제는 관리자의 몫이고 업무 수행은 근로자의 몫이다.
　ⓒ 근로자는 업무 수행의 생산성을 위한 도구로 인식되었고 근로자의 인간적인 측면에 관심을 보이지 않았다.
　ⓓ 실험 결과로 문서화된 유일한 한 가지 업무수행 방법을 지나치게 강조하였다.

(2) 관리과정론(행정관리론)
① **의의**: 효과적인 관리를 위해서 전체적인 관점에 입각해야 한다는 이론이다.
② **특징**
　ⓐ 페이욜(H. Fayol), 무니(J. D. Mooney), 라일리(A. C. Reilly), 귤릭(W. F. Gulick), 어윅(L. Urwick) 등이 주장하였다.
　ⓑ 관리층이 맡아야 할 조직 및 관리활동의 원리를 발전시키는 데 주력한다.
　ⓒ 조직의 상층부를 중심으로 하향적 방식에 의한 조직의 합리화를 추구한다.
　ⓓ 조직 전체 관리에 관심을 둔다(관리 기능 중시).
　ⓔ 업무의 능력을 극대화한다.
　ⓕ 각 지위에 맞는 권리와 의무를 명확히 한다.
　　⇨ 행정의 객관성을 확보하여 규정·규칙 구체화

③ **관리의 기본 5요소**
　ⓐ **기획**: 미래의 활동계획을 작성하는 과정이다.
　ⓑ **조직**: 기획을 실행하기 위하여 자원을 조직하고 공급하는 과정이다.
　ⓒ **지휘**: 구성원으로 하여금 최대의 성과를 산출하기 위해 제반기능을 수행하도록 하는 과정이다.
　ⓓ **조정**: 모든 활동과 노력을 결합하고 정보를 분배하여 문제를 해결하는 과정이다.
　ⓔ **통제**: 기획에 의해 시행된 활동들을 확인하고 지시된 명령에 의해 수행되도록 하는 과정이다.

④ 14개의 관리원칙

분업의 원칙	한 사람이 같은 노력으로 같은 시간 내에 보다 많은 것을 잘 생산하는 것
권한의 원칙	권한은 명령하는 권리, 복종시키는 힘
규율의 원칙	직접, 간접적으로 여러 가지 협약에 의해 형성됨
명령통일의 원칙	어떤 행위에도 조직 구성원은 한 사람의 직속 장에게서 명령을 받아야 함
지휘의 일원화	동일 목표를 지향하는 일련의 업무활동에 있어 관리자도 하나, 기획도 하나인 것
공동목표 우선	조직체의 이익은 한 조직 구성원 또는 일선의 조직 구성원의 이익에 우선함
합당한 보상의 원칙	조직체가 조직 구성원에게 급부로 제공하는 보상은 공정하고 타당하며 그들의 노력에 대응하는 것이어야 함
집권화의 원칙	권한이 중앙에 집중되어야 함
계층 조직의 원칙	최고관리자에서 조직 구성원에 이르기까지 모든 계층에게 단절됨이 없이 명령과 보고의 소통이 이루어져야 함
질서의 원칙	적재적소의 원칙
공평의 원칙	모든 조직 구성원은 주어진 과업을 충성으로 수행해야 하고 공평하게 대접 받아야 함
고용안정의 원칙	조직 구성원의 신분이 안정됨을 의미
창의의 원칙	모든 계층의 조직 구성원에게 그들의 활동을 수행하는 데 있어 새롭고 보다 나은 방법을 찾아 행동계획으로 세우고 실행에 옮기도록 용기를 주고 자유를 주는 것
사기의 원칙	조직 구성원에 대한 이해와 관심을 조화함으로써 그들의 노력을 일치시키도록 하는 것

⑤ 장점
 ㉠ 효율적인 행정원리를 발견하였다.
 ㉡ 행정의 3요소(작업·사람·장소) 간의 체계적인 관계 설정에 대한 이해도가 증가하였다.
 ㉢ 권한과 책임을 합리적으로 배열하고 이행하도록 통제장치를 마련하였다.
 ㉣ 조직 관리전략에 관한 연구에 영향을 미쳤다.

⑥ 비판
 ㉠ 조직 내의 갈등, 조직목표의 형성 등 동적인 조직 형성을 설명하기 어렵다.
 ㉡ 제시한 원리들이 경험적으로 검증되지 않아 상황에 따른 수정이 불가피하다.
  ⇨ 타당도의 검증이 불가하다.
 ㉢ 조직 구성원들을 기계의 부속품처럼 행동하도록 강요한다.

관료제이론의 특징
1. 조직의 계층화
2. 소수의 의사결정
3. 목적 전도현상
4. 권한과 책임의 위계적 서열화
5. 문서주의
6. 임무수행의 비정의성(몰개인성)
7. 분업과 전문화, 관료의 전임화
8. 실적주의
9. 관료제의 항구성
10. 고용관계의 자유계약성
11. 할거주의

할거주의(Sectionalism)
조직 구성원이 자신이 속한 조직과 부서만을 생각하면서 배타적이고 편협한 태도를 취하는 것을 의미한다. 자신의 조직과 관계되는 이익에만 관심을 가지게 되며 타 집단에는 배타적인 행동이 나타나는 것이다.

(3) 관료제이론 기출 17, 19

① **개념**: 거대한 조직을 합리적이고 능률적으로 운영하기 위한 토대로 막스 베버(Max Weber)가 주창한 이론이다.

② **특성**
  ㉠ 권위구조에 관한 이론에 기초를 둔다.
  ㉡ 효율성과 효과성을 극대화하기 위하여 조직의 공식적인 시스템을 강조하는 특성이 있다.
  ㉢ 조직목표수행을 위해 권위의 구조를 강조한다.
  ㉣ **합리적 법적 권한에 기초를 둔 관료제모형**: 현대사회의 대규모 조직설명에 적합하다.

> **Plus⁺ POINT**
>
> **관료제의 공식적인 시스템의 특징**
>
> 1. **노동의 분화**
>   구성원이 특정 업무에 전문화 및 숙련되어야 한다.
> 2. **권한의 계층화**
>   모든 구성원에게 특정 지위가 할당되고, 지위의 계층화가 되어야 한다.
> 3. **권한의 정의**
>   관리자는 지위로부터 공적인 권한을 가진다.
> 4. **공식적 선발**
>   구성원은 능력과 과업에 따라 선발(계약관계) 및 승진한다.
> 5. **공식적 규칙**
>   문서화된 규칙, 표준절차 및 규범을 명확하게 규정한다.
> 6. **공평한 대우**
>   일관된 체계에 의해 의사를 결정하고, 규칙과 절차는 동등하게 적용한다.
> 7. **경력제도**
>   관리자는 전문적인 경력자여야 한다.

③ **원칙**
  ㉠ **원칙 1 – 조직 내 관리자의 직위와 공적 권한**: 관리자는 조직 내에서 일정한 직위를 차지하며 직위에 따른 공적인 권한을 부여한다.
  ㉡ **원칙 2 – 구성원의 직무성과에 따른 직위 부여**: 조직의 모든 구성원들은 자신의 사회적 위치나 개인적인 접촉관계에 의해서가 아니라 자신의 직무성과에 따라 직위를 부여한다.
  ㉢ **원칙 3 – 직위에 따른 명확한 공적 권한과 책임 규정**: 구성원 각자의 직위에서 업무를 수행하기 위해 부여받은 명확한 권한과 책임이 규정으로 기술되어 있다.
  ㉣ **원칙 4 – 직위의 계층화 구축(권한의 계층화)**: 조직 구성원들의 직위는 수직적 관계로 계층화되어 누가 누구에게 업무를 지시하고, 보고하는지 알 수 있어야 한다.

ⓜ **원칙 5 - 조직의 명확한 규칙과 절차 및 규범의 성문화**: 관리자는 조직의 질서 유지와 업무 수행을 위해 명확한 규칙과 표준절차 및 규범을 규정하고 성문화하여야 한다.
④ 관료제이론의 성격
 ㉠ **이념형**: 구체적으로 존재하는 실제에 대한 기술이나 경험에서 추출된 것이 아니라, 고도의 사유작용에 의하여 논리적으로 일관성을 가지는 특징들만으로 조합된 분석적 구성물이다.
 ㉡ **보편성**: 근대사회에 있어서 국가뿐만 아니라 정당, 군대, 회사 등 다수의 구성원을 지닌 조직들에서 관료제적 구조가 보편적으로 존재한다.
 ㉢ **합리성**: 관료제는 근대사회의 합리화의 산물로서, 주어진 목적 달성을 위해 조직의 인적·물적 자원을 최고로 활용할 수 있도록 편제된 합리적인 조직구조이다.
⑤ 비판
 ㉠ 규칙과 절차만 따르는 관리자에 의해 조직이 경직된다.
 ㉡ 의사결정 시간이 많이 걸리며, 변화에 빠르게 대처할 수 없다.
 ㉢ 인간적인 요인과 비공식적 요인의 중요성을 간과하였다.
 ㉣ 관료적 원리와 전문적 원리를 구분하지 못한다.
 ㉤ 폐쇄적인 관점으로 시장과 기술 환경이 급변하는 기업조직에는 적용이 어렵다.

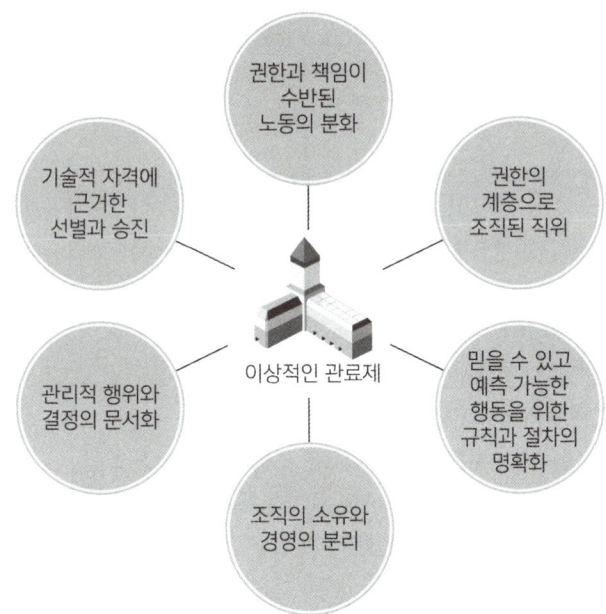

◆ **다프트의 이상적인 관료제**

출처: Daft, R. L(2012). New Era of Management. 유필화 외(2018). 글로벌시대의 경영학개론

(4) 고전기 이론의 비교분석

구분	과학적 관리론	행정관리론	관료제이론
대표적 주창자	테일러(Taylor)	페이욜(Fayol)	베버(Weber)
연구의 강조점	근로자에 대한 인간적인 면을 경시	관리자의 조직관리원칙	합법적 권한에 의한 관료적 관리
한계점	공식적 구조	원칙들 간의 충돌과 타당성 검증 제한	지나친 관료제가 지닐 수 있는 경직성

2. 신고전적 조직이론

(1) 의의
① 1930 ~ 1960년 사이 주창된 이론이다.
② 인간을 합리적이고 경제적이라는 가정을 가진 과학적 관리론과 달리 인간을 인격과 감정이라는 심리적 특성을 가진 주체로 인식한다.
③ 대표적 이론: 인간관계론, 맥그리거(McGregor)의 X, Y이론 등이 있다.

(2) 인간관계론(동기부여이론) 기출 07, 12, 14, 15, 16, 17, 18, 19
① 의의
   ㉠ 과학적 관리론의 경영관리인 생산 중심을 비판하고 인간관계의 중요성을 중시한 이론이다.
   ㉡ 호손실험을 계기로 인간관계론을 발전시켰다.
② 특성
   ㉠ 사회적 능력과 사회적 규범에 의한 생산성의 결정이다.
   ㉡ 비경제적 보상과 제재가 조직 구성원의 행동에 영향을 미친다.
   ㉢ 조직 구성원은 집단 구성원으로서 행동하거나 반응을 나타낸다.
   ㉣ 집단규범의 설정과 시행에 있어서 리더십이 중요하다.
   ㉤ 의사소통의 원활화와 민주적 리더십의 발휘를 위해 관리자의 적극적 역할이 중요하다(관리자의 역할 강조).
   ㉥ 비공식집단을 중심으로 사기가 형성된다.
③ 호손실험(Hawthorn Effect)
   ㉠ 실험 1 - 밝은 조명과 어두운 조명의 변수(조명실험)
      ⓐ 실험군과 대조군 근로자들에게 각각 밝은 조명과 어두운 조명을 적용하여 실험한 결과 두 집단 모두 생산성이 증가하였다.
      ⓑ 이는 연구과정에서 대상자 두 집단 모두에게 연구의 목적을 설명하여 관심을 보인 결과로 보는 것으로 나타났다.

인간관계론과 관리이론
1. 인간관계론은 맥그리거의 Y이론의 전통적 인간관에 입각하였다.
2. 관리이론의 패러다임 변화를 일으킨 데 결정적 역할을 한 이론이다.
   ⇨ 인간관계론, 체계이론

과학적 관리이론과 인간관계론의 공통점
1. 외부환경을 무시한다.
2. 생산과 능률의 향상을 강조한다.
3. 관리층을 위한 연구이다.
4. 조직목표와 개인목표의 양립과 조화 가능성을 인정한다.
5. 인간행동의 피동성 및 동기부여의 외재성을 중시한다.
6. 직무수행 동기로서의 욕구를 충족한다.

호손효과
임금, 근로조건, 휴식시간 같은 물리적 환경보다 조직의 기대감, 친밀성, 자발성 등의 비공식적 요소가 생산성에 더 많은 영향을 미친다는 결과이다.

- ⓒ 실험 2 – 휴식, 작업시간 단축, 장려금 지급 및 감독의 유무 변수(계전기 조립 실험)
  - ⓐ 실험군 근로자들에게는 업무 중 휴식시간을 주고, 작업시간을 단축시켜 주었으며 장려금을 지급하고 업무 감독을 실시하지 않았으며, 대조군 근로자들에게는 4가지 변수를 적용하지 않았다.
  - ⓑ 연구 결과는 두 집단 모두 생산성에 유의한 영향을 미치지 못 했다.
  - ⓒ 근로자에 대한 관리자의 관심이 사기 향상으로 이어져 생산성이 증가하였다.
  - ⓓ 근로자에 대한 사회·심리적 욕구 충족이 생산성을 향상시킨 것이다.
- ⓒ 실험 3 – 물리적·심리적 조건에 불만 있는 근로자 비교(면접실험): 업무환경의 물리적 조건에 불만이 있는 근로자보다 심리적 조건에 불만이 있는 근로자의 생산성이 더 낮게 나타나 근로자의 심리적 욕구 충족이 생산성 향상에 기여한 것이다.
- ⓔ 실험 4 – 비공식집단의 영향력(배선작업 관찰 실험)
  - ⓐ 조직에서 인간관계를 중심으로 형성된 비공식집단의 근로자들은 자체 내의 기준과 역할을 구성하여 생산성이 높은 근로자들을 고의적으로 배척하여 생산성에 부정적인 영향을 미친다.
  - ⓑ 이것은 조직의 비공식집단이 조직의 생산성에 영향을 미치는 것이다.

④ 인간관계론의 실무의 영향
  - ㉠ 경영관리자들로 하여금 조직 구성원이 생산도구가 아닌 값진 자원임을 인정하게 한다.
  - ㉡ 동기부여, 그룹행동, 대인관계 등 새로운 분야에 관한 이론 전개의 기틀을 마련하였다.
  - ㉢ 인사상담제도, 고충처리제도, 참여적 관리방식 등에 적용되고 있다.

⑤ 인간관계이론에 사용되는 기법
  - ㉠ **직무개선**: 직무확대, 직무충실화, 제안제도 등이 있다.
  - ㉡ **지휘, 동기부여**: 사기조사, 동기조사, 직무만족도조사, 인사상담제도 등이 있다.
  - ㉢ **인간관계 증진**: 의사소통, 갈등관리, 리더십훈련, 집단훈련 등이 있다.

⑥ 비판
  - ㉠ 교묘하게 조직 구성원들을 착취하는 도구로 사용한다.
  - ㉡ 경제적 환경, 노동시장의 조건 등의 영향을 적절히 고려하지 못한다.
  - ㉢ 관리자만 합리적이고 근로자는 비합리적이라는 시각이 있다(조직에 대한 시각이 극히 제한적).
  - ㉣ 인간의 사회·심리적 측면을 밝힘으로써 인간에 대한 이해를 넓혔으나 인간의 복잡한 모습을 이해하는 데 실패하였다.
  - ㉤ 조직에 대해 기술적·구조적 측면만 강조한다.

(3) 행동과학론
① 특징
  ㉠ 인간의 행동에 영향을 미치는 요인에 관한 다양한 지식적 접근이 체계화된 학문에 기초하여 기존의 학문 외에도 심리학, 사회학, 문화인류학 등 여러 학문 분야에서 다양하게 연구되어 온 인간행동 연구를 종합적·과학적으로 연구하여 이용하려는 관점이다.
  ㉡ 즉, 조직을 비롯한 개인과 집단의 행동을 보다 큰 틀에서 학문적·과학적·실증적인 방법으로 연구한다.
  ㉢ 조직의 모든 현상을 인간행동이라는 객관적 관점에서 해석하고 조직관리상황하에서 인간이 어떤 행동을 취하는가를 밝히며, 인간행동을 이해하기 위해 과학적인 탐구하고 연구할 것을 강조하였다.
  ㉣ 인간의 동기부여는 '복잡인'을 강조하여 인간의 모든 행위를 연구대상으로 한다.
  ㉤ 인간의 개인행동에 영향을 줄 수 있는 동기부여이론과 리더십이론 등을 중심으로 다양하게 발전하였다.

② 영향을 받은 이론
  ㉠ 행태과학론은 XY이론(theory X & theory Y)과 같은 동기부여이론과 리더십이론의 영향을 받았다.
  ㉡ 동기부여이론에는 매슬로우(Maslow)의 욕구단계이론, 앨더퍼(Alderfer)의 ERG이론, 허츠버그(Herzberg)의 2요인론, 맥그리거(McGregor)의 XY이론(theory X & theory Y), 맥클리랜드(McClelland)의 성취동기이론, 브룸(Vroom)의 기대이론이 영향을 끼쳤다.
  ㉢ 리더십이론은 자질이론, 행동이론, 상황이론 등의 영향을 받았다.

③ 인간관계론과 행태과학론 비교

인간론적 관점의 토대	
인간관계론	행태과학론
• 호손연구에 의해 지지되었다. • 개인의 존엄성을 중요시하였다. • 인간의 잠재적 개발을 중요시하였다. • 사회적 환경을 중요시하였다.	• 행동을 이해하기 위해 과학적으로 탐구하였다. • 행동을 이해하기 위해 심리학, 사회학 및 인류학을 이용하였다. • 지식을 얻기 위해 연구를 하였다. • 인간을 총체적으로 받아들였다.

◐ 인간론적 관점의 2가지 접근

출처: Donnelly. J. H., Giboson, J. L., & Ivanoevich, J. M. (1998). Fundamentals of management

3. 현대적 조직이론

현대적 조직이론
조직의 생존을 중시한다.

(1) 체계이론 - 버탈란피(L. Von. Bertalanffy) 기출 07, 12, 15, 19

① 특징
  ㉠ 조직은 하나의 개방체계인 시스템이며, 하나의 목적을 달성하기 위해 여러 요소가 연결되고 상호작용하는 결합체를 말한다.
  ㉡ 조직은 복잡하고 사회 기술적이며 개방적이다.
  ㉢ 카츠와 칸(Katz & Kahn)에 의하면 고용인, 환자, 물자, 돈, 장비 같은 투입(Input)은 환경으로부터 유입된다.
  ㉣ 에너지와 자원은 조직 내에서 변환과정(Through)을 거쳐 상품을 만들기 위해 사용되고 변형된다.
  ㉤ 이 상품이 산출(Output)인데 결과물은 환경으로 방출된다.
  ㉥ 조직은 투입, 변환, 산출이 계속 반복하여 이루어진다.
  ㉦ 이 모델 안에서 관리자는 투입 - 변환 - 산출과정을 위한 촉매작용을 한다.
  ㉧ 관리자는 환경으로부터 오는 정보나 다른 자극들(예 법 또는 보건의료 전달체계의 변화)을 통합한다.

◐ 개방체계의 요소와 보건의료에서의 실례

개방체계의 요소 (Open System Elements)	보건의료에서의 실례 (Health Care Examples)
체계로 투입(자원)	돈, 사람, 기술
변환과정과 상호작용(변환과정)	간호서비스 관리
• 체계에서 산출 • 피드백	• 환자 임상 결과, 더 나은 삶의 질, 고객 만족 및 간호사 만족 • 정부 규제 인증, 소송

출처: Huber, D. L., (2018). Leadership & nursing care management.

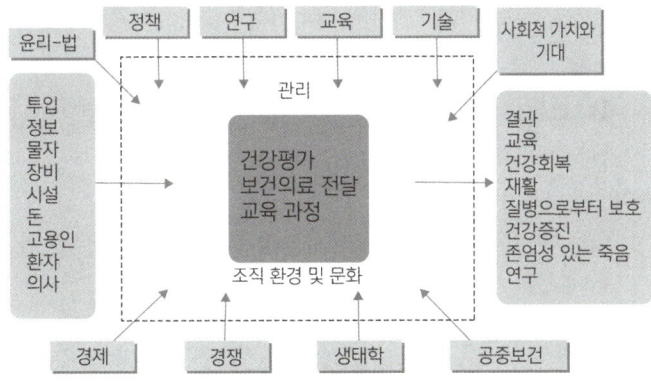

◐ 개방체계로서의 보건의료조직

출처: Sullivan, E. J., & Decker, P. J. (2001). Effective leadership and management in nursing

투입요소	과정요소	산출요소
목표를 달성하기 위한 자원	투입된 자원과 상호작용하여 조직의 산출로 변환시킴	업무생산성의 향상 및 연구결과
• **물적 투입**: 인력, 물자, 자금, 정보 등 • **인적 투입**: 행정 업무량, 직원의 교육, 경험, 기술	• 관리과정 • 기획 ~ 통제	• 보건서비스 양과 질 • 직원 만족도

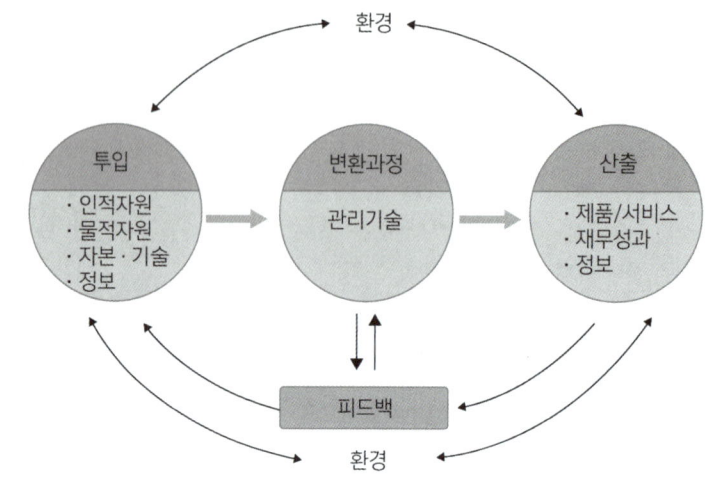

🔼 투입요소 · 과정요소 · 산출요소

② 체계의 4가지 속성
   ㉠ **시스템의 목표성(Objective)**: 뚜렷한 목표를 가져야 한다.
   ㉡ **시스템의 구조성(Structure)**: 구성인자가 질서 있게 유기적으로 연결되어야 한다.
   ㉢ **시스템의 기능성(Function)**: 구성인자는 목표를 달성하기 위하여 상호작용을 해야 한다.
   ㉣ **시스템의 전체성(Wholeness)**: 시스템은 구성인자가 하나로 결합되어 있는 실체(Entity)의 성격을 갖고 있다.

③ 체계이론의 실무의 영향
   ㉠ 실무 현장의 관리업무는 대상자들의 신체적인 항상성 유지를 위한 직접 업무와 지원 활동을 통해 부서 내 혹은 부서 간, 하부체계 간의 상호의존적인 활동을 통해 보건서비스의 질을 향상시킨다.
   ㉡ 문제해결과정에서 상위체계 부서의 지시나 명령 및 보고활동을 수행하게 된다.
   ㉢ 관리자는 전문인으로서의 역할과 실무수행 지도자로서의 기능을 수행하는 과정에서 다학제 간의 원활하고 전문적인 의사소통능력을 발휘하면서 하부체계 부서와 상부체계 간의 개방성을 유지하면서 조직과 부서의 목적을 달성해 간다.

체계(시스템)의 특징
1. 상호의존성
   부분들이 상호 연관되어 전체 시스템을 이루는 것이다.
2. 전체성
   단순한 부분의 합 이상이다.
3. 목표지향성
   목표 달성을 위한 유기적으로 연동하여 활동하는 것이다.
4. 개방성
   외부 환경과 끊임 없이 상호작용하고 적응해 가는 것이다.

(2) 생태론
① 행정과 그 환경 간의 상호작용에 초점을 둔다.
② 행정은 물리적·사회적 환경과 끊임없이 상호작용하며 환경으로부터 영향을 받아 이에 적응하고 환경에 영향을 미친다.

(3) 상황이론 기출 21

① 의의
  ㉠ 조직 외부의 환경이 조직과 그 하위 시스템에 미치는 영향과 조직의 유효성이 높아지는 시스템 간의 관계를 설명하려는 이론이다.
  ㉡ 모든 상황에 적합한 유일하고 최선의 조직화방법은 존재하지 않고, 상황에 따라 적용된다는 점을 강조한다.

② 특성
  ㉠ 조직의 내·외부 환경의 요구에 가장 잘 적응하는 조직이 효과성에 영향을 미치는 상황요인을 규명한다.
  ㉡ 효과적인 지도성 유형은 상황에 따라 다름을 주장한다.

③ 고유변수
  ㉠ **상황변수(환경·기술·규모)**: 조직의 상황을 나타내는 일반적인 환경, 기술, 규모 등이 있다.
  ㉡ **조직특성변수(조직구조·관리체계·관리과정)**: 조직 내부 특성 반영, 조직구조, 관리체계, 관리과정 등을 들 수 있다.
  ㉢ **조직성과변수(효율성·능률성)**: 상황변수와 조직특성변수의 적합성 유무에 따라 유효성이 결정된다.

> **상황이론**
> 조직구조 및 조직효과성에 영향을 미치는 상황요인을 규명하는 이론이다.

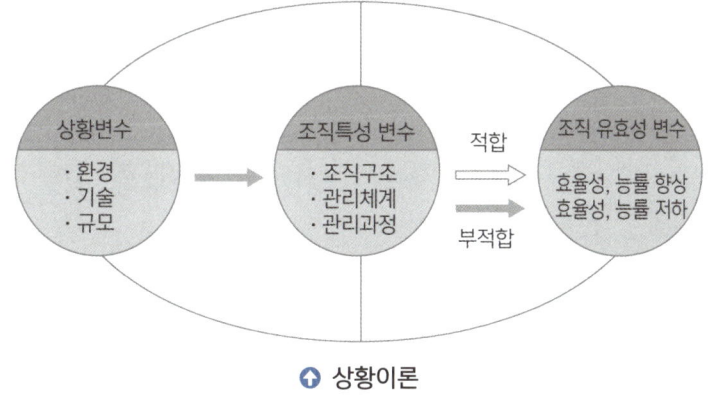

❶ 상황이론

④ 비판
  ㉠ 조직과 환경을 지나치게 구체적이고 실물적인 것으로 본다.
  ㉡ 시스템의 모든 요소 간의 상호관련성이 기능적으로 통합되어 있다고 전제함으로써 조직의 상이한 요소들의 독립적인 생존능력을 부정한다는 비판이 있다.

> **상황적응이론에 대한 평가**
> 1. 현대기 이론이고, 불확실한 상황에 대처할 수 있는 방안에 설득력이 있는 이론이다.
> 2. 최신 5~6년간 기출되고 있고, 대세인 이론이다.

(4) 목표관리이론 - 드러커(P. Drucker)
    ① 의의
        ㉠ 관리의 3가지 영역: 일, 관리, 근로자를 관리하는 것이다.
        ㉡ 상관은 목표에 의한 관리를 위해 기본 틀을 개발하고 부하는 그 목표를 제안하여 상관과 부하 간에 목표가 합의된다.
        ㉢ 목표는 관리의 각 단계마다 조직의 각 단위에서 개발되어야 한다.
        ㉣ 근로자가 자신의 업무의 기준을 설정하게 하는 것이 생산적이다(예 목표관리이론에서의 목표의 의미).
    ② 특성: 생산성 증가, 조직의 효율성 증가, 노동생산성 증가, 직원의 사기 충족 등이 있다.

4. 경영과학이론(Management Science Theory)

(1) 의의
    ① 관리자가 의사결정을 잘 할 수 있도록 계량적인(quantitative) 자료를 제공하는 데 중점을 둔 관리이론이다.
    ② 이 이론은 테일러(Tayler)에 의해 개발된 과학적 관리론을 확장한 현대적 이론이다.
    ③ 경영과학(MS; Management Science)과 운영관리(OR; Operations Research)와 같은 의미로 쓰이며, 계량관리이론(Quantitative Management Theory)이라고도 불린다.

(2) 경영과학이론의 여러 가지 접근방법
    ① 계량적 관리(Quantitative Management): 관리자가 제품이 어느 시기에 얼마만큼 필요한지, 어디에 저장되었는지, 어떻게 하면 재정적으로 투자를 잘 할 수 있는지 결정하는 데 수학적인 테크닉을 사용한다.
    ② 운영관리(Operations Management or Operations Research)
        ㉠ 효율성을 높이기 위해 관리자가 생산시스템을 분석할 수 있게 도와주는 테크닉이다.
        ㉡ 운영관리는 제품 선정과 설계, 생산능력 설계, 시설 배치, 일정 계획 등의 분야를 포함한다.
    ③ 총체적 질 관리(TQM; Total Quality Management): 제품의 질을 향상시키기 위해 투입(Input), 전환(Process), 산출(Output)의 전 과정을 분석하는 데 중점을 둔다.
    ④ 관리정보시스템(MIS; Management Information System): 관리자가 의사결정을 효과적으로 하기 위해, 조직의 내·외부 환경에서 발생하는 사건에 대한 정보를 제공하는 정보시스템을 설계하고 실행한다.

(3) 특성
① 가장 중요한 점은 의사결정을 하는 것이다.
② 관리자가 의사결정을 하기 위해 사용하는 방법이다.
③ 경제적이고 효과적인 평가기준에 근거한다.
④ 조직의 비용, 수입, 이익 등 가치에 기초한다.
⑤ 수학적 모델에 근거한다.
⑥ 문제를 해결하는 데 수학적 공식을 사용한다.
⑦ 컴퓨터를 활용한다.
⑧ 방대한 양의 데이터를 처리하기 위해 컴퓨터를 필요로 한다.

(4) 종류

수학적 모델 (Mathematical model)	• 실제 시스템이나 프로세스(Process)와 관련된 면을 의미 • 모델은 시스템이나 프로세스를 잘 표현할 수 있을 때 그 가치가 있음 • 정확한 모델을 통해 중요한 변수(Variables)와 변수 간의 관계를 체계적으로 고려하면, 중요한 면을 놓치지 않게 되고 나아가 덜 중요한 면에 너무 많은 비중을 두지 않게 됨
PERT (Program Evaluation and Review Technique)	• 불확실한 상태에서 기획과 통제를 하는 데 사용되는 테크닉, 네트워크(Network) 모양 • 하나의 프로젝트를 완성하기 위해 필요한 활동들이 진행 순서대로 번호가 매겨지고 화살표로 연결 • 활동이나 작업의 완성에 소요되는 시간을 3회 측정
인벤토리 모델 (Inventory model)	• '수량(How much)과 시간(When)'에 대한 해답을 찾게 해 줌 • 비즈니스 조직은 가장 좋은 가격에 물건을 팔고 적절한 수량의 물건을 확보해야 함 • 주문을 자주 하면 비용이 증가하기 때문에 항상 충분한 물량이 있어야 함 • 재고가 너무 많아 비용 손실을 주어서도 안 됨 • 인벤토리 모델은 관리자가 경제적 주문량(EOQ: Economic Order Quantity)을 계산할 수 있게 해주며, 또한 적정 재주문 시점을 알 수 있게 도와줌
게임이론 (Game Theory)	• 한 사람의 행위가 다른 사람의 행위에 미치는 상호의존적, 전략적 상황에서 의사결정이 어떻게 이루어지는가를 연구하는 이론 • 의사결정자들이 합리적으로 선택한다는 점이 중요한 특징 • 게임적 상황을 수리적 모델을 이용하여 추상화하여 의사결정 주체의 행동 및 게임의 귀결을 추측하는 방법

> 📋 **Plus⁺ POINT**
>
> **관리이론별 특징**
>
> 1. 고전기, 신고전기, 현대기 관리이론
>
> | 특징 | 고전기 | 신고전기 | 현대기 |
> |---|---|---|---|
> | 장점 | • 조직의 효율성 강조
• 정확성, 책임성, 안정성 요구 | • 인간의 사회적 욕구 강조
• 비공식적 조직 고려 | 조직과 환경과의 상호작용 반영 |
> | 단점 | • 인간의 특성 무시
• 환경의 중요성과 상호작용 무시
• 비공식적 조직 무시 | • 조직의 환경적 요소 무시
• 인간의 통합적 고찰 부족 | • 조직의 전략적 선택의 중요성 무시
• 조직과 환경을 지나치게 실물적으로 봄 |
> | 적용 분야 | • 경영과학
• 공식조직
• 외적 보상에 의한 동기부여 | • 행동과학, 인력관리 분야
• 갈등해소, 의사소통, 참여적 의사결정
• 내적 보상에 의한 동기 | • 조직 설계
• 조직 개발 |
> | 대표 학자 | • 테일러(과학적 관리론)
• 페이욜(행정관리론)
• 베버(관료제이론) | • 메이요(동기부여론)
• 버나드(행동과학론)
• 맥그리거(XY이론) | • 버탈란피(체계이론)
• 길리스(투입, 변환, 산출, 피드백체계)
• 우드워드(상황이론)
• 번스와 스톨커(상황이론) |
>
> 2. 스코트(Scott)의 관리이론 발전과정 기출 15, 20
>
> | | |
> |---|---|
> | 폐쇄 – 합리적 모형 | 과학적 관리론, 행정관리론, 관료제이론 |
> | 폐쇄 – 자연(사회) 모형 | 인간관계론, 행태과학론 |
> | 개방 – 합리적 모형 | 체계이론, 구조적 상황이론 |
> | 개방 – 자연(사회) 모형 | 학습조직이론 |

4 공식 조직과 비공식 조직

1. 공식 조직 기출 15, 19, 20

(1) 특징

① 조직의 목적을 달성하기 위해 인위적으로 만든 조직으로 법령 또는 규정에 의해 공식적으로 인정된 제도상의 조직이다.
② 조직 구성원을 위하여 신중하고 합법적으로 계획된 행동 형태나 구성원 간의 관계를 의미한다.
③ 목적달성을 위한 수단·장치로서 계획적 성격을 띠고 있으며, 권한·책임의 관계를 나타내는 구조와 의사소통의 경로 및 구성원의 직무역할이 확정되어 있다.

(2) 장단점

장점	• 모든 직위 신분체계가 문서화, 구체화됨 • 계층 부서 간의 권한의 경로를 분명하게 나타냄 • 조직수명이 지속적
단점	• 의사소통이 부족 • 경직된 조직 분위기가 조성

2. 비공식 조직 기출 09, 11, 12, 15, 16, 17, 18, 19, 20, 24

(1) 특징

① 조직 내에서 일부 구성원들의 개인적 욕구나 집단적 욕구를 충족하기 위해 형성된 자생적 조직이다.
② 구성원에게 욕구불만의 배출구를 제공하여 심리적 안정감과 조직에의 귀속감을 부여한다.
③ 공식 조직에 신축성을 부여하고 나아가 조직 전체의 보존 기능을 수행한다.
④ 조직 구성원 간에 존재하는 실제의 개인적인 관계로서 제도상에는 전혀 나타나지 않은 자연발생적인 상호관계를 의미한다.

(2) 장단점

장점	• 조직의 과업달성 용이 • 구성원 간 친밀감 유지로 원활한 의사소통 • 구성원 간에 상호 지지 제공 • 구성원의 사회적 욕구 충족 • 일체감과 소속감, 만족감, 안정감 제공 • 좌절감과 불평에 의해 완충판 역할을 담당함으로써 조직을 유지하는 안정장치로서의 기능 • 조직의 생리현상 파악 용이 • 공식적인 리더십 보완 가능 • 공식 조직의 능률성 제고
단점	• 조직의 목표나 기대와의 갈등으로 상반된 방향으로 움직일 가능성이 존재 • 부분적 불만이 전체화될 가능성 높음 • 공식적 의사소통의 왜곡 • 정실개입의 통로(이익집단으로 작용) • 조직 목표달성을 위한 본연의 업무수행이 어려움 • 조직 관리의 방해요인으로 작용 • 조직의 변화에 저항세력으로 작용 • 조직 내 불필요한 소문의 근원 • 비공식 조직구조의 동조 강요로 유능한 인재의 조직기여를 약화시킴

3. 공식 조직과 비공식 조직 비교 기출 16, 17, 18, 19, 20

구분	공식 조직	비공식 조직
발생	인위적, 외면적, 가시적, 제도적, 합리적	자생적, 내면적, 불가시적, 비제도적, 감정적 조직
목적	공적 목적 추구	사적 목적 추구
원리	능률의 원리가 지배	감정의 원리가 지배
리더십	임명됨	자연적 부상 또는 선출됨
행동통제	상·벌에 의해 통제됨	욕구충족에 의해 통제됨
제도 의존성	상대적으로 의존적임	상대적으로 비의존적임
질서	조직의 전체적 질서를 추구함, 관료제이론	조직의 부분적 질서를 추구함, 자생조직
성문화 여부	합법적 절차에 따른 규범의 작성(성문화)	구성원의 상호행위에 의한 규범의 형성(불문화)
관리기법	과학적 관리	인간관계적
특징	영속성, 경직성, 명확성	비영속성, 동태성, 불명료성

4. 조직기구표(Organization Chart)

(1) 의의
① 조직의 구조를 한눈에 알아볼 수 있도록 만든 것으로 조직도라고도 한다.
② 조직 구성원이 조직구조의 체계를 알 수 있도록 조직의 직위, 부서, 업무부서, 업무의 기능 및 업무의 제 관계를 표시하여 체계화한 것이다.
③ 경영관리자나 구성원이 그들의 직무에 대한 권한, 책임, 보고의무를 명백히 규정할 뿐만 아니라 조직 구성원의 위치, 정보의 흐름, 의사소통, 명령계통, 공식적인 역할, 업무의 전문화 정도 및 조정 등도 표시된다.

(2) 특성
① **분업**: 사각형으로 표시된 부분으로, 각자에게 할 일이 할당되어 있다.
② **직무유형**: 각 직위에 할당된 직무의 특성과 직위, 명칭을 기재한다.
③ **상사와 부하의 관계**: 각 직위 간을 연결하는 선은 권한계층상에 업무보고의 흐름을 보여준다.
④ **의사소통의 경로**: 공식적인 정보의 흐름이 조직 전체를 통하여 어떻게 이루어지는지를 나타낸다.
⑤ **하위집단의 구성**: 여러 직위가 결합되어 하위집단을 이루고, 누구의 관리아래 함께 일하는가를 보여준다.
⑥ **관리계층**: 권한계층상 몇 개의 관리계층이 있는가를 보여준다.

(3) 장단점

장점	• 구성원의 직무의 기능과 역할에 대한 인식 용이 • 구성원 자신과 조직 속의 타인과의 관계설정이 용이 • 각 직위와 최상위층과의 거리감 파악 용이 • 각 직위에서 요구되는 기술, 교육, 전문성, 자율성, 책임의 정도, 임금결정 용이 • 직위의 권한의 정도와 정책결정에 미치는 영향에 대한 인지 • 조직 내 의사소통의 통로와 정보의 흐름, 각 개인 간의 관계 파악 가능
단점	• 공식적인 관계 확인만 가능 • 직위의 권한의 크기나 정도는 인지 불가 • 실제 관계보다 기대되는 관계나 과거의 관계만 나타냄 • 같은 직위 간의 권한 혼란 유발

5 조직구조의 형태

1. 전통적 조직구조의 유형

(1) 라인조직(Line Organization) - 계선조직 기출 18

① 관리자와 부하직원 사이의 수직적 관계로 구성된 조직이다.
② 계층제, 명령통일의 원리에 충실한 조직으로 명령과 지시를 직선으로 부하직원에게 전달된다.
③ 최고관리자에서 최하위직에 이르기까지 계층적 구분을 갖고, 지시와 명령이 직선으로 확인된다.
④ 라인 조직의 목표: 효율성 제고와 생산성 향상이 목표이다.
⑤ 장단점

장점	단점
• 명령 계통을 알 수 있음 • 책임과 권한이 명확함 • 추진력이 있음 • 의사결정이 신속함 • 소규모 조직에 적합 • 신규직원의 조직에 대한 이해가 용이	• 구성원의 창의력 결여와 의욕상실 • 부분 간 조정이 약화됨 • 환경변화 적응능력이 약화됨 • 불안정한 관리상황에서 효과성이 저하됨

(2) 라인 - 스태프조직(Line - Staff Organization) 기출 14, 15, 18, 19, 20, 21

① 계선 - 막료조직이라 하며, 라인조직을 도와서 전문적 지식과 기술 및 경험의 목표달성을 위해 간접적으로 지원하는 조직이다.
② **스태프조직**: 조직 활동의 조정이 용이하고, 조직의 신축성을 확보할 수 있으며, 최고관리자의 통솔범위를 확대시켜 관리의 질을 높여준다(명령을 할 수는 없음).

③ 장단점

장점	단점
• 스태프들의 조언과 충고가 조직에 도움이 됨 • 스태프들로 인해 조직 발전이 기대됨 • 종합적 의사결정을 위한 정보의 축적과 활용이 가능함	• 라인과 스태프 간의 혼란과 갈등 초래 • 행정지연과 비용이 증대됨 • 관료제화로 인해 조직이 경직됨

(3) 직능조직(Functional Organiztion)
① 기능이나 역할에 따른 전문화의 원리에 의해 설계된 조직이다.
② 조직의 효율성을 높이기 위해 구성되며, 표준화된 제품이나 저가의 대량적 서비스 생산에 적절하다.
③ 확실성이 높은 환경에 있는 안정된 조직에 유리하며, 의사결정은 상층에서 이루어져 명령이 하달된다.
④ 직능조직의 스태프는 직무유형에 따라 집단화된 부서를 지휘하고 통솔한다(업무수행의 평가, 조정, 관리의 책임을 짐).
⑤ 장단점

장점	단점
• 유사한 업무의 반복과 기술의 숙련으로 자원을 효율적으로 이용할 수 있음 • 중앙 집중된 의사결정으로 조직의 통합성 유지 • 기능부서 간 조정력이 강화됨 • 구성원의 조직 속에서 정체성 확인 가능	• 기능부서 간 조정과 협력이 어려움 • 조직의 경직으로 환경변화에 효율적인 대처가 어려움 • 조직 상부에 집중된 의사결정으로 느려짐 • 업무에 대한 책임소재가 불분명

탈관료제 조직의 유형
1. 적응적·유기적 구조
2. 경계를 타파한 변증법적 조직
3. 연합적 이념형
4. 구조화된 비계층제이론
5. 이음매 없는 조직
6. 관료제문제를 해결하기 위해 탈관료제에서 제시한 새로운 조직은 프로젝트조직, 매트릭스조직, 네트워크조직이다.

탈관료제 조직의 특징
1. 구조의 배열의 잠정성
2. 계선제 타파
3. 조직의 경계 관념 타파
4. 계선제의 지위와 권한 대신 임무와 능력 중시
5. 상황적응성의 강조
6. 집단적·협동적 노력의 강조
7. 직업적 유동성 등

2. 현대적 조직구조의 유형

(1) 프로젝트조직   기출 16, 17, 18, 19, 20, 22, 23
① 조직 내에서 특별한 과업을 수행하기 위해 특별한 목적으로 설치된 조직을 말한다.
② 독립적으로 프로젝트 관리자의 지휘 아래 운영된다.
③ 특정 프로젝트를 수행하기 위해 여러 관련부서에서 파견된 사람들로 구성되며, 수평적 접촉 형태를 취한다.
④ 임시적 집단으로 과제 해결이 완료되면 정상 업무로 돌아가며, 라인조직에 보완적 또는 복합적이게 된다.
⑤ 지위가 독립되어 있고 과업이 구체적으로 제시된다.

⑥ 장단점

장점	단점
• 사기가 진작됨 • 기동성이 증가함 • 혁신사업, 단기간 사업에 적용 용이 • 인적·물적 자원의 탄력적 운영 • 환경변화에 적응력이 높음 • 고도로 숙련된 전문가들이 풍부한 상호작용을 통해 문제를 해결하여 임무를 수행 • 비교적 짧은 기간 풀타임으로 실제 작업하며, 권한과 책임을 가짐 예 기술업무, 신규사업, 관리개선 사업, 업무조정 등 활동에 적극적인 행동을 취함	• 프로젝트 관리자의 지휘능력에 따른 차이 발생 • 리더에게 의존적 • 기존의 조직과의 조정이 어려움 • 조직에 갈등 발생 • 일시적 혼성조직으로 프로젝트 관리자의 지위기능에 의존 • 한시적 조직으로 추진업무의 일관성 유지가 어려움

(2) **매트릭스조직** 기출 10, 11, 12, 14, 15, 16, 17, 18, 19, 20

① 전통적인 라인조직과 현대적인 프로젝트조직의 통합된 형태로, 직능 부분과 전문 활동을 조정하는 주요한 역할을 하는 구조이다.
② 2명의 상사를 가지며, 두 조직 간의 관계 보완과 자원의 효율적 이용을 위해 사용된다.
③ 부서 간 조정은 서면화 또는 온라인을 통해 이루어지며, 미팅 계획, 일정, 여러 위원회 등의 정보가 포함된다.
④ 관리자의 인간관계능력 중 타협의 훈련과 갈등해결기술이 요구되는 조직이다.
⑤ 장단점

장점	단점
• 새로운 변화에 대처 가능 • 조직성과가 향상됨 • 효율적인 업무의 배분 • 업무몰입이 증가됨	• 이중 명령체계로 갈등이 초래됨 • 팀 목표와 조직 전체 목표 사이에 차이 발생 • 구성원의 업무부담 증가 • 관리비용의 증대 • 복잡한 의사결정

(3) **위원회(Committee)**

① 특정 문제에 대해 토의를 하거나 결정하기 위해 계획에 따라 모임을 가지는 조직을 말한다.
② 특정한 과제를 다수의 합의에 의해 의사를 결정하는 것이다.
③ **활동**: 업무의 조정, 자문과 조언, 특정 문제에 대한 정보 수집과 분석을 통해 조직의 목적달성과 발전을 꾀한다.

매트릭스조직
1. 기능과 생산을 동시에 추구한다.
2. 조직자원 활용이 효율적이다.
3. 권한 라인 조정 가능하다.
4. 관리비용이 증가한다.

④ 정기적 또는 비정기적 회의를 통해 주제를 논의하고 결정하며, 경우에 따라서는 결정권한을 가진다.
⑤ 장단점

장점	단점
• 집단적 결정으로 합리적 결정 가능 • 구성원의 수용성 증가 • 집행에 안정성과 지속성 부여 • 각 부서나 집단 간에 조정 촉진	• 일의 지연과 책임 전가 • 시간과 에너지, 재정 낭비 많음 • 의사결정이 타협안이 될 소지가 있음 • 부하에 대한 감독력이나 통솔력 감소 • 위원회가 독립적일 때 조직 전체 통합성을 유지하기 어려움

예 운영위원회, 교육위원회, 질관리위원회, 안전관리위원회, 감염관리위원회, 임상연구위원회

(4) 팀조직(Team Structure) - 미래지향적 조직 기출 22

① 조직의 계층을 없애고 팀장과 팀원의 2계층으로 구성된다.
② 급변하는 외부 환경에 신속하고 효과적으로 대응하기 위해 유연하고 탄력적으로 운영되는 조직이다.
③ 공동목표를 중심으로 한 팀원들 간의 상호보완적 조직단위로, 조직의 생산성 향상을 목적으로 한다.
④ **팀조직**: 6 ~ 12명으로 구성, 역할분담, 공동의 목적, 책임감을 가지며, 문제해결방식에 대해 논의한다.
⑤ 장단점

장점	단점
• 특정 과업을 수행 • 명확하게 팀원의 업무가 구분되어 있음 • 책임과 권한이 명확함	• 조직 내에서 구성원의 통합이 필요 • 직위로 인한 팀원의 사기저하가 있음 • 팀 내 분권화로 인한 통제가 어려움

⑥ **성공적인 팀이 되기 위한 방법**
  ㉠ 소수의 인원으로 팀을 구성한다.
  ㉡ 획일적인 사람들보다 보완적인 기능과 능력을 가진 사람들로 팀을 구성한다.
  ㉢ 팀원을 하나의 방향으로 결집시키기 위해 팀원 간 협의를 통해 도출된 공동목표가 있어야 한다.
  ㉣ 팀 구성원 간의 긴밀한 상호작용과 협조를 통해 업무를 수행한다.
  ㉤ 조직 구성원 간의 신뢰를 바탕으로 경쟁과 인간관계를 유지한다.

팀조직
1. 상호의존도가 높다.
2. 팀 구성원은 서로 간의 원활한 의사소통과 협동을 통해 공동의 목표를 이룬다.

핵심정리 전통적 조직과 팀조직의 비교

요소	전통적 조직	팀조직
조직구조	계층적·개인	수평적·팀
직무설계	단일 업무	전체적 업무, 다수 업무
목표	상부에서 주어짐	스스로 찾아냄
리더	강하고 명백한 지도자	리더십 역할 공유
지시·전달	상명하복, 지시, 품의	상호충고, 전달, 토론
정보흐름	폐쇄, 독점	개방, 공유
보상	개인주의, 연공주의	팀, 능력주의
책임	개인책임	공동책임
평가	상부조직에 대한 기여도	팀이 의도한 목표달성도
업무통제	관리자가 계획, 통제, 개선	팀 전체가 계획, 통제, 개선

(5) 네트워크조직(Network Organization)
① 전통적인 피라미드조직의 경직성을 극복하기 위한 대안으로 나온 것으로, 조직 내부에서 수행하던 여러 기능을 계약을 통해 외부의 독립적이고 단일 기능을 수행하는 기업으로 아웃소싱(Outsourcing)한 결과로 나타나는 조직이다.
② 이러한 네트워크로 연결된 기업들은 타 기업과 비교해서 차별적 능력을 가진 부문만 담당하고 다른 부분은 다른 차별적 능력을 가진 기업들과 인터넷과 이메일 등 정보 기술을 이용하여 서로 연결하고 정보를 교환하여 고객의 수요에 신속히 대응할 수 있다.
③ 전통적 조직구조로는 급변하는 경쟁 환경을 극복하기 어렵기 때문에 네트워크조직은 슬림(Slim)화시켜 환경변화에 유연하게 대처할 수 있는 무경계 조직구조이다.

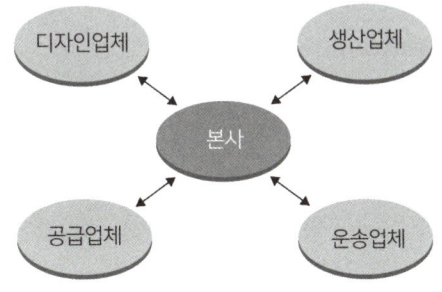

● 네트워크조직
출처: 글로벌 시대의 경영학개론, 2018, 유필화 외

애자일 조직
1. 개념
   부서 간 경계를 허물고 필요에 맞게 소규모 팀을 구성해 업무를 수행하는 조직 문화이다.
2. 핵심
   사전에 수립한 계획을 그대로 따라가려다 시간과 비용을 낭비하지 말고 환경 변화에 유연하게 대처하자는 것이다.

(6) 프로세스조직(Process Organization)
① 프로세스(Process)라는 단어가 '미래를 향한'이라는 뜻의 라틴어 '프로세데레(procedere)'에서 유래하였듯, 미래를 생각하고 앞으로 무엇이 가능하고 또 무엇을 해야 하는지를 고민하는 조직이다.
② **근본 목적**: 고객을 중심으로 고객의 가치를 가장 이상적으로 반영할 수 있도록 조직 전체의 업무 프로세스를 근본적으로 재설계한다.
③ 장단점

장점	단점
• 고객에 대한 유연하고 신속한 대응 • 구성원의 관심사가 고객을 위한 가치창출에 집중됨 • 구성원의 조직목표에 대한 폭넓은 시각 • 팀워크와 협력증진 • 구성원들에게 책임감 공유, 의사결정에 참여, 조직목적에 기여할 수 있는 기회 제공으로 삶의 질 개선	• 핵심 프로세스를 규명하는 데 시간이 걸림 • 조직문화, 직무설계, 경영철학, 정보와 보상시스템 등에 대한 개선 필요 • 관리자의 권력과 권한 감소 • 효과적으로 작업하기 위해서는 구성원에 대한 많은 훈련 필요 • 기능에 따른 세분화된 전문적인 기능 개발에 한계가 있음

(7) 학습조직

정보화 사회가 가속화되면서 폭발적으로 늘어나는 정보의 체계적인 조합과 이를 바탕으로 하는 새로운 지식의 창출, 그리고 지식의 효과적인 활용 여부가 장기적인 측면에서 조직의 경쟁력을 확보할 수 있는 결정적인 요인이라는 것을 인식하기 시작하면서부터 나타난 조직으로, 조직도 학습하지 않으면 안 된다는 것을 의미한다.

6 조직 변화와 경영혁신전략

1. 조직 변화(Organizational Change) 기출 11, 18

(1) 조직 변화의 의의
① 조직 변화의 정의
㉠ 조직이 현재 상태에서 효과성을 증진시키는 바람직한 상태로 이동하는 것을 말한다(조직의 과업, 기술, 조직, 사람, 조직문화의 변화를 포함함).
㉡ 영향을 미치는 요인
ⓐ 나이, 교육 수준, 기술, 기술발전 정도, 시장의 변화, 사회적 요소, 구성원의 만족, 결근, 이직, 갈등, 리더십, 보상 등
ⓑ 정부의 외부적 압력, 구성원의 불만족, 기술의 변화, 노동조합
② **던컨(Duncan)의 조직 변화의 유형**: 시간이 경과함에 따라 자생적으로 적합, 순응하는 과정으로 자연적 변화와 목표실현을 향한 의도적 과정으로서의 계획적 변화로 구분한다.

㉠ **자연적 변화**: 노력하지 않아도 자생적으로 변화하는 것이다.
㉡ **계획적 변화**: 개인 또는 조직의 변화담당자가 의식적으로 변화를 기획, 설계, 이행하는 것이다.

자연적 변화	계획적 변화
• 수동적 • 우연적 • 과정지향적 • 사후적 • 실증적·경험적 • 적응적	• 동태적 • 계획적 • 사전적 • 목표지향적 • 의도적 • 전략적

(2) 조직 변화의 기법
① 구조적 접근방법
㉠ 조직의 구조적 요인에 치중하여 개혁을 수행하는 방법이다.
㉡ 조직의 신설 및 폐지, 축소와 확대, 통·폐합, 기능·권한·책임의 범위 재조정, 의사소통의 개선 분권화 추진, 조직 내 절차의 명시 및 세분화 등에 중점을 둔다.

② 관리 기술적 접근방법
㉠ 업무수행절차와 처리기술의 측면에서 합리화를 추구하는 방법이다.
㉡ 행정전산망 등 장비 및 수단의 개선, 직무활동의 재배치, 직무처리 순서의 조정 및 변경, 업무처리절차의 간소화·신속화, 고객 중심적 업무처리의 개선 등이 있다.

③ **인간 행태적 접근방법**: 개혁대상은 구성원이며, 이들의 행태(가치관, 의식, 태도 등)를 변화시켜 조직 전체의 혁신을 추구하는 방법이다.

④ 과업적 접근방법
㉠ 업무 중심적 개혁방법으로 업무의 종류와 성질이 대상이다.
㉡ 직무충실 및 다양화, 조직 영역의 조정, 재화 및 서비스의 다양화 및 변경, 폐지 등을 통해 조직 전체의 혁신을 추구하는 방법이다.

(3) 조직 변화에 대한 저항요소
① 개인 수준에서의 저항
㉠ **인지적 편차**: 개인적인 관리자의 상황지각이나 상황의 원인을 해석하는 것이다.
㉡ **선택적 지각**: 조직 구성원들이 자기 부서에 영향을 주는 사항에만 개인적 관심을 보이거나 변화로 인한 자신들의 혜택이 줄어들 때 큰 저항을 하는 것이다.
㉢ **고용안정에 대한 위협감**: 구성원들이 고용안정을 위협하는 변화에 정당성이나 타당성에 관계 없이 강한 저항을 한다.
㉣ **무관심한 태도와 안일감**: 관료조직의 경직된 문화로 구성원들이 목적의식을 잃게 하고, 어떠한 개혁에도 저항하는 역기능적 행동을 조성한다.

구조적 접근방법
행정단위 관리자의 권한과 책임을 확대하여 운영의 자율성을 높인다.

② 집단 수준에서의 저항
  ㉠ **집단규범**: 동일 집단 속에서 역할이나 과업관계를 변화시키려 할 때 집단규범이나 비공식 기대에 부딪히는 것이다.
  ㉡ **집단 응집력**: 응집력이 높을수록 집단 협력과 성과를 촉진하지만, 지나친 응집력은 성과를 낮추기도 한다.
  ㉢ **집단 사고**: 집단 응집력이 강한 집단이 잘못된 의사결정을 내리는 것이다.
③ 조직 수준에서의 저항
  ㉠ **조직구조**: 완전하게 자리잡고 조직 구조에 새로운 행동을 요구할 때 변화에 장애를 보이는 것이다.
  ㉡ **조직문화**: 조직의 가치관이나 규범은 변화에 대한 저항이 될 수 있다.

(4) 조직 변화에 대한 관리
  ① **교육과 의사소통**: 사전에 변화에 대한 교육을 실시하고 변화 아이디어에 대한 의사소통을 함으로써 구성원들로 하여금 변화의 필요성을 인식하게 한다.
  ② **참여**: 변화담당자는 의사결정과 관련된 사람들의 의견을 듣고, 그들의 조언을 참고하여 구성원의 사기를 진작하고 협동심을 이끌어내도록 한다.
  ③ **촉진과 지원**: 잠재적인 저항에 대한 대처방법으로 새로운 기술에 대해 훈련을 실시하거나 요구된 기간이 지난 후에도 직원들에게 시간을 더 주고, 직원들의 의견을 들어주며, 정서적인 면으로 지원을 해준다.
  ④ **협상과 동의**: 협상에 의한 합의는 큰 저항을 피할 수 있는 방법이다.
  ⑤ **상부의 지원**: 저항이 있어도 리더가 강하게 추진하면 변화를 추진하는 담당자들뿐 아니라 저항하던 사람들도 그 세력이 약해지므로 변화에 대해 리더는 강력하게 지지하여 구성원들의 동참을 유도해야 한다.
  ⑥ **조작**: 조작은 영향을 미칠 목적으로 이루어지는 감추어진 시도이다.
  ⑦ **의도적·적극적 접근**: 저항의 차단방법이 여의치 않을 때는 변화를 결정하는 시점이나 혹은 실천하는 과정에서 능동적 조작을 통해서 저항을 줄여야 한다.
  ⑧ **명시적·묵시적 강압**: 위협, 해고, 전직을 포함한 강압적인 수단을 이용하여 변화에 크게 저항할 가능성을 줄이고자 노력한다.

(5) 조직 변화를 위한 전략
  ① **경험적 – 합리적 전략(Empirical – Rational Strategy)**
    ㉠ 사람을 합리적으로 생각하며 자신에게 유리한 쪽으로 행동하는 존재로 가정한다.
    ㉡ 변화로 인해 생기는 개인과 기관의 이득을 구체적으로 보여 주어야 한다.
  ② **규범적 – 재교육적 전략(Normative – Reeducative Strategy)**
    ㉠ 사람을 사회문화적 규범에 따라 행동하는 존재라고 가정한다.
    ㉡ 구성원에 대한 실무교육을 계획하고, 구성원 중 변화촉진자를 선정하여 인간관계를 중시한다.
  ③ **권력 – 강제적인 전략(Power – Coercive Strategy)**
    ㉠ 사람은 자기보다 권력 – 강제력이 많은 사람의 지시와 계획에 따른 존재라고 가정한다.
    ㉡ 파업, 노사협정, 행정적 의사결정, 규칙 제정 등이 해당한다.

④ **정책적 전략(Political Strategy)**
  ㉠ 공식적·비공식적 권력구조를 확인하여 변화를 유도하는 전략이다.
  ㉡ 정책적 영향력이 있는 사람을 이용하여 변화를 유도한다.
⑤ **공학기술적 전략(Engineering Strategy)**: 개인을 변화시키기 위해 환경을 변화시키는 전략이다.
⑥ **동지적 전략(Followship Strategy)**
  ㉠ 모든 구성원들을 동등하게 대해주고 서로 알도록 하여 집단결속력을 강화함으로써 변화를 이끈다.
  ㉡ 높은 사회적 욕구와 자존심을 필요로 하는 사람들을 변화시키는 데 효과적인 전략이다.
⑦ **경제적 전략(Economic Strategy)**: 물품이나 자원, 자본, 금전적 보수 등 경제적 요인을 이용하여 변화를 시도한다.
⑧ **학문적 전략(Academic Strategy)**
  ㉠ 지식 또는 지식 개발 같은 학문적 요소가 일차적 변화의 영향요소가 되어 변화를 이끌어 나간다.
  ㉡ 이는 합리적 전략의 일종으로 실무를 변화시키기 위해 연구 결과나 이론을 적용하는 것 등이 포함된다.

2. 레빈(K. Lewin)의 3단계 변화 모형

(1) 해빙단계(Unfreezing)
① 구성원이 변화의 필요성과 문제를 인식하고 문제해결을 통해 변화하고자 하는 동기를 가지는 단계이다.
② 조직 내의 현재 상태와 조직이 바라는 미래 상태와의 차이를 인식하는 시기이다.
③ 조직 변화의 성공 여부는 얼마나 많은 구성원이 현 조직의 문제를 발견하고 바람직한 상태로 변화하고자 하는 마음을 가지느냐에 달렸다.
④ 이 단계는 구성원이 변화의 필요성을 인식하기 위해 개인에게 작용하는 힘의 재편성, 즉 '얼음이 녹아 풀리듯이 구성원의 태도나 감정이 점차 누그러지는 과정'으로 표현된다.
⑤ 영향을 받는 사람들과 좋은 관계를 유지한다.
⑥ 현재의 상황은 비효과적이라는 사실을 인식시킨다.
⑦ 변화에 대한 저항을 최소화한다.

(2) 변화단계(Changing)
① 변화하기 위해 구체적인 대안을 탐색하고 목적과 목표를 설정하며 이를 어떻게 달성할 것인지를 결정하고 선택된 대안을 실천하는 단계이다.
② 기존의 상태가 새로운 상태로 바뀌는 단계이다(도입과정).
③ 새로운 것에 대한 수용을 유도하고 이를 내면화시키는 단계이다.

④ 변화시키고자 의도하는 방향으로 조직시스템을 형성하기 위한 조직구조, 기술, 구성원의 행동양식을 결정해야 한다.
⑤ 관리자는 새로운 조직 변화를 위한 시스템 변화나 역할관계 등이 구성원들에게 유리하다는 확신을 주어야 하며, 조직 변화를 효과적으로 수행할 수 있는 조직개발기법들을 잘 선택해서 이용해야 한다.

(3) 재동결단계(Refreezing)
① 추진력과 저항력 사이에 새로운 균형이 이룩됨으로써 변화가 바람직한 상태로 정착되는 것이다.
② 변화된 새 제도가 좋은 결과를 내면 자동적으로 강화된다.
③ 변화된 부서나 개인에게 보상을 주어 변화된 상태를 안정화시키고, 시간이 지남에 따라 효과가 소멸되는 것을 막아야 한다.
④ 새로운 행위를 받아들이고 계속 진행한다.
⑤ 필요한 자원의 지원을 제공한다.
⑥ 성과 - 보상의 관계를 더욱 강화한다.

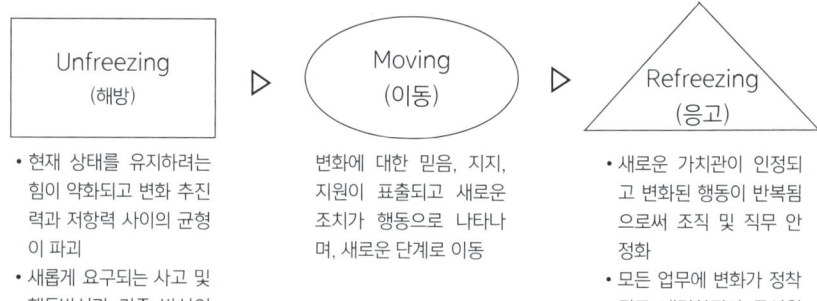

🔼 커트 레빈(K. Lewin)의 변화 관리 3단계 모델

3. 조직 발전(OD; Oranizational Development)

(1) 정의
① 구성원의 가치관·태도·신념·의식구조 등의 행태를 변화시켜 조직의 효과성과 문제해결능력 등을 증진시키려는 변화지향적 노력을 말한다.
② 조직 발전은 구성원 형태의 변화에 초점을 두고 있는 관리전략으로 상·하위 계층의 참여와 협조가 필요하다.

(2) 목표관리(MBO)와 조직 발전(OD)의 유사점과 차이점
① 유사점
  ㉠ Y이론적 인간관, 민주적 관리전략이다.
  ㉡ 결과 지향적 목표를 추구한다.
  ㉢ 인간의 발전을 중시한다.
  ㉣ 개인의 목표와 조직 목표의 조화·통합을 중시한다.

ⓜ 조직 전체의 유기적인 협조체계를 강조한다.
ⓑ 최고관리층의 이해와 지원이 요구된다.
ⓢ 평가 및 환류를 중시한다.

② 차이점

구분	MBO	OD
목적	단기적 목표 성취와 관리의 개선	인간 행태의 발전을 통한 조직 발전
성향	단순성	다각적 성향
발전관리의 주요 내용	일반적 관리기법	인간의 행태 변화
추진층	구심점이 없음 (수평적·분권적)	구심점 존재
담당자	계선·실무자	외부전문가의 유입

4. 조직 발전(OD)기법

(1) 감수성 훈련[Sensitivity Training(실험실 훈련, T-group)]

기출 15, 16, 17, 18, 19, 20

① 개념
  ㉠ 실험실 훈련은 실험실이라는 인위적으로 계획된 장소에서 피훈련자가 훈련에 참여한 타인들과 비정형적인 상호교류작용을 통하여 자기 자신을 인식하며, 타인의 입장이나 태도를 이해하고 집단행동 및 과정에 대한 자각과 감수성을 향상시키고자 하는 훈련이다.
  ㉡ 10명 내외의 서로 잘 모르는 사람들로 그룹을 형성한 다음, 훈련된 리더의 지휘 아래에서 합숙, 단체훈련, 집단토론 등을 통해 대인관계기술을 향상시키는 방법이다.

② 장단점

장점	단점
• 자기와 타인 및 집단에 대한 태도의 변화 • 원만한 대인관계의 능력 함양 • 조직의 역할에 대한 인식 제고 및 상호 협력 관계 증진 • 문제해결능력의 증진 및 조직의 개선을 이룩	• 수동적인 교육방식에 익숙한 사람에게 효과가 적음 • 많은 수의 참여가 곤란 • 개인보다 집단의 가치를 너무 중시 • 훈련의 효과가 장기간 지속되지 못할 우려가 있음 • 훈련으로 훈련자의 태도 변화가 그리 쉽지 않으며 변화가 있더라도 그것이 곧 조직 개선에 기여하지는 못 함

(2) 관리망 훈련(Managerial Grid Training)
변화담당자들이 설문지를 이용해서 관리자들이 어떠한 리더십 스타일을 갖고 있는지를 파악하고 관리자들이 자신의 리더십 스타일(9·9형)로 변화시키도록 유도하는 방법이다.

(3) 팀 구축(Team building)
조직 내 팀을 통해 조직 구성원들을 변화시키는 방법이다.

(4) 자료조사 피드백(Survey Feedback)
조직 구성원들의 가치관, 태도, 욕구, 조직풍토, 리더십, 집단 간 응집력 등에 관해 설문조사를 실시한 후 분석결과를 다시 조직 구성원들에게 피드백함으로써 문제점과 변화의 방향을 제시하는 기법이다.

5. 생산성 제고를 위한 조직의 포괄적 관리기법

목표관리	조직의 상하 구성원이 공동으로 목표를 설정하고 이를 통해 업적을 평가하여 관리의 효율화를 기하려는 조직관리기법
직무개선	• 직무의 질을 개선함으로써 조직의 전반적인 생산성을 향상하고자 하는 기법 • 직무의 질을 개선하는 것이 결근과 이직을 감소시키고, 직무만족을 제고하며, 조직의 전반적인 생산성을 향상시킴
품질관리 서클	• 그동안 총체적 품질관리 또는 자율관리 팀 기법이라는 명칭으로 더 많이 사용됨 • 이 방법은 작업과정에서 나타나는 문제를 해결하기 위하여 정기적으로 모임을 가지는 6~12명 규모의 소규모집단
인센티브 프로그램	• 산출물의 양과 질을 제고하고 구성원의 행태를 개선하려는 것이 주목적 • 성과 향상을 위한 구체적인 실행방안으로는 임금 인상과 보너스 지급, 보상 여행 등의 금전적 보상과 상품이나 휴식 등의 비금전적 보상을 제공할 수 있음 예 성과 보너스, 작업량 보너스, 수익배분제도, 제안제도, 형태 보상제도, 종업원 인정제도 등

6. 의료기관의 경영혁신전략

리엔지니어링 (Reengineering)	현재 기능이나 부서별로 분화되어 있는 과업 중심적인 구조를 고객가치를 증가시키는 프로세스 중심으로 재편성하는 것을 의미
전사적 자원관리 (EPR; Entertprise Resource Planning)	조직 내의 모든 업무를 정보기술 자원을 활용하여 동시에 통합처리하고 정보를 실시간으로 주고 받을 수 있는 시스템

EPR의 최종목표
자원인 인력, 자금, 자재, 기계를 통합적으로 관리하여 시너지 효과를 창출하는 것이며, 이를 통해 고객 만족을 달성하는 것을 최종 목표로 한다.

벤치마킹 (Benchmarking)	제품, 서비스, 작업과정 등의 경쟁력을 갖추기 위하여 선두 주자로 인정된 조직의 제품, 업무수행과정, 서비스 등과 비교하여 스스로를 개선시키는 과정으로 내부적 벤치마킹, 경쟁적 벤치마킹, 선두그룹 벤치마킹으로 세분할 수 있음
아웃소싱 (Outsourcing)	자신의 조직이 수행하는 다양한 활동 중 전략적으로 중요하면서도 가장 잘 할 수 있는 분야나 핵심역량에 모든 자원을 집중시키고 나머지 활동의 기획 및 운영 일체를 해당 분야에서 세계적으로 뛰어난 전문기업에 맡김으로써 기업의 경쟁력을 제고시키는 전략
5why 분석	주어진 문제에 대해 계속하여 원인을 체크하여 가장 근본이 되는 원인을 찾는 기법
역장분석	목표달성을 지지하는 힘과 방해하는 힘을 분석하여 성공적인 변화가 이루어지도록 하는 분석기법
STEEP 분석	거시적 사업환경을 분석하는 방법으로 사회·문화, 기술·정보, 생태학적 환경, 거시·미시, 정책·법규의 다섯 가지 요소로 기업의 환경에 영향을 주는 외부적 요인을 파악하는 것
다운사이징 (Downsizing)	기구의 축소 또는 감원을 가져오는 것으로 오랫동안 불필요하게 유지되어 온 군살은 없는지, 과도한 조직기구 확장은 없는지, 필요 이상의 인력을 보유하고 있는지 등을 분석하여 기구 축소와 감원을 유도하는 전략
균형성과표	재무적, 비재무적 지표 간의 장단기 균형을 유지하여 비전과 전략을 명확히 함으로써 전략에 대한 피드백과 학습을 고양시키는 전략시스템
총체적 질 관리 (TQM; Total Quality Management)	병원 내의 모든 서비스와 업무개선을 통해 질 향상을 도모하는 경영기법
틈새전략 (Niche Strategy)	경쟁에서 우위를 점하고, 시장에서의 확고한 위치를 차지하기 위해 조직이 보유하고 있는 기술, 생산, 재무, 마케팅 등 기능적 강점을 어느 주문에 어떻게 활용할 것인가를 결정하는 분석의 틀 예 원가 우위전략, 차별화전략, 집중화전략 등
리스트럭쳐링 (Restructuring)	급변하는 환경에 대응하고 생산성과 경쟁력을 확보하기 위해 조직 구조를 혁신적으로 재구축하는 것 예 기구 및 조직의 통폐합, 불필요한 자산 정리, 업종전문화를 통한 체질 강화, 해외진출 등
시간관리	시간은 무한한 자원이라는 착각에서 벗어나 시간이라는 절대 조건을 기준으로 더욱 높은 생산성을 위해 나 자신, 나의 일, 우리의 조직을 관리하는 것

7 병원행정조직

1. 병원의 개념

(1) 병원의 정의
① **사전적 정의**: 병자를 진찰·치료하는 데 필요한 설비를 갖추어 놓은 곳을 말한다.
② **「의료법」 제3조 제1항**: "의료기관"이란 의료인이 공중 또는 특정 다수인을 위하여 의료·조산의업을 하는 곳을 말한다.
③ **기능적 정의(WHO)**: 병원은 사회 및 의료조직의 불가결한 역할을 수행하는 기관으로서 그 기능은 지역사회주민들에게 치료와 예방을 통합하는 포괄적인 의료를 서비스하고 외래진료 활동에 있어서는 가족의 건강증진은 물론 환경개선 노력까지 포함하며 병원은 의료종사자들의 훈련과 생물학적·사회학적 연구의 중심기관이다.

> **병원의 구성원**
> 병원은 사람의 기술과 노동력의 의존도가 높은 노동집약적이어서 구성원이 대부분 면허나 자격을 가진 전문인력으로 구성되며 종류 또한 매우 다양하다.

(2) 병원의 기능
① **진료기능**: 입원환자를 수용하여 진료할 수 있는 시설과 인력을 갖추고 진단·치료·재활·예방을 포함한 완전한 의료를 제공한다.
② **연구기능**: 진료영역이 발전하기 위해서는 연구의 뒷받침이 반드시 필요하며, 기초의학과 지식과 기술은 병원 외부에서 이루어지는 것이 병원에서는 임상적용을 위한 중개연구와 임상시험연구가 진행된다.
③ **교육기능**: 학생교육, 전공의교육, 졸업 후 수련과정, 보수교육, 건강교육 등이 있다.

2. 병원의 유형

(1) 제공하는 의료서비스 내용에 따른 분류
① **일반병원**: 종합병원, 대학병원, 여러 진료과목을 둔 중소병원 등
② **특수병원**: 정신병원, 결핵병원, 나병원 등

(2) 설립자 혹은 운영주체에 따른 분류
① **공공병원**: 국·공립병원, 시·도립병원, 공사병원
② **법인병원**: 의료법인, 재단법인, 사단법인, 학교법인, 특수법인, 사회복지법인, 회사법인의 병원
③ **개인병원**

(3) 재원일수에 따른 분류 기출 14
① **단기병원**: 30일 또는 90일 이내 진료하는 병원
② **장기병원**: 일반적으로 90일 이상 진료를 하는 병원

(4) 영리추구 형태에 따른 분류 기출 14
① **영리병원**: 개인 소유의 병원
② **비영리병원**: 법인 형태의 병원

(5) 의료전달체계의 역할에 따른 분류
① **이차병원**: 첫 번째 의뢰 수준 병원
② **삼차병원**: 두 번째 의뢰 수준 병원

(6) 의사의 고용근무 형태에 따른 분류 기출 12
① 개방형 병원
② 폐쇄형 병원

(7) 의학교육 범위에 따른 분류
① 대학병원
② 전공의 수련병원
③ 비수련 병원

3. 병원조직의 특징 기출 10, 11, 15, 17, 18, 19, 20

(1) 구조요소적 측면의 특성
① 다양한 사업목적을 가진 조직체이다.
② 노동집약적 조직이다.
③ 서로 상충되는 두 개의 목표를 동시에 달성해야 하는 조직이다.
④ 유기적이고 복잡한 전환과정을 거쳐야 하는 조직이다.
⑤ 품질을 표준화하여 관리하기 어렵다.
⑥ 이원적 지배구조가 존재하는 매트릭스 조직이다.

(2) 조직행동 측면의 특성
① 구성원을 동기부여할 수 있는 다양한 관리기법과 적절한 리더십이 필요하다.
② 출신 배경과 역할이 다르므로 심층적이고 다양한 갈등관리기법이 요구된다.
③ 업무와 조직구조에서 야기되는 다양한 스트레스를 가지므로 이에 대한 배려와 관리가 필요하다.
④ 부서별 개성이나 소집단 욕구가 돌출되지 않는 건전한 조직문화를 형성하는 노력이 요구된다.

(3) 인사관리 측면의 특성
① 이질집단의 집합체로 인한 사회계층현상이 발생한다.
② 노동집약적 환경을 벗어나기 어렵다.
③ 관리상 비효율성이 증가한다.
④ 직종별로 욕구를 개발하여 동기부여를 할 수 있는 제도와 조치가 필요하다.
⑤ 자율과 통제 기능이 공존할 수 있도록 상황에 따른 의사결정을 해야 한다.
⑥ 업무수행에서의 배타적이고 이기적인 행위는 성과 창출에의 어려움을 야기한다.

4. 병원관리

(1) 병원관리의 정의
병원의 자원을 잘 활용하여 병원의 설립목적과 운영목표를 달성할 수 있도록 하는 활동과 과정이다.

(2) 병원조직 관리의 특성
① 높은 전문인력의 비중
② 복잡한 조직체계
③ 이원화된 권위체계(의료전문 부문과 이를 지원하는 관리 부문)
④ 24시간 운영체계
⑤ 의료전문가와 관리자의 이중 역할

5. 병원진료실적 평가지표
(1) 진료량 지표 기출 09, 14, 16, 17, 19

지표	설명
100병상당 일평균 외래환자 수 (Outpatient Visits)	하루 평균 외래환자 수가 얼마나 되는지를 측정하는 지표 100병상당 1일 평균 외래환자 수(명) = $\dfrac{외래\ 연환자\ 수\ \div\ 외래진료일\ 수(275)}{병상\ 수\ \div\ 100(병상)}$
100병상당 일평균 재원환자수 (Inpatient Days)	하루 평균 입원환자 수가 얼마나 되는지를 측정하는 지표 100병상당 1일 평균 재원환자 수(명) = $\dfrac{총\ 재원일\ 수\ \div\ 입원진료일\ 수(365)}{병상\ 수\ \div\ 100(병상)}$
병상이용률 (Bed Occupancy Rate)	• 병원의 가동병상 중 입원환자가 차지하는 비율 • 입원자원(가동병상)의 운영효율성을 나타냄 • 병원운영의 합리화를 측정하는 지표 • 병원의 경영상태를 나타내는 기본적인 지표 병상이용률(%) = $\dfrac{총\ 재원일\ 수(입원\ 연환자\ 수)}{연병상\ 수(병상\ 수\ \times\ 입원진료일\ 수)} \times 100$
병상회전율 (Bed Turnover)	병상회전율이 높을수록 병원의 수익성이 좋음 병상회전율(%) = $\dfrac{퇴원실환자\ 수}{병상\ 수}$ 또는 $\dfrac{(퇴원실환자\ 수\ +\ 입원실환자\ 수)\div 2}{병상\ 수}$
병상회전간격 (Duration of Idle Bed)	1병상의 환자 입원 후 다음 환자가 입원할 때까지의 평균기간을 의미 병상회전간격(일) = $\dfrac{연병상\ 수\ -\ 퇴원환자\ 총\ 재원일\ 수}{퇴원실환자\ 수}$
평균재원일수 (Average Length of Stay)	• 1명의 환자가 병원에 입원한 평균일수 • 평균재원일수가 길면 병상이용률은 높아지나 병상회전율이 낮아짐 • 병원에서는 수익증대를 위해 평균재원일수를 단축시키려고 함 평균재원일수(일) = $\dfrac{퇴원환자재원일수\ 누계}{퇴원실환자\ 수}$ 또는 = $\dfrac{총\ 재원일\ 수}{(입원실인원+퇴원실인원)\div 2}$

(2) 병원 진료권 분석지표

① 병원의 진료권은 특정 병원을 이용하거나 이용할 사람들의 지역적인 분포 범위를 나타낸다.
② 병원의 의료수요를 측정(추계)하는 기초자료가 되며, 지역사회에서 특정 병원이 차지하는 중요성을 파악할 수 있게 해 준다.
③ 진료권의 설정은 병원을 중심으로 생각하는 내원환자의 지역구성도(CI; Commitment Index)와 지역사회를 중심으로 생각하는 지역친화도(RI; Relevance Index)에 의해 접근이 가능하다.

㉠ **지역구성도(CI; Commitment Index)**: 특정 병원을 이용한 환자의 총 의료이용량 중에서 특정 지역에 거주하는 환자가 이용한 비율을 말한다.

$$\text{내원환자의 지역구성도(\%)} = \frac{\text{특정 병원을 이용한 특정 지역 환자의 의료이용량}}{\text{특정 병원을 이용한 환자의 총의료이용량}} \times 100$$

㉡ **지역친화도(RI; Relevance Index)**: 특정 지역에 거주하는 주민의 총 의료이용량 중 특정 병원을 이용한 의료이용량의 비율을 나타낸다. 기출 19, 21

$$\text{지역친화도(\%)} = \frac{\text{특정 지역 주민의 특정 병원 의료이용량}}{\text{특정 지역 주민의 총의료이용량}} \times 100$$

6. 병원행태모형

(1) 격차극소화모형 기출 15, 19

① 병원은 시설투자를 비롯한 의사결정 시 독립적이지 않고 자기와 비슷한 다른 병원의 행태를 염두에 둔다.
② 비슷한 부류의 다른 병원이 특정 장비를 도입하는 경우, 상대적 지위를 견지하기 위하여 자신의 병원도 동일한 장비를 구입하게 된다는 논리이다.

(2) 뉴 하우스모형

① 의료기관은 서비스의 질과 양을 어떻게 조합하는 것이 병원경영자와 환자들에게 가장 큰 만족을 줄 것인가를 찾는 모형이다.
② 건강보험의 확대 실시나 국민소득의 증가로 의료소비자가 서비스의 양보다는 질을 중시하는 경향을 나타낸다면, 병원경영자는 진료의 질을 높이고 진료량을 줄이는 반응을 보임으로써 시장을 변화에 대응하게 된다.

(3) 이윤극대화모형

① 영리 추구 병원은 이윤이 극대화되도록 설비에 대한 투자를 하고 가격을 책정하며 생산량을 정하게 된다.
② 수요의 증가와 가격의 탄력성이 하락할 때 병원은 가격을 상승시킨다.
③ 인건비, 원가의 상승은 병원으로 하여금 높은 가격 책정과 진료량의 감소를 가져오는 방향으로 나타나게 된다.
④ 생산요소의 최적 결합을 통하여 비용 극소화를 시도한다.

(4) 수입극대화모형

① 수입의 극대화를 통해 시장점유율을 높이고 고정 환자를 확보하는 등 장기적으로 병원의 규모를 확대할 수 있다.
② 최소한의 이윤이 보장되지 않은 경우, 병원의 존립 자체가 문제되기 때문에 최소한의 이윤의 제약조건 아래 수입극대화를 추구하는 것이 보다 합리적인 가설이 된다.

8 의약분업제도 - 우리나라 의약분업제도의 역사와 특성

1. 의미

의약분업 시작일
2000년 7월 1일부터 시작되었다.

(1) 의약분업은 의사가 진료와 처방을 하고, 약사는 의사의 처방에 따라 의약품을 조제하는 제도이다.
(2) 우리나라에서는 일반적으로 외래환자의 경우 이 원칙을 준수하고 있으나 국민의 불편을 고려하여 입원환자, 응급환자, 정신질환자, 중증장애인의 경우는 예외로 하고 있다.
(3) 또한 약국이 없는 농어촌지역에서도 의약분업을 실시하고 있지 않다.
(4) 진료에 필요한 주사제는 의료기관에서 직접 주사할 수 있다.

2. 목적

의약분업의 목적
의약품 사용에 관한 잘못된 관행을 바로잡아 의약품의 오·남용으로부터 국민건강을 보호하고, 불필요한 의약품의 사용을 줄임으로써 국민의료비를 절감하며, 환자의 알 권리와 의약서비스의 수준을 향상시키는 계기를 마련하는 것이다.

(1) 의약품의 오·남용을 예방한다.
(2) 의약품의 적정 사용으로 약제비를 절감한다.
(3) 환자의 알 권리 및 의약서비스의 수준을 향상한다.
(4) 제약 산업을 발전하고 의약품 유통구조를 정상화한다.

3. 유형

(1) 분업의 정도에 따른 분류

완전분업	의약품을 전문의약품과 일반의약품으로 구분하여 전문의약품은 모두 의사의 처방이 있어야만 조제·판매할 수 있음
부분분업	전문의약품 모두를 분업의 대상으로 하지 않고 일부 의약품에 대해서는 의사의 처방이 있어야 하고 나머지 일부에 대해서는 의사가 약사가 모두 임의로 처방·조제·판매를 할 수 있도록 하는 분업제도

(2) 법적 강제력에 따른 분류

강제분업	법에 의해 의사의 처방과 약사의 조제가 완전히 분리되는 경우
임의분업	환자가 의사나 약사를 선택하여 조제를 요구할 수 있음
기관분업	병원에서 외래 처방에 대해서는 원외처방전을 발행하고, 병원 내 조제실을 통한 원내처방을 금지하는 형태
직능분업	의사가 진료를 하고 난 후 처방전을 발급하고, 약사가 처방전에 따라 약을 조제하는 것

제2장 보건재정관리

1 재정관리

1. 재정관리의 개념

(1) 의의
① 조직이 목표달성을 위해 필요한 재정자원을 합리적이고 계획적으로 동원하여 배분하고 효율적으로 사용·관리하는 과정이다.
② 국가 또는 지방자치단체가 행정활동이나 공공정책을 시행하기 위하여 자금을 만들어 관리하고 이용하는 경제활동이다.
③ 정부의 재무활동을 의미한다.
④ **재정활동**: 정부의 재원조달 및 지출활동, 즉 중앙정부 및 기타 공공단체가 공공욕구를 충족시키기 위해 필요한 자원을 조달하고 관리·사용하는 경제활동을 재정 혹은 재정활동이라고 한다.

(2) 기능
① **자원 분배의 조정**: 자원의 효율적인 분배는 시장경제체계에 의하여 대부분 수행되지만 공공재의 공급 등은 시장경제의 기능만으로 효율적인 배분이 어렵기 때문에 정부가 자원 배분에 개입하여 시장기능을 보완하게 된다.
② **소득의 재분배**: 노동력이나 소득원이 취약한 계층에 대해서는 재정이 관여하여 일부 소득분배 조정기능을 수행한다.
③ **경제 안정화**: 정부는 거시경제의 운영에 있어 금융, 외환 등과 함께 거시경제정책의 중요한 수단의 하나로서 재정을 활용한다.

2. 예산(Budget)

(1) 의의 기출 16, 19
① 금액으로 표시된 업무계획서이며, 조직의 운영관리 도구로서 일정 기간 중에 목표하는 활동을 위해 필요한 수입과 지출을 총체적으로 계획하는 것이다.
② 예산은 수치를 통해 예상되는 결과를 구체화하기 위한 계획으로서 피드백, 평가 및 추적조사를 위한 통제장치이다.
③ 예산이란 정부가 일정기간 동안 징수할 수입(세입)과 공공서비스 공급을 위해 지출할 경비의 내역 및 규모에 대한 계획(세출)이다.
④ 세입과 세출을 문건으로 만들어 발간한 것이 예산서이다.
⑤ 예산서는 정부의 가장 중요한 문서 중의 하나로 정책결정의 결과와 우선순위, 사업의 목적 그리고 정부가 제공하는 공공서비스의 전반적인 수준을 나타내고 있다.

정부 재정
조세, 강제적인 방법으로 수입의 대부분을 조달, 국민 부담인 조세로 수입을 마련한다.

재무
1. 돈이나 재산에 관한 일이다.
2. 재무는 수익성, 안정성, 유동성의 원칙이 있다.

⑥ **회계연도 독립의 원칙**: 예산은 '일정기간'의 활동에 관련된 것으로 회계연도라고 불리는 한정된 기간에 국한해서 효력이 있고 다른 기간에는 효력이 없다(우리나라 중앙과 지방 모두 회계연도는 1월 1일부터 12월 31일까지).
⑦ 세계 각국 간 재정규모를 비교하기 위해서는 동일한 기준에 의한 재정범위를 설정해야 한다.
⑧ 우리나라도 IMF의 권고에 의해 통합예산을 편성·운영해 오고 있다.
⑨ 통합예산 또는 통합재정은 일반회계, 특별회계, 기금을 모두 포함하는 정부의 재정활동을 체계적으로 분류해 표시함으로써 재정이 국민 전체에 미치는 효과를 효과적으로 파악하고자 하는 제도이다.

(2) 기능

① 통제기능
　㉠ 계획대로 따르도록 하는 안내서 역할을 한다.
　㉡ 다양한 동기유발 프로그램을 이용하여 직원들이 예산대로 성취하도록 인센티브를 준다.
　㉢ 결산과정을 통해 관리자들은 예산의 성공적 수행 여부와 성공과 실패의 이유를 파악하는 평가의 역할을 수행한다.
　㉣ 교정활동에 도움을 준다.

② 기획(계획)기능 ^{기출 21}
　㉠ 관리자로 하여금 미리 생각하고 계획할 수 있게 한다.
　㉡ 관리자에게 목표의식을 갖고 미래를 예측하게 한다.
　㉢ 설정한 목표를 가장 효율적으로 달성할 수 있는 비용과 효과적인 방법을 찾도록 한다.
　㉣ 직원들의 활발한 참여를 통하여 이루어져, 조직 내 관리자와 실무자들 사이의 적극적인 의사소통의 조정이 이루어진다.
　㉤ 장기적 계획과 단기적 예산편성을 유기적으로 연계시켜 효율적인 자원배분을 결정하는 데 그 목적이 있다.

③ 정치적 기능
　㉠ 예산과정에서 사회의 각종 세력과 집단들이 자신들의 요구를 표명함으로써 더 많이 자신들의 이익을 예산에 반영하려 한다.
　㉡ 행정부는 여러 사회집단의 이해를 조정하여 예산에 반영하려 하고, 입법부는 예산심의를 통하여 행정부의 예산 결정을 재검토하여 국민의 요구를 반영하려 한다.
　㉢ 예산과정을 통하여 정부자원의 배분이 이루어지는 기능이 예산의 정치적 기능이다.

④ **경제적 기능**: 경제적 기능으로는 경제안전기능, 경제성장촉진기능, 소득재분배기능, 자원배분기능이 있다.
  ㉠ **경제안전기능**: 경제가 불경기일 때와 호황일 때 적절한 정책을 통해 경제의 안정과 발전을 도모한다.
  ㉡ **경제성장촉진기능**: 개발도상국의 경제성장을 위한 자본형성기능을 말한다.
  ㉢ **소득재분배기능**: 소득재분배를 위한 여러가지 조치, 예를 들면 조세면에서 소득세나 주민세에 누진율을 적용하여 고소득자에게 세금을 무겁게 부과하거나 지출면에서 생활무능력자에게 보조금을 지불하는 것을 말한다.
  ㉣ **자원배분기능**: 보건행정 목표의 달성을 가능한 극대화시키기 위한 합리적인 자원배분의 수단으로서 기능을 수행한다.
⑤ **관리적 기능**
  ㉠ 중앙예산기관은 각 부처의 사업계획의 검토, 평가와 이에 소요되는 경비의 사정을 통하여 계획과 예산을 일치시킨다는 점에서 관리적 기능을 갖는다.
  ㉡ 중앙예산기관은 각 부처로 하여금 예산의 이용 전용, 이체, 예비비 지출 등에 있어서 승인을 받도록 하고 있다.

(3) 장점
① 관리자들이 모든 제반활동을 비판적 · 창조적으로 분석할 수 있다.
② 관리자들의 사고를 현재보다 미래지향적으로 변화시킨다.
③ 관리자가 문제와 위기를 예측하여 효율적으로 대처할 수 있다.
④ 관리자들이 해당 부서 및 병원의 목표달성에 노력하도록 동기를 부여한다.
⑤ 통제를 위한 준거수단으로 활용된다.

(4) 예산편성의 전제조건
① 예산편성 및 예산운용에 대한 권한과 책임의 한계가 명백히 규정되어 있어야 한다.
② 부서에서 자체적으로 예산을 수립할 수 있는 자율권을 부여하고 확대하여야 한다.
③ 관리자는 병원의 재정목표와 집행에 대한 방침을 이해하여야 한다.
④ 신뢰할 수 있는 통계자료를 제공하는 체계가 있어야 한다.
⑤ 예산규모는 병원 예산규모를 참고한다.

전통적 예산의 원칙
통제 중심적으로 기능이 단순하고 예산의 규모가 적을 때 사용되는 원칙이다.

전통적 예산의 원칙과 예외
1. 공개성의 원칙
   신임예산, 특수활동비(국방비, 기밀정보비, 외교활동비)
2. 명료성의 원칙
   총액계상예산, 안전보장 관련 예비비 등
3. 정확성의 원칙
   적자 또는 불용액의 발생
4. 완전성의 원칙
   순계예산, 기금, 수입대체경비, 국가연구개발사업의 대가 비용, 현물출자, 외국차관의 전대 등
5. 단일성의 원칙
   특별회계, 추가경정예산, 기금 등
6. 사전의결의 원칙
   사고이월, 전용, 준예산, 예비비, 긴급명령, 선결처분 등
7. 통일성의 원칙
   목적세, 특별회계, 기금, 수입대체경비 등
8. 한정성의 원칙
   사용기간(사고이월, 명시이월, 계속비, 국고채무부담행위, 과년도수입, 과년도 지출), 사용목적(이용, 전용), 사용범위(예비비, 추가경정예산)

현대적 예산의 원칙
관리 중심으로 자원관리의 효율성과 계획성을 강조하는 예산제도에 적합한 예산 원칙이다.

(5) 예산의 원칙

① **전통적 예산의 원칙(Neumark & sundelson)** 기출 12, 16, 17, 18, 19, 20, 24
   ㉠ **공개성의 원칙**: 예산의 편성·심의·집행 등에 관한 정보를 공개해야 한다는 원칙이다.
   ㉡ **명료성의 원칙**: 예산은 모든 국민이 이해할 수 있도록 합리적 관점에서 분류되고 명료·정확하게 표시되어야 한다는 원칙이다.
   ㉢ **정확성(엄밀성)의 원칙**: 예산은 정확하고 엄밀하게 표시되어야 한다는 원칙이다.
   ㉣ **완전성의 원칙(예산총계주의의 원칙)**: 예산에는 모든 세입·세출이 완전히 계상되어야 하며, 예산에 계상되지 않은 수입·지출은 인정될 수 없다는 원칙이다.
   ㉤ **단일성의 원칙**: 예산은 전체적 관련성 파악과 국민의 예산 이해증진 및 국회의 예산통제권 행사를 위해 단일한 것이어야 하며, 추가경정예산이나 특별회계예산은 가급적 편성하지 않도록 해야 한다는 원칙이다(**예외**: 특별회계예산, 추가경정예산).
   ㉥ **사전의결의 원칙**: 예산은 지출이 행해지기 전에 국회에 제출되고 심의·의결되어야 한다는 원칙이다(**예외**: 준예산, 사고이월, 예비비 지출).
   ㉦ **통일성의 원칙**: 특정한 세입과 특정한 세출이 연결되어서는 안 된다는 원칙이다(**예외**: 특별회계예산, 목적세).
   ㉧ **한정성의 원칙**: 지출기간(회계연도 독립의 원칙), 지출과목, 지출주체 등에 있어서 명확하게 한정된 대로 예산이 집행되어야 한다는 원칙이다.

② **현대적 예산의 원칙(Smith)** 기출 16, 17, 18, 19, 21
   ㉠ **행정부계획의 원칙**: 예산은 행정부의 정책이나 사업계획을 반영하는 것이므로 예산편성은 행정부의 사업계획과 연계되도록 하여야 한다는 것이다.
   ㉡ **행정부책임의 원칙**: 행정수반의 지휘와 감독하에 입법부의 의도에 따라 가장 효과적인 방법으로 집행할 책임이 행정부에 있다는 것이다.
   ㉢ **보고의 원칙**: 예산의 편성·심의·집행은 정부 각 기관으로부터 제출되는 재정보고 및 업무보고에 기초를 두어야 한다는 원칙이다.
   ㉣ **적절한 수단구비의 원칙**: 행정부가 예산에 관한 책임을 완수하기 위해서는 중앙예산기관뿐만 아니라 예산의 배정, 예비비제도 등 적절한 행정상의 수단을 필요로 한다는 원칙이다.
   ㉤ **다원적 절차의 원칙**: 현대의 행정활동은 매우 다양하므로 사업의 성격에 따라 예산절차를 다르게 하여야 한다는 것이다.
   ㉥ **행정부 재량의 원칙**: 입법부가 명세예산을 의결할 경우 상황 변화에 따른 행정부의 적절한 대처를 어렵게 하고 효과적이고 능률적인 예산운영을 어렵게 하므로 의회는 총괄예산으로 통과시켜 행정부에 재량권을 주어야 한다는 원칙이다.

ⓐ **시기신축성의 원칙**: 경제사정 등의 변화에 적응할 수 있도록 예산의 집행시기를 적절하게 조절할 수 있어야 한다는 것이다.

3. 예산의 종류

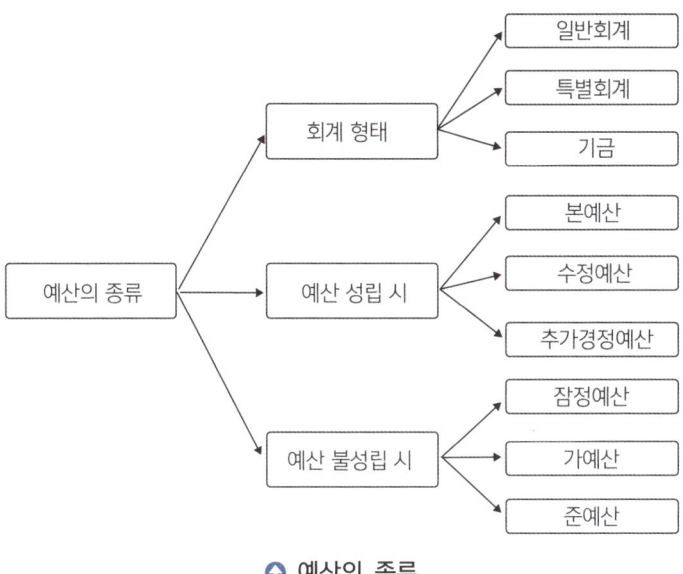

◑ 예산의 종류

(1) 회계형태에 따른 종류 기출 18, 19, 20

① 일반회계
  ㉠ 정부의 강제적 수입원인 조세수입을 주 재원으로 하여 일반적인 정부활동에 관한 총수입과 총지출을 편성한 예산을 말한다.
  ㉡ 국가의 기본적이고 중요한 경비를 의미한다.
  ㉢ 국가의 고유기능을 수행하기 위해 필요한 예산으로 그 세입은 조세수입을 재원으로 하고 그 밖에 과태료 등 세외수입과 이월금, 차입금 등이 포함된다.

② 특별회계
  ㉠ 특정한 수입으로 특정한 목적을 위하여 지출되는 회계의 예산을 말한다.
  ㉡ 국가에서 특정한 사업을 운영하고자 할 때 사용된다.
  ㉢ 특정한 자금을 보유하여 운용하고자 할 때 사용된다.
  ㉣ 특정한 세입으로 특정한 세출에 충당함으로써 일반회계와 구분하는 것이 예산운영에 능률성이 있을 것이 거의 확실한 경우 설치되는 예산이다.
  ㉤ 특별회계는 법률로 설치하며 국회의 심의를 받는다.
  ㉥ 특별회계는 원칙적으로 이를 설치한 소관부서가 관리한다.
  ㉦ 특별회계는 예산단일성의 원칙에 대한 예외이다.

③ 기금 기출 21
  ㉠ 정부는 사업운영상 필요할 때에는 법률로서 정하는 경우에 한해 별도의 기금을 설치할 수 있다.
  ㉡ 이 기금은 일반회계와는 달리 예산 외로 운영할 수 있다.

> **보건복지부의 소관 기금**
> 기출 18, 19, 20, 21
> 1. 국민연금기금
> 2. 국민건강증진기금
> 3. 응급의료기금

ⓒ 기금은 조성된 자금을 회계연도 내에 운영해 남는 자금을 계속 적립해 나간다.
ⓔ 특정 분야의 사업에 대해 지속적이고 안정적인 자금이 필요하거나 사업추진에 탄력적인 집행이 필요한 경우에 제약이 많은 예산보다 기금의 설치·운영이 더 용이하다.
ⓜ 기금은 특정 수입과 지출의 연계가 강하다.
ⓗ 기금은 기금운용의 자율성과 탄력성이 강하다.
ⓢ **보건복지부 소관 기금**: 국민연금기금, 국민건강증진 기금, 응급의료기금 등이 있다.

★ **핵심정리** 일반회계, 특별회계, 기금 비교 기출 18

구분	일반회계	특별회계	기금
설치사유	국가고유의 일반적 재정 활동	• 특정 사업 운영 • 특정 자금 운영 • 특정 세입으로 특정 세출 충당	• 특정 목적을 위해 특정 자금을 운영 • 일정자금을 활용하여 특정 사업을 안정적으로 운영
재원조달 및 운영 형태	공권력에 의한 조세수입과 무상급부원칙	일반회계와 기금 운용형태 혼재	출연금, 부담금 등 다양한 수입원으로 융자사업 등 기금 고유사업 수행
확정절차	• 부처의 예산요구 • 기획재정부가 정부예산안 편성 • 국회심의·의결로 확정		• 기금관리주체가 계획 수립 • 기획재정부장관과의 협의·조정 • 국회심의·의결로 확정
집행절차	• 합법성에 입각하여 엄격히 통제 • 예산의 목적 외 사용 금지 원칙		합목적성 차원에서 상대적으로 자율성과 탄력성 보장
수입과 지출의 연계	특정한 수입과 지출의 연계 배제		
계획변동	추경예산의 편성		주요 항목 지출금액의 20% 이상 변경 시 국회의결 필요 (금융성기금의 경우 30%)
결산	국회의 결산심의와 승인		

(2) **예산의 성립시기에 따른 분류** 기출 14, 16, 21
① **본예산**
㉠ 정상적인 절차를 거쳐 편성·심의·확정된 최초의 예산으로 당초예산이라고도 한다.

ⓒ 본예산은 회계연도 개시 120일 전까지 국회에 제출하고 국회는 회계연도 개시(매년 1월 1일) 30일 전까지 이를 의결한다.
　　ⓒ 모든 예산집행은 본예산에 의하여 이루어져야 한다.
　　ⓔ 예산이 성립된 후에 불가피한 사유에 의해서 집행상 수정이 필요한 경우를 대비하여 수정예산과 추가경정예산이 나타났다.

② 수정예산
　　㉠ 예산안이 국회에 제출된 이후 본예산이 성립되기 이전에 **부득이한 사유로 인하여 그 내용의 일부를 변경하고자 할 경우**는 국무회의의 심의를 거쳐 대통령의 승인을 얻어 수정예산안을 국회에 제출하고 이를 확정시키는 예산이다.
　　㉡ 수정예산 제출 시 첨부서류의 전부 또는 일부를 생략할 수 있다.
　　㉢ **수정예산은 예산금액의 합계를 증가시키지 못한다.**

③ 추가경정예산 기출 21, 25
　　㉠ 예산안이 국회를 통과하여 예산이 성립된 이후 예산에 변경을 가할 필요가 있을 때에 이를 수정·제출하여 국회의 심의를 거쳐 성립되는 예산이다.
　　㉡ 예산이 국회를 통과하여 성립한 다음에 변경하는 것이다.
　　㉢ 추가경정예산은 본예산을 심의할 때 삭감된 항목의 부활이 가능하다.
　　㉣ 본예산을 집행하는 과정에서 예산변경의 사유가 발생하였을 때 편성한다는 점과 국회의 심의·의결을 받아야 한다.
　　㉤ 추가경정예산은 본예산과 별개로 성립·집행되므로 예산단일성의 원칙의 예외가 적용된다.

> **Plus⁺ POINT**
> 국가재정법상 추가경정예산의 편성 제한적 허용 기준
> 1. 전쟁이나 대규모 자연재해가 발생한 경우
> 2. 경기침체·대량실업, 남북관계의 변화
> 3. 경제협력과 같은 대내·외 여건에 중대한 변화가 발생할 우려가 있는 경우
> 4. 법령에 따라 국가가 지급하여야 하는 지출이 발생하거나 증가하는 경우

(3) **예산불성립 시의 종류** 기출 11, 15, 16, 17, 18, 20, 21, 23
　① **잠정예산**: 회계연도 개시 전까지 예산이 국회에서 의결되지 못했을 경우 몇 개월분에 해당하는 일정한 금액을 국고로부터 지출할 수 있도록 허가해 주는 제도이다.
　② **가예산**: 회계연도 개시 이전에 예산이 국회의 의결을 거치지 못할 경우 최초 1개월분의 예산을 국회의 의결로 집행하는 제도이다.
　③ **준예산**: 새로운 회계연도가 개시될 때까지 예산이 국회에서 의결되지 못하면 정부가 국회에서 예산안이 의결될 때까지 전년도 예산에 준하는 경비를 지출할 수 있게 하는 제도이다.

기출 체크

다음에서 설명하는 예산의 종류는?
　　　　　　　　　　기출 25

- 예산 변경의 사유가 있어야 한다.
- 국회를 통과하여 성립된 후 변경된 예산이다.
- 본예산 심의 시 삭감된 항목의 부활이 가능하다.

① 추가경정예산　② 잠정예산
③ 가예산　　　　④ 준예산

정답 ①

🔖 **핵심정리** 예산불성립 시의 종류			
구분	준예산	잠정예산	가예산
기간제한	제한 없음	4 ~ 5개월	1개월
국회의결	불필요	필요	필요
지출항목	한정적	전반적	전반적
채택국가	한국, 독일	영국, 캐나다, 일본	프랑스(제3·4공화국)
한국에의 적용 여부	1960년 이래 채택 (실제 실시한 적은 없음)	채택된 적 없음	1948 ~ 1960년까지 채택하여 사용

4. 보건예산과정 기출 16, 19, 20

예산과정
예산과정은 정치적인 투쟁과정이며 합리적인 자원배분을 위한 과학적·체계적 과정이자 동태적이고 순환적 과정을 거친다.

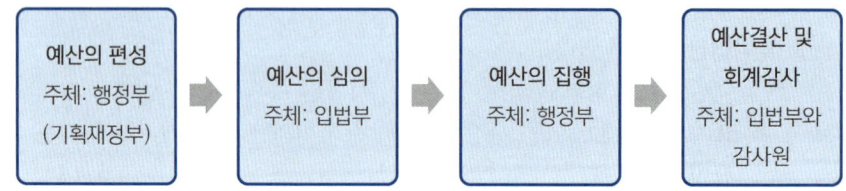

- 예산의 편성 주체: 행정부 (기획재정부)
- 예산의 심의 주체: 입법부
- 예산의 집행 주체: 행정부
- 예산결산 및 회계감사 주체: 입법부와 감사원

(1) 예산의 편성

① 개념
  ㉠ 예산안 수립에서 예산안 확정에 이르는 과정이다.
  ㉡ 다음 회계연도에 부서가 수행할 정책이나 사업계획을 재정적 용어나 금액으로 표시하고, 예산안을 작성하는 행위이다.
  ㉢ 병원 예산편성 일정에 따라 물가 상승률, 인건비 상승률을 고려하여 관리자는 다음 회계연도 생산성 목표를 결정한다.
  ㉣ **내년 회계연도 업무량 예측**: 업무시간, 자본예산, 인력 등을 산출한다(휴가, 병가, 공휴일, 질병일수, 임시직원의 보수 지급, 1년간 사용할 공급품과 비품, 예상되는 자본의 투자 흐름도 등).

② 예산안 편성과정(국가재정법 기준)

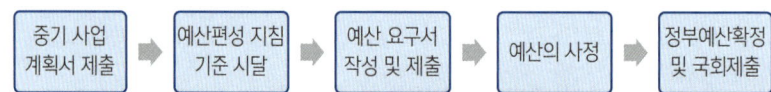

중기 사업 계획서 제출 → 예산편성 지침 기준 시달 → 예산 요구서 작성 및 제출 → 예산의 사정 → 정부예산확정 및 국회제출

  ㉠ 사업계획서 제출(각 중앙관서 ⇨ 기획재정부장관)

> ⚖️ **관련 법령**
>
> 「국가재정법」 제28조【중기사업계획서의 제출】각 중앙관서의 장은 매년 1월 31일까지 해당 회계연도부터 5회계연도 이상의 기간 동안의 신규사업 및 기획재정부장관이 정하는 주요 계속사업에 대한 중기사업계획서를 기획재정부장관에게 제출하여야 한다.

ⓒ 예산편성지침과 기금운용계획 작성지침 통보(기획재정부장관 ⇨ 각 중앙관서)

> **관련 법령**
>
> 「국가재정법」 제29조 【예산안편성지침의 통보】 ① 기획재정부장관은 국무회의의 심의를 거쳐 대통령의 승인을 얻은 다음 연도의 예산안편성지침을 매년 3월 31일까지 각 중앙관서의 장에게 통보하여야 한다.
> ② 기획재정부장관은 제7조의 규정에 따른 국가재정운용계획과 예산편성을 연계하기 위하여 제1항의 규정에 따른 예산안편성지침에 중앙관서별 지출한도를 포함하여 통보할 수 있다.
>
> 제30조 【예산안편성지침의 국회보고】 기획재정부장관은 제29조 제1항의 규정에 따라 각 중앙관서의 장에게 통보한 예산안편성지침을 국회 예산결산특별위원회에 보고하여야 한다.

ⓒ 예산요구서의 작성 및 제출(각 중앙관서 ⇨ 기획재정부장관)

> **관련 법령**
>
> 「국가재정법」 제31조 【예산요구서의 제출】 ① 각 중앙관서의 장은 제29조의 규정에 따른 예산안편성지침에 따라 그 소관에 속하는 다음 연도의 세입세출예산·계속비·명시이월비 및 국고채무부담행위 요구서(이하 "예산요구서"라 한다)를 작성하여 매년 5월 31일까지 기획재정부장관에게 제출하여야 한다.
> ② 예산요구서에는 대통령령으로 정하는 바에 따라 예산의 편성 및 예산관리기법의 적용에 필요한 서류를 첨부하여야 한다.
> ③ 기획재정부장관은 제1항의 규정에 따라 제출된 예산요구서가 제29조의 규정에 따른 예산안편성지침에 부합하지 아니하는 때에는 기한을 정하여 이를 수정 또는 보완하도록 요구할 수 있다.

ⓔ 예산의 사정(Review)(기획재정부)
  ⓐ 기획재정부의 예산사정은 6월부터 8월까지 계속된다.
  ⓑ 예산사정은 예산요구서를 검토하는 것을 말한다.
  ⓒ 이 과정에서 사업의 타당성과 우선순위, 대통령의 공약사항, 정책의지 등이 반영되고 예산 관련 여러 이해관계가 조정된다.
  ⓓ 기획재정부의 예산사정도 각 중앙관서가 요구한 예산액을 삭감하고 조정하는 데 주력하고 있는 실정이다.
  ⓔ 기획재정부는 예산요구서에 담긴 사업계획을 분석·조정하고 그 소요 예산액의 산출작업을 하며, 이에 예산규모의 전망과 재정사정을 고려하여 종합적으로 예산안을 사정한다.

ⓓ 정부예산안의 확정 및 국회제출(기획재정부 ⇨ 국무회의 ⇨ 대통령 ⇨ 국회)

> **관련 법령**
>
> 「국가재정법」 제33조【예산안의 국회제출】 정부는 제32조의 규정에 따라 대통령의 승인을 얻은 예산안을 회계연도 개시 120일 전까지 국회에 제출하여야 한다.
>
> 제38조【예비타당성조사】① 기획재정부장관은 총사업비가 500억 원 이상이고 국가의 재정지원 규모가 300억 원 이상인 신규 사업으로서 다음 각 호의 어느 하나에 해당하는 대규모사업에 대한 예산을 편성하기 위하여 미리 예비타당성조사를 실시하고, 그 결과를 요약하여 국회 소관 상임위원회와 예산결산특별위원회에 제출하여야 한다. 다만, 제4호의 사업은 제28조에 따라 제출된 중기사업계획서에 의한 재정지출이 500억 원 이상 수반되는 신규 사업으로 한다.

국가재정법 제32조(예산안의 편성)
기획재정부장관은 제31조 제1항의 규정에 따른 예산요구서에 따라 예산안을 편성하여 국무회의의 심의를 거친 후 대통령의 승인을 얻어야 한다.

(2) 예산의 심의·확정

① 개념
  ㉠ 예산의 정당성을 대비하여 철저히 준비한다(각 사업의 필요성, 목적, 추가비용 및 재원마련 방안 등).
  ㉡ 마케팅전략을 시도한다(예산위원회 위원들에게 부서 사업의 긍정적인 지지를 얻도록 함).
  ㉢ 도전을 미리 예상한다(부서의 예산에 반대할 이유를 예측하고 그에 대처해야 함).
  ㉣ 윈 - 윈(win - win)전략을 활용한다(최후 방어선에 대한 계획안과 협상안, 차선안을 준비함).

② 예산의 심의과정

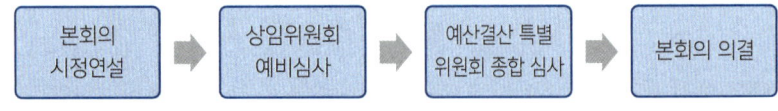

  ㉠ 본회의 시정연설
    ⓐ 예산안이 국회에 제출되면 본회의에서 대통령의 시정연설과 기획재정부장관의 예산안 제안설명을 한다.
    ⓑ 시정연설은 정치·경제·사회 등 국정 전반에 대한 대통령의 시각과 정책의지가 담겨 있다.
    ⓒ 보통 대정부질의와 국정감사가 이루어진다.

국정감사
1. 국정운영을 감사하여 그 결과를 새해 예산심의에 반영시키는 데 목적이 있다.
2. 국정감사는 매년 9월 10일부터 20일간 실시한다.
3. 대통령의 시정연설보다는 국정감사가 먼저 실시된다.

ⓒ 상임위원회 예비심사
　　　　ⓐ 상임위원회에서 예비심사를 받는다.
　　　　ⓑ 예비심사는 소관 상임위원회에서 소관 부처 장관의 정책설명을 들은 후 의원들이 정책질의를 하는 순서로 진행된다.
　　　　ⓒ 소위원회가 구성 ⇨ 소위원회의 결정 ⇨ 국회의장에게 보고 ⇨ 예산결산특별위원회에 회부
　　ⓒ 예산결산특별위원회 종합심사
　　　　ⓐ 각 상임위원회의 예비심사를 거친 후 예산결산특별위원회의 심사를 거친다.
　　　　ⓑ 예산안을 종합·조정하기 위해서 계수조정위원회를 구성하고 구체적인 심사를 한다.
　　　　ⓒ 계수조정위원회는 가장 실질적인 심의과정이며 치열한 로비가 동반된다.
　　　　ⓓ 소위원회의 수정안을 예산결산특별위원회안으로 채택한다.
　　ⓔ 본회의 의결
　　　　ⓐ 예산결산특별위원회의 종합심사가 끝나면 사실상 예산심의는 종결된 것이다.
　　　　ⓑ 본회의에서 의결은 12월 2일까지 의결을 하여 예산안 심의를 종결한다.
　　　　ⓒ 예산안이 확정되지 못하면 준예산에 의하여 예산을 집행한다(실제 실시한 적 없음).

예산결산위원회 종합심사의 순서
1. 기획재정부장관의 예산안 제안 설명
2. 예산결산특별위원회 소속의 전문위원 검토 보고
3. 종합정책 질의와 답변
4. 부처별 예산안 심의와 계수조정(계수조정 작업은 소위원회가)
5. 예산결산특별위원회 전체 회의 의결

소위원회
보통 14~15인으로 구성되며, 국회예산결정에서 사실상 소위원회의 권한은 막강하다.

(3) 예산의 집행
　① 개념: 예산위원회에서 심의하고 확정한 예산을 각 부서에서 사업계획에 따라 집행하는 단계이다.
　② 예산의 집행과정

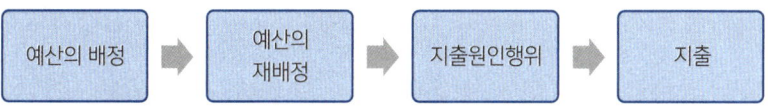

　　㉠ 예산의 배정(기획재정부장관 ⇨ 각 중앙관서)
　　　　ⓐ 예산의 배정은 예산의 집행이 첫 단계이다.
　　　　ⓑ 예산의 집행을 위한 실행계획으로서 사업계획의 실현을 위해서 자금을 할당하는 절차이다.

예산의 집행 시 원칙
1. 예산과 사업계획은 최고관리자의 직접적인 감독 아래 둔다.
2. 예산집행 시 각 부서장은 사업계획이 가장 경제적으로 수행되도록 감독할 책임이 있다.
3. 예산집행은 각 부서에서 제출한 재정운영보고에 입각하여야 한다.
4. 예산집행 수단으로 적절한 통제방법을 행사할 권한이 주어져야 한다.
5. 외부정세에 능동적으로 적응할 수 있도록 융통성이 있어야 한다.

> **관련 법령**
> 「국가재정법」 제43조【예산의 배정】① 기획재정부장관은 제42조의 규정에 따른 예산배정요구서에 따라 분기별 예산배정계획을 작성하여 국무회의의 심의를 거친 후 대통령의 승인을 얻어야 한다.
> ② 기획재정부장관은 각 중앙관서의 장에게 예산을 배정한 때에는 감사원에 통지하여야 한다.

③ 기획재정부장관은 필요한 때에는 대통령령으로 정하는 바에 따라 회계연도 개시 전에 예산을 배정할 수 있다.
④ 기획재정부장관은 예산의 효율적인 집행관리를 위하여 필요한 때에는 제1항의 규정에 따른 분기별 예산배정계획에도 불구하고 개별사업계획을 검토하여 그 결과에 따라 예산을 배정할 수 있다.
⑤ 기획재정부장관은 재정수지의 적정한 관리 및 예산사업의 효율적인 집행관리 등을 위하여 필요한 때에는 제1항의 규정에 따른 분기별 예산배정계획을 조정하거나 예산배정을 유보할 수 있으며, 배정된 예산의 집행을 보류하도록 조치를 취할 수 있다.

ⓒ 예산의 재배정(각 중앙관서 ⇨ 산하기관) 기출 22
  ⓐ 중앙관서에 대한 예산배정이 끝나면 이어서 중앙관서의 장은 예산배정의 범위 안에서 예산지출 권한을 산하기관에 위임하는 절차를 이행하는데, 이를 예산의 재배정이라 한다.
  ⓑ 예산의 재배정은 각 중앙관서의 장이 각 산하기관의 예산집행상황을 감독·통제하고 재정적 한도를 엄수하는 데 목적이 있다.

ⓒ 지출원인행위와 지출
  ⓐ 지출원인행위란 지출의 원인이 되는 계약 또는 기타의 행위이다.
  ⓑ 지출이란 세출예산의 사용결정으로부터 부담한 채무를 이행하기 위해서 수표를 발행하고 현금을 지급하기까지의 일체의 행위이다.

ⓔ 정원과 보수의 통제
  ⓐ 행정기관의 정원과 보수는 매년 증가하는 추세이다.
  ⓑ 인건비는 예산에서 큰 비중을 차지하기 때문에 재정 통제에 매우 중요하다.
  ⓒ 공무원의 정원과 보수의 변경 시 해당 부서, 안전행정부(현 행정안전부)와 기획재정부의 협의도 필요하다.

ⓜ 국고채무부담행위의 통제
  ⓐ 국고채무부담행위는 국가가 빚을 지는 것이다.
  ⓑ 정부가 예산 외에 무책임하게 채무부담행위를 하는 것을 방지하기 위하여 미리 예산으로써 국회의 의결을 얻도록 함으로써 엄격한 통제를 가하고 있다.
  ⓒ 국고채무부담행위는 수년에 걸친 건물이나 대지의 임대 등과 같이 계약연도와 지출연도가 다를 경우에 대비하여 국가가 부담하는 채무에 대하여 국회의 사전 동의를 얻어 둔다는 점에서 예산집행의 신축성과도 관련이 있다.

③ 예산집행의 신축성 유지 기출 11, 12, 15, 17, 19
  ㉠ 예산의 이용(移用)과 전용(轉用)

예산의 이용(移用)	• 입법과목인 장·관·항 간의 상호 융통을 의미 • 입법과목이기 때문에 원칙적으로 허용되지 않지만, 예산 집행상 필요에 의해서 미리 예산으로서 국회의 의결을 얻었을 때는 기획재정부장관의 승인을 얻어 이용하거나 기획재정부장관이 위임하는 범위 안에서 자체적으로 이용할 수 있음 • **이용범위**: 인건비, 공공요금, 기관운영비, 국공채원리금상환 등
예산의 전용(轉用)	• 행정과목인 세항·목상의 상호 융통을 의미 • 국회의 사전승인까지는 필요하지 않으나 기획재정부장관의 승인을 요함

  ㉡ **예산의 이체**: 정부조직 등에 관한 법령의 제정·개정 또는 폐지로 인하여 그 직무권한에 변동이 있는 경우 예산의 집행에 관한 책임소관을 변경시키는 것이다.

> **관련 법령**
>
> 「국가재정법」 제47조 【예산의 이용·이체】 ① 각 중앙관서의 장은 예산이 정한 각 기관 간 또는 각 장·관·항 간에 상호 이용(移用)할 수 없다. 다만, 다음 각 호의 어느 하나에 해당하는 경우에 한정하여 미리 예산으로써 국회의 의결을 얻은 때에는 기획재정부장관의 승인을 얻어 이용하거나 기획재정부장관이 위임하는 범위 안에서 자체적으로 이용할 수 있다.
>   1. 법령상 지출의무의 이행을 위한 경비 및 기관운영을 위한 필수적 경비의 부족액이 발생하는 경우
>   2. 환율변동·유가변동 등 사전에 예측하기 어려운 불가피한 사정이 발생하는 경우
>   3. 재해대책 재원 등으로 사용할 시급한 필요가 있는 경우
>   4. 그 밖에 대통령령으로 정하는 경우
> ② 기획재정부장관은 정부조직 등에 관한 법령의 제정·개정 또는 폐지로 인하여 중앙관서의 직무와 권한에 변동이 있는 때에는 그 중앙관서의 장의 요구에 따라 그 예산을 상호 이용하거나 이체(移替)할 수 있다.
> ③ 각 중앙관서의 장은 제1항 단서의 규정에 따라 예산을 자체적으로 이용한 때에는 기획재정부장관 및 감사원에 각각 통지하여야 하며, 기획재정부장관은 제1항 단서의 규정에 따라 이용의 승인을 하거나 제2항의 규정에 따라 예산을 이용 또는 이체한 때에는 그 중앙관서의 장 및 감사원에 각각 통지하여야 한다.

④ 각 중앙관서의 장이 제1항 또는 제2항에 따라 이용 또는 이체를 한 경우에는 분기별로 분기만료일이 속하는 달의 다음 달 말일까지 그 이용 또는 이체 내역을 국회 소관 상임위원회와 예산결산특별위원회에 제출하여야 한다.

ⓒ 예산의 이월
  ⓐ 당해 연도 내에 사용하지 못한 예산을 다음 연도의 예산으로 넘겨 사용하는 것을 말한다.
  ⓑ 회계연도 독립의 원칙의 예외이다.

관련 법령

「국가재정법」 제48조 【세출예산의 이월】 ① 매 회계연도의 세출예산은 다음 연도에 이월하여 사용할 수 없다.
② 제1항에도 불구하고 다음 각 호의 어느 하나에 해당하는 경비의 금액은 다음 회계연도에 이월하여 사용할 수 있다. 이 경우 이월액은 다른 용도로 사용할 수 없으며, 제2호에 해당하는 경비의 금액은 재이월할 수 없다.
1. 명시이월비
2. 연도 내에 지출원인행위를 하고 불가피한 사유로 인하여 연도 내에 지출하지 못한 경비와 지출원인행위를 하지 아니한 그 부대경비
3. 지출원인행위를 위하여 입찰공고를 한 경비 중 입찰공고 후 지출원인행위까지 장기간이 소요되는 경우로서 대통령령으로 정하는 경비
4. 공익사업의 시행에 필요한 손실보상비로서 대통령령으로 정하는 경비
5. 경상적 성격의 경비로서 대통령령으로 정하는 경비
③ 제1항에도 불구하고 계속비의 연도별 연부액 중 해당 연도에 지출하지 못한 금액은 계속비사업의 완성연도까지 계속 이월하여 사용할 수 있다.
④ 각 중앙관서의 장은 제2항 및 제3항의 규정에 따라 예산을 이월하는 때에는 대통령령으로 정하는 바에 따라 이월명세서를 작성하여 다음 연도 1월 31일까지 기획재정부장관 및 감사원에 각각 송부하여야 한다.
⑤ 각 중앙관서의 장이 제2항 및 제3항의 규정에 따라 예산을 이월한 경우 이월하는 과목별 금액은 다음 연도의 이월예산으로 배정된 것으로 본다.
⑥ 매 회계연도 세입세출의 결산상 잉여금이 발생하는 경우에는 제2항 및 제3항의 규정에 따른 세출예산 이월액에 상당하는 금액을 다음 연도의 세입에 우선적으로 이입하여야 한다.

⑦ 기획재정부장관은 세입징수상황 등을 고려하여 필요하다고 인정하는 때에는 미리 제2항 및 제3항의 규정에 따른 세출예산의 이월사용을 제한하기 위한 조치를 취할 수 있다.

ㄹ **예비비**: 예측할 수 없는 예산 외의 지출 또는 예산초과 지출에 충당하기 위해서 계상된 경비로서 총액으로 국회의 의결을 얻어야 한다.

관련 법령

「국가재정법」 제51조【예비비의 관리와 사용】① 예비비는 기획재정부장관이 관리한다.
② 각 중앙관서의 장은 예비비의 사용이 필요한 때에는 그 이유 및 금액과 추산의 기초를 명백히 한 명세서를 작성하여 기획재정부장관에게 제출하여야 한다. 다만, 대규모 재난에 따른 피해의 신속한 복구를 위하여 필요한 때에는 「재난 및 안전관리기본법」 제20조의 규정에 따른 피해상황보고를 기초로 긴급구호, 긴급구조 및 복구에 소요되는 금액을 개산(槪算)하여 예비비를 신청할 수 있다.
③ 기획재정부장관은 제2항의 규정에 따른 예비비 신청을 심사한 후 필요하다고 인정하는 때에는 이를 조정하고 예비비사용계획명세서를 작성한 후 국무회의의 심의를 거쳐 대통령의 승인을 얻어야 한다.
④ 일반회계로부터 전입받은 특별회계는 필요한 경우에는 일반회계 예비비를 전입받아 그 특별회계의 세출로 사용할 수 있다.

제52조【예비비사용명세서의 작성 및 국회제출】① 각 중앙관서의 장은 예비비로 사용한 금액의 명세서를 작성하여 다음 연도 2월말까지 기획재정부장관에게 제출하여야 한다.
② 기획재정부장관은 제1항의 규정에 따라 제출된 명세서에 따라 예비비로 사용한 금액의 총괄명세서를 작성한 후 국무회의의 심의를 거쳐 대통령의 승인을 얻어야 한다.
③ 기획재정부장관은 제2항의 규정에 따라 대통령의 승인을 얻은 총괄명세서를 감사원에 제출하여야 한다.
④ 정부는 예비비로 사용한 금액의 총괄명세서를 다음 연도 5월 31일까지 국회에 제출하여 그 승인을 얻어야 한다.

ㅁ 계속비
ⓐ 계속비란 완성에 수년간 요하는 공사나 제조 및 연구개발사업에서는 경비의 총액과 연부액을 정하여 미리 국회의 의결을 얻은 범위 내에서 수 년도에 걸쳐 지출할 수 있는 경비이다.
ⓑ 회계연도 독립의 원칙의 예외가 적용된다.

> **관련 법령**
>
> 「국가재정법」 제53조 【예산총계주의 원칙의 예외】 ① 각 중앙관서의 장은 용역 또는 시설을 제공하여 발생하는 수입과 관련되는 경비로서 대통령령으로 정하는 경비(이하 "수입대체경비"라 한다)의 경우 수입이 예산을 초과하거나 초과할 것이 예상되는 때에는 그 초과수입을 대통령령으로 정하는 바에 따라 그 초과수입에 직접 관련되는 경비 및 이에 수반되는 경비에 초과지출할 수 있다.
> ② 국가가 현물로 출자하는 경우와 외국차관을 도입하여 전대(轉貸)하는 경우에는 이를 세입세출예산 외로 처리할 수 있다.
> ③ 차관물자대(借款物資貸)의 경우 전년도 인출예정분의 부득이한 이월 또는 환율 및 금리의 변동으로 인하여 세입이 그 세입예산을 초과하게 되는 때에는 그 세출예산을 초과하여 지출할 수 있다.
> ④ 전대차관을 상환하는 경우 환율 및 금리의 변동, 기한 전 상환으로 인하여 원리금 상환액이 그 세출예산을 초과하게 되는 때에는 초과한 범위 안에서 그 세출예산을 초과하여 지출할 수 있다.
> ⑤ 삭제
> ⑥ 수입대체경비 등 예산총계주의 원칙의 예외에 관하여 필요한 사항은 대통령령으로 정한다.
>
> 제54조 【보조금의 관리】 각 중앙관서의 장은 지방자치단체 및 민간에 지원한 국고보조금의 교부실적과 해당 보조사업자의 보조금 집행실적을 기획재정부장관, 국회 소관 상임위원회 및 예산결산특별위원회에 각각 제출하여야 한다.

(4) 결산 및 회계감사 기출 17

① 개념
  ㉠ 결산 및 보고는 회계연도 동안 조직에서 발생한 수입과 지출 실적을 사후적으로 정리하는 재정보고의 단계이다.
  ㉡ 회계감사는 제3자가 특정 기업의 재산 및 영업상황이 실제대로 정확하게 기록되어 있는지를 감사하는 것이다. 예산과정 중 마지막으로 수행하는 과정이다.
  ㉢ 정부의 책임을 해제시키고 감사원의 권한이 발동하는 계기가 된다.
  ㉣ 결산은 행정부와 입법부의 결산절차로 나누어 진행한다.

Plus⁺ POINT

우리나라 회계검사기관의 문제점
1. 회계검사원인 감사원이 독립성을 충분히 살리지 못하는 지위에 있고, 감사보고서를 처리하여 처벌할 수 있는 장치가 부족하다.
2. 현장검사에 치중하여 건수적발주의가 관행이 되고 있다.
3. 감사업무가 과다하여 회계검사의 획일성과 복잡성을 초래하여 행정능률을 저하시키고 있다.

회계검사
1. 예산과정 중 마지막으로 수행되는 과정으로 조직의 재정적 활동 및 그 수입·지출이 결과에 관하여 사실을 확증·검증하는 행위를 의미한다.
2. 우리나라 회계검사 기관은 감사원이다.

감사원
국가의 세입·세출의 결산, 국가 및 법률이 정한 단체의 회계검사와 행정기관 및 공무원의 직무에 관한 감찰을 하기 위하여 대통령 소속하에 설치된 헌법기관이다.

② 예산결산과정

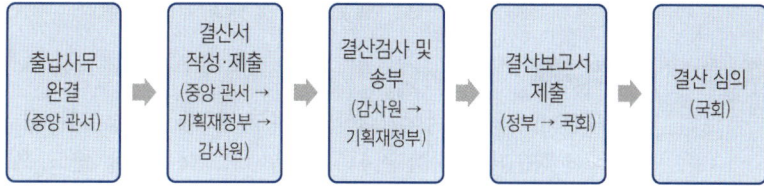

㉠ 출납정리 기한 및 출납사무 완결(각 중앙관서): 결산을 위해서는 세입금의 수납과 세출금의 지출 및 지급을 완결해야 하는데 이를 출납정리기한이라 한다.

> **관련 법령**
>
> 「국고금 관리법」 제4조의2 【출납기한 및 회계연도 소속 구분】 ① 한 회계연도에 속하는 세입세출의 출납에 관한 사무는 다음 연도 2월 10일까지 완결하여야 한다.
> ② 세입과 세출의 회계연도 소속 구분은 대통령령으로 정한다.

㉡ 결산서의 작성 및 제출(각 중앙관서 장 ⇨ 기획재정부장관 ⇨ 감사원장)
  ⓐ 각 중앙관서의 장은 매 회계연도마다 그 소관에 속하는 세입세출결산보고서, 계속비, 결산보고서, 통합재정수지보고서, 국가채무관리보고서, 성인지결산서 등을 작성해 다음연도 2월 말일까지 기획재정부장관에게 제출한다.
  ⓑ 2월 말 기획재정부장관 제출 ⇨ 국무회의 심의 ⇨ 대통령의 승인 ⇨ 다음 연도 4월 10일까지 감사원에 제출한다.

> **관련 법령**
>
> 「국가재정법」 제59조 【국가결산보고서의 작성 및 제출】 기획재정부장관은 「국가회계법」에서 정하는 바에 따라 회계연도마다 작성하여 대통령의 승인을 받은 국가결산보고서를 다음 연도 4월 10일까지 감사원에 제출하여야 한다.

㉢ 감사원의 결산검사·송부(감사원장 ⇨ 기획재정부장관)
  ⓐ 감사원은 기획재정부로부터 결산에 관한 서류를 제출받으면 결산에 대한 검사·확인을 한다.
  ⓑ 다음 연도 5월 20일까지 기획재정부장관에게 다시 송부한다.

> **관련 법령**
>
> 「국가재정법」 제60조 【결산검사】 감사원은 제59조에 따라 제출된 국가결산보고서를 검사하고 그 보고서를 다음 연도 5월 20일까지 기획재정부장관에게 송부하여야 한다.

ⓔ 결산보고서의 국회제출(정부 ⇨ 국회): 정부는 감사원의 검사를 거친 결산 및 첨부서류를 다음 연도 5월 31일까지 국회에 제출한다.

> **🔖 관련 법령**
> 「국가재정법」제61조【국가결산보고서의 국회제출】정부는 제60조에 따라 감사원의 검사를 거친 국가결산보고서를 다음 연도 5월 31일까지 국회에 제출하여야 한다.

ⓜ 국회의 결산심의(국회): 국회는 예산심의와 동일한 절차를 밟아 결산을 심의·의결한다.

5. 예산수립방법

(1) 점진적 예산제(Incremental Budgeting)
① 의의: 예산수립의 전통적인 접근방식이다.
② 전 회계연도에서 총비용이 옳다는 가정 아래 전년도의 비용에 차기 연도의 물가상승률과 이자율을 곱하여 차기 연도 예산을 세우는 방법이다.
③ 예산수립이 신속하고 쉽다(점차로 증가되는 양만 고려함).
④ 장단점

장점	예산편성에 관한 전문지식이 없어도 간단하고 신속하게 처리됨
단점	• 전년도의 비효율이나 예산낭비를 바로잡지 못하고 반복할 수 있음 • 여러 프로그램이나 서비스 중에서 우선순위가 고려되지 않아 재무적 관점에서 비효율적

(2) 영기준 예산제(ZBB; Zero Based Budgeting) 기출 18, 19, 20
① 의의: 조직체의 모든 사업과 활동에 대해 영기준을 적용하여 각각의 효율성과 효과성, 중요성을 체계적으로 분석하여, 우선순위에 따라 실행 예산을 결정하는 예산제도이다.
② 과거의 예산을 참조하지 않고 근본적인 재평가를 바탕으로 예산을 재편성하는 것이다.
③ 장단점

장점	• 구성원들로부터 직접 아이디어를 받아 기획하므로 혁신적인 분위기를 촉진 • 최고관리자와 중간관리자들의 참여로 의사소통의 활성화와 의사결정의 질 향상 • 우선순위 부여과정을 통해 최고관리자의 조정과 중요사업에 대한 집중지원이 가능 • 투입비용과 성과를 연계한 검토로 예산낭비의 가능성을 최소화하고, 자원의 최적분배를 달성

단점	· 새로운 지식과 기술을 배우는 데 투자해야 함 · 예산편성 준비에 많은 시간과 노력이 필요 · 대안을 개발하고 지출수준별 효과를 비교하는 것이 현실적으로 어려움 · 부서별 책임자가 예산을 배정받기 위해 활동에 따른 성과를 부풀리는 경향이 있음

(3) 품목별 예산 – 통제지향 예산 기출 16

① 의의: 조직의 운영을 위한 종합적 계획이자 통제의 수단, 용역이나 물품에 중점을 두거나 지출의 대상·성질을 기준으로 지출예산의 금액을 나타냄으로써 지출을 통제하고 부패를 방지하며 절약과 능률을 향상시킨다.

예 봉급, 수당 등을 묶어 '인건비'로, 사무용품, 다과 등을 묶어 '소모품비'로 예산항목을 만들고, 예산항목별로 비용을 정리한다.

② 장단점

장점	지출을 통제하기 쉬움
단점	각각의 예산항목이 어떤 프로그램에 사용되는지 명확하게 파악할 수 없음

🔽 품목별 예산의 예시

항목	금액	산출근거
인건비	800,000	100,000 × 4명 × 4일
간식비	100,000	25,000 × 4월

(4) 성과주의 예산제 – 관리지향 예산 기출 16, 17, 19, 20

① 의의: 무엇을 성취하는가에 초점을 둔다.
② 기능주의 예산, 프로그램 예산이라고도 한다.
③ 업무량의 비용을 합리적, 명백하게 집행하기 위한 예산제도이다.
④ 구체적 비용은 전년도 실행자료를 통해 '단위원가 × 업무량 = 예산액'으로 비용을 계산한다.
⑤ 장단점

장점	· 합리적이고 효율적인 자원 배분 · 투입되는 예산의 성과(산출)를 파악할 수 있음 · 계량화된 정보를 통해 합리적 의사결정과 관리 개선에 도움을 받을 수 있음 · 정부가 무슨 사업을 추진하는지 국민들이 쉽게 이해할 수 있으며, 사업별로 예산 산출 근거가 제시되기 때문에 의회에서 심의하기 용이함
단점	· 업무단위의 선정이 곤란 · 단위 원가의 계산이 어려움 · 예산 성과의 질적인 측면을 파악하는 데에 한계가 있음

일몰법 기출 14
기존 사업과 지출을 재검토하여 불필요한 사업을 폐지하고, 강력한 저항력을 지닌 행정조직들을 효과적으로 폐지하는데 주목적이 있다.

(5) 기획 예산제 - 계획지향 예산 기출 16, 17, 18, 19, 20

① **의의**: 계획예산제도는 장기적인 기획과 단기적인 예산 편성을 유기적으로 연결시킴으로써 합리적인 자원 배분을 이루려는 제도이다.
② **특징**: 목표를 분명히 정의하여 계획지향적이며, 다년간에 걸친 장기적인 흐름을 가진다.
③ **장단점**

장점	• 자원배분의 합리화 • 의사결정의 일원화 • 계획된 예산의 일치 • 장기 사업계획에 대한 신뢰성
단점	• 의사결정의 집권화 • 사업구조 작성의 어려움 • 계량화와 환산작업의 곤란 • 과다한 문서와 정보량

(6) 예산의 종류

운영예산	• 부서의 활동을 완수하기 위해 1년 이내에 소비하거나 사용할 서비스나 재화를 말함 • 대상자에게 소요되는 직간접 서비스 비용 • 물품, 소형장비, 기타 사소한 항목이 포함됨 ㉠ 부서유지비, 레크레이션비, 도서 간행물비, 직원 친목도모비 등
자본예산	• 주요 물품구입이나 프로젝트에 대한 비용으로 일정기간에 반복적으로 재사용되는 장비와 항목을 말함 • **장기 구성요소**: 1년을 초과하는 품목 • **단기 구성요소**: 호출램프시스템, 병원침대, 투약카드 등 ㉠ 병원 확장으로 인한 CT 구입, 병원시설의 보수 등
현금예산	• 자본예산을 제외한 사실상의 운영예산을 말함 • 시설의 이전과 확대, 예상치 않은 요구사항, 봉급, 공급품과 서비스에 대한 지불 등이 포함됨 • 적자기간, 현금을 초과 투자하는 동안 현금을 빌릴 수 있는 능력에 대해 계획되어야 함 • 현금의 흐름을 파악하고, 주의 깊게 관리하는 적절한 계획을 세워야 함
인력예산	• 인력의 수와 형태, 급여 등으로 구성되며, 양적인 업무량 측정에 기초를 둠 • 인력예산은 현재 시행 중인 분담체계(기능적, 팀 방법), 인력구성, 주어진 서비스 수준과 치료시설의 사용률을 고려하여 작성되어야 함 • 휴가나 병가, 교육시간, 초과근무나 이직에 대비한 여분의 인력, 인력모집비용, 신규 오리엔테이션비용 등도 고려해야 함

자본예산제도 기출 18, 20
정부예산의 지출을 자본지출과 경상지출로 구분·편성하고 그 대응 수입도 자본지출은 주로 공채 등 차입으로 편성하고 불균형(적자)을 유지하고, 경상지출은 경상수입으로 대응 편성하여 균형을 유지하는 예산제도이다.

2 전략적 재무관리(Financial Statement)

1. 재무제표

(1) 개념
① 재무관리는 조직의 재무성과를 평가하고 현금 흐름을 측정하기 위한 대부분의 정보를 주는 회계자료에서 나온다.
② 기본적인 재무제표는 대차대조표, 손익계산서, 현금흐름표가 있다.

(2) 대차대조표(Balance Sheet)
① 일정시점에서 그 기업의 재무상태를 표시하는 표이다.
② 기업의 활동의 결과, 그 기업이 어떤 자산을 소유하는지, 소요되는 자금이 어떻게 조달되는지를 알 수 있다.
③ 대조표의 자산의 총계와 부채 및 자본 총계의 합계는 일치해야 한다.
④ 일정시점에서 기업의 재산상태를 정적으로 보여주는 재무구조이다.

대차대조표
1. 자산, 부채, 자본의 규모
2. 왼쪽을 차변
   자산기록
3. 오른쪽을 대변
   부채+자본기록

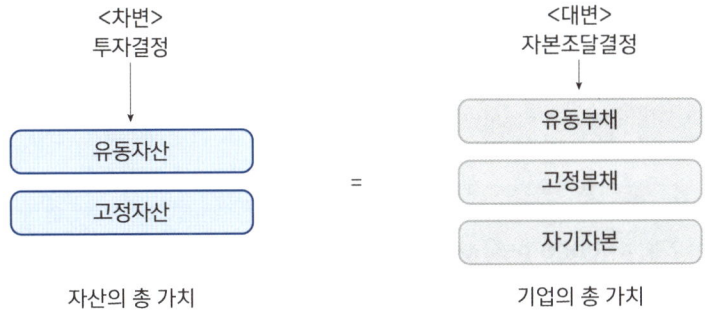

◆ 대차대조표 모형

출처: 간호관리학, 2017, 염영희 외

> **Plus⁺ POINT**
>
> **대차대조표**
>
> 1. 대차대조표의 차변
>   ① 기업이 영업활동을 하기 위해서 보유하고 있는 자산이다.
>   ② 이는 곧 조달한 자금을 운용한 상태를 의미하는 것이다.
>   ③ 자금운용에 관한 투자결정(Investment decision)이 재무관리의 중요한 기능이 되는 것이다.
>
> 2. 대차대조표의 대변
>   ① 자산구입, 즉 투자안을 수행하기 위해서 기업이 조달한 자금의 형태를 나타내는 것이다.
>   ② 이와 관련한 재무 관리의 기능은 자본조달결정(Financing decision) 기능이다.
>   ③ 이때에는 필요자금을 부채로 조달하는 것이 유리한지 아니면 자기자본으로 조달하는 것이 유리한지를 결정해야 한다.
>   ④ 이러한 결정에서 판단기준이 되는 것은 자본비용(Cost of capital)이다.
>   ⑤ 즉, 자본을 조달하면서 부담하게 되는 자본비용을 최소화할 수 있도록 자금을 조달하여야 한다.

3. 기능
  ① **자금조달결정기능**: 자금조달의 기능은 재무유동성을 유지하고 적정한 자본구조를 유지하여 자본수익성의 최대화를 도모하기 위한 필요한 자금의 획득에 대한 일련의 계획체계이다.
  ② **자금운용결정기능**: 조달된 자금을 사업목적에 따라 합목적적으로 또는 경제적으로 운영하기 위한 것이 자금운용의 기능으로 자금의 여러 순환과정에서 낭비나 허비를 없애고 적정하면서도 경제적인 운영이 이루어지는가를 통제하는 기능을 한다.
  ③ **재무계획기능**: 단기 및 장기계획을 성취하는 데 필요한 자금의 계획으로 경영계획의 출발점으로 재무계획은 자금을 경제적으로 조달하는 것이 중요하며 자본의 조달과 운용에 대한 의사결정을 합리적으로 수행하기 위한 구체적인 계획으로 자금의 조달, 자금의 지출, 지출결과의 평가에 대한 일련의 계획이다.
  ④ **재무통제기능**: 예산제도를 통해서 경영활동을 계수적으로 통제하고자 하는 근대적 경영관리법, 예산편성과 경영활동을 통제하는 기능이다.

> **자산 = 부채 + 자본**
> - 자산(Assets): 기업이 보유하고 있는 재화
>   예) 상품 재고, 토지, 건물 등
> - 부채(Liabilities): 기업이 갚아야 할 채무
>   예) 차입금, 외상 매입대금 등
> - 자본(Owner's Equity): 자산에서 부채를 뺀 나머지 잔액
>   예) 자본금, 자본잉여금, 이익잉여금 등

재무통제
재무계획과 방침에 따라서 재무활동이 경영재무 목적에 합치되게 실행되는가를 확인하는 것으로 목표기준과 실행결과를 비교하고 검토하여 평가하는 과정이다.

(3) **손익계산서(Income Statement)**
  ① 일정기간에 기업의 경영성과를 나타내는 보고서로, 당해기간에 발생한 모든 수익과 이에 대응하는 비용을 나타내는 재무보고서이다.
  ② 일정기간 동안의 경영성과(순이익)을 표시하는 목적으로 사용된다.
  ③ 외부인으로 하여금 기업의 수익성을 판단하는 데 유용한 정보를 제공한다.
  ④ 일정기간 기업의 경영실적, 사업성과를 동적으로 보여준다.
  ⑤ 기업의 수익력을 판단할 수 있고 미래의 순이익 흐름을 예측한다.
  ⑥ 기업의 경영계획 및 배당정책을 수립하는 중요한 자료이다.
  ⑦ 경영분석의 주요 자료가 되고 있는데, 특히 수익성의 지표가 된다.
  ⑧ 경영자의 경영능력 및 경영업적을 평가한다.

손익계산서 예시
1. 입원치료, 외래 진료 수익
2. 수익의 가치
3. **수입**
   조직이 소비자에게 상품이나 서비스를 제공함으로써 얻는 돈이다.
4. **지출**
   그 수입을 창출하기 위하여 소요되는 비용이다.

1. 순이익 = 총수익 − 총비용
2. 순손실 = 총비용 − 총수익
3. 수익총계 = 총비용 + 당기 순이익
4. 비용총계 = 총수익 + 당기 순손실

(4) **현금흐름표(Statement of Cash Flow)**
  ① 일정기간에 현금이 어떻게 조달되고 사용되었는가를 보여주는 기본적인 재무제표이다.
  ② 현금흐름에서 얻는 정보가 더 신뢰성이 높아 기업의 이익을 평가하는 데 유용하게 이용될 수 있다.
  ③ 기업의 미래 현금흐름 예측에 유용한 정보를 제공한다.
  ④ 기업의 자금창출능력 및 자금조달의 필요성에 대한 정보를 제공한다.
  ⑤ 투자 및 재무활동에 대한 정보를 제공한다.
  ⑥ 당기 순이익과 영업활동으로 인한 현금흐름을 비교하여 이익의 질을 평가한다.

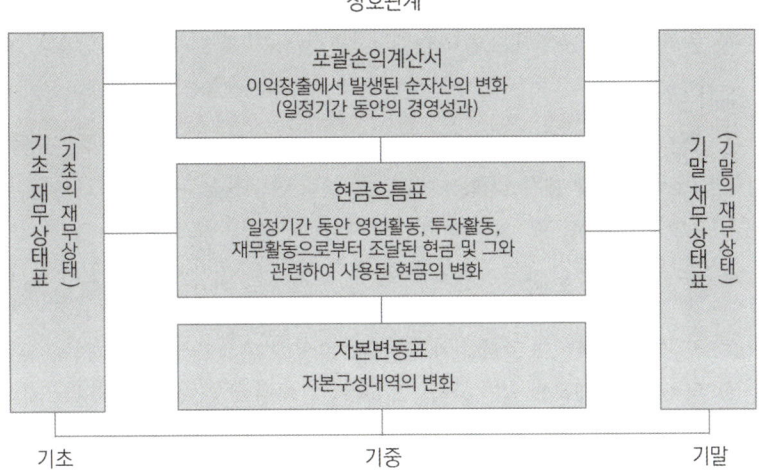

● 현금흐름표와 다른 재무제표와의 상호관계

출처: 삼일회계법인(2014). 재무회계

> **관련 법령**
>
> 「의료기관 회계기준 규칙」제4조【재무제표】① 병원의 재무상태와 운영성과를 나타내기 위하여 작성하여야 하는 재무제표는 다음 각 호와 같다.
> 1. 재무상태표
> 2. 손익계산서
> 3. 기본금변동계산서(병원의 개설자가 개인인 경우를 제외한다)
> 4. 현금흐름표
> ② 제1항의 규정에 의한 재무제표의 세부작성방법은 보건복지부장관이 정하여 고시한다.

2. 활동기준 원가계산(ABC의 CAM - I Consortium for Manufactures - International)

(1) 개념
① 환자 또는 환자군의 원가를 결정하는 접근방법이다.
② 원가발생의 원인을 활동별로 확인하여 활동별 자원의 소비량을 추적하여 원가를 배분하는 것을 말한다.
③ 원가관리의 초점이 원가 자체가 아니라 활동에 있다.
④ 기업 내 부가가치를 발생시키는 활동을 효율화하고, 부가가치를 발생시키지 않는 낭비적 요소를 제거하여 원가관리를 효율적으로 하고자 한다.

(2) 구성요소
① **자원**: 재료, 인력, 설비, 소모품, 기술 등을 말한다.
② **활동**: 특정 목표를 가진 업무의 한 단위이다.
③ **원가대상**: 보건서비스, 의료서비스, 제품, 프로세스, 고객 등을 말한다.
④ **자원동인**: 자원과 활동사이를 연결시키는 매개체이다.

⑤ 활동요인: 원가대상의 산출에 기여한 활동요인이다.
⑥ 원가동인: 원가발생요인이다.

(3) 절차
① 1단계(활동분석): 조직 전체에서 수행되는 활동과정을 분석하는 것이다.
② 2단계(활동별 원가 집계): 활동분석 결과를 이용하여 개별 활동에 원가를 집계하는 과정이다.
③ 3단계(원가동인 규명): 활동별 원가 집계를 활용하여 개별 활동에 수행하는 데 요구되는 하나의 원가동인을 파악하는 것이다.
④ 4단계(원가동인의 단위당 원가 산출): 가동인 단위당 원가를 계산하는 것이다.
⑤ 5단계(원가대상의 원가 산출): 최종 원가 대상에 원가를 배분하는 것이다.

> **Plus⁺ POINT**
>
> **활동기준 경영관리로의 확장(ABM; Activity-Based Management)**
> 1. 생산된 정보를 활용하여 활동을 관리하며, 프로세스를 혁신하고 낭비부분을 확인하여 효율적인 업무 수행을 가능하게 하는 관리도구이다.
> 2. ABM은 활동원가를 기초하여 산정된 원가절감활동이나 업무개선활동 등을 말한다.

제3장 보건행정의 인사

1 인적자원관리의 의의

1. 인적자원관리(Human Resource Management)
(1) 개념 정의
① 조직의 목표가 달성되도록 인적자원의 확보, 개발, 보상, 통합, 유지, 이직 등의 업무적 기능을 계획·조직·지휘·통제하는 관리기능이다.
② 조직의 목표를 달성하기 위하여 조직이 필요로 하는 인력을 확보, 개발, 보상, 유지하는 관리활동이다.
③ 조직체의 인적자원을 관리하는 경영의 한 부분 또는 하부과정으로서 인적자원의 계획과 확보에서 시작하여 효율적인 활용과 유지·보존, 보상과 개발에 이르기까지 노사관계를 유지하는 모든 기능과 활동을 말한다.

(2) 인적자원관리의 중요성
① 유능하고 자격 있는 직원을 적정하게 충원하여 인력을 유지·활용한다.
② 교육훈련을 통해 개인의 잠재능력을 개발, 육성하여 전문직 생활의 향상을 도모한다.
③ 근무 의욕을 고취시키고 사기를 북돋아 줌으로써 직업에 대한 보람과 만족감으로 일하게 한다.

2. 인력예측 및 계획의 의미
(1) 인력예측
현재 및 장래의 조직이 필요로 하는 종류의 인원을 예측하는 방법이다.

(2) 내부인력 공급계획
조직 내부로부터의 충원으로 승진, 재배치 등이 속한다.

(3) 외부인력 공급계획
인력수요 예측과 내부인력 공급계획을 바탕으로 순 부족인력을 조직 외부에서 모집, 선발하는 것이다.

(4) 인력자원계획의 장점
① 인적자원 과잉이나 부족 현상을 사전에 예측하여 상황이 심각해지기 전에 문제를 해결할 수 있다.
② 필요한 인적자원의 수와 지식, 경험, 기술 등의 수준을 사전에 결정하여 모집과 선발과정에 반영할 수 있다.

전략적 인적자원관리(SHRM; Strategic Human Resource Management)
1. 통제 중심
2. 활용 중심
3. 개발 중심
4. 경쟁력 강화

인사행정의 3대 요소
임용, 능력발전, 사기 양양

③ 조직 내·외부를 통한 인적자원의 충원과 부서 이동, 승진, 이직 등에 관한 참고자료를 수집할 수 있다.

(5) 인적자원계획과정
① **1단계**: 전문적 지식을 동원하여 미래의 조직목표, 변화, 기대되는 성장성 등의 요소를 분석해서 충당되어야 할 직무의 수와 종류를 장·단기로 분석한다.
② **2단계**: 현재의 인력 양과 수준(연령, 경험, 교육 수준, 특수기술 등)을 세심하게 분석한다.
③ **3단계**: 인력조사 분석을 토대로 총 소요인력을 결정한다.
④ **4단계**: 총 필요한 인력이 결정되면 조직 내의 변화(퇴직, 새로운 업무 추진, 조직의 성장 등)를 예측하여 필요한 인력을 보충한다.

3. 인사행정의 과정

(1) 인력계획
① 보건의료조직에 필요한 인력의 수요와 공급을 예측하고 그것을 토대로 최적의 공급방안을 모색하는 활동이다.
② 인력계획 등이 있다.

(2) 공직구조의 형성
① 인력계획이 수립되면 조직의 구체적인 직위에 대한 직무설계를 하고 조직구조를 형성하는 것이다.
② 직무설계, 공직구조의 형성 등이 있다.

(3) 임용
① 공직구조의 형성이 완료되면 필요한 인적자원을 모집하고 충원하는 임용을 하게 된다.
② 모집, 시험 등이 있다.

(4) 능력발전
① 조직 구성원 개개인의 능력을 발전시키기 위한 활동을 전개한다.
② 교육훈련, 근무성적평가 등이 있다.

(5) 동기부여
① 근무 의욕을 고취하기 위한 동기부여활동을 전개한다.
② 사기, 보수, 관리기법 등이 있다.

(6) 규범과 통제
① 조직은 구성원의 엄격한 의무와 행동규범을 요구하고 이것을 위반하는 경우 그에 상응하는 제재조치를 취함과 동시에 구성원의 업무능력을 평가하여 그에 따른 보상과 사기진작조치를 강구해야 한다.
② 공무원 단체, 행동 규범, 징계 등이 있다.

4. 인적자원관리의 최근 동향

(1) 흐름
① 조직 구성원에게 단순히 제공되던 훈련과 개발이 개인이나 조직의 성과와 학습을 효과적으로 연계할 수 있는 기회를 만들어 가는 전략적 도구로 진화하고 있다.
② 학습과 성과를 강조한 것
  ㉠ 학습: 개인과 조직이 새로운 지식과 기술을 학습하고 개발하는 모든 형태의 학습을 의미한다.
  ㉡ 성과
    ⓐ 개인, 집단, 조직 세 가지 수준으로 측정된다.
    ⓑ 성과에 영향을 주는 상호작용 중 동기 개인적 특성과 과정, 보상, 학습 또는 비학습적 변인이 성과에 영향을 미친다.
③ ASTD의 인적자원관리활동이 HRD(교육훈련, 조직개발, 경력개발을 종합한 것)를 거쳐 학습과 학습 외적인 해결책이 통합되어 확대·발전한 개념이다.

(2) 다양성과 창의성의 추구 경향
인구구성비의 변화로 노동인구의 공급 부족현상을 해결하기 위해 고령인력의 숙련된 기술을 활용하는 방안과, 근무형태의 다양화, 조직 내 세대 간 갈등과 가치관 충돌문제를 해결, 다양한 형태의 비정규직 인력의 활용 등의 복잡한 인력구성에 대한 관리방안을 마련해야 한다.

(3) 인적자원개발지표의 활용
조직 내 인력개발훈련과 업무의 혁신과 성과를 체계적으로 연계하기 위해 인적자원개발지표를 개발하고, 조직의 성과 측정과 인사정책에 반영해야 한다.

Plus⁺ POINT

인적자원관리의 동향

구분	과거	현재
목적과 주안점	• 내부 공정성 향상 • 승진과 보상결정	• 경영 투명성 향상 • 전략적 목표의 설정
평가기준	• 단기성과의 중시 • 일반적 능력	• 장·단기성과의 균형 • 핵심역량 중심
부서목표	복잡하고 다양함	전략에 근거하여 단순함
목표설정	하향식 방식	쌍방향 합의방식
평가대상	개인과 집단의 구분	개인과 집단의 통합
평가주기	연 단위 혹은 분기 단위	수시평가와 피드백
평가자	직속상사와 이차 혹은 삼차 상사	다면평가와 직속상사

2 인적자원의 충원방식

1. 엽관주의(Spoils system) 기출 17, 18, 21

(1) 개념
① 공직 임용에서 인사기준을 능력·자격·업적이 아니라 정치적 연고와 당파성, 개인적 충성심, 학벌, 지연, 혈연 등에 두는 제도를 의미한다.
② 엽관주의는 정당에의 공헌도를 관직의 임용 기준으로 삼는 인사행정제도이다.

(2) 특징
① 엽관주의라고 하는 말은 미국에서 유래된 것으로, 'Spoils'는 전리품을 의미한다.
② 즉, 선거에서 이기는 정당이 공직을 전리품으로 나누어 가지는 것을 의미한다.
③ 선거에서 승리한 정당이 공직의 광범위한 경질과 교체를 가져온다.

> **Plus⁺ POINT**
>
> **정실주의(Patronage system) 개념**
> 1. 정치적 정실, 혈연, 지연, 학연, 개인적 친분 등 실적 이외의 요인을 고려하여 관직 임용을 하는 제도이다.
> 2. 영국에서 발달한 제도로서 1688년 명예혁명 이후부터 1714년 하노버 왕조에 이르면서 군주의 절대권력에 맞선 의회·정당의 사용인으로서 변화되었다.
> 3. 정실주의하에서의 영국에서는 대대적인 교체가 없었고 일단 이용되면 종신적 성격을 띠어 신분이 보장되었다는 점에서 양자 간의 차이가 있다.

엽관주의와 정실주의
엽관주의와 정실주의는 오늘날 동일한 뜻으로 통용되고 있으나, 정실주의가 정치적 요인을 중요시하는 엽관주의보다 넓은 개념으로 이해할 수 있다.

(3) 발달 배경
① **민주정치의 발전**
   ㉠ 미국에서 엽관주의가 성립한 요인은 공직의 특권화 방지를 위한 잭슨 민주주의 발전이다.
   ㉡ 미국의 7대 대통령 잭슨은 자신을 지지해준 대중에게 공직을 개방하는 것이 행정의 민주화를 위하여 필요하다고 믿었고 이를 실천하였다.
   ㉢ **잭슨의 선거 공약**: "글을 아는 자는 나의 선거에 조력하라, 당선 시 공직을 주겠다."
② **정당정치의 발달**: 지도자에게 정당의 유지와 당원의 통솔 등 충성심을 확보하고 활용하기 위해서 엽관주의가 필요하였다.
③ **정부행정의 단순성**
   ㉠ 19세기 초반에는 업무 자체가 단순하였으므로 정당에 의한 임용이 가능하였다.
   ㉡ 이 당시는 자본주의가 순조로이 발전하여 사회경제적 활동이 그야말로 보이지 않는 손에 의해 자율적으로 조정되는 시대였다.
   ㉢ 정부의 기능은 법질서의 유지에 국한되고 있었으며 복잡성을 띠지 않아서 전문행정가가 아니더라도 정치적 임용으로 행정업무가 가능하였다.

(4) 장점 기출 11, 12, 17, 18, 19, 20
① 엽관주의는 특권적인 정부관료제를 일반대중에게 공개함으로써 민주정치의 발달과 행정의 민주화에 공헌하였다.
② 정당에 대한 공헌도나 충성도를 임용 기준으로 삼음으로써 정당의 대중화와 정당정치의 발달에 공헌한다.
③ 국민에 의해 선출된 정치지도자의 국정 지도력을 강화해 줌으로써 국민의 지지를 받는 선거공약이나 공공정책의 실현을 용이하게 해 준다.
④ 선거에 참여한 정당을 정부 관료제로 연결하면서 국민의 요구에 대한 대응성을 향상시키고 정치적 리더십을 증진시켰다.

(5) 단점 기출 11, 12, 17, 18, 19, 20
① 공직의 사유화·상품화 경향을 야기함으로써 매관매직이나 뇌물수수 등의 정치적·행정적 부패를 초래한다.
② 엽관주의는 능력 이외의 요인을 임용 기준으로 하기 때문에 변화하는 시대에 빠르게 대응하지 못하여 비능률적인 결과를 야기한다.
③ 정권교체가 일어나기 때문에 행정의 계속성, 일관성 및 안정성 등에 문제가 발생한다.
④ 정권창출에 공헌한 사람들을 임용하기 때문에 불필요한 관직이 증설되어 재정의 낭비를 가져온다.
⑤ 행정의 공정성을 보장할 수 없다.
⑥ 자본주의가 발달하고 사회가 다원화됨에 따라 정당의 국민 대표성이 약화되어 더 이상 특정한 정당이 국민의 전체적인 이익을 대변하기 어렵다.

(6) 평가
① 실적주의의 등장으로 엽관주의에 의한 임용은 상당히 약화되었다.
② 엽관주의는 선거를 통하여 국민에게 책임을 지는 선출직 정치지도자들의 직업공무원들에 대한 통제를 용이하게 해 준다.
③ 국민에 대한 관료적 대응성을 높이기 위한 수단으로 엽관주의는 계속 필요하다.
④ 그러나 엽관주의 지속은 엽관주의를 극복하기 위해 발전된 실적주의의 부작용에 기인한다. 즉, 실적주의에 따른 강력한 신분보장으로 직업공무원들은 점차 관료주의화되어 갔다.

2. 실적주의(Merit system)

(1) 개념 기출 20, 25
① 공직 임용의 기준을 개인의 능력, 자격, 실적에 두는 제도를 의미한다.
② 엽관주의의 단점을 보완하기 위해 도입된 실적주의는 반엽관주의라는 소극적인 성격을 띠고 주관적 요인을 완전히 제재하려는 데 기초적 목적이 있다.
③ 실적주의가 본격적으로 도입되면서 합리적이고 공정한 인재선발을 통한 과학적 인사행정을 행하여 직업공무원제도를 확립하기 위한 기반이 되었다.

기출 체크

다음에서 설명하는 인사행정 제도는?
기출 25

- 공직채용에 대한 기회균등, 객관성 및 정치적 중립성을 확보한다.
- 공직임용 시 당파성을 떠나 개인의 자격과 능력을 기준으로 한다.

① 실적주의   ② 엽관주의
③ 정실주의   ④ 대표관료제

정답 ①

(2) 발달 배경
  ① 영국의 실적주의 발달 배경
    ㉠ 반엽관주의의 개혁운동은 영국에서 먼저 일어났다.
    ㉡ 1853년 영국의 개혁운동은 공무원 재편성에 관한 보고서가 국회에 제출되면서 시작되었다.
    ㉢ 공무원 제도 개혁운동은 1855년 제1차 추밀원령에 의해 독립적인 이사위원회 창설과 시험제도의 수립을 보게 되었다.
    ㉣ 제2차 추밀원령에 의해 1870년 공개경쟁시험 도입되었고, 계급의 세부적인 분류, 재무성의 인사권 강화 등이 확립되었다.
    ㉤ 영국에서는 크게 발달하지 못하고 미국에서 더욱 크게 발전하였다.
  ② 미국의 실적주의 발달 배경
    ㉠ 미국의 엽관주의는 1840년대 이후 그 병폐가 심화되어 갔으며 1860년대부터 공무원제도의 개혁이 주장되기 시작하였다.
    ㉡ 실적주의에 입각한 인사제도를 확립하게된 펜들턴법(Pendleton Act, 1883)으로 결실을 보게 된다(미국의 실적주의 시작은 1883년).
    ㉢ 펜들턴법의 주요 내용
      ⓐ **공무원의 정치활동을 금지**: 정치적 중립을 강조한다.
      ⓑ 공개경쟁시험을 통한 유능한 인재 충원, 선발의 공정성·객관성 유지, 제대군인에게 특혜 제공을 통해 국가에의 충성심을 확보한다.
      ⓒ 초당파적이고 집권적인 중앙인사행정기관을 설치한다.
      ⓓ 조건부 임용을 통해 공직자로서 적격성 여부를 파악한다.
      ⓔ 유능한 인재확보를 위한 민간과 공공의 인사교류를 강조한다.

(3) 4대 속성 기출 20, 25

능력주의, 자격주의	공무원 임용 등의 인사관리는 능력, 자격, 실적을 기준으로 하며 정실이나 당파성을 배제
기회균등과 공개경쟁 시험	공직은 모든 국민에게 개방되어야 하고 성별, 신앙, 사회신분, 출신지역, 학벌 등에 의한 차별을 받지 않음
정치적 중립	공무원은 어떤 정당이 집권하든지 당파성을 떠나 전문적 지식·경험에 의해 공평하게 봉사하고 특수이익이 아닌 공익을 추구해야 함
신분보장	공무원은 법령에 저촉되지 않은 한, 부당한 정치적 영향력으로부터 신분위협을 받지 않아야 함

(4) 장점 기출 11, 12, 13, 17, 18, 19, 20
  ① 공직 취임의 기회균등으로 민주적 요청을 충족하였다.
  ② 행정능률의 향상에 기여한다.
  ③ 정치적 중립을 요구하기 때문에 행정의 공정성을 보장한다.
  ④ 행정의 안정성과 계속성을 유지할 수 있다(공무원의 신분보장).
  ⑤ 엽관주의에서의 공직의 상품화를 근절시켜 정치·행정적 부패를 감소시켰다.

(5) **단점** 기출 11, 12, 13, 17, 18, 19, 20
① 공무원의 신분을 보장하는 데만 치중한 나머지 인사평정의 소극적, 경직적, 비능률적 현상이 초래된다.
② 적재적소의 인사배치를 통하여 업무를 효율적으로 처리하여야 하는데 행정관리적 측면이 등한시되었다.
③ 지나친 형식화·경직화, 비융통성, 비인간성의 현상이 나타났다.
④ 공무원의 지나친 보호주의는 결국 관료주의, 관료의 특권화 및 보수화를 초래할 우려가 있으며 민주통제를 어렵게 만든다.

(6) **평가**
① 어떤 조직체이든 모든 직원을 실적에 의해서만 임명한다는 것은 불합리한 결과가 발생할 것이며, 특히 고위직의 경우에는 엽관주의적 요소가 가미될 수밖에 없다.
② 실적주의의 발달은 새로운 관료제의 대두를 보게 되었는데, 이들에 대한 민주적 통제의 필요성은 더욱 커지고 있다.
③ 선진국·신생국은 정부정책의 큰 변동을 가져오기 때문에 고위직 공무원이 많이 필요하며, 평상시보다 더 많은 엽관주의에 의한 임명이 필요하다.

3. 직업공무원제(Career system)

(1) **개념**
① 직업공무원이란 정부에서 근무하는 것을 보람있는 생애라고 생각하는 공무원을 의미한다.
② 원칙적으로 젊은 인재를 최하위 직급으로 임용하여 장기간에 걸쳐 근무하도록 하면서 단계적으로 승진시킨다.
③ 응시자의 학력과 연령은 엄격하게 제한되며 선발 기준으로 전문적인 직무수행능력보다는 발전가능성을 중시한다.
④ 상위직급은 원칙적으로 승진에 의하여 충원되며, 외부로부터의 유인은 허용하지 않는다.
⑤ 직업공무원제는 계급제와 폐쇄형 공무원제 및 일반능력가주의를 본질적인 특성으로 한다.

(2) **특징** 기출 12, 18, 20
① 정치적 중립을 통한 행정의 안정성과 계속성을 유지한다.
② 신분보장과 폐쇄형 계급제를 기반으로 한다.
③ 직업의식과 사명감을 강조한다.
④ 장기적 발전가능성과 잠재력을 강조한다.

(3) **수립요건** 기출 11, 15, 18, 20
① **실적주의의 확립**: 공개경쟁시험, 정치적 중립, 신분보장 등이다.
② **공무원에 대한 높은 사회적 평가**: 국가의 발전에 대한 공헌과 공공봉사 등 공직에 헌신해야 한다.

③ **젊은 사람의 채용**: 일생동안 승진할 수 있게 해야 평생 근무할 가능성이 많다.
④ 훈련·승진·전보를 통한 능력의 발전을 추구한다.
⑤ **다양한 동기부여 방안 마련**: 신분보장제도, 적절한 수준의 보수, 연금제도 등이 있다.
⑥ **공무원의 직급별 수급계획**: 이직률, 공무원의 연령구조, 직급별 평균체제연구, 정부의 업무계획 등을 고려하여 직급별 수급계획을 세워야 한다.

(4) 장점 기출 20
① 장기근속으로 행정의 안정성과 계속성을 유지해 준다.
② 행정의 중립성, 안정성, 계속성을 확보할 수 있다.
③ 유능한 인재를 공직에 유치하는 데 도움을 준다.
④ 공무원의 성장과 발전의 동기부여를 촉진한다.
⑤ 성공감과 충족과 사기, 능률의 제고에 도움을 준다.
⑥ 단체정신, 충성심, 사명감, 봉사정신 등 뚜렷한 전문직업 의식을 가질 수 있다.

(5) 단점 기출 20
① 외부의 전문가 양성 및 확보가 곤란하다.
② 하위직으로부터 상위직으로 승진시키는 시스템으로, 행정의 전문화 발전을 저해한다.
③ 동태적 환경에 적응력이 약하다.
④ 자격요건의 엄격한 제한은 공직임용에 기회균등을 저해하여 민주주의적 평등원칙에 위배된다.
⑤ 관료주의화를 초래할 가능성이 높다.
⑥ 정부에서만 필요한 직업인으로 굳어져 쉽게 직업전환이 어려울 수 있다.

(6) 실적주의와 직업공무원제 비교
① **공통점**: 정치적 중립, 자격이나 능력에 의한 인사행정 운영, 신분보장, 공개경쟁시험(기회균등)
② 차이점

구분	실적주의	직업공무원제
국가	미국, 캐나다, 필리핀	영국, 독일, 프랑스, 일본
사회배경	산업사회	농업사회
공직분류	직위분류제	계급제
인사배치	인사배치의 비융통성	인사배치의 신축성
모집방법	모든 직급별 모집	계급의 최하위 모집
승진	개방형(외부인재의 유입)	폐쇄형
중점	직위 중심	인간 중심
행정인	경력무시(전문행정가)	경력중시(일반행정가)
급여	직무급	생활급

3 공직의 분류

1. 경력직과 특수경력직 공무원

(1) 경력직 공무원

① 개념: 실적과 자격에 따라 임용되고 그 신분이 보장되며 평생 동안(근무 기간을 정하여 임용하는 공무원의 경우에는 그 기간 동안) 공무원으로 근무할 것이 예정되는 공무원이다.

② 종류
- ㉠ **일반직 공무원**: 기술·연구 또는 행정 일반에 대한 업무를 담당하는 공무원으로 1~9급까지의 계급으로 구분한다.
- ㉡ **특정직 공무원**: 법관, 검사, 외무공무원, 경찰공무원, 소방공무원, 교육공무원, 군인, 군무원, 헌법재판소 헌법연구관, 국가정보원의 직원과 특수 분야의 업무를 담당하는 공무원으로서 다른 법률에서 특정직 공무원으로 지정하는 공무원이다.

(2) 특수경력직 공무원

① 개념
- ㉠ 경력직 공무원 외의 공무원을 의미한다.
- ㉡ 직업공무원제의 적용을 받지 않는 공무원을 의미한다.
- ㉢ 직업공무원처럼 신분보장이 철저하지 않고 정치적이거나 특수한 직무를 수행하기 위하여 임용되는 공무원이다.

② 종류
- ㉠ **정무직 공무원**
    - ⓐ 선거로 취임하거나 임명할 때 국회의 동의가 필요한 공무원이다.
    - ⓑ 고도의 정책결정 업무를 담당하거나 이러한 업무를 보조하는 공무원으로서 법률이나 대통령령에서 정무직으로 지정하는 공무원이다.
- ㉡ **별정직 공무원**: 비서관·비서 등 보좌업무 등을 수행하거나 특정한 업무 수행을 위하여 법령에서 별정직으로 지정하는 공무원을 의미한다.

2. 직위분류제와 계급제

(1) 직위분류제

① 의의 기출 16
- ㉠ 공직을 '일 중심', 즉 직무의 종류와 곤란성 및 책임성의 정도를 기준으로 공직을 분류하는 제도이다.
- ㉡ 산업화 중심의 국가인 미국, 호주, 캐나다, 필리핀, 파나마, 뉴질랜드 등이 운영하고 있다.

경력직 공무원
일반직, 특정직

특수경력직 공무원
정무직, 별정직

인간 중심, 직무 중심의 분류
1. 인간을 중심으로 한다는 것은 개개 공무원의 자격·능력을 기준으로 하여 계급으로 분류하는 것
2. 직무를 중심으로 한다는 것은 각 직위의 직무난이도와 책임의 경중도를 기준으로 하여 등급으로 분류하는 것

② 특성
　㉠ 개인의 업무수행능력과 지식·기술을 중시하여 공무원을 채용한다.
　㉡ 개방형 인사제도이다(조직 내·외부 인사).
　㉢ 일반행정가보다는 전문행정가를 선호한다.
　㉣ 직급과 등급이 직무의 책임도·곤란도를 기준으로 함으로 상·하직 공무원 간의 계급의식이 크지 않다.
　㉤ 직무분석과 직무평가를 통한 적합한 인물을 채용함으로 인사행정의 능률성과 합리화를 이끌어 낼 수 있다.

③ 구성요소
　㉠ 직위(Position) 기출 14, 17, 18, 19, 20
　　ⓐ 한 명의 공무원에게 부여할 수 있는 직무와 책임을 말한다.
　　ⓑ 일반적으로 직위의 수와 공무원의 수가 일치한다.
　　ⓒ 직위분류제가 시작되는 가장 최소한의 기초가 되는 단위이다.
　　예 인사계장, 건강증진팀장 등
　㉡ 직렬 기출 21, 22: 직무의 종류가 유사하거나 그 곤란도, 책임의 정도가 상이한 직급의 군을 말한다.
　　예 보건직렬, 의무직렬, 의료기술직렬 등
　㉢ 직급
　　ⓐ 직위가 가지는 직무의 종류, 곤란성과 책임도가 상당히 유사한 직위의 군을 말한다.
　　ⓑ 따라서 직급의 수가 직위의 수보다 적다.
　　ⓒ 동일한 직급에 속하는 직위에 대해서는 인사행정상 채용·보수 등을 동일하게 대우한다.
　　예 보건사무관, 행정주사 등
　㉣ 직류
　　ⓐ 동일한 직렬 내에서의 담당 분야가 유사한 직위의 군을 말한다.
　　ⓑ 임용시험의 내용을 결정하고 보직을 관리하는 데 기준을 제시한다.
　　예 행정직렬 내 '일반행정직류', '법무행정직류', '재경직류' 등
　㉤ 등급
　　ⓐ 직무의 종류는 상이하지만 직무의 곤란도, 책임도와 자격요건이 유사하여 동일한 보수를 지급할 수 있는 모든 직위를 말한다.
　　ⓑ 계급제의 1~9등급에 해당하는 것으로 직위분류제에서는 직책의 여하에 따라 여러 계층을 만들어 놓는데 이를 등급이라 한다.
　㉥ 직군
　　ⓐ 직무의 성질이 유사한 직렬의 군을 말한다.
　　ⓑ 직위분류제의 가장 큰 단위이다.
　　예 기술직군 = 보건직렬 + 보건의료기술직렬 + 간호직렬 ~ 토목직렬 등

④ 직위분류제의 수립절차
  ㉠ 준비작업 단계
    ⓐ 직위분류를 주관할 기관을 선정하고 분류대상 직위를 결정한다.
    ⓑ 대내외적으로 광범위한 민주적 참여하에 직위분류제의 수립을 위한 계획을 결정해야 한다.
  ㉡ 직무조사(직무 기술서, Job Description) 기출 17
    ⓐ 분류될 직위의 직무에 대한 객관적 정보를 수집하고 기록하는 작업이다.
    ⓑ 직무분석과 직무평가에 필요한 정보를 수립하는 단계이다.
    ⓒ 직무분석을 통해 얻은 자료와 정보를 직무의 특성에 중점을 두고 체계적으로 정리, 기록한 문서이다(과업, 책임, 의무를 규명한 목록).
    ⓓ **직무조사의 대표적인 방법**: 질문지방법, 면접방법, 관찰방법 등
  ㉢ 직무분석
    ⓐ 특정 직무의 특성과 내용, 직무를 수행하는 데 필요한 지식과 능력, 숙련도, 책임 등과 같은 직무상의 모든 요건을 체계적으로 결정하는 과정이다.
    ⓑ 조직이 요구하는 일의 내용을 정의하고, 요건을 정리하고, 분석을 하는 것이다.
    ⓒ 직무조사에서 얻은 직무에 관한 정보를 토대로 직무를 종류별로 구분하는 작업이다.
  ㉣ 직무평가
    ⓐ 직무의 가치를 결정하는 것이다.
    ⓑ 직무 기술서 또는 직무 명세서를 기초로 직무의 중요성, 곤란도, 위험도 등을 평가하여 다른 직무와의 비교로 상대적 가치를 정하는 체계적인 방법이다.
    ⓒ 직무평가는 직위들을 각 직위가 내포하고 있는 상대적 수준 또는 등급별로 구분하는 방법이다.
    ⓓ **직무평가의 대표적인 방법**: 서열법, 분류법, 점수법, 요소비교법 등
  ㉤ 직무 명세서(Job Specification) 기출 15
    ⓐ 직무 기술서 내용에서 직무 요건만을 분리하여, 성공적인 직무수행에 필요한 인적요건들을 명시해 놓은 것이다.
    ⓑ 주로 모집과 선발에 사용되며, 직무 기술서와 함께 직무 개선과 재설계, 경력계획, 경력상담에 사용된다.
    ⓒ 인사행정의 기초가 되는 직급 명세서 작성은 직위분류계획의 기본이 되는 문서이며 공무원의 채용, 교육훈련, 근무성적평정 등에 기준이 되는 문서이다.
  ㉥ 정급(Allocation): 지금까지의 자료와 추가정보를 수집하여 각 직위를 해당 직급에 배치하는 것이다.
  ㉦ 사후평가·유지관리: 직위분류제가 수립된 후 사후평가를 통해 제반 문제점을 발견하여 시정·보완·유지·관리해야 한다.

직무 기술서의 내용
1. 직무확인(직무명, 번호, 소속부서 등)
2. 직무개요(직무수행의 목적이나 내용 약술)
3. 직무내용
4. 직무요건(기술요건, 수행에 필요한 책임, 전문지식 자격요건, 정신적 및 신체적요건, 작업요건)

⑤ 장점 기출 16, 17, 18, 19, 20, 21
　㉠ 보수체제의 합리화(동일직무에 동일보수를 따르는 직무급 실현가능, 그러나 보수체제의 세분화로 보수관리는 복잡)가 가능하다.
　㉡ 직위가 요구하는 직무의 성질이나 내용에 맞는 인사배치의 객관적 기준 마련이 용이하다.
　㉢ 동일직무의 장기근무로 행정의 전문화, 분업화가 가능하다.
　㉣ 교육훈련 수요 파악에 용이하다(전문행정가 육성).
　㉤ 직책의 내용 파악으로 근무성적평정의 자료를 제공한다(직무 기술서 작성).
　㉥ 상하 간 수평적인 권한·책임한계의 명확화로 행정 능률 향상을 추구한다.
　㉦ 행정의 민주화로 공직의 모든 직무가 분석·평가·명세화되어 국민의 공직에 대한 통제가 용이하다.
　㉧ 정원관리의 효율화와 인력수급계획 수립이 용이하다.
　㉨ 예산관리의 능률화로 중복업무의 억제가 가능하다.
⑥ 단점 기출 16, 17, 18, 19, 20, 21
　㉠ 유능한 일반 행정가의 확보, 양성이 곤란하다.
　㉡ 동일직렬에 따라 전보·승진이 이루어지므로 인사 배치의 신축성이 결여되어 있다.
　㉢ 신분이 불안하다(직위가 없어지면 자신의 신분도 없어짐).
　㉣ 직업공무원제 확립이 곤란하다(신분보장이 잘 되지 않고, 결원 충원 시 개방형을 특징으로 함).
　㉤ 장기적·다방면적 능력발전이 곤란하다(지나친 전문성과 인사이동의 곤란성).
　㉥ 조정이 곤란하다(지나친 세분류로 할거주의 유발).
　㉦ 조직 구성원의 관계가 사무 중심으로 이루어져 사무적 인간관계를 지닌다.
⑦ 우리나라의 직위분류제
　㉠ 공무원의 계급구조를 5계급에서 9계급으로 세분화하였다.
　㉡ 경력직 내의 일반직 공무원을 직군·직렬·직류로 구분한 점이다.
　㉢ 직급별 임용시험을 실시하고 있다.
　㉣ 동일직군 또는 동일직렬 내에서 승진·임용하도록 되어 있다.
　㉤ 직위분류제에 기초를 둔 보직 관리를 원칙으로 한다.

(2) 계급제
① 개념
　㉠ 사람의 자격·능력을 기본으로 하여 공직을 계급으로 분류하는 제도이다.
　㉡ 계급제는 사회적 신분을 중시하는 농업사회의 관료제적 전통이 강한 우리나라, 영국, 독일, 프랑스, 이탈리아, 중국, 일본 등이 있다.
　㉢ '사람 중심'으로 사람의 자격, 능력, 신분, 학력 등을 기준으로 하는 공직분류제도이다.

② 특징
- ㉠ **4대 계급제**: 대부분의 나라는 4대 계급제이며, 우리나라는 9계급제도로 분류한다.
- ㉡ **계급 간의 차별**
  - ⓐ 계급제를 채택하고 있는 나라는 각 계급 간 공무원의 사회적 평가, 보수, 교육상의 차이가 크다.
  - ⓑ 계급 간의 승진을 특별히 어렵게 하고 있어 원칙적으로 일단 어떠한 하나의 계급에 임용되면 일생동안 일계급에 머물거나 또는 일계급 밖에 승진하지 못하는 것이 일반적이다.
  - ⓒ 우리나라는 계급 간의 차이가 별반 크지 않다.
- ㉢ **폐쇄형 충원방식**
  - ⓐ 신규 임용자는 원칙적으로 당해계급의 최하위로부터 승진하여 올라가야 하며, 동일계급 내의 중간위치에 외부로부터 뛰어드는 것이 금지되었다.
  - ⓑ 우리나라는 혼합형인데 하위부터 승진으로 위의 계급이 채워지면서도 어떠한 직급에는 외부로부터 신규채용이 허용된다는 점에서 폐쇄형과 개방형이 혼합된 것을 볼 수 있다.
- ㉣ **고급공무원의 엘리트화**: 고급공무원의 수를 적게 하고, 교육 수준이나 근로환경의 대우 면에서는 특별한 고려를 하고 있어 고급공무원이 엘리트화되어 간다.

③ 장점 기출 17, 18, 19
- ㉠ 일반적 교양과 능력 있는 자를 채용할 수 있다.
- ㉡ 유능한 일반행정가를 양성할 수 있다.
- ㉢ 종합적 능력의 발전 및 직업공무원제의 발전을 촉진한다.
- ㉣ 장기간의 근무로 공무원의 능력 발전 및 환경대응능력 향상으로 충성심을 고양할 수 있다.
- ㉤ 커뮤니케이션, 협조, 조정이 원활하다.
- ㉥ 사람 중심의 분류이므로 공무원 신분보장이 강화된다.
- ㉦ 계급만 동일하면 전직·전보가 가능하여 인사배치의 신축성, 융통성을 도모할 수 있다.
- ㉧ 장기적인 계획수립이 용이하다.

④ 단점 기출 17, 18, 19
- ㉠ 행정의 전문화 및 전문행정가의 양성이 어려울 수 있다.
- ㉡ 직무가 명확하지 않아 갈등의 소지가 있고 직무를 다른 사람에게 전가할 가능성이 있다.
- ㉢ 인사관리의 객관적 합리화 및 객관적 기준 설정의 어려움이 있다.
- ㉣ 인력수급계획이 곤란하다.
- ㉤ 신분보장과 폐쇄적 인사관리로 관료주의가 발생한다.
- ㉥ 강한 서열의식으로 상하 간 의사소통의 장애가 발생한다.

> **개방형 충원방식**
> 동일계급 내의 직급의 여하를 막론하고 뛰어들 수 있으며 미국이 대표적이다.

> **직위분류제와 계급제의 상호 접근**
> 직위분류제와 계급제의 장점을 인식하고 도입하고 있다.

직무관리
조직의 목표를 효과적, 효율적으로 달성하기 위해 직무를 관리하는 것을 말한다.

4 직무관리(Job Management)

↑ 직무관리 체계도

1. 직무설계(Job Design)

(1) 개념

① 의의
  ㉠ 현재의 직무를 관찰하고 분석하여 직무내용, 직무방법, 조직 구성원 요구들 간의 관계를 구체화하는 것이다.
  ㉡ 몇 개의 과업을 묶어서 한 사람이 담당할 일(직무)을 구성하기 위한 설계를 하는 것을 말한다.
  ㉢ 직무설계는 조직의 과업을 세분화하여 부서나 개인에게 배정하는 과정으로, 현재의 직무를 관찰하고 분석하여 직무내용, 직무방법, 조직 구성원 요구들 간의 관계를 구체화한 것이다.
  ㉣ 직무설계는 구성원에게 어떠한 업무를 어떻게 부여하면 자신의 역량을 충분히 발휘하고 만족감과 성취감을 느끼게 할 것인가에 대한 작업이다.
② **목적**: 모든 계층의 조직 구성원으로 하여금 직무 자체에서 만족과 의미를 부여받아 직원의 동기와 생산성을 향상시키기 위함이다.
③ 직무설계는 직무의 수행절차, 사용 기구의 종류, 책임의 범위 등이 규정된다.

(2) 접근방법

① 의의
  ㉠ **직무분석**: 직무에 대한 정보를 수집, 분석하여 직무별 목적을 명확히 규정하는 작업을 말한다(직무별 목적, 주요활동과 책임, 직무수행요건 등).
  ㉡ **직무 기술서**: 직무 자체의 과업, 책임, 의무를 기록한 문서이다.
  ㉢ **직무분류**: 직무를 동일하거나 유사한 역할과 능력을 요하는 군집으로 분류하는 것이다.
  ㉣ **직무평가**: 직무별 보상 수준을 결정하기 위해 직무의 상대적인 가치를 정하는 체계적인 방법이다.
② **전통적 방법**: 과학적 관리방법에 의한 직무설계이다.
  ㉠ 테일러(Taylor)와 그의 동료들에 의해 주도된 것으로, 과업을 최대한으로 세분화·단순화·표준화·전문화한다.
  ㉡ 직무의 전문성(Specialization), 능률(Efficiency), 합리성과 생산성을 우선적으로 강조한다.

ⓒ 이상적인 직무내용과 직무수행방법을 설계하여 직무수행자에게 적용하는 하향적 접근방법이다.
ⓔ 장단점

장점	기계화, 자동화, 능률성 연구에 유용한 방법을 제공
단점	경제, 사회, 문화적 발전에 따른 조직체의 환경변화에 적응하지 못함

③ 과도기적 방법
㉠ 직무순환(Job Rotation) 기출 18, 19
ⓐ 직무수행자가 여러 과업에 호환성을 가지고 순환이 가능한 것을 말한다.
ⓑ 장단점

장점	• 직원들의 다른 기능 개발의 기회 • 전체 생산성에 대한 시야 확대 • 권태감과 단조로움을 줄일 수 있음
단점	• 업무의 불연속성으로 무력감, 좌절감 • 새로운 직무에 익숙해질 때까지 작업진행의 방해요인이 될 수 있음

㉡ 직무확대(Job Enlargement) 기출 18, 19
ⓐ 과업의 수평적 확대로, 현재의 직무에 과업의 수를 증가시키는 방법이다.
ⓑ 직무에 대한 만족을 높이고, 결근이나 이직을 감소시키기 위해 시행한다.
ⓒ 몇 사람이 나누어서 처리하던 여러 개의 과업을 한 사람이 맡아서 처리하는 것으로 직무를 수평적으로 확대시키는 방법이다.
ⓓ 장단점

장점	• 권태감, 지루함을 최소화 • 직원에게 도전을 제공하여 같은 업무의 단조로움을 줄일 수 있음
단점	• 일의 증가가 불만족요인으로 작용할 수 있음 • 업무 적응기간이 필요

㉢ 직무단순화(job Simplification)
ⓐ 직무단순화를 분업이나 전문화로 이해할 수도 있다.
ⓑ 한 사람이 담당할 과업의 수를 줄여서 직무를 단순화시킨 것이다.
ⓒ 과업을 단순하게 표준화시켜서 조직원들이 일상적인 업무를 반복적으로 수행하도록 한다.

ⓓ 장단점

장점	• 직무에서 복잡성을 제거하여 작업자는 동일한 일상적인 업무를 능률적으로 수행할 수 있음 • 기술 수준이 낮은 직원도 단순화된 직무를 수행할 수 있으며 조직 전체적으로는 능률이 크게 향상됨 • 약간의 훈련만으로도 기술을 습득할 수 있고 조금의 판단력만 있으면 충분히 과업을 수행할 수 있기 때문에 직원 간에 호환성이 높음
단점	• 직무의 단조로움으로 지루함을 유발할 수 있음 • 업무를 덜게 된 만큼 다른 일을 더 많이 맡게 될 수도 있으므로 직무만족도 면에서 크게 의미가 없음 • 사람들은 누구나 일상적이고 반복적인 업무를 싫어하기 때문에 사보타지, 결근, 노동조합 등과 같은 부작용이 발생할 수 있음

④ 현대적 접근법

ⓐ 직무충실화(Job Enrichment)
  ⓐ 직무수행자의 과업은 변하지 않고, 직무수행자 스스로 그 직무를 계획하고 통제하도록 위임하는 것이다.
  ⓑ 허츠버그(Herzberg)의 2요인론(동기위생이론) 중 동기부여요인(만족요인)을 충족시킬 수 있도록 재구성한 방법이다.
  ⓒ 더 높은 수준의 직무 관련 지식과 기술이 구성원들에게 요구된다.
  ⓓ 직접적 피드백, 학습의 기회, 일정 수립의 기회 제공, 능력의 배양, 의사소통의 증가, 책임의 확대 등이 포함된다.
  ⓔ 장단점

장점	• 직무수행의 결과, 성취감이나 인정감을 느끼고 개인적인 성장을 경험 • 새로운 지식 획득의 기회 제공, 근무시간 조정, 결과에 따른 피드백 제공으로, 직무에 따른 경제적인 보상보다 심리적인 만족을 유도할 수 있도록 동기유발을 하거나 개인이 자아실현을 할 수 있는 기회를 제공
단점	• 직무에 대한 높은 개인적 자질이 요구되기 때문에 이를 따라가지 못하는 사람에게는 불안, 갈등, 착취된다는 느낌을 갖게 할 수 있음 • 관련 직무에 대한 전면적인 검토가 필요하기 때문에 비용이 많이 들어 비용보다 이점이 많을 때 실시

ⓒ 직무특성이론(Job Characteristics Theory)
  ⓐ 해크먼과 올드햄(Hackman & Oldham)이 개발한 기법이다.
  ⓑ 직무충실화이론에 기초로 실천전략을 제시하여 직무충실화의 문제점을 보완한 것이다.

직무충실화
1. 직무내용을 고도화하여 직무의 질을 높이는 것이다.
2. 동기부여
   자아실현이 강한 사람이다.

ⓒ 직원 개인 간 다양성과 차이성을 고려하여 직무의 적합성, 최상의 동기부여, 결과의 측정과 평가방법을 동기부여를 고려하여 직무를 설계하는 이론이다.
ⓓ 직무특성 차원, 중요심리상태, 개인 및 직무성과의 세 부분으로 구성된다.
ⓔ 개인과 직무성과는 심리상태에서 얻어지며, 중요 심리상태는 핵심 직무특성 차원에 의해 만들어진다고 본다.

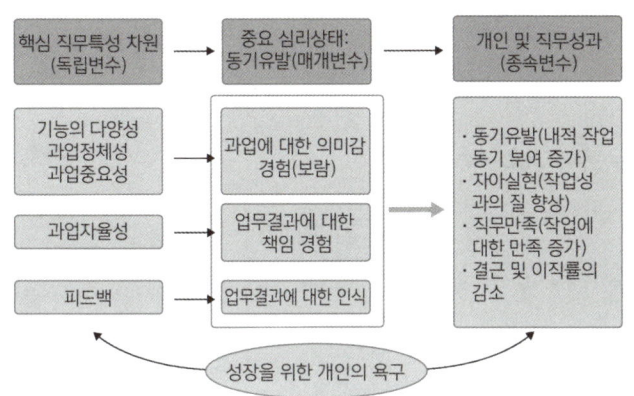

↑ 직무특성이론

출처: Hackman, J. R.(1977), Work Design, in Hackman J. R. & Suttle J. L. (ed), Improving Life of Work

핵심 직무 특성 차원	기능의 다양성	• 하나의 직무를 수행하는 데 요구되는 활동의 다양성 • 일상적이고 반복적 직무는 낮지만, 연구개발 분야의 직무는 높음
	과업 정체성	• 한 직원이 하나의 과업을 완수할 때 처음부터 끝까지 독자적으로 업무를 처리할 수 있는 정도 • 직무조직 전체의 목적 달성에 기여하는 정도
	과업 중요성	과업이 기업이나 소비자에게 중요하게 인식되는 정도
	과업 자율성	한 직원이 직무의 계획, 방법, 일정 등 소비자에게 자율적으로 선택할 수 있게 하는 재량권
	피드백	직원이 수행한 결과에 대해 직접 정보를 얻을 수 있는 정도
중요 심리상태		• 과업에 대한 의미, 경험, 보람을 느낌 • 업무결과에 대한 책임 경험 • 업무결과에 대한 인식
개인 및 직무성과		• 동기유발 • 자아실현 직무 만족 • 결근과 이직률 감소

ⓒ 팀 접근법(Team Approach)

통합적 작업팀	• 단일과업을 수행, 다수의 과업이 한 집단에 할당되는 경우를 말함 • 구성원들이 구체적인 과업할당을 결정하고, 과업의 성격에 따라 직무를 교대하여 수행하도록 하는 책임을 부가함
자율적 작업팀	• 수직적 통합의 심화방법(무계층조직이 특징) • 직무충실화 프로그램을 집단 수준에서 실시하는 경우 나타나는 기법 • 직원들이 작업팀 구성원을 직접 선발하여 각 구성원의 서로의 업적을 평가하는 것

2. 직무분석(Job Analysis)

직무분석
1. 작업내용, 책임, 일의 난이도
2. 그 일을 하는 데에 필요한 경비, 능률 등을 밝히는 것

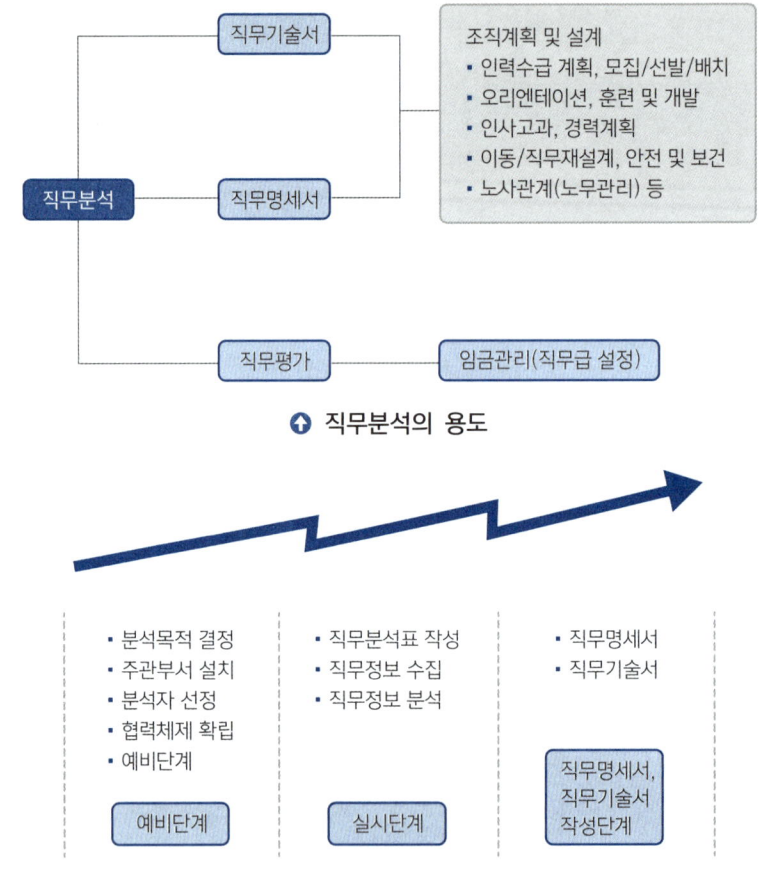

○ 직무분석의 용도

○ 직무분석의 단계와 방법

(1) 개념 기출 19

① 특정 직무의 특성과 내용, 직무를 수행하는 데 필요한 지식과 능력, 숙련도, 책임 등과 같은 직무상의 모든 요건을 체계적으로 결정하는 과정이다.
② 조직이 요구하는 일의 내용 정의, 요건의 정리, 분석을 하는 것이다.

③ 직무분석의 목적
  ㉠ 조직 확립의 기초와 임금관리의 기초작업이다.
  ㉡ <u>모집, 선발, 배치, 이동, 승진, 임명 등을 위한 기초자료</u>로 제공된다.
  ㉢ 교육훈련 및 경력계획의 자료로 활용한다.
  ㉣ 업무 개선, 조직 합리화, 직무평가, 인사고과의 기초자료가 된다.
  ㉤ <u>인사상담, 산업안전관리, 정원산정</u>의 기초자료로 제공된다.
④ 직무분석은 현재의 상태를 파악하는 수단이므로, 결과에 따른 적절한 사후관리가 필요하다.

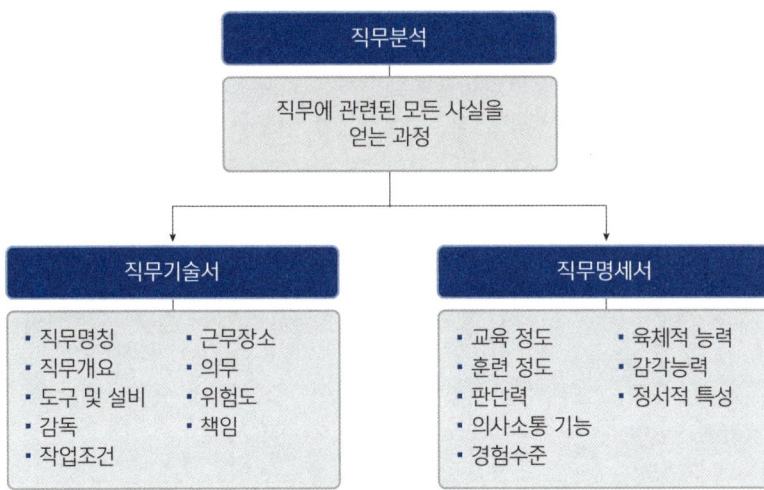

↑ 직무분석의 결과

출처: Pugh D. S., Hickson D. J., Hinings C. R., Turner C.(1968). Dimensions of Organization Structure. Administratives Science Quarterly

(2) 과정

직무분석을 실시하는 절차나 단계를 의미한다.

| 1단계 | **자료 수집**: 과업자료, 행위자료, 지식 자료에 대한 자료 수집 |

⇩

| 2단계 | **자료의 검토분석**: 객관적이고 신뢰성 있는 자료 추출 |

⇩

| 3단계 | **분석자료의 조직과 분류**: 선별된 자료의 체계화 |

⇩

| 4단계 | **분석결과의 표현**: 직무 기술서, 직무 명세서 |

① 1단계 – 자료 수집방법
  ㉠ 직무내용의 전반적인 특성을 파악하기 위해 여러 자료를 수집하는 일이다.
  ㉡ 자료 수집은 ⓐ 직무의 성격, ⓑ 자료의 용도, ⓒ 밝혀야 할 직무의 측면, ⓓ 분석기간에 따라 결정된다.

ⓒ 직무분석 담당자는 정보 수집방법과 함께 직무의 실제 수행자와 인터뷰하거나 일을 관찰해서 직무현황을 직무분석표에 기록한다.
② **직무 관련 정보의 수집방법**

정보수집 방법	내용	장단점
관찰법	• 분석 담당자가 직무가 수행되는 곳에서 직접 관찰하고 기록하는 것 • 가장 간단하고 쉬운 방법 • 관찰자의 풍부한 경험과 통찰력이 있을 때 유용	• 많은 시간과 비용 발생 • 정신적 활동의 관찰 불가능 (직무 내부 구조 이해 어려움) • 작업의 방해 및 관찰자의 주관 개입으로 왜곡가능성
면접법	• 해당 직무수행자에게 면접(면담)을 실시하여 직무에 관한 정보를 획득하는 방법 • 면접 기술이 필요	• 가장 많이 활용됨 • 많은 시간과 비용이 듦 • 해당 직무에 대한 정보 제공 기피 발생 우려 있음
설문지법	• 설문지를 배포하여 직무에 대한 정보를 획득 • 조사대상의 폭이 넓고, 빠른 자료수집이 가능 • 관찰법으로 얻기 힘든 정보 수집이 가능	• 면접비용보다 비용이 적음 • 설문지 개발과 테스트에 시간과 비용이 듦 • 신뢰도 및 커뮤니케이션 문제 발생 가능성
중요사건 방법	직무수행자의 직무행동 중 성과와 관련된 효과적인 행동과 비효과적인 행동을 구분하여 자료를 수집하고, 직무성과에 효과적인 행동패턴을 분류하는 방법	많은 시간과 노력이 소요됨
작업 기록법	직무수행자의 작업일지, 메모사항을 가지고 해당 직무에 대한 정보를 수집하는 방법(작업일지법)	관찰이 어려운 직무분석에 많이 활용됨
작업표본 방법	• 전체 작업과정을 무작위적인 간격으로 많은 관찰을 통해 직무행동에 관한 정보를 얻음 • 횡단적으로 상이한 직무담당자의 직무활동에 대한 전체의 직무모습을 확인하거나, 종단적으로 한명 혹은 몇 명의 동일한 직무의 담당자를 관찰하는 방법	• 전문적 작업연구자에게 많이 활용됨 • 면접과 토의에 의해 보완되어야 함 • 직무성과가 외형적일 때 잘 적용될 수 있는 방법

② 2단계 – 자료의 검토분석
  ㉠ 신뢰성 있는 자료를 추출하기 위해 자료제공자의 성질, 숙련도, 조직자료 내의 위치와 분석항목이 조직관계와 일치하는지를 분석한다.
  ㉡ 직무와 관련된 관계자들과 사실, 의견, 편견의 여부를 분명히 구분해야 한다.
③ 3단계 – 분석자료의 조직과 분류
  ㉠ 수집된 자료를 분석하여 선별된 자료를 질서 있게 체계화하는 것을 조직화하는 것이다.
  ㉡ 분석된 자료를 그 직무를 잘 모르는 사람도 일의 실체가 잘 떠오르도록 해야 한다.
④ 4단계 – 분석결과의 표현: 수집된 자료를 어떤 형식으로 어떤 용어와 표현을 써서 기술하느냐의 직무분석의 최종단계이다.
  ㉠ 직무 기술서(Job Description)
    ⓐ 개념: 직무분석을 통해 얻은 자료와 정보를 직무의 특성에 중점을 두고 체계적으로 정리, 기록한 문서이다(과업, 책임, 의무를 규명한 목록).
    ⓑ 직무 기술서 내용
      • 직무확인(직무명, 번호, 소속부서 등)
      • 직무개요(직무수행의 목적이나 내용 약술)
      • 직무내용
      • 직무요건(기술요건, 수행에 필요한 책임, 전문지식 자격요건, 정신적 및 신체적 요건, 작업요건)
    ⓒ 직무의 목적과 성과표준을 제시하고 기대결과를 명백히 해준다.
    ⓓ 구성원의 오리엔테이션과 교육훈련, 실적평가의 기본 서류로 사용되며, 관리자 선발에 활용된다.
    ⓔ 직무 기술서, 직무 조사표, 직무 설명서 등으로 명칭되며, 직무 명세서와 혼용하여 사용된다.
  ㉡ 직무 명세서(Job Specification)
    ⓐ 직무 기술서의 내용에서 직무요건만을 분리하여, 성공적인 직무수행에 필요한 인적 요건들을 명시해 놓은 것이다.
    ⓑ 주로 모집과 선발에 사용되며, 직무 기술서와 함께 직무 개선과 재설계, 경력계획, 경력상담에 사용된다.

> 📋 **Plus⁺ POINT**
>
> **직무분석과정 5단계**
>
> 1. **1단계 – 직무분석 팀 구성**
>   조직 내의 다양한 부문에서 자격을 갖춘 직원을 선발하여 팀을 구성한다. 직무분석에 필요한 행정적 사항이 준비되어야 한다.
>
> 2. **2단계 – 조직도, 기술서를 이용한 정보 검토**
>   조직의 조직도와 기존의 직무 기술서를 이용하여 가능한 관련 정보를 검토한다. 이 때 직무분류원칙을 수립하여야 하고 업무의 유사성을 파악하여 직무를 선정한다.
>
> 3. **3단계 – 직무조사**
>   직무조사방법을 선정하고 참여한 직원에게 교육을 실시한다. 결정된 조사방법에 따라 직무에 대한 정보를 수집한다. 조사양식에는 직무의 기본사항, 역할과 책임, 직무수행 요건 등이 포함된다.
>
> 4. **4단계 – 직무 기술서와 직무 명세서 작성**
>   직무조사를 통하여 수집된 정보를 참조하여 직무에 대한 내용, 즉 책임과 활동, 수행요건 등을 정리하여 직무 기술서와 직무 명세서를 작성한다.
>
> 5. **5단계 – 직무 기술서와 직무 명세서 검토**
>   작성된 직무 기술서와 직무 명세서의 결과를 검토하고 확정하는 단계로, 작성된 직무 기술서와 명세서를 담당 직원과 함께 검토한다. 이때 수정이 필요하면 재작성하여 직무 기술서와 직무 명세서를 확정한다.
>
> 출처: 간호관리학, 신미자 외(수문사)

3. 직무평가(Job Evaluation)

(1) 개념 기출 19, 20, 21

① 직무의 가치를 결정하는 것이다.
② 직무 기술서 또는 직무 명세서를 기초로 직무의 중요성, 곤란도, 위험도 등을 평가하여 다른 직무와 비교로 상대적 가치를 정하는 체계적인 방법이다.
③ 직무의 가치에 따라 임금을 책정하는 직무등급제도 실시에 기초가 된다.
④ **목적**: 임금의 공정성 확보, 인력 확보 및 인력 배치의 합리성 제고, 인력개발의 합리성 제고

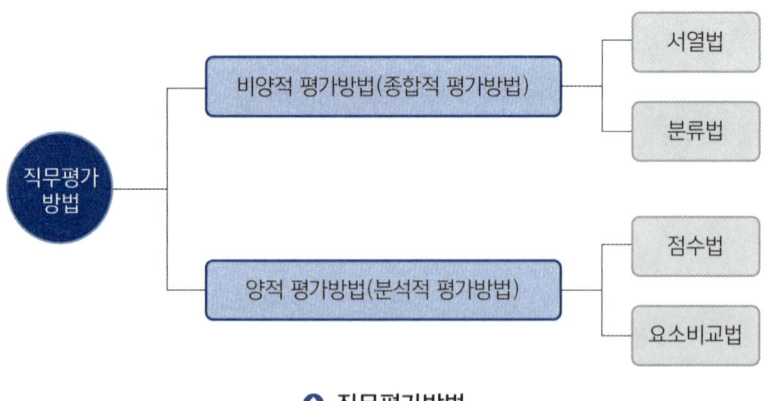

◆ 직무평가방법

(2) 방법
① 서열법(Ranking method) 기출 10, 19, 23
㉠ 가장 오래되고 전통적 방법으로 간단하고 신속하게 수행할 수 있는 방법이다.
㉡ 각 직무를 최상위부터 최하위까지 비교·평가하여 순위별로 계층화한다.
㉢ 직무의 상대적 가치를 결정하는 요소들이 어떤 것인가를 구체적으로 구분하지 않고 직무의 중요도와 장점에 따라 종합적으로 판단하여 전체적 순위를 정하는 것이다.
예 사원 ⇨ 대리 ⇨ 과장 ⇨ 차장 ⇨ 부장 ⇨ 이사

② 직무분류법(Classification method)[직무등급법(Job-Classification)]
기출 지방직 18
㉠ 직무를 사전에 만들어 놓은 등급에 따라 평가하는 방법이다.
㉡ 조직 내의 모든 직무를 확인한 뒤 같거나 유사한 직무를 같은 등급으로 묶어 평가한다.
㉢ 직무에 대한 등급을 정의하는 일종의 등급기술서(grade description)를 구체적으로 작성한다.
예 부장 ⇨ 2급, 차장 ⇨ 3급, 과장 ⇨ 4급

③ 점수법 기출 19
㉠ 직무를 구성하는 요소를 확인하고 중요도에 따라 가중치를 부과하여 점수로 나타내어 평가하는 것이다.
㉡ 평가요소를 선정하고 각 평가요소에 중요도에 따라 가중치를 부여하여 합산한다.
㉢ 평가요소로는 학력, 기술, 노력, 책임, 직무조건 등이 있다.

④ 요소비교법
㉠ 서열법에서 발전된 기법으로 각 직무의 보상요인별로 서열을 정하는 법이다.
㉡ 특정한 직무를 선정하여 서열을 매기는 방법이다.
㉢ 보상요인: 정신적, 신체적, 기술적 조건, 책임, 작업요건(단위 관리자는 책임 1등급, 일반 직원은 신체적 요구 1등급)

> **Plus⁺ POINT**
>
> 요소비교법의 직무평가 과정
> 1. 기준직무를 선정하기
> 2. 기준직무의 평가요소를 결정하기
> 3. 기준직무를 평가요소별로 중요도를 정하기
> 4. 기준직무의 현재 임금을 평가요소에 배분하여 임금배분표를 작성하기
> 5. 평가대상 직무의 평가요소별 서열과 임금배분표의 서열을 비교하여 임금배분액을 결정하기

(3) 직무평가별 장단점

원칙	장점	단점
서열법	• 간단하고 쉬움 • 등급을 신속히 매길 수 있음	• 각각의 직무에 대한 판단 기준이 없음 • 직무가 많을 때는 서열을 매기기 힘듦
직무분류법	• 서열법보다 직무 차이를 구체적으로 밝혀줌 • 조직 내의 지위와 급료문제의 납득이 용이	• 분석자끼리 다른 평가를 할 수 있어 일관성 유지의 어려움 • 직무가 많을 경우 등급을 매기기 어려움
점수법	• 평가자에 의해 왜곡될 우려가 적음 • 분석적인 평가 척도로 객관성 확보 • 각 직무의 점수에 의해 상대적 차이 비교가 용이	• 평가 척도를 만들기 위한 고도의 숙련도와 시간, 비용이 요구됨 • 타 방법보다 비용이 많이 듦
요소비교법	• 직무에 지급되는 급료의 합리적 평가 • 측정 척도를 설정해 놓으면 타 직무를 평가하는 데 용이	• 적절한 평가요소 선정과 평가요소별 가중치 결정이 어려움 • 많은 시간과 노력을 들고 실제 적용이 어려움

5 인적자원관리과정

1. 모집(Recruitment)

인적자원관리과정의 6단계
모집 - 선발 - 임용 - 교육훈련 - 배치 - 적용

모집의 개념
자격 있는 지원자를 공석 중의 직위에 유치하는 과정이다.

(1) 의의
① 조직이 필요로 하는 유능한 인력이 적극적으로 지원하도록 정보를 제공하고 동기화하는 일차적인 확보과정이다.
② 선발을 전제로 하여 조직의 목적 달성에 기여할 수 있는 양질의 외부인력 원천을 개발하고, 이들을 조직적으로 유인하는 과정이다.
③ 모집의 실시절차는 '고용조건을 결정 ⇨ 모집방법 결정 ⇨ 모집안내서 작성 ⇨ 제출서류 고시 과정'을 거친다.
④ 모집은 선발인원, 지역, 시기, 직종, 선별방법을 고려해야 한다.

(2) 목적
전문적이고 유능하며 고객 및 다른 직원들과 원만한 대인관계를 맺을 수 있는 능력을 지닌 직원을 고용하려는 것이다.

모집의 요건
1. 교육요건
   학력 요건과 지식요건(우리나라는 엄격한 학력 수준을 요구하지 않음)
2. 연령요건
   특별한 경우를 제외하고는 연령에 제한이 없다.

(3) 종류
① **소극적 모집**: 공무원으로서 적격·부적격 여부를 가려내는 것이다.
② **적극적 모집**: 유능한 인재를 사기업에 빼앗기지 않고 공직에 더 많이 흡수하기 위해 노력하는 것이다.

(4) 장단점

구분	내부모집	외부모집
장점	• 적재적소의 구성원의 배로 충원 비용의 절감 • 구성원의 사기증진과 이직률을 낮춤 • 구성원의 새로운 직위에 적응이 쉬움 • 예비교육기간이 필요 없음	• 모집범위가 넓어 유능한 인재의 확보가 가능함 • 새로운 정보의 유입과 인력개발 비용 절감 • 조직의 발전적 기회가 주어짐
단점	• 새로운 구성원이 전문가가 아닐 수 있음 • 조직 내 파벌과 과대 경쟁 초래 • 조직의 발전 기회가 적어짐 • 조직 내 갈등이 조장됨	• 내부구성의 사기 저하 • 새로운 구성원의 적응 시간이 필요함 • 채용비용의 소요 • 부적격자를 채용할 가능성이 있음

2. 선발(Selection)

(1) 의의
① 모집활동을 통해서 응모한 지원자 가운데 조직이 필요로 하는 직무에 가장 적합한 자질을 갖추었다고 판단되는 인력을 고용할 것을 결정하는 과정이다.
② **선발절차**: 지원서 ⇨ 선발시험 ⇨ 면접 ⇨ 신원조회 ⇨ 신체검사 ⇨ 채용 결정

(2) 시험
① 필기시험
　㉠ 이론적 지식을 측정하기 위한 방법이다.
　㉡ 지식, 이해력, 적응력, 분석력을 평가하며 가장 많이 사용된다.
　㉢ 종류

주관식 시험	문장력, 구상력, 판단력 등 고도의 기술, 능력, 성의가 요구되고 능력을 골고루 테스트하기가 어려움
객관식 시험	• 많은 수의 문제를 출제할 수 있으며, 고도의 객관성을 가지며, 채점도 용이하여 시간과 경비가 적게 듦 • 출제가 어렵고 고도의 정신적 능력을 테스트하기에는 미흡함

　㉣ 장단점

장점	• 많은 사람에게 동시에 실시하게 되므로 비교적 시험을 관리하기 편리함 • 비용을 절감할 수 있음 • 채점에 있어서 어려운 기술을 요하지 않고, 채점이 비교적 객관적으로 이루어질 수 있음
단점	흥미, 태도, 가치관 등 정의적 영역, 기능적 영역 측정을 위해서는 적당하지 못함

시험
효용성을 가져야 하는데 얼마나 제대로 된 잣대인가를 확인하는 것이다. 효용도에는 신뢰도 타당도, 난이도, 객관도, 실용도 등이 있으며 신뢰도와 타당도가 가장 중요하다.

신뢰도 기출 21
동일한 결과, 일관성, 일치성

타당도
정확도

② **실기시험**
  ㉠ **개념**: 담당할 직무를, 실기를 통해서 실제로 수행해보게 하여 능력을 평가하는 것이다.
  ㉡ **장단점**

장점	실제 수행을 보기 때문에 타당도를 확보하기 쉬운 방법
단점	• 현장이용이 불리하고 • 시간과 물자의 낭비 발생

③ **면접시험**
  ㉠ **개념**
    ⓐ 필기시험으로 측정 불가능한 개인의 성격, 자질, 형태상의 특성을 측정한다(잠재적 능력).
    ⓑ 직무수행에 필요한 자질, 능력, 적격성을 검정할 목적으로 실시되며 지원자의 신뢰도, 직무에 대한 책임감, 직무에 대한 흥미, 직무요건에 대한 태도, 지도성, 협동성, 적응성, 지성, 인품, 인간관계 등을 보는 것이다.
  ㉡ **종류**
    ⓐ **정형적 면접**: 직무명세서를 기초로 미리 질문의 목록을 준비해 면접자가 차례로 질문해 나가는 방법이다.
    ⓑ **비지시적 면접**: 지원자 의사표시를 최대한 존중하며 정보를 얻는 방법(면접자는 전문기술과 훈련이 필요함)이다.
    ⓒ **압박면접**: 면접자는 공격적이며 피면접자의 좌절을 유도하며, 피면접자는 스트레스 상태에서 감정의 안전성 조절에 대한 인내도 등을 관찰하는 방법이다.
    ⓓ **패널면접**: 다수의 면접자가 하나의 피면접자를 면접하는 방법(면접자들이 서로의 의견을 교환하여 피면접자를 광범위하게 조사함)이다.
    ⓔ **집단면접**: 특정 문제에 자유토론을 할 수 있는 기회를 부여하고, 토론과정에서 개별적으로 적격 여부를 심사 판정하는 유형(시간 절약, 다수의 우열비교를 통한 리더십 있는 인재를 발견)이다.
    ⓕ **블라인드 면접**: 면접자의 편견을 제거하기 위한 방법으로 피면접자의 정보에 대한 기초자료 없이 면접하는 방법이다.
    ⓖ **행동관찰 면접**: 장소에 구애됨이 없이 특정한 놀이나 운동 등에서 피면접자가 취하는 행동을 관찰함으로써 표현력, 창의력, 리더십, 책임감, 성격 등을 평가하는 방법이다.
    ⓗ **평가 센터**: 관리직 인력을 선발할 때 사용하는 선발도구로서 다수의 지원자를 특정 장소에 일정기간 합숙시키면서 여러 종류의 선발도구를 동시에 적용하여 평가하는 방법이다.

개인 면접시험
한 사람의 수험자와 여러 사람의 시험관들이 한 자리에 앉아 함께 면접하는 동시적 면접과 여러 시험관들이 각각 개별적으로 면접하는 순차적 면접으로 구분된다.

집단 면접시험
1. 응시자 다수를 한 자리에 모아 주어진 주제에 관하여 토론하게 하고 시험관이 평가하는 것이다.
2. 동시에 다수의 피면접자인 응모자를 평가할 수 있으므로 시간 절약이 가능하고, 다수의 우열 비교를 통하여 인재를 발견할 수 있는 장점이 있다.

ⓒ 장단점

장점	지원자에 대한 정확하고 자세한 정보를 수집할 수 있는 기회를 제공하며 지원자 평가에 가장 좋은 방법
단점	• 다소 긴장된 인위적인 환경하에서 다른 사람을 평가하고 있기 때문에 상당한 면접자의 주관적인 판단의 개입되기 쉬움 • 이해력, 적응력, 분석력, 종합력을 평가하기는 어려움 • 객관성, 공정성을 확보하기 위하여 사전에 평정척도인 기준을 만들기

④ 신체검사
  ㉠ 직무수행에 필요한 건강상태를 검사하는 것이다.
  ㉡ 근력, 폐활량, 순환기능, 시력, 청력 등이 있다.
  ㉢ 지원자의 신체적 능력을 확인한다.
  ㉣ 소송이나 손해배상소송에 대해 조직을 보호한다.
  ㉤ 감염성 질병을 차단한다.

⑤ 선발시험의 종류
  ㉠ **지능검사**: 개인의 정신능력, 학습력, 이해 및 추리력, 언어 및 수리능력을 알아보는 것으로 IQ 테스트 방법 등이 있다.
  ㉡ **적성검사**: 한 개인이 직무에 대한 적절한 훈련을 받을 경우 주어진 직무를 배울 수 있는 능력을 측정하는 검사이다.
  ㉢ **성격검사(인성검사)**: 개인의 동기, 욕망, 정서적 성격, 안정성, 성숙도, 적응력, 결단력, 자신감, 낙천성, 활동성, 참을성 등의 사회행동과 관련된 성향을 파악하는 시험이다.
  ㉣ **흥미검사**: 지원자의 관심, 기호, 취미를 측정하는 검사이다(어떤 직무 유형에 적합한가를 판가름하는 데 도움을 줌).
  ㉤ **성취도 검사**: 미래에 배울 능력을 측정한 것(업무수행검사, 능력검사)으로, 직무지식을 구술 또는 기술하는 형식과 실제 직무의 전형적인 부분을 시험한다.
  ㉥ **심리동작검사**: 개인의 육체적인 힘, 동작의 기민성, 균형능력 등을 측정한다.

(3) 경력 및 신원 조회
  미래의 직원으로서 가능성이 있는 지원자를 대상으로 교육성과의 검증, 추천인 또는 참고인을 통한 확인조사, 경력에 관한 배경조사, 기타 신원 조회를 한다.

(4) 선발결정
  긍정적인 결과가 나타난 사람들을 최종적으로 결정하여 임용한다.

직무적성검사

1. 개념
   개인의 능력, 성격, 흥미에 대한 종합적인 측정을 통해 성격 및 흥미를 고려한 구체적인 직무를 분별해내는 검사

2. 장점
   ① 신규 채용, 전직, 승진 시에 적성 검사를 행함으로써 직무가 요구하는 능력을 가진 사람을 선발, 배치할 수 있다.
   ② 능력이 우수한 직원을 얻게 되므로 훈련의 필요성이나 세부에 걸친 감독의 필요성이 적다.
   ③ 자기 적성과 맞지 않는 직무를 담당하는 경우에 흔히 나타나는 이직률을 감소시킬 수 있다.
   ④ 채용 후 경험을 쌓으면 유능해질 수 있는 능력이나 적성을 가진 사람을 원하는 조직에서 더욱 유용하다.

3. 단점
   검사의 신뢰도, 타당도가 제기될 수 있다.

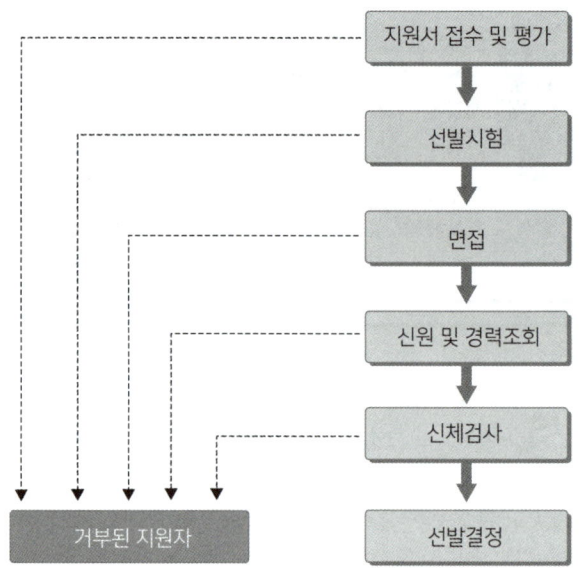

↑ 인적자원 선발절차

출처: 21세기 인적자원관리, 2018, 정종진 외

3. 임용

(1) 의의
① 선발된 인원 중에서 조직이 필요한 사람을 고용하겠다는 공식적 계약과정이다.
② 공무원을 채용할 때는 보통 시보임용을 하거나 수습임용을 하는 경우가 대부분이다.
③ 시보 혹은 수습기간이 지나면 공식적으로 임용된다.

(2) 구분
① **외부임용(신규임용)**: 공개경쟁채용과 특별채용이 있다.
② **내부임용**: 수평적 이동인 전직, 전보, 파견, 겸임 등이 있고, 수직적인 이동인 승진이 있다.

(3) 임용절차(신규임용, 외부임용)
① 채용후보자 명부의 기재
② 임용추천
③ 시보임용
④ 배치

(4) 내부임용 기출 16
① **승진**: 하위 계급 혹은 하위 직급에서 상위 계급 혹은 상위 직급으로 상향적으로 이동하는 것이다.
② **전직**: 동일한 직급으로 다른 직렬에 옮겨 가는 횡적·수평적 인사이동이다.

> **시보임용**
> 선발된 채용후보자가 직업공무원으로서 공직을 담당할 수 있는 적격성을 갖추고 있는지를 알아보고, 시험만으로는 직무수행능력을 알 수 없으므로 시보기간을 통해 평가하고 실무를 터득하는 것을 의미한다.

③ **전보**: 동일한 직급으로 동일한 직류·직렬 내에서 직위만 바꾸어 옮겨 가는 횡적·수평적 인사이동이다.
④ **겸임**: 한 사람의 공무원이 직무내용이 유사한 둘 또는 그 이상의 직위를 부여하는 것이다.
⑤ **직무대리**: 공무원의 직급배정을 변경하지 않고 다른 직급의 업무를 수행하게 하는 것이다.
⑥ **파견**: 업무수행 또는 그와 관련된 행정지원이나 연수, 기타 능력개발 등을 위하여 공무원을 다른 기관으로 일정 기간 이동시켜 근무하게 하는 것이다.

4. 교육훈련

(1) 의의
① 일반직원, 중간관리층, 경영층 등을 대상으로 기능 및 의식을 개발하는 것이다.
② 직원의 행동, 지식, 동기를 변화시키는 체계적 과정이다.

(2) 목적
① **인재육성**: 조직의 기술의 축적, 의사소통 원활화, 조직의 협력분위기 확립을 유도할 수 있다.
② **직원의 자기계발**: 자기계발 욕구의 충족, 성취동기를 육성할 수 있다.

교육훈련의 목적
1. 생산성 향상
2. 사기 제고
3. 통제와 감독의 필요성 감소
4. 사고와 낭비의 감소
5. 조직의 안정성과 융통성 향상
6. 직무수행 능력 및 특수 직종의 적응력 향상을 통한 경력발전
7. 행정발전과 관리능력의 향상
8. 지식·기술의 향상 및 가치관의 태도와 변화

(3) 교육과 훈련 비교

원칙	교육	훈련
목표	인간적·보편적·장기적 목표를 둠	조직 특유의 단기적 목표
기대결과	보편적 지식의 습득, 다양한 결과를 얻음	특정 직무의 기능 습득, 결과를 산출

(4) 체계
조직의 목표달성에 기여하는 방향으로 설계되어야 하며, 교육훈련의 내용(교과내용), 참가자, 교육훈련기법 및 실시자가 투입되어 활동이 이루어지며, 훈련결과에 대한 평가활동을 통해 목표와 비교하여 수정하는 활동을 포함한다.

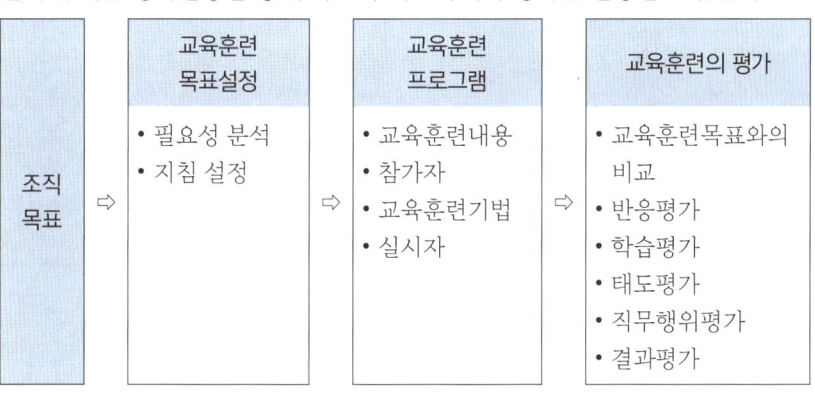

예비교육
적응훈련, 기초훈련이라고도 한다. 신규 채용자 훈련이라고도 하고, 시보임용이 여기에 속한다.

(5) 교육훈련프로그램
① 예비교육(Orientation)
  ㉠ **개념**: 신규 직원이 자신의 직위에서 효과적으로 역할을 수행할 수 있도록 준비시키는 것으로, 직무책임, 근무장소, 대상자 및 동료 소개 등을 포함하여 주위환경에 적응하고 소속감을 갖도록 개별화교육을 하는 것이다.
    예) 신입 직원의 오리엔테이션(조직의 제반사항, 직무에 관한 요건, 근무태도 등을 교육)
  ㉡ 목적
    ⓐ 직무에 신속하게 적응하기 위함이다.
    ⓑ 조직 내에서 소속감을 느끼도록 하기 위함이다.
    ⓒ 효과적인 업무수행을 위한 준비교육의 일환이다.
    ⓓ 분담 받은 역할을 올바르게 수행하기 위함이다.
  ㉢ 장점
    ⓐ 업무를 시작하기까지의 비용 및 시간이 절약된다.
    ⓑ 직무상의 자신감이 향상된다.
    ⓒ 조기 이직률을 감소시키고 생산성을 향상시킨다.
    ⓓ 강한 조직문화 형성 및 유지에 도움이 된다.
  ㉣ 종류

유도훈련 (Induction training)	• 직무수행 전 신규직원에게 조직에 대한 일반적 정보를 제공 • 근무할 기관의 철학, 목적, 프로그램, 정책, 병원 역사, 조직구조, 건물구조 등을 취업 후 처음 2~3일 동안에 직원에게 일반적인 표준화된 것을 가르치는 것
직무 오리엔테이션 (Job orientation)	• 특정 직무를 효과적으로 수행할 수 있도록 준비시키는 과정 • 신규 채용자에게 주어진 특정 업무에 대한 교육훈련으로 유도훈련 후에 이루어짐 • 직무 지침서를 준비하여 배부하고 이 기간 동안 너무 부담받지 않도록 배려함 • 직무 오리엔테이션 후에는 평가를 통해 신규 직원의 업무수행능력을 확인하고 그에 따라 적정하게 배치함 • **목적**: 신규 직원이 배치된 각자의 위치에서 효과적으로 일할 수 있도록 준비시키는 것

② 재직자 교육

실무교육 (Inservice education)	• 직무수행능력을 강화하기 위해 병원 자체적으로 제공하는 것(**현장교육+이론교육**: 감염관리, 환자 안전관리, 환자간호 방법, 새로운 기구나 장비의 사용법과 새로운 치료기술 등) • 고용기관이 직원의 직무수행을 강화하기 위해 제공하는 모든 현장교육 • 직원의 현행 직무요구에 대해서 지식과 기술을 유지하기 위해 기획되며 의료기관 자체에서 실시하는 교육으로 **훈련과 부족한 점의 교정을 위한 교육**
보수교육 (Continuing education)	• 졸업 후의 임상실무를 강화하기 위한 지식, 기술 및 태도를 향상하기 위해 제공하는 것 • 최신의 실무, 지식, 기술을 습득하여 업무 수행을 향상할 뿐만 아니라 전문가의 역할을 확대함으로써 개인 및 전문직의 성장을 도모하는 것
관리자 훈련 (Leadership training)	• 관리자가 조직의 목표와 미션을 달성하는 데 중추적 역할을 할 수 있도록 필요한 능력을 체계적으로 준비시키는 것 • 현 직위에서의 전반적인 효과를 증진하고 장차 큰 책임을 맡을 수 있도록 준비하는 과정

> **Plus⁺ POINT**
>
> **자기개발(SD; Self Development)**
> 자기의 책임 아래 스스로의 이해와 평가를 통하여 자기성장과 향상의 의욕, 자기계발의 의욕을 갖고 자주적으로 노력하는 것을 말한다.

③ 장소에 의한 분류 교육 기출 07, 15, 19, 20
  ㉠ 직장 내 교육훈련(OJT; On-the Job Training)
    ⓐ 일을 하는 과정에서 직무에 관한 구체적인 지식과 기술을 습득하게 하는 방식이다.
    ⓑ 직속상사가 부하 직원에게 직접적으로 개별 지도를 하고 교육훈련을 시키는 방식이다.
  ㉡ 직장 외 교육훈련(Off-JT; Off-the Job Training)
    ⓐ 직원을 직무에서 분리시켜 일정기간 오로지 교육에만 전념하는 것이다.
    ⓑ 교육훈련 전문 스태프 아래 이루어진다[연수원 교육, 전문기관 위탁교육, 강연, 신규직 입직교육(오리엔테이션) 등].

멘토제도
경험이 많은 연장자가 조직의 후진들에게 역할모델이 되고, 경력개발, 심리적 지원 등을 제공한다.

감독자 훈련
1. 한 사람 이상의 부하의 직무수행을 지휘하고 이에 대한 책임을 지는 감독자 또는 앞으로 감독자가 될 잠재력을 가진 사람에게 인간관계의 개선에 중점을 두고 행하는 훈련을 말한다.
2. 우리나라 주로 계장이나 과장이 해당된다. 강의, 세미나, 토론, 사례연구 등으로 훈련을 한다.

훈련 및 교육훈련 예시
1. **직장 내 훈련 예시**
   프리셉터 교육훈련
2. **직장 외 교육훈련 예시**
   신규직원의 입직교육(오리엔테이션)

ⓒ 장단점

구분	장점	단점
직장 내 훈련 (OJT)	• 교육훈련이 실재적임 • 훈련과 일을 동시에 할 수 있음 • 비용이 적게 듦 • 협동심이 강화됨	• 한번에 많은 구성원 교육이 어려움 • 전문성이 떨어질 수 있음 • 업무수행에 지장이 있음
직장 외 훈련 (Off-JT)	• 전문가의 교육이 가능함 • 훈련에 몰입할 수 있음 • 타부서와의 경험을 교류할 수 있음	• 경제적 부담이 큼 • 훈련결과를 즉시 활용할 수 없음

④ 교육훈련의 방법

㉠ **지시적 방법**: 주로 기능이나 개념, 정보 등을 강의나 다른 매체를 통해 학습하는 방법이다.

예 강의, 시범, 시청각교육방법, 프로그램식 학습, 컴퓨터 보조학습 등

㉡ **시뮬레이션 방법**

ⓐ 관리자의 문제해결능력을 향상시키기 위한 방법이다.

ⓑ 문제를 모형화하여 개발시키는 방식이다.

인바스켓기법 (In-basket training)	• 교육훈련상황을 실제상황과 비슷하게 설정한 후 주로 문제해결능력이나 계획능력을 향상시키고자 하는 방법 • 갑자기 닥친 문제해결의 연속이라는 조직의 현실을 실험화한 것 • 관리자의 잠재적 능력, 통찰력, 사고력, 분석력, 창조력을 향상시킴 • 바구니 속에 문제 상황을 종이쪽지에 넣은 후 하나를 꺼내어 문제를 해결하도록 하는 방법
사례연구 (Case study) 기출 11	• 실제의 사례를 작성하여 배부하고 토론함으로써, 피육자의 판단력과 분석 능력을 키워 경영, 관리문제에 대한 자질을 갖추게 하는 것 • 사례에 대한 분석과 토의를 통해 다른 사람의 관점을 이해하고, 문제해결의 수단을 찾는 법을 배움
비즈니스게임법 (Business games)	조직 내 의사결정과 관련된 중요한 부분을 보다 간단한 형식으로 표현함으로써, 참가자들이 쉽게 조직의 상황을 이해하고 올바른 의사결정을 할 수 있도록 조직관리의 모의 연습
액션러닝 (Action learning)	학습자들이 팀을 구성하여 각자 자신의 과제를 러닝코치와 함께 정해진 시점까지 해결하는 동시에 지식 습득, 질문, 피드백 및 성찰을 통하여 과제의 내용 측면과 과제해결과정을 학습하는 프로세스

강의 기출 13
가장 전통적인 방법으로 강사가 일방적으로 새로운 지식 또는 기술을 전달하는 방법

토의방법(Discussion)
문제해결 능력을 기르고 태도를 변화시키고자 할 때 효과적이고, 토의를 통해서 참가자들이 공통 이해를 갖도록 하며 문제를 해결하도록 시도하는 것

프로그램식 학습(Programmed learning)
학습자에게 특정 주제에 대한 질문과 답이 제시된 학습자료를 단계적으로 제시하여 이들이 스스로 진행하는 기법

코칭(Coaching)
코치와 코칭을 받는 사람이 파트너를 이루어 스스로 목표를 설정하고 효과적으로 달성하고, 성장할 수 있도록 지원하는 과정

코칭기술의 3가지 핵심요소
경청하기, 질문하기, 피드백

ⓒ **경험적 방법**: 인간관계 향상을 목표로 내가 누구이며, 나 자신이 무엇을 배울 수 있는지를 깨우치게 하는 것이다.

역할연기법 (Role playing)	관리자, 일반 직원의 인간관계에 대한 태도 개선과 인간관계 기술을 제고시키기 위한 기법
역할모델법 (Role modeling)	관리자 및 일반 직원에게 어떤 상황에 대한 가장 이상적인 행동을 제시하고, 피훈련자가 이 행동을 이해하고 그대로 모방하게 하는 것
감수성훈련 (Sensitivity training)	• T - 그룹 훈련이라고 하며, 관리자의 능력개발을 위해 가장 많이 이용하는 방법 • 타인의 생각을 느끼고, 정확하게 감지하는 능력과, 유연한 태도와 행동을 취할 수 있게 함
교류분석 (Transactional analysis)	• 조직 내 인간관계 개선을 위해 많은 조직이 사용하는 방법 • 모든 사람이 공유하는 세 가지 자아상태를 이해하고, 대인교류를 분석하며, 피훈련자들의 자아상태에서 자신과 타인과의 관계를 분석하는 것을 배우는 것
인턴십 (Internships)	실제적인 현장경험을 제공하는 직업 준비 프로그램

⑤ 집단교육 훈련방법

㉠ 강의(Lecture)

ⓐ 직접 언어로 전달하는 가장 보편적인 교육방법이다.

ⓑ 지식을 전달하기 위해 많이 이용되는 교수 주도의 교육방법이다.

ⓒ 장단점

장점	• 짧은 시간에 많은 양의 지식이나 정보를 많은 사람에게 전달 가능 • 학습내용을 학습자 수준에 적절하게 조절하여 전달할 수 있음 • 대상자의 적극적인 참여 없이도 이루어지며, 긴장감이 비교적 적음 • 대상자가 많아 다른 방법을 적용하기 어려울 때 활용할 수 있음
단점	• 학습자가 모두 기억하기 어려움 • 학습자가 수동적으로 되며 문제해결능력을 가질 수 없음 • 학습자 간의 개인차를 고려하기 어려움

㉡ 배심토의(Panel Discussion) 기출 14, 15, 17

ⓐ 어떤 주제에 상반되는 견해를 가진 전문가 4 ~ 7명이 사회자의 안내에 따라 토의를 진행하는 방법이다.

ⓑ 장단점

장점	• 전문가와 청중이 함께 토의함으로써 문제해결방안 제시 가능 • 청중이 어떤 주제에 대해 비교적 높은 수준의 토론을 경험하고, 타인의 의견을 듣고 비판하는 능력이 배양됨
단점	• 전문가의 위촉에 따르는 부담 • 청중이 기존 지식이 없을 때는 토론내용을 이해하기 어려움

포럼(Forum) 기출 16
1. 1 ~ 3인 정도의 전문가가 간략하게 발표한다.
2. 발표내용을 중심으로 청중과 질의응답을 통해 토론한다.

심포지엄의 장단점

장점	• 특별한 주제에 대한 밀도 있는 접근이 가능 • 의사전달의 능력 여하에 따라 강의가 다채롭고 창조적이고 변화 있게 진행될 수 있음 • 청중이 알고자 하는 문제의 전체적 파악은 물론 부분적 이해 가능
단점	• 연사의 발표내용이 중복될 수 있음 • 청중이 주제에 대한 정확한 윤곽이 형성되지 못했을 때는 비효과적

ⓒ 심포지엄(Symposium): 동일한 주제에 대해 전문적인 지식을 가진 연사 2 ~ 5명을 초청하여 각자 10 ~ 15분씩 의견을 발표하도록 한 후, 발표내용을 중심으로 사회자가 청중을 공개토론형식으로 참여시키는 교육방법이다.

ⓓ 분단토의 기출 21, 24: 분단별로 나눠서 토의한 후 토의내용을 취합하는 방법이다.

ⓔ 신디케이트(Syndicate) 기출 22: 피훈련자를 몇 개의 반으로 나누고 분반별로 주어진 과제에 대해서 연구나 토의를 하며, 그 결과를 전원에게 보고하고 비판이나 토의하는 방법이다.

5. 배치(Placement)

(1) 의의
① 선발된 지원자를 조직 내의 각 부서에 배속시켜 직무를 할당하는 적정배치를 말한다.
② 조직이 필요로 하는 자리에 가장 적합한 인력을 위치시키는 과정이다.

(2) 배치·이동의 4가지 원칙

적재적소주의	개인이 소유하고 있는 능력과 성격 등을 고려하여 최적의 직위에 배치하고 최고의 능력을 발휘하게 하는 것
실력주의	능력을 발휘할 수 있는 영역을 제공하여 그 일에 대해 올바르게 평가하고 만족할 수 있는 대우를 하는 원칙
인재육성주의	상사에 의한 육성뿐 아니라 자기 육성의 의욕을 개발하는 원칙
균형주의	개인과 조직과의 조화를 고려하는 것으로 개인뿐만 아니라 상하좌우 모든 사람에 대해 평등하게 적재적소를 고려해야 함

6. 활용

(1) 조직에서의 활용
① 현장에 배치를 받은 후 인력은 조직의 목표달성을 동참할 수 있다.
② 또한 조직활동을 통하여 개인의 욕구를 충족시킬 수 있다.

(2) 조직에서의 능력 발전을 위한 노력
① 지속적인 교육훈련활동
② 새로운 지식과 기술 습득
③ 창의성 개발
④ 바람직한 가치관 형성
⑤ 공무원으로서 품위 유지를 위한 노력

6 인사고과(직무수행평가, 근무성적평정)

1. 인사고과*

*인사고과 ⇨ 직무수행평가

(1) 개념

① 직무와 사람과의 관계에서 직무수행요건과 능력 간의 차이를 알게 해주는 직원의 상대적 가치를 결정하는 것이다.
② 조직 구성원들의 현재 또는 미래의 능력과 업적 및 적성 등을 정확히 평가함으로써 각종 인사 관련 정책에 필요한 정보를 취득하고 활용하는 것이다.
③ 승진, 이동, 임금, 교육훈련 등 조직 구성원의 지위에 영향을 미치는 인사상의 의사결정을 말한다(글루엑, 1982).
④ 평정(Rating): 평가대상인 조직 구성원을 비교하여 서열을 정하거나 평점을 매기는 것이다(서열법, 기록법, 평정척도법, 체크리스트법, 강제할당법 등 활용).
⑤ 고과(Appraisal): 직무수행능력과 능력개발을 강조하며, 직무수행능력의 지표가 중심이 된다(중요사건기술법, 행위기준평점척도).
⑥ 평가(Evaluation): 목표달성을 위한 통합적인 통제의 한 과정으로 평가결과를 활용하는 것이다[목표관리(MBO), 균형성과표(BSC)].

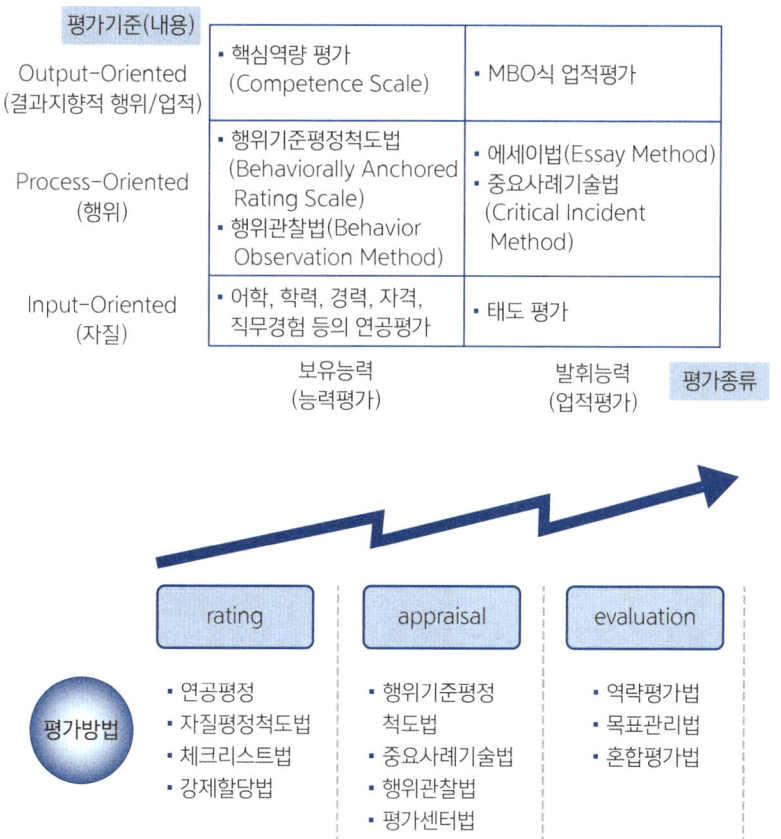

○ 평가의 분류 및 평정, 고과 및 평가의 개념 비교

⑦ 인사고과에서 파악하는 능력

보유능력	기초적 능력		지식, 기능, 체력
	역동적 능력	사고능력	이해력, 판단력, 결단력, 창조력, 기획력, 개발력
		대인능력	표현력, 절충력, 섭외력, 지도력, 관리력, 통솔력
발휘능력	집무태도		규율성, 책임성, 협조성, 적극성
	업적		일의 질, 일의 양, 업무수행도

인사고과의 목적
1. 임금산출
2. 교육제공
3. 적정배치
4. 사기양양

(2) **목적**
① **적정배치(인력 배치 및 이동)**: 직원의 적성, 능력 등을 가능한 한 정확히 평가하고 적재적소에 배치를 실시하여 직원의 효과적 활용을 꾀한다.
② **능력개발**: 직원의 보유능력과 잠재능력을 평가하여 조직과 직원 각자의 성장의 기회를 충족시킨다.
③ **공정처우(성과측정 및 보상)**: 직원의 능력 및 업적을 평가하여 급여, 상여, 승격, 승진 등에 반영하여 의욕과 업무성적의 증진을 꾀한다.
④ 조직 개발 및 근로의욕 증진을 꾀한다.
⑤ 채용 및 승진의 효과성 평가를 위한 기초정보를 산출한다.
⑥ **사내 커뮤니케이션 시스템**: 시스템적 소통이다.
⑦ 인력계획을 위한 기초정보를 산출한다.

(3) **구성요소**
① **능력고과(능력의 발휘도)**: 주어진 일을 어떻게 수행했는가에 관한 것으로, 직무수행과정에서의 능력의 발휘도를 파악하는 것이다.
② **태도고과(일에 대한 자세, 근무태도, 노력도)**: 주어진 일에 어떤 자각과 의욕을 가지고 태도와 행동을 보였는지 파악하는 것이다.
③ **업적고과(일의 달성도)**: 능력과 태도를 발휘한 결과로 성과의 양과 질을 평가한다(일정기간 동안의 개인달성목표를 평가함).

(4) **방법 – 고과자에 의한 분류**
① **자기평가**: 자기 스스로 평가하는 방법으로 업무수행을 개선하도록 자극하기 위해 관리층의 고과 시 보충적으로 사용한다.
② **상위자에 의한 고과**: 인사과에서 흔히 행하는 방법이다(상위자가 하위자를 평가하는 것).
③ **동료평가**: 직장의 동일계층의 동료가 서로 평가하는 것이다.
④ **하위자평가**: 하위자 입장에서 좋고 나쁨을 표현할 기회를 가지고, 동적인 상하관계를 이룩할 수 있다.
⑤ **고과전문가에 의한 평가**: 조직 내 인사 관리자나 외부 인사관리 전문가에 의해 실시되는 방법이다(인적평가 센터법, 현장토의법 – 개인별 특성 파악에 유효함).

⑥ 다면평가
  ㉠ 복수의 사람(상사, 부하, 동료, 고객 등)에 의해 다양하게 이루어지는 평가이다.
  ㉡ 주변의 여러 사람이 평가하여 그 결과를 당사자에게 피드백해 줌으로써 자기반성과 개발의 기회와 동기부여의 역할을 한다.

2. 인사고과기법에 의한 분류

(1) 규범에 따른 타 직원과의 비교(개인 간 비교) 기출 17, 18, 19, 20

구분	내용
서열법 (Ranking method)	• 한 직원을 다른 직원과 비교하는 방법으로, 업무수행자들을 최고에서 최저 순으로 순서를 매기는 것 • 비교적 작은 집단에 적용 가능 • 쌍대비교법(Ppired comparison method): 두 사람씩 짝을 지어 비교를 되풀이하는 방법 • 대인비교법(Man-to-man comparison): 평정요소(예 지도력, 전문지식, 협조성, 책임성 등)를 선정하여 각 요소별로 등급을 정한 후 피평정자 중에 표준인물을 선정하여 그를 기준으로 나머지 피평정자를 비교·평가하는 방법 • 장점: 단순하고 이해가 빠르며, 쉽고 비용이 적게 듦 • 단점: 다른 집단과 비교할 수 있는 객관적 자료는 제시할 수 없음
강제배분법 (Forced distribution evaluation)	• 고과자의 중심화 경향을 방지하기 위해 사전에 평가의 범위와 수를 결정해 놓고 강제로 할당하는 방법 • 5단계 척도[수(10%), 우(20%), 미(40%), 양(20%), 가(10%)]를 사용함
강제선택법 (Forced choice checklist)	• 평가자로 하여금 자신이 매기는 평가가 좋은 것인지 아닌지를 알 수 없게 하는 방법 • 평가자가 한 쌍의 일련의 문장을 제시받고 그 중에서 평가할 종업원을 가장 잘 묘사한 문장 하나를 반드시 선택해야 함 • 이때 각 쌍으로 이루어진 문장은 모두 똑같이 호의적이거나 비호의적인 문장으로 구성되어 있음 • 개인적인 편견이나 신념, 혹은 선호 경향성이 평정에 미칠 수 있는 영향을 배제할 수 있는 방법 • 강제선택법은 관대화의 오류를 줄일 수 있고, 개인들 간에 객관적인 비교 기준을 확립하도록 하기 위해 개발된 평정법 • 다른 평가방법에 비해 개발에 많은 비용이 소모되고 평가 시에 다수의 쌍에 대해 선택을 하는 시간이 많이 필요하며, 종업원들의 장단점에 대해 조직이 얻는 정보의 양이 한정적이라는 단점이 있음

강제배분으로 중심성 경향, 관대화 경향 최소화

강제배분법은 특정 작업집단의 분포가 이미 정해진 분포의 양상과 일치하지 않을 수 있다는 것이 단점으로 지적될 수 있다. 어떤 집단의 모든 종업원은 평균 이상의 뛰어난 수행을 보일 수가 있어서 좋은 수행평가를 받아야 하지만, 이 방법을 통해서는 좋은 수행평가를 받아야 할 종업원들의 비율이 정해져 있다.

(2) 행동기준 고과법(직무표준과 비교) 기출 12, 14, 16, 17, 19

물리적 관찰	• 사람들이 일하는 것을 관찰하는 것 • 근로자나 운동선수의 성과를 평가하며, 고도의 하이테크 관련 직에도 이용됨
대조법 (체크리스트)	• 직원의 업적 또는 특성을 특징지을 수 있는 서술문을 배열하고 평가자가 서술문을 체크하여 평가하는 방법 • 직무성과에 긍정적 또는 부정적 영향에 대한 평가를 점수화하여 체크된 항목의 점수를 합계한 점수 • **장점**: 평가항목이 합리적으로 구성되어 있는 경우 신뢰성과 타당성을 가지며 간편하게 적용될 수 있음 • **단점**: 각 항목의 계량화가 어렵고 직무활동에 대해 전반적으로 평가할 수 있는 평가항목 선정이 어려움
평점척도 또는 점수척도	• 가장 오래되고 널리 사용되는 평가기법 • 직원의 자질을 직무수행상 달성한 정도에 따라 사전에 마련된 척도를 근거하여 체크 • **장점**: 동일 척도로 약간의 조정을 통해 모든 직원에게 적용가능함(직원들의 특성을 나타내어 개발이 용이하고, 가중치를 둘 수 있어 계량화가 가능함) • **단점**: 평가요소의 선정이 어렵고, 각 등급 간의 기준의 근거가 모호하며 관대화 경향이나 중심화 경향과 같은 문제가 제기될 수 있음
중요사건 기술법	• 성과에 중요한 매우 효과적이고, 비효과적인 행위들을 기술하는 진술문임 • 평점척도 등의 거의 모든 성과 평가기법이 포함됨 • **장점**: 피평정자와의 상호작용을 촉진하는 데 유용하고 또한 사실에 초점을 두고 있어 능력개발과 승진에 중요한 자료를 제공 • **단점**: 이례적인 행동을 지나치게 강조하여 평균적인 행동이나 전형적인 행동을 무시하게 되는 위험이 있고, 평가 기준이 감독자에 의해서 일방적으로 설정되고 평가결과의 피드백이 지연됨
행위기준 평점척도	• 전통적 인사고과시스템의 한계점 극복과 보완을 위해 개발된 평가기법 • 중요 사건 또는 행위 기준의 예들은 척도를 보다 직무에 특이적이게 해주어 평가 시 주관성을 줄여 줌
에세이· 일기	• 시간의 경과에 따라 구성원들 행위의 강한 면을 기술함으로써 성과를 평가 • 자유기술법이라고도 하며 논술 형태로 조직 구성원의 성과에 관해 강점과 약점을 기술하는 방법 • 완전개방식으로 토픽과 목적을 지시하는 지침에 따라 평점을 자료화하고, 평점척도나 BARS와 함께 사용됨

(3) 성과기준 고과방법(합의된 목표와 비교)

목표관리 (MBO)	• 평가자(상급자)와 피평가자(하급자)가 함께 목표를 설정한 후 그 목표가 얼마나 잘 달성되었는가를 평가자와 피평가자가 함께 평가하는 방법 • 설정한 목표달성 여부를 성과의 기준으로 고과하는 것 • 직원의 자율성과 성장을 강조하며, 개인적 동기가 중요한 독자적 일을 하는 사람에게 적절함 • 흔히 사용되는 전사 차원, 부서 차원, 단위 차원의 목표관리 항목을 들 수 있음 • **장점**: 평가내용이 측정가능한 개인의 목표이므로 평가자의 평가 오류를 줄일 수 있으며, 평가과정에 피평가자가 함께 참여함으로써 직무수행평가의 결과에 대한 불만을 감소시킬 수 있음 • **단점**: 개발비용이 많이 소요되고 목표달성을 평가하는 데 많은 시간을 필요로 함
직접지수 고과법	• 생산성, 결근율, 이직률과 같은 비인격적 요소를 기준으로 측정하는 방법 • 경영자 성과(이직률), 생산성(고객의 불평, 제품의 불량률, 시간당 생산량, 새로운 고객의 주문량과 판매량 등)

🔖 관련 법령

「다면평가제 운영규정」

제1조【목적】 이 규정은 「공무원임용령」 제35조의4의 규정에 의하여 환경부 소속 공무원의 승진심사를 위한 다면평가제 운영과 관련하여 평가방법, 절차 및 평가결과 활용방법 등을 정함을 목적으로 한다.

제2조【정의】 이 규정에서 사용하는 용어의 정의는 다음과 같다.
1. "다면평가"라 함은 승진임용시 승진대상 공무원보다 상위계급, 동일 또는 하위계급인 공무원 등의 평가를 실시하여 그 결과를 반영하는 것을 말한다.
2. "상위계급"이라 함은 5급공무원을 4급공무원으로 승진심사시에는 과장급 공무원(이하 "담당관"을 포함한다)을, 6급공무원을 5급공무원으로 승진심사시에는 과장급 및 4급(이하 "과장보직이 없는 서기관"을 말한다) 또는 5급공무원을 말한다.
3. "동일계급"이라 함은 4급공무원으로 승진심사시에는 4급 또는 5급공무원을, 5급공무원으로 승진심사시에는 6급이하 공무원(이하 "기능직공무원"을 포함한다)을 말한다.
4. "하위계급"이라 함은 4급공무원으로 승진심사시 6급이하 공무원을 말한다.
5. "무작위추출법(Random Sampling)"이라 함은 평가위원 선정시 임의로 추출하는 방법을 말한다.
6. "종합서열명부"라 함은 승진후보자명부와 다면평가순위명부를 일정비율로 합산하여 작성한 서열명부를 말한다.

다면평가제 운영규정

다면평가란 승진임용 시 승진대상 공무원보다 상위계급, 동일 또는 하위계급인 공무원 등의 평가를 실시하여 그 결과를 반영하는 것을 말한다.

제3조【적용범위】이 규정은 환경부 소속 5급공무원을 4급공무원으로, 6급 공무원을 5급공무원으로 임용하기 위한 승진심사에 한하여 적용한다.

제4조【다면평가계획 수립】① 환경부장관(이하 "장관"이라 한다)은 다면평가위원회 개최일 10일전까지 다면평가계획을 수립하여야 한다.
② 제1항의 규정에 의한 다면평가계획에는 다음 각호의 사항을 포함하여야 한다.
  1. 직급별 승진예정인원
  2. 직급별 평가대상인원
  3. 다면평가위원회 개최일시 및 장소 등 세부 운영사항
  4. 기타 장관이 다면평가제도 운영을 위하여 필요하다고 인정하는 사항

제5조【다면평가의 대상자】다면평가의 대상자(이하 "평가대상자"라 한다)는 다면평가위원회(이하 "평가위원회"라 한다) 개최일 현재 공무원임용령 별표 5의 규정에 의거 직급별 승진임용범위내(이하 "승진배수범위내"라 한다)에 포함된 자로 한다.

제6조【평가위원회】① 평가위원회는 총 20명의 위원으로 구성하되, 위원장은 지명하지 아니한다.
② 제1항의 규정에 의한 평가위원회의 직급별 구성인원은 다음 각호와 같다.
  1. 4급공무원으로 승진
    가. 상위계급자: 9명
    나. 동일계급자: 7명
    다. 하위계급자: 4명(기능직공무원 1명을 포함한다)
  2. 5급공무원으로 승진
    가. 상위계급자: 12명
    나. 동일계급자: 8명(기능직공무원 1명을 포함한다)
③ 평가위원회의 사무를 처리하기 위하여 간사 2인을 두며, 간사는 인사담당 서기관 또는 사무관 및 인사담당자가 된다.

제7조【다면평가위원의 자격요건】다면평가위원(이하 "평가위원"이라 한다)은 다면평가일 현재 환경부 본부(이하 "본부"라 한다) 재직자로서 다음 각호에 해당 하는 자이어야 한다. 다만, 제2호의 경우 평가위원 부족으로 위원회 구성이 불가능할 경우에는 본부 근무경력 1년 이상인 자로도 할 수 있다.
  1. 환경부 근무경력 5년 이상인 자
  2. 본부 근무경력 2년 이상인 자

제8조【다면평가위원후보자명부의 작성】총무과장은 평가위원회 개최일 7일전까지 다면평가위원후보자명부를 작성·관리하여야 한다.

제9조 【평가위원의 지명】 ① 장관은 제8조의 규정에 의한 다면평가위원후보자 중에서 본부 실·국별 현원, 직렬 및 성별 등을 고려하여 다면평가실시 당일 무작위추출법(Random Sampling)으로 평가위원을 지명하여야 한다.
② 제1항의 규정에 의한 평가위원은 평가대상자와 동일한 부서("본부 실·국" 단위를 말하며, 이하 같다)에 속한 자가 평가위원 총수의 20%를 초과하여서는 아니되며, 연속 지명할 수 없다. 다만, 평가위원 부족으로 위원회 구성이 불가능할 경우에는 그러하지 아니하다.

제10조 【평가위원의 지명제한】 장관은 평가위원이 다음 각호의 1에 해당하는 때에는 계속하여 2회이상 평가위원 지명을 제한하여야 한다. 다만, 정당한 사유가 인정될 경우에는 그러하지 아니하다.
1. 다른 평가위원에 비해 지나치게 호의적이거나 악의적인 평가를 한 경우 (전체 응답 평균값의 30%를 초과하거나 미달하는 응답을 한 경우)
2. 정당한 사유없이 평가에 응하지 아니한 경우
3. 평가시 지득한 사항을 누설한 경우
4. 기타 이 규정에 의한 명령 또는 의무를 위반한 경우

제13조 【평가요소 및 배점비율】 평가위원은 다음 각 호의 평가요소에 대하여 평가하여야 하며, 평가요소별 배점비율은 별표 1과 같다.
1. 업무추진실적
2. 직무수행능력
3. 전략적 사고 및 리더쉽
4. 직무수행태도 및 발전가능성

제14조 【평가실시】 ① 평가위원회의 평가는 보통승진심사위원회(이하 "심사위원회"라 한다) 개최예정일 5일전까지 실시하여야 하며, 평가위원 전원이 동일한 장소에서 동시에 실시하여야 한다.
② 평가위원은 제13조의 규정에 의한 평가요소별 배점비율에 따라 평정점수를 부여(별지 제3호서식)하여야 하며, 승진임용예정 직급별 고득점자순으로 순위명부(별지 제4호서식)를 작성하여야 한다. 다만, 평가가 극히 곤란하다고 판단되는 자가 있을 경우에 한하여 평가대상인원의 하위 50% 범위내에 포함된 평가대상자중 현직급 경력 등이 유사한 자와 동일한 순위를 부여할 수 있다.

제15조 【평정점 조정】 ① 총무과장은 제14조 제2항의 규정에 의하여 작성된 순위 명부중에서 평가위원 전원이 부여한 평균순위의 30%범위를 초과하거나 미달하는 평가는 제외하여야 하며, 산정방법은 별표 2와 같다.
② 제1항의 규정은 승진대상인원이 10명이하인 경우에는 적용하지 아니한다.

> 제16조 【다면평가서열명부작성】 ① 총무과장은 제14조 및 제15조의 규정에 의한 각 평가위원의 순위명부를 취합하여 승진임용예정 직급별로 작성한 다면평가서열명부(이하 "다면평가명부"라 한다)를 장관에게 제출하여야 하며, 다면평가명부 작성방법은 별표 2와 같다.
> ② 제1항의 규정에 의한 다면평가명부의 각 서열간 점수편차는 평가대상자가 취득한 승진후보자명부상 최고 및 최저점수편차 범위내에서 균등하게 배분되어야 하며, 다면평가명부 평정점수 배분방법은 별표 3과 같다.
> ③ 장관은 제1항의 규정에 의하여 제출된 다면평가결과가 심히 부당하다고 인정되는 때에는 이의 재평가를 요구할 수 있다.

3. 인사고과 오류와 원칙 기출 11, 12, 14, 16, 17, 18, 19, 20, 22, 24

(1) 인사고과 오류

후광효과 (현혹효과)	• 피고과자의 긍정적 인상에 기초하여 평가 시 어느 특정 요소의 우수함이 다른 평가요소에서도 높은 평가를 받는 경향을 의미 • 혼 효과(Horn Effects): 후광효과의 반대로, '부족하다'는 인상이 다른 특성도 '부족하다'로 평가해 버리는 경향
중심화 경향	• 평가 점수가 모두 중간치에 집중되어 우열의 차이가 나지 않는 경향 • 극단적인 평가를 피하려는 심리적 현상으로 인해 발생 • 보완: 강제할당법, 서열법, 고과자의 평가훈련 강화
관대화 경향	• 피고과자의 대부분의 실제 능력이나 업적보다 더 높게 평가해 버리는 것 • 보완: 구체적 사실에 의한 평가, 고과요소를 통한 평가, 고과점수의 인원비율을 설정하여 중간점수를 기준으로 정규분포곡선을 이용함
논리적 오류	• 관련성 있는 고과요소에 동일한 평가를 하거나 유사한 평가를 하는 경향 • 기억력이 좋으면 지식도 넓고, 작업량도 많고, 숙련도도 높다고 평가하는 것
근접 오류	• 근접해 있는 고과요소의 평가결과 혹은 특정 평가 시간 내의 고과 요소 간의 평가결과가 유사하게 되는 경향 • 최근 사건의 기억이 평가에 영향을 줌 • 보완: 인사고과표에 의한 고과요소의 분산, 고과자 입장에서 고과요소 이해나 고과요소별로 피고자를 평가하게 함
연공오차	학력이나 근속연수, 연령 등 연공에 좌우되어서 발생하는 오류
대비오류	어떤 사람의 고과결과가 다른 사람의 고과결과에 영향을 미치거나, 이전의 고과결과가 현재의 고과결과에 영향을 미치는 경우
시간적 오류	• 평가 직전에 발생한 최근의 사건들이 평가에 영향을 미치는 것 • 보완: 중요사건법이나 목표관리, 부정기적인 평가를 이용
개인적 편견에 의한 오류	평가요소에 관계 없이 인종, 성별, 출신지역, 출신학교 등에 대한 평가자의 개인적 편견이 평가에 영향을 미치는 것

혼 효과(Horn Effects)
평가자가 지나치게 비판적이어서 피고과자의 실제 능력보다 낮게 평가하는 것이다.

근무성적평정의 저해요인
1. 과학적인 직무분석의 미비
2. 고과자의 편견
3. 연공서열에의 집착

평가 기준에 의한 오류	부하들을 평가하는 데 사용되는 용어들의 의미 해석상의 지각 차이에서 발생함(탁월함, 적절함, 훌륭함, 만족스러움 등)
규칙적 오류	• 심리적 오류로 항상 오류라고도 함(총체적 오류) • 고과목적에 따라 항상 낮은 점수를 주거나, 높은 점수를 주는 것
투사	• 자기 자신의 특성이나 관점을 타인에게 전가하는 주관의 객관화를 말함 • 감독자가 자신에 대한 비난을 자기동료나 상사 혹은 부하를 비판하면서 전가해 버린 경우
자기확대 효과	자기확대 효과는 평가자가 자신의 리더십 유형을 창출하기 위해 피평가자의 평가 결과를 우수하게 평가하는 것
상동적 오차	• 평가자가 특정 종교나 사회단체 등에 대해 좋지 않은 감정을 가지고 있을 때 이러한 감정이 평가에 나타나는 것 • 피평가자에게 갖는 고정관념이나 편견의 오차를 의미

(2) 인사고과 운영상의 원칙

① **고과 기준의 명확화**: 목적, 고과방식, 고과구분, 고과요소, 가중치, 고과단계 등의 내용을 명확히 설정할 것을 요구한다.
② **고과기간의 준수**: 기간의 엄수로 평가 때마다 좋은 업적과 나쁜 업적이 계속 따라다니는 것을 예방한다.
③ **고과자의 복수화**: 두 사람 이상의 고과자가 평가를 시행하면 고과오류를 줄일 수 있다.
④ **1차 고과의 존중**: 1차 고과자는 피고과자를 가장 잘 알 수 있는 입장이므로 존중해 주어야 한다.
⑤ **공사혼동의 배제**: 공적인 입장 외의 사적인 입장(행동장면)에 의해 감정이 좌우되어서는 안 된다.

7 인적자원의 보상관리

1. 보상

(1) 의의
직원이 조직에 공헌한 대가로 제공하는 금전적 또는 비금전적 혜택이다.

(2) 이론적 배경
① 기대이론(Expectancy Theory)
 ㉠ 구성원이 성과를 달성하면 어떤 보상을 받을 것이라는 기대가 높을 때 수행에 노력을 기울이며, 보상은 개인의 노력에 대한 성과와 밀접한 관련이 있다.
 ㉡ 개인의 노력 정도에 영향을 미친 요인
  ⓐ 보상에 대해서 느끼는 매력의 강도
  ⓑ 성과를 달성했을 경우 보상을 받을 것이라는 기대의 강도

직무수행평가제도의 활용

평정자는 상사와 부하 간의 공식적인 피드백의 경로를 통하여 평정결과를 피평정자에게 전달해야 하며 이러한 피드백은 구성원들에 대한 동기부여 및 정보제공의 역할, 평정자와 피평정자 간의 의사소통의 향상이라는 2가지 주요한 목적을 달성하도록 해야 한다.

효과적인 직무수행평가(인사고과) 전략

1. **평가오류의 최소화**
 신뢰도와 타당도를 확보한 평가방법을 고안한다.
2. **메모의 활용**
 행동을 기록한다.
3. **건설적이고 긍정적인 태도**
 직원의 성장과 직무 향상에 있다는 사실을 명확하게 이해시키는 것이 중요하다.
4. **직원의 참여 권장**
 직무향상을 위한 전략과 계획을 해당 직원과 함께 세워 직원의 적극적인 참여를 유도하는 것이다.
5. **개인평가와 조직목표의 적합성 확보**
 직무수행평가에서 개인의 요구와 조직이 추구하는 목표를 균형적으로 반영하여 둘 사이의 갈등을 최소화하여 적합성을 확보하는 것이 필요하다.

보상

1. 조직이 바라는 혁신적인 일을 수행하고 난 이후 지급한다.
2. 근로기준법상 근로자에게 제공되는 임금, 봉급, 기타 어떠한 명칭으로든 지급하는 일체의 금품이다.
3. 금전적 측면+동기부여 측면+업무 만족 측면
4. 금전적 보상, 즉 보수는 간호사의 경우 그들의 생계와 삶의 질과 직결될 뿐만 아니라 직장 내외에서의 사회적 품위를 결정·유지하는 요소이다.

ⓒ 노력을 하면 규정된 성과를 달성할 것이라는 가능성의 정도에 따라 결정
② **공정성 이론(Equity Theory)**
  ㉠ 비슷한 상황의 다른 사람과 비교하여 공정하게 보상받는다고 생각될 때 조직의 목표 달성을 위해 자발적 노력이 유발된다.
  ㉡ 보상체계관리의 이론적 바탕이 되며, 타당한 보상 기준의 설정과 개인의 성과에 대한 정확한 평가를 강조한다.
  ㉢ 관리자는 보상의 상대적 배분과 함께 구성원들이 보상에 대해 공정하게 지각할 수 있도록 충분한 커뮤니케이션을 해야 한다.

2. 임금관리

(1) 의의
① 조직에 대해 제공한 노동의 대가로서 받는 금품의 일체를 말한다.
② 조직이 구성원에게 지급해야 할 임금의 금액 및 임금제도를 합리적으로 계획하고 적용함으로써, 공정한 임금을 책정하여 인사관리의 목표달성에 기여하는 활동을 의미한다.

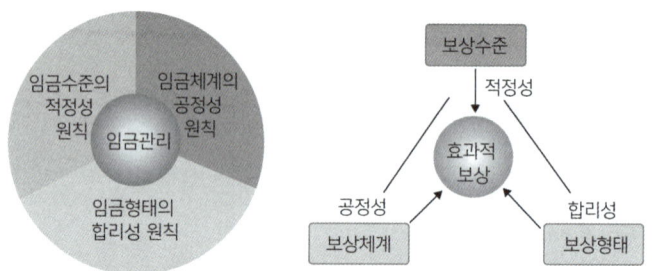

🔼 임금관리의 원칙 및 효과적 보상

(2) 임금의 중요성
① 조직의 목표달성에 핵심적 요소가 되는 생산성에 영향을 미친다.
② 조직이 생산하는 상품이나 서비스 원가의 상당한 부분을 차지하기 때문에 조직의 이윤획득과 경쟁력을 결정하는 데 매우 중요한 요소이다.
③ 조직이 인력을 확보하는 데 중요한 역할을 한다.
④ 조직 구성원의 주요 소득원천으로 생리적 욕구를 충족시키고, 구성원의 생활의 질을 향상시키는 데 중요한 역할을 한다.
⑤ 구성원의 존경욕구를 충족시켜 줄 수 있다.

(3) 임금 수준
① **생계비 수준**: 구성원 가족의 생계유지를 가능하게 하는 수준에서 결정되어야 한다.
② **조직의 지불능력**: 조직의 안정된 성장을 위해 조직의 지불능력 범위 내에서 결정되어야 한다.
③ **사회의 임금 수준**: 동일 산업에 속하는 다른 조직들의 임금 수준에 따라 임금이 결정되어 필요한 인력을 확보한다.

④ **노동력의 수급상태와 노사관계**: 노동시장에서의 인력의 수급상태와 노사관계를 고려하여 결정한다.

(4) 임금체계(임금의 지급항목과 종류) 기출 12, 16, 17, 18, 19, 20

① 임금체계의 구비요건
   ㉠ 객관성과 안전성이 있어야 한다.
   ㉡ 가능한 한 단순하고 이해하기 쉬워야 한다.
   ㉢ 공무원의 품위 유지와 근무의욕의 향상에 기여해야 한다.

② **임금체계의 구성요소**: 기본급, 수당, 상여금, 퇴직금 등으로 구성된다.
   ㉠ **기준임금**: 기본급과 수당, 상여금, 퇴직금 등 관리적인 목적으로 사용된다.
   ㉡ **기준 외 임금**: 상여금과 퇴직금으로 기준임금을 제외한 나머지를 말한다.

③ **기본급의 종류**: 기본급은 기본 근무시간에 대해 지급되는 고정급으로, 임금의 구성항목 가운데 가장 중요한 부분이다.

연공급	\<br\>• 생활유지 목적으로 정기 승급제도를 택하며, 학력, 성별, 연령, 근속연수 등의 요소 중심으로 구성된 급여체계를 말함 • 업적이 비례한다는 가정하에 임금이 결정됨 • 장단점	
	장점	• 근속 연수에 따라 임금이 증가하여 생활이 안정됨 • 기업에 대한 귀속감과 경영자 중심의 임금관리가 용이 • 연공존중의 동양적 풍토에서 질서 확립 및 사기 증진 • 상위직에서의 적용이 용이 • 주 직무가 불분명할 때 적절
	단점	• 실적과 무관한 비용 지출의 증대 유발 • 소극적 근무태도, 종속적인 업무태도 유발 • 유능한 전문기술 인력의 확보가 곤란 • 능력 있는 젊은 층의 사기 저하 • 동일임금의 실시가 곤란
직무급	• 각 직위의 직무가 가지고 있는 책임성과 난이도 등에 따라 직무의 상대적 가치를 분석·평가하여 그에 상응되게 결정하는 기본급 체계 • 직무의 난이도라든지 위험조건 등을 감안하여 근무연한이나 연령에 관계 없이 임금이 결정 • 장단점	
	장점	• 인사관리의 합리화가 가능 • 노동의 생산성, 작업능률 향상 • 능력 위주의 임금성격으로 유능한 인재의 확보, 유지가 가능 • 하위직에 적용이 용이 • 개인별 임금차 불만의 해소
	단점	• 직무표준화가 미비할 때 적용이 어려움 • 학력과 연공 중심의 풍토에서 나오는 저항감이 큼 • 절차가 복잡하고 객관적 기준 설정 어려움

직능급	• 연공 서열급과 직무급을 절충한 방식 • 연공급이 '사람'에 초점을 두고, 직무급이 '일'에 초점을 둔 임금체계라면, 직능급은 조직 구성원의 '직무수행능력'에 초점을 두어 그 가치를 적용한 임금체계 • 직무를 전제로 조직 구성원의 능력을 평가하여 임금체계를 결정하는 것이므로 연공이 어느 정도 반영될 수 있으며, 직무수행 능력에 대한 임금이므로 능력 향상에 따라 임금이 증가 • 장단점	
	장점	• 조직의 활성화와 사기를 유도 • 유능한 인재 확보가 용이
	단점	• 통제지향의 인사관리가 될 가능성이 높음 • 잘못 실시할 경우 연공급 단점과 직무급 단점만 대두됨
성과급	• 구성원의 조직에 대한 현실적 공헌도 • 달성한 성과의 크기를 기준으로 임금액을 결정하는 임금체계이며, 업적급 또는 능률급 • 조직 구성원들의 직무성과를 측정하여 직무성과에 따라 임금을 결정해 지급하는 방식 • 성과급은 생산성을 높이려는 데 목적이 있으며 유능한 조직 구성원의 임금이 높아짐 • 장단점	
	장점	• 임금체계의 합리성과 공평성 제공 • 업무능력의 자극으로 생산성 증대 • 조직 구성원의 동기부여 • 우수한 인적자원 확보가 용이 • 조직 경쟁력 강화 • 조직의 변화와 혁신 유도
	단점	• 수입이 불안정하며 미숙련자에게 불리함 • 과도한 경쟁 조성 • 무리한 업무로 노동착취의 수단으로 왜곡될 수 있음 • 평가자의 평가능력에 따라 신뢰성을 잃을 수 있음

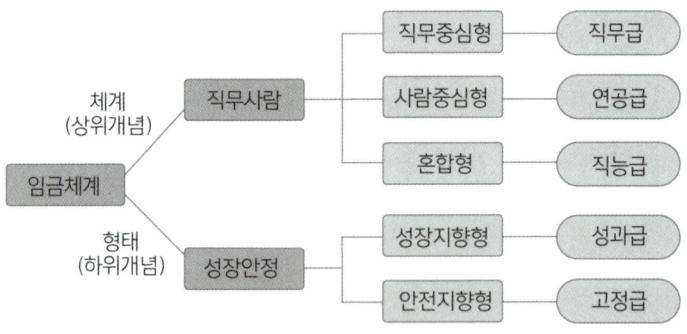

○ 임금체계와 형태

④ **수당**: 기본급의 미비점을 보완하기 위해 직무내용, 근무환경, 조건 등의 특수성을 고려하여 지급되는 임금의 일부이다.
  ㉠ **법정수당**: 「근로기준법」에 명시된 각종 근로조건과 관련된 지급사유가 발생되어 지급되는 수당이다(예 퇴직수당, 휴업수당, 야간근무수당, 유급휴일수당, 연장근무수당, 연차유급수당, 생리수당, 산전산후수당 등).
  ㉡ **임의수당**: 조직이 특정한 목적에서 설정하여 지급하는 수당이다(예 직책, 직무, 능률, 통근, 가족, 장려수당 등).
⑤ **상여금**: 인센티브 또는 보너스라고 하며, 명절이나 조직의 결산기 등에 조직의 업적이나 구성원의 근무성적, 생활사정 등에 따라 상여, 보너스, 하계수당, 생활 보조금 등의 명칭으로 지급되는 임금의 총칭을 말한다.

> **「근로기준법」상 수당**
> 「근로기준법」에 명시된 각종 근로조건과 관련된 지급사유가 발생되어 지급되는 수당이다.

정상 근무수당	직책수당	직무와 관계되는 직무수행상의 난이도와 책임감 등을 고려하여 지급하는 수당으로 책임수당, 직무수당, 관리적 수당과 같은 형태로 지급되는 수당
	특수 작업수당	표준적인 작업환경보다도 열악한 작업환경에서 근무하는 구성원을 위하여 설정된 수당
	특수 근무수당	주로 야간에 업무를 담당하고 있는 구성원에게 지급되는 것으로, 업무의 내용상 초과근무수당이나 교대근무수당으로 반영하기 곤란한 경우에 지급되는 수당
	기능수당	조직 내의 구성원들이 가지고 있는 특별한 자격이나 면허에 대하여 지급하는 수당
특별 근무수당	초과근무 수당	• 잔업수당, 시간외 수당, 휴일근무수당, 심야수당 등으로 불리며, 정상적인 근무시간 이외에 업무를 수행하는 경우에 지급되는 수당 • 우리나라의 근로기준법에서는 초과근무수당에 대해 통상 150% 이상을 지급하도록 규정
	교대근무 수당	• 직장에서 근무하는 직원들은 그 업무의 특성상 통상적인 근무체제와는 달리 24시간 동안 교대로 근무하는 경우에 지급되는 수당 • 주간근무자보다 야간근무자가 심신의 피로감이나 가정생활의 불편이 더 크다는 점을 감안하여 제공
상여수당 (보너스)		• 공로 보상적 성격에서 근래에 와서는 정례적으로 지급됨에 따라 기대 보수적 성격 • 상여수당은 명절이나 조직의 결산기 등에 조직의 업적이나 구성원의 근무성적, 생활사정 등에 따라 상여, 보너스, 하계수당, 생활 보조금 등의 명칭으로 지급되는 임금을 총칭

3. 복리후생과 내적보상

(1) 복리후생

① 조직이 구성원을 고용하는 한 법률에 의해서 강제적으로 실시해야 하는 제도나 시설을 말한다.

② 사회보장제도의 일환으로 실시되며, 건강보험 감면, 연금보험 혜택, 기숙사 및 직원 주택 제공, 주택구입 및 임차금 지원, 자녀 및 본인 학자금 지원, 출퇴근 버스 제공, 휴가비 및 콘도미니엄 이용 등이 있다.

③ **법률 외 복리후생**: 법률에 의하지 않고 임의 또는 노동조합의 교섭에 의해 실시되는 제도이다.

복리후생제도
복리후생제도를 통해 조직은 우수한 인재를 확보할 수 있고, 구성원들의 동기부여를 통해 결근 및 이직의 감소, 생산성 향상, 조직 이미지 개선, 협력적 노사관계를 구축한다.

(2) 내적보상

① 비금전적 형태로 지급되는 보상으로 구성원 개인이 심리적으로 느끼는 보상을 말한다(성취감, 도전감, 확신감 등).

② 내적보상이 외적보상보다 더 중요한 이유
   ㉠ 외적보상에 비해 보상으로서의 영향력이 크며, 동기 유발에 효과적이다.
   ㉡ 성질상 직무의 내용과 관련된 것으로, 직무의 내용에 내적보상이 담기면 비용이 적게 든다.
   ㉢ 외적보상의 한계성을 극복하기 위함이다.

내적보상의 대표적 예시
1. 직무를 수행하면서 얻는 성취감, 도전감, 확신감 등
2. 탄력적 근무시간 제도, 직무 재설계를 통한 자율성 및 기능의 다양성 제고, 조직에서의 인정감 부여, 흥미 있는 업무의 수행, 많은 책임감 부여, 개인적 성장기회 제공, 의사결정에의 참여 등

8 인적자원의 유지관리

1. 인간관계 개선을 위한 제도

(1) 제안제도(Suggestion system)

① 조직 구성원들로 하여금 조직 관리상의 개선을 위한 여러 제안을 제도화하여 채택된 제안에 대해서는 적당한 보상을 해 주는 것이다.

② 창의력 개발, 참여의식 고취, 업무의욕 증진, 비용절감을 실현할 수 있다.

③ 최고관리자는 지지와 제안제도로 적절한 보상을 하며, 제안을 신속하고 효과적으로 처리해야 한다.

(2) 인사상담제도(Personnel counseling, Employee counseling)

① 개별면접을 통해 구성원의 직장생활과 개인생활에 대한 주관적, 현실적인 걱정, 불안, 불쾌감, 불만 등을 해소시켜 줌으로써 조직상황에의 적응을 돕고 생산성을 향상시키기 위한 제도이다.

② 상담자는 바람직한 행동의 조언, 정서적 긴장 완화, 관리상의 문제와 조직의 방침을 설명할 기회를 가진다.

(3) 고충처리제도(Grievance)

① 근무조건이나 인사처리에 대한 불만은 분쟁의 불씨를 키우고, 노동쟁의 행동을 유발할 수 있기 때문에 발생하는 즉시 해결하는 것이 좋다.

② 구성원의 불평이나 불만을 해결함으로써, 노사관계를 안정시키고, 생산성을 향상시키고, 직무에 대한 만족감과 소속감을 증진시키는 효과가 있다.

(4) 사기조사(Morale)
① 구성원의 사기를 합리적으로 관리하기 위해 현재의 사기상태에 대한 기초자료를 체계적으로 수집하는 방법이다.
② **사기조사 내용**: 임금, 근무시간, 작업조건, 교육훈련, 감독, 복지후생, 직무만족, 인간관계 등의 조직 및 인사관리 활동에 대한 모든 것이 포함된다.

2. 문제 직원의 관리

(1) 문제 직원의 관리원칙
① 조직 내 규칙과 규정을 분명히 설정하고, 모든 직원과 공유 후 서명을 하게 한다.
② 규칙이나 규정 위반에 대해 점진적 벌칙 형태를 개발한다.
③ 훈육과정의 불공정에 대한 항소과정을 마련하고, 직원의 문제행동에 대해 정보 없이 추측하거나 가정하지 말아야 한다.
④ 공개된 장소에서의 훈육은 안 되며, 관리자가 화가 난 상태에서 문제에 대해 말하지 말아야 한다.
⑤ 직원의 위반사항을 명확히 하고, 구체적인 수정행위를 제시하고, 문제 행동 반복 시 예상되는 결과를 알려준다.
⑥ 직원에게 자신의 입장을 표명할 기회를 준다.
⑦ 관리자는 갑자기 새로운 정책을 적용해서는 안 된다.

> **훈육의 효과**
> 1. 예방효과
> 2. 개선효과
> 3. 처벌효과
>
> **훈육의 관리원칙**
> 사람 자체 초점 < 직원의 문제 행동

(2) 문제 직원 관리의 접근
① **훈육**: 옳은 행동에 대한 호의적인 결과와 잘못된 행동에 대한 불쾌한 결과를 제공함으로써 바람직한 행위를 유도하는 것이다.
② **전통적 방법**: 관리자의 권위 강화를 목적으로 하며, 위반 정도에 비례하여 처벌을 시행한다.

(3) 문제 직원 관리의 진행단계

면담	• 문제행동을 한 직원과 개별적으로 비공식적 면담을 가짐 • 올바른 행동규범, 위반내용의 주지, 행동개선에 대한 충고를 시행
구두견책	직원의 행동이 기대하는 표준에서 이탈된 것이며, 바람직하지 못한 행동의 재발은 해고를 포함한 과중한 징계조치를 받을 수 있다는 내용을 포함하는 확고한 통보이어야 함
서면견책	구두견책 후에도 문제행동 지속 시 공식적인 서면견책을 시행함(이때, 서면은 징계와 해고가능성을 경고하는 공식문서임)
정직	서면면책에도 개선이 없을 때 수 일 또는 수 주간의 정직 처분을 내림
해고	정직이 이루어졌음에도 문제행동 계속 시 관리자가 직원을 해고함

제4장 보건행정지휘의 이해

1 지휘(Directing)

1. 의의
(1) 조직구성원들이 조직목표의 달성을 향해 자신들의 과업을 적극적으로 수행하도록 유도하는 관리기능이다.
(2) 지휘과정은 구성원에게 영향을 미치는 리더십과 매우 밀접한 관계를 가지며, 구성원의 동기부여와 의사소통에 따라 효과성이 결정된다.

2. 기능
(1) 조직의 목적과 직원의 목적 간의 조화를 창출한다.
(2) 권력과 권한을 적절히 활용해야 한다.
(3) 직원의 동기부여로 조직목표 달성이 가능하다.

3. 지휘의 활동
(1) 지시

구두지시	• 구두명령, 상담, 제안, 회의 등 직접적인 대면을 통해 이루어지는 지시 • 즉각적인 전달이 가능하고 즉각적인 피드백을 받을 수 있음 • 내용이 왜곡될 가능성이 있음
서면지시	• 서면화된 정책, 업무규정, 행정업무 절차 편람, 서면화된 표준서, 회람, 업무계획, 업무 지시, 직무 기술서 등 • 전달 내용이 중요하거나 기록으로 남겨 두어야 할 때, 수신자가 멀리 있을 때 • 지시에 대한 동기부여가 약해 업무 처리가 늦어질 수 있음

(2) 명령
   ① 상관이 부하 직원에게 특정한 방식으로 업무 지시를 하도록 하는 것으로 구두 또는 서면으로 요구할 수 있다.
   ② 명령 시 주의점
      ㉠ 실수가 일어나지 않도록 가능한 자세하게 하는 것이 좋다.
      ㉡ 명령을 내리는 사람과 받는 사람이 가까울수록 수용적이다.
      ㉢ 명령은 사무적으로 해야 부하직원과의 마찰을 줄일 수 있다.
      ㉣ 단호한 어조의 반복적인 명령은 거부감을 유발할 수 있다.

(3) 감독
업무를 조사·확인하고 업무 수행의 적합성을 평가하거나 그 결과를 인정해 주거나 교정해 주는 활동을 말한다.

(4) 조정과 동기부여
업무 집단의 구성원들이 함께 조화를 이루며 일을 하도록 하는 활동을 말한다.

2 리더십(Leadership)

1. 리더십의 이해

(1) 리더십의 정의
① 공동목표 달성을 위해 집단 구성원에게 영향을 미치는 과정으로, 집단에서 사람 간의 상호작용을 통해서 일어나며, 구성원의 행동이 목표달성을 향하도록 영향을 미치는 과정을 말한다.
② 일정 상황에서 목표를 달성하기 위해 개인이나 집단의 활동에 영향을 미치는 과정이다[허쉬와 블랜차드(Hersey & Blanchard), 1982].
③ 집단 구성원으로 하여금 특정 목표를 지향하고, 그 목표달성을 위한 행동을 하도록 영향력을 행사하는 것이다[바스(Bass, 1990)].
④ 커뮤니케이션 과정을 통해서 어떤 특정한 목표달성을 지향하고 있는 상황 속에서 행사되는 대인 간의 영향력이다[탄넨바움(Robert Tannenbaum)].

(2) 리더십의 특성

사회정치적 측면	• 조직의 사명(Mission)과 사회적 역할을 설정하는 기능 • 조직의 내부구조와 성격을 사명과 목적에 맞도록 형성되는 기능 • 조직이 지향되는 가치(Value)와 특징을 추구하고 유지하는 기능 • 조직 내부의 갈등을 조정하여 조직 안정과 구성원 간의 협조를 강화하는 기능
경영관리적 측면	• 주어진 상황에서 목적을 성취하기 위해서 개인이나 집단의 행위에 영향을 행사하는 기능으로 사용됨 • 경영관리가 조직목적의 성취를 위해서 개인 또는 집단을 통해서 그들과 일하는 것으로 경영관리와 동일한 개념으로 사용되기도 함 • **리더십의 유효성**: 리더와 추종자의 상황요인에 의해 결정됨
행동과학적 개념	• 조직 구성원 상호 간의 영향과정이 집약됨 • 조직 구성원 모두가 발휘할 수 있는 보편적인 기능인 상위 직위의 기능으로 취급함

(3) 리더십의 기능
① 집단 및 조직목표의 설정
② 개인, 집단 및 조직의 조정과 통제
③ 조직 변동의 유인 및 촉진, 발전책임
④ 목표수행을 위한 수단의 동원 및 조작

(4) 리더십의 중요성

① 집단은 자율성과 조직의 통제요구 사이에 부단한 긴장이 존재하여 조직의 규칙과 과정을 준수할 수 있도록 리더십이 필요하다.
② 보건의료서비스 분야는 끊임없이 변화하는 외부환경에 적응하기 위한 압력이 증가하고 있어 적절히 대응하고 생존하기 위해서는 리더십이 필요하다.
③ 보건의료서비스 분야에 있어서 새로운 기술 또는 새로운 구조의 도입과 같은 중요한 내부적 변화는 이와 같은 변화가 조직에 통합될 수 있도록 리더십을 필요로 한다.
④ 보건행정조직에서 구성원들의 전문적 목표는 조직의 목표와 완전히 일치하지 않을 수 있으니 가능한 많이 일치될 수 있도록 리더십이 필요하다.

(5) 리더와 관리자

① **리더**: 장기적이고 미래지향적인 시각을 가지고 눈앞에 벌어진 상황을 초월하여 비전과 방향을 제시하고, 구성원이 스스로 해 나가도록 자극하며 인도해 주는 역할을 한다.

> **리더**
> 추구하는 목적에 조직의 목적이 반영되지 않을 수도 있다.

② **관리자**: 단기적인 시각을 가지고 자신이 속한 부서나 집단 내의 일상적인 이유에 관심을 두며 업무의 효율성과 현재의 상황이나 문제에 대한 개선에 초점을 둔다.
③ 베니스(W. Benis)의 리더와 관리자 비교

리더	관리자
• 인간에 초점	• 시스템과 구조에 초점
• 신뢰에 기초	• 통제 위주
• 현 상태에 도전	• 현 상태 수용
• '무엇을, 왜'에 관심	• '언제, 어떻게'에 관심
• 옳은 일을 함(What)	• 일을 옳게 함(How)
• 혁신을 주도함	• 책임수행
• 장기적 시야	• 단기적 시야
• 창조, 개발	• 모방, 유지

2. 리더십이론

(1) 리더십이론의 발전

특성이론	행동이론	상황이론	현대적 이론
• 1900년대 초 • 리더 개인의 특성	• 1940년대 말 • 리더의 행동유형	• 1960년대 후반 • 상황에 적합한 리더의 유형	• 1970년대 후반 • 획기적 변화를 유도하는 유형
• 신체적 특성, 성격, 지능, 사회적 배경, 과업관련 특성, 사회적 특성 등	• 권위적-민주적-자유방임적 리더십 • 구조주도와 배려적 리더십 • 관리격자이론	• 상황적합이론 • 경로-목표이론 • 상황적 리더십 이론	• 변혁적 리더십 • 셀프 리더십 • 감성 리더십

(2) 특성이론(Trait Theory)

① 지도자가 될 수 있는 고유한 자질 내지 그 특성을 찾는 연구로, 리더가 선천적 또는 후천적으로 갖는 일련의 공통된 특성을 규명하려 한다.

② 사회와 경영조직의 성공한 리더의 특성
  ㉠ 리더의 육체적 특성은 리더십 기능을 발휘할 수 있는 역량과 관계가 있다.
  ㉡ 리더들은 부하들에 비해 지능 수준, 판단력, 결단성과 표현능력이 높다.
  ㉢ 성공적인 리더십은 리더의 자신감, 창의성, 민첩성, 독립성 등 리더의 성격과 관계가 있다.
  ㉣ 성공적인 리더십은 관리능력(과업지향형, 협조성, 적극적인 상호관계)과 관계가 있다.

③ 연구자별 특성이론에 의한 리더의 특성

테드 (O. Tead)		육체적·정신적 에너지, 목적의식과 지시능력, 정열, 친근감과 우호심, 품성(인품), 기술적 우월성, 과감성, 지적능력, 교수능력, 신념
버나드 (C. I. Barnard)	기술적 측면	체력, 기능, 기술, 지각력, 지식, 기억력, 예측력
	정서적 측면	결단력, 지구력, 인내력, 용기

④ 장단점
  ㉠ **장점**: 리더가 갖추어야 할 것이 무엇인지에 대한 호기심을 충족시킨다.
  ㉡ **단점**: 리더의 특성 및 자질이나 능력은 그 수가 상당히 많고, 보편화된 리더의 특성은 어렵다.
  ㉢ **한계**
    ⓐ 리더만의 특성이라고 보기 어렵고, 리더의 특성을 가졌다고 해서 훌륭한 리더십을 발휘하는 것은 아니다.
    ⓑ 상황변수를 고려하지 않고, 리더에만 초점을 맞춘다.

(3) 행동이론(Behavioral Theory)

리더가 조직의 의사결정에 구성원을 참여시키는 정도에 따라 리더십 유형을 구분한다.

① 권위적 – 민주적 – 자유방임적 리더십
  ㉠ **권위적(독재적) 리더십**: 부하의 의사결정 참여가 매우 제한적이고, 리더가 업무의 목표, 작업일정, 업무수행방법 등을 결정하여 엄격하게 통제하고 관리·감독한다.
  ㉡ **민주적 리더십**: 리더가 최종 의사결정의 책임을 가지고 있으면서 부하의 의사결정에 참여하는 것을 허용하여 부하와 교류하면서 의견을 묻고 협력한다.
  ㉢ **자유방임적 리더십**: 리더가 의사결정을 비롯한 자신의 권한과 책임을 부하 직원에게 넘기고, 그들의 자율성을 최대한 존중하며 부하의 요구가 있을 때에만 개입한다.

★ 핵심정리	민주적 · 독재적 · 자유방임적 리더십 비교 기출 12, 17, 20		
유효성	민주적 리더십	독재적 리더십	자유방임적 리더십
리더와 집단과의 관계	호의적	수동적	무관심
권한과 책임 관계	책임은 부하와 함께 나눔	권한이 리더에게	책임은 부하에게 있음
생산성	우위의 결정이 곤란		최악
구성원의 만족도	최고	열위의 결정이 곤란	
집단행위의 특성	• 응집력이 크고, 안정적 • 리더 부재 시에도 계속 작업	• 응집력이 낮고, 냉담 · 공격적 • 노동이 많음 • 리더 부재 시 좌절	냉담하고 초조함
장점	• 구성원 간의 협동과 조정을 통해 팀워크가 잘 이루어짐 • 구성원의 자율성과 능력개발 용이 • 구성원의 업무에 대한 긍지나 책임감, 만족감이 큼	• 응급상황이나 위기상황 시 사용되면 효과적임 • 구성원의 지식과 경험이 미숙할 때 • 지도자의 능력을 구성원이 절대 신뢰할 때	구성원의 업무수행능력이 뛰어나고, 전문적 자주성이 높을 때 유용 동기 유발이 높음
단점	• 의사결정 시 많은 시간이 요구됨 • 위기상황의 신속한 대처가 어려움 • 구성원이 많을 경우 통솔이 어려움	• 감정교류가 적어 일체감 형성이 어려움 • 의사결정의 참여 부족으로 책임의식과 만족감 적음 • 수동적 근무태도, 의존성이 높고, 창의력 개발이 적음	• 구성원의 협조심 결여로 의견수렴이 어려움 • 조직 규율의 일관성 유지가 힘듦 • 업무성과 상향 조절이 어려움

② **직무 중심적 – 구성원 중심적 리더십(미시간 대학 Likert의 연구, 1940 ~ 1950년)**
집단성과를 높이는 리더의 유형을 밝히기 위한 연구로 두 가지 행동 유형의 리더십을 발견하였다.
 ㉠ **직무 중심형(Job-Centered) 리더십**: 세밀한 감독과 합법적이고 강제적인 권력을 활용하여, 업무계획표에 따라 실천하고 성과를 평가하는 데 중점을 둔다.
 ㉡ **구성원 중심형(Employee Centered) 리더십**: 보다 인간 지향적이며, 권한과 책임의 위임과 구성원의 복지와 욕구, 승진, 개인적인 성적에 관심을 둔다.

★ 핵심정리 직무 중심형 리더십과 구성원 중심형 리더십의 비교

직무 중심형 리더십	구성원 중심형 리더십
생산과업을 중요시하고 공식권한에 의존해서 부하를 치밀하게 감독하는 스타일	부하와의 관계를 중요시하고 권한을 위양하여 부하를 일반적으로 감독하는 스타일
생산성과 집단 구성원의 만족감이 낮은 집단	생산성과 집단 구성원의 만족감이 높은 집단

③ **직무와 부하를 중심으로 한 분류 – 오하이오 주립대학 연구** 기출 20: 리더의 행동에 대해 어떻게 인식하고 있는가를 파악하기 위한 연구로 리더의 행동 유형과 조직 구성원들의 만족감 간의 관계를 분석한 것이다.
  ㉠ **배려 중심**: 구성원들 간의 우정, 상호 신뢰, 온정 등을 표시하는 행위이다.
  ㉡ **구조 중심**: 각 구성원들의 역할을 정하고 직무수행의 절차를 정하거나 지시, 보고 등을 포함한 구성들을 조직화하는 것을 주도하는 행위이다.

★ 핵심정리 구조 중심 리더십과 배려 중심 리더십의 비교

구조 중심 리더십(Initiation Structure)	배려 중심 리더십(Consideration)
과업환경을 구조화하고 부하의 과업을 설정·배정하고 성과를 정확히 평가하는 데에 주력하는 스타일	부하와의 관계를 중요시하고 권한을 위양하여 부하를 일반적으로 감독하는 스타일

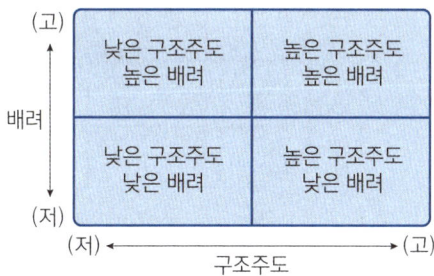

◆ 배려 – 구조주도 리더십 유형

출처: Rigolosi, E. L. M.(2013). Management and Leadership in Nursing and Health Care: An Experiential Approach. N.Y.: Springer Publishing Company

④ **관리격자(관리 그리드)모델에 의한 분류** 기출 16, 19: 오하이오 주립대학의 블레이크와 모턴이 배려 – 구조주도 리더십을 확대시켜 행동 유형을 구체화하고, 효과적인 리더십 행동을 증진시키기 위한 기법으로 개발한 이론이다.
  ㉠ **관리과정**: 인간문제와 생산성문제의 두 요소를 통합시켜 나가는 과정으로 격자망 횡축과 종축에 따라 9개의 위치를 설정하여 무관심형, 과업형, 인기형, 중간형, 단합형으로 집약한다.

ⓒ **5가지 유형 중 단합형을 가장 이상적이라고 주장**: 가장 바람직한 리더십 유형으로 생산성에 대한 높은 관심과 구성원에 대한 높은 관심을 보이는 리더십 유형이다.

★ **핵심정리** 관리격자형 5가지 리더십 유형

무관심형 [Impoverished: (1.1)]	• 직위유지에 필요한 최소한의 노력만을 투입하는 유형 • 무책임하고 무력한 리더십 유형 • 최소노력, 최소관심
과업형 [Task: (9.1)]	과업 성과만을 최고로 중요시하는 유형
인기형 [Country club: (1.9)]	• 구성원과의 관계에만 역점을 두는 유형 • 생산성에 대한 관심은 낮고, 친밀한 분위기 조성에 중점을 둠
중간형 [Middle of the road: (5.5)]	• 과업 성과와 인간적 요소 절충으로 적당 수준의 성과를 지향 • 타협과 균형을 보이는 유형 • 과업의 능률과 인간적인 요소의 절충 • 우유부단하게 보여질 수 있음
단합형 [Team: (9.9)]	상호 신뢰적인 관계에서 구성원들의 관심과 노력을 통하여 과업성과를 크게 하는 형으로 가장 바람직한 유형

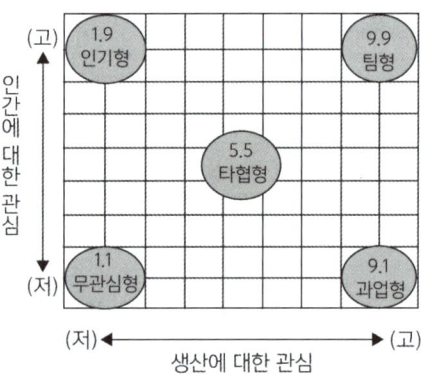

○ 관리 그리드의 리더십 유형

출처: 조직행동론, 2013, 이학종, 박헌준(법문사)

⑤ **행동이론의 장단점**

장점	• 교육과 훈련을 통하여 리더십을 개발할 수 있음 • 리더가 자신의 행동에 대한 이해를 넓히고, 개선하도록 하는 데 유용한 틀을 제공
단점	• 리더의 행동유형의 측정과 분류에 객관성과 신뢰성이 결여된 경우가 많음 • 리더의 행동유형 이외에도 많은 변수들이 작용하고 있어 모든 상황에 효과적인 리더십 유형을 발견할 수 없음

(4) 상황이론 기출 11, 13, 14, 16, 18, 19

상황에 따라 리더십 유형에 대한 효과성이 달라진다는 관점이다.

① 피들러의 상황적합이론(contingency Model of leadership; Fiedler, 1965)*

　㉠ 상황을 고려한 최초의 리더십이론이다.

　㉡ 리더의 특성과 리더십 상황의 호의성 간의 적합 정도에 따라 효과가 달라진다고 본다.

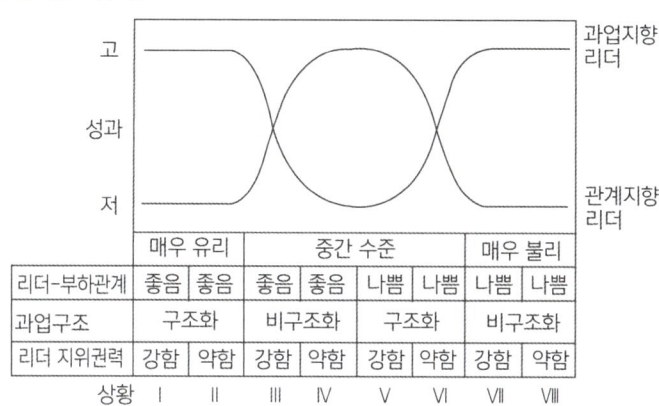

🔺 피들러의 상황적합이론

호의성
1. 상황이 지도자로 하여금 자기 집단에 대해 영향력을 행사할 수 있게 하는 정도를 말하는 것이다.
2. 즉, 상황이 호의적일수록 리더십 유효성이 높아지는 것을 의미한다.

　㉢ 리더십 상황요소 3가지

과업구조	• 과업의 구조화된 정도, 즉 과업의 일상성과 복잡성을 의미 • 목표경로의 다양성, 의사결정의 변동성, 의사결정의 구체성에 의해 리더십 상황이 결정
리더의 직위 권력	• 지도자의 직위에 따르는 고유한 권한으로, 즉 구성원들을 지도 평가하고 필요한 상과 벌을 제시할 수 있는 권한을 가지고 있는 정도를 의미 • 지도자의 직위권한이 클수록 자신의 정책 및 통제에 순응하도록 할 수 있으며 보상과 벌을 적절히 조정하여 지도자의 과업이 보다 쉽게 이루어질 수 있게 됨
지도자와 구성원 관계	• 구성원이 지도자에 대해 갖는 신뢰와 존경의 정도와 지도자가 지시하는 바를 기꺼이 따르는 정도 • 구성원이 지도자를 받아들이는 정도를 반영하는 것 • 지도자가 집단 구성원으로부터 지지와 신뢰를 얻게 되면 지도자의 입장은 매우 강하고 상황에 대한 통제력도 상당히 높아지므로 리더십 효과가 증대될 수 있다는 것

🏛 기출 체크

피들러의 상황적합이론에서 제시된 상황요소로 옳지 않은 것은? 기출변형
① 과업구조
② 리더와 구성원의 관계
③ 구성원의 성숙도
④ 리더의 직위 권력

정답 ③

- ② 리더의 행동과 상황의 적합성
  - ⓐ 리더와 상황과의 적합관계가 리더십 유효성에 가장 중요함을 밝혀 리더십 개발방향을 제시한다.
  - ⓑ LPC(Least Preferred Co-worker: 가장 꺼리는 동료) 점수에 따라 구분

LPC 점수가 낮음 (과업 지향형 리더)	리더에 대한 호의성이 아주 높거나 아주 낮은 상황에서 가장 훌륭하게 과업 수행이 가능
LPC 점수가 높음 (관계 지향형 리더)	리더에 대한 호의성이 중간 정도인 상황에서 가장 훌륭하게 과업 수행이 가능

- ⑩ 장점
  - ⓐ 리더가 모든 상황에서 효과적일 수 없다는 것을 실증적으로 보여준다.
  - ⓑ 리더십 유형에 맞게 상황을 바꾸어 리더십 효과를 높일 수 있다.
- ⑪ 단점
  - ⓐ LPC척도 이용 시 다른 사람에 대한 평가를 어떻게 하는지를 보고 자신의 리더십 특성을 평가하는 것이 타당한지에 대한 논란이 있다.
  - ⓑ 상황호의성이 높거나 낮을 때, 과업지향성 행동이 효과적이고, 상황호의성이 중간일 때 관계지향성이 효과적이라는 결과에 대한 설명이 부족하다.

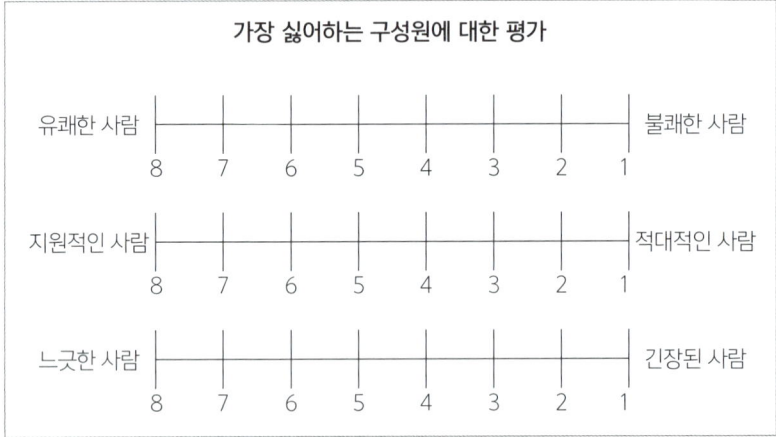

당신이 지금까지 함께 일했던 사람들 중에서 <u>가장 같이 일하고 싶지 않은 사람</u>을 한사람 생각해 내고 그(녀)에 대해서 아래에 평가하시오.

			점수
쾌활한 사람	87654321	쾌활하지 못한 사람	_____
친절하고 다정한 사람	87654321	불친절하고 다정하지 않은 사람	_____
거절을 잘하는 사람	12345678	수용적인 사람	_____
긴장하고 있는 사람	12345678	긴장을 풀고 여유 있는 사람	_____
거리를 두는 사람	12345678	친근한 사람	_____
냉담한 사람	12345678	다정한 사람	_____
지원적인 사람	87654321	적대적인 사람	_____
따분한 사람	12345678	흥미를 잘 느끼는 사람	_____
싸우기 좋아하는 사람	12345678	화목하고 잘 조화하는 사람	_____
우울한 사람	12345678	늘 즐거워하는 사람	_____
서슴치 않고 개방적인 사람	87654321	주저하고 폐쇄적인 사람	_____
험담을 잘하는 사람	12345678	너그럽고 관대한 사람	_____
신뢰할 수 없는 사람	12345678	신뢰할 만한 사람	_____
사려깊은 사람	87654321	사려깊지 못한 사람	_____
심술궂고 비열한 사람	12345678	점잖고 신사적인 사람	_____
마음에 맞는 사람	87654321	마음에 맞지 않는 사람	_____
성실하지 않은 사람	12345678	성실한 사람	_____
친절한 사람	87654321	불친절한 사람	총점 _____

※ 당신의 점수가 64점 이상이면 관계지향적 스타일이고 57점 이하이면 과업지향적 스타일이다.

② 하우스(House)의 경로 – 목표이론(Path – goal Leadership Model, 1974)

기출 13, 15, 19

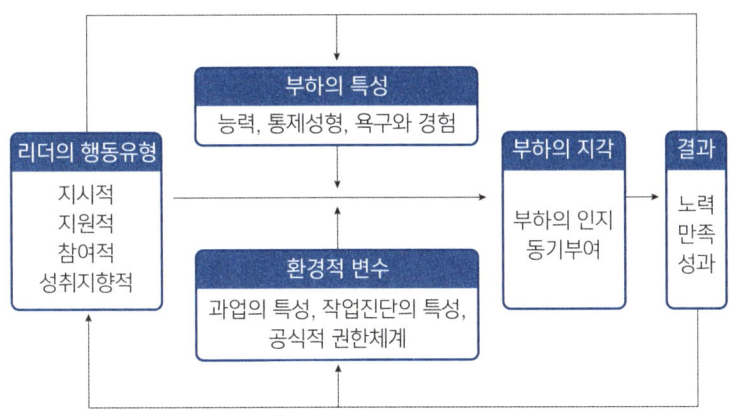

○ 경로 – 목표 이론

㉠ 의의
ⓐ 동기이론인 기대이론에 근거하여 제시되었다.
ⓑ 리더의 행동이 구성원의 동기를 유발시킬 수 있으려면, 목표 성취에 방해가 되는 요소들을 제거해 주고 필요한 지원과 도움을 줄 수 있어야 하며 목표 성취에 따른 보상과 연계시켜 주어야 한다.

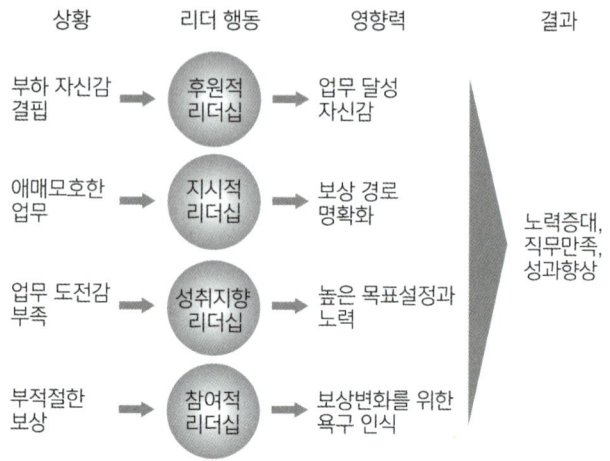

🔼 경로 – 목표 상황요인과 리더 행동

㉡ 리더십의 유형

지시적 리더십	• 리더가 직무내역을 명확히 알려주어 목표달성 유도 • 리더가 부하의 활동을 기획, 조직, 통제하는 구조 주도적인 리더십 • 과업구조가 낮지만 흥미가 있고, 그룹 내 단결성이 좋은 경우 사용 [예] 신규 직원이 기존의 경력직원보다 많아 행정업무 수행이 저하되었을 때
후원적 리더십	• 리더는 부하의 복지와 안녕에 대하여 진실한 관심을 보이고 우호적인 분위기 조성과 작업집단의 만족을 위해 노력하는 유형 • 구성원의 욕구와 복지에 관심이 많고, 동지적 관계를 중시 • 우호적 분위기 조성, 집단의 만족을 위해 노력함 • 단순하고 반복적 업무, 권한이 명확하지 않거나 약한 경우 사용함 • 구성원이 과업에 대한 자신감 결여나, 과업구조가 높고, 단결력이 부족해 불만이 있는 경우 사용
참여적 리더십	• 리더는 부하에게 정보를 제공하고 그들의 아이디어를 공유할 것을 권유하며 의사결정과정에서 부하들의 의견이나 제안을 고려하는 유형 • 구성원들이 의사결정 과정에 참여 • 정보제공, 제안 받아들임, 의사결정에 반영 • 과업구조가 낮아 역할 모호성이 높은 과업에 사용

성취지향적 리더십	• 리더는 결과지향적이며 도전적인 목표를 설정하고 부하들이 그 목표를 달성하기 위해 최대한의 능력을 발휘할 것이라 기대하는 유형 • 구성원들이 도전적 목표를 수립하고, 성과를 달성할 수 있도록 하는 리더십 • 구성원 능력을 믿고, 자신감을 심어 줌 • 구성원이 자신의 영향력이 부족하다고 생각하고, 리더의 목표를 수용하고 존경 • 과업구조가 낮고, 역할 모호성이 높은 과업, 권한이 공식적으로 명확한 경우에 사용

ⓒ 장점: 리더가 구성원을 돕기 위해 무엇을 해야 할지 알려주어 실용적이다.
ⓓ 단점: 다양한 상황요인을 모두 포괄하고 있는 복잡한 이론으로 실제 조직 상황에 적용하는 데 어려움이 있다.

③ 허쉬와 블랜차드(Hersey & Blanchard)의 상황적 리더십이론(Situational Leadership Theory)

㉠ 의의
ⓐ 각 상황에 적합한 리더십 유형을 선택하여 구성원들의 성숙 단계에 따라 리더는 자신의 리더십 스타일을 바꿔야 한다는 것이다.
ⓑ 오하이오대학의 리더십 행동이론을 기초로 과업행동(구조 주도)과 관계행동(배려)의 두 차원에 따라 리더십 유형을 분류한다.
ⓒ 효과적인 리더가 되기 위해서는 상황적인 리더십이 필요한데 이를 위해서는 과업을 수행하는 부하들의 성숙도에 맞추어 과업과 관계 행위의 비중을 조정하는 것이 필요하다는 가정을 세웠다.
ⓓ 리더십을 지도자, 추종자 그리고 상황과의 함수관계로 설명한다.
L = f(L, F, S), 즉 L(Leadership)은 L(Leader), F(Follower), S(Situation)에 의해서 영향을 받는다는 것이다.

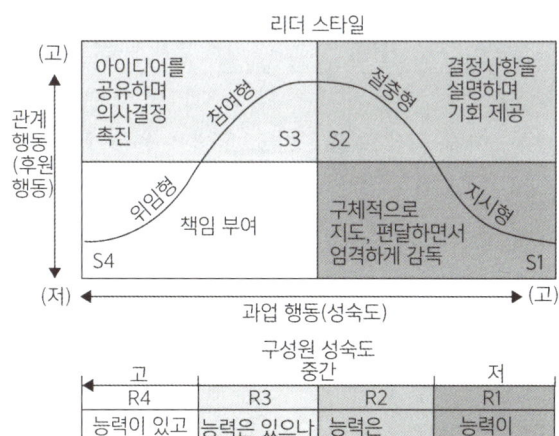

○ 허쉬와 블랜차드의 상황적 리더십 이론

ⓒ 리더십 유형

S1	지시적 (Telling)	• 높은 업무지향, 낮은 관계지향, 전제적(성숙도 낮음) • 부하에게 기준을 제시해 주고 가까이에서 지도하며 일방적인 의사소통과 리더 중심의 의사결정을 하는 유형
S2	설득형 (Selling)	• 결정사항을 부하에게 설명하고 부하가 의견을 제시할 기회를 제공하는 등 쌍방적 의사소통과 집단적 의사결정을 지향하는 유형 • 높은 업무지향, 높은 관계지향, 참여형보다 좀 더 전제적
S3	참여형 (Participating)	• 아이디어를 부하와 함께 공유하고 의사결정 과정을 촉진하며 부하들과의 인간관계를 중시하며 부하들을 의사결정에 많이 참여하게 하는 유형 • 낮은 업무지향, 높은 관계지향, 민주적
S4	위임형 (Delegating)	• 의사결정과 과업수행에 대한 책임을 부하에게 위임하여 부하들이 스스로 자율적 행동과 자기 통제하에 과업을 수행하도록 하는 유형 • 낮은 업무지향, 낮은 관계지향, 적극적인 민주형(성숙도 높음)

ⓒ 리더십 상황요소(성숙도): 구성원들의 과업에 대한 능력과 동기를 의미한다(과업에 대해 책임지려는 의지와 능력).

R1	구성원들의 능력과 동기나 자신감이 부족한 단계	S1(지시형) 적합
R2	구성원들의 능력이 부족하지만 어느 정도의 자신감과 동기를 갖고 있는 단계	S2(설득형) 적합
R3	구성원들이 능력은 있으나 동기가 낮은 단계	S3(참여형) 적합
R4	구성원들이 능력과 동기 모두가 성숙한 단계	S4(위임형) 적합

ⓔ 장점
  ⓐ 이해가 쉽고, 다양한 조직에서 응용이 가능하므로 리더십 훈련을 위해 널리 적용되고 있다.
  ⓑ 상황에 따라 권장되는 리더십과 피해야 할 리더십을 제시하여 가치가 높다.

ⓜ 단점: 구성원의 성숙도를 4단계로 구분하였는데, 의욕과 의지에 대한 개념이 모호하며, 4단계의 명확한 근거와 설명이 부족하다.

④ 브룸과 예튼의 리더십 의사결정론(의사결정 상황이론)
　㉠ 의의
　　ⓐ 리더가 어떠한 의사결정방법을 선택해야 효과적인 결정을 할 수 있는지를 설명한다.
　　ⓑ 리더는 상황의 특성에 따라 적합한 의사결정방법을 선택해야 한다고 주장한다.

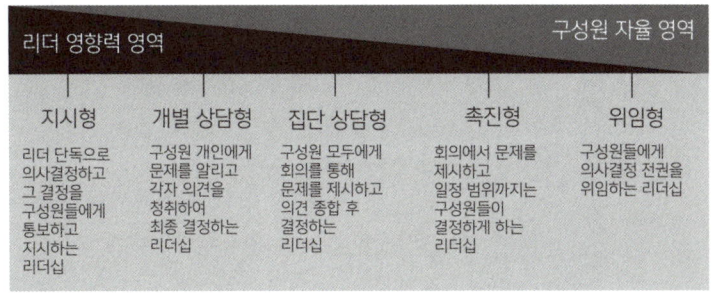

○ 다섯 가지 유형의 리더십 스타일

　㉡ 리더십 유형

A1	독재형 1형 (순수독단형)	리더가 자신이 가지고 있는 정보를 이용하여 단독으로 의사결정함
A2	독재형 2형 (참고적 독단형)	리더가 구성원에게 필요한 정보를 요청하여 단독으로 의사결정함
C1	상담형 1형 (개별참여형)	구성원과 각각 개별적으로 문제를 논의한 후 단독으로 의사결정함
C2	상담형 2형 (집단참여형)	구성원들과 집단 회합을 통해 공동의 문제를 논의한 후 단독으로 의사결정함
G2	집단 2형 (위임형)	구성원들과 공동으로 논의하여 집단 전체가 합의된 의사결정을 내림

　㉢ 의사결정 유형의 7가지 규칙

리더 정보의 규칙	• 의사결정의 질이 중요하고, 리더가 문제해결의 정보를 갖고 있지 않을 때 • 독단형(A1) 배제	독재 2형 상담 1, 2형 위임형 가능
목표합치의 규칙	• 의사결정의 질이 중요하고, 구성원들이 자신의 이익에 앞서 조직의 문제를 해결할 것으로 생각되지 않을 때 • 위임형(G2) 배제	독재 1, 2형 상담 1, 2형 가능
비구조화된 문제의 규칙	• 리더가 단독으로 결정하는데 필요한 정보가 부재하고, 문제가 비구조화되어 정보를 구성원들과 같이 문제 분석해야 할 경우 • 독재 1형, 독재 2형, 상담 1형 배제	상담 2형, 위임형 가능

수용의 규칙	• 결정사항에 대한 구성원의 수용 여부가 중요, 구성원들이 리더의 단독결정을 잘 받아들이지 않을 때 • 독재 1형, 독재 2형 배제	상담 1형, 상담 2형, 위임형 가능
갈등의 규칙	• 결정상황에 대한 구성원의 수용 여부가 중요, 리더의 단독결정 미수용, 구성원들 간의 해결방안에 대한 갈등이나 의견의 불일치 시 • 독재 1형, 독재 2형, 상담 1형 배제	상담 2형, 위임형 가능
공평성의 규칙	• 의사결정의 질 중요, 구성원들의 결정사항에 대한 수용 여부가 중요 • 독재 1형, 독재 2형, 상담 1형, 상담 2형 배제	위임형 가능
수용우선의 규칙	• 결정상황에 대한 구성원의 수용 여부 중요, 리더의 단독결정 미수용, 조직의 목표 달성에 협조적임 • 독재 1형, 독재 2형, 상담 1형, 상담 2형 배제	위임형 가능

ㄹ **장점**: 의사결정의 여러 상황을 개념화하고, 구성원의 참여를 중심으로 다양한 상황에 대한 리더의 행동을 제시하여 의사결정에 효과적인 리더의 행동을 예측하는 데 도움을 준다.

ㅁ **단점**: 관리자들의 자가 보고에 의존성이 있어 신뢰성의 문제가 있고, 의사결정에 구성원의 참여와 수용성을 과대평가한다.

⑤ 상호작용이론(수정론) 기출 16
  ㄱ 리더십은 어느 하나의 요인에 의해서 결정되는 것이 아니라, 많은 여러 가지 변수에 의해서 결정된다는 이론이다(리더의 자질, 상황, 추종자).
  ㄴ 리더십이 유효한 상황 3가지 요소
    ⓐ **리더에게 작용하는 힘**: 리더의 확신, 부하에게 거는 신뢰감 등이다.
    ⓑ **부하에게 작용하는 힘**: 자율요구, 책임의식, 목표이해도 등이다.
    ⓒ **상황에 관련된 힘**: 조직형태, 전통, 조직규모 등이다.
  ㄷ 리더십이 유효한 위 3가지 요소가 복합적인 상황을 만들기 때문에 독재적인 리더십에서 민주적인 리더십까지의 연속선상에 있는 여러 가지 유형 중에서 가장 적합한 유형을 선택하는 것이 효율적이다.

(5) 새로운 리더십이론
  ① 베버(Weber)의 카리스마 리더십(Charisma Leadership) 기출 20
    ㄱ 리더십이 구성원들의 리더에 대한 지각의 결과로 보고 리더가 남들이 갖지 못한 천부적인 특성이 있다고 느낄 때 발휘된다.
    ㄴ 리더가 갖는 어떤 특성이나 특별한 행동을 보고 구성원이 이를 느낄 수 있어야 리더를 믿고 따르게 된다.

ⓒ 리더는 비전과 목표를 명확히 제시하고, 구성원에게 높은 기대를 나타내며, 높은 목표를 세우게 하여 목표를 성취하는 과정에서 구성원들에게 자신감을 갖도록 동기를 유발시킨다.
ⓔ 구성원들에게 대가 없이 자발적으로 조직에 헌신하여 성과를 높이도록 하는 내적보상을 강조한다(외적보상 무시).
ⓞ 구성원의 업무의 혁신적 요소, 스트레스가 높고, 불확실한 상황에서 효과적이다.
ⓗ 리더의 조직 내 직위가 높을 때 효과적이다.

② 번스(Burns)의 변혁적 리더십(Transformational Leadership, 1978)
기출 08, 12, 13, 20, 21

㉠ **변혁적 리더**: 조직의 미래에 대한 비전을 제시하고, 구성원들이 가능하다고 생각하는 것보다 높은 수준의 동기를 촉진하고 고무하는 사람이다.
㉡ 조직 발전을 위한 구성원의 질적인 변화를 추구한다.
㉢ 구성원이 지도자의 변혁적 리더십을 높게 인식하면, 직무만족, 조직몰입, 업무성과가 높다.
㉣ 높은 이상과 윤리적·도덕적 가치에 대한 호소로 구성원의 의식을 고양시킨다.
㉤ 변혁적 리더십과 거래적 리더십의 구성요소

원칙	구성요소	내용
변혁적 리더십	카리스마	구성원들에게 비전과 미션을 제시하고 자신감을 높여주며, 존경과 신뢰를 얻음
	영감적 동기부여	목표를 쉽게 설명해 주고, 높은 기대를 갖도록 하며, 공유비전을 실현하도록 동기부여 시키며, 영감을 불어 넣어 줌
	지적 자극	기존 틀을 벗어나 새로운 관점에서 상황을 분석하고 문제를 해결할 수 있도록 구성원의 지혜와 논리성을 일깨워 줌
	개별적 배려	구성원들을 존중하며 개인적인 관심을 가지며 성장을 위해 개별적으로 코치하고 조언함
거래적 리더십	상황에 따른 보상	높은 성과 달성에 대한 보상을 약속하며, 노력과 업적에 따라 칭찬과 보상을 해줌
	예외에 의한 관리	규칙과 표준을 이행하는지 관찰하며, 이행되지 않을 경우에만 개입하여 시정조치를 취함

㉥ 변혁적 리더십과 거래적 리더십 비교

구분	변혁적 리더십	거래적 리더십
현상	현상유지를 변화시키려는 노력	현상 유지
목표설정	보통 수준보다 매우 높은 이상적인 목표	현재 수준과 차이가 너무 크지 않은 목표
시간	장기적 전망	단기적 전망

변혁적 리더십
1. 현상을 변화시키려고 노력한다.
2. 부하들에게 스스로 해결책을 찾도록 격려한다.
3. 구성원들에게 개별적 관심과 배려를 보이고 지적 자극을 부여한다.
4. 구성원의 가치, 신념, 욕구체계를 변화시켜 조직의 성과를 제고한다.

거래적 리더십의 의의 기출 19, 20, 25
1. 교환 또는 협상된 노력을 발휘하도록 동기부여시키는 리더십이다.
2. 상황에 따라 리더가 조직 구성원에게 제공하는 보상을 기초로 영향력을 발휘하는 리더십이다.
3. 조직 구성원들에게 업무를 할당하고 그 결과를 평가하여 합당한 보상을 제공하는 것을 강조하여 동기를 부여하는 리더십이다.

거래적 리더의 과정
1. 1단계
   부하들이 원하는 보상을 얻기 위해 무엇을 해야 하는지 인식하고 부하들의 역할을 명확히 한다.
2. 2단계
   부하의 욕구를 인식하여 부하들이 노력을 기울일 때 이러한 욕구가 어떻게 충족될 것인지를 명확히 한다. 이는 부하들에게 보상의 가치를 명확히 인식시켜 줌으로써 자신들에게 기대된 성과를 달성하도록 하는 것이다.

동기부여	자아실현과 같은 높은 수준의 목표를 성취하도록 격려함	즉각적이고도 가시적인 보상으로 동기부여
문제해결	구성원 스스로 해결책을 찾고, 새로운 시도에 도전하도록 격려함	구성원이 규칙과 관례를 따르도록 요구하고, 문제해결방법을 알려 줌
구성요인	카리스마, 개별 관심, 지적 자극	성과와 연계된 보상, 예외적 관리

    ⊗ 변혁적 리더십의 효과
        ⓐ 거래적 리더십에 비해 높은 생산성, 낮은 퇴직률, 낮은 스트레스, 높은 만족감을 가져 온다.
        ⓑ 구성원의 잠재력을 최대한 개발시킴으로써 성과를 향상시킨다.
    ◎ 단점: 개념의 명확성이 결여되어 있고, 거래적 리더십에 비해 항상 효과성이 높은 것은 아니다.
  ③ 슈퍼 리더십(Super-Leadership)
    ㉠ 슈퍼 리더는 구성원들이 스스로를 리드해 나가도록 이끄는 사람이다.
    ㉡ 구성원들이 셀프 리더가 될 수 있도록 이끄는 과정이며, 슈퍼 리더는 구성원을 셀프 리더로 육성하는 사람이다.
    ㉢ 리더의 역할: 구성원들을 안내하고 격려하며, 셀프 리더의 개발을 위한 목표의 구체적 설정, 과업의 방향 설정과 개선안을 고안할 수 있는 역량을 갖추도록 도우며, 모델링 역할을 해야 한다.
    ㉣ 구성원의 자아관리 역량에 초점을 두며, 성장욕구가 높지 않은 사람들에게 동기부여를 할 수 있는가의 문제를 다룬다.
    ㉤ 슈퍼 리더가 되는 단계
        ⓐ 스스로 셀프 리더가 되어라.
        ⓑ 셀프 리더십의 역할모델이 되어라.
        ⓒ 스스로 목표를 설정하도록 유도하라.
        ⓓ 긍정적 사고 유형을 창조하라.
        ⓔ 보상과 건설적인 질책을 통하여 셀프 리더십을 개발하라.
        ⓕ 그룹 활동을 통해 셀프 리더십을 개발시켜라.
        ⓖ 셀프 리더로 대우하라.
  ④ 셀프 리더십
    ㉠ 자기관리 개념을 확장하여 만츠(Manz, 1986)가 X, Y이론의 관점에서 제안한 제도이다.
    ㉡ 리더십은 타고난 것이 아니라 학습을 통해 얻어지며, 리더십은 모든 조직 구성원들에게 필요한 것으로 본다.
    ㉢ 구성원 자신의 행동을 통제하고, 영향력을 행사하기 위해 행동전략과 인지전략을 사용한다.

기출 체크

다음에서 설명하는 리더십 유형은?
기출 25

- 조직의 목표를 달성하기 위해 부하들로부터 노력을 얻어 내는 대가로 그들에게 보상을 제공한다.
- 부하들의 욕구를 충족해 주는 리더와 구성원 간의 교환관계에 기반을 둔다.

① 서번트 리더십
② 권위형 리더십
③ 거래적 리더십
④ 카리스마적 리더십

정답 ③

ⓔ 셀프 리더십의 행위전략과 인지전략

행위전략	자기설정목표	조직의 목표를 자신의 것으로 여기고, 자신의 목표설정
	단서에 의한 관리	바람직한 행동을 하도록 업무 환경에 단서를 배치하는 것
	리허설	자신이 원하는 행동을 위해 미리 연습하는 것
	자기관찰	관심 있는 자신의 특정 행동을 스스로 관찰하여 정보를 수집
	자기보상	과업을 성공했을 때 스스로 가치 있다고 여기는 보상을 주는 것
	스스로 교정하게 하는 피드백	실패에 대한 내적인 자기점검을 통하여 실패로부터 배우고 건설적인 자기교정을 할 수 있도록 피드백하는 것
인지전략	스스로의 과업설계	자연적 보상 수준을 높이기 위해 자신의 업무내용과 수행방법을 재설계하는 것
	직무의 상황을 재설계	직무환경의 재설계 또는 직무시간, 장소를 변경으로 환경적 자연보상을 하는 것
	건설적 사고	어려운 상황을 만났을 때 장애물을 기회로 인식하는 긍정적이고 건설적인 사고 습관을 갖는 것

⑤ 팔로워십(Followership)
  ㉠ 의의: 리더와 상호 보완적인 차원에서 팔로워(구성원)가 조직의 목표달성을 위해 역량을 키워 나가고 적극적인 참여를 통해 주어진 역할에 최선을 다하는 과정을 말한다.
  ㉡ 팔로워십의 유형

모범형	• 스스로 생각하고 행동하며, 솔선수범하고 주인의식을 가지며, 혁신적·독창적 • 리더에게 건설적 비판을 함
소외형	• 독립적이고 비판적인 사고를 하지만 역할 수행을 하지 않음 • 리더와 관계 악화 시 부당한 대우를 받는 희생자로 규정 • 리더를 비판하지만, 불만스러운 침묵으로 일관
순응형	• 독립적, 비판적 사고가 미흡하며, 리더에게 순종적 • 조직 내 분위기가 순종을 요구하는 경우 많이 배출됨 • 예스맨 스타일
실무형	• 리더를 비판하지 않고, 리더의 지시만 잘 수행 • 팔로워 유형 중 가장 많음 • 대립을 피하고, 실패할 경우의 해명자료를 준비해둠
수동형	• 생각도 깊지 않고, 참여도 하지 않는 모범형과 정반대형 • 책임감 결여, 지시를 받지 않으면 행동하지 않음

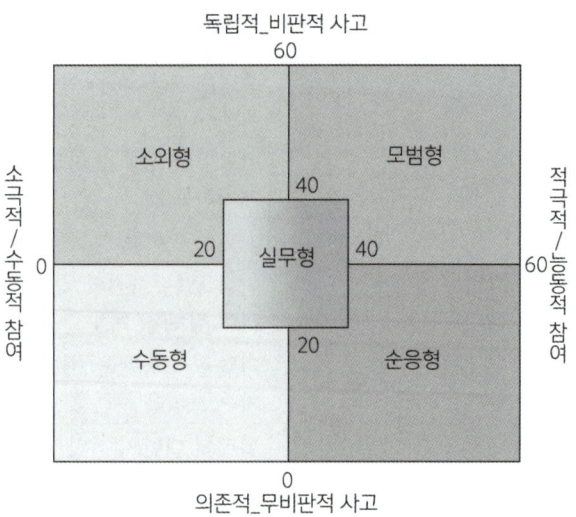

↑ 팔로워 유형

⑥ 그린리프(Greeleaf)의 섬김 리더십(Servant Leadership) 기출 04, 18, 20
  ㉠ 의의: 부하에게 목표를 공유하고 부하들의 성장을 도모하면서, 리더와 부하 간의 신뢰를 형성시켜 궁극적으로 조직성과를 달성하게 하며, 리더가 부하를 섬기는 자세로 그들의 성장 및 발전을 돕고 조직목표 달성에 부하 스스로 기여하도록 만드는 리더십이다.
  ㉡ 서번트 리더의 특성과 요건
    ⓐ 경청(Listening), 공감대 형성(Empathy), 고쳐나간다(Healing).
    ⓑ 개념화 능력(Conceptualization)이 뛰어나고, 스튜어드십(Stewardship)을 발휘한다.
    ⓒ 설득력(Persuasion)과 선견지명(Foresight)으로써, 깨달으려 노력한다(Awareness).
    ⓓ 사람을 성장하도록 하는 데 몰입시킨다(Commitment to growth of people).
    ⓔ 공동체 의식을 형성한다(Building Community).
  ㉢ 전통적 리더십과 서번트 리더십 비교

구분	전통적 리더십	서번트 리더십
목표	효율적	변화에 대한 대응
방법	명령과 통제	합의
조직구조	중앙집권적, 위계적 조직	수평적·분권적 조직
리더와 부하의 관계	가부장적 관계	파트너의 관계
권한과 책임의 위치	리더	리더와 구성원
적합한 상황	안정적인 외부환경	지속적인 변화가 필요한 상황

ⓔ **장점**: 병원 종사자들의 직무만족과 조직몰입을 높이는 것으로 나타났으며, 다양한 전문가 집단이 협력하여 업무를 수행하는 의료조직에 적합하다는 평가를 얻었다.
ⓜ **단점**: 개념의 측정문제와 실증적 연구가 부족하다.
ⓑ 섬김 리더십의 내용(5-Point Star 모형)
  ⓐ I-Inspire(영감): 다른 사람에게 영감과 감화를 주는 것이다.
  ⓑ S-Support(지원): 정서적, 물리적, 정신적 지원이다.
  ⓒ T-Train(훈련): 앞선 기술, 핵심 능력, 최선의 업무수행방법, 질적 서비스, 대상자 중심 등의 훈련이다.
  ⓓ A-Acknowledge(인정): 개인과 팀의 노력과 결과를 인정하는 것이다.
  ⓔ R-Reward(보상): 유형의 보상과 기쁨, 자긍심, 팀의 연대의식 같은 무형의 보상이다.
⑦ 골먼(Goleman)의 감성 리더십(EI; Emotional Intelligence)
  ㉠ 샐러비와 메이어에 의해 창안된 사회적 지능유형으로, 자신과 타인의 감성을 인지하고 조절할 수 있는 능력을 말한다.
  ㉡ 자신의 내면 이해와 구성원의 감성 및 필요를 배려로 구성원들과 자연스러운 관계 형성으로 조직의 감성 역량을 높이는 능력을 말한다.
  ㉢ 효과적 인간관계 관리, 공감능력, 구성원의 직무몰입의 증가로 높은 성과를 가능하게 한다.
  ㉣ 구성원의 동기부여, 직무만족, 직무스트레스, 이직성향, 조직시민행동, 조직몰입, 직무성과 등에 긍정적인 영향을 준다.
  ㉤ 구성원의 창의성을 증가시키고, 소진감과 정서적 갈등을 감소시킨다.
  ㉥ 변혁적 리더십의 구성요소인 카리스마와 개별적 배려에 감성지능이 필요하다.
  ㉦ 감성지능의 4가지 역량

자기 인식능력	• 자신의 감성을 명확하게 읽고, 그 영향력을 이해하는 감성적 자기인식능력 • **자기평가**: 자신의 강점과 약점을 정확히 이해하는 능력으로, 지나치게 비판적이거나 비현실적 희망을 갖지 않기 때문에 쉽게 실패하지 않음 • **자기확신**: 자신의 가치와 목적에 대해 긍정적으로 이해하는 능력 • 자기인식이 높은 리더는 자기 확신과 열정으로 공감대 형성에 필요한 행동을 하게 됨
자기 관리능력	• 자신의 감성을 효과적으로 통제·관리하는 능력 • 어려운 상황에서 침착하게 올바른 의사결정을 할 수 있도록 도울 수 있음 • 높은 자기관리능력은 긍정적 조직 분위기 생성으로 구성원이 믿고 따를 수 있게 만듦

사회적 인식능력	• 타인의 감성을 이해하고, 공감하는 감정이입의 능력 • 조직의 정치적 관계, 의사결정구조, 구성원이 리더에게 기대하는 가치관과 원칙을 명확히 이해할 수 있음 • 높은 사회적 인식은 다양한 방법으로 표현되는 구성원의 감정들을 읽을 수 있음
관계 관리능력	• 타인의 감성을 효과적으로 관리하는 능력 • 감화력으로 구성원과 공감대를 형성하고, 설득력으로 갈등을 조화롭게 관리함 • 구성원과 함께 일하고 싶어 하고 서로 존중하고 도와주는 팀워크 및 협동을 이끌어냄 • 자기인식, 자기관리, 사회적 인식능력을 모두 발휘할 때 실현이 가능함

⑧ **임파워먼트 리더십** 기출 23

㉠ **개념**: 조직 구성원에게 업무와 관련된 자율권을 보장하여 구성원의 잠재력을 극대화시키는 리더십을 말한다.

㉡ **핵심**: 권한의 공유와 혁신

㉢ **특징**

ⓐ 임파워먼트 리더는 권한을 하급자에 줄수록 자신의 영향력이 증대된다는 자신감을 가지고 직무 권한을 하급자와 공유하여 하급자들이 자신의 자율적 의사결정으로 업무상의 혁신을 이루도록 촉진한다.

ⓑ 임파워먼트는 제한된 범위에서 권한이 위임되는 권한 위임과 구별된다.

ⓒ 부하에게 권한 공유와 격려를 통해 힘을 실어주어 나타나는 마음의 상태이다.

㉣ **임파워먼트의 구성요소**

ⓐ **의미성**: 일에 대한 가치로, 일 자체가 주는 내적 동기를 말한다.

ⓑ **역량감**: 일을 효과적으로 수행하는 데 필요한 능력에 대한 개인적 믿음이다.

ⓒ **자기결정력**: 구성원 개인이 자신의 판단과 결정에 따라 행동할 수 있는 정도이다.

ⓓ **영향력**: 개인이 조직목표달성에 기여할 수 있다고 느끼는 정도이다.

동기부여의 증진방안
1. 직무 재설계
2. 인사관리제도의 개선
3. 임파워먼트의 증진
4. 성과-보상의 합치 프로그램

동기부여의 중요성
1. 자아실현기회
2. 자신감 & 자긍심
3. 직무만족 생산성↑
4. 조직의 변화 추진력↑

3 동기부여(Motivation)

1. 동기부여의 이해

(1) 개인이 어떤 목적을 향하여 행동하도록 유도하는 것이다.

(2) 어떤 목표를 달성하도록 부추기거나 행위를 촉진시키는 개인의 내재된 힘, 목표를 달성하기 위해 노력하는 의지를 말한다.

(3) 조직 구성원이 조직이 원하는 결과를 산출하기 위해 자발적, 지속적인 노력을 하도록 유도하는 관리활동이다.

2. 동기부여이론

(1) 매슬로우(Maslow)의 욕구단계이론(Need Hierarchy Theory)

기출 10, 13, 15, 16, 17

① 인간의 동기를 유발할 수 있는 욕구를 생리적, 안전, 소속 및 애정, 존경, 자아실현의 다섯 가지 욕구로 설명한다.
② 욕구는 계층적 구조를 이루고 있으며, 하위 단계에 있는 욕구에서부터 상위 단계에 있는 욕구로 순차적으로 발생한다.
③ **단계적 원리**: 하위 욕구가 충족되었을 때 다음 단계에 있는 상위 욕구가 발생한다.
④ 생리적 욕구와 안전의 욕구가 근로자의 기본적 욕구로 적절한 수입보장과 적절한 임금관리가 필요하다는 것을 강조한다.
⑤ 경제적 욕구 충족 후에 사회적 욕구가 강해지므로, 물질에 대체할 정신적 동기 유발의 대책이 필요하다.
⑥ 많은 욕구이론의 발전에 시발점으로 작용하였으며, 구성원의 욕구에 대한 체계적인 인식을 갖게 해주었다.

> **★ 핵심정리** 매슬로우(Maslow)의 욕구이론 단계 기출 11, 15, 17, 18, 19, 20, 21
>
> | | |
> |---|---|
> | 자아실현욕구 | • 자아발전과 이상적 자아를 실현하려는 욕구
• 미지의 세계의 도전, 역사에 이름을 남기려는 욕구
• 도전적 과업, 창의성 개발, 잠재적 능력을 발휘 |
> | 존경욕구 | • 타인으로부터의 존경, 자아존중, 타인에 대한 지배욕구, 리더가 되고자 하는 욕구
• 포상, 상위직 승진, 타인의 인정, 책임감 부여, 중요한 업무 부여 |
> | 소속 및 애정욕구 | • 사랑, 우정, 집단에의 소속욕구
• 인간적 리더, 화해와 친교 분위기, 우호적 업무팀 |
> | 안전욕구 | • 물질적 안정, 타인의 위협이나 재해로부터의 안전욕구
• 고용보장, 생계보장수단, 안전한 작업조건 |
> | 생리적 욕구 | • 생존을 위한 의식주 욕구와 성욕, 호흡 등의 신체적 욕구
• 통풍, 난방장치, 최저임금 |

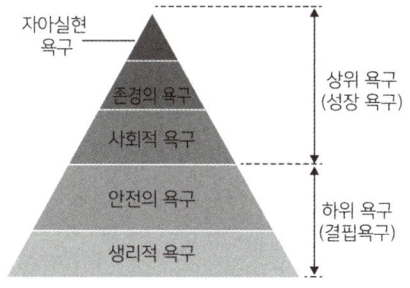

◐ 욕구이론 단계

동기부여이론
1. 어떤 요인들이 조직 구성원들의 동기를 부여시킬 수 있는가?
2. 욕구단계이론, ERG이론, 성취동기이론, 동기–위생이론, X·Y 이론

(2) 알더퍼(Alderfer)의 ERG이론(ERG; Existence, Relatedness, Growth, 1969) 기출 12, 15, 17, 18, 19

① 매슬로우(Maslow)의 욕구단계이론의 한계점을 보완하기 위해 발표된 이론이다.
② 인간의 욕구는 복합적 성격을 추구하며, 욕구는 단계적이 아니라 두 가지 이상이 동시에 일어난다.
③ 하위 욕구가 충족되면 상위 욕구로 진행된다(욕구 충족 시 다음 단계로 진행).
④ 욕구 좌절 시 그 보다 하위 욕구가 증대되어 좌절 - 퇴행의 과정으로 전환된다.
⑤ **성장욕구 좌절 ⇨ 관계욕구 증가**: 리더는 인간관계 개선, 자아실현기회 제공, 안정과 보람을 제공해야 한다.
⑥ **관계욕구 좌절 ⇨ 존재욕구 증가**: 동료나 상사와의 관계 어려워지면 월급이나 근무환경 개선의 욕구가 강해진다.
⑦ 리더는 과업의 도전의식이 생기도록 성장의 욕구를 충족시키는 기회를 마련해 주어야 한다.

★ 핵심정리 알더퍼(Alderfer)의 ERG이론의 단계

1단계	존재욕구	• 생리적 및 물리적 욕구(음식, 공기, 물, 임금, 작업조건 등) • 매슬로우의 생리적, 안전의 욕구에 해당
2단계	관계욕구	• 만족스러운 대인관계(사회적, 개인적)에 대한 욕구 • 매슬로우의 안전, 사회적, 존경의 욕구에 해당
3단계	성장의 욕구	• 자기 자신의 계속적인 성장과 발전에 대한 욕구 • 매슬로우의 존경 일부와 자아실현 욕구에 해당

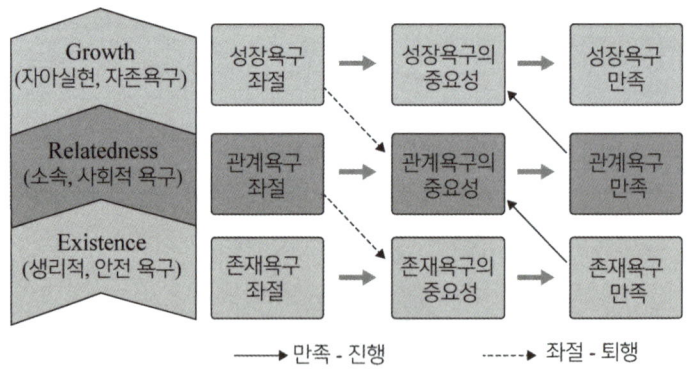

🔼 ERG이론 단계

(3) 맥클리랜드(Mclleland)의 성취동기이론 기출 19

① 인간의 욕구는 선천적인 것보다 학습을 통해 이루어지는 후천적인 것으로 본다.
② 친교, 권력, 성취 욕구로 인간의 욕구의 80%를 설명할 수 있다고 주장한다.
③ 성취동기를 측정하여 성취행동을 예측할 수 있고, 학습과 훈련을 통해 성취 동기의 육성이 가능하다.

④ 조직의 선발, 배치, 이동 시 구성원 개인의 성취동기를 고려하여야 한다.
⑤ 직무설계과정 시 단순작업보다는 난이도가 가미된 생각과 경험이 요구되는 방식을 권유한다.

> ★ **핵심정리** 맥클리랜드(Mclleland)의 성취동기이론 중 욕구의 의미
>
> | 친교 욕구 | • 다른 사람들과 친근하고 유쾌한 감정관계를 확립·유지·회복하려는 욕구
• 다른 사람들에게 인정받기 위해 노력하며, 경쟁적인 상황보다는 협조적인 우호적 상황을 만들려는 경향을 보임
• 직장에서 친교욕구가 높으면 업무의 관여도와 생산성이 높아짐 |
> |---|---|
> | 권력 욕구 | • 다른 사람에게 영향력을 행사하고 통제하려는 욕구
• 권력욕구의 발달단계
  - 1단계: 다른 사람들과의 관계를 활용하여 권력의 힘을 축적하는 단계
  - 2단계: 자신이 한 일에 자부심을 가지며, 권력욕구의 원천이 됨
  - 3단계: 개인의 욕구 충족을 위해 다른 사람에게 영향력을 행사
  - 4단계: 조직의 성공 같은 큰 목적을 위해 영향력 행사로 권력감을 향유 |
> | 성취 욕구 | • 무엇을 이루어 내고 싶은 욕구
• 개인적 문제해결욕구, 경쟁에서 우위를 차지하려는 욕구, 자신의 능력을 최대로 발휘하고자 하여 자신의 가치를 높이려는 욕구
• 성취욕구는 학습을 통해 습득되며, 훈련을 통해 증대될 수 있음 |

성취욕구 (Need for Achievement)	친교욕구 (Need for Affiliation)	권력욕구 (Need for Power)
높은 기준을 설정하고, 이를 달성하고자 하는 욕구	대인관계에서 밀접하고 친밀한 관계를 맺고자 하는 욕구	다른 사람에게 영향력을 미치고, 통제하려는 욕구

↑ 성취동기이론

(4) 허츠버그(Herzberg)의 동기 – 위생이론(2요인 이론) 기출 10, 14, 15, 17, 18, 19, 20, 25

① 욕구는 욕구를 충족시키는 동기요인(인정, 칭찬 등)과 욕구를 충족시키지 못하는 위생요인(월급, 감독, 관리스타일 등)으로 구분된다고 본다.
② 동기요인은 동기부여에 영향력이 국한되어 있고, 위생요인은 불만족 정도에 영향력이 국한되어 있다고 본다.
③ 위생요인과 동기요인은 성격이 근본적으로 달라, 어느 한 요인이 높아진다고 해서 다른 요인을 대체할 수 없다.
④ 구성원의 동기부여를 위해 성취감, 인정감, 책임감 등을 체험할 수 있는 직무의 재구성이 필요하다.
⑤ 동기부여를 위해 위생요인의 충족보다는 동기요인 관리의 중요성을 강조한다.

동기 – 위생이론
1. 매슬로우(Maslow)의 이론을 근거로 허즈버그(Herzberg)가 개발하였다.
2. 인간에게는 이질적인 2가지 욕구가 동시에 존재한다.

2요인
1. 동기요인 = 직무내용, 만족요인
2. 위생요인 = 직무환경, 불만족 요인

기출 체크
허즈버그(F. Herzberg)의 2요인 이론 중 일에 대한 적극적인 태도를 유도할 수 있는 동기요인에 해당하는 것은?
기출 25
① 지위　② 임금
③ 성취감　④ 작업조건

정답 ③

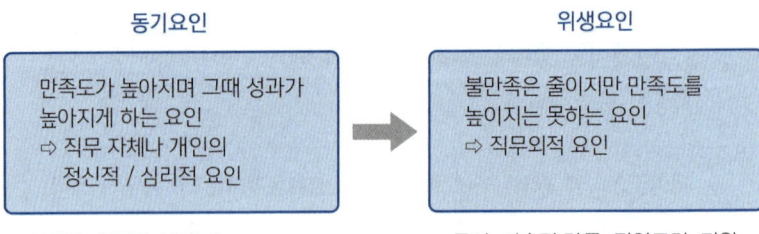

↑ 허츠버그의 동기 - 위생이론의 이해

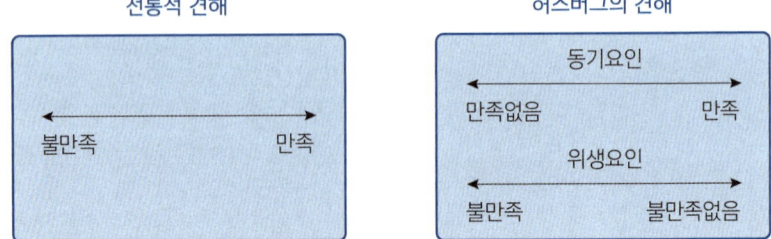

↑ 전통적 견해와 허츠버그의 견해

(5) 맥그리거(McGregor)의 X·Y이론 기출 10, 12, 13, 16, 17, 18, 19, 22

① 구성원들의 사회적 상호작용에 대한 모델로서 X이론(부정적 인간관), Y이론(긍정적 인간관)을 제시하였다.
② 조직에서 Y형 인간관을 충족시키기 위해 분권화와 권한위임, 성장을 촉진하는 직무 개선, 참여 관리, 목표 설정에 따른 업적평가 등의 관리방식이 필요하다.
③ 맥그리거의 X·Y이론의 비교

특성	X이론	Y이론
업무태도	구성원이 일하기 싫어함	구성원이 근무여건 충족 시 노는 것같이 일하는 것을 자연스럽게 여김
야망	야망이 없고, 지시 받는 것을 좋아함	자발적으로 조직의 목표를 달성함
창의성	조직의 문제를 창의적으로 해결하지 못함	조직의 문제를 창의적으로 해결함
동기부여	생리적 욕구와 안전의 욕구에 의해서만 동기가 부여됨	매슬로우의 다섯 가지 모든 욕구에 의해 동기가 부여됨
통제	철저한 통제와 감독이 있어야 목표성취가 가능	적절하게 동기부여를 하면, 구성원은 자기 스스로 통제

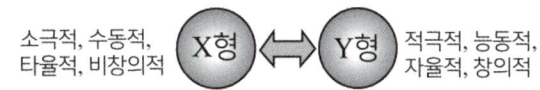

↑ 전통적 견해와 허츠버그의 견해

★ 핵심정리 동기부여 내용이론들의 비교

매슬로우의 욕구단계이론	알더퍼의 ERG 이론	맥클리랜드의 성취동기이론	허츠버그의 동기-위생이론	맥그리거의 X·Y이론
자아실현욕구	성장욕구	성취욕구	동기요인	Y이론
존경욕구	관계욕구	권력욕구		
소속, 애정의 욕구		친교욕구		
안전의 욕구	존재욕구	−	위생요인	X이론
생리적 욕구				

(6) 아지리스(Argyris)의 미성숙-성숙이론 기출 10, 12, 16, 17, 18, 19, 20

① 의의
  ㉠ 아지리스는 인간은 성숙한 인간과 미성숙한 인간이 있는데 대개는 미성숙상태에서 성숙상태로 진전되는 과정이 바로 조직 관리의 효율적 전략이라는 것이다.
  ㉡ 아지리스는 조직인의 관리는 개별적 성격의 성숙도에 따라 관리전략을 수립해야 한다고 보았다.

② 내용
  ㉠ 미성숙한 사람은 대개 수동적, 의존적, 단일적, 일반적, 단기적, 종속적, 자아의식 결여 등의 특성을 지니고 있다고 보았다.
  ㉡ 성숙한 사람은 능동적, 독립적, 다양성, 구체적, 장기적, 독자적, 자아의식을 구비하고 있다.
  ㉢ 아지리스는 7가지의 특성의 변화를 제시하면서 "하나의 인간이 미성숙한 상태에서 성숙한 상태로 변화를 가져오는 것은 발전이요, 곧 성숙이다."라고 하였다.
  ㉣ 관리자는 조직 구성원들이 조직의 목표달성을 위해 노력함과 동시에 개인적인 욕구를 충족시키면서 성장할 기회를 가질 수 있도록 관리해야 한다고 하였다.

③ 평가 및 관리전략
  ㉠ 공식조직의 지배원리인 전통적인 조직의 원리는 조직의 합리성을 과도하게 추구한 나머지 인간의 성숙한 성격의 제반 욕구와 본질적인 괴리현상을 일으키고 있다.
  ㉡ 개인과 조직 간의 본질적인 괴리는 조직 구성원의 좌절감·갈등·실의 또는 단기적 전망을 심화시키는 결과를 가져온다.

ⓒ 효율적인 전략은 모든 조직 구성원을 성숙한 인간으로 관리할 것은 물론, 나아가서 조직 구성원 한 사람 한 사람이 모두 하나의 인격체로서 그리고 집단 구성원으로서 최대의 성숙상태를 실현할 수 있는 기회 내지는 분위기를 적극적으로 조성해 주어야 한다.
ⓔ 직무를 확대하고 참여적, 직원 중심적 리더십 조성 등을 통해 인간의 자기실현을 가능하게 해야 한다.

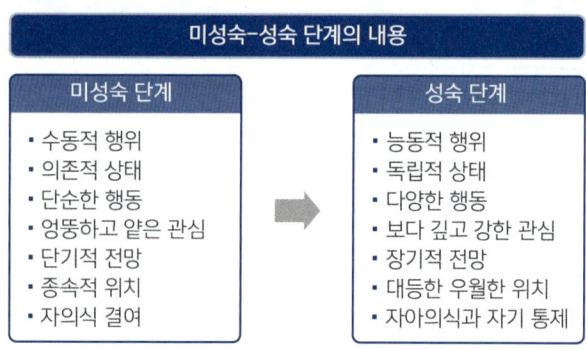

↑ 미성숙 – 성숙 단계의 내용

과정이론
1. 어떤 방법으로 동기를 불러일으킬 수 있는가에 초점
2. 사람이 어떻게 동기화되는가
3. 브룸의 기대이론, 공정성이론, 목표설정 이론 등

기대이론
1. 개념
   보상에 대한 매력이 클수록, 개인의 능력이 실제성과를 달성하리라고 기대할수록, 실제성과가 보상을 가져오리라고 기대할수록 개인의 동기는 강하게 작용한다.
2. 한계점
   인간이 계산과정을 거쳐서 행동을 결정한다는 것에 대한 검증이 어려움
3. 강점
   조직 구성원들을 효율적으로 동기부여 하기 위해서는 조직이 제공하는 보상이 구성원들에게 얼마나 매력적인지를 인지하여 그들이 가치 있게 생각하는 보상을 통해 제공해야 함을 알려줌으로써 오늘날 조직관리에 많은 시사점을 줌

3. 과정이론

(1) 브룸(Vroom)의 기대이론(Expectancy Theory) 기출 12, 16, 17, 18, 21

① 욕구, 만족, 동기유발의 체계에 기대라는 인식론적 개념을 첨가하였으며, 동기유발과정에 초점을 둔 이론이다.
② 목표 – 수단 연계이론으로 개인에게 동기를 부여하려면, 최종목표와 그 목표에 이르는 중간 수단들과의 연결의 확률이 높아야 한다.
③ 보상의 가치와 노력 – 보상 간의 기대가 노력(동기)을 유발시킨다.
④ 직무수행에 필요한 능력과 특성, 자신의 역할에 대한 정확한 이해가 있어야 높은 성과를 산출한다고 본다.
⑤ 노력에 대한 성과를 받았던 경험은 미래의 동기부여와 성과에 영향을 미치며, 직무만족도를 결정하게 된다.
⑥ 리더는 구성원에게 달성가능한 목표를 설정하여 확신을 심어주고 적절한 안내서와 지원을 제공해 주어야 한다.
⑦ **기대이론의 주요 변수** 기출 18, 19, 20

기대 (Expectation)	• 자신이 노력하면 기대하는 결과를 달성할 것이라고 믿는 가능성으로 기댓값은 1부터 0 사이의 값 • 자신들의 노력이 실제로 1차 수준결과를 가져오게 할 것이라고 믿는 정도로서 노력과 성과의 연결을 의미하는 것 • 자신의 노력으로 기대하는 실제적인 결과를 가져올 것이라고 믿으면 기댓값이 1이고, 가능성이 없다고 지각되면 기댓값은 0

유의성 (유인가, Valences)	• 자신의 노력을 통한 결과로 나타난 보상이 개인에게 지니는 매력의 정도를 의미하는 것 • -1에서 1 사이의 값 • 자신이 원치 않는 보상으로 인지되면 부정적(-)인 유의성이고, 관심 없는 보상으로 인지되면 유의성은 0이며, 자신의 기대하던 보상으로 인지되면 긍정적인(+) 유의성으로 인지
결과 또는 보상 (Outcomes)	행동의 산물로서 개인행동의 성과와 같은 1차적 결과와 성과에 따른 보상과 같은 2차적 결과로 구분
수단성 (Instrumentalities)	• 1차 수준의 결과가 2차 수준의 결과를 달성하리라고 믿는 가능성 • <u>주관적 확률치로 개인이 지각하는 1차적 결과와 2차적 결과와의 상관관계를 의미</u> • 0에서 1 사이의 값
행동선택 (Choices)	구성원의 행동선택에서 개인은 행동별 대안과 기대되는 결과 및 중요성을 비교, 평가한 후 자신의 행동 실시

↑ 브룸의 기대이론모형

출처: Vroom, V. H. (1964). Work & motivation.

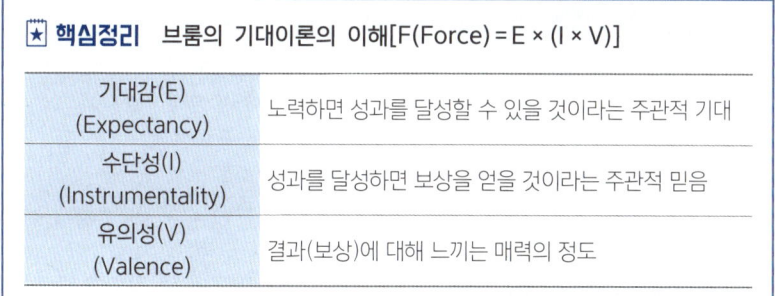

동기부여(Motivation)

기대감(Expectancy) × 수단성(Instrumentality) × 유의성(Valence)

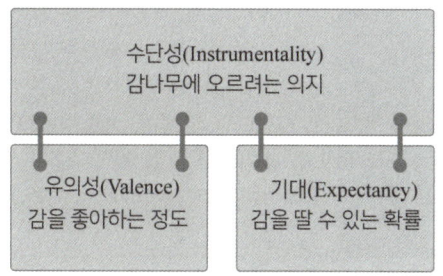

↑ 브룸의 기대이론

⑧ 기대감 향상전략
  ㉠ **구성원의 기대감을 키우기 위한 전략**: 노력한 결과가 성과를 내도록 하는, 즉 교육, 훈련이나 재배치를 통해 개인의 능력과 기술을 개발해주고 적절한 직무를 부여한다.
  ㉡ **수단성을 높이기 위한 전략**: 일정수준의 성과에 대해 구성원들에게 외적 보상을 약속하였다면 반드시 그 약속을 지킨다.
  ㉢ **유의성에 대한 평가 또한 동기유발**: 성과에 대한 유의성을 높여주기 위하여 성과와 의미 있는 보상을 연계시킨다.

(2) 아담스(Adams)의 공정성이론(Equity Theory) 기출 08, 14, 15, 17, 18

① 동기부여는 자신의 보상의 크기와 함께, 비슷한 상황에 있는 타인들과 비교하여 공정한 대우를 받는다고 생각될 때 동기가 부여된다는 것이다.
② 구성원은 타인과의 관계에서 공정성을 유지하는 쪽으로 동기가 부여된다.
③ 구성원의 성과와 직무태도를 예측하는 데 도움을 주며, 노사협상을 이해하는 데 유용한 이론이다.
④ 타인의 비율과 비교하여 불균형을 인지했을 때 긴장을 경험하며 이러한 긴장이 그들이 공정하다고 인정하는 것을 위하여 노력하는 동기부여의 기초를 제공한다.
⑤ **불공정성 감소방안**

투입의 변경	• 근로자들이 업무과다와 급여부족을 느낀다면 사람들의 생산성은 감소하게 될 것이며, 보상을 잘 받는다고 느낀다면 자신의 업무수행을 증진하기 위해 노력할 것 • 주로 자신이 노력을 증가시킴으로써 투입을 증가시킴
결과의 변경	노조의 압력 등으로 임금인상이나 작업조건을 개선하는 경우, 특히 이것이 다른 산업이나 조직과의 불공정성을 없애기 위한 것일 때 결과는 바뀔 것
자기 자신의 투입이나 결과의 왜곡	• 인지적으로 투입과 산출을 변형시킴 • '내가 하고 있는 일이 더 중요하니까' ⇨ 자신의 과다보상 합리화
직장 이동	사람들은 극한의 불공정성이 없는 한 조직을 쉽게 떠나지는 않음
타인의 투입이나 결과의 왜곡	비교대상이 실제보다도 열심히 일하고 있으므로 보상을 많이 받는 것은 당연하다고 믿음
준거인물의 변경	• 비교대상을 변경함으로써 불공정성을 줄일 수가 있음 • 비교가 공정하다면 사람들은 그들이 공정하게 대우받는다고 느낄 것이며, 그렇지 않으면 교정적 행동을 취하도록 동기가 작용할 것 ⇨ 관리자는 보상체계의 지각된 공정성에 관심을 기울일 필요가 있음

공정성이론 시사점
1. 관리자는 조직에서의 사회적 비교과정에 주의를 기울여야 한다.
2. 동기부여에 있어서 지각의 중요성을 인식해야 한다.
3. 공정성 또는 불공정성에 관한 결정은 개인적 차원에서만 이루어지는 것이 아니고, 조직 내외의 다른 작업자와의 비교가 포함된다.

★ **핵심정리**	아담스의 공정성이론의 4가지 개념
개인	공정성 또는 불공정성을 인지하는 개인
비교대상	투입과 산출의 비와 관련하여 개인에 의하여 비교의 대상이 되는 개인 또는 집단
투입	개인의 직무에 투여하는 개인적 특성(나이, 성별, 인종, 기술, 경험, 학습 등)
산출	개인의 직무수행의 결과(인정, 부가급여, 임금, 복지혜택, 발전기회 등)

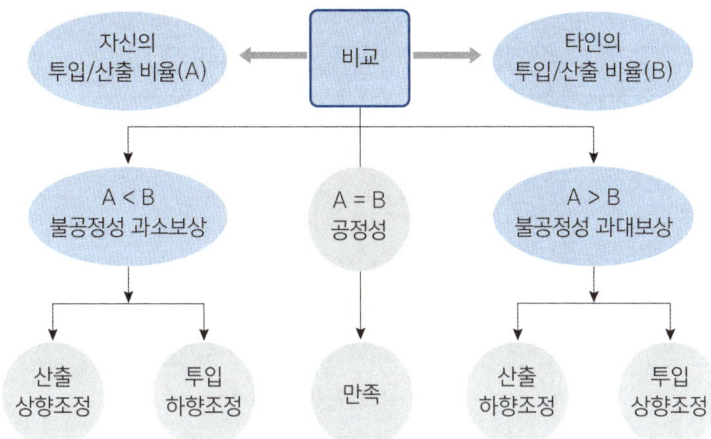

○ 공정성이론의 이해

(3) 로크(Locke)의 목표설정이론(Goal-setting Theory)

① 개인의 목표는 행동 동기로 작용한다는 전제하에 조직 구성원의 목표와 과업성과 간의 관계를 설명한 이론이다.
② **중요요소**: 목표의 구체성, 목표수준, 구성원의 참여, 결과에 대한 피드백, 목표에 대한 수용성
③ **상황요소**: 보상의 제고, 과업구조, 기술, 목표달성에 대한 과거경험, 산출의 성격, 관리자의 리더십
④ 상황요소들은 목표설정, 목표달성과정, 성과 수준에 많은 영향을 미친다.
  ㉠ 1단계
    ⓐ 성취가능한 범위 내에서 어렵고 구체적인 목표를 설정한다.
    ⓑ 수량과 시간 측면에서 명확하게 목표를 정한다.
  ㉡ 2단계: 다양한 보조수단을 동원하여 목표수용도와 몰입을 확보한다.
  ㉢ 3단계: 적절한 훈련과 정보를 제공하여 목표달성 지원 및 성과에 대한 구체적인 피드백을 제공한다.
⑤ 목표관리기법(MBO)으로 개인의 특성을 고려하여 도전감을 유발시키고, 달성가능하고 측정가능한 목표를 구체적으로 설정하도록 돕는다.

목표달성이론
목표를 달성하려는 의도가 동기부여에 있어 근원이 된다는 이론이다.

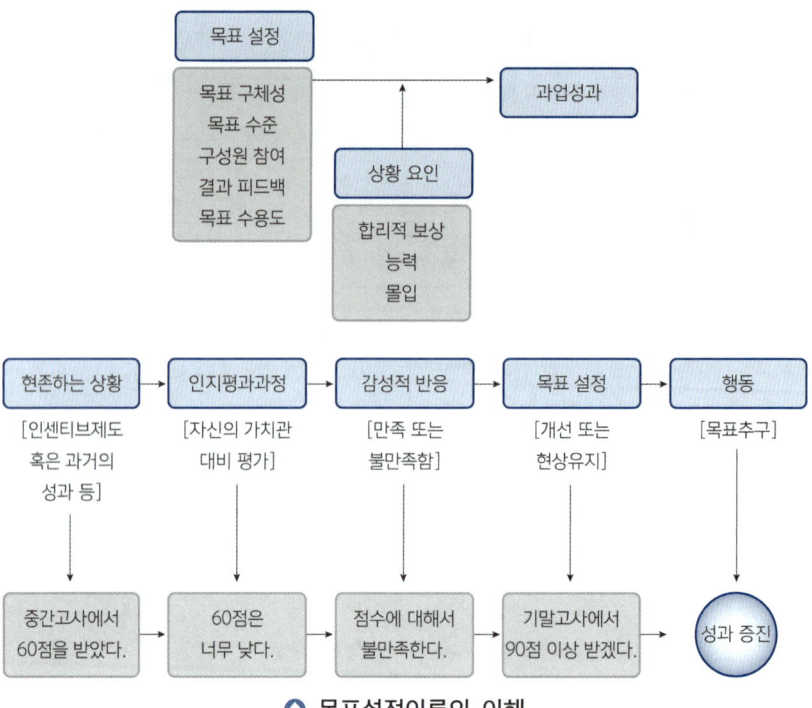

↑ 목표설정이론의 이해

(4) 스키너(Skinner)의 강화이론

① 구성원의 일정한 행위 반응을 얻기 위해서는 보상을 제공해야 구성원의 행위에 동기를 부여할 수 있다.
② 개인의 요구만족도에 따라 개인별 강화전략이 필요하다.

긍정적 강화	개인이 바람직한 행위를 하고 난 후에 그 행위에 대해 칭찬이나 금전 등의 보상을 제공받음
부정적 강화	행위에 대한 불쾌한 자극이나 바람직하지 않은 결과를 회피, 제거하여 바람직한 행위를 지속하게 함
소거	긍정적 강화요인을 억제함으로써 행동 개선을 유도
벌	바람직하지 않은 행동에 대해 불쾌한 결과를 제공

(5) 포터와 롤러(Porter & Lawler)의 업무 만족이론

① 업적은 개인이 원하는 목적과 결과를 성취하려는 노력에 의하여 결정되고 만족은 실제로 달성하는 결과에 의하여 결정된다.
② 보상이 직접적인 만족이 되는 것이 아니라 보상의 공평성에 대한 인지가 개입해 만족의 정도를 결정한다.
③ 업적은 만족의 원인이 될 수 있으나 이들의 관계는 내외적인 보상에 의해 연결된다.
④ **외적 보상**: 보수, 승진, 지위, 안전이 있다.
⑤ **내적 보상**: 높은 업적에 대해 개인이 스스로 얻는 만족으로 이것이 외적인 보상보다 중요하다.

4. 동기부여 증진방안

(1) 직무의 재설계
① 내적동기를 부여하기 위한 방안이다.
② 직무의 재설계로 동기부여를 증진시킬 수 있다.
③ 직무충실화는 업무수행 시 자신의 성과를 계획, 통제할 수 있는 자율성과 책임감을 부여해 주며, 성장에 대한 기회나 의미 있는 직무경험을 제공해 준다.

(2) 보상제도의 개선
① 조직의 목표를 달성하기 위해 성과와 연결된 객관적이고 공정한 보상제도를 마련해야 한다.
② 성과급은 동기를 유발시키는 데 효과적이다.
③ 성과에 따라 보상을 차별화하는 성과급의 비중을 확대하고, 성과급은 객관적이고 공정하게 구성해야 한다.

(3) 평가시스템의 개선
효과적인 동기부여를 위해 보상의 근거가 되는 성과 평가에 대한 구성원의 신뢰가 필요하다.

(4) 능력개발
① 교육훈련과 경력개발제도의 실시로 구성원의 성장욕구를 충족시켜 동기부여를 증진시킨다.
② 능력개발을 위한 다양한 제도와 프로그램을 마련하여 구성원의 참여기회를 확대시켜야 한다.

(5) 동기부여 분위기 조성
관리자들은 동기가 부여될 수 있는 조직 분위기를 조성하는 데 중요한 역할을 한다.

4 의사소통(Communication)

1. 의사소통의 이해

(1) 의의
① 개인 상호 간, 집단 상호 간 또는 개인이나 집단 상호 간에 정보 또는 의미를 주고받는 과정이다.
② 관리자가 계획을 수립하거나 조직을 구성, 지휘나 통제를 할 때 기본적으로 사용한다.
③ 모든 관리기능을 통합하고, 조직 내·외부 환경, 집단과 집단, 개인 간의 상황을 연결하는 역할을 한다.
④ 의사소통은 조직의 혈액순환의 역할을 수행한다고 할 수 있다.

의사소통의 일반적인 원칙
1. 일관성
2. 명료성
3. 적시성
4. 분배성
5. 적응성
6. 수용성

(2) 중요성
① 무엇보다도 의사소통은 여러 경영행정기능의 핵심이 되고 기본이 될 뿐만 아니라 계획화로부터 시작되는 여러 기능(활동, 과정)은 의사소통을 통해서만 실현된다.
② 조직 구성원들은 실로 많은 시간을 의사소통에 바치고 있다.
③ 집단의 유지를 가능하게 하고 성공적이게 하는 것은 중추신경으로서의 의사소통이다.
④ 의사소통이 효과적이면 업적과 직무만족을 높여 주는 경향이 있다.

(3) 원칙
① **명료성**: 수신자가 전달 내용을 정확하게 이해할 수 있도록 명확한 용어와 평이하고 간결한 언어나 문장을 사용하여야 한다.
② **일관성**: 앞에서 말한 내용과 뒤에서 말한 내용에 모순이 없어야 한다.
③ **적정성**: 전달량이 과소, 과다하지 않은 적정량이 제공되어야 한다.
④ **적시성**: 시기적절하게 적시에 정보가 제공되어야 효과가 있다.
⑤ **분포성**: 정보는 조직 전체에 적절하게 분포되어야 하며, 전달받아야 할 피전달자가 누구인가를 확정하여 정확하게 전달되어야 한다.
⑥ **적응성과 통일성**: 의사전달이 너무 경직되어 있어서는 안 되고 구체적인 상황에 따라 적절히 융통적·신축적으로 반응할 수 있어야 하며, 의사전달이 전체로서 통일된 의사표현이 되도록 하여야 한다.
⑦ **관심과 수용**: 의사전달은 궁극적으로 피전달자의 관심과 수용이 있어야 한다. 의사전달에 대한 피전달자의 관심과 수용적 태도가 갖추어져 적극적 반응을 보여야 효과적인 의사전달이 이루어진다.

(4) 장애요인 및 촉진방안
① 전달자와 피전달자

장애요인	• 가치관·사고방식의 차이 • 지위상의 차이 • **전달자의 의식적 제한**: 보안상 비밀 유지 • **전달자의 자기방어**: 전달자가 자기에게 불리한 사실은 은폐, 고의적 왜곡 • 피전달자의 전달자에 대한 불신이나 편견, 수용거부, 잘못된 해석 • 원만하지 못한 인간관계 • **환류의 봉쇄**: 정확성이 손상될 위험
촉진방안	• **상호접촉 촉진**: 회의·공동교육훈련, 인사교류 등 • 대인관계 개선, 조직 내 개방적 분위기 조성 • **하의상달의 권장과 활성화**: 권위주의적 행정행태의 개선 • **의사전달 조정 집단의 활용**: 상향적 의사전달의 누락, 왜곡 등 방지와 정보처리의 우선순위 결정 • 민주적·쇄신적 리더십의 확립

② 전달수단 및 매개체

장애요인	• **정보과다**: 내용 파악 곤란 • 정보의 유실과 불충분한 보존 • **매체의 불완전성**: 적절치 못한 언어·문자 사용 • 다른 업무의 압박(업무의 과다·폭주) • 지리적 거리
촉진방안	• **매체의 정밀성 제고**: 언어·문자의 정확한 사용 • 효율적인 관리 정보체계의 확립과 시설의 개선 • **의사전달의 반복과 환류**: 확인메커니즘 확립

③ 조직구조

장애요인	• **집권적 계층구조**: 수직적인 의사전달 제한, 유동성 저하 • **할거주의, 전문화**: 수평적 의사전달 저해 • **비공식적 의사전달의 역기능**: 소문·풍문 등에 의한 정보의 왜곡 • 정보전달채널의 부족
촉진방안	• 정보전달채널의 다원화 • 계층제의 완화와 분권화 • 정보의 분산

2. 의사소통의 유형

(1) 대인 간 의사소통의 유형

언어적 의사소통	구두적 의사소통		• 정보와 의사전달에 가장 많이 사용하는 방법 • 대면적 대화, 연설, 전화통화 등이 있음 • 장단점
		장점	• 전달속도가 빠르고, 즉각적인 피드백을 받을 수 있음 • 직접적인 대면으로 신속하고 효과적이며, 문제해결이 빠름
		단점	• 의사소통 왜곡이 발생할 가능성이 있음 • 사려 깊은 반응의 시간이 적고, 전달내용에 대한 자료가 없음
	문서적 의사소통		• 표현의 정확성이 필요할 때, 기록을 보관해 놓을 필요가 있을 때 사용함 • 수신자가 가까이 없을 경우 효과적임 • 편지, 보고서, 안내서, 협조공문, 회람, 전자 우편 등 • 장단점
		장점	• 정확하고 일관성 있게 모든 직원들에게 지시가 가능함
		단점	• 지나치면 관료 조직이 되기 쉬움 • 지시사항에 대한 중요성이 감소함 • 지시 이행에 대한 동기부여가 어려움

비언어적 의사소통	• 언어적 수단을 사용하지 않고, 몸짓, 얼굴표정, 목소리, 억양, 자세, 걸음걸이, 옷차림 등에서 나타나는 메시지 • 일상 대화의 70% 이상은 비언어적 의사소통

(2) 조직 차원 의사소통의 유형

① 공식적 의사소통 기출 15, 17, 22

<u>상향적 의사소통</u>	• **하의상달식**: 조직의 공식 경로를 통해서 메시지가 하위에서 상위로 전달되는 것 • 하급자의 자발적인 의사전달과 일선 경험을 통해 실무적인 아이디어 창출이 가능 • **내용**: 제안, 여론조사, 회의, 면담, 상담, 품의제도, 면접, 보고, 결재제도 등 • **단점**: 여과 효과로 인해 최고 관리층까지 정확하게 전달되지 못하거나 왜곡될 가능성이 있음
하향적 의사소통	• **상의하달식**: 메시지가 조직의 상위층에서 하위계층으로 전달되는 것 • 명령의 일원화 및 명확한 책임소재를 확보할 목적으로 사용됨 • 의사소통의 대부분을 차지할 경우 권위적인 조직이 될 수 있음 • **내용**: 업무지시, 규칙, 편람, 게시판, 구내방송, 직무기술서, 회의, 명령 등
수평적 의사소통	• 조직 내의 위계 수준이 같은 구성원이나 부서 간의 의사소통 • 수직적·수평적 의사소통을 적절하게 배합하여 조직의 생산기능과 유지기능을 균형 있게 조화시키는 것이 중요 • 수용적인 태도 유지와 팀워크를 중시하는 것이 바람직함 • **내용**: 회람, 실무자회의, 협동회의, 사전심사, 사후통지(통보) 등 • 장단점

장점	• 협동심 증진, 업무시간 절약 • 개인 간 갈등과 부서 간 갈등을 관리해 줌
단점	• 비공식집단이나 압력단체를 형성하여 타 부서와의 원활한 협조체제 저해 • 위계질서를 파괴할 수 있음

대각적 의사소통	• 조직 내 다른 부서의 상급자와 하급자 간의 의사소통 예 라인과 스태프 간 관계 • 현대조직 환경의 요구에 부응하기 위해 필요 • 명령, 지시를 받을 수 없는 상황에서(다른 방법이 비효율적일 때) 이루어짐

② 비공식적 의사소통
  ㉠ 구성원 상호 간의 인격적, 사회적 관계에 의한 의사소통이다.
  ㉡ 조직 변화의 필요성에 대해 경고해주고, 조직문화 창조의 매개역할을 수행하며, 집단 응집력을 높여준다.
  ㉢ 구성원들 간의 아이디어를 전달하는 통로이다[그레이프바인(grapevine), 소문 등].
  ㉣ 장단점

장점	• 관리자가 구성원들 파악이 용이 • 구성원들의 정서적 긴장 해소 • 공식적 의사전달체계가 할 수 없는 유익한 정보 전달
단점	• 풍문을 퍼트리며, 책임성 없는 오해발언으로 구성원의 관계가 나빠질 수 있음 • 정보 전달의 오류로 책임 추궁의 대상이 불명확 • 구성원의 편의에 따라 사실이 왜곡될 가능성이 있음

(3) 의사소통 네트워크
  ① 사슬형(연결형; 명령체계)
    ㉠ 공식적이고, 수직적인 명령계통으로 위 - 아래로만 이루어지는 형태이다.
    ㉡ 문제를 신속하고 정확하게 전달한다.
    ㉢ 사기저하와 문제해결의 융통성이 낮다.
  ② Y형
    ㉠ 특정 리더는 없지만, 비교적 집단을 대표하는 인물 또는 의사소통 조정자가 있다.
    ㉡ 계선 - 막료의 혼합 집단에서 흔하고, 서로 다른 집단 간 조정이 필요할 때 유용하다.
  ③ 수레바퀴형
    ㉠ 의사소통의 속도가 빠르고 단순문제 해결 시 효율적이고 효과적이다.
    ㉡ 하위자들 간 상호작용이 없고, 모든 의사소통은 한 사람의 감독자를 통해 이루어진다.
  ④ 원형(위원회, 태스크포스팀)
    ㉠ 위원회와 대책위원회 같은 공식적 리더가 있으나 권력의 집중과 지위의 고하가 없다.
    ㉡ 근접한 구성원들 간의 상호작용은 허용되나 한계가 있다.
    ㉢ 특정 문제 해결을 위한 의사소통으로 집단의 만족도는 높다.
  ⑤ 완전연결형
    ㉠ 구성원 전체가 서로의 의견이나 정보를 자유의지에 따라 교환한다.
    ㉡ 리더 없이 조직원들끼리 자유롭게 정보를 교환한다(집단만족도와 몰입도 높음).
    ㉢ 의사소통 유형 중 가장 구조화되지 않은 유형이다.
    ㉣ 브레인스토밍을 통해 새로운 대안 탐색 시 사용하며, 신축성 있게 적용할 수 있는 의사소통이다.

핵심정리 커뮤니케이션 유형 비교

구분	사슬형	Y형	수레바퀴형	원형	완전연결형
권한집중	고	중	중	저	매우 저
의사소통 속도	중	중	단순 직무: 고 복잡 직무: 저	단합: 고 개별: 저	고
의사소통 정확도	서면: 고 언어: 저	단순: 고 복잡: 저	단순 직무: 고 복잡 직무: 저	단합: 고 개별: 저	저
구성원 만족도	저	중	저	고	고
의사결정 속도	빠름	중간	중간	느림	빠름
의사결정 수용도	저	중간	중간	고	고
조직구조의 형태	수직적	수직적	수평적	수평적	수평적
모형 그림	(사슬형 그림)	(Y형 그림)	(수레바퀴형 그림)	(원형 그림)	(완전연결형 그림)

(4) 조직 내 효과적인 의사소통방안

① 조하리의 창
  ㉠ **공통영역**: 정보가 나와 타인 모두에게 알려진 부분이며 가장 이상적이다.
  ㉡ **맹점**: 정보가 다른 사람에게는 알려져 있지만 자신에게는 알려지지 않은 부분이다.
  ㉢ **숨겨진 영역**: 자신이 고의적이든 고의적이지 않든 정보를 타인에게 제공하지 않는 숨겨진 부분이다(자기 혼자만 알고 있는 부분).
  ㉣ **알려지지 않은 영역**: 정보가 자신뿐만 아니라 타인에게도 알려지지 않은 부분이다(**미지영역**: 자기도 남도 모르는 부분).
  ⇨ 효과적인 의사소통을 위해서는 평소 (자기)노출과 피드백을 통해 공통영역을 넓혀가는 노력이 중요하다.

자신이 자신을 아는 정도

	자신에게 알려진 부분	자신에게 알려지지 않은 부분
타인에게 알려진 부분	공통영역	맹점
타인에게 알려지지 않은 부분	숨겨진 영역	알려지지 않은 영역

↑ 조하리의 창

② 지지적 의사소통전략
  ㉠ 자신이 생각하고 느끼는 바와 언어적, 비언어적 표현을 일치시켜 솔직하게 의사소통한다.
  ㉡ 평가가 아닌 기술적 의사소통, 문제 중심 메시지를 사용한다.
  ㉢ 조직 구성원이 인정받고 있으며, 스스로 가치 있게 느끼도록 한다.
  ㉣ 메시지가 구체적이고, 유용하며, 상호연결되는 결합적 의사소통을 한다.
  ㉤ 자신의 진술에 책임을 지며, 주로 나 - 전달법(I - message)을 사용한다.
  ㉥ 지지적 경청을 한다.

5 갈등

1. 의의

(1) 갈등의 개념
① 둘 이상의 사람들 간에 가치관, 목표 등의 차이로 발생하는 내적, 외적인 불일치를 의미한다.
② 갈등은 보편적 현상으로, '의사결정의 표준 메커니즘의 문제로 인해 행동 대안의 선택에 있어서 개인이나 집단이 곤란한 상황을 겪는 경우'를 의미한다.
③ 표면적인 행동뿐만 아니라, 내면적인 적대감 같은 심리적 요소를 포함하고, 항상 해로운 것으로 볼 수만은 없으며 조직에 이익을 가져오는 경우도 있다.

(2) 갈등의 관점

관점	전통적 관점	행동과학적 관점	현대적 관점
가정	갈등은 나쁜 것	갈등은 자연적이며, 피할 수 없음	건설적 갈등은 필요
접근법	갈등을 제거	갈등의 수용	적정 수준의 갈등을 유지

(3) 갈등의 장단점 기출 13

장점	• 문제의 인식과 활동력 증가 • 충성심과 다양한 창조성 증가 • 혁신 풍토와 도전적인 분위기 조성
단점	• 의사소통의 감소와 편견의 증가 • 독재자 출현과 파벌의식의 조성 • 융통성 없는 공식화, 경계의식의 증가

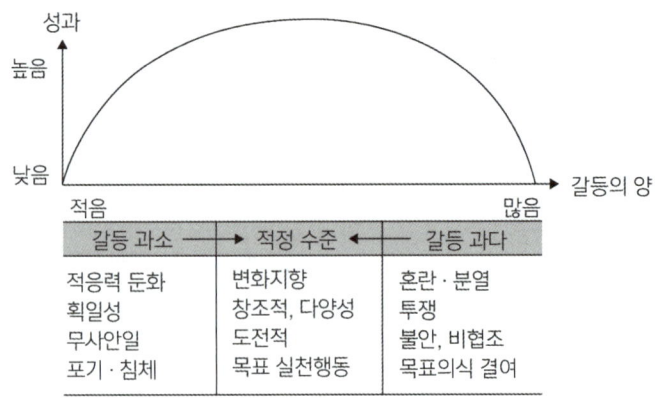

↑ 갈등 수준과 성과

출처: 조직행동(제5판), 2013, 임창희(비앤엠북스)

(4) 갈등의 단계

1단계 - 잠재기	갈등요인이 갈등을 야기할 것으로 예상되는 단계
2단계 - 인지와 개인화	갈등상황에 대해 인식하는 단계
3단계 - 행동	• 갈등으로 인해 스트레스, 긴장, 불안, 분노, 적대감 등의 감정이 나타나는 단계 • 갈등을 해결하려는 행동을 나타내기도 함
4단계 - 결과	표출된 갈등과 해결하려는 방법들의 상호작용이 결과를 보임

2. 유형

개인적 갈등	개인이 의사결정을 할 때 우선순위를 결정할 수 있는 기준이 모호한 경우 발생하는 갈등
개인 간 갈등	개인이 동일한 문제, 한정된 직위 또는 자원에 대해 의견이 불일치할 때 발생하는 갈등
집단 간 갈등	• 조직 내 집단 간에 발생하는 갈등 • 과업활동의 조정과 통합을 어렵게 함
조직 간 갈등	조직과 경쟁조직 간의 갈등

3. 관리

(1) 개인 간 갈등 기출 18

① 원인

개인적 요인	업무적 요인	조직적 요인
• 상반된 가치관 • 지나친 기대 • 미해결된 갈등 • 타인의 감정을 손상시키는 언행	• 공동의 책임업무 • 무리한 업무 마감, 시간적 압박 • 애매한 업무처리 기준 • 중복된 업무	• 제한된 자원 • 의사소통의 결핍 • 조직계층의 복잡성 • 산만한 의사결정 • 불명확한 정책, 원칙, 규범 등

② 대처방식 기출 11, 12, 16, 17, 18, 21

갈등관리 유형	의미와 적절한 상황 적용
협력	• 자신과 상대방의 관심사를 모두 만족시키려는 쌍방승리유형(win-win) • 양측의 관심사가 너무 중요하며, 통합적인 해결안을 도출해야 할 때 • 양측의 관여를 확보하고자 할 때
수용	• 상대방의 관심사를 충족시키기 위해 자신의 관심사를 양보하는 것(lose-win) • 논제가 상대방에게 더 중요할 때 • 다음 논제에 대해 사회적 신용을 얻을 필요가 있을 때
강압	• 상대방을 압도함으로써 자신의 관심사를 충족시킴(win-lose) • 신속하고 결단성 있는 해결이 필요할 때 • 비용 절감이나 규칙 강요와 같은 인기 없는 조치를 시행할 때
회피	• 직면한 문제를 피하여 갈등현장을 떠남으로써 자신과 상대방의 관심사를 모두 무시함(lose-lose) • 논제가 사소하고 다른 논제의 해결이 더 급할 때 • 사람들을 진정시키고 생각을 가다듬게 할 필요가 있을 때
타협	• 상호 교환과 상호 양보를 통해 자신과 상대방의 관심사를 부분적으로 만족시키는 유형 • 복잡한 문제에 대해 잠정적 해결이 필요할 때 • 동등한 협상력을 가진 상대방과 상호 배타적인 목표를 달성하기 위해 노력해야 할 때

갈등의 해결방법
1. 설득
2. 협상
3. 위협
4. 중재자의 개입

개입적 갈등관리전략
1. 무마
2. 강압
3. 관심 전환

비개입적 방법
1. 문제해결
2. 설득
3. 협상
4. 전략적 행동

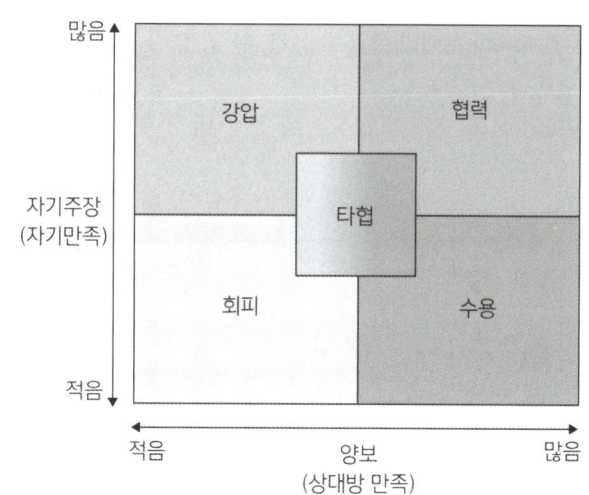

◐ 갈등 관리 유형

출처: 조직행동(제5판), 2013, 임창희(비앤엠북스)

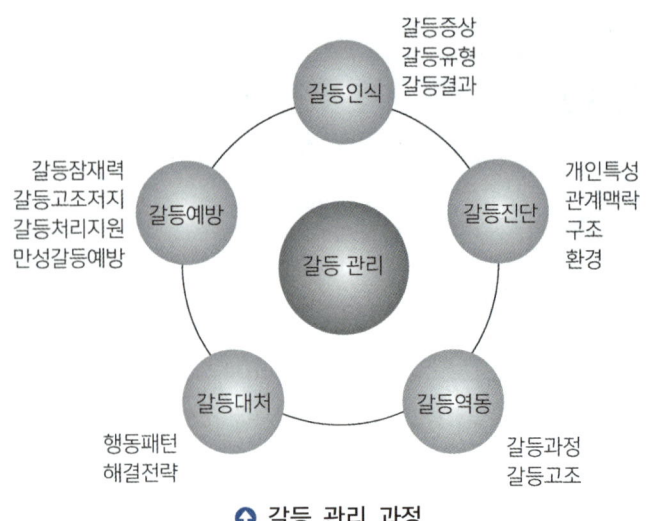

○ 갈등 관리 과정

(2) 집단 간 갈등 기출 15

① 원인
  ㉠ **업무의 상호 의존성**: 두 집단이 각각의 목표를 달성하는 데 상호 간의 정보 제공과 협력이 필요한 정도를 말한다.
  ㉡ **영역모호성**: 역할 수행에 목표나 과업 또는 책임이 명확하지 않은 상태를 말한다.
  ㉢ **권력, 지위의 불균형**: 부서나 업무단위 간의 권력과 지위 차이에 대한 인식을 말한다.
  ㉣ **가치의 차이**: 각 집단이 지향하는 가치의 차이에 의해 발생한다.
  ㉤ **자원의 부족과 분배의 불일치**: 공간, 자금, 설비 혹은 인력 등의 자원에 대한 편중 또는 불일치의 문제이다.
  ㉥ **부문화의 정도**: 조직의 성장으로 조직 내에 부 혹은 과, 계 또는 업무단위가 많이 편성된다.

② 유형

계층적 갈등	수직적 계층 간의 갈등 예 경영층과 구성원들 간의 갈등
기능적 갈등	서로 다른 기능적 부서나 집단의 갈등 예 진료팀과 약국의 갈등
라인 - 스태프 갈등	조직의 라인부서와 전문 스태프 간의 갈등 예 예산문제 등
공식 - 비공식집단 갈등	공식집단과 비공식집단 간의 갈등 예 공식집단의 목적과 비공식집단의 규범의 갈등

③ 관리 기출 09, 17, 19
  ㉠ **대면을 통한 문제해결**: 갈등을 겪고 있는 집단들을 직접 대면함으로써 서로의 입장을 밝히고, 갈등의 원인을 규명하여 해결하는 방법이다.
  ㉡ **상위목표의 설정**: 갈등을 겪고 있는 두 집단이 서로 협조하여 달성할 수 있는 상위목표를 설정하여 집단 간 단합을 조성한다.
  ㉢ **자원의 확충**: 자원의 공급을 늘려서 자원 분배에 대한 집단 간 과도한 경쟁을 감소시킨다.
  ㉣ **제도화**: 공식 규율과 절차를 만들고 합리적 업무 분담을 하여 갈등을 감소시킨다.
  ㉤ **권한 사용**: 상급관리자가 권한을 발휘하여 갈등을 신속하게 해결한다.
  ㉥ **의사소통 활성화**: 의사소통으로 갈등의 원천이 되는 오해의 소지를 없앨 수 있고, 상대방을 알고 이해할 수 있는 기회를 제공한다.

6 권력과 권한

1. 권력(Power)

(1) 권력의 정의
① 자신의 의지와 뜻을 상대방에게 관철할 수 있는 잠재적, 실재적 힘 또는 능력을 말한다.
② 베버(Weber)의 고전적 정의인 '권력이란 어떠한 저항에도 불구하고 자신의 의지를 실현시킬 수 있는 개인의 가능성'을 말한다.
③ 상대방의 행동을 자신이 의도한 방향으로 조정하고 움직일 수 있게 하는 능력 또는 잠재력이다[직위뿐만 아니라, 개인적 특성에 의해서도 축적됨(포괄적 개념)].
④ 권력은 상대방의 의지와는 상관없이 자신의 의지를 관철시킬 수 있는 잠재적 – 실재적인 힘 또는 능력이다.

(2) 권력의 공식적인 영역(바카라치와 로울러, Bacharach & Lawler)

관계적 측면 (Relational aspect)	사회적 특성으로 둘 또는 그 이상의 행동하는 사람들 간의 관계에서 발휘
의존적 측면 (Dependency aspect)	의존적 특성으로 개인이나 조직집단 간의 상호의존성에서 발휘
승인적 측면 (Sanctioning aspect)	타인의 결과를 직접 조작하려는 것으로 관계적 측면에서 더 적극적으로 발휘

갈등해결방법
1. **협상**
   서로 간의 합의를 형성하는 것이다.
2. **설득**
   다른 사람들을 자기의 입장으로 끌어들이려고 노력하는 것이다.
3. **중재자 개입**
   갈등의 증폭을 완화하기 위해 제3자의 조정자 개입이 필요하다.
4. **위협**
   긍정적 위협은 새로운 불이익을 '부과'하는 형태이고, 박탈적 위협은 이미 약속하거나 제공한 보상이나 이익을 '유보'나 '철회'하는 것이다.

영향력(Influence)
1. 잠재적 능력이 실제로 발휘된 상태이다.
2. 한 사람(또는 집단)이 다른 사람(또는 집단)의 태도, 가치관, 지각, 행동 등에 변화를 가져오도록 움직일 수 있는 힘이다.
3. 영향력은 권력의 상위개념이고, 권력은 권한의 상위개념이다.

리더십(Leadership)
리더와 구성원이 함께 이루어야 할 공동 목표를 달성할 수 있도록 리더가 영향력을 발휘하는 상호작용의 과정을 말한다(조직의 목표와 일치하며, 목표지향적).

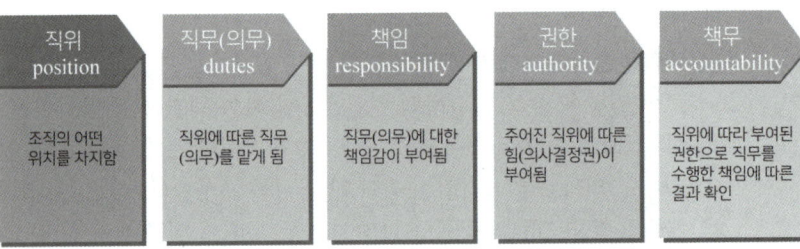

↑ 직위·직무·책임·권한·책무 간의 제 관계

출처: 경영조직의 이해, 2016, 변상우 외

(3) 권력의 특성
① **쌍방성**: 한 사람에게만 주어진 한정된 특성이 아닌 상호적인 것이다.
② **상대성**: 권력의 크기는 상대방에 따라서 모두 다르게 나타난다.
③ **가변성**: 서로에 대한 의존도에 따라 권력을 행사하는 사람의 권력의 크기가 달라진다.

(4) 프렌치와 레이븐의 권력의 유형 기출 17

공식적 권력	보상적 권력	• 다른 사람에게 물질적 또는 정신적 보상을 제공할 수 있는 권력 • 인사고과, 업무할당, 책임부여, 인정, 승진, 격려 등을 제공할 수 있음
	강압적 권력	• 사람들이 기피하는 처벌, 해고, 감봉, 위협 등과 같은 부정적 보상을 가할 수 있는 권력 • 권력 중 흔히 사용되고 있으며, 통제가 어려움 • 구성원들이 권력행사에 대한 두려움으로 관리자의 의도와 지시를 따르게 함
	합법적 권력	• 조직의 규정, 법규, 제도 등을 근거로 한 공식적 권력으로 조직의 지위나 직무 권한과 관련된 권력 • 법규, 규정, 제도 등의 공식적인 것 예 병원장 임명, 간호부장 등
	정보적 권력	유용하거나 희소가치가 있는 정보를 소유하거나 쉽게 접근할 때 생기는 권력
비공식적 권력	준거적 권력	• 높은 수준의 자질과 덕망을 보임으로써, 그를 존경하고 추종하고자 할 때 갖는 권력 • 자신보다 뛰어나다고 인식되는 사람을 닮고자 할 때 발생하는 권력 • 관리자가 구성원들에게 존경을 받는 것 예 카리스마 리더, 프리셉터
	전문적 권력	• 특정 분야에 전문 지식이나 기술, 독점적인 정보를 가질 때 발생하는 권력 • 정보, 지식, 기술을 도구로 사용
	연결적 권력	중요인물이나 조직 내의 영향력 있는 사람과의 연계능력

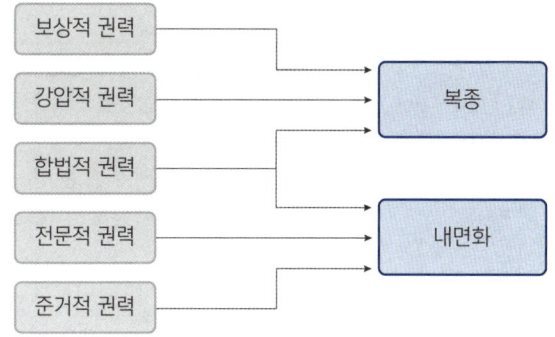

❶ 권력 유형에 따른 피권력자의 반응

2. 권한(Authority)

(1) 정의
① 조직규범에 의해 '정당성이 인정된 권력', '공식적으로 부여받은 권리', '정당성이 인정된 권력'이다.
② 다른 사람들에게 명령을 내리고, 명령에 따르도록 요구할 수 있는 직위상의 권리를 말한다(어떠한 직위에 국한되어 행사됨).
③ 한 개인이 조직 내에서 차지하는 위치로 인해 갖게 되는 공식적인 힘 또는 직위의 합법적 권력을 말한다.

(2) 특성
① 권한은 합법적 권력이다.
② 권한은 개인보다는 직위에 바탕을 둔다.
③ 권한은 위에서 아래로 수직적인 흐름이다.
④ 권한은 하급자들이 받아들여야 그 효력이 발생한다.

> **Plus⁺ POINT**
>
> **후버(Huber)의 권한의 특성**
> 1. 권한은 공식적인 조직권력이다.
> 2. 권한의 근거는 오직 조직의 구조이다.
> 3. 권한은 부하의 비자발적인 복종까지 포함한다.
> 4. 권한은 위에서 아래로 한 방향으로만 흐른다.
> 5. 권한은 정적이며 조직권력의 구조적 측면을 구성한다.
> 6. 권한은 조직의사를 결정할 수 있는 공식적인 승인권이다.
> 7. 권한은 상황적이다.

권한
1. 정당(正當)함이 인정된 합법적인 것이다.
2. 스스로 직무를 수행할 수 있는 자유재량권이다.

(3) 유형

라인 권한 (Line Authority)	• 조직 내의 가장 기본적인 권한 • 조직의 목표 달성에 직접적으로 기여하는 의사결정과 지시를 할 수 있음 • 상사가 부하에게 업무지시를 할 수 있는 권한
스태프 권한 (Staff Authority)	• 라인 권한을 갖는 사람들이 지원과 조원을 해주는 권한 • 라인 관리자의 업무를 지원하고 조언해 줌
기능적 권한 (Functional Authority)	특정 업무 수행을 위해 자신을 지시하고 명령을 내릴 수 있는 명령 계통 이외의 구성원이나 부서에 지시나 명령을 할 수 있는 권한

스태프 권한
조직의 주요 목표를 효과적으로 달성하도록 간접적으로 지원하는 것이다.

(4) 속성
① 합법성이 부여된 권력으로 조직의 규정에 의해 정당성을 인정받는다.
② 권한이 행사되는 대상이 상대방의 복종을 요구할 수 있는 능력이다.
③ 공식적인 역할에 의해 주어진다.
④ 역할 담당자 간의 관계를 설정하는 요소가 된다.

3. 책임과 책무

(1) 책임(Responsibility)
① 조직에서 자신의 직위와 관련해서 수행해야 할 임무의 의무이다.
② 조직 내 자신의 직위에 따라 맡겨진 또는 수행해야 할 임무를 말한다.
③ 권한은 하위자에게 위임할 수 있으나, 책임은 위임이 될 수 없다.
④ 관리자는 위임된 직무달성 정도를 확인할 책임이 있다.

직위(Position)
공식 조직 내에서 총체적인 직무의 체계적 배열 속에 차지하고 있는 위치를 의미한다.

(2) 책무(Accountability)
① 직위에 부과된 임무 또는 직위에 따른 책임을 말한다.
② 직위에 부과된 임무를 수행하고, 그 결과에 책임을 지는 것을 의미한다.
③ 수행한 업무의 결과로 발생하는 상벌이 본인에게 귀속되어 인사평가의 근본을 형성한다.
④ 의사결정에 권한이 부여되었을 때 성립될 수 있는 개념이다.

4. 권한 위임

(1) 정의
상급자가 업무의 일부를 하급자에게 분담하고, 분담한 업무의 성취를 위해 필요한 권한을 하급자에게 주는 과정을 말한다.

(2) 목적
① 관리자의 부담을 경감시킨다.
② 하급자의 교육과 후계자 육성에 도움을 준다.
③ 하급자의 사기를 진작시킨다.
④ 직원의 성장과 발전에 기여하며, 신속한 직무수행이 가능하다.

(3) 조직에서 권한 위임의 필요성
   ① 관리자의 의사소통의 노력과 시간을 줄일 수 있다.
   ② 신속하고 합리적인 의사결정과 업무수행을 할 수 있다.
   ③ 관리자 자신의 능력, 시간, 지식의 한계를 보강할 수 있다.
   ④ <u>하급자의 능력을 개발시킨다.</u>

(4) 권한 위임 시 고려요인
   ① **조직의 규모**: 조직의 규모가 클수록 위임 정도가 높아진다.
   ② **조직 문화**: 능력 인정과 신뢰가 높은 조직문화를 가질수록 위임 정도가 높아진다.
   ③ **사안의 중요성**: 사안이 중요할수록 위임 정도가 낮아진다.
   ④ **과업의 복잡성**: 전문적인 지식과 견해가 필요한 것일수록 전문가에게 위임해야 한다.
   ⑤ **부하직원의 능력**: 하급자의 자질(능력, 기술, 동기부여 등)이 좋을수록 위임이 쉽다.
   ⑥ **책임할당**: 부하직원이 해야 할 일에 대한 책임을 분명히 제시한다.
   ⑦ **책임수행에 필요한 권한 부여**: 부하직원에게 위임 업무 수행에 필요한 자금, 인력, 다양한 자원을 사용할 수 있는 권한을 부여한다.
   ⑧ **책임감 부여**: 부하직원이 자신이 해야 하는 일을 분명하게 인식하고 최선을 다하도록 동기를 부여해야 한다.

(5) 권한 위임의 장단점

장점	• 관리자가 조직 내에 중요한 문제해결을 할 수 있는 시간적 여유를 줌 • 부하직원의 능력과 잠재력 개발의 계기가 됨 • 구성원들과의 인간관계 증진과 구성원의 사기를 높여줌 • 특정 업무가 전문담당자에게 주어지므로 효과적인 업무수행이 가능 • 상·하위 계층의 모든 조직 구성원이 자신의 전문성을 살릴 수 있음
단점	• 권한의 분산으로 각 부서별 이기주의가 팽배해질 수 있음 • 조직의 분산으로 조직 전체의 비용이 증가됨

(6) 효과적인 권한 위임
   ① **적합한 업무**: 적절한 업무 위임에 적합한 업무인지 고려한다.
   ② **적합한 환경**: 사용 가능한 자원과 관련 요인을 고려한다.
   ③ **적임자**: 위임업무의 수행에 적합한 적임자를 고려한다.
   ④ **적절한 지시와 의사소통**: 업무의 목적, 범위, 기대 정도를 포함하여 명확히 설명한다.
   ⑤ **적절한 감독**: 필요에 따라서 적절한 모니터링, 평가, 중재, 피드백 등을 제공한다.

참고문헌

- 문재우 외(2018). 제7판 보건행정. 서울: 계축문화사
- 문상식 외(2019). 제8판 보건행정. 서울: 보문각
- 고성진 외(2017). 제4판 유비쿼터스 보건행정학. 서울: 수문사
- 최찬호(2019). 보건행정학. 서울: 학지사메디컬, 2019
- 대한예방의학회 편찬위원회(2020). 예방의학과 공중보건학 제 3판 수정증보판. 서울: 계축문화사
- 김종인(2016). 보건행정학. 서울: 계축문화사
- 문상식, 정상진(2021). 100% 적중에 도전 보건행정. 서울: 보문각
- 장금성 외(2021). 최신 간호학 개론. 서울: 현문사
- 서문경 외(2020). 제2판 간호관리학. 서울: 현문사
- 장금성 외(2020). 제5판 최신 간호관리학. 서울: 현문사
- 정면숙 외(2020). 알기 쉽고 현장감 있는 간호관리학. 서울: 현문사
- 김미영 외(2017). 제6판 개념과 실무 통합 간호관리학. 서울: 수문사
- 이병숙 외(2019). 제4판 간호관리학. 서울: 수문사
- 신미자 외(2020). 간호관리학. 서울: 수문사
- 염영희 외(2020). 제7판 학습성과 기반 간호관리학. 서울: 수문사
- 김혜옥 외(2019). 간호리더십. 서울: 수문사
- 김인숙 외(2015). 제4판 최신 간호관리학. 서울: 현문사
- 장금성 외(2015). 제3판 간호윤리학과 전문직. 서울: 현문사
- 정면숙 외(2015). 제3판 알기 쉽고 현장감 있는 간호관리학. 서울: 현문사
- 이학종 외(2013). 조직행동. 서울: 법문사
- 임창희(2013). 제5판 조직행동. 서울: 비앤엠북스
- 강윤숙 외(2012). 개정판 간호관리와 리더십. 서울: 현문사
- 강윤숙 외(2010). 제2판 간호관리와 리더십. 서울: 현문사
- 조성하 외(2003). 회계원리. 서울: 학혁사
- 편집부(2020). 필통 핵심 요약집 간호관리학. 서울: 에듀팩토리
- 학술편찬국(2018). 제13판 탕크 매뉴얼 간호관리학. 서울: 퍼시픽북스
- 김혜옥 외(2019). 간호리더십. 서울: 수문사
- 박종선 외(2015). 간호지도자론. 서울: 수문사
- 김광점 외(2018). 핵심 조직행동론. 서울: 시그마프레스
- 남문희 외(2019). 전문직과 간호윤리. 서울: 수문사
- 고유경 외(2019). 인간존중과 윤리. 서울: 수문사
- 최성희(2020). 간호관리학. 서울: 해커스공무원
- 노성신(2019). 간호윤리와 법. 서울: 신지원
- 최성희(2019). 간호관리학. 서울: 우리의학

해커스공무원
최성희 보건행정 기본서

개정 5판 1쇄 발행 2025년 9월 1일

지은이	최성희 편저
펴낸곳	해커스패스
펴낸이	해커스공무원 출판팀
주소	서울특별시 강남구 강남대로 428 해커스공무원
고객센터	1588-4055
교재 관련 문의	gosi@hackerspass.com
	해커스공무원 사이트(gosi.Hackers.com) 교재 Q&A 게시판
	카카오톡 채널 [해커스공무원 노량진캠퍼스]
학원 강의 및 동영상강의	gosi.Hackers.com
ISBN	979-11-7404-432-7 (13510)
Serial Number	05-01-01

저작권자 ⓒ 2025, 최성희
이 책의 모든 내용, 이미지, 디자인, 편집 형태는 저작권법에 의해 보호받고 있습니다.
서면에 의한 저자와 출판사의 허락 없이 내용의 일부 혹은 전부를 인용, 발췌하거나 복제, 배포할 수 없습니다.

공무원 교육 1위,
해커스공무원 gosi.Hackers.com

· 해커스공무원 **학원 및 인강**(교재 내 인강 할인쿠폰 수록)
· 해커스 스타강사의 **공무원 보건행정 무료 특강**
· 정확한 성적 분석으로 약점 극복이 가능한 **합격예측 온라인 모의고사**(교재 내 응시권 및 해설강의 수강권 수록)

한경비즈니스 2024 한국품질만족도 교육(온·오프라인 공무원학원) 1위